HEYNE BIOGRAPHIEN

Zum Autor

Terence Prittie studierte in Oxford mit dem Schwerpunkt Zeitgeschichte. Er arbeitete als Historiker und Journalist. Während seiner Auslandskorrespondententätigkeit für den ›Manchester Guardian‹ lebte er von 1946 bis 1963 in Deutschland und war somit Zeuge der Schlüsselrolle, die Konrad Adenauer beim Wiederaufbau Europas spielte. Sein Lebenswerk umfaßt 18 Bücher. Neben Sachbuchtiteln und Romanen schrieb er vor allem Biographien über wichtige Persönlichkeiten der europäischen Politik. Terence Prittie starb 1985.

Terence Prittie

ADENAUER

Der Staatsmann,
der die Bundesrepublik prägte und
Europa den Weg bereitete

Wilhelm Heyne Verlag
München

HEYNE BIOGRAPHIE
12/152

Aus dem Englischen von Hellmut Jaesrich
Titel der Originalausgabe: ADENAUER
Erschienen bei Tom Stacey Ltd., London

Printed in Germany 1987
Umschlagfoto: Deutsche Presse-Agentur, München
Innenbilder: Süddeutscher Verlag, Bilderdienst, München (22),
Deutsche Presse-Agentur, München (17), Presse- und Informationsamt der
Bundesregierung, Bonn (15)
Umschlaggestaltung: Atelier Ingrid Schütz, München
Zeittafel: Dr. Hubert Fritz, Munchen
Bildteil: RMO, München
Gesamtherstellung: Presse-Druck Augsburg

ISBN 3-453-00109-5

Inhalt

1
Viermal Deutschland

Konrad Adenauer wurde in seiner Vaterstadt Köln am Rhein am 5. Januar 1876 geboren. Er starb am 19. April 1967 in seinem Haus in Rhöndorf, nur ein paar Dutzend Kilometer von seinem Geburtsort entfernt. Sein Leben umfaßte annähernd ein ganzes Jahrhundert, ein so stürmisches und tragisches Jahrhundert wie kaum ein anderes in der deutschen Geschichte.

Sein Leben reichte auch über vier verschiedene Zeitalter in der Geschichte seines Landes hinweg. Er wurde in das Kaiserreich hineingeboren, das nach dem gewaltigen militärischen Sieg im preußisch-französischen Krieg von 1870/71 entstanden war. Als der letzte deutsche Kaiser am Ende des Ersten Weltkrieges nach Holland floh, stand er schon im reifen Mannesalter. Der folgende zweite Abschnitt der deutschen Geschichte, die Weimarer Republik, sollte nur 14 Jahre dauern, von 1919 bis 1933. Der dritte, das Nazireich, war sogar noch kürzer: zwölf Jahre bis zum Kriegsende 1945. Dann kamen die beiden Nachkriegsjahrzehnte, in denen Deutschland in zwei Republiken zerfiel, die westliche mit der Hauptstadt Bonn, die östliche mit der Hauptstadt Berlin. Als er in diese vierte Ära eintrat, war Adenauer schon ein alter Mann.

Die vier Zeitalter sind untereinander so gründlich verschieden, daß man von ›vier Deutschland‹ sprechen kann. Ein jedes hat total andersartige Hauptwesenszüge, und indem Adenauer alle vier nacheinander durchlebte, hat er sich drei vollen Zyklen der revolutionären Veränderung anpassen müssen. Dreimal ist die Welt, in der er lebte, einfach hinweggefegt worden, und als sich der Vorgang zum drittenmal vollzogen hatte, sollte er als der größte deutsche Staatsmann seines Jahrhunderts daraus hervortreten, im Alter von mehr als siebzig Jahren noch einmal zu einer neuen Karriere ansetzend. Mit 73 wurde er der Bundeskanzler Westdeutschlands, knapp zwei Jahre jünger als der einzige große deutsche Staatsmann des 19. Jahrhunderts zum Zeitpunkt seiner Abdankung gewesen war. Hierin liegt unleugbar ein Stück Romantik.

Was waren die Hauptmerkmale der vier Deutschland, in denen Adenauer sein langes Leben verbrachte?

Zunächst das Kaiserreich, in das er hineingeboren wurde. Es war kraftvoll, blühend und wohldiszipliniert, beherrscht von der »kalten, doch lebendigen Hand Preußens, des Königsreichs, dessen Adler den einen Flügel im Njemen und den andern im Rhein netzt[1]«. Preußen, der Soldaten- und Beamtenstaat, hatte 1871, fünf Jahre vor Adenauers Geburt, Deutschland geeinigt, nach erfolgreichen Kriegen gegen Dänemark, Österreich und Frankreich. Andere Staaten wie Bayern und Württemberg waren zu wertvollen Bestandteilen dieses neuen geeinten Deutschlands geworden, jedoch konnten sie kein Gegengewicht gegen die Vormachtstellung Preußens bilden, das über zwei Drittel der deutschen Gesamtbevölkerung, eine Militärmaschinerie von einzigartiger Präzision und in Gestalt des Ruhrgebiets über das industrielle Kernstück Europas verfügte.

Die Dynastie der Hohenzollern hatte zwar schon seit zwei Jahrhunderten den preußischen Thron besetzt, doch das neugeeinte Deutsche Reich galt in Westeuropa als eine Art Parvenü. Preußen war traditionell immer als eine osteuropäische Macht betrachtet worden, ein Land der Wälder und Sümpfe, das sich das Rheinland und damit eine gewisse Existenzberechtigung in Westeuropa in erster Linie durch Marschall Blüchers rechtzeitiges Eingreifen auf dem Schlachtfeld von Waterloo erworben hatte. Die Industrialisierung Deutschlands trat ebenso verspätet ein wie seine politische Einigung, und erst mit Beginn unseres Jahrhunderts wurde das Land zu einer Seemacht.

Doch in vieler Hinsicht muß das Kaiserreich seinen Bewohnern ein herrliches Leben geboten haben. Es summte wie ein Bienenstock vor Energie und Begeisterung, die auf – wenigstens oberflächlich betrachtet – ungeheuerlichem Selbstvertrauen und Optimismus beruhten. Die verspätete, doch in ruhigen Bahnen verlaufende industrielle Revolution brachte eine gewaltige Explosion wirtschaftlicher Tätigkeiten mit sich und ließ Deutschland in einem lang anhaltenden Spurt an seinen Konkurrenten vorüberziehen. Der Überseehandel begann zu blühen, nachdem die alten Hansestädte Hamburg und Bremen sich dem Reich angeschlossen hatten. Und in den achtziger Jahren, als Adenauer noch nicht zehn war, entstand ein deutsches Kolonialreich.

Bismarck zimmerte ein ganzes System von Bündnissen – den Dreibund von 1882 mit Österreich und Italien, den Rückversicherungsvertrag von 1884 mit Rußland –, das geeignet schien, die bereits zur stärksten gewordene Militärmacht Europas vor jedem Angriff aus dem Süden oder Osten und damit vor der stets mit Sorge ins Auge gefaßten Gefahr der Einkreisung im Herzen des Kontinents zu bewahren. 1878 erlebte Bismarck seinen größten Prestigeerfolg, als er auf dem Berliner Kongreß in Gestalt des ›ehrlichen Maklers‹ den Frieden Europas zu sichern bemüht war. Damit war das Kaiserreich gleichsam hoffähig geworden und in die Reihe der älteren Mächte aufgenommen.

Nach dem Urteil eines Historikers »zwang Preußen seine Institutionen, seine Beamtenschaft, seine Begriffe von Werten und Leistungen, seine Ideale dem nicht-preußischen Deutschland auf[2]«. Preußen war immer für Stärke und Autorität des Staates gewesen, schon seit Georg Wilhelm Friedrich Hegel 1801 seine Theorie vom ›Staat als Macht‹ formuliert hatte. Doch auch der Staat selbst basierte auf den traditionellen preußischen Tugenden: Selbstzucht, Pflichterfüllung, Frömmigkeit, Sparsamkeit, Tapferkeit und absoluter, unwandelbarer Treue. Diese Eigenschaften machten zusammen mit der fachlichen militärischen Erfahrung die preußische Armee zur schlagkräftigsten seit den römischen Legionen. Theoretisch sollten nunmehr alle diese Eigenschaften auf die übrige deutsche Nation übertragen werden; und sie erfüllten auch den Durchschnittsdeutschen jenes Zeitalters mit einem grenzenlosen Stolz auf das Reich und einem ungeheuren Gefühl der Solidarität. Wilhelm Kiefeld dichtete mit Recht:

»Wir alle stehen Mann für Mann
Für Kaiser und für Reich.«

Während des Kaiserreichs, bis hin zum Ausbruch des Ersten Weltkrieges, lebten die Deutschen unter immer besseren materiellen Bedingungen und in einer nationalen Hochstimmung, die manchmal auch bedenklich an Hochmut grenzte. Am besten läßt sich das an den Posen Kaiser Wilhelms II. exemplifizieren, der sich selbst für den allmächtigen ›Allerhöchsten‹ hielt, von einem seiner Ratgeber, dem Grafen Waldersee, aber mit einem Kind verglichen wurde, das schreit, um sich selber Mut einzuflößen. Zu dem nationalen Hochmut trat nationale Kurzsichtigkeit; das deutsche Volk lebte in Tagträumen, in nebelhaften, aber um so großartigeren Begriffen wie ›Schicksal‹ und ›Verhängnis‹. Gerade das machte das Erlebnis der militärischen Niederlage und der Revolution im Jahre 1918 zu einem besonders erschütternden Trauma. Rückblickend kann man leicht erkennen, warum die Weimarer Republik scheitern mußte: Weil sie mit der Hypothek des anscheinend so ungerechten und unleugbar sehr harten Versailler Vertrags belastet war sowie mit dem Odium der Kriegsschuld, die von der großen Masse des deutschen Volkes nicht hingenommen werden konnte. Es wurde aufgefordert, unrealistisch hohe Summen an Kriegsentschädigungen zu zahlen und ein Kolonialreich herzugeben, das bei der europäischen Auseinandersetzung kaum eine Rolle gespielt hatte. So hat der Sturz des Hauses Hohenzollern[3] noch zu dem Mißlingen des ersten deutschen Versuches einer wahrhaft demokratischen Regierungsform beigetragen. Die Aristokratie und ein beträchtlicher Teil der Mittelschicht haben die Republik niemals hingenommen. Sie war in ihren Augen nicht ›unser Deutschland‹, sondern ein Regime, das die Niederlage eingestand und die nationale Tradition verriet. In Wirklichkeit hatte das Haus Hohenzollern Deutschland verraten: Der Kaiser ließ Land und Volk im Stich, und drei seiner Söhne schlossen sich später der NSDAP an.

Ein Hauptwesenszug der Epoche der Weimarer Republik war die politische und wirtschaftliche Anarchie, mit der sie fertig zu werden versuchte. Möglicherweise hatte die industrielle Revolution in Europa einen »geistigen Nihilismus«[4] zur Folge. Auf jeden Fall aber wurden die Deutschen durch die militärische Niederlage und die Demütigung vor der zivilisierten Welt auf sich selbst zurückgeworfen und entwickelten eine wütende Xenophobie. Die deutschen Intellektuellen leisteten dagegen nicht den geringsten Widerstand, und es ist schmerzlich festzustellen, daß jemand wie Thomas Mann im Jahre 1918 niederschreiben konnte: »Fort also mit dem landfremden und abstoßenden Schlagwort ›demokratisch‹! Nie wird der mechanisch-demokratische Staat des Westens Heimatrecht bei uns erlangen[5].« Wie soll sich der ›Mann auf der Straße‹ verhalten, wenn die besten Köpfe der Nation so reagierten? Wie sollte er da an Menschenrechte und sozialen Fortschritt denken?

Tatsächlich ereigneten sich in den ersten fünf Jahren der Weimarer Republik ernstliche innere Unruhen, die außerhalb Deutschlands sehr wenig Interesse auf sich zogen. Es gab eine Separatistenbewegung im Rheinland, kommunistische Aufstände in vielen Teilen des Landes, Putsche von rechts – lauter Dinge, die zu bitteren Auseinandersetzungen und Blutvergießen führten. Es gab Hunger und Arbeitslosigkeit und im Anschluß daran die Inflation mit dem völligen Zusammenbruch der Mark. Als die Währungskrise endlich behoben war, folgte für die junge Republik ein betrüblich kurzer Frühling, ehe sie unter dem Aufprall der Weltwirtschaftskrise aufs neue ins Taumeln geriet. Von diesem Zeitpunkt an, von 1929 bis zur Machtergreifung der Nazis vier Jahre später, stand die demokratische Regierung in einem Absterbeprozeß. Die immer weitergehende Zersplitterung der politischen Parteien führte zur Desintegration der politischen Mitte sowie zum Anwachsen der rechts- und linksextremistischen Parteien, der Nazis und der Kommunisten. Die geographische Auffächerung trug ebenfalls dazu bei, die Mittelparteien auszuhöhlen: Die Bayern und Rheinländer kümmerten sich um ihre eigenen Angelegenheiten, die Rittergutsbesitzer in Preußen suchten ihr Heil bei der Deutschnationalen Volkspartei. Führende demokratische Politiker wurden als ›Erfüllungspolitiker‹ hingemeuchelt, die den unpopulären Versailler Vertrag einzuhalten suchten. Straßenschlachten waren in den letzten Jahren der Republik an der Tagesordnung. Gesetz und Ordnung waren ebenso wie die Regierungsgewalt dem Zusammenbrechen nahe.

Der letzte demokratische Reichskanzler, Heinrich Brüning, hat stets behauptet, daß sich seine Regierung, als sie 1932 stürzte, knapp »hundert Meter vor dem Ziel« befunden habe. Es wurden Maßnahmen gegen die Arbeitslosigkeit getroffen. Verschiedene Schuldenabkommen waren dazu bestimmt, die Strenge der Reparationsklauseln des Versailler Vertrags zu mildern. Die Aufnahme Deutschlands in den Völkerbund bedeutete, daß es wieder in den Kreis der zivilisierten Nationen aufgenommen war. Doch alle diese Verbesserungen vermochten nicht mit der Zersetzung der demokratischen politischen Parteien Schritt zu halten. Ein sozialistischer Sattlermeister, Friedrich Ebert, hatte als Reichspräsident von 1919 bis 1925 der Republik Leben einzuhauchen versucht; über ihren Todeskampf präsidierte völlig regungslos Paul von Hindenburg, ein eingefleischter Konservativer, der keine einzige konstruktive Idee in seinem Kopf hatte. Das Amt des Präsidenten hatte zu viel Macht, die Regierung zu wenig.

Die Weimarer Republik war aus einer Revolution entstanden, die in vielen Teilen Deutschlands blutig verlaufen war. Der nationalsozialistische Umschwung vollzog sich fast kampflos, da die totale Machtergreifung Adolf Hitlers den Straßenschlachten ein Ende setzte und sich während der folgenden zehn Jahre kein Zeichen des offenen Widerstands gegen das Regime bot. Das Geheimnis von Hitlers Erfolg war seine Kunst, das Gefühl des deutschen Volkes für jenes Unrecht auszubeuten, das ihm angeblich am Ende des Ersten Weltkriegs angetan worden war, ebenso wie seine Ängste, seine Verquältheiten und seine geheime Xenophobie. Der Weimarer Republik hatte es in jeder Weise an Volkstümlichkeit und Anziehungskraft gefehlt. Hitler zog aus, der Regierung wieder Glanz zu verleihen – Glanz und Gloria, wie sie die Deutschen unter dem Kaisertum gewohnt waren und wonach sie sich immer noch sehnten. Die Fahnen, die Militärkapellen mit ihren aufrüttelnden Märschen, die Uniformen, die Fackelzüge – das alles kam wieder zurück, ebenso wie die chauvinistischen Parolen und Schlagworte, das hetzerische Kriegsgeschrei. Die Deutschen, ein Volk, das seine Sündenböcke brauchte, hatten wieder ihre Feinde: die Juden, die Marxisten, die ›dekadenten‹ westlichen Demokraten, die bolschewistische Sowjetunion. Wollte man einen einzigen Wesenszug der nationalsozialistischen Neuordnung hervorheben, so wäre es nicht die Tüchtigkeit, die militärische Stärke, ja nicht einmal die physische Unterdrückung, sondern die bewußte Ausbeutung und Lenkung der Fähigkeit zu hassen.

Das Ende des Naziregimes liegt erst so kurze Zeit zurück, daß es hier nicht geschildert zu werden braucht. »Eine Kombination von Terror und Gewohnheit[6]«, wie Fabian von Schlabrendorff es nannte, veranlaßte das deutsche Volk, den Nationalsozialismus so gelehrig anzunehmen. Die sämtlichen Deutschen, die die Entscheidung der Alliierten für die bedingungslose Kapitulation verurteilt haben, scheinen den eisernen Zugriff der Nazis vergessen zu haben. Erst durch die totale Niederlage und die totale Besetzung konnte der Nazismus mit der Wurzel ausgerotten werden. Die kalte Kompresse der alliierten Militärverwaltung nach 1945 war von stärkerer Wirkung als eine Revolution. Erst in der Vollständigkeit der deutschen Katastrophe glimmten die ersten Hoffnungsfünkchen für das Deutschland der Zukunft.

Auf der anderen Seite muß diese Vollständigkeit für einen Mann wie Adenauer, der schon die Siebzig erreicht hatte, etwas Erschreckendes gewesen sein – für einen Mann, der schon einmal das Versagen der Demokratie miterlebt hatte und dessen Mißtrauen gegenüber seinen Landsleuten auf bittere Erfahrungen zurückging. Deutschlands Städte lagen in Trümmern, und seine Einwohner befanden sich in einem Zustand völliger Benommenheit. Der wesentlichste Zug am Leben der Nation war die unleugbare Machtlosigkeit. Zum ersten Mal nach annähernd hundert Jahren war Deutschland keine Großmacht mehr. Preußen, sein Kernland, hatte aufgehört zu existieren, und das ganze deutsche Volk war durch den Eisernen Vorhang auseinandergerissen, der die beiden großen Machtblöcke voneinander trennte. Wenn man in jenen ersten zwei oder drei Jahren nach dem Zweiten Weltkrieg befragt worden wäre, wie es weitergehen könnte, so hätte man sicherlich gesagt, daß die vollständige militärische Besetzung durch die Alliierten mindestens zwanzig Jahre fortdauern, eine demokratische Regierung nur in einem sorgfältig abgemessenen Stufenplan eingeführt werden und ein wirklich neuer Anfang erst möglich sein würde, wenn die ganze Generation der Deutschen, die den Nationalsozialismus aktiv unterstützt oder doch passiv mitgemacht hatten, dahingestorben war.

Der Kontrast zwischen dem Deutschland vor 1914, in dem Adenauer aufgewachsen war, und dem Deutschland nach 1945, in dem ihm die Aufgabe zufiel, die Nation oder doch ihren größeren Teil anzuführen, könnte schwerlich größer gewesen sein. Er war in einer Atmosphäre der

Stärke und Stabilität herangewachsen; 1945 stand er inmitten einer Gemeinschaft, die nicht mehr wußte, woran sie glauben sollte oder ob sie überhaupt noch an etwas glauben wollte. Man mußte schon Adenauers ausgeglichenen und durchdringenden Verstand besitzen, um zu begreifen, daß das Nachkriegs-Deutschland ein fruchtbarer Boden für einen völligen Neubeginn war. Der Demokratie wurde die Gelegenheit geboten, im Schutze der demokratischen Westalliierten Wurzeln zu schlagen. Wären diese nicht im Besitz der absoluten Herrschaft über das Land gewesen, hätten einem zweiten Experiment mit der Demokratie enorme Schwierigkeiten im Wege gestanden. Alles hätte dafür gesprochen, daß es nur allzubald dem Ressentiment und dem Defätismus zum Opfer gefallen wäre, ein kränkelndes Kind, zum vorzeitigen Tod verurteilt.

Im Jahre 1930 meinte der Schriftsteller Ernst von Salomon: »Wenn es eine Macht gibt, die wir vernichten, mit allen Mitteln zu vernichten die Aufgabe haben, dann ist es der Westen und die deutsche Schicht, die sich von ihm überfremden ließ[7].« Diese nihilistische Welle war an sich nichts Neues. Schon sechzig Jahre vorher hatte der Philosoph Friedrich Nietzsche als notwendig bezeichnet, alles Wankende zu stürzen, und die Ansicht geäußert, daß zu seiner Zeit alles im Wanken und Verfall begriffen sei. In der Raserei, die ihn bei der Erkenntnis, daß der Krieg verloren war, befiel, verdammte Hitler sein Land und sein Volk zur völligen Zerstörung. Es fragt sich, ob ein wesentlicher Teil der deutschen Nation – wäre nicht der unausweichliche Zwang gewesen, sich an die Gebote und Planungen der Alliierten zu halten – noch einmal diesem dumpfen Drang zur Selbstzerstörung nachgegeben und sich wie die Lemminge der sicheren Vernichtung in die Arme geworfen hätte. Dafür bestand durchaus eine Möglichkeit, denn die besten Männer des deutschen Widerstands gegen Hitler waren am Galgen oder in den Folterkammern seines unseligen Reichs dahingemetzelt worden, und zurückgeblieben war, wenn man von den unmündigen Kindern absieht, eigentlich nur eine Bevölkerung von Ex-Nazis oder Nicht-Nazis, die sich nur ums Überleben kümmerten. Im Deutschland des zwanzigsten Jahrhunderts waren allzu viele Mythen im Umlauf. Eine davon verdient am allerwenigsten geglaubt zu werden: daß man deutschen ›Demokraten‹ nach dem Zweiten Weltkrieg hätte überlassen sollen, ihre Kriegsverbrecher abzuurteilen, die bösartigen Lehren des Nazismus auszutreiben und aus dem Nichts ein demokratisches deutsches Gemeinwesen zu schaffen. Die alliierte Verwaltung des Nachkriegs-Deutschlands war häufig unfähig und unklar, aber sie hat den Deutschen jedenfalls Zeit zum Nachdenken gegeben.

Was in Westdeutschland, das heißt in mehr als drei Vierteln der gespaltenen deutschen Nation, in den Jahren nach 1945 erreicht worden ist, gehört als wesentlicher Bestandteil zur Lebensgeschichte Konrad Adenauers. Dieser wichtigste Abschnitt seiner Laufbahn zeigt, daß Adenauer den Nihilismus und ähnlichen Unfug aus dem tiefsten Grunde seines Herzens ablehnte. Seit dem Anfang des Jahrhunderts bis 1945 hatte das deutsche Volk in immer schnellerer Folge eine ganze Kette von grauenhaften Erfahrungen durchlebt, die eigentlich nur bei den Anhängern der Lehre von der historischen Zwangsläufigkeit und der unwandelbaren Stärke auf Gegenliebe stoßen konnte. Irgendwo und irgendwann mußte dieser Prozession Einhalt geboten und an die Vernunft appelliert werden. Und damit sind wir schon beim Thema Adenauer angekommen.

2
Der Werdegang eines Oberbürgermeisters

Die äußeren Verhältnisse von Konrad Adenauers Jugendjahren waren einfach, sogar dürftig. Seine Familie wohnte in einem kleinen, schmucklosen Haus der Balduinstraße in Köln, in ärmlichen, wenn auch nicht gerade bedrängten Umständen. Seine Eltern waren katholisch, und man kann wohl von Glück sagen, daß sie nicht mehr als vier Kinder hatten, noch zwei ältere Brüder Konrads und eine jüngere Schwester. Doch auch so war für alle das Leben ernst und schwer.

Es gibt keinerlei Unterlagen über diese Zeit, der einzige authentische Bericht über die Epoche stammt von Konrad Adenauer selbst, der ihn für die ›offiziöse‹ Biographie Paul Weymars von 1955 geliefert hat[1]. Nach seiner Erzählung war ein Teil des aus Erdgeschoß und zwei Stockwerken bestehenden Hauses an Untermieter abgegeben. Die drei Adenauer-Jungen schliefen in einem Zimmer, und Konrad Adenauer mußte bis zum Alter von siebzehn Jahren sein Bett mit seinem Bruder Hans teilen. Für die Kinder bestand der alleinige Vorzug des Hauses darin, daß es hinten einen kleinen Garten hatte, in dem jedem von ihnen ein winziges Beet überlassen war. Konrad pflanzte nach seiner Erinnerung Blumen und außerdem Radieschen an, die gewöhnlich eingingen, wenn er sie aus dem Boden zog, um nachzusehen, wie weit sie schon gediehen waren[2].

Der Vater, ebenfalls Konrad getauft, scheint ein Mann von wenig Worten und womöglich noch weniger Ideen gewesen zu sein. Die eine der beiden Äußerungen, die uns sein Sohn überliefert hat, bezog sich auf eben jene eingegangenen Radieschen: »Man muß die Dinge geduldig wachsen lassen.« Die andere fiel, als der Sohn versuchte, Stiefmütterchen und Geranien zu kreuzen und rankende Stiefmütterchen zu züchten; sie lautete: »Man soll nicht versuchen, dem Herrgott ins Handwerk zu pfuschen.« Konrad Adenauer senior war in der Bäckerei seines Vaters in Bonn aufgewachsen, hatte dann bei kärglichem Lohn in der Landwirtschaft und in einer Ziegelei schwer gearbeitet, bis er schließlich in das preußische Heer eingetreten war. Merkwürdigerweise wurde das damals als eine Art Hintertür zur Beamtenlaufbahn betrachtet, doch bald nach seinem Eintritt brach der Krieg von 1866 zwischen Preußen und Österreich aus, so daß er sich ganz gegen seine Absicht am 3. Juli 1866 auf dem blutigen Schlachtfeld von Königgrätz wiederfand. 30000 Mann fielen, ehe die Preußen den – wie sich herausstellte – entscheidenden Sieg jenes Sechs-Wochen-Krieges errangen, und Konrad senior lag nach der Darstellung seines Sohnes unter einem ganzen Berg von Leichen, lauter Opfern des erbitterten Rückzugsgefechtes zu Beginn der Schlacht, ehe die Truppen des Kronprinzen den der Zahl nach unterlegenen Preußen zu Hilfe kommen konnten. Wiederum nach der Aussage seines Sohnes erhielt er am Abend des gleichen Tages zum Lohn für seine Tapferkeit das Offizierspatent, innerhalb der kastenbewußten preußischen Armee ein höchst ungewöhnliches Ereignis[3]. Doch sollte er sich seiner Bestallung zum Offizier nicht lange erfreuen können. Aus dem Felde heimgekehrt, lernte er Helene Scharfenberg, die Tochter eines Bankbeamten, kennen und wollte sie ehelichen. Doch die strengen preußischen Vorschriften, die bei seiner Ernennung so erheblich gelockert worden waren, forderten von den Eltern der Braut eines Offiziers das Aufbringen einer ›angemessenen‹ Mitgift, weil dieser mit seiner jungen Frau in entsprechenden Verhältnissen leben, Geselligkeit pflegen und ordentlich angezogen sein mußte. So verließ Adenauer senior die

Armee auf eigenen Wunsch wieder und wurde Gerichtssekretär, erst für kurze Zeit in Kleve, dann in Köln. Immerhin hatte er seine Hintertür zur Beamtenlaufbahn gefunden.

So mag seine Schweigsamkeit zum Teil die Folgeerscheinung seiner grausigen Erlebnisse in Königgrätz oder auch der verfrühten Beendigung seiner militärischen Karriere gewesen sein. Auf Bildern erscheint er als ein Mann von festem, geradem Blick, mit einem wohlgestutzten Bart und einem üppigen Schnurrbart, der jedoch nicht verbirgt, daß seine Lippen voll und überraschend sinnlich waren – überraschend insofern, als er die Tugenden einer geradezu mönchischen Zucht zu predigen pflegte: Ehrlichkeit, Pflichtbewußsein, Fleiß, Sparsamkeit und Selbstbeherrschung. Wenn irgendwelche Sinnlichkeit in ihm steckte, so dürfte seine Familie jedenfalls nichts davon erfahren haben. Er war kurz angebunden und duldete keinerlei Fragen.

Seine Ehefrau Helene mag sehr viel mehr Charakter besessen haben, doch bedauerlicherweise wird niemand das je erfahren. Sie führte kein Tagebuch, und keines ihrer Kinder hat jemals irgendeine interessante Einzelheit über sie zu Papier gebracht. Sie besaß eine schöne hohe Stirn und die ausgeprägten Backenknochen, die wohl der bezeichnendste Gesichtszug ihres dritten Sohnes Konrad sind[4]. Konrad selbst erinnerte sich nur, daß sie schwer arbeiten mußte, Näharbeiten annahm und Wachstuchschürzen anfertigte, um das Wirtschaftsgeld aufzubessern. Der kleine Konrad Adenauer half ihr schon im Alter von fünf Jahren beim Ausziehen der Heftfäden und verdiente sich so sein erstes Taschengeld – einen Pfennig pro Schürze. Nach den wenigen noch vorhandenen Bildern zu urteilen, vererbte Helene Adenauer ihren Kindern einen ungeheuer wichtigen Wesenszug, die Ausdauer, die sie besaß, im Gegensatz zu ihrem Ehemann, obwohl dieser bäuerlicher Abstammung war. Aber in den letzten zweitausend Jahren sind in allen Ländern der Welt die Bauern gewöhnlich jung gestorben.

Das Gehalt von Konrad senior betrug in den achtziger und neunziger Jahren des vorigen Jahrhunderts etwa 300 Mark monatlich und war damit keineswegs schlecht. An Kaufkraft dürfte es etwa 1800 bis 2000 DM im Jahre 1970 entsprochen haben. Doch Konrad senior muß von einem tiefsitzenden Ehrgeiz geplagt gewesen sein, jedenfalls was seine Familie betraf. Er wollte, daß sie sich hinaufarbeitete, und schickte infolgedessen alle seine vier Kinder auf die höhere Schule, nach Absolvierung der acht- oder neunjährigen Schulpflicht. Dann ließ er nach wohldurchdachter Planung alle drei Söhne auf die Universität gehen. Das bedeutete für alle Beteiligten große Opfer. Die Kinder mußten sich ihr Taschengeld mit Extraarbeiten verdienen und bekamen am Sonntag kein Fleisch, sondern aßen auf eigenen Wunsch an diesem Ruhetag nur Kartoffeln mit Salz. Der Verzicht auf ein Fleischgericht ermöglichte es, ihre Ersparnisse einem Weihnachtsfonds zufließen zu lassen, aus dem Kerzen und ein Tannenbaum beschafft wurden.

Konrad ging auf das Apostelgymnasium in Köln, wo er in erster Linie durch seinen hohen Wuchs auffiel. Auf Fotos aus seiner Teenagerzeit erscheint Adenauer als ein Kind von unveränderlich ernster Miene und manchmal einem etwas hochmütigen Ausdruck. Aber er muß für die Kamera posiert haben. Vom Apostelgymnasium berichtet ein Klassenkamerad namens Lohmer, dessen Vater Hausarzt in der Familie des Kanzleirats war und eine sehr hohe Meinung vom jungen Adenauer hatte, daß Konrad mindestens ebenso ungezogen wie seine Mitschüler und seine Leistungen nicht so hervorragend waren, »wie ich angenommen hatte[5]«. Offenbar war er allzeit bereit, seinen Klassenkameraden bei den Schularbeiten zu helfen und von sich abschreiben zu lassen. Er las besonders schnell; seiner eigenen Meinung nach war er ein guter Schüler, dem das Lernen Spaß machte, und das stimmte wohl auch: Lohmer konnte sich noch viele Jahre später daran erinnern, wie gut er in Latein und Deutsch gewesen war[6].

Als Konrad Adenauer junior achtzehn Jahre alt wurde, war zuwenig Geld vorhanden, um ihn auf die Universität zu schicken. Man kann sich seine Enttäuschung vorstellen. Aber es schien keinen anderen Ausweg zu geben, als irgendwie Geld zu verdienen, und so fing er am 1. April 1894 bei dem Kölner Bankhaus Seligmann zu arbeiten an. Es war obendrein eine stumpfsinnige Tätigkeit: Die meiste Zeit verbrachte er mit dem Auf- und Zuschließen von Stahlfächern, dem Hin- und Herschleppen von Kontobüchern, Botengängen und Kaffeeholen für die höheren Angestellten. Er erinnerte sich später, an eine Kölner Zeitung einen Leserbrief gerichtet zu haben mit der Frage, wie lange man denn brauche, um sich im Bankfach zu einer führenden Stellung hinaufzuarbeiten, und daß die Antwort darauf ›nicht ermutigend‹ ausgefallen sei: Ein junger Mann ohne Geld und ohne Beziehungen müsse, so hieß es, seine ganze Lebenszeit daransetzen.

Der Vater bemerkte die Niedergeschlagenheit seines Sohnes, obwohl Konrad Adenauer selbst in so jungen Jahren kein Mensch war, der sich über Schwierigkeiten beklagt hätte. Konrad senior beantragte bei einer Kölner Stiftung, der Krämerstiftung, ein Stipendium für seinen Sohn und bekam es auch. Mit etwas Geld, das er selber zusammenkratzte, konnte er seinen Sohn auf die Freiburger Universität schicken. Das war der Beginn eines sechsjährigen Studiums an verschiedenen Universitäten. Konrad junior widmete sich dem Rechtsstudium, einem schon zu jener Zeit überlaufenen Fach, das aber als geeigneter Einstieg in eine Laufbahn als Staatsbeamter galt. Sein eigener Ehrgeiz richtete sich in jener Phase seines Lebens allerdings eher darauf, in einem Landstädtchen eine Rechtsanwaltspraxis zu eröffnen. Er hatte eine stille Sehnsucht nach Wiesen und Wäldern und sich seine alte Neigung zur Blumenzucht bewahrt. Das Bergland der Eifel hatte vielleicht noch eine zusätzliche unbestimmte Anziehung für ihn, denn in seiner Mitte liegt das Dorf Adenau, das möglicherweise der Ursprungsort seiner Familie ist.

Seine Universitätszeit scheint ziemlich ereignislos verlaufen zu sein. Einer seiner Biographen[7] sieht den Grund darin, daß er introvertiert und übermäßig brav gewesen sei, keine echten Freundschaften geschlossen und keine starke Persönlichkeit entwickelt habe. Wahrscheinlich war er ein Spätentwickler. Doch daß er als Student ein konventionelles Leben geführt hat, ist mit einiger Sicherheit auf zwei andere Faktoren zurückzuführen: Einmal war er sehr arm und mußte mit seinem Wechsel von 90 Mark auch noch die Universitätsgebühren bestreiten und etwas für die Ferien übrigbehalten. Zum zweiten war er nicht besonders kräftig; normalerweise hätte er mit zwanzig Jahren sein Studium unterbrechen und seinen Militärdienst ableisten müssen, doch wurde er wegen Flachbrüstigkeit und schwachen Lungen zurückgestellt[8].

In Freiburg schloß er eine einzige enge Freundschaft mit Raimund Schlüter, wie er katholischer Konfession, ebenso arm und von der gleichen eisernen Disziplin, die sich beide auferlegen mußten, um finanziell zurechtzukommen. Ihre Lieblingsbeschäftigung kostete einzig und allein etwas Sohlenleder – sie gingen gemeinsam auf ausgedehnte Wanderungen. Schlüter jedoch war ein sehr geselliger Mensch, der Adenauer in seine katholische Studentenverbindung ›Brisgovia‹ einführte und mit ihm von Freiburg nach München zog, wo sie gemeinsam drei Semester verbrachten – für beide ein glückliches Intermezzo. Während des Semesters gaben sie ihre letzten Groschen für die billigsten Plätze im Opernhaus aus, und in den langen Sommerferien reisten sie ins Ausland, nach Norditalien und in die Schweiz, unter kargen Bedingungen, und besichtigten Museen, Kirchen und die Schönheiten der Natur. Diese Reisen müssen dem jungen Adenauer einen ersten deutlichen Begriff von ›seinem‹ Europa vermittelt haben, jenem westlichen Europa, dem sich die Rheinländer im wahrsten Sinne verwandt fühlten und dem sie sich weit stärker zugehörig empfanden als Preußen. Erst wenige Jahre zuvor hatte Heinrich von Treitschke schneidend von Adenauers Landsleuten geschrieben: »Man dachte nur noch an [die] Wohltaten [der Napoleonischen Herrschaft], man schwärmte wieder für die glorreichen Ideen von 89, man las mit Vorliebe französische oder belgische Zeitungen und schwor auf die neue Lehre, daß die Sonne über Europa im Westen aufgehe...« Adenauer ist sein ganzes Leben über ein Westeuropäer geblieben.

Von München zog Adenauer nach Bonn und verbrachte dort annähernd drei Jahre mit dem Büffeln für seine Prüfungen. Es kann keine sehr aufregende oder anregende Zeit für ihn gewesen sein, obwohl er seine Familie in Köln in der Nähe hatte, wo der eine seiner Brüder ebenfalls Referendar war und der andere vor der Priesterweihe stand. Konrad war immer noch ein etwas einsamer Mensch, wenn auch nicht schüchtern. Auf alle Fälle gibt es während dieser Studienjahre nicht die leiseste Andeutung einer Liebesangelegenheit. Sein Referendarexamen legte er im Alter von 23 Jahren ab, und ein Jahr darauf ging er in den Gerichtsdienst über. Nach dem Urteil eines kritischen Biographen: »Er schaffte es gerade noch, mit der Note ›genügend‹ durch das Referendarexamen zu kommen, das man mindestens mit ›gut‹ bestehen muß, um bei seiner weiteren Karriere erfolgreich zu sein[9].« Auch hier wieder kann man auf verzögerte geistige Entwicklung tippen. Er hat jedenfalls ernsthaft genug gearbeitet, und seine eigene lebhafteste Erinnerung an diese Zeit ist, lange aufgeblieben zu sein und halbe Nächte über seinen Büchern gesessen zu haben, die Füße in einen Bottich mit kaltem Wasser gesteckt, um sich auf diese Weise wach zu halten.

Adenauer bewarb sich um eine Stelle bei der Kölner Staatsanwaltschaft, eine sehr geeignete Vorübung für einen angehenden Rechtsanwalt. Sein bester Freund Raimund Schlüter nahm unterdessen seine Tätigkeit beim Amtsgericht in Gmünd auf, einem Eifelort, wo er sich alsbald verlobte, aber fast unmittelbar darauf an Tuberkulose starb. Adenauer nahm als großer, ernster, schweigsamer junger Mann an der Beerdigung teil. Nach Aussage eines Freundes von Schlüter »wirkte er völlig beherrscht. Er stand tränenlos und starr am Grabe[10]«.

Wie sieht der Mensch aus, der zu diesem Zeitpunkt in die Welt hinaustrat? Augenscheinlich war er sehr still und zurückhaltend, was auf seine Herkunft aus einer streng erzogenen und frommen Familie zurückzuführen war. Er war ein Stoiker, fest entschlossen, kein Anzeichen von Schwäche an den Tag zu legen, sich niemals zu beklagen und nie aus persönlichen Gründen zu murren. Diese Eigenschaft sollte er sein ganzes Leben lang behalten. Es lag auch eine gewisse, ins Alltägliche und Realistische abgewandelte Donquichotterie in seinem Wesen. Er hatte untadelige Manieren und war besonders Frauen gegenüber von großer Höflichkeit. Von der frühesten Kindheit an zeigte er nicht die geringste Furcht; seine Kinderbilder offenbaren eine einzigartige, fast komisch wirkende Selbstsicherheit von oben herab, im Gegensatz zu den nachdenklichen, aber nicht altklug wirkenden Gesichtern seiner Brüder. Tennessee Williams läßt in seinem Stück *Camino Real* Don Quichotte in ein verlassenes, verschlafenes Dorf auf dem Weg nach nirgendwo kommen, wo er am Brunnen auf dem Platz seine Zahnbürste hervorholt und sich seelenruhig zum Schlaf niederlegt. Man kann sich vorstellen, daß Adenauer sich mit jeder vergleichbaren Unbequemlichkeit klaglos abgefunden und ganz von selber das Beste daraus zu machen verstanden hätte.

Er war kein Dandy, aber von peinlicher Sorgfalt in seiner Kleidung. Auf seiner schlanken, aber nicht mageren Gestalt saßen die Anzüge gut, schon frühzeitig entwickelte sich seine Vorliebe für dunkle Anzüge mit langen, röhrenartigen Jacketts. Bei der Arbeit trug er Hemden mit umgelegtem Kragen und Querbinder. Selbst als kleiner Junge war er überaus, ja geradezu übertrieben penibel in seiner Kleidung. Mit einem Problem scheint er sich besonders herumgeschlagen zu haben: Als Student an der Münchner Universität trug er ein keckes Schnurrbärtchen, und es gibt ein Foto von ihm aus dieser Zeit, auf dem er eine Melone auf dem Kopf hat und allem Anschein nach, mit je zwei Mädchen zu seiner Rechten und Linken, über einen Strohballen hinwegschaut; sämtliche vier Mädchen lachen, nur seine eigene Miene ist von einer unnatürlichen Ernsthaftigkeit. Schon damals mag er jene wohleinstudierte Clownerie an den Tag gelegt haben, die sich später in einen scharfen und treffenden Humor verwandelte. Ein paar Jahre später ist der Schnurrbart verschwunden, doch taucht er 1901 oder Anfang 1902 in ausgedehnterer Form wieder auf. Er behielt ihn dann dreißig Jahre lang bei, wenn auch die hochgezwirbelten Enden 1918 mit der Abdankung des Kaisers fielen.

Gab es außerhalb der Familie und der unmittelbaren Umgebung in Konrad Adenauers frühen Jahren noch andere prägende Kräfte? Manchmal lassen Ereignisse einen tieferen Eindruck zurück als Persönlichkeiten, und zufällig gab es im Rheinland ein Ereignis oder, genauer genommen, eine ganze Entwicklung, die kurz vor Adenauers Geburt einsetzte: Anfang der siebziger Jahre brach ein Streit zwischen Bismarcks Reichsregierung und der katholischen Kirche aus, der in der deutschen Geschichte unauslöschliche Spuren zurückließ.

Diese Auseinandersetzung, der sogenannte Kulturkampf, erreichte seinen Höhepunkt schon ein oder zwei Jahre vor Adenauers Geburt, doch grollte sie noch weiter bis ungefähr 1886, als er bereits zehn Jahre alt war. In seiner tief religiösen Familie mußte sie unausbleiblich im Mittelpunkt aller politischen Gespräche stehen. Das ganze stockkatholische Rheinland befand sich in einer Frontstellung gegenüber dem ketzerischen protestantischen Preußen und dem hochgradig autoritären Reichskanzler. Hier steckt der Keim für das tiefsitzende Mißtrauen gegenüber Preußen, das Adenauer bis zum Ende seines Lebens nicht verlassen hat.

Die äußeren Fakten des ›Kulturkampfes‹ sind leichter zu begreifen als Recht und Unrecht auf beiden Seiten. Bismarck betrachtete die katholische Kirche als Staat im Staate und wollte die Zahl der Priester einschränken, die Kirche zur Aufgabe ihrer konfessionellen Schulen zwingen sowie generell zum Verzicht auf jede erzieherische Betätigung; er wollte auch einige der religiösen Orden verbieten. Von 1872 bis 1876 war zum Beispiel der Jesuitenorden verboten und seine Mitglieder des Landes verwiesen. Den Priestern wurde untersagt, sich in politische Angelegenheiten einzumischen; sie durften außerdem in Deutschland nur deutscher Nationalität sein. Das Büro für Angelegenheiten der katholischen Kirche im preußischen Kultusministerium wurde geschlossen, katholische Seminare unter staatliche Aufsicht gestellt. Ehen mußten vor dem Standesamt geschlossen werden.

Die meisten dieser Neuerungen waren in den ›Mai-Gesetzen‹ von 1875 enthalten. Die katholische Kirche in Deutschland leistete, vom Vatikan unterstützt, dagegen Widerstand. Am 31. März 1874 wurde der Erzbischof von Köln, Kardinal Paulus Melchers, in seinem Palais verhaftet. Bismarck drang in ein Territorium ein, das zu betreten Hitler, sechzig Jahre später, sich scheuen sollte. Eine riesige Menge versammelte sich vor dem Palais und sang ungeachtet des bedrohlichen Aufgebots von Truppen das Lied: ›Wir sind die wahren Christen.‹ Doch der Erzbischof wurde schleunigst abgeholt und in das Gefängnis Klingelpütz geworfen. Sechs seiner Bischöfe wurden ebenfalls verhaftet und 130 Gemeinden, deren Priester die Befolgung der ›Mai-Gesetze‹ verweigerten, ihrer geistlichen Oberhäupter beraubt.

Die unmittelbare Folge davon, daß Bismarck wieder einmal seine eiserne Faust gezeigt hatte, war der Ausgang der Reichstagswahlen von 1874, bei denen die Klerikalen, deren Schwergewicht im Rheinland lag, die Zahl ihrer Abgeordneten von 63 auf 91 vermehren konnten. Bismarck gab nur allmählich und widerwillig nach. 1881 wurde die Strafgesetzgebung, soweit sie sich auf die Ahndung von Verletzungen der ›Mai-Gesetze‹ bezog, der Entscheidungsfreiheit der Gerichte überlassen. 1886 wurden die Staatsexamen der Priester wieder fallengelassen und eine ganze

Reihe von Kompromissen geschlossen, die es den Klerikalen, jetzt Zentrumspartei genannt, ermöglichten, Bismarck im Reichstag zu unterstützen. Doch im Grunde ihres Herzens blieben die Rheinländer unversöhnt. Sie waren der Worte des Trierer Rechtsanwalts Ludwig Simon von 1848 eingedenk: »Wenn ihr euch von Preußen erobern laßt, bewahrt ihr Deutschland den Grabesfrieden und die Friedhofsruhe[11].« Auch Adenauer bewies in späteren Jahren, daß er ein gutes Gedächtnis hatte. Sicherlich sind die Kindheitserinnerungen an all das, was Preußen für seine Familie bedeutete, immer in ihm lebendig geblieben.

Bei der Staatsanwaltschaft sollte Adenauer nur sehr kurze Zeit verbleiben. Anfang 1902 wurde ihm eine Stellung in der Praxis eines Herrn Kausen angeboten, des Vorsitzenden der Zentrumsfraktion im Kölner Stadtparlament und eines der besten Rechtsanwälte der ganzen Gegend. Kausen fand für den ruhigen und vernünftigen jungen Mann genug zu tun. Er machte ihm die Notwendigkeit eines absolut klaren und präzisen Denkens deutlich – offensichtlich verdankt Adenauer der römischen Tradition Kölns sehr viel. Nach Aussage eines anderen Kölner Rechtsanwalts[12] »war er kein Anwalt, der durch Brillanz der Rede besonders geglänzt hätte, dafür aber besaß er eine ungeheuer eindringliche Art, durch nüchtern vorgetragene, sachliche Argumente zu überzeugen. Seine Beredsamkeit wirkte auf die Richter wie ein Landregen, der sanft und stetig alle gegnerischen Einwände aufweicht[13].«

Im Frühsommer 1902 verlobte Adenauer sich. Es war dies ein bedeutsameres Ereignis als gemeinhin im Leben eines Mannes, denn Adenauer gelang es, eine Verbindung zugleich aus Liebe wie aus Gewinnstreben zu schließen. Emma Weyer stammte aus einer sehr wohlhabenden Familie Kölns – Adenauers Leben war so von dieser Stadt beherrscht, daß man sich kaum vorstellen kann, er hätte ›aus ihr heraus‹-geheiratet. Sie war obendrein noch hübsch, aber konnte es sich nicht erlauben, fröhlich zu sein. Ihr Vater war ein paar Jahre vorher gestorben, und die

Mutter war darauf zu dem abwegigen Entschluß gekommen, sein Andenken könne auf keine bessere Weise geehrt werden als durch einen ewig aufrechterhaltenen Zustand der Halbtrauer: Andächtig beweinte sie den Hingang ihres geliebten Ehemannes und wartete vertrauensvoll den Tag ab, an dem sie wieder mit ihm vereint sein würde. Emma und ihre Schwestern bereitete sie damit alles andere als ein heiteres Dasein, und nur dank eines besonderen Glücksfalls durften sie einem Kölner Tennisklub beitreten, der den seltsamen Namen ›Pudelnaß‹ trug. Dort traf Emma Konrad Adenauer, der schon damals ein leidenschaftlicher Anhänger des Sports, aber entschieden kein Casanova war. Er muß ihr eben deshalb gefallen haben, weil es so viel ernster und verständnisvoller war als seine Altersgenossen, vielleicht auch wegen seiner ungewöhnlichen Feinfühligkeit. Adenauer betrieb seine Werbung ganz im Stil der Zeit. Er machte in korrekter und gepflegter Aufmachung einen Besuch bei Emmas Mutter und versicherte, daß er in der Lage sein würde, bei einem voraussichtlichen Einkommen von 6000 Mark im Jahr ihre Tochter standesgemäß zu erhalten – einer Summe, die ungefähr der heutigen Kaufkraft von 30000 Mark entspräche, kein übertriebener Reichtum, aber immerhin auskömmlich. Frau Weyer nahm seine Werbung im Namen ihrer Tochter an; so vollzogen sich diese Dinge im Zeitalter Kaiser Wilhelms II. und der Königin Victoria. Im Januar 1904 fand die Trauung statt.

Adenauers Vater war für sich persönlich ohne Ehrgeiz gewesen, aber für seine Söhne hatte er große Hoffnungen gehegt; aus diesem Grunde hatte er sie aufs Gymnasium und auf die Universität geschickt. Nun hatte sein Sohn sich ganz entschieden ›hinaufgearbeitet‹: Emmas Mutter war eine geborene Wallraf, und ein Vetter der Wallrafs war im Begriff, Oberbürgermeister von Köln zu werden. Ein Großvater gehörte zur Familie Berghaus, die schon zahlreiche lokale Würdenträger hervorgebracht hatte, ein anderer hieß Peter Weyer und besaß eine beachtliche Kunstsammlung. Das waren lauter erstklassige ›Beziehungen‹ für einen ehrgeizigen Jungvermählten. Er zog mit seiner Frau in eine Wohnung in dem gutbürgerlichen Vorort Lindenthal. Ihr erster Sohn wurde im September 1906 geboren.

Zu jenem Zeitpunkt hatte Adenauer schon einen entscheidenden Schritt auf seiner Laufbahn getan. Anfang 1906 war die Stelle eines Beigeordneten in der Kölner Stadtverwaltung frei geworden. Kausen, der innerhalb der Kölner Zentrumspartei ein angesehener Mann war, wollte einen Richter aus Saarbrücken an diese Stelle setzen. Doch Adenauer ging zu seinem Arbeitgeber und suchte mit ruhiger Sicherheit seine eigene Kandidatur durchzusetzen. Mitglied der Zentrumspartei war er schon. Durch die Familie Wallraf hatte er nützliche Querverbindungen zu den Liberalen, der einzigen anderen Partei von Bedeutung in der Stadtverordnetenversammlung. Andererseits stand er Kausen sehr nahe, teilte seine Ansichten und konnte als verläßlicher Vertreter der Interessen des Zentrums gelten. So wurde die Unterstützung des Zentrums und der Liberalen für Adenauer organisiert, und am 7. März 1906 wurde er mit 35 von 37 Stimmen zum Beigeordneten der Stadt Köln gewählt. Es war der Anfang einer stadtväterlichen Karriere, die 27 Jahre, bis zur Machtergreifung der Nationalsozialisten, anhalten sollte.

Sein Gehalt betrug 6000 Mark. Es war nicht mehr als ein Zufall, daß er seiner zukünftigen Schwiegermutter, als er um Emmas Hand anhielt, genau diesen Betrag als sein Jahreseinkommen genannt hatte. Die jungen Leute zogen sofort in eine größere Wohnung, in einem neuen Viertel längs der Ausfallstraße nach Aachen. Hier wurde der Sohn Konrad, genannt Koko, geboren, 1910 ein zweiter Sohn namens Max[14] und 1912 eine Tochter, Ria[15].

Der sonst so glückhafte Beginn von Adenauers Familienleben wurde durch zweierlei überschattet. Erstens starb sein Vater an einem Schlaganfall genau drei Tage nachdem der Sohn Beigeordneter geworden war. Sorgen bereitete auch Emmas Gesundheitszustand: Während der ersten Schwangerschaft erwies sich, daß sie an einer Rückgratverkrümmung litt, ein Nierenleiden trat hinzu. Adenauer konsultierte einen Spezialisten und schickte sie anschließend in ein Sanatorium. Doch nichts half, und die Geburt jedes einzelnen Kindes stellte eine fürchterliche Belastung des Rückens dar, die sich wiederum auf die Nieren auswirkte. Von 1912 an war sie chronisch krank. Es gab zu jener Zeit viele traurige Momente in Adenauers Leben.

In seiner ausführlichen Biographie Adenauers hat Paul Weymar einen interessanten Einblick in Adenauers Familienleben gegeben. Er brauchte immer wenig Schlaf – später litt er unter Schlaflosigkeit – und stand früh auf. Um 8.30 Uhr saß er an seinem Schreibtisch, und nachdem er 1909 zum Ersten Beigeordneten, das heißt zum stellvertretenden Oberbürgermeister, aufgestiegen war, blieb er manchmal bis acht Uhr abends im Büro, mit einer Stunde Mittagspause. Er war stets pünktlich und konnte unpünktliche Leute nicht leiden. 1909 wurde sein angeheirateter Vetter Max Wallraf Oberbürgermeister; dieser war sehr häufig in Berlin beschäftigt, so daß Adenauer viel Zeit auf seine Stellvertretung verwenden mußte. Er war selbst für Finanz- und Personalfragen zuständig, was einen erhöhten Arbeitsanfall mit sich brachte, so daß er in solchen Zeiten oft bis Mitternacht zu tun hatte.

Im eigenen Hause hielt er auf strenge Disziplin, und gerade weil er in dieser Phase seiner Laufbahn so wenig Zeit für seine Kinder hatte, erwartete er von ihnen, daß sie ganz besonders ordentlich und folgsam waren. In Fragen der Hygiene scheint er sehr strenge Ansichten gehabt zu haben; später ließ er alle vierzehn Tage einen Angestellten der Stadtverwaltung kommen, der früher einmal Friseur gewesen war, um sich selbst und seinen beiden Söhnen den klassischen preußischen Haarschnitt von Millimeterlänge zu verpassen – eine seltsame Konzession an das Preußentum, das ihm sonst so wenig gefiel; doch es sei billig und hygienisch, so sagte er den Kindern, und sie äußerten kein Wort des Widerspruchs. Widerrede aus den Reihen der Familie würde Adenauer auch nicht geduldet haben.

Tief in seine Arbeit und sein Familienleben versunken, hatte Adenauer überhaupt keine Zeit, sich um Innen- oder Außenpolitik zu kümmern. Die Deutschen hatten in jener Zeit den festen Glauben, man solle sich um seine eigenen Angelegenheiten kümmern, das Regieren den Regierenden überlassen und selber nur die Rolle von mehr oder weniger großen Zahnrädchen in der Staatsmaschinerie spielen. Tatsächlich durchlebte Adenauer, von seinen ersten Tagen als Beigeordneter bis zum Ausbruch des Weltkrieges im Jahre 1914, eine sehr aufregende Zeit. 1907 entstand durch die Unterzeichnung des englisch-russischen Paktes die Triple Entente mit Einschluß Frankreichs, als Gegengewicht gegen den schon lange bestehenden Dreibund von Deutschland, Österreich und Italien. Man sprach nun unablässig von der ›Einkreisung‹ Deutschlands durch seine etwaigen Gegner und von dem angeblichen Wunsch Frankreichs, einen ›Revanchekrieg‹ zu führen, zur Rückeroberung des 1870 verlorenen Elsaß-Lothringen.

Im Jahre 1908 leistete Kaiser Wilhelm wieder einmal einen seiner zahlreichen Bärendienste am deutschen Volk, indem er der Londoner Zeitung *Daily Telegraph* ein Interview gab. Er kam mit der völlig unsinnigen Geschichte heraus, daß er seinerzeit einen strategischen Plan zur Beendigung des Burenkrieges ausgearbeitet und seiner Großmutter, der Königin Victoria, übersandt habe, und beschuldigte die Briten hartnäckig, sich Deutschland gegenüber feindselig zu verhalten. 1911 wurde der deutsche Kreuzer *Panther* nach Agadir entsandt und dadurch eine Marokko-Krise mit Frankreich hervorgerufen. Im darauffolgenden Jahre schlug ein schüchterner Versuch zu sinnvollen englisch-deutschen Unterhandlungen fehl, während sich Deutschland auf den zweiten Platz der Flotten-Weltrangliste vorschob (zehn Jahre vorher hatte es noch knapp an vierter Stelle gestanden). Die deutsche Regierung zeigte keinerlei Verständnis für die Tatsache, daß das britische Empire unbedingt auf seine maritime Vorrangstellung angewiesen war.

Ein besonders bezeichnender Zwischenfall ereignete sich 1913 in der kleinen Stadt Zabern im Elsaß: Ein anmaßender junger Offizier scheuchte eine Anzahl von Zivilisten von der Straße und proklamierte auf deren Protest den Belagerungszustand. Im Berliner Reichstag brachten die Sozialdemokraten daraufhin einen Mißtrauensantrag gegen die Regierung ein, auf den hin zwar die Garnison aus Zabern wegverlegt, der betreffende Offizier aber mit einem Orden ausgezeichnet wurde. So wird begreiflich, daß der ›preußische Militarismus‹ damals nicht allein im Ausland zum Schreckgespenst geworden war. Die Sympathien von Rheinländern wie Adenauer waren wahrscheinlich eher auf seiten der Bürger von Zabern, die ungefähr zur Hälfte als Franzosen geboren waren, als bei den Soldaten der deutschen Garnison.

Ebenso bezeichnend, aber mit einem Komödieneffekt, war die Geschichte des ›Hauptmanns von Köpenick‹, der als stellungsloser Handwerker mit einer Hauptmannsuniform kostümiert an der Spitze von ein paar Soldaten, die er auf der Straße angehalten hatte, das Rathaus jenes Berliner Vororts besetzt und den Bürgermeister mit seinen Mitarbeitern verhaftet hatte, immer mit der Maßgabe, daß ein preußischer Offizier absolute Vollzugsgewalt habe.

Falls sich Adenauer über diese verschiedenen Ereignisse Gedanken gemacht haben sollte, so hat er sie jedenfalls später weder seinem Biographen noch seinen Nachkommen anvertraut. Der Erste Weltkrieg dürfte für ihn ein ebensolcher Schock wie für die meisten seiner Zeitgenossen in Europa gewesen sein. Deutschland war damals mit einer Bevölkerung von 68 Millionen ein starkes, blühendes und stolzes Land. Köln dehnte sich schnell aus und gab seiner Stadtverwaltung viel zu tun auf. Auch Adenauer selbst ging es wirtschaftlich gut; sein Jahresgehalt war auf 15000 Mark gestiegen, in jenen Tagen eine nette Summe, und er hatte seiner Familie in der Max-Bruch-Straße ein neues Heim gebaut. Gesundheitlich dagegen mußte er sich mit einigen Problemen auseinandersetzen. Seit 1914 litt er an einer Thrombose in einem Bein und hatte seinem ältesten Sohn anvertraut: »Wenn der Blutpfropfen in meinem Bein in Bewegung kommt, falle ich tot um[16]« – eine für ihn typische Dramatisierung. Der Zustand seiner Frau Emma gab zu viel größeren Besorgnissen Anlaß. Sie war mittlerweile unheilbar krank, und sein Verhalten als Ehemann verdient als aufopfernd bezeichnet zu werden. Er verbrachte täglich seine Mittagspause bei ihr und saß abends viele Stunden an ihrem Bett, ihr vorlesend oder Geschichten erzählend, bis sie eingeschlafen war. Danach mußte er dann meistens bis lange nach Mitternacht seine Schreibtischarbeit erledigen. Wahrscheinlich hat er in jener Epoche begonnen, unter der Schlaflosigkeit zu leiden, die ihm für den Rest seines Lebens treu geblieben ist.

Am Sonntag pflegte er mit seinen Kindern den Rhein zu überqueren und Ausflüge ins Siebengebirge zu machen. Hierbei hatte er, soweit diese sich erinnern können, zum ersten Mal Gelegenheit, sich mit ihnen zu unterhalten, wenn sie auch noch zu klein waren, um daraus mehr als einen Monolog von seiner Seite werden zu lassen. Als dann am 16. Oktober 1916 Emma Adenauer starb und die ganze Familie sie betrauerte, unterblieben diese Ausflüge ins Siebengebirge über ein Jahr lang. Später sollte Adenauer diesen Abschnitt seines Lebens als ›wahre Hölle‹ schildern. Der einzige Trost war die nimmermüde Tatkraft, mit der seine Mutter sich um die Kinder kümmerte. Aber sie war inzwischen eine alte Dame geworden, die der Haushaltsführung nicht länger gewachsen war. Es gab Schwierigkeiten mit dem Personal; nach Kriegsbeginn hatten die Diebstähle in unerfreulichem Maße zugenommen, und Lebensmittel ebenso wie andere Waren wurden knapp.

Am 28. Juni 1914 wurde Erzherzog Franz Ferdinand von Österreich in Sarajewo ermordet. Am 5. Juli eröffnete Kaiser Wilhelm dem österreichischen Sonderbotschafter, Graf Hoyos, daß Serbien als der mutmaßliche Urheber dieser Schandtat gemaßregelt werden müsse. Am 23. Juli erfolgte das österreichische Ultimatum an Serbien und am

28. Juli die österreichische Kriegserklärung. Rußland begann mit der allgemeinen Mobilmachung am darauffolgenden Tag, und das deutsche Ultimatum an Rußland kam am 31. Juli. Frankreich mobilisierte am 1. August, und schon am nächsten Tage trat der ›Schlieffen-Plan‹ in Aktion, der unmittelbare Vorstoß auf Frankreich durch Belgien hindurch. Die Verletzung der belgischen Neutralität ließ Großbritannien am 4. August in den Krieg eintreten.

In Deutschland war dieser Krieg populär, selbst in dem unkriegerischen Rheinland. Am Tag der britischen Kriegserklärung gab die deutsche Sozialdemokratische Partei, die theoretisch der Sache des Friedens verpflichtet und von einem Drittel aller Stimmfähigen im Lande getragen war, ein einstimmiges Votum zugunsten der eingebrachten Kriegskredite ab. »Es war ein großes Halali«, pflegte man später im Rheinland über jene Tage zu sagen. Der Kaiser verkündete: »Ich kenne keine Parteien mehr, ich kenne nur noch Deutsche«, und die Sozialdemokraten suchten Zuflucht bei der Überlegung, daß der Krieg gegen den reaktionären Terror des Zarenregimes und den französischen Revanchismus unbedingt geführt werden mußte. Köln zog mit dem ganzen übrigen Deutschland in den Krieg. Ein Kölner Bürger namens Carl Erwin Bruchheuser brachte eine ›Hymne auf unseren Deutschen Kaiser‹ hervor[17], in der er als ›von Gott gesalbt‹ bezeichnet wurde und die in voller Einmütigkeit ausklang: ›Deutschlands Fürst und Volk sind eins!‹ Ebenfalls in Köln produzierte ein gewisser Max Bewer feurige musikalische Huldigungen an die Adresse Hindenburgs und Ludendorffs, der Sieger in den ersten großen Schlachten an der Ostfront; den im Stadtarchiv aufbewahrten Partituren kann man entnehmen, wie gut sie für den Marschtritt der Militärkapellen und der hinterdrein ziehenden Regimenter geschaffen waren.

Ernst Lissauer, ein deutscher Jude ausgerechnet, sollte später seinen Haßgesang mit der wiederkehrenden Zeile ›Gott strafe England!‹ schreiben, doch ein Vorläufer dieser Art von Dichtung meldete sich schon in der von alters her mit Köln rivalisierenden Nachbarschaft Düsseldorf: Herr Johannes Wintgen offerierte seinen eigenen Haßgesang unter dem erschreckenden Titel *Der Haß der deutschen Jugend*. Komischer, wenn auch auf unfreiwillige Weise, war der folgende Beitrag eines Kölner Dichters namens Wilhelm Speiser, der *Gesang auf eine Kanone* betitelt ist und dessen Refrain lautet:

»Der Krupp in Essen ist nicht dumm;
Er machte uns das Bum-Bum-Bum,
Vor dem die Feinde, voll Respekt,
Gleich fallen mit der Nas' im Dreck[18].«

Wie vorauszusehen, lieferte auch der Kaiser seinen eigenen Beitrag zur Aufrechterhaltung der patriotischen Begeisterung Kölns. Im Januar 1915 schickte er eine überschwengliche Glückwunschadresse an die Männer des 28. (Kölner) Infanterieregiments und dessen Obersten, Bonsack, wegen ihrer Tapferkeit vor dem Feind. Er brachte darin die einigermaßen blutrünstige Hoffnung zum Ausdruck, daß bei Wiederaufnahme des ›Bewegungskrieges‹ (die sich nie ereignen sollte) die ›Kölsche Jungs‹ dem Gegner größtmögliche Verluste beibringen und als Sieger vom Schlachtfeld heimkehren würden. Die Botschaft des Kaisers endete, melodramatisch und unpassend zugleich, mit den in violetter Tinte hingeworfenen Worten: »Adieu, Musketiere!« – denn das französische Adieu bedeutet ja den Abschied auf Nimmerwiedersehen. In seiner Antwort versicherte Oberst Bonsack seinem Souverän, daß jeder einzelne seiner Männer bereit sei, einen »schönen, ehrenvollen Soldatentod[19]« zu sterben. Diese Art patriotischer Raserei war damals nicht auf Deutschland beschränkt, aber sie dürfte vor dem deutschen Publikum ihre extremsten Formen angenommen haben.

Chauvinismus in irgendwelcher Gestalt ist Adenauers ausgeglichenem Temperament immer fremd geblieben. Ganz abgesehen von seinen häuslichen Sorgen hatte er viel zuviel im Kopf, um sich an theatralischen Manifestationen zu beteiligen. Kurz nach Ausbruch des Krieges war er ins Ernährungsamt der Stadt versetzt worden, das sich bald zur wichtigsten städtischen Behörde herausbilden sollte, denn Deutschland sah sich nacheinander ernsten Lebensmittelverknappungen, ärgsten Entbehrungen und endlich nahezu dem Hungertod gegenüber. Adenauer hatte Nahrung für annähernd 600000 Menschen zu beschaffen, eine zermürbende Aufgabe, die immer schwieriger wurde. Er erfand selber eine ›Kölner Soya-Wurst‹, die er als ›eßbar‹ bezeichnete, und ein ›Kölner Maisbrot‹, das er sich sogar patentieren ließ[20]. (Er hatte sich schon immer an Erfindungen interessiert gezeigt; zwei andere seiner Ideen betrafen magnetische Haarnadeln und Leichtmetallkarosserien.) Von größerer Bedeutung ist, daß Adenauer Übereinkünfte mit den Bauernorganisationen der Kriegszeit traf, wonach er sie für ihre Produkte nicht mit Geld, sondern mit Saatgut, Dünger und landwirtschaftlichen Maschinen bezahlte. Er operierte dabei ganz einfach nach der Maxime: ›Wer zuerst kommt, mahlt zuerst.‹ Sein Hauptzweck war, das Überleben seiner Kölner Mitbürger zu gewährleisten.

Im Sommer 1917 nahm sein Privatleben eine dramatische Wendung. Bei der morgendlichen Fahrt von der Max-Bruch-Straße zum Rathaus schlief sein Fahrer am Steuer ein – als Folge von Übermüdung und Unterernährung. Der Dienstwagen des Ersten Beigeordneten geriet auf die Schienen einer entgegenkommenden Straßenbahn und wurde total zertrümmert, während der Chauffeur herausgeschleudert wurde und nur geringe Abschürfungen erlitt. Adenauer kroch bluttriefend unter dem Wrack hervor, brachte es aber in seiner typisch würdevollen und energischen Haltung fertig, sich selbst auf die Beine zu stellen, und bestand darauf, zu Fuß zum nahe gelegenen Dreifaltigkeits-Krankenhaus zu gehen. Jochbein und Nasenbein waren gebrochen, der Unterkiefer zerschmettert und ausgerenkt, mehrere Zähne ausgeschlagen, seine Sehkraft beeinträchtigt und die Kopfhaut von tiefen Wunden aufgerissen. Der Chauffeur wurde dafür auf einer Bahre davongetragen.

Adenauer mußte ohne Narkose genäht werden – sei es, weil die Ärzte wegen seiner schwachen Lungen oder der kürzlich erlittenen Thrombose besorgt waren, sei es, weil man die Betäubungsmittel soweit wie möglich für die Frontsoldaten aufsparte. Als alles vorbei war, fiel er in Ohnmacht. Später wurden seine Backenknochen, die Nase und der Unterkiefer wieder eingerichtet, die Jochbeine auf so unvollkommene Weise, daß ihn seine Familie beim ersten Besuch im Krankenhaus zunächst nicht wiedererkannte. Hohe Backenknochen hatte er schon immer gehabt, aber erst durch den Autounfall gewann er das Aussehen eines Indianerhäuptlings oder chinesischen Mandarins. Eine andere Folge des Unfalls waren Doppelsichtigkeit, wenigstens für einige Zeit, und immer wiederkehrende Kopfschmerzen, an denen er bis an sein Lebensende gelitten hat.

Fast unmittelbar nach seiner leidlichen Genesung wurde der Posten des Oberbürgermeisters frei, weil Max Wallraf zum Staatssekretär im Innenministerium ernannt worden war. Während Adenauer sich im September 1917 noch in einem Sanatorium in dem Schwarzwaldort St. Blasien erholte, suchten ihn zwei Stadtverordnete auf. Sie wollten seine geistige Beweglichkeit erproben und taten dies auf eine so überaus geschickte Weise, daß Adenauer nach einer völlig sinnlosen Unterhaltung mit trockenem Humor bemerkte: »Meine Herren, anomal bin ich nur äußerlich[21]!« Er ließ sich für die Wahl aufstellen und gewann mit 52 gegen null Stimmen, bei zwei Enthaltungen – ein bemerkenswerter Erfolg für einen Mann, der erst wenige Jahre zuvor wegen seiner jugendlichen Übereilung und Unerfahrenheit getadelt worden war. Gleichzeitig mit seiner Wahl zum Oberbürgermeister erhielt er einen Sitz im Preußischen Herrenhaus, eine Ehrung, die er weder erstrebt noch erwartet hatte.

Am 18. Oktober 1917 wurde er in sein Amt als Kölner Oberbürgermeister eingeführt. Sein ältester Sohn hat von dem Ereignis die folgende Beschreibung gegeben[22]:

»Dann ging der Vater zum Rednerpult. Wie er so dastand, groß, schlank, in feierlichem Schwarz, und mit heller, weithin schallender Stimme seine Rede verlas, war ich sehr stolz auf ihn... Von dem, was er sagte, ist mir ein Satz im Gedächtnis geblieben:

›Sich ganz auszuwirken, mit den Kräften des Verstandes und der Seele, mit seiner ganzen Persönlichkeit schöpferisch tätig sein zu können, ist der schönste Inhalt menschlichen Lebens. Das Feld hierzu haben Sie mir durch die Wahl zum Oberbürgermeister der Stadt Köln eröffnet. Dafür danke ich Ihnen von Herzen.‹«

Konrad Adenauer war mittlerweile 41 Jahre alt geworden und hatte – so muß es ihm damals erschienen sein – den Gipfelpunkt seiner Karriere erreicht.

3
Eine rheinische Republik?

Die Begeisterung, mit der das deutsche Volk den Ausbruch des Ersten Weltkrieges begrüßte, sollte sich sehr bald wieder legen. Während des ersten Kriegsjahres war auf dem Gürzenichplatz eine riesige Holzfigur des ›Kölschen Boor‹ errichtet worden, des schwerfälligen und plumpen Landmanns, der zu den traditionellen Gestalten des Kölner Karnevals gehört. Die Leute mußten für das Vergnügen, ihm einen Nagel in den Leib zu klopfen, Geld bezahlen, das dann für Feldpostpäckchen mit Lebensmitteln oder Tabak verwandt wurde. Ganze Schulklassen pilgerten zum Gürzenich, und selbst die Kleinsten wurden von den Eltern hochgehoben, um einen symbolischen ersten Schlag auf den fürs eigene Taschengeld gekauften Nagel zu tun[1].

Bei Verkündung jedes Sieges gab es schulfrei, und Anfang 1915 wiesen die militärischen Behörden das Oberbürgermeisteramt energisch darauf hin, daß in einigen Fällen Gymnasien nicht von ›Siegesnachrichten‹ verständigt worden und infolgedessen bei ihrer Arbeit geblieben seien[2]. Doch in der Folgezeit gab es weniger Siege zu feiern. Statt dessen füllten sich die Zeitungen mit einer unaufhörlichen Reihe von Todesanzeigen und mit den Listen der Verwundeten, die auf dem Kölner Hauptbahnhof erwartet wurden. Das Schlimmste waren die Listen der Vermißten; eine beträchtliche Anzahl von ›unbekannten Soldaten‹ fiel an der Front. In einem schmerzlichen Brief des Oberbürgermeisters wurde widerstrebend eingeräumt, daß man damit beginnen müsse, Kölner Bürger auf dem rund 300 Kilometer von ihrer Heimat entfernten Soldatenfriedhof von Maubeuge zu beerdigen[3]. Sorgen machten sich die Kölner Stadtväter auch über die Spottlust der Kölner Jugend, die auf der Straße das Liedchen sang:

»Im Osten kämpft das tapf're Heer,
im Westen steht die Feuerwehr.«

Und als Beweis für die völlige Unvorhersehbarkeit menschlichen Verhaltens wurde das Rathaus mit Briefen des ›Deutschen Abwehrbundes gegen die Ausschreitungen der Abstinenzbewegung‹ bombardiert, deren Absender die Auffassung vertraten, daß der Alkohol, wenn er für die Frontsoldaten angeblich unentbehrlich sei, auch für die übrige Menschheit bekömmlich sein müsse.

Die Ernährungslage fuhr fort, sich zu verschlechtern, nachdem Adenauer 1917 Oberbürgermeister geworden war. Brotkarten waren schon zwei Jahre früher eingeführt worden. Inzwischen waren Brot und Kartoffeln immer knapper geworden, und auf lange Zeit waren Kohlrüben das einzige verfügbare Gemüse. Man führte fahrbare Feldküchen ein, von denen sich jedermann eine warme Mahlzeit pro Tag holen konnte. Im Sommer 1917 stellten sich die Kinder dazu barfuß an; im darauffolgenden Winter trugen sie alle Holzschuhe. Der Kaiser hatte wie gewöhnlich eine besonders törichte Bemerkung dazu zu machen: Ungeachtet der alliierten Verschwörung, die deutsche Milchversorgung zu behindern, würde er seine eigenen Kinder und Enkel nie verhungern lassen, sondern eher Windsor Castle mit der ganzen britischen Königsfamilie in die Luft sprengen[4].

In einem Brief an den Schweizer Juristen Johann Kaspar Bluntschli hatte der deutsche Generalfeldmarschall Graf Helmuth von Moltke 1880 geschrieben:

»Der ewige Friede ist ein Traum, und nicht einmal ein schöner, und der Krieg ein Glied in Gottes Weltordnung. In ihm entfalten sich die edelsten Tugenden des Menschen, Mut und Entsagung, Pflichttreue und Opferwilligkeit mit

Einsetzung des Lebens. Ohne den Krieg würde die Welt im Materialismus versumpfen.«

Das deutsche Volk war dazu erzogen worden, den Krieg, wenn nicht als willkommen, so doch als logisch, nützlich und unvermeidlich zu betrachten. Doch gegen Ende 1917 war es diesen speziellen Krieg doch sehr leid geworden. Am 6. Juli erhob ein Parteifreund Adenauers beim Zentrum, Matthias Erzberger, die Forderung nach einem ›gerechten‹ Frieden, ohne territoriale Ansprüche. 1914 hatte derselbe Erzberger noch die Annexion ganz Belgiens, großer Teile von Nordwest-Frankreich, des französischen und des belgischen Kongo verlangt, die Errichtung von Satellitenstaaten in Polen, den Ostseeprovinzen und der Ukraine und die Bezahlung sämtlicher deutscher Staatsschulden durch die Gegner[5].

Am 12. Juli 1917 unterstützte die ganze Zentrumspartei den Friedensvorschlag Erzbergers in aller Form. Doch noch im März 1918 zwang Deutschland im Vertrag von Brest-Litowsk Rußland einen brutal harten Frieden auf, in dem die neue bolschewistische Regierung genötigt wurde, Polen, Finnland und die baltischen Staaten abzutreten, während die Ukraine und Weißrußland vorläufig unter deutscher militärischer Besetzung blieben. Erst ein paar Monate vorher hatten die Sozialdemokraten und die Mittelparteien eine Majorität von 2:1 für ihre Friedens-Entschließung aufgebracht: »Keine Annexionen, keine Entschädigungen!«

Anfang 1918 sprach Adenauer gegenüber Max Wallraf aus, daß der Krieg verloren sei[6]. Jedenfalls hat er es so in der Erinnerung zurückbehalten. 1918 war ein schreckliches Jahr: Es gab Meutereien bei der Kriegsmarine und einen zunehmenden unerbittlichen Druck auf die deutsche Front im Westen. Die große deutsche Frühjahrsoffensive verläpperte sich gegen Ende Juni, und damit sank die winzige Chance auf einen deutschen Sieg dahin.

»Die Truppe hatte in den schweren Abwehrkämpfen, die sich ... an das Scheitern der letzten deutschen Offensive bei

Reims und an der Marne anschlossen, nur zu gut aus bitterer Erfahrung gelernt, daß der Gegner eine zunehmende Überlegenheit an Material und Menschen erlangte...[7]«

Im September wurde die vielgerühmte ›Hindenburg-Linie‹ durchbrochen. Am 3. November 1918 meuterten die Kieler Matrosen, und drei Tage später erfuhr Adenauer, daß eine größere Abordnung von ihnen auf dem Weg ins Rheinland war. Ihre Absicht: Arbeiter-, Soldaten- und Matrosenräte in ganz Deutschland aufzustellen und alle Verwaltungsinstanzen in ihrer Hand zu vereinigen. Nur 80 Kilometer westlich von Köln, in Spa, saß der Kaiser mit dem Generalstab und versuchte sich zu entscheiden, ob er der Revolution Widerstand leisten solle. Köln hatte noch immer eine kleine Garnison, doch die Stimmung der unterernährten, von der Niederlage und dem Gedanken an eine etwaige Anarchie bedrückten Bevölkerung war nahe dem Nullpunkt.

Adenauer machte einen Versuch, das Eintreffen der Kieler Matrosen zu verhindern oder doch hinauszuschieben. Er verständigte den Gouverneur, der sich jedoch weigerte, durch Absperrung des Hauptbahnhofs einzugreifen. Als nächstes forderte Adenauer die Reichsbahndirektion auf, den Zug mit den Matrosen irgendwo auf ein Abstellgleis zu schieben. Auch dieser Vorschlag wurde abgelehnt, mit der Begründung, daß der Zug dann wahrscheinlich beschädigt würde – ein herrliches Beispiel für Bürokratismus und Verantwortungslosigkeit. Schließlich war die Polizei bereit mitzuwirken, wenn auch halben Herzens. Sie zog eine Absperrung rund um den Bahnhofsvorplatz und belehrte die Hunderte von Meuterern, sie dürften die Stadt keinesfalls mit ihren roten Rosetten betreten, mit dem Erfolg, daß diese ihre Rosetten in die Tasche schoben, sich über die ganze Stadt verteilten und sie dann prompt wieder in ihre Knopflöcher steckten.

Am nächsten Tag wurde durch Megaphone auf den Plätzen der Stadt die Republik ausgerufen. Der Mob wälzte sich durch die Straßen und forderte die Offiziere der

Garnison zur Übergabe auf. Adenauer gab dem Gouverneur zu verstehen, daß die bloße Andeutung von Gewalt – wahrscheinlich dachte er an eine Salve über die Köpfe der Aufrührer – die Situation, die sich ganz offensichtlich zuspitzte, retten könnte. Eine Batterie Feldartillerie mit ausreichender Munition stand auf dem Hof des Apostelgymnasiums, Adenauers ehemaliger Schule. Doch der Gouverneur weigerte sich, sie einzusetzen.

Infolgedessen begab sich Adenauer am Nachmittag ins Rathaus und erklärte sich bereit, mit dem ernannten Beauftragten des in aller Eile gebildeten ›Arbeiter- und Soldatenrats‹ zu sprechen. Sie verhandelten den ganzen Nachmittag über und kamen zu einem einigermaßen vernünftigen Kompromiß. Auf dem Rathaus sollte keine rote Fahne gehißt werden. Der Gouverneur sollte die Stadt unbehindert verlassen dürfen. Diese Übereinkunft wurde keine Minute zu früh getroffen, denn schon am nächsten Tag meuterten große Teile der Garnison und schlossen sich den Aufrührern an[8]. Sie hatte den einen der beiden spärlichen Trümpfe in Adenauers Hand dargestellt. Der andere war die mit Gewißheit zu erwartende Rückkehr der Fronttruppen.

Hauptmann Otto Schwink, vom Kaiserlichen Hauptquartier zur Ablösung des Kölner Gouverneurs bestimmt, hat Paul Weymar eine dramatische Schilderung geliefert[9]. Er hatte Spa am 8. November verlassen, genau an dem Tag, an dem der Kaiser ins neutrale Holland geflohen war. In seinem Bericht streicht er Adenauer sehr heraus, den er als »einen der tapfersten Männer, die ich je kennengelernt habe«, bezeichnet. Diese Tapferkeit hatte Adenauer auch nötig, denn lange Wochen hindurch befand sich Köln im Zustand der ausbrechenden Anarchie; Menschenmengen marschierten durch die Straßen, schwenkten rote Fahnen und brüllten Parolen. Das Kölner Rathaus wurde von ihnen fast unaufhörlich belagert, mit der Forderung nach Lebensmitteln und Brennstoff. Plündern stand auf der Tagesordnung.

Nach Schwinks Aussage arbeitete Adenauer in jener Zeit 18 bis 20 Stunden täglich. Er beschaffte aus den benachbarten ländlichen Gebieten Nahrungsmittel und stellte Feldküchen auf, die Tag und Nacht dampften. Er befahl der Polizei, gegen die Plünderer einzuschreiten; bei einer Gelegenheit veranlaßte er, daß sie nachts 300 Liter Alkohol in den Rhein goß, um zu verhindern, daß dieser der leicht erregbaren Menge in die Hände fiel. Er requirierte das gesamte Heeresgut, verkaufte es gegen bar und benutzte das Geld zu weiteren Hilfsmaßnahmen. Das Wichtigste war, daß er die Soldaten veranlaßte, ihre Waffen abzuliefern, indem er dies zur Bedingung für die Aushändigung von Entlassungspapieren, Fahrscheinen, Sold und Lebensmittelkarten machte. »Inmitten dieser Aufregung«, so berichtet Schwink, »blieb Adenauer ruhig und beherrscht... Der Mann war wirklich ein Feldherr[10].«

Adenauers bemerkenswerte Ruhe und nie versagender gesunder Menschenverstand machten sich bezahlt. Er schuf ein in der chaotischen Situation beachtliches Maß an Ordnung und ersparte Köln die Ausschreitungen, die in Berlin und anderen deutschen Städten vor sich gingen. Er steuerte die Kölner durch die an Verzweiflung grenzende Anfangsphase, in der die Bedingungen des Waffenstillstands vom 11. November 1918 bekanntgegeben wurden. Danach sollte Deutschland fast völlig entwaffnet werden und seine Flotte ausliefern. Es mußte alle eroberten Gebiete räumen, einschließlich Elsaß-Lothringens, der Beute des französisch-preußischen Krieges von 1870. Außerdem sollten das gesamte linke Rheinufer und ein zehn Kilometer breiter Streifen rechts des Rheins entmilitarisiert bleiben. Die Stadt Köln kam unter britische militärische Besetzung.

Treu sorgend beschäftigte sich Adenauer mit den langen, schier unabsehbaren Kolonnen heimkehrender Frontsoldaten, die zeitweilig untergebracht, verpflegt und dann weitergeleitet werden mußten. Am 3. Dezember 1918 überquerte die letzte dieser Einheiten den Rhein bei Köln, noch immer in tadelloser Marschordnung, aber so übermüdet, daß sie den Kölner Schulkindern erlaubte, ihre Lafetten über die Brücken zu ziehen. Die tadellose Disziplin dieser Heimkehrer veranlaßte den neugewählten Reichspräsidenten Friedrich Ebert zu dem Ausruf: »Ich begrüße euch, die ihr unbesiegt aus dem Felde heimgekehrt seid« – eine Äußerung, die zu dem gefährlichen Mythos beitragen sollte, daß Deutschland den Krieg nur infolge eines ›Dolchstoßes‹ aus den eigenen Reihen verloren habe.

Am 6. Dezember traf unmittelbar nach diesen letzten deutschen Nachzüglern die britische Besatzungsmacht ein, in Gestalt einer Infanterie-Brigade und des 3. Kavallerie-(Husaren-)Regiments, unter dem Kommando von General Lawson. Nach den offiziellen Berichten[11] führten Adenauer und der General eine freundschaftliche Unterredung miteinander. Adenauer stellte den britischen Truppen drei leere Kasernen zur Verfügung und schlug vor, daß sie diese durch die Straßen marschierend erreichen sollten, damit die Bevölkerung sich mit ihrem Einzug vertraut machen konnte. Lawson erklärte, seine Leute seien dazu zu müde, doch fand er sich bereit, sie am nächsten Tag durch die Stadt marschieren zu lassen. Adenauer sprach die Hoffnung aus, daß es dem General nichts ausmachen würde, wenn die Kinder neben der Truppe einherliefen – Kölner Kinder seien neugierig von Natur. Die Antwort des Generals war, daß er seinerseits hoffe, seine Leute und die Kinder von Köln würden bald die besten Freunde werden.

In der Proklamation an die Bevölkerung, die Lawson mitgebracht hatte, waren aber auch einige unwillkommene Dinge enthalten. Alle Bürger der Stadt mußten Ausweise bei sich tragen, und jedermann mußte polizeilich gemeldet sein. Nach 20 Uhr gab es keinen Straßenverkehr mehr, und nach 21.30 Uhr durfte in den Häusern nur mit besonderer Genehmigung noch Licht brennen. Auch unmilitärische Waffen wie Schrotflinten mußten bei den Militärbehörden abgeliefert werden. Niemand durfte zu Pferd durch die Straßen reiten, und alle Deutschen männlichen Geschlechts sollten den britischen Offizieren eine Ehrenbezeigung durch Ziehen ihrer Kopfbedeckung erweisen. Gegen diese letzte Vorschrift protestierte Adenauer sehr heftig, dem Vernehmen nach soll er Lawson gesagt haben, er könne sich »nicht vorstellen, daß ein britischer Gentleman Wert darauf legt, ein besiegtes Volk in dieser Weise zu demütigen[12]«. Lawson war kein Kommißkopf; man überließ es der Stadtverwaltung, die verschiedenen Anordnungen auf ihre Weise zu verwirklichen[13].

Auf alle Fälle gestalteten sich die Beziehungen zwischen Adenauer und den britischen Besatzungsbehörden ziemlich gut. Als später ein britischer Kommissar, J. L. Piggott, die Aufgaben der britischen Armee übernahm, wurde dieser ein persönlicher Freund der Familie Adenauer. Aber auch vorher schon konnte Adenauer sich offen mit den Militärbehörden aussprechen; schon wenige Tage nach Beginn der Besatzungszeit erklärte er, die Kölner Bevölkerung unterscheide sich von ›anderen deutschen Stämmen‹, weil sie von gemischter Abstammung und Blutmischung und auf ihren Mutterwitz besonders stolz sei[14]. Wenn er sich über irgendwelche Vorschriften beklagte, lieh man ihm ein freundliches Ohr und schuf verschiedentlich Abhilfe. Die Requisition von Lebensmitteln durch die britischen Truppen wurde auf seinen Wunsch abgeschafft. Die britische Garnison stand bald auf gutem Fuße mit der Kölner Bevölkerung, und es gab wenig Beschwerden über ihr Verhalten. Andererseits gab es den Fall, daß ein deutscher Kaffeehausbesitzer zu einer Gefängnisstrafe verurteilt wurde, weil er seinen Hund auf einen britischen Hauptmann gehetzt hatte[15].

Als er 1917 Oberbürgermeister von Köln wurde, stand Adenauer vor äußerst schwierigen Problemen, doch es fragt sich, ob die Aufgaben bei Kriegsende nicht noch schwieriger waren. Durch das Ende der Monarchie war nichts gelöst worden. Ein Historiker hat das so formuliert: »Der Regimewechsel erfolgte nicht als Ergebnis einer lange voraus geplanten revolutionären Bewegung. Er stellte auch keine grundsätzliche Sinneswandlung beim deutschen

Volke dar. Er kam ohne irgendwelche tiefsitzenden Überzeugungen oder Bereitwilligkeit auf seiten seiner Urheber zustande, die sicherlich damals vorgezogen hätten, die Monarchie beizubehalten. In überwiegendem Maße geschah es nur, weil die Machthabenden meinten, daß allein durch dieses Mittel Deutschland den von Wilson stipulierten Friedensvoraussetzungen angepaßt werden konnte; zum Teil auch aus Furcht vor dem Bolschewismus; doch beides war eher das Resultat äußeren Drucks als ein Vorgang innerhalb Deutschlands[16].«

Die Revolution war in Wirklichkeit keine richtige Revolution gewesen. Sie war das Ergebnis der Desillusionierung und des Ressentiments, der Kriegsmüdigkeit und der Beendigung der Tradition einer unbesiegbaren Armee. Es stand wenig Idealismus und keine Ideologie dahinter. Man entwarf eine Verfassung, die man als ›bürgerlich-liberal‹ bezeichnen kann. Halbherzig gefaßte Pläne für eine Sozialisierung der Schwerindustrie wurden bald wieder fallengelassen. Eine einsame, angeblich ›populäre‹ Konzession war die Senkung des Wahlrechtsalters auf zwanzig und das Frauenstimmrecht. Nur sehr wenige Deutsche waren der Meinung, daß irgend etwas Wesentliches in bezug auf eine Verfassungsänderung getan worden sei. In den Augen der Zentrumspartei war die neue Verfassung zu weltlich und die Regierungsgewalt zu stark in Berlin konzentriert. Für die Sozialdemokraten verkörperte sie die Niederlage der Demokratie, für die Nationalisten die Niederlage der Nation. Ein braver und ehrlicher, aber schwungloser Reichspräsident war in der Person Friedrich Eberts gefunden worden, den Theodor Heuss – später einmal selbst Präsident der Bundesrepublik – mit bemerkenswertem Mangel an Scharfblick den »Abraham Lincoln der deutschen Geschichte[17]« nannte. Im Volksmund war er sehr viel passender als ›Friedrich der Vorläufige‹ bekannt.

In Berlin hatten sich die linksextremistischen ›Spartakisten‹ in Bewegung gesetzt und fochten Straßenkämpfe mit den aus entlassenen Offizieren zusammengesetzten ›Freikorps‹ aus. Ein ebenfalls bürgerkriegsähnlicher Zustand entwickelte sich in Bayern und Sachsen. Der ›Außenminister‹ einer bolschewistischen ›Republik Bayern‹, ein gewisser Dr. Lipp, richtete eine ›Kriegserklärung‹ an Württemberg und die Schweiz, weil diese sich geweigert hatten, seiner Regierung 60 Lokomotiven zu leihen[18]. In diesen ersten Monaten nach Kriegsende sah es so aus, als ginge das Reich aus den Fugen.

In Köln war sich Adenauer dieser Gefahr durchaus bewußt. Obendrein hatte er genügend eigene Sorgen. Im letzten Kriegsjahr hatten die Kölner, genauso undankbar wie das übrige Menschengeschlecht, auf den Straßen gegen ›Graupenauer‹ demonstriert, eine Anspielung auf die zu ihrem Hauptnahrungsmittel gewordenen Graupen, die ihrer Ansicht nach nur als Viehfutter geeignet waren. Die neugebildete kommunistische Partei griff Adenauer als ›reaktionären Katholiken‹ und den ganzen Stadtrat als ›Saustall und Adenauer-Zirkus‹ an[19]. Eines Sonntags entdeckten Adenauer und Hauptmann Schwink auf einem Spaziergang im Stadtpark ein Grab mit einem Holzkreuz und der Aufschrift ›Hier ruht Konrad Adenauer[20]‹. Die Leute, die herumstanden, machten ihnen schweigend Platz; Adenauer warf einen Blick auf die Aufschrift und ging weiter, ohne eine Miene zu verziehen. Populär zu sein, bedeutete ihm weniger als das Schicksal Kölns und des Rheinlandes, dem nach Kriegsende seine Hauptsorge galt. Und tatsächlich blieb das Geschick des gesamten Rheinlandes während der nächsten Jahre in der Schwebe.

Schon vor Beendigung des Krieges hatte Adenauer vertrauliche Gespräche mit anderen führenden Persönlichkeiten der Zentrumspartei über die politische Zukunft des Rheinlandes geführt. Die meisten stimmten darin überein, daß in einem Staat von föderalistischer Regierungsform ein gewisses Maß an Autonomie der ›Herrschaft Berlins‹ vorzuziehen sei. Diese Neigung wurde durch die Tatsache verstärkt, daß im Gegensatz zu dem überwiegend protestantischen Preußen und Berlin das Rheinland katholisch war. Ferner wurde diese Meinung noch zusätzlich durch das in Berlin herrschende Chaos bestimmt und durch die Ernennung eines sozialdemokratischen Atheisten, Adolf Hoffmann, zum preußischen Kultusminister.

Am 4. Dezember 1918 fand eine Versammlung im Kölner Gürzenich statt, um die Errichtung eines separaten Rheinland-Staates zu erörtern und die britischen Behörden womöglich vor vollendete Tatsachen zu stellen. Angeblich war Adenauer zu dieser Versammlung ebenfalls eingeladen, hatte aber im letzten Augenblick abgesagt, nachdem er erfahren hatte, daß die Reichsregierung in Berlin der Schaffung selbst eines Bundesstaates Rheinland völlig ablehnend gegenüberstand. Ein katholischer Geistlicher namens Bertram Kastert führte auf der Versammlung den Vorsitz, wurde aber an der Ausrufung des Rheinstaates gehindert, wenngleich dem Gedanken an sich viel Zustimmung entgegengebracht wurde[21].

Adenauer hatte schon diskret bei den Sozialdemokraten und den Liberalen sondiert[22]. Was er auch immer erreichen wollte, er hatte nicht die Absicht, zu schnell oder unvorsichtig vorzugehen. Am 10. Dezember warf er den Gedanken auf, eine Sitzung des Reichstages in Koblenz oder in Limburg an der Lahn abzuhalten. Das würde zweierlei bewirkt haben: einmal eine ernsthafte Diskussion auf nationaler Ebene über die Möglichkeit, ein föderalistisches Deutschland zu schaffen, zum anderen hätte es den extremen Separatisten den Wind aus den Segeln genommen. Es wurde nichts aus dieser Anregung. Doch am 13. Dezember klärte er in einem Gespräch mit dem Innenminister Breitscheid seine Position: Vor dem 4. Dezember sei ein ›Heißsporn‹ bei ihm gewesen mit dem Ersuchen, sich an die Spitze einer separatistischen Bewegung zu stellen[23]. Seine Antwort darauf habe gelautet, daß er nicht die Absicht habe, sich auf den Kölner Neumarkt zu stellen und eine Republik Rheinland auszurufen.

Diese Feststellung hätte eigentlich einwandfrei klarmachen müssen, daß Adenauer gegen die Loslösung des

Rheinlandes vom Deutschen Reich war – und zu jenem Zeitpunkt machte sie es auch klar. Doch der Status des Rheinlandes innerhalb der Struktur eines deutschen Bundesstaates blieb weiter eine ungelöste Frage. Es besteht kein Zweifel, daß Adenauer zu diesem Punkt sehr feste Ansichten hatte. Er war für den Föderalismus. Außerdem wünschte er sich als einflußreichen Bestandteil des deutschen Bundesstaates eine Art ›Groß-Rheinland‹, das nicht nur das Ruhrgebiet mit seiner Industrie, sondern auch wesentliche Teile der alten Provinz Westfalen einschließen sollte. Anscheinend hat er seine Gedanken darüber Mitte Dezember 1918 mit Josef Dorten erörtert, der später ein extremer Separatist wurde (wenn er es nicht damals schon war). Mit diesem Dorten traf Adenauer dann wieder am 23. und 31. Januar und am 5. März 1919 zusammen[24]. Aber er machte deutlich, daß ein solches neues Rheinland-Westfalen ein Teil Deutschlands bleiben müsse.

Augenscheinlich zur Förderung dieser Idee wurde Adenauer am 7. Januar 1919 der Vorsitzende eines ›Komitees für eine Rheinisch-Westfälische Republik[25]‹, das zehn Mitglieder hatte und mit einer politischen Unterkommission von neun Mitgliedern zusammenarbeiten sollte. In ihm war, neben ein paar Außenseitern, die Creme der Zentrumspartei aus ihrer rheinischen Hochburg versammelt. Auf der Eröffnungssitzung wurde beschlossen, daß die neue Republik ihre eigenen Streitkräfte besitzen und dafür, falls erforderlich, die Zustimmung der Entente-Mächte einholen sollte[26]. Die Sitzung fand im Haus eines Kölner Bankiers statt, des Barons von Stein; anschließend wurde ein Memorandum veröffentlicht, das weder datiert noch unterzeichnet war, aber noch einmal wiederholte, daß die Rheinisch-Westfälische Republik innerhalb des Reiches verbleiben solle.

Seit jenem Tag ist Adenauer in regelmäßigen Abständen immer wieder beschuldigt worden, er habe das Rheinland – sein Rheinland – vom Deutschen Reich loslösen wollen. Daß jenes Memorandum vom 7. Januar weder ein Datum noch eine Unterschrift trägt, hat ihm nichts geholfen. Immerhin hat Baron von Stein, der es sich möglicherweise anders überlegt hatte, am 23. Januar, am Vorabend einer Separatisten-Versammlung in Aachen, an Adenauer geschrieben und die Notwendigkeit betont, sich allen Plänen für eine Loslösung vom Reich zu widersetzen, worauf Adenauer ihm am 25. Januar eine beruhigende Antwort schickte[27]. Außerdem hat Adenauer in seiner Korrespondenz mit dem Bankhaus Oppenheim von den Franzosen als ›unseren Feinden[28]‹ gesprochen, während die Separatisten an irgendeine Form von Bündnis zwischen ihrem ›Freistaat‹ und Frankreich glaubten – eine Ansicht, die Adenauer jedenfalls niemals teilte.

Am 1. Februar 1919 wurde Adenauers Haltung völlig einwandfrei geklärt. Im Kölner ›Hansasaal‹ trafen Mitglieder der Nationalversammlung und der preußischen verfassunggebenden Landesversammlung in einer inoffiziellen, aber repräsentativen Begegnung aller Parlamentarier vom linken Rheinufer zusammen. Auf dieser Tagung hielt Adenauer das Hauptreferat[29], eine lange und breitangelegte Rede von drei Stunden mit den folgenden Hauptpunkten:

Preußen habe mit 42 Millionen von insgesamt 65 Millionen Einwohnern des Reiches in der Vergangenheit eine hegemoniale Stellung innegehabt. Inzwischen sei die Dynastie, die Preußen zusammengehalten und seine Macht vermehrt habe, dahingegangen. Die anderen Teile Deutschlands hätten ein Recht auf die eigene, selbstgewählte Existenzform – ›Ostpreußen und das Rheinland sind ebenso verschieden wie Ostpreußen und Bayern‹. Jede Neuordnung innerhalb Deutschlands sollte einerseits die echten Befürchtungen Frankreichs hinsichtlich der deutschen Stärke berücksichtigen, andererseits aber die Abtrennung des linken Rheinufers von Deutschland vermeiden. »Vielleicht«, so betonte Adenauer, »könnte eine solche Neuordnung verwirklicht werden.« Er unterstrich das Wort ›vielleicht‹. Ferner bestand er darauf, daß eine Annexion des linken Rheinufers durch die Franzosen, ›auf welche Art auch immer‹, einen neuen Krieg auslösen würde, so gewiß, ›wie morgen die Sonne aufgeht‹. Gleichzeitig machte er deutlich, daß die Errichtung eines ›rheinisch-westfälischen‹ Staates innerhalb des Deutschen Reiches das Reich nicht schwächen und Preußen keineswegs, wie von manchen Leuten behauptet worden war, gegenüber Polen wehrlos zurücklassen würde.

Die Versammlung im Hansasaal endete mit einer Entschließung. In ihr wurde jedwede Loslösung des Rheinlandes vom übrigen Deutschland zurückgewiesen und das Recht auf Selbstbestimmung gefordert, ›damit wir mit unseren Landsleuten im Reich vereint bleiben‹. Es wurde beschlossen, daß ein Ausschuß die Pläne für die Errichtung einer ›westdeutschen Republik‹ im Rahmen des Deutschen Reichs vorbereiten solle, und Adenauer wurde einstimmig zum Vorsitzenden dieses Ausschusses gewählt. Die anwesenden Delegierten waren ganz besonders von Adenauers Einsicht in die europäische Politik beeindruckt. Im wesentlichen hatte er für eine Verständigung mit Frankreich plädiert und für eine Handlungsweise, die Frankreich davon zurückhalten konnte, eine so deutschfeindliche Politik zu betreiben, daß ein zweiter deutsch-französischer Krieg unvermeidlich wurde.

Die Bewunderer und die Tadler Adenauers haben für sein Verhalten auf der Sitzung vom 1. Februar diametral entgegengesetzte Erklärungen gefunden. Seine Bewunderer meinten, er habe die separatistische Bewegung ›entwaffnet‹, und ziehen dafür die Tatsache heran, daß er den erwähnten Ausschuß nicht ein einziges Mal zusammengerufen habe. Seine Tadler sind dagegen der Ansicht, daß er ein separates Rheinland haben wollte, weil er wußte, daß es von der Zentrumspartei beherrscht sein würde, und weil er glaubte, daß er selber die Zentrumspartei beherrschen würde. Wahrscheinlich liegt die Wahrheit in der Mitte zwischen diesen Erklärungen. Adenauer wollte eine verwaltungsmäßige Trennung von Preußen. Er wollte eine freundliche Geste gegenüber Frankreich machen. Aber er wollte nicht, daß sein Rheinland von Frankreich annektiert oder in einen französischen Satellitenstaat verwandelt wurde. Er kannte die europäische Geschichte: Die französischen Satrapenstaaten auf deutschem Boden haben einen einheitlich schlechten Leumund.

Wie die Dinge liefen, gewann er für das Rheinland eine Atempause. Die Londoner *Times* kam bei ihren Betrachtungen über die Ziele der deutschen Föderalisten zu dem Ergebnis, daß es eine weitreichende Bewegung gebe, die aus Deutschland und Österreich vier große Republiken machen wolle: allem Anschein nach einen süddeutschen Staat auf der Grundlage von Österreich und Bayern, einen norddeutschen Staat mit Hamburg als Mittelpunkt, Preußen in seinen Grenzen vor 1815 und Adenauers erweitertes Rheinland[30]. Im Rheinland und anderswo bildeten sich patriotische Vereinigungen mit der Forderung, daß kein Fußbreit deutschen Bodens dem Reich verlorengehen dürfe, und ein solch patriotischer Dichter namens Hermann Hasse schrieb eine flammende Hymne, deren letzte Verse lauteten:

»Laßt die Feinde jubeln, lachen,
spotten uns'rer großen Not,
Deutschland ist nicht totzumachen –
Macht es sich nicht selber tot.«

Doch die Atempause, die Adenauer dem Rheinland verschafft hatte, sollte nur von sehr kurzer Dauer sein. Der Oberkommandierende der französischen Truppen war General Mangin, von seinen Leuten mit den Spitznamen ›Der Schlächter‹ und ›Der Menschenfresser‹ bedacht; ein Mann, von dem Alistair Horne in einem Buch über die Schlacht von Verdun ein fesselndes Bild gezeichnet hat[31]. Hier sei nur gesagt, daß er skrupellos, überaus patriotisch und mit nicht unbeträchtlichem Charme ausgestattet war. Mangin wurde sehr schnell intim mit den führenden Separatisten. Er lud sie in sein Hauptquartier nach Mainz ein und machte ihnen Andeutungen, daß in jedem Fall das Rheinland vom

Deutschen Reich losgelöst werden würde. Es wäre deshalb für die Rheinländer das beste, sich selber ihren Pufferstaat zu errichten, was obendrein die ganz Deutschland auferlegten Friedensbedingungen möglicherweise erleichtern würde (man schrieb inzwischen Mai 1919, und in Versailles waren die Friedensverhandlungen in vollem Gange).

Angeblich teilte Mangin zwei der Separatisten, Froberger und Dahlen, mit, die Schaffung eines unabhängigen Rheinlandes würde bedeuten, daß Frankreich seinerseits seine Ansprüche auf das Saargebiet aufgäbe und auch Belgien nicht länger auf der Annexion von Eupen und Malmédy bestehen würde[32]. (In Wirklichkeit wurden die beiden Orte und ihre Umgebung nur wenige Wochen später im Versailler Vertrag Belgien zugesprochen, während das Saargebiet unter Völkerbundverwaltung kam und für sechzehn Jahre von Deutschland abgetrennt wurde.) Mit solchen ebenso raffinierten wie skrupellosen Erpressungen lockte er noch andere Separatisten nach Mainz, wo am 17. Mai eine dreistündige Sitzung stattfand. Adenauer erfuhr von der Sache und reiste nach Berlin, um der Reichsregierung über die Situation zu berichten und sich darüber auszusprechen[33]. Am 30. Mai sagte er seinen Kollegen in der Stadtverwaltung, daß man die Besuche rheinischer Persönlichkeiten bei General Mangin in Mainz einschränken solle.

Ein merkwürdiger Zufall wollte es, daß gerade an diesem Tage zwei Offiziere aus General Mangins Hauptquartier sich bei dem britischen Oberkommandierenden in Köln, General George Sidney Clive, einfanden. Was sich daraus ergab, kann man dem folgenden Bericht des britischen Generals entnehmen[34].

Der Abgesandte General Mangins, ein Oberst André, teilte Clive mit, daß sich eine Bewegung zur Schaffung eines unabhängigen Rheinlandes zusammengefunden habe, und gab zu verstehen, daß es sich dabei um eine ernste Angelegenheit handle: General Mangin wolle nun gern wissen, welche Haltung General Clive dazu einnehme und wie die britische Einstellung sei.

Clive antwortete, das seien politische Angelegenheiten, von denen er nichts verstehe. Als Kommandeur der britischen Truppen in Köln sei es seine Pflicht, für Ruhe und Ordnung zu sorgen. Doch nachdem die beiden Franzosen gegangen waren, entschloß er sich doch, über den seltsamen Besuch zu berichten. Als Mann der Tat setzte er sich sofort ins Auto, fuhr die ganze Nacht hindurch und traf um acht Uhr morgens in Paris ein. Er bat um eine Unterredung mit dem britischen Premierminister Lloyd George, der als Teilnehmer an den Friedensverhandlungen in Paris war und gerade zu einem Morgenspaziergang in den Bois de Boulogne aufbrechen wollte, auf den er Clive mitnahm.

An diesem wunderschönen Frühsommermorgen war der Premierminister, der noch nicht gefrühstückt hatte, sehr schlechter Laune. »Er schimpfte mich aus«, so berichtete Clive selbst, weil er sich in politische Angelegenheiten habe hineinziehen lassen. Auf alle Fälle machte Lloyd George deutlich, daß Großbritannien nicht für die Errichtung eines unabhängigen Rheinstaates sei. Denn das britische Interesse sei, so erklärte er Clive, daß ein lebensfähiges Deutschland als Bollwerk gegen den russischen Bolschewismus erhalten bleibe. Es gibt kaum einen Zweifel, daß Clives Mitteilung ihren Eindruck nicht verfehlt hat, sowohl im damaligen Augenblick wie für die britische Politik in der Zukunft.

Der unermüdliche Clive fuhr noch am gleichen Tag, dem 31. Mai, im Auto nach Köln zurück. Es war ein Samstag, und wenn je ein Mann sich ein Wochenende in Paris verdient hätte, so war er es. Aber es gab noch allerlei für ihn zu tun. Am Sonntag rief ihn Oberst André aus Wiesbaden an. Die Bewegung für ein unabhängiges Rheinland marschiere von Wiesbaden aus nordwärts, teilte er mit, und sie entwickle sich ausgezeichnet. Sie werde von einem Mann mit einem Einglas angeführt, einem Dr. Dorten[35].

Clive ließ sofort Adenauer und einen seiner leitenden Beigeordneten, einen Dr. von Stark, holen. Nach seiner Erzählung waren beide Herren sehr erregt, und Adenauer sagte ihm, daß in Köln die Stimmung absolut gegen den Separatismus sei. Er machte den Vorschlag, separatistische Versammlungen zu verbieten. Aber Clive hatte einen besseren Gedanken: Er ließ am darauffolgenden Tag, dem 2. Juni, mehrere Zeitungsredakteure kommen und erzählte ihnen alles, was er aus Wiesbaden erfahren hatte. In einem Memorandum über die ganze Angelegenheit behauptete Clive, daß man in Köln in schallendes Gelächter ausgebrochen sei, als man hörte, daß eine Bewegung zur Loslösung des Rheinlandes vom Deutschen Reich ausgerechnet von einem so obskuren Ort wie Wiesbaden gestartet werden solle[36].

Dieser Separatismus war kein Grund zum Lachen. Am 2. Juni verkündete Dr. Josef Adam Dorten unter der schützenden Hand des furchterregenden Generals Mangin in Mainz, daß die ›Rheinische Republik‹ nunmehr bestehe, mit Mainz als ihrer vorläufigen ›Hauptstadt‹, wenn auch der Regierungssitz später nach Wiesbaden verlegt werden solle. Am gleichen Tag informierte er den preußischen Ministerpräsidenten, daß das Rheinland nicht länger als Teil Preußens zu betrachten sei und seine Regierung eine Delegation zu den Versailler Friedensverhandlungen entsenden werde. Auf diese telefonische Mitteilung hin beschuldigte die Reichsregierung Dorten und seine Mitstreiter auf der Stelle des Hochverrats. Am 4. Juni 1919 ›marschierten‹ Dortens Anhänger mit französischen Waffen und einer französischen Eskorte über den Rhein auf Wiesbaden zu und versuchten die dortigen Regierungsgebäude zu besetzen. Eine in aller Eile zusammengetrommelte freiwillige Verteidigungstruppe aus Eisenbahnern und Fabrikarbeitern trieb sie zum Rheinufer zurück und verprügelte zwei von ihnen so heftig, daß sie in ein Mainzer Krankenhaus eingeliefert werden mußten[37].

In Köln trat die Zentrumspartei zusammen und entwarf eine scharf ablehnende Stellungnahme gegen den Separatismus, die an alle wichtigen Zeitungen des Rheinlandes verschickt wurde. Aber man mußte noch etwas mehr tun, und so begab sich Adenauer am 5. Juni, von führenden Mitgliedern des Zentrums und der Sozialdemokratischen Partei begleitet, zu Verhandlungen mit dem Leiter der deutschen Delegation, Graf Ulrich von Brockdorff-Rantzau, nach Versailles. Graf Brockdorff nahm ihre Entschlossenheit, den Separatismus zu bekämpfen, zur Kenntnis und äußerte gleichzeitig heftige Einwände gegen die Errichtung eines rheinischen Staates selbst innerhalb des Reiches. Er sagte Adenauer, es bestünden nicht die geringsten Aussichten, daß die Alliierten dafür irgendwelche Gegenleistungen machen würden, wie etwa die Schaffung eines halbautonomen Elsaß-Lothringen an Stelle seiner Wiedereinverleibung in Frankreich – ein Gedanke, der im Rheinland erörtert worden war[38].

Diese Begegnung mit von Brockdorff-Rantzau mag Adenauer überzeugt haben, daß es selbst für seine Vorstellung von einem rheinischen Staat in der Praxis keine Möglichkeit gab. Die Gefahr einer von Berlin aus gesteuerten Revolution war vorüber, Preußen war im Begriff, sich zu konsolidieren, und hätte sich bestimmt einem föderalistischen Experiment im Rheinland widersetzt. Aber auch an Ort und Stelle gab es für Adenauers Vorschlag keine hinreichende Begeisterung. Im Gegenteil, in einer Denkschrift des deutschen Generalstabs, die damals dem Stadtrat zuging, wurde hervorgehoben, daß einzig und allein in einem halben Dutzend Großstädten das Interesse dafür wach war, während auf dem flachen Lande völlige Gleichgültigkeit herrschte[39]. Jedenfalls steht fest, daß Adenauer mindestens während der nächsten vier Jahre nichts unternahm, um seinen ursprünglichen Plan eines Rheinstaates innerhalb des Reiches zu fördern.

Alle Argumente, daß ein solcher Plan geeignet sei, Konzessionen von seiten Frankreichs zu erringen, wurden am 28. Juni 1919 zum Schweigen gebracht, als die Reichsminister Hermann Müller und Bell den Versailler Vertrag im berühmten Spiegelsaal des Schlosses unterzeichneten. Der Text der Friedensbedingungen war Graf Brockdorff erst am

17. Mai ausgehändigt worden, mit einer Frist von zwei Wochen, um die Zustimmung seiner Regierung zu erlangen. Von diesem Zeitpunkt an rang er in einem verzweifelten Nachhutgefecht um einzelne Punkte, auf schriftlichem Wege, denn es war ihm nicht gestattet, den deutschen Standpunkt persönlich auf der Konferenz vorzutragen. Die von Gustav Bauer angeführte sozialdemokratische Regierung wurde am 23. Juni gezwungen, die harten Bedingungen des Vertrages anzunehmen, machte aber weiter schwache Versuche, die Klauseln zu entfernen, in denen Deutschland und einzelne Deutsche der Kriegsverbrechen beschuldigt wurden. Es wurde kein Wort des Vertrags abgeändert. Er sah unter anderem vor, daß Deutschland gewaltige Reparationen zahlen sollte, angefangen mit einer Summe von 5 Milliarden Dollar in Gold, daß die deutsche Armee auf 100000 Mann mit nicht mehr als 4000 Offizieren reduziert wurde, daß Elsaß-Lothringen zu Frankreich zurückkehrte, Posen, Oberschlesien und der sogenannte Polnische Korridor an Polen sowie kleinere Gebiete an Belgien und Dänemark gingen. Irgendeine Form des Zusammenschlusses mit Österreich war untersagt.

Adenauers Rheinland war von den Klauseln bezüglich der alliierten militärischen Besetzung besonders betroffen. Das ganze Gebiet westlich des Rheins sollte 15 Jahre lang besetzt bleiben, in eine französische, britische, belgische und amerikanische Zone aufgeteilt. Nach diesen 15 Jahren sollte das besetzte Gebiet, ebenso wie ein 50 Kilometer breiter Streifen östlich des Rheins, entmilitarisiert bleiben. Was also die alliierte Besatzung betraf, hatte das Rheinland die ganze Rechnung für die angebliche deutsche Kriegsschuld zu bezahlen.

Köln blieb in der britischen Zone. Allein die Tatsache, daß sowohl Briten wie Amerikaner an der Besetzung des Rheinlandes teilnahmen, bedeutete eine Erschwerung für die Pläne der Separatisten. Und doch glühte der Separatismus im verborgenen weiter. Am 23. Juli in Düsseldorf wandte Adenauer sich in der Öffentlichkeit dagegen, und auf seinen Wunsch verbot die britische Militärregierung in ihrem Bereich jede separatistische Betätigung vom 22. August 1919 ab. Wegen seiner Mitwirkung beim Zustandekommen des Verbotes erhielt Adenauer die ›Todesstrafe‹ von einem ›Revolutionsgericht‹, das unter französischem militärischem Schutz in Koblenz tagte. Adenauer meinte dazu trocken: »Dieses Urteil ist mir mehr wert als ein Orden[40].«

Dorten hatte sich inzwischen mit einer anderen Gruppe von Separatisten zusammengetan, die von einem gewissen Josef Smeets, einem Ex-Mitglied der Sozialdemokratischen Partei, angeführt wurden. Smeets brachte seine ›Rheinische Republikanische Partei‹, eine eigene Wochenzeitung und ein paar ziemlich hartgesottene Typen, die sich eher fürs Plündern als für Politik zu interessieren schienen, in die Verbindung ein. Er war verantwortlich für die Ausrufung einer separatistischen ›Republik‹ in Birkenfeld, unweit der Ufer der Saar, am 15. September 1919. Im Januar 1920 bildeten Dorten und Smeets in aller Form eine ›Rheinische Volksvereinigung‹, die als Dachorganisation alle Separatisten im Rheinland und den umliegenden Gebieten vereinigen sollte. Einen Monat später schufen die beiden eine paramilitärische Organisation, die ›Rheinwehr‹, deren Waffen unverkennbar von den französischen Besatzungstruppen stammten, obwohl der Hauptschirmherr der Separatisten, General Mangin, inzwischen nach Frankreich zurückbeordert worden war. Smeets war auch ziemlich sicher an den kommunistischen Aufständen beteiligt, die sich im März 1921 zutrugen.

Adenauer war damals der Ansicht, die separatistische Gefahr sei vorbei und die Tiraden der letzten Unentwegten würden an ihrer Lächerlichkeit sterben. Er machte einen entschlossenen Versuch, die französischen Behörden von der Aussichtslosigkeit des Separatismus zu überzeugen, als er sich im November 1920 zu Gesprächen mit dem französischen Botschafter Charles Laurent in Berlin befand[41]. Adenauer sagte Laurent, daß Dorten eine ›lächerliche Figur‹ sei und daß die rheinische Bevölkerung nur Verachtung für ihn habe. Er beklagte sich über die französische Unterstützung für Dorten und stellte der französischen Einmischung in politische Angelegenheiten das absolut faire Verhalten der britischen Behörden in Köln gegenüber. Auch zeigte er sich verärgert über die hohe Zahl französischer Offiziere in den interalliierten Reparations- und Abrüstungskommissionen. Sehr nachdrücklich trug er Laurent seine Ansicht vor, daß sich die deutsch-französischen Beziehungen durch eine umfassende und einfallsreiche wirtschaftliche Zusammenarbeit enorm verbessern ließen.

Während des ganzen Jahres 1922 sah es aus, als würde der rheinische Separatismus eines einigermaßen friedlichen Todes sterben. Doch Anfang 1923 ereignete sich etwas, das ihn mit einem heftigen Ruck wieder zum Leben erweckte. Am 11. Januar 1923 marschierten französische – und bald darauf belgische – Truppen in das Industriegebiet der Ruhr östlich des Rheins ein – ein Schritt, zu dem Frankreich und Belgien sich gemeinsam entschlossen hatten, nachdem Deutschland mit seinen Reparationslieferungen an Kohle und Grubenholz immer wieder hinter dem Soll zurückgeblieben war. Die Maßnahme wurde von Großbritannien und den Vereinigten Staaten nicht gutgeheißen. Die Eisenbahner, Bergleute und Arbeiter des Ruhrgebietes widersetzten sich ihr mit der Waffe des ›passiven Widerstandes‹. Die Züge standen still, und die Bergleute blieben zu Hause. Die Franzosen mußten, wie es damals im Volksmund hieß, ›die Kohle mit ihren Bajonetten ausgraben‹.

Das Leid des Ruhrgebiets war die Chance der Separatisten. Sie konnten sich bei den Franzosen nützlich machen und infolgedessen auf vermehrte französische Unterstützung rechnen. Je schlechter die Lage wurde, desto besser für sie. Im Februar ergriffen die Franzosen Sanktionen im Ruhrgebiet: Sie deportierten die streikenden Eisenbahner aus ihren Arbeitsstätten, belegten die Deutschen, die ihre Befehle nicht ausführten, mit Gefängnis- oder hohen Geldstrafen, zogen Zwangsarbeiter ein, requirierten Häuser und anderes Privateigentum und holten zur Beaufsichtigung von 5000 km Eisenbahnstrecke 3000 französische Beamte und Eisenbahner herbei. Von nun an wurde der passive Widerstand von deutscher Seite durch einen Sabotage-Feldzug ergänzt: Die Schienen wurden aufgerissen, Brücken gesprengt und Züge zum Entgleisen gebracht. Die Franzosen begegneten dem durch Verhaftungen und Erschießungen, nach summarischen Kriegsgerichtsverfahren.

All das kam den Separatisten sehr gelegen, doch erlitten sie gleich zu Anfang einige Nackenschläge. In der Nacht vom 25. zum 26. Januar wurde die Redaktion von Dortens Zeitung, dem *Rheinländer*, durch entrüstete Patrioten verwüstet. In der Nacht vom 9. zum 10. März passierte dasselbe mit der Gutenberg-Druckerei in Koblenz, die für Dorten arbeitete. Am 17. März gipfelte eine ganze Reihe von Zusammenstößen darin, daß mehrere von Smeets' Männern fielen und Smeets selbst verwundet wurde, durch das Eingreifen eines ›patriotischen Kommandos‹ unter Leo Schlageter, den die Franzosen später hinrichten sollten. Im April war Dorten in Paris, um die französische Regierung um vermehrte militärische Unterstützung und endgültige Maßnahmen zur Errichtung eines autonomen Rheinstaates anzugehen.

Da kam ein weiterer Faktor ins Spiel. Die Kommunisten beschlossen, sich ebenfalls zu beteiligen, entweder dank ihrer Beziehungen zu Smeets oder weil sie schon in anderen Teilen Deutschlands in zunehmendem Maße aktiv geworden waren und einen ernsthaften Anlauf gemacht hatten, eine aus drei Einzelstaaten bestehende kommunistische Republik in Sachsen, Thüringen und Braunschweig zu errichten. (Der Mann an der Spitze des ostdeutschen kommunistischen Staates nach 1945, Walter Ulbricht, war daran aktiv beteiligt.) Als der Mai gekommen war, gab es allerorten kommunistisch inspirierte Streiks und Demonstrationen, besonders im Ruhrgebiet. Die französischen Behörden unternahmen nicht viel dagegen. Bei einem besonders abscheulichen Zwischenfall in Düsseldorf wurden Männer der deutschen (›grünen‹) Schutzpolizei vor den Augen französischer Truppen von Separatisten umgebracht, die von den Franzosen inmitten einer größeren kommunistischen Demonstration aufgeputscht worden waren[42].

Adenauers Haltung gegenüber dieser Entwicklung war zunächst ganz klar, wurde aber etwas verschwommen, als sich die Situation an der Ruhr zusehends verschlimmerte und ganz Deutschland unter den Folgen der Lähmung des Industriegebiets zu leiden begann. Die deutsche Wirtschaft war ohnehin durch die alliierte Besetzung, durch die Unruhe in der Industrie und die ungeheure Last der Reparationen geschwächt. Im Hochsommer hatte eine katastrophale Inflation die Mark so weit absinken lassen, daß sie weniger wert war als das Papier, auf das sie gedruckt war. Adenauer hatte diese Entwicklung schon vorausgesehen, als er gleich nach dem Einmarsch der Franzosen ins Ruhrgebiet ein Schreiben an die Regierung in Berlin richtete. Er forderte damals eine große diplomatische Anstrengung, um die Franzosen zur Rückkehr zu bewegen, und prophezeite andernfalls unersetzlichen Schaden sowohl für die internationalen Beziehungen wie für die deutsche Wirtschaft. Sein Brief wurde später im *Kölner Tageblatt* abgedruckt[43].

Ratschläge, teilweise unerbeten, wurden ihm von vielen Seiten zuteil. Die britischen Behörden machten ihre Haltung ganz deutlich: Sie mißbilligten die französische Ruhrbesetzung von Grund auf und traten Adenauer zur Seite, als sich die Franzosen beklagten, er unterstütze ›nationalistische‹ deutsche Propaganda und Sabotageakte[44]. In einer Reihe von Briefen aus der Feder eines Mr. Arthur Turnbull, 208 Upper Clapton Road, im Londener East End, wurde Adenauer angefeuert, ja fest zu bleiben, auch gegen die Klauseln des Versailler Vertrages und vor allem gegenüber den ›sadistischen Verbrechern‹ der *Grande Nation*. Von Kölner Bürgern strömten die Briefe nur so herbei, denn in deren Augen war ihr Oberbürgermeister wohl die einzige öffentliche Persönlichkeit, auf die sie sich verlassen konnten. Einer dieser Briefe enthält ein langes, etwas eintöniges Gedicht, von dem hier nur die letzten Zeilen zitiert seien:

»Kein prahlend Nein! Kein Nein mit Reden,
Ein Nein dem Eid gleich soll es sein.
Ein bindend Nein für einen jeden,
Ein echtes, wahres, deutsches Nein!«

Im Juli 1923 appellierte Adenauer brieflich an ein Mitglied des britischen Unterhauses, Sir Philip Dawson, dem besetzten Rheinland dieselbe Hilfe zu gewähren, wie sie von Großbritannien dem besetzten Belgien während des Krieges so bereitwillig geleistet worden war. Im gleichen Monat besuchte eine Delegation der britischen Transportarbeiter-Gewerkschaft mit dem Unterhausabgeordneten Ben Tillett an der Spitze das Ruhrgebiet. Ihr Bericht hört sich sehr traurig an. Die Industrie arbeitete nur zu etwa 25 Prozent ihrer Kapazität, und jede Woche wurde eine Zeche geschlossen. Die Mark hatte praktisch jedweden Wert verloren, und eine Arbeiterwohnung von drei Zimmern zu bauen kostete 80 bis 100 Millionen Mark. Der Lebenshaltungskostenindex war das 685fache der Vorkriegsziffer, und Streiks waren an der Tagesordnung. Der Bericht nennt zum Schluß das Ruhrgebiet den ›Hexenkessel, aus dem ein neuer und schrecklicher Krieg hervorgehen wird‹, beschuldigt die Franzosen, bewußt die deutsche Industrie zerstören zu wollen, und stellt fest: »Falls die Franzosen nicht binnen weniger Wochen wieder aus dem Ruhrgebiet herausgehen, wäre es besser für die Welt im allgemeinen und Europa im besonderen gewesen, wenn die Deutschen den Krieg gewonnen hätten.« Adenauer bekam eine Abschrift des Berichts[45].

Doch die Franzosen begnügten sich nicht mit einer militärischen Besetzung des industriellen Schlüsselgebiets von Deutschland. Sie hatten ihren alten Plan, einen unabhängigen Rheinstaat zu schaffen, niemals aufgegeben, sondern nur auf Eis gelegt. Zu seiner Verwirklichung hatten sie nun eine neue Technik entwickelt: Man brauchte nur

Gesetz und Ordnung hinlänglich zu unterminieren, auch in den britisch besetzten Teilen, und brauchte auch das Ruhrgebiet nur so lange besetzt zu halten, bis die Bedingungen herangereift waren, um im Rheinland die Macht von den Separatisten ergreifen zu lassen. Damit kam den Franzosen ein sehr praktischer Gedanke: Ihr Rückzug aus dem Ruhrgebiet würde gleichsam den Teil einer stillschweigenden Übereinkunft darstellen, nach der es ihnen dann freistand, die ihnen günstig erscheinenden politischen Bedingungen auf dem linken Rheinufer zu schaffen.

Ohne Zweifel hatte Adenauer etwas von ihren Absichten erfahren. Vom 4. bis 6. September war er in Berlin zu Verhandlungen mit der Reichsregierung. Er ließ sich von Louis Hagen begleiten, einem jüdischen Industriellen, der Vorsitzender der Kölner Handelskammer und außerdem Vorsitzender des ›Wirtschaftsausschusses‹ der besetzten Gebiete war. Seit dem 12. August war Gustav Stresemann Reichskanzler, er hatte als Nachfolger Wilhelm Cunos das Amt genau in dem Augenblick übernommen, in dem das Deutsche Reich alle weiteren Reparationszahlungen an die Alliierten eingestellt hatte. Stresemann wollte den Ruhrkampf, der Deutschland riesige Summen an Unterstützungsgeldern kostete und ein schier bodenloses Loch in seine internationale Reputation grub, nach Möglichkeit beenden. Doch Adenauer mißtraute ihm in persönlicher und politischer Hinsicht. Seiner Ansicht nach war Stresemann entschlossen, dem Reich weitere finanzielle und politische Belastungen auf Kosten des Rheinlandes zu ersparen.

Tatsächlich war er des Glaubens, daß Stresemann den Franzosen freie Hand im Rheinland geben könnte. Er und Louis Hagen sprachen sich für ein Abkommen aus, nach dem die Franzosen die politischen Deportierten zurückschicken, die politischen Häftlinge entlassen und die Wiederherstellung der Regierungsgewalt des Reiches im Ruhrgebiet anerkennen würden. Es folgte darauf eine merkwürdige und noch immer ungeklärte Episode der Nachkriegsgeschichte: Stresemann fühlte bei der französischen Regierung vor und wurde anscheinend zurückgewiesen, denn die Franzosen wollten lieber mit lokalen Instanzen des Rheinlandes verhandeln – mit Ausnahme Adenauers. Die Regierung in Berlin ließ gleichzeitig die Nachricht durchsikkern, daß Adenauer eine vertrauliche Unterredung mit Stresemann gehabt habe, und das *Berliner Tageblatt* vom 7. September 1923 veröffentlichte einen Bericht darüber, in welchem sein Gewährsmann bekanntgab, daß Adenauer und Hagen garantiert hätten, die französischen Pläne zur Unterstützung der separatistischen Bewegung nach Einführung einer eigenen Währung im Rheinland zu durchkreuzen[46]. Was man auch von der Episode halten mag – man kann sich Adenauers Reaktion leicht ausmalen: Er schrieb an Stresemann einen Brief und erinnerte ihn daran, daß ihre Gespräche vertraulich gewesen seien, daß er nur ein Oberbürgermeister und Hagen ein Stadtrat sei und daß sie überhaupt nichts ›garantieren‹ könnten.

Wie es sich zeigen sollte, tat Stresemann genau, was Adenauer erwartet hatte: Er verkündete das Ende des ›Ruhrkampfes[47]‹ und ließ jeglichen Widerstand abbrechen. Natürlich hatte er dabei weit höhere Ziele ins Auge gefaßt – politische und finanzielle Abkommen mit den Westalliierten, den Eintritt Deutschlands in den Völkerbund und schließlich auch die Beendigung der alliierten Besetzung des Rheinlandes. Aber es liegt mehr als der bloße Verdacht nahe, daß er weder seine Beweggründe noch seine Methoden den Herren Adenauer und Hagen offenlegte, die er um ihren Rat gebeten, aber dann nur als Versuchskaninchen verwendet hatte.

Auf die Dauer hat Stresemann möglicherweise recht behalten, aber die unmittelbaren Folgen waren unerfreulich. Der ›schöne Addi‹ (Herr Dorten) verkündete sofort die separatistischen Ziele. Es sollte einen unabhängigen Rheinstaat von Frankfurt bis Essen geben, der das ganze Deutschland auf dem linken Rheinufer und wesentliche Gebiete östlich des Stromes umfaßte. Dieser Staat sollte seine eigene

Währung, sein eigenes Eisenbahnnetz und seine eigene Post bekommen, die ihre eigenen Briefmarken ausgab. Der Ankündigung wurde durch die Organisation bewaffneter ›Kommandos‹ Nachdruck verliehen, die sich aus angeheuerten Schlagetots, darunter manchen Ex-Zuchthäuslern, zusammensetzten. Sie kamen zuerst in Düsseldorf und Mülheim zum Einsatz, und am 30. September 1923 entwickelte sich in Düsseldorf eine richtige Straßenschlacht, bei der die Polizei die Separatisten zurückschlug. Französische Panzer rückten bis in den Stadtkern vor, um die Separatisten zu schützen und ihren Rückzug zu decken.

Anfang Oktober fanden in den meisten Städten des Rheinlandes Hungerrevolten statt, die sowohl von den Kommunisten wie von den Separatisten angestiftet wurden. Es breitete sich auch eine Massenarbeitslosigkeit aus und damit genau die Verzweiflungsstimmung, aus der die Franzosen und ihre separatistischen Helfershelfer Gewinn zu schlagen hofften. Die französischen Besatzungsbehörden im Rheinland taten alles, was in ihrer Macht stand, um die Anarchie zu verbreiten; zwei Mitglieder der Rheinland-Kommission, ein Oberst d'Arbonneau und ein Monsieur Roussellier, fertigten Berichte an, in denen Adenauer als frankreichfeindlich und als einer der Organisatoren des passiven Widerstands im Ruhrgebiet dargestellt wurde[48]. Die Franzosen hatten Adenauer im Verdacht, britische Hilfe oder doch Vermittlung anzufordern, und gaben zu verstehen, daß er kaum geeignet sei, bei Verhandlungen zwischen der Reichsregierung und der Alliierten Rheinland-Kommission den Vorsitz zu führen. Denkt man an Adenauers Laufbahn nach 1945, so fällt es einigermaßen schwer, sich ihn als probritisch vorzustellen. Auf der anderen Seite ist es ein bemerkenswerter Beweis für seine Charakterstärke, daß er tatsächlich immer fest und unbeirrt für eine deutsch-französische Verständigung gewesen ist.

Die Separatisten schlugen am 21. Oktober 1923 zu. An diesem Tag besetzten sie Aachen und proklamierten, nicht zum erstenmal, die Errichtung ihrer ›Rheinischen Republik‹. Aachen hatte seine symbolische Bedeutung; es war nominell die Hauptstadt des Reiches Kaiser Karls des Großen gewesen. Und am nächsten Tag, dem 22. Oktober, nahmen die Separatisten schon wieder eine historisch bedeutsame Stadt in Angriff: Trier, das vor noch längerer Zeit die Hauptstadt der Römer in Deutschland gewesen war. In Mainz und Koblenz konnten sich die Separatisten unter französischem Schutz halten; so waren sie in der Lage, Wiesbaden, Trier, Duisburg und Krefeld einzunehmen, wenn auch nur zeitweilig. Sie konnten diese Orte nicht halten, und ihre ›Kommandos‹ gingen bald zu einem ›Bewegungskrieg‹ über, bei dem motorisierte Einheiten auf dem flachen Lande herumschwirrten, die Bevölkerung terrorisierten und sich durch Plündern ernährten.

Am 31. Oktober 1923 veröffentlichte der Londoner *Daily Chronicle* den folgenden Bericht eines Sonderkorrespondenten aus Köln:

»Ich habe jetzt einige Tage in der ›Rheinischen Republik‹ verbracht und habe alle Mühe, nicht zu glauben, daß die ganze Sache nichts weiter als ein abscheulicher Alptraum ist. Diese sogenannte Republik ist eine Republik des Hungers und des Terrors, angeführt von Zuchthäuslern und diszipliniert von irgendwelchen herbeigeschleppten Schurken der alleraggressivsten Sorte. Mit der ›Rheinischen Republik‹ haben die Rheinländer absolut nichts zu schaffen.«

Die Bemerkungen des *Daily Chronicle* treffen haargenau zu. Der ›republikanische‹ Boß in Bonn war ein naturalisierter Amerikaner, der nach Deutschland geflohen war, um einem Strafprozeß zu entgehen[49]. In Mönchen-Gladbach waren beide ›republikanischen‹ Kommissare Ex-Zuchthäusler; das gleiche galt für die beiden Kommissare in Düren, die zusammen ein Register von 43 Straftaten aufzuweisen hatten. Es ist wahrscheinlich nicht bedeutungslos, daß die erste Handlung des Separatisten-Kommandos, das Krefeld einnahm, in der Vernichtung sämtlicher Unterlagen der Kriminalpolizei bestand.

Die Lage im Rheinland war verzweifelt; in diesem Stadium traf Adenauer aus eigener Initiative oder auf Veranlassung anderer mit Henri Tirard zusammen, dem französischen Präsidenten der Interalliierten Kommission in Koblenz. Die Unterredung fand am 14. November 1923 statt. Am Tag zuvor war Adenauer bei Reichskanzler Stresemann in Berlin gewesen. Nach seiner späteren Darstellung hatte Stresemann bei dieser Begegnung auf die Bildung einer unabhängigen Rhein-›Provinz‹ gedrängt, das Ende der finanziellen Hilfe durch das Reich angekündigt und ein Zusammentreffen mit Tirard empfohlen[50]. Dieses verlief, wie sich voraussagen ließ, ohne bestimmte Ergebnisse. Tirard berichtete sofort, daß Adenauer ›zugestimmt‹ habe, daß das Rheinland vom übrigen Deutschland abgetrennt werden und seine eigene Währung[51], Streitkräfte und diplomatischen Vertretungen im Ausland haben solle. Frankreich hat viele entschlossene und ergebene Männer hervorgebracht, die seine Interessen ohne Rücksicht auf moralische Bedenken verfochten haben – das ist alles, was über Monsieur Tirard zu sagen wäre.

Allerdings korrigierte Tirard seinen ersten Bericht über das Gespräch mit Adenauer noch. Am 27. November informierte er den französischen Ministerpräsidenten Poincaré, daß Adenauer unkooperativ sei. Am 29. November übermittelte Adenauer seine wohlüberlegten Einwände gegen die verschiedenen Vorschläge Tirards in einem Brief, in dem unter anderem zu lesen war, daß ein Rheinstaat innerhalb des Reiches bleiben müsse, auch wenn er entmilitarisiert und mit einer Art internationaler ›Gendarmerie‹ ausgestattet werden würde. Ein so gearteter Rheinstaat würde ein wertvolles Bindeglied zwischen Frankreich und Deutschland sein und als Träger einer engen wirtschaftlichen Zusammenarbeit dienen können. Inzwischen war Stresemanns Kabinett gestürzt, doch Adenauers Anschauungen wurden auch von dem neuen Reichskanzler, Wilhelm Marx, aufgegriffen, wenngleich überaus zögernd. Am 12. Dezember beantwortete Tirard Adenauers Brief und lehnte seine Ideen ab. Damit war eine Korrespondenz beendet, die von Adenauer nicht angestrebt worden war und nie zu etwas hätte führen können.

Unterdessen hatte die separatistische Bewegung schon ihren Höhepunkt erreicht oder überschritten. Im Herbst 1923 wurde eine Reihe erbitterter Kämpfe an weit über das ganze Rheinland verteilten Orten ausgetragen. Aus einer Stadt nach der anderen wurden die Separatisten durch koordinierte Aktionen der Polizei hinausgetrieben. Sie zogen sich auf das flache Land zurück und beuteten es aus. Im November fanden regelrechte Schlachten im erweiterten Raum des Siebengebirges statt, bei denen die Separatisten von einer Bauern-Miliz in die Flucht geschlagen wurden, die hauptsächlich mit Schrotflinten und Mistgabeln ausgerüstet war und sich nicht scheute, von diesen Waffen Gebrauch zu machen. Noch im Dezember und bis in das Jahr 1924 hinein gab es vereinzelte Scharmützel. Die verhaßten Separatisten – und tatsächlich hat keine Nation jemals abscheulichere Schmarotzer hervorgebracht – wurden aus ihren Schlupfwinkeln gejagt, erschossen, mit der Sense zerstückelt oder zu Tode geprügelt. Die letzten, die auf deutschem Boden sterben sollten, kamen in den Flammen des Landratsamtes von Pirmasens um, das sie selber in Brand gesteckt hatten. Die Überlebenden flohen nach Elsaß-Lothringen oder traten in die Fremdenlegion ein.

Die Kämpfe endeten im Februar 1924. Der ›schöne Addi‹ floh nach Frankreich, ließ sich in Nizza nieder und wurde französischer Staatsbürger. Der Präsident der ›Autonomen Regierung der Pfalz‹, ein Herr Heinz Orbis, wurde in seiner selbstgewählten ›Hauptstadt‹ Speyer ermordet. Ungefähr zu dieser Zeit wurde die Regierung Poincaré in Paris von einem sozialistischen, nicht auf Annexionen ausgehenden Kabinett unter Edouard Herriot abgelöst. Damit kamen die französischen Anstrengungen, das Rheinland von Deutschland loszulösen, wirklich zu ihrem Ende.

Dieses Bemühen der Franzosen stellt eine höchst verwirrende Episode im Laufe der Geschichte dar. Für Adenauer war es eine kritische Epoche, denn er ist in der Folgezeit immer wieder bezichtigt worden, an den finsteren Absichten Frankreichs beteiligt gewesen zu sein. In den späten zwanziger und frühen dreißiger Jahren war er verschiedentlich gezwungen, deswegen die Gerichte anzurufen. Die Nazis etikettierten ihn als Separatisten, weil es das einfachste Mittel war, einen politischen Gegner in den Schmutz zu ziehen. Aber selbst nach dem Zweiten Weltkrieg ist Adenauers Rolle in jenen verworrenen und aufgewühlten fünf Jahren nach dem Ersten Weltkrieg der Anlaß zu viel unwissenden, irregeleiteten und übelwollenden Kommentaren gewesen[52].

Im Licht der heute zugänglichen Unterlagen kann seine Haltung zwischen 1919 und 1924 folgendermaßen gekennzeichnet werden:

Er mochte den Zentralismus unter Preußen nicht und bevorzugte für das Deutsche Reich nach 1919 einen föderativen Aufbau. Daraus folgte, daß ein wichtiger Bestandteil eines solchen Bundesstaates ein vergrößertes Rheinland war, dessen Erweiterung aus dem Grund erforderlich war, daß es nur so ein Gegengewicht gegen die Vormachtstellung Preußens sein konnte. Sowohl im Jahre 1919 wie später 1923 – wenn auch dann vielleicht mit geringerer Überzeugtheit – hielt Adenauer eine föderative Lösung in Deutschland für möglich.

Dem Separatismus widersetzte er sich. Seine Verhandlungen mit General Clive und anderen britischen Beamten verdeutlichen das am besten, aber genauso die damaligen Äußerungen der französischen Beamten und der französischen Presse. Die führenden Franzosen waren sich vollkommen bewußt, daß Adenauer ihren Plänen, sei es nur zur Annexion des linken Rheinufers, sei es zur Schaffung eines vollständig unabhängigen Rheinstaates, hinderlich im Wege stand. Und doch verlor Adenauer, obwohl ihm die Rolle zugefallen war, diese Pläne zu hintertreiben, niemals aus den Augen, wie notwendig die französisch-deutsche Versöhnung und Zusammenarbeit war. Schon wenige

Monate nach Ende des Ersten Weltkrieges befürwortete er ein Zusammenwirken auf industriellem Gebiet und die Investition ausländischen Kapitals an der Ruhr.

Zuletzt muß noch gesagt werden, daß Adenauer niemals, auch nicht in beinahe hoffnungslos aussehenden Situationen, den Kopf verlor. Er hatte mit heftigem Druck von seiten der Franzosen, mit Verständnislosigkeit bei der Berliner Regierung und endlich mit Zeiten der Anarchie fertig zu werden, die auf das zerstörerische Wirken von Separatisten und Kommunisten zurückzuführen waren. Als Stresemann schon die Hoffnung aufzugeben begann, das Rheinland innerhalb Deutschlands zu erhalten, blieb Adenauer ruhig und entschlossen. In politischer Hinsicht hat diese verworrene und qualvolle Zeit, abgesehen von den Jahren nach 1945, am stärksten prägend auf Konrad Adenauers Leben eingewirkt, und deshalb auch ist sie hier mit solcher Ausführlichkeit behandelt worden.

4
Der König von Köln

Adenauer heiratete am 25. September 1919 zum zweiten Mal. Seine Braut Auguste (›Gussi‹) Zinsser war 25 Jahre alt, er selber hatte das reife Alter von 43 erreicht. Der Altersunterschied war die Ursache für ein paar kleinere Komplikationen. Die Zinssers waren schon seit fast zehn Jahren Freunde der Familie Adenauer gewesen, und den drei Adenauer-Kindern fiel es schwer, die beiden ›Zinsser-Mädchen‹ (Gussi hatte noch eine ältere Schwester namens Lotte) plötzlich ›Mutter‹ und ›Tante‹ zu nennen. Der älteste Sohn Koko beklagte sich voller Empörung: »Ich kann nicht Mutter zu ihr sagen, ich habe sie ja noch mit der Mappe in der Schule gesehen[1].«

Die Werbung um Gussi Zinsser brachte ebenfalls Probleme mit sich. Ihr Vater war Facharzt für Hautkrankheiten an der Universität Köln. Er liebte Kinder und hatte die kleinen Adenauers, nachdem deren Mutter gestorben war, fast wie seine eigenen behandelt. Er hielt Konrad Adenauer für zu alt. Obendrein war er wie seine ganze Familie protestantisch und nicht sehr angetan von dem Gedanken, seine Tochter einem Katholiken zur Ehe zu geben. Auch einen Witwer mit Anhang sollte sie möglichst nicht heiraten, denn er war sich der daraus gewöhnlich entstehenden Schwierigkeiten wohl bewußt. Seine Tochter war zwar alt genug, selber zu einem Entschluß zu kommen, aber machte sie sich klar, welche Verantwortung auf einer *First Lady* von Köln lastete?

Gussi wurde infolgedessen zu Verwandten nach Wiesbaden geschickt, um sich alles noch einmal gründlich zu überlegen. Sie sollte sechs Monate wegbleiben, kam aber schon nach ein paar Wochen zurück, teilte ihren Eltern mit, sie sei entschlossen, Adenauer zu heiraten, und trat als erstes zur katholischen Kirche über. Die Bilder von Adenauers erster Frau Emma zeigen ein intelligentes, zurückhaltendes und gefühlvolles Gesicht. Gussi war einfacher, heiterer, vielleicht bequemer; sie liebte Kinder und Blumen, war stets zum Lachen aufgelegt und von einer Begeisterungsfähigkeit, die Adenauer zu Herzen gegangen sein muß. Die traurigen, einsamen Jahre waren nun vorbei; Gussi begab sich sofort daran, aus dem Haus in der Max-Bruch-Straße ein richtiges Heim zu machen. Es gab zu Beginn ihres Ehelebens nur einen einzigen schweren Schock: Der erste Sohn kam schwach und kränklich auf die Welt. Man stellte fest, daß seine Mutter eine Nierenerkrankung hatte und daß eine Eklampsie zu befürchten war[2]. Dadurch wurde der kleine Ferdinand zu früh geboren und blieb nur drei Tage am Leben. Er starb im Morgengrauen des 7. Juni 1920. Von Mitternacht an hielt ihn Adenauer warm eingepackt im Arm und trug ihn herum; die Ärzte hatten ihm gesagt, daß es keine Hoffnung mehr für das Kind gab.

Die älteren Kinder haben an die nun folgenden Jahre glückliche Erinnerungen. Mit Gussis Gesundheit ging es wieder aufwärts, und vier weitere Kinder wurden geboren: Paul, Lotte, Elisabeth (Libet) und Georg (Schorsch). Es war ein großer und glücklicher Haushalt. Adenauer war sehr beschäftigt, und seine einzige Sorge bestand wohl darin, daß er nicht genug Zeit für seine Kinder hatte. Sie erinnern sich an ihn aus diesen Jahren als sehr streng und genau[3]. Offenbar glaubte er an dieselbe Art der familiären Disziplin, die er selbst als Kind zu spüren bekommen hatte. Er war ein Perfektionist[4], und manche seiner Angehörigen vermuten, daß er sich, möglicherweise nach dem Tod der ersten Frau, aus Büchern über Kindererziehung informiert hatte. Den größten Wert legte er darauf, daß seine Kinder hart arbeiteten und begriffen, daß Wissen seinen Wert in sich selber trage. Von seinem ältesten Sohn Koko erwartete er irgend etwas Besonderes[5]. Doch war die Atmosphäre im Hause keineswegs steif[6]. Gussi hatte genug Liebe auch für die älteren Kinder übrig, und beide Elternteile hatten sich fest vorgenommen, aus der Familie ein einheitliches Ganzes zu machen. Das bedeutete, daß die drei Älteren ermuntert wurden, sich um die Jüngeren zu kümmern, und das Interesse und die Zuneigung der Kinder scheint auf allen Seiten gleich stark gewesen zu sein. Wenn er die Zeit erübrigen konnte, bezeigte Adenauer seinen Kindern sehr viel Liebe, und dann war immer viel von seiner Tätigkeit als Oberbürgermeister die Rede und von dem, was in Köln vorging. In jener Freizeit ging es nie um Politik. Doch Adenauer wollte, daß alle seine Kinder wußten, was unmittelbar um sie herum passierte, er wollte, daß Köln genauso zu ›ihrer‹ Stadt wurde, wie es die seinige war.

Zwischen 1919 und 1934 führte Adenauer tatsächlich drei verschiedene Leben. Von dem ersten ist schon die Rede gewesen, es drehte sich um die wechselvolle Geschichte des rheinischen Separatismus. Das zweite bestand natürlich aus seiner Rolle als Oberbürgermeister der Stadt, die sich selbst als die Hauptstadt des katholischen Deutschland betrachtete. Das dritte hatte seinen Mittelpunkt in Berlin; im Jahre 1920 war Adenauer Präsident des Preußischen Staatsrates geworden, der zweiten Kammer des preußischen Parlaments. Das brachte ihn in regelmäßigen Abständen auf nationaler Ebene mit politischen Dingen in Berührung und hätte in den zwanziger Jahren bei zwei verschiedenen Gelegenheiten beinahe dazu geführt, ihn zu einer politischen Gestalt von nationaler Bedeutung zu machen.

Sprechen wir zunächst von seiner Arbeit für Köln. Offensichtlich gab es in einer Stadt, die 1914 an der Schwelle zur ›Millionenstadt‹ gewesen und dann in ihrer Entwicklung durch den Krieg aufgehalten worden war, ganz ungeheuerlich viel zu tun. 1919 war Köln eine Stadt von mehr als einer halben Million Einwohnern, die sich in physischer Hinsicht ohne jede zusammenhängende Planung ausgedehnt hatte. Das ›eigentliche‹ Köln lag auf dem linken, westlichen Ufer des Rheins und war seit Jahrhunderten von einem Ring von Befestigungen eingeschlossen, die sich halbmondförmig vom Norden über den Westen zum Süden ausdehnten. Die Vororte hatten sich, wie es gerade kam, außerhalb der alten Festungsmauern angesiedelt, aber auch auf dem rechten, östlichen Ufer des Rheins. Als bedeutende Garnison hatte Köln die schon seit dem Krieg von 1870 vollkommen überalterten Befestigungen beibehalten.

Es hatte darin weniger Glück gehabt als das benachbarte Düsseldorf, das der von Napoleon eingesetzte Marschall Murat zur Hauptstadt seines Großfürstentums Berg gemacht hatte und dessen Wälle bei dieser Gelegenheit geschleift worden waren. Murat hatte sie in Parkanlagen mit vielen Teichen verwandelt und Düsseldorf damit eine besondere *ambiance* gegeben, was die Einwohner der Stadt veranlaßte, den Titel ›Klein-Paris‹ für sich in Anspruch zu nehmen – ohne recht zu wissen, warum. Doch Adenauers erste Aufgabe nach dem Ende des Ersten Weltkrieges hatte nichts mit den Feinheiten der Stadtplanung zu tun, sondern bezog sich auf die Gründung der Universität, die Köln bitter nötig hatte.

Es hatte in der Vergangenheit schon eine Kölner Universität gegeben, es war sogar die viertälteste innerhalb des Heiligen Römischen Reiches Deutscher Nation (Gründungsjahr 1388), nach Prag, Wien und Heidelberg[7]. Die Universität Köln wurde von den französischen Militärbehörden im April 1798 geschlossen, weil ihre Professoren sich geweigert hatten, einen Treueeid auf die Französische Republik zu schwören. Noch nachträglich ist man von der Unverfrorenheit erschüttert, mit der die Franzosen einen solchen Eid verlangt haben.

Nach der Besiegung Napoleons mußte das verarmte Preußen sich damit begnügen, von den vier Universitäten des Rheinlands nur eine wiederzueröffnen. Die Franzosen hatten außer Köln noch Trier, Bonn und Mainz zugemacht, die preußische Regierung wählte Bonn aus, vielleicht weil es ein fürstbischöfliches Palais hatte, das sich als Unterkunft eignete. Und so blieb Bonn für mehr als ein Jahrhundert die einzige Alma mater des Rheinlandes.

Schon 1913 begann man für die Neugründung der Universität Köln zu agitieren. Es wurden, hauptsächlich aufgrund von Adenauers persönlicher Initiative, allerlei Pläne gemacht. Und es gab prompt Widerstand von seiten der Bonner Universität und, was noch viel wichtiger war, der ›Alten Herren‹ ihrer verschiedenen Verbindungen, die in zahlreichen einflußreichen Posten der preußischen Verwaltungshierarchie saßen. Ihnen traten die liberalen Parteien zur Seite, nach deren Ansicht Bonn seinen Status als ›zweite Universität Preußens‹ verlieren mußte, wenn im katholischen Köln sich eine Konkurrenz auftat.

Adenauer reiste nach Berlin, um seine Sache vorzubringen. Er führte zwei Gründe an: Einmal würde das Rheinland die Universität Straßburg an Frankreich verlieren und deshalb eine zweite Universität brauchen, zum zweiten mache die alliierte Besetzung des Rheinlandes dringend erforderlich, neue Mittelpunkte des akademischen Lebens zu schaffen und dadurch den geistigen Widerstandswillen der Nation zu stärken[8]. Adenauer setzte sich durch. Am 4. Januar 1919 bestätigte die preußische Regierung die Pläne für die Wiedereröffnung der Universität. Am 29. Mai wurde ein detailliertes Abkommen über die Finanzierung getroffen. Provisorische Vorlesungen wurden schon für den Sommer 1919 anberaumt, mit einem Lehrkörper von 91, der im Herbst verdoppelt wurde. Bis Ende 1919 hatten sich 4000 Studenten immatrikuliert. Später studierten rund 7000 in Köln, in den zehn Jahren von 1919 bis 1929 haben 25000 Studenten die Universität besucht. Dieser Plan war ohne jeden Zweifel Wirklichkeit geworden.

Es sollte Adenauer zur Gewohnheit werden, beim Betreiben von Kölner Angelegenheiten alles zu erreichen, was er sich vorgenommen hatte. Zum Thema der Kölner Universität sagte er 1920, es seien drei Hauptprobleme zu lösen. Das erste sei die Schleifung der alten Befestigungen und der nützliche Gebrauch des damit gewonnenen Grund und Bodens. Das zweite sei die Auflösung der ›leeren Zonen‹ auf dem linken Rheinufer und ihre Verwendung für Wohn- oder Industriebauten und andere Zwecke. Das dritte sei die Anpassung der Kölner Wirtschaft an die durch den Versailler Vertrag geschaffene Lage. Dazu hatte der Oberbürgermeister unmittelbar zwei Mitteilungen zu machen: Er habe sich die Eigentumsrechte an dem bisher von den Befestigungen beanspruchten Gelände beschafft, und er beabsichtige, im Kreis rund um die Stadt einen Gürtel aus Wäldern und Wiesen zu legen[9].

Die Überbleibsel der alten Befestigungen wurden ohne allzuviel Schwierigkeiten beseitigt, auch zur vollen Zufriedenheit der britischen Besatzungsbehörden. In keiner Weise militärisch gesinnt, war Adenauer in diesem Punkt ganz frei von falscher Sentimentalität. Immerhin waren die von Preußen noch in den achtziger und neunziger Jahren errichteten Forts nur das letzte Glied einer langen Kette von Bastionen und Wällen, die schon seit zweitausend Jahren ungefähr an derselben Stelle aufgeführt wurden. Ein keltischer Stamm, die Ubier, hatte Köln im Jahre 38 vor Chr. gegründet und hatte eben diese Erdwälle gegen die Legionen des Kaisers Claudius zu verteidigen gesucht, die dann ihrerseits das primitive Feldlager Colonia Agrippinensis benannt hatten. Seit jener Zeit hatte sich Köln seinen äußeren Festungsgürtel bewahrt.

Die Gestaltung und Bepflanzung des ›Grüngürtels‹ vollzog sich ohne Einspruch der britischen Behörden und ohne rechtliche Schwierigkeiten[10]. Erst später sollten sich solche Schwierigkeiten einstellen; ›Grüngürtel-Eigentümer‹, die sich selbst so bezeichneten, schlossen sich in Vereinigungen zusammen und forderten eine Entschädigung für nur unklar nachgewiesene Weide- und Besiedlungsrechte. Diese Ansprüche konnten erst nach langjährigen Verhandlungen geklärt werden, doch schon vorher war das ganze

Gebiet vollständig reorganisiert. Die so entstandenen Parkanlagen und Wälder überlebten den Zweiten Weltkrieg und sind seither praktisch unverändert geblieben: 1945 sagte Adenauer auf einem Spaziergang zu seinem Schwager Dr. Willi Suth (der Adenauers Schwester Lilli geheiratet hatte): »Die Kirchen sind dahin, aber meine Grünflächen sind geblieben[11].«

Zur Unterstützung seiner Pläne, den ›inneren Rayon‹ auf dem linken Rheinufer auszufüllen, versicherte sich Adenauer der Dienste eines hervorragenden Architekten und Stadtplaners aus Hamburg, Fritz Schumacher. Er kam Anfang 1920 mit einem dreijährigen Vertrag, aber er hat selbst geschildert, wie Adenauer ihn gleich nach seiner Ankunft auf einen Tagesausflug ins Siebengebirge mitnahm und sein Äußerstes tat, um ihn zum endgültigen Bleiben in Köln zu überreden[12]. Bei seiner Ankunft hatte beinahe jedermann Schumacher erzählt, daß es völlig sinnlos sei, unter der britischen Besatzung mit einer breitangelegten Stadtplanung zu beginnen. Der einzige Optimist war Adenauer, und Schumacher zollt seiner enormen Energie und eigensinnigen Entschlossenheit an zwei Stellen seiner Erinnerungen Tribut. Einmal heißt es da: »Er hatte von den Grenzen der menschlichen Leistungsfähigkeit bei seinen Mitarbeitern keine Vorstellung[13].« Ein andermal, es habe bei ihm einer echten Herausforderung bedurft: »Dann erwachten in ihm die Phantasie des Taktikers und die Leidenschaft des großen Schachspielers[14].«

Schumacher weiß eine überaus bezeichnende Geschichte über ihn zu erzählen. Adenauer war dafür, daß ein bestimmtes ›Hochhaus‹ gebaut wurde, in Wirklichkeit ein Gebäude von bescheidenen zwölf Stockwerken. Dagegen erhoben sich sofort Einwände bei der Stadtverwaltung, denn es sei ›unangemessen‹, ein solches Bürohaus in unmittelbarer Sichtweite der Kathedrale, des Stolzes der katholischen Stadt Köln, zu errichten. Besonders vom Bayenturm aus werde künftig der Blick auf den Dom durch den Neubau verstellt sein. Man begab sich dorthin, und siehe da, vom Bayenturm war der Dom auch jetzt schon beim besten Willen nicht zu erblicken. Auf dem Rückweg erzählte Adenauer eine Geschichte, ein richtiges ›Kölsches Krätzchen‹: »Eine alte Jungfer beklagte sich darüber, daß eine vor ihrem Haus angelegte Badeanstalt ihr Schamgefühl verletzte. Eine Kommission kam in ihre Wohnung und stellte fest, daß man von keinem ihrer Fenster aus in die Badeanstalt hineinsehen konnte. Darauf sagte die alte Jungfer: Aber bitte, meine Herren, steigen Sie doch mal auf diesen Tisch, dann werden Sie Greuel erleben[15]!«

Adenauer brauchte keine weiteren Argumente. Das Hochhaus wurde gebaut und sollte wie der Grüngürtel den Zweiten Weltkrieg überleben, während fast 80 Prozent der Gebäude Kölns total oder teilweise zertrümmert wurden.

Eine andere bezeichnende Geschichte betrifft die Elektrizitätsversorgung Kölns. Die Rheinischen Braunkohlenwerke, in deren Hand sie hauptsächlich lag, hatten eine Preis-erhöhung angekündigt, die in Adenauers Augen ungerechtfertigt war. Er kaufte daraufhin gemeinsam mit der Stadt Frankfurt die Braunkohlenlager von Rossenray (die später in den Besitz der Familie Krupp kamen) und ließ wissen, daß Köln bald sein eigenes Kraftwerk haben würde. Die Rheinischen Braunkohlenwerke gaben sofort nach und unterschrieben einen neuen Liefervertrag zu Adenauers Bedingungen – worauf dieser die Kohlenlager von Rossenray mit Gewinn weiterverkaufte[16].

Als die sogenannten Fortschrittler in der Stadtverordnetenversammlung einen Plan einbrachten, zwischen dem Dom und dem Rheinufer einen Parkplatz zu schaffen, blieb Adenauer unbeeindruckt. Er wollte die Altstadt in ihrer bisherigen Gestalt bewahren. So erklärte er mit patriotischem Stolz, es könne nicht der Lebenszweck von Köln sein, es den Autofahrern so bequem wie möglich zu machen, und der Plan des Parkplatzes wurde aufgegeben.

Während der zwanziger Jahre wurde in Köln eine ganze Reihe von Verbesserungen verwirklicht. Im Grüngürtel entstand ein Stadion, zusammen mit über fünfzig anderen

Sportstätten. Die Hallen für die Kölner Messe auf dem rechten Rheinufer in Deutz wurden geplant und gebaut. Im Mai 1922 wurde die kleine Stadt Worringen in Köln einbezogen, um mehr Industriegelände zu schaffen. Die Eingemeindung weiterer Städte der Umgebung folgte, immer mit der Genehmigung des preußischen Abgeordnetenhauses. Im Jahre 1924 war Köln nach Berlin flächenmäßig die größte Stadt Deutschlands. Eine halbmondförmige Bahnlinie, die ›Gürtelbahn‹, führte westlich um die Stadt herum, und die Hafenanlagen wurden erheblich ausgebaut.

Vor dem Ersten Weltkrieg hatte der Güterumschlag des Hafens ungefähr zwei Millionen Tonnen jährlich betragen, gegenüber den zehn Millionen Tonnen des Schienenverkehrs. Der vorhandene Hafen inmitten der Stadt wurde jetzt vergrößert und modernisiert und ein neuer Hafen nördlich davon mit vier parallelen Schiffsbecken dazugebaut. Diese neue Kaianlage war 2,5 Kilometer lang und schloß sich unmittelbar an eine neue industrielle Zone, in der Fabriken und Arbeiterwohnhäuser entstanden. Dank seines Einflusses im preußischen Abgeordnetenhaus konnte Adenauer diese Neuentwicklungen mit dem nationalen Plan zur Erweiterung der Binnenschiffahrt in Einklang bringen. Noch bis 1914 hatte der Rhein keinerlei Verbindung zu anderen Wasserstraßen gehabt, erst nach 1919 entstand der Rhein-Herne-Kanal, der den Dortmund-Ems- und den Weser-Ems-Kanal miteinander verband. Später wurden diese dann an den Mittellandkanal angeschlossen, so daß man mit Schleppkähnen vom Rhein in die Elbe und ihre Nebenflüsse fahren konnte. Der Main-Donau-Kanal endlich schuf die Verbindung zwischen Rhein und Bayern.

Selbstverständlich gab es gegen alle diese Dinge auch reichlichen Widerstand. Adenauer und Fritz Schumacher wurden kritisiert, weil sie einen zu starken Akzent auf den Verkehr zu Wasser legten, weil sie eine Stadt von Kultur- und Handelstradition überindustrialisieren wollten, weil sie zu viele Mietshäuser bauten, vor allem aber, weil sie zu hoch hinaus wollten. Schumacher machte kein Geheimnis

Bundeskanzler Dr. Konrad Adenauer im Bundestag

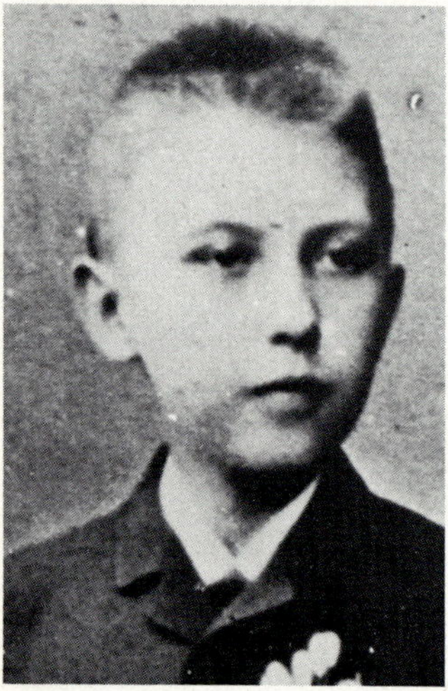

Oben links:
Der Vater Konrad
Oben rechts:
Die Mutter Helene, geb. Scharfenberg

Unten links:
Der Erstkommunikant
Unten rechts:
Student der Rechte in Bonn

Oben:
Abiturklasse des Apostelgymnasiums Köln, 1894 (Adenauer 1. Reihe, 3. von rechts)

Unten:
Der Student Konrad Adenauer (rechts) mit Kommilitonen in Bonn 1895/96

Oben:
Adenauer mit seiner Braut
Emma Weyer 1902

Unten:
Oberbürgermeister
von Köln, 1930

daraus, daß Köln eine Stadt von einer Million Einwohnern zu werden bestimmt war, in einer entfernten Zukunft sogar von zwei Millionen. Und doch waren Adenauer und er bemüht, ihre Konturen und selbst die engen Gassen der Altstadt zu bewahren; Adenauer hatte eine Abneigung gegen den Autoverkehr, der nach seiner Ansicht nicht der Herr und Meister, sondern der Diener der Kölner Bevölkerung sein sollte[17]. Die Zeitschrift *Der Kunstwart*, die im Juni 1925 schrieb, daß Köln bald eine der schönsten Großstädte in Deutschland sein würde, mag etwas zu freigebig mit ihrem Lob gewesen sein. Doch wenigstens wurde die Stadt mit viel Vernunft geplant, und Städtebauer strömten aus vielen Ländern, sogar aus Japan, herbei, um sich das Geleistete anzuschauen[18].

Am 23. März 1926 fand eine historische Zeremonie in Köln statt: der Besuch des Reichspräsidenten Generalfeldmarschall Paul von Hindenburg zur Feier der Räumung Kölns durch die britischen Truppen. Der Abmarsch hatte sich in Wirklichkeit schon am 31. Januar vollzogen und Adenauer am Abend desselben Tages schon eine Rede vor einer riesigen Menge angesichts des Doms gehalten. Er verkündete ihr: »Nach sieben Jahren der Trennung sind wir jetzt wieder frei und mit unserem Vaterland vereint«, und forderte sie auf, mit ihm zu hoffen, daß »unsere Leiden nicht vergeblich gewesen sind und bei den Völkern Europas ein wahrhaft neuer Geist einziehen wird«. Er richtete Grüße an die Deutschen, die noch unter ausländischer Besatzung lebten, und schloß mit einem Aufruf zur unverbrüchlichen Treue zum Vaterland: »Deutschland, geliebtes Vaterland – Hoch! Hoch! Hoch[19]!«

Bis zum letzten Augenblick hatten noch Zweifel bestanden, an welchem Tag die britischen Truppen abziehen würden, deshalb war eine gewisse Pause vor dem Besuch Hindenburgs eingelegt worden. Der Reichspräsident wurde auf dem Hauptbahnhof von der Familie Adenauer begrüßt und bekam von Tochter Ria einen Blumenstrauß überreicht. Im Rheinpark wurden dann Ansprachen gehalten, wobei die Adenauers verblüffend emotional[20] und die Hindenburgs viel nüchterner ausfiel, ein Bankett für 400 Personen im Gürzenich und ein Fackelzug am Abend schlossen sich an. Nach Adenauers Behauptung lief alles ›in mustergültiger Weise‹ ab. Die Staatliche Porzellan-Manufaktur in Meißen prägte zur Feier des Tages ein 5-Mark-Stück mit derAufschrift ›Cöln Befreit. 1926‹, und in Köln selbst wurden aus dem Anlaß mehrere Münzen geprägt, ein 6-Mark-Stück in Bronze, ein 35-Mark-Stück in Silber und ein 500-Mark-Stück in 14karätigem Gold.

Es gab auch allerlei Verdruß. Rechtsgerichtete Organisationen nahmen an dem Fackelzug teil und zeigten ungeniert ihre alten kaisertreuen Fahnen mit den Farben Schwarz-Weiß-Rot. Dafür beteiligte sich das sozialdemokratische ›Reichsbanner‹ gar nicht, mit der Begründung, überhaupt nicht eingeladen worden zu sein. Es fand eine Straßenschlacht zwischen uniformierten Rechtsextremisten und Sozialdemokraten in Zivil statt, bei der eine Anzahl von ›Reichsbanner‹-Mitgliedern durch Schüsse verwundet wurde. Ein sechsjähriger Junge in der Uniform eines preußischen Gardegrenadiers, mit einer Pickelhaube aus Pappmaché auf dem Kopf, wurde dem greisen Reichspräsidenten vorgestellt, der selber Gehrock und Zylinder trug und sich über den Anblick des militärischen Zwerges eher erschrocken zeigte. Noch weniger dürfte ihm der Anblick eines gewissen Dr. Krummacher gefallen haben, eines Pfadfinderführers, der sich für diesen Anlaß in eine funkelnde Husarenuniform geworfen hatte. Es war in der Weimarer Republik doch allgemein, wenn auch widerstrebend anerkannt, daß Uniformen auf das Schlachtfeld gehörten und daß es keine Kriege mehr geben sollte.

Noch etwas anderes konnte das Leben des Oberbürgermeisters verbittern. Ein Jahr zuvor hatte es einen albernen Zwischenfall gegeben. Die französische Wochenschrift *Cyrano* hatte am 23. Januar 1925 in einem Artikel verbreitet, daß Adenauer seine Tochter dem *Chef d'Etat Major* des britischen Kommandierenden Generals von Köln zur Frau gegeben habe. *Cyrano* geißelte den General wegen dieser Art und Weise, sich der Dienste eines Kollaborateurs zu versichern, aber ebenso Adenauer wegen der einzigartigen Kaltblütigkeit, mit der er seine Tochter gegen irgendwelche Gunstbeweise verkauft habe.

Adenauers ernsthaft-ironische Antwort erschien am 30. Januar. Er gab seiner Überraschung über die seine einzige Tochter betreffende Nachricht Ausdruck; er habe diese sofort zur Rede gestellt und gebeten, ihm die volle Wahrheit zu sagen, doch sie habe glatt abgestritten, mit einem britischen Major verheiratet zu sein. Adenauers Brief schließt: »Da das Kind erst zwölf Jahre ist und noch zur Schule geht, habe ich mich entschlossen, ihr entgegen der in Ihrer Zeitschrift erschienenen Meldung zu glauben[21].«

Doch von einer Verleumdung bleibt immer etwas haften. Im Dezember 1928 wiederholte Guy de Traversay das Märchen von der einem britischen Offizier angetrauten Tochter in der *Revue de Paris*, was Adenauer unbeachtet ließ. Doch als die *Hamburger Neuesten Nachrichten* die Geschichte noch einmal mit allen möglichen Einzelheiten auftischten, reagierte er sofort und wies darauf hin, daß die Geschichte zwar inzwischen sieben Jahre alt, die älteste Tochter aber noch immer kaum älter als achtzehn sei, während die beiden jüngeren erst das Alter von fünf beziehungsweise zwei Jahren erreicht hätten. Die Hamburger Zeitung brachte darauf eine Entschuldigung[22].

Die Epoche der ganz und gar verrückten Inflation von Anfang 1922 bis November 1923 brachte große buchhalterische Schwierigkeiten mit sich. Adenauer sollte als Oberbürgermeister niemals ein armer Mann sein, aber schon die Bezahlung des Schulgelds für seine Kinder wuchs sich zu einem Problem aus. Im Jahre 1923 forderte Adenauer seine Städtische Sparkasse auf, 75000 Reichsmark Schulgeld für seine Söhne Konrad und Max zu zahlen. Doch schon im Oktober betrug die Rechnung für einen Monat allein 192 Millionen Mark. Im November kostete die Schule für Konrad und Max 12 Milliarden Mark.

In seinem Büro war Adenauer auf eine Tageszeitung, die *Kölnische Volkszeitung*, abonniert, die auf Vorauszahlung bestand. Im November 1923 bekam er dafür eine Rechnung über 707 364 000 Papiermark zugeschickt, mit dem Angebot, statt dessen 4,70 Goldmark zu bezahlen. Selbst für ein mit ausreichendem Personal besetztes Büro müssen solche Verrücktheiten schwer erträglich gewesen sein, doch die deutsche Hausfrau jener Tage muß es zur äußersten Verzweiflung getrieben haben, wenn sie allwöchentlich ihre Brot-, Milch- und Kartoffelrechnung zu bezahlen hatte.

Ein paar Jahre später wurde Adenauer eingeladen, dem ›Deutschen Komitee für Palästina‹ beizutreten, das zur Unterstützung jüdischer Ansiedler in Israel gebildet worden war. Es war dies einer jener seltenen Fälle, in denen eine gute Sache auch über die vom Krieg hervorgerufenen bitteren Haßgefühle hinwegreichte. Großbritannien war 1917 in aller Form zum Sponsor einer ›Jüdischen Nationalen Heimstatt‹ geworden, durch die nach dem damaligen Außenminister benannte Balfour-Erklärung. Das deutsche Komitee entstand 1918, noch während des Krieges.

Adenauer ist möglicherweise aus rein ›repräsentativen‹ Gründen zum Beitritt aufgefordert worden. Vorsichtig wie er war, musterte er die Liste der anderen Teilnehmer und entdeckte unter ihnen Dr. Kaas, einen Angehörigen der Kölner Domverwaltung. Er schrieb ihm und bekam zur Antwort, daß Kaas die Niederlassung von Juden im Heiligen Land fördern wollte und aus diesem Grunde beigetreten war. So schloß sich auch Adenauer am 20. Januar 1927 dem Komitee an.

Im Februar desselben Jahres wählte das Komitee sein Präsidium; es umfaßte einige hochintelligente Juden (darunter Albert Einstein), aber auch Nichtjuden. Am 22. November 1927 veranstaltete das Komitee seine erste öffentliche Kundgebung in Köln, zu der Adenauer als einer der Hauptredner aufgefordert wurde. Er lehnte anfangs ab, sagte dann zu und zog seine Zusage schließlich doch zurück. Aber er sandte einen Offenen Brief, der auf der

Kundgebung verlesen werden sollte, in dem er das jüdische Traditionsbewußtsein und den Opferwillen lobte und vor allem die menschliche Seite der jüdischen Einwanderung nach Palästina hervorhob. Er erinnerte an Moses Heß, den großen Vorkämpfer der zionistischen Idee in der Mitte des vergangenen Jahrhunderts, der auf dem Friedhof von Köln-Deutz begraben lag[23]. Selbst dieses bedachtsame Verhalten brachte ihm ein paar unfreundliche Briefe ein, mit damals nicht ganz verständlichen Beschimpfungen. Später waren dann die Antisemiten immer schnell damit bei der Hand, Adenauer zu einem Mann zu stempeln, der den jüdischen Bestrebungen große Sympathie entgegengebracht habe.

Die Sozialdemokraten griffen ihn wegen seines ›luxuriösen‹ Lebensstils an: Als Beweis führten sie einigermaßen naiv an, daß er in einer zweistöckigen Villa wohne und einem Waisenhaus eine Schenkung von Kruzifixen gemacht habe. Die Kommunisten hielten ihn unter einem Dauerfeuer von Beschimpfungen, und Adenauer schmeichelte ihnen damit, daß er sie einer ständigen Überwachung für würdig hielt. Offenbar war es seiner Polizei gelungen, die kommunistische Parteiorganisation zu infiltrieren; die Archive füllten sich mit Unterlagen über kommunistische Tätigkeit: die ›Zellen‹ in den Fabriken und den Gewerkschaften, die große Aufmerksamkeit, die auf die Verbindungswege als besonders anfällige Punkte gerichtet wurde, die Schlägertrupps, die für Demonstrationen und Gegendemonstrationen aufgestellt wurden, und die Namen der kommunistischen Spitzel unter der Beamtenschaft. Von Zeit zu Zeit wurde eine verleumderische Propaganda-Broschüre über Adenauer veröffentlicht, in der es meist um seine angebliche Tätigkeit in der separatistischen Bewegung ging. Eine merkwürdige Geschichte, die sehr viel später noch einmal herausgekramt werden sollte, beschäftigte sich mit dem ›Fehlverhalten‹ eines Museumsdirektors in städtischen Diensten. Dieser sollte angeblich eine Liebesaffäre mit einer Sekretärin unterhalten und wurde vom Fenster eines Hauses gegenüber seinem Amtssitz überwacht. Ob die Beobachtung von Adenauer angeordnet worden war oder nicht, hat sich nie klar herausgestellt, aber der Oberbürgermeister hatte, so sollte man meinen, wesentlich wichtigere Probleme zu bewältigen als dieses. Wie dem auch sei, Adenauer erhielt im Laufe der Zeit einen Bericht, der Direktor sei mit seiner Sekretärin kosend beobachtet worden, und begab sich selbst auf den Beobachtungsposten, nicht etwa, wie seine Feinde behaupteten, um eine Wiederholungsvorstellung mitzuerleben, sondern um festzustellen, ob man tatsächlich von dort einen unbehinderten Einblick in das Direktorzimmer hatte. So geriet er in den unerfreulichen Verdacht, ein Voyeur zu sein; ein Wort zur rechten Zeit mit dem Direktor würde sich eher gelohnt haben als der Weg die Treppen hinauf zum Beobachtungsposten.

Im Jahre 1929 mußte die letzte Runde des langen Kampfes um die Eigentumsrechte am Grüngürtel ausgefochten werden, in deren Verlauf der Bauernverband des Landkreises Köln damit drohte, die Milchlieferungen einzustellen. Adenauer veranlaßte ihn, die Drohung zurückzuziehen, indem er darauf hinwies, daß sie ja in erster Linie die unschuldigen Kleinkinder betroffen hätte. Ernster jedoch war eine Untersuchung der Finanzlage Kölns, die von Adenauers Gegnern in der Stadtverordnetenversammlung herbeigeführt wurde. Aus ihr ging hervor, daß Köln in Höhe von 301 Millionen Mark verschuldet war. Wieder einmal gelang es Adenauer, seine Widersacher zu beschwichtigen, indem er hervorhob, daß sich die Aktiva auf 926 Millionen Mark beliefen, mit anderen Worten: Die Anleihen waren sinnvoll verwendet worden.

Adenauers uneingeschränkte Führung wurde 1929 auch in der Frage einer neuen Brücke über den Rhein zu dem Vorort Mülheim hinüber in Frage gestellt, was zu einer interessanten, in Paul Weymars Biographie ziemlich detailliert behandelten Machtprobe führte[24]. Die Stadtverwaltung stand vor der Wahl einer Bogenbrücke, für die Krupp in Essen schon ein Angebot gemacht hatte, und einer einfacheren Hängebrücke. Adenauer hatte sich von vornherein für die letztere entschieden und tat nun sein Bestes, den Stadtvätern klarzumachen, daß es Einwände höherer Art gegen die Bogenbrücke gab, die den Blick nach Osten auf die Hügel des Sauerlandes und des Bergischen Lands versperren würde. Die Stadtverwaltung hatte eine Sachverständigen-Kommission eingesetzt, die den besten Entwurf ermitteln sollte; sieben von den neun Mitgliedern der Kommission hatten sich für die Bogenbrücke ausgesprochen.

Nun begab sich Adenauer daran, sowohl die Sachverständigen als auch die Stadtverordneten davon zu überzeugen, daß er recht hatte, wobei er sich bis zu Lobpreisungen der Hängebrücke von Leningrad verstieg (die er nie gesehen hatte), um zum Schluß als Überraschung aufzutischen, daß das sandige Flußbett das Gewicht einer steinernen Bogenbrücke überhaupt nicht tragen würde. Ein Stadtverordneter namens Heinrich Billstein trat in dieser Sache als Sprecher auf, während Adenauer die ganze unwahrscheinliche Beweisführung (es gab in Köln bereits eine Bogenbrücke!) damit krönte, daß er einen Kostenvoranschlag aus der Tasche zog, nach dem die Bogenbrücke sich angeblich als wesentlich teurer herausstellte. Am 28. April 1927 stimmten die Stadtverordneten mit 43 zu 36 Stimmen dem Bau der Hängebrücke zu – wieder ein Beweis für Adenauers Begabung, seine Gegner durch Ausdauer zu überspielen.

Im Dezember 1929 mußte Adenauer sich zur Neuwahl als Oberbürgermeister stellen. Er stand auf der Höhe seiner Macht. Nach Ansicht eines Historikers[25] war er der höchstbezahlte Beamte in ganz Deutschland, mit einem höheren Gehalt als der Reichspräsident. Der Haushalt der Stadt Köln weist aus, daß er 33000 Mark Gehalt jährlich bezog, zuzüglich 4800 Mark Aufwandsentschädigung[26]; außerdem bezahlte die Stadt die Hypotheken auf seinem Haus ab und eine hübsche Summe für Wasser, Licht, Heizung und so weiter. Wieviel im ganzen zusammenkam, läßt sich nur ungefähr schätzen. Adenauers Biograph Paul Weymar meint, daß allein für das Haus in der Max-Bruch-Straße rund 43000 Mark jährlich aufgewandt wurden[27], so daß seine Bezüge insgesamt die Summe von 84500 Mark im Jahr erreichten. Solche Ziffern tauchten jetzt in den Debatten der Stadtverordnetenversammlung auf, wo Adenauer unbarmherzig wegen seiner ›Extravaganz‹ kritisiert und ein Antrag, seine gesamten Bezüge auf 35000 Mark herabzusetzen, mit knapper Not abgewiesen wurde.

Selbst einige seiner politischen Gegner stimmten gegen diesen Antrag mit der Begründung, daß Adenauer in der Industrie bequem das Vier- bis Fünffache hätte verdienen können. Auch so verdiente er schon eine ganze Menge ›nebenbei‹. Im Jahre 1928 war er der Vorsitzende des Vorstands von vier Gesellschaften – der Köln-Bonner Rheinuferbahn, der Kölner Baugesellschaft, der Kölner Messegelände-Gesellschaft und der Rheinisch-Westfälischen Luftfracht-Gesellschaft. Man könnte einwenden, daß es sich bei keiner dieser Firmen um Unternehmen von großer finanzieller Bedeutung handelte, aber man muß auch bedenken, daß Adenauer außerdem im Aufsichtsrat der Westfälischen Elektrizitätswerke, der Deutschen Bank, der Rheinischen Braunkohle AG und der – freilich noch im Embryonalzustand steckenden – Deutschen Lufthansa saß[28].

Adenauer hatte gern Geld, doch nicht aus Habsucht, sondern weil es ihm ein Gefühl von Leistung und von Autorität gab. Er war keineswegs kleinlich, warf aber auch das Geld nicht zum Fenster hinaus. Da er in so schlichten Verhältnissen aufgewachsen war, hatte er auch immer einen sehr einfachen Geschmack; wahrscheinlich hat er erst in der Mitte der zwanziger Jahre sein Interesse für gutes Essen – das er mit Kennerschaft, aber stets mit Mäßigung zu sich nahm – und für guten Wein entdeckt. Er zog sich zurückhaltend, wenn auch mit unverkennbarer Eleganz an; am besten sah er im dunklen Paletot und Zylinder aus, mit blankgeputzten Schuhen und makellos gerolltem Regenschirm. Durch den Zylinder war auch sein glattrasierter

Schädel bedeckt, denn in dieser Epoche seines Lebens hatte er sich die beinahe fetischistische Angewohnheit zugelegt, sich selbst und seinen Söhnen die Haare ganz häßlich abrasieren zu lassen. Sein Schnurrbart war etwa 1926 gefallen, vielleicht als er anfing, grau zu werden. Auf Fotos vom Ende seiner ersten Amtszeit als Oberbürgermeister erscheint er als eine beherrschende Gestalt, groß, mit geradem Rücken und dem Gesichtsausdruck einer gewissen Unnahbarkeit, der schon mit einem komischen Effekt auf seinen Kinderbildern anzutreffen war.

Dieser Ausdruck der Unnahbarkeit mag irreführend gewesen sein. Einer der lokalpolitischen Gegner Adenauers, der Sozialdemokrat Robert Görlinger, bemerkte dazu bei einer späteren Gelegenheit: »Der Mann gilt allgemein als kalt. Das stimmt nicht. Adenauer hat vielmehr – und das halte ich wirklich für das Geheimnis seiner Erfolge! – die bemerkenswerte Fähigkeit, in Richtung seines Vorteils Gefühle zu entwickeln. Leute, die er gebrauchen kann, sind ihm sympathisch. Doch diese Sympathie erlischt sofort, wenn diese Leute ihre Funktion erfüllt haben[29].«

Das ist möglicherweise kein hübscher Zug. Adenauer bewahrte seine wärmeren Gefühle eben für seine Familie und seine Freunde auf. Aus seiner Familie schuf er so etwas wie eine Dynastie. Der eine seiner Brüder, Hans, war Kanonikus am Kölner Dom, der andere, August, ein führender Rechtsanwalt. Sein Schwager Willi Suth war Stadtverordneter, und die Familien seiner beiden Ehefrauen, einschließlich der begüterten und einflußreichen Vettern Gussis in Amerika, verschafften ihm weiterhin nützliche Beziehungen. Er hatte den Ehrgeiz, seine Söhne seine Arbeit in der Stadtverwaltung fortführen zu lassen, und in der Tat wurde einer von ihnen, Max, in der Folgezeit Oberstadtdirektor Kölns.

Unter seinen Freunden befanden sich einige der führenden Geschäftsleute von Köln, zu der Gruppe gehörig, die manchmal abschätzig der ›Kölner Klüngel‹ genannt wurde. Zwei davon, Louis Hagen und Paul Silverberg, waren jüdische Finanziers, drei weitere Geschäftsmänner von Rang: Baron von Stein, der sich mit Adenauer befreundete, als sie beide gemeinsam die Separatisten bekämpften, Otto Wolff und Robert Pferdmenges. Nur der letztgenannte wurde ein enger Vertrauter. Robert Pferdmenges war der Sohn eines reichen Mühlenbesitzers aus Mönchen-Gladbach, ein Konservativer, ein Kosmopolit und ein Protestant (Adenauer war zwar ein überzeugter, aber kein übereifriger Katholik und auf keine Weise bigott; einige seiner besten Freunde waren Protestanten und Juden). Pferdmenges war für Adenauer besonders nützlich, weil er ein weitgereister Mann war, der als überaus erfolgreicher Bankier eine beachtliche Kenntnis von wirtschaftlichen Dingen erworben hatte. Adenauer selbst pflegte gelegentlich kaustisch zu bemerken, daß er an der Universität nur zwei Semester lang Nationalökonomie habe betreiben müssen.

Ein interessantes Mitglied dieses sich niemals sehr weit ausbreitenden Freundeskreises war ein amerikanischer Jude namens Daniel Heinemann, derselbe Danny Heinemann, der 1920 die Begegnung Adenauers mit dem französischen Botschafter Charles Laurent arrangiert hatte. Er stand damals an der Spitze der Sofina-Gesellschaft in Brüssel und war Adenauer wahrscheinlich durch einen von Gussis amerikanischen Verwandten vorgestellt worden. 1924 brachte er Adenauer mit dem französischen Industriellen Ernest Weyl zusammen, damit dieser von ihm einen klaren Überblick über die wirtschaftliche Lage des Rheinlandes nach der französischen Besetzung des Ruhrgebietes bekam. Noch bei zwei anderen Gelegenheiten sollte Daniel Heinemann eine Rolle im Leben Adenauers spielen: einmal anfangs der zwanziger Jahre, als er ohne Erfolg eine größere Anleihe für die Stadt Köln unterzubringen versuchte, und dann in der Nazizeit, als er Adenauer in der Bedrängnis zu Hilfe kam.

Man fragt sich, warum ein Mann von so unbezweifelbarer Kompetenz und Begabung wie Adenauer sich freiwillig darauf beschränkte, als Politiker und Verwaltungsmann innerhalb einer Stadt tätig zu sein, wenn es wahrscheinlich auch die machtvollste innerhalb Deutschlands war. Vermutlich lag der Hauptgrund in seiner instinktiven Vorsicht. Die Zeit der Weimarer Republik war keine Ära, in der man sich in Berlin eine solide politische Laufbahn hätte zimmern können. Die Reichskanzler kamen und gingen mit bedrükkender Geschwindigkeit. Gewöhnlich stürzten die Regierungen über die Zersplitterung der Parteien und die außerordentliche Schwierigkeit, eine Koalition zusammenzuhalten. In den ersten Jahren nach dem Krieg kämpften die Reichsregierungen mit der Anarchie im Innern und der allgemeinen Ernüchterung, der anwachsenden Last der Reparationsschulden und der Unruhe, die durch die französische Ruhrbesetzung und die Komplotte der von den Franzosen inspirierten und finanzierten Separatisten ausgelöst wurde. Die Rechtsparteien lehnten jede Zusammenarbeit mit den Westmächten zur Erfüllung der Klauseln des verhaßten Versailler Vertrages ab. Elemente vom rechten Flügel bildeten ›Freikorps‹, die an der polnischen Grenze regelrechte Schlachten ausfochten, und junge Rechtsextremisten verübten eine ganze Reihe von politischen Morden, nachdem sie ihre Opfer vor geheimen Gerichten ›verurteilt‹ hatten[30]. Im November 1923 versuchte Adolf Hitler mit seiner noch in den Kinderschuhen steckenden NSDAP in München die Macht zu ergreifen; doch damals und in den darauffolgenden Jahren schienen die Nazis eine weit geringere Bedrohung darzustellen als die Kommunisten.

Zugegeben, die Weimarer Republik konnte sich von Mitte 1924 bis 1929 einer kurzen Scheinblüte erfreuen. Unter dem Reichskanzler Hans Luther führte Hjalmar Schacht die Rentenmark ein und setzte der Inflation ein Ende. Der von den Amerikanern ausgehende ›Dawes-Plan‹ erleichterte die Last der Reparationen. Das Ruhrgebiet wurde wieder geräumt und die separatistische Drohung entschärft. Ein wirtschaftlicher Aufschwung setzte ein, und im Jahre 1928 war die Arbeitslosigkeit so gut wie beseitigt. Der Locarno-Pakt vom Oktober 1925 brachte eine Übereinstimmung mit den Westmächten im Rahmen einer nützlichen persönlichen Beziehung zwischen Gustav Stresemann und dem französischen wie dem britischen Außenminister, Aristide Briand und Austen Chamberlain, und machte den Weg für die Aufnahme Deutschlands in den Völkerbund im darauffolgenden Jahr frei. Der Juni 1929 brachte den ›Young-Plan‹, nach dem die Reparationszahlungen über einen Zeitraum von insgesamt 59 Jahren verteilt wurden, und im August 1929 verpflichteten sich die Westmächte in Den Haag, die Räumung des Rheinlandes bis zum Juni 1930 abzuschließen. Von da bis zum Börsenkrach in der Wallstreet und zur Weltwirtschaftskrise waren es nur noch ein paar Monate.

Die deutschen Regierungen blieben weiterhin kurzlebig, und stets wurde ihnen vorgeworfen, ›zu wenig zu spät‹ erreicht zu haben. Der Tadel wurde gleichmäßig zwischen ihnen und den Regierungen der Alliierten aufgeteilt. Die auffallenden Fortschritte zwischen 1924 und 1929 wurden kaum zur Kenntnis genommen und der deutschen politischen Führung kein Verdienst daran zugebilligt. In jener historischen Phase mag Adenauer sein besonderes Empfinden, seine ›Nase‹ für die politische Atmosphäre entwickelt haben. Einer seiner Grundsätze war immer, alles ohne Hast und mit Umsicht aufzubauen. So schuf er auch ein solides Erbe für seine Familie, der immer seine erste Fürsorge galt. Als Präsident des Staatsrats, der zweiten preußischen Kammer, hatte er vom Mai 1921 an jede erdenkliche Chance gehabt, zu einem Politiker auf ›nationaler‹ Ebene zu werden, jedoch keinen Gebrauch davon gemacht. Zweimal allerdings war er im Hinblick auf die Bildung einer Reichsregierung befragt worden und bei mindestens einer weiteren Gelegenheit als Kandidat für den Posten des Reichskanzlers in Frage gekommen.

Im Mai 1921 traten der preußische Ministerpräsident Otto Braun und der preußische Arbeitsminister Adam Stegerwald im Restaurant des Abgeordnetenhauses in Berlin an ihn heran und fragten ihn nach seiner Bereitschaft, eine neue Reichsregierung (nicht etwa preußische Regierung!) zu bilden[31]. Es waren zwei Männer von beträchtlichem Einfluß in der Hauptstadt – Otto Braun ein ›gemäßigter Sozialdemokrat‹ und Stegerwald ein christlicher Gewerkschaftler, beides also Politiker der gemäßigten Mitte, die diese um jeden Preis stärken wollten.

Adenauer sagte ihnen, daß er dem Gedanken nicht abgeneigt sei, daß er aber die Vorstandssitzung seiner eigenen Partei, des Zentrums, am 10. Mai abwarten müsse. Auf dieser Sitzung gab Adenauer bekannt, daß ihm ein Angebot gemacht worden sei, und erklärte, daß er sich als Kandidat des Zentrums zur Verfügung stelle, unter den folgenden vier Bedingungen: Die neue Koalition müsse seine eigenen Steuer-Ideen akzeptieren, das heißt einen Wechsel von der Einkommensteuer zur Verbrauchersteuer; es dürfe, jedenfalls vorläufig, keine ›Sozialisierung‹ der Schwerindustrie geben; der Achtstundentag müsse um eine Stunde verlängert werden, denn das deutsche Volk könne nach Adenauers Auffassung nur besser leben, wenn es schwerer arbeite; endlich müsse er seine Kabinettsmitglieder selbst auswählen dürfen.

Diese Forderungen fanden beim Vorstand des Zentrums keine ungeteilte Aufnahme. Er beschloß die Angelegenheit noch länger zu bedenken, wobei die Alternative zwischen den Kandidaten Adenauer und Joseph Wirth lag, einer weniger harten und unnachgiebigen Persönlichkeit. Doch innerhalb weniger Tage wurde bekannt, daß die Sozialdemokraten den Kanzlerposten für sich begehrten und die Bildung der neuen Regierung selber in die Hand nehmen wollten. Damit war Adenauers Kandidatur beendet.

Einige Tage später erschien im *Kölner Stadtanzeiger* ein Gedicht von ›Franz von Duffesbach‹ (Pseudonym des Journalisten Hermann Böhm), worin Adenauer sanft-ironisch vor den Gefahren eines hohen Amtes gewarnt und ihm empfohlen wurde, er möge hübsch zu Hause zu bleiben, denn die böse rauhe Welt der großen Politik sei nichts für ihn[32].

Im November 1922 gab es wieder eine Regierungskrise in Berlin, und Adenauer sowie Andreas Hermes, ebenfalls Mitglied der Zentrumspartei, wurden als Kanzlerkandidaten genannt; doch darüber hinaus gedieh die Sache nicht. Im Mai 1925 erwähnte Stresemann Adenauers Namen im gleichen Zusammenhang, allerdings mit Zweifeln, ob für ihn nicht Köln an erster und Deutschland bestenfalls an zweiter Stelle rangiere. Dann kam am 5. Mai 1925 die Regierung Luther über den sogenannten Flaggenstreit zu Fall: Dr. Hans Luther hatte Anweisung gegeben, daß die deutsche Handelsmarine auf den Meeren die alten Farben Schwarz-Weiß-Rot des Kaiserreiches zeigte, mit einer Gösch links oben in den Farben Schwarz-Rot-Gold der Republik, worauf die Sozialdemokraten sich weigerten, weiter mit ihm zusammenzuarbeiten.

Diesmal traten Adam Stegerwald und Theodor Guérard vom Zentrum an Adenauer mit der Bitte heran, ihr Kandidat für das Amt des Reichskanzlers zu werden. Er war nicht besonders versessen darauf, denn die Episode von 1921 hatte bei ihm einen schlechten Nachgeschmack hinterlassen[33]. So reiste er mit einigem Unbehagen zu den Verhandlungen nach Berlin.

Wie er selbst berichtete[34], bestand der ihm gemachte Vorschlag darin, eine Koalition auf breiter Basis zu bilden, die fast alle bedeutenden Parteien mit Ausnahme der Kommunisten auf der Linken und der Deutschnationalen auf der Rechten umfassen sollte. Der Grund dafür lag nicht in aktuellen parlamentarischen Problemen, die, wie beispielsweise der ›Flaggenstreit‹, unberücksichtigt bleiben konnten, sondern nach Adenauers Anschauung in der Notwendigkeit, den alliierten Forderungen nach Erfüllung des Dawes-Planes einen festen und einheitlichen Widerstand entgegenzusetzen – Adenauer war der Auffassung, daß eine deutsche Regierung den Plan erst gar nicht hätte annehmen dürfen. Ebenfalls notwendig war eine Revision der Außenpolitik, an der Adenauer ›dieses Unstete und Schaukelnde‹ mißfiel. In seinen Augen stellte der Locarno-

Pakt viel weniger dar als die Art von Bündnis mit den Westmächten, das er sich selber wünschte; er mißtraute Stresemanns Politik, sich nach beiden Seiten offenzuhalten, das heißt in der Praxis, den Osten gegen den Westen auszuspielen. Ihm wäre eine strikt neutrale Haltung der Nichteinmischung gegenüber allen ausländischen Nationen lieber gewesen – ein auffälliger Gegensatz zu der Meinung über die Gefahr eines außenpolitischen Vakuums in Mitteleuropa, die er als neuer Bundeskanzler mehr als zwanzig Jahre später vertreten sollte.

In Berlin nahm Adenauer sofort Gespräche mit den führenden Leuten der Sozialdemokratischen Partei, des Zentrums und der Deutschen Volkspartei auf. Er brachte klar zum Ausdruck, daß er den Posten des Reichskanzlers nur antreten würde, wenn man ihm eine sichere Mehrheit im Reichstag garantierte. Doch seine Gespräche mit den Vertretern der Parteien zeigten schnell, wie schwierig es sein würde, eine solche Mehrheit zusammenzubringen. Die Sozialdemokraten hatten Einwände gegen die Deutsche Volkspartei, und diese wiederum ernste Bedenken hinsichtlich der Deutschen Demokratischen Partei. Einige Politiker der Mitte wollten die Deutschnationale Volkspartei an der Koalition beteiligen – um so mehr, als dies die Partei des Reichspräsidenten Hindenburg war –, während andere wieder auf die Gefahr hinwiesen, daß es die Sozialdemokraten vor den Kopf stoßen und sie fernhalten würde. Die Sozialdemokraten ihrerseits legten großen Wert darauf, eine Anzahl von Parteien nicht an die Macht zu lassen, und wollten lieber eine Minderheitsregierung bilden. Alle zusammen machten sie jedenfalls deutlich, daß die parlamentarischen Probleme, die Adenauer für unbedeutend gehalten hatte, noch viel Mißtrauen und Mißstimmung hervorzurufen imstande waren.

So sah sich Adenauer im Strudel der Berliner Politik im Kreise herumwirbeln und nicht von der Stelle kommen. Seine Verhandlungen hatten am Morgen des 14. Mai begonnen, und am Abend des 16. Mai hatte er genug davon.

Unterdessen war ihm klargeworden, daß er mit Stresemann, der Außenminister zu bleiben wünschte, nicht zusammenarbeiten wollte. Wie er später zu verstehen gab, hatte er Stresemann im Verdacht, hinter den Kulissen seine Anstrengungen zur Bildung der erforderlichen weitreichenden Koalition zu hintertreiben[35]. Am 17. Mai kehrte Adenauer nach Köln zurück, und noch am selben Tag wurde Dr. Wilhelm Marx zum Reichskanzler der 13. deutschen Regierung seit 1919 ernannt. Die Kölner und zum Teil auch die Berliner Presse bedauerten das Ende von Adenauers Bemühungen, und die *Vossische Zeitung* schrieb, es sei schade, daß ein Kabinett Adenauer nicht zustande gekommen sei. Der Kölner Bürgermeister sei sicherlich ein schwieriger Charakter, aber auf alle Fälle ein Charakter[36].

Adenauer scheint der Sache keine Träne nachgeweint zu haben, und Stresemann ebensowenig. Knapp ein Jahr später teilte er dem Vorstand der Deutschen Volkspartei mit, daß es in Deutschland eine Neigung zur Verletzung der verfassungsmäßigen Ordnung und zur Aufrichtung einer Diktatur gebe, und fügte mit grimmigem Sarkasmus hinzu, es sei wohlbekannt, daß der Oberbürgermeister der Stadt Köln herzliche Beziehungen mit faschistischen Regimen im Ausland unterhalte (das bezog sich auf einen freundlichen Brief, den Adenauer einmal an Mussolini gerichtet hatte).

Adenauer und Stresemann würden nicht gut zusammengearbeitet haben. Beide waren zu große Individualisten, und beide schätzten es zu sehr, daß alles genau nach ihrem Willen ging. Selbst in rein physischer Hinsicht stellten sie feindliche Gegensätze dar: Adenauer verfügte über die entspannte Haltung eines wohlkoordinierten schlanken Mannes, der kleinere Stresemann war rund und borstig wie ein Schweinchen.

Hätte Adenauer die Weimarer Republik retten können? 1926 wäre es gewiß noch möglich gewesen. Von der Weltwirtschaftskrise war man noch drei Jahre entfernt. Außerdem besaß Adenauer die nötige Zähigkeit und Charakterstärke, den nötigen Glauben an sich selbst, die nötige Konsequenz, Entschlossenheit und Ausdauer.

Ernst Lemmer, der viele Jahre später unter Adenauer Bundesminister für Gesamtdeutsche Fragen sein sollte, war allerdings der Meinung, daß er niemals imstande gewesen wäre, eine Reichsregierung zu bilden. »Er war ein Unbekannter selbst für seine Zentrumspartei und stand viel zu weit rechts von ihr[37].« Ein anderer Mann, der nach dem Zweiten Weltkrieg unter Adenauer wirken sollte und vordem sein Parteifreund beim Zentrum gewesen war, Heinrich Krone, stellt es anders dar:

»Adenauer wurde 1926 nicht Reichskanzler, weil er den Posten in Wirklichkeit nicht haben wollte. Er hatte seine tiefsitzenden Zweifel. Er wußte, daß die Weimarer Verfassung es nur allzu leicht machte, den Kanzler zu stürzen, und er ahnte, daß er mit den preußischen Junkern niemals fertig werden würde beziehungsweise niemals das Bündnis verhindern konnte, das sich zwischen ihnen und den Reaktionären auf dem rechten Flügel anbahnte. Er wußte auch, daß Reichspräsident Hindenburg ein schwacher Mann war und die falschen Ratgeber hatte. Endlich wußte er, daß es zu viele politische Parteien gab. Weshalb sollte er also seine Karriere aufs Spiel setzen[38]?«

Viele Jahre später hat Adenauer augenscheinlich seinem Biographen Paul Weymar seine eigene Version erzählt, aber mit dem Schalk im Nacken[39]. Seine Freunde bei der Zentrumspartei, berichtete er, hätten ihn nicht eher für das Kanzleramt vorgeschlagen, »weil ich für eine vorübergehende Führung der Reichsgeschäfte ihnen zu schade gewesen sei«. Er habe sich ernstlich gefragt, »ob ich... nicht das große persönliche Opfer bringen und den Reichskanzlerposten übernehmen müsse«. Einen höheren Wahrheitsgehalt hat wohl Adenauers Geständnis, er hätte ungern sein geliebtes Köln verlassen, »um mich hier (in Berlin) in längerer oder kürzerer Zeit zu verbrauchen«. Das Beispiel, das er für ein so vergebliches Opfer anführte, war freilich schlecht gewählt, denn Dr. Hans Luther befand sich noch zwanzig Jahre nach seiner Kanzlerschaft bei bester Gesundheit.

Es kann jedenfalls kaum einen Zweifel geben, daß Adenauer am 17. Mai 1926 mit dem Gefühl tiefer Erleichterung nach Köln zurückkehrte. Er wollte nicht Reichskanzler werden, weil er mit seinem unwandelbaren Scharfblick erkannte, daß er keine stabile Regierung würde bilden können. Daß es auch sonst niemandem gelingen würde, stand auf einem anderen Blatt. In Köln angelangt, versuchte er zunächst seinen hartnäckigen Bronchialkatarrh zu kurieren: Man kann aus dem Stadtarchiv ersehen, wie oft er Einladungen wegen Überarbeitung ablehnen mußte. Aber er war weiter so unermüdlich in der Erfüllung seiner Pflichten wie peinlich genau in der Erledigung seiner sehr umfangreichen Korrespondenz. (Sein unabänderlicher Grundsatz war, jeden Brief postwendend zu beantworten, es sei denn, daß er keiner Erwiderung bedurfte; in diesem Falle machte er nur eine handschriftliche Notiz und unterzeichnete sie mit dem Initial ›A‹.)

1928 nahm er in Wilhelmshaven am Stapellauf des dritten deutschen Kriegsschiffes teil, das auf den Namen *Köln* getauft war (das erste war von der British Royal Navy versenkt und das zweite bei Ende des Ersten Weltkrieges in Scapa Flow von der eigenen Mannschaft zerstört worden). Ein Kölner Zigarrenfabrikant nannte sein neuestes Zigarillo nach dem Oberbürgermeister, und ein unbekannter Bewunderer schrieb der Stadtverwaltung, der Oberbürgermeister sei »eine sehr starke Persönlichkeit, vielleicht die stärkste Persönlichkeit, die wir zur Zeit in Deutschland haben[40]«. Er mag durchaus recht gehabt haben. Adenauer erwartete seine im Dezember 1929 fällige Neuwahl mit begreiflicher Zuversicht.

5
Im Schatten des Hakenkreuzes

Unmittelbar nach Adenauers Wiederwahl zum Oberbürgermeister von Köln im Dezember 1929 machte ihm der brasilianische Konsul Don Mancel Ochoa ein hübsches Kompliment, indem er den Vorgang in einem Artikel des *Journal do Brasil* als ein politisches Ereignis von äußerster Wichtigkeit bezeichnete. Er zitierte dazu Voltaire: »*Les âmes privilégiées rangent à l'égal des souverains*[1].« Kurz vor der Wahl hatte die Zentrumspartei noch den Vorschlag gemacht, Adenauer solle bis zum Sommer im Amt bleiben, weil man inmitten der Weltwirtschaftskrise eine starke Hand am Steuer brauche. Der Gedanke, daß der Sturm der Weltwirtschaftskrise sich mit dem Herannahen der wärmeren Jahreszeit wohl wieder gelegt haben würde, hat im Rückblick etwas geradezu Rührendes. In Wirklichkeit sollte sie sich auf Deutschland anhaltend und sogar noch verstärkt auswirken, bis nach rund drei Jahren die Nazis an die Macht kamen.

In Wirklichkeit sollte sich auch die Art und Weise, in der Adenauers Wiederwahl vor sich ging, als ein Schock für ihn erweisen. Während er 1917 noch einstimmig zum Oberbürgermeister gewählt worden war, schaffte er es 1929 nur mit der denkbar kleinsten Mehrheit von einer Stimme. Für diesen Verlust an Popularität fällt es schwer, einen alleinigen Grund zu finden. Die Faktoren, die hier zusammentrafen, waren die Depression, das weitverbreitete Gefühl der Unsicherheit, das Anwachsen des Rechts- und Linksextremismus, dazu die wieder hervorgeholten Vorwürfe wegen seiner luxuriösen Lebensweise und die Abneigung gegen seinen Dickschädel. Wie dem auch sein mochte – wiedergewählt wurde er, und zwar theoretisch für weitere zwölf Jahre. Unter normalen Voraussetzungen konnte er erwarten, an deren Ende vom öffentlichen Leben Abschied zu nehmen.

Die zunehmend ernstere Wirtschaftslage begann alles andere zu überschatten. Sie brachte Adenauer in engere Berührung mit dem neuen Reichskanzler Heinrich Brüning, der sein Amt im März 1930 antrat und der ebenfalls dem Zentrum angehörte. Er war wie Adenauer ein Mann von großer Tapferkeit und Zähigkeit, durch und durch ein Patriot, der willens war, sich für sein Vaterland zu Tode zu schinden. Doch damit hört die Ähnlichkeit auf. Brüning war ein Intellektueller, Adenauer nicht. Die zwanziger und frühen dreißiger Jahre brachten alle erdenklichen geistigen Richtungen hervor: den Pazifismus eines Erich Maria Remarque oder Fritz von Unruh, die romantische Haltung eines Stefan George oder Rainer Maria Rilke, die ›konservativen Revolutionäre‹ des ›Tat-Kreises[2]‹ und Oswald Spenglers düstere Vorhersagen vom ›Untergang des Abendlandes‹. Alle diese zweifellos verwirrenden und manchmal wohl auch verworrenen Strömungen scheinen an Adenauer vorübergegangen zu sein; er blieb auf der Ebene des Praktischen und Diesseitigen, ganz von den täglichen Verwaltungsaufgaben in Anspruch genommen und ohne jedes Interesse für die Gedanken der Nation.

Brüning, im Gegensatz zu Adenauer, war unverheiratet. Ebenfalls im Gegensatz zu Adenauer hatte er mit Auszeichnung am Ersten Weltkrieg teilgenommen und an der Spitze einer Maschinengewehrkompanie sich einen Orden erworben. Und er war – ein dritter Gegensatz – der Meinung gewesen, daß es seine Pflicht sei, sich in die politische Arena zu begeben, wie er es im Jahre 1924 tat.

Mit seiner beachtlichen Erfahrung als Verwaltungsfachmann hätte Adenauer eine wunderbare Hilfe für Brüning sein können. Aber er konnte ihn ebensowenig wie Stresemann leiden, was die Vermutung nahelegt, daß er niemanden ertragen konnte, den er in irgendeiner Hinsicht als Konkurrenten betrachtete. So mag es schon auf längere Sicht sein Wunsch gewesen sein, die Zentrumspartei in die Hand zu bekommen, und 1929 stand Brüning, ein jüngerer Mann, der bereits im ganzen Land seine Anhänger hatte, ihm dabei im Wege. Nach Dr. Hermann Pünder, Brünings Kabinettschef, gab es noch weitere, weniger offensichtliche Gründe für Adenauers Abneigung[3]. Brüning verstand sehr viel von Nationalökonomie, die Adenauer zu verachten vorgab. Er war ein weitgereister Mann, der mehrere Fremdsprachen beherrschte, während Adenauer keine konnte (Pünder irrt allerdings in der Annahme, daß Adenauer nur ein einziges Mal im Ausland war – er war in Frankreich, Italien, der Schweiz und Holland gewesen, wenn dies auch keine sehr imponierende Liste darstellt). Brüning war Stimmungen unterworfen und verhehlte das nicht. Adenauer meinte, seine Gefühle verbergen zu müssen. Brüning stammte aus Münster, und die Münsterländer gelten als trübsinnig und unberechenbar.

Endlich kam noch das unbedeutende Kapitel der Korrespondenz hinzu: Adenauer nahm es damit sehr genau, während Brüning noch saumseliger als Stresemann war, und zu seinem Schmerz sollte Adenauer viele Gelegenheiten haben, das festzustellen. So gibt es einen Brief Adenauers an Brüning vom 9. Juli 1930, in dem er sich über die allzu vielen Verzögerungen in Berlin beklagt, eine Anspielung auf die verspäteten Antworten auf seine Wünsche, die regionale Planung zur Arbeitslosigkeitsbekämpfung energischer zu betreiben[4]. Im November 1930 hatte Adenauer schon wieder Kummer: Von den 250 Millionen Mark, die ihm für ein Arbeitsbeschaffungsprogramm versprochen worden waren, wurden nur 6,4 Millionen Mark angewiesen. Die Antwort auf diesen Brief brauchte Wochen; Adenauer schluckte seinen Ärger hinunter. Doch der Brief, den er am 22. Dezember über die Steuersituation schrieb, war noch immer unbeantwortet, als Brüning ihn Ende Januar

1931 persönlich in Köln besuchte; die Antwort kam erst am 13. März[5]. Das waren in Adenauers Augen ganz schlechte Manieren und damit etwas Kriminelles.

Dem hätte Brüning entgegenhalten können, daß er sich um die Angelegenheiten des ganzen Reiches zu kümmern und infolgedessen zuwenig Zeit für den aufdringlichen Oberbürgermeister von Köln übrighatte. Die Arbeitslosigkeit wurde unaufhörlich schlimmer. 1931 war jeder vierte Arbeitnehmer in Köln stellungslos, und Adenauer beschäftigte sich schon mit dem Gedanken an eine Art Arbeitsdienst für Männer und Frauen unter fünfundzwanzig, die man auf zwanzig Wochen zu siebenstündigen Arbeitstagen einziehen würde, bei Gemeinschaftsverpflegung, Freizeitgestaltung, Krankenversicherung und einem täglichen Taschengeld von ungefähr zwei Mark[6]. Auch Brüning machte Pläne zu einem Arbeitsbeschaffungsprogramm für die ganze Nation, das 600000 Menschen beschäftigen und voraussichtlich zwei Milliarden Mark kosten würde. Aber so viel Geld konnte nicht aufgebracht werden; die erste siebenprozentige Staatsanleihe, die mit 100 Prozent aufgelegt wurde, fiel in kürzester Zeit auf 60 bis 65. Brüning hätte auch die Mark abwerten können, wie ihm britische Wirtschaftsfachleute damals rieten, doch das würde wiederum die Höhe der in Goldmark bezifferten Reparationszahlungen hinaufgetrieben haben[7]. Natürlich versuchte Brüning in der gleichen Zeit, die Last der Reparationen zu verringern, doch gelang ihm das zu spät. Man kann ohne weiteres begreifen, weshalb er keine Zeit zur Beantwortung von Adenauers Briefen fand.

Die Nazis machten bei ihrem Griff nach der Macht viel Gebrauch von dem Schlagwort ›Arbeit und Brot‹. Sie waren aus den Wahlen von 1930 urplötzlich als eine bedeutende politische Kraft hervorgegangen, mit 107 anstelle von vorher 12 Mandaten im Reichstag. Gleichzeitig hatten sich die Sitze der Kommunistischen Partei von 54 auf 77 vermehrt. So drohte das Ansteigen des Radikalismus auf dem rechten wie auf dem linken Flügel jede Regierung auf Mittelkurs zu zerstören. Die tiefbesorgte deutsche Wählerschaft, im allgemeinen unstet und ein bißchen verantwortungslos, verlor jedes Vertrauen in irgendwelche Koalitionen, die doch keine dauerhaften Regierungen zustande brachten. Brünings Kabinett war das neunzehnte seit 1919. Die Weimarer Republik war im Begriff, genau wie das prägaullistische Frankreich dreißig Jahre später, jegliche Anziehungskraft einzubüßen. Brüning war ›einfach zu harmlos‹[8], wie ein junger Mann damals meinte. Allein die Tatsache, daß er sich im Krieg als Offizier bewährt hatte, konnte junge Leute dazu veranlassen, seine Wahlplakate anzukleben, für zehn ganze Reichspfennig pro Abend, wovon sie sich für fünf Pfennig eine Stange Lakritze kauften und fünf Pfennig in ihre Sparbüchse steckten. Doch er hatte kein Charisma, und als er Anfang 1932 seine Notverordnungen einführte, sangen die Kinder auf der Straße:

»Haut den Brüning auf die Glatze,
Daß die Notverordnung platze!«

Adenauer hatte seinen eigenen Kummer. Er wurde in der Presse angegriffen, weil er Brünings Wahlversammlungen boykottierte, weil er in Berlin sich die Minister auf sein Hotelzimmer zu bestellen pflegte, weil er angeblich mit städtischen Geldern spekuliere und – wieder einmal! – weil er für die Separation des Rheinlandes vom Reich sei[9]. Laut einem weithin geglaubten Gerücht hatte er anderthalb Millionen Mark, die ihm die Deutsche Disconto Bank geliehen habe, bei Spekulationen mit Kunstseide verloren. Eine Zeitung, die *Düsseldorfer Lokalzeitung*, griff diese Geschichte immer wieder auf und wollte durchaus wissen, warum Adenauer sie nicht dementiere.

Ein anderer Vorwurf war, daß er sich ein Refugium in der Schweiz angelegt habe. Die kommunistische Zeitung *Sozialistische Republik* enthüllte sogar, daß er in die Schweiz ›geflohen‹ sei, wo er sich am Thuner See für eine Million Mark einen Besitz gekauft habe[10]. Jemand schickte ihm ein Gedicht auf ›Konrad Adenauer, den lustigen Schweizer-

Bua!‹. Der Feigheit bezichtigt zu werden, machte Adenauer immer rasend vor Zorn, und so erschien er im September 1931 als Belastungszeuge im Verfahren gegen Karl Sattler, Mitglied der Kommunistischen Partei, der wegen einer Behauptung über den nicht vorhandenen Schweizer Besitz zu vier Monaten Gefängnis verurteilt wurde.

Die NSDAP griff Adenauer als Frankophilen an. Die Deutschnationalen beschuldigten ihn, den beiden deutschen Atlantik-Überfliegern Köhl und Hünefeld nicht die gebührende Ehre erwiesen zu haben. (Adenauer war einem Empfang der Stadt für die beiden Flieger ferngeblieben, weil sie zuvor den ehemaligen deutschen Kaiser in seinem Exil in Doorn besucht hatten[11].)

Die Sozialdemokraten beschimpften ihn wieder einmal, weil er zuviel Geld ausgab, und die sozialistische Presse Belgiens griff das Motiv auf, allerdings mit der Feststellung, daß Adenauer nicht, wie seine Gegner angaben, 120000 Mark jährlich bekomme, sondern nur 108250 Mark. In einer Zeitung, dem *Westdeutschen Beobachter*, erschienen Karikaturen von ihm mit ausgesprochen semitischen Zügen[12]. Das Bemerkenswerte an all diesen Angriffen war ihre schiere Bösartigkeit, in der sich die Stimmung des ganzen deutschen Volkes widerspiegelte, das in jener Zeit bereit war, jeden Beliebigen für jede beliebige Sache verantwortlich zu machen. Die wechselseitigen Anschuldigungen bezogen allmählich alles ein, und diese Grundstimmung hat mehr als jeder andere Faktor den Weg zur nationalsozialistischen Machtergreifung bereitet.

Hat Adenauer die Bedrohung durch die Nazis erkannt? Sicherlich war er sich bis 1932 in viel höherem Maße der kommunistischen Gefahr bewußt[13], die in seinen Augen deutlicher umrissen und noch offensichtlicher gegen die Interessen der Nation gerichtet war. Einmal machte er ein paar kursorische Notizen über die Notwendigkeit, eine ›Sammlung der Mitte‹ zu organisieren[14], die ein Gegengewicht gegen die Kommunisten, die Nazis – und die Sozialdemokraten bilden sollte. Der Gedanke war nicht neu und der geeignete Zeitpunkt dafür vorbei. 1932 spielte Adenauer mit der Absicht, ›den Nazis den Giftzahn zu ziehen‹, indem man sie in die Reichsregierung hineinnahm. Am 6. August 1932 teilte er dem Grafen Wolff-Metternich in einem Brief streng vertraulich mit, daß die Zentrumspartei eine solche Handlungsweise unterstützen würde[15]. In späteren Jahren sollte Adenauer nachdrücklich darauf hinweisen, daß die Haltung des Zentrums gegen die Nazis in unmittelbarem Gegensatz zu dem unentschiedenen Verhalten der Westmächte gestanden habe. Es sei, so meinte er mit der Erkenntnis des Rückblickenden, von den Westmächten verbrecherisch töricht gewesen zu glauben, daß die Nazis, sobald man sie an die Regierung heranlasse, ihre Politik ändern würden.

Unentschieden war Adenauers eigene Haltung, sobald ein ernsthafter Versuch gemacht wurde, die Nazis ›einzudämmen‹, wie gegen Ende 1931 und Anfang 1932. Damals marschierten uniformierte Sturm-Abteilungen der NSDAP unaufhörlich durch die Straßen jeder größeren Stadt. Straßenschlachten mit den Braunhemden der SA waren an der Tagesordnung, wobei die Nazis gewöhnlich über die kommunistische ›Rote Front‹ den Sieg davontrugen, während dem sozialdemokratischen ›Reichsbanner‹ bei seinen Versuchen, Ruhe und Ordnung wiederherzustellen, fast immer am übelsten mitgespielt wurde, weil sich sowohl die Nazis wie die Kommunisten darauf stürzten. Im Jahre 1931 allein wurden 182 Menschen bei Straßenschlachten getötet und über 15000 verletzt; »insgesamt waren rund 5 Millionen Menschen in Deutschland auf die eine oder andere Weise zum Zwecke des Bürgerkrieges organisiert oder auch, wie manche von ihnen es ausdrückten, zum Zwecke der Verhinderung des Bürgerkrieges[16]«. Zur Aufrechterhaltung der Ordnung gab es 100000 Mann Polizei; die 100000 Angehörigen der Reichswehr wurden aus der Auseinandersetzung herausgehalten. Im Dezember 1931 machte das preußische Innenministerium den Vorschlag, allen ›staatsfeindlichen Parteien‹ die Benutzung öffentlicher Gebäude oder Sportanlagen zu verweigern, womit unmißverständlich die Nazis und die Kommunisten gemeint waren.

Am 21. Dezember 1931 schrieb Adenauer in dieser Sache an das preußische Innenministerium[17]. Seiner Ansicht nach sollte sich das Ministerium nicht das Recht beimessen, auf Empfehlung der Polizei jeweils zu entscheiden, welche Parteien öffentliche Gebäude benutzen durften und welche nicht. Vielmehr sollte dies den lokalen Behörden überlassen bleiben, die ihrerseits in Zusammenarbeit mit der lokalen Polizei die Schritte ergreifen sollten, die sie für richtig hielten. Diese Haltung war überraschend, und Adenauer sollte es zwei Jahre später bitterlich leid tun, sie eingenommen zu haben. Doch die lokalen Behörden waren eben in unglaublichem, ja unvernünftigem Maße auf ihre Rechte bedacht. Im Februar 1932 wies der Deutsche Städtetag tatsächlich den Anspruch des preußischen Innenministeriums ab, die Benutzung von öffentlichen Gebäuden und Sportanlagen einzuschränken. Die Mitglieder des Städtetages, zu denen Adenauer gehörte, waren der Auffassung, daß solche Fragen allein der Entscheidung der lokalen Behörden anheimgestellt werden sollten. Außerdem schlossen sie sich Adenauers Meinung an, daß Parteien, die nicht gesetzlich verboten worden waren, auch nicht als ›staatsfeindlich‹ eingestuft werden könnten. Worauf der Städtetag zu den seiner Ansicht nach dringlicheren Fragen überging – einer Zuwendung an den Verlag Baedeker in Leipzig und der moralischen Unterstützung für die ›Liga zur Erhaltung der deutschen Schrift[18]‹.

Zu Adenauers Gunsten läßt sich anführen, daß er gegen ein Verbot anging, weil er der Meinung war, daß die preußische Regierung Ursache und Wirkung nicht auseinanderhalten konnte. Die Ursache der Unruhe in der Bevölkerung war nach Adenauers Meinung die sich ständig verschlechternde Wirtschaftslage. In den Großstädten mußten die Theater, die öffentlichen Badeanstalten und Freibäder, ja teilweise sogar Krankenhäuser und Schulen aus Geldmangel schließen. Köln mußte seine Ausgaben für

Straßenbeleuchtung und öffentliche Anlagen erheblich herabsetzen. Adenauer meinte, die Gemeinden müßten zunehmende Befugnisse und Verantwortlichkeiten bei der Bekämpfung der Arbeitslosigkeit erhalten, und so hören wir ihn im Januar 1933 – auf dem Höhepunkt der Auseinandersetzung über das Verbot nationalsozialistischer und kommunistischer Versammlungen – darüber klagen, daß die »Bedürfnisse der Gemeinden auf die Reichsregierung und die öffentliche Meinung nicht den geringsten Eindruck mehr machen[19]«.

Doch als die Anzeichen der Gesetzlosigkeit und der Einschüchterung zunahmen, begann Adenauer, die Bedrohung durch den Nazismus im rechten Licht zu sehen.

Am 22. Juli 1932 kündigte er vor einem deutschen Jugendtreffen in Dortmund an, daß »schreckliche Jahre vor uns und die Kräfte des Materialismus mit dem Christentum schon im Kampfe« lägen[20]. Am 30. Juli desselben Jahres wiederholt er diese Warnung in einer Rede auf dem Kölner Reit- und Fahrturnier[21]. Im August verbrachte er den Urlaub mit seiner Frau Gussi in Chandolin im Schweizer Kanton Wallis und erfuhr dort, daß in Deutschland seine Post teilweise geöffnet worden war. Einer seiner Freunde, Wilhelm Elfes aus Krefeld, schrieb ihm mit einer Anspielung auf Schopenhauer, man solle sich immer auf das Allerschlimmste vorbereiten, das ja nicht unbedingt gleich und womöglich überhaupt nicht zu passieren brauche[22].

Viel später, am 17. Februar 1933, sagte Adenauer auf einer Zentrumsversammlung im Kölner Stadtteil Lindenthal, es bestehe eine dringende Notwendigkeit, die ethischen Grundlagen des Staates zu befestigen. Vor allem sei eine feste Stütze für die Ideale der Redlichkeit, der Wahrhaftigkeit und der Freiheit vonnöten und für Gesetzlichkeit. Er wiederholte den Satz: »*Justitia est fundamentum rei publicae*[23].«

Vor dieser letzten Äußerung machte Adenauer noch zwei sinnvolle Anstrengungen, den Nazis entgegenzutreten, einmal in Köln und einmal in Berlin. Die letzte Chance für eine demokratische Regierung war dahingegangen, als Heinrich Brüning, der mittlerweile nur noch durch Notverordnungen regierte, die jeweils der Zustimmung des Reichspräsidenten bedurften, im Mai 1932 durch Hindenburg entlassen worden war. Es kamen nacheinander zwei Notregierungen zustande, die erste unter Franz von Papen, die zweite unter General Kurt von Schleicher. Zwischendurch gab es Wahlen, erst im Juli 1932, bei denen die Nazis 230 von 608 Sitzen des Reichstags eroberten, und dann noch einmal im November 1932, bei denen die Zahl ihrer Mandate überraschenderweise auf 196 zurückging. Doch es sollte sich als eine Illusion herausstellen, daß sich das Blatt gewendet habe. Während die Regierung Schleicher nur die Deutschnationalen und die Deutsche Volkspartei mit zusammen 62 Reichstagssitzen hinter sich hatte, konnte Hitler auf eine breite nationalistische Unterstützung rechnen, wenn Schleicher ihm den Platz geräumt hatte; Anfang Januar sicherten die Nazis sich außerdem auf einem Treffen im Kölner Haus des Bankiers Freiherr von Schröder die Hilfe von Papens und führender Industrieller. Am 30. Januar 1933 forderte Hindenburg Hitler auf, eine neue Regierung zu bilden. Die Naziära war damit angebrochen; sie sollte etwas länger als zwölf Jahre dauern.

Hitler schickte den Reichstag nach Hause und setzte Neuwahlen auf den 5. März 1933 fest. Bis zu diesem Termin führte er einen Wahlkampf, in dem sich alle Kräfte der NSDAP ungehemmt entfalteten, mit SA und Militärkapellen in allen Straßen. Am 17. Februar kam er dazu auch nach Köln. Sein Privatflugzeug landete gegen 23 Uhr, doch Adenauer erschien nicht zu seiner Begrüßung. Er stellte sich auf den Standpunkt, daß Hitler nicht in seiner Eigenschaft als Reichskanzler, sondern als Wahlredner nach Köln gekommen sei, und schickte den für Polizeiangelegenheiten zuständigen Stadtrat Dr. Heinrich Billstein an seiner Stelle. Diesen ignorierte Hitler auf dem Flugplatz und fuhr voller Zorn ins Rheinhotel Dreesen nach Bad Godesberg[24].

Am 19. Februar war eine Rede Hitlers in Köln angesetzt, und in der voraufgegangenen Nacht hatte man auf Pfeilern der Köln-Deutzer Brücke zwei Hakenkreuzfahnen gehißt. Da die Brücke städtischer Besitz war und Adenauer schon die Anordnung gegeben hatte, daß ›Parteifahnen‹ auf keinem städtischen Gebäude gezeigt werden dürften, ließ er sie durch städtische Arbeiter unter Polizeischutz am Morgen des 19. Februar wieder herunterholen. Als Kompromiß duldete Adenauer, daß von den Fahnenstangen vor den Messehallen, in denen Hitler seine Rede hielt, die Naziflagge wehte, doch nicht von deren Dach[25].

Das war schon Adenauers zweiter Akt des offenen Widerstands, und es ist erstaunlich, daß Hitler ihn nicht gleich gewaltsam aus seinem Amt als Oberbürgermeister entfernte. Den ersten Widerstand hatte Adenauer schon vierzehn Tage vorher in Berlin geleistet, bei dem Entschluß der neuen Regierung, das preußische Abgeordnetenhaus aufzulösen.

Man muß zugeben, daß dieses preußische Landesparlament in gewissem Sinne eine Anomalie darstellte, einen ›Staat im Staate‹, denn da Preußen bedeutend größer als jeder andere Bestandteil des Deutschen Reiches war und seine Hauptstadt mit der Reichshauptstadt zusammenfiel, konnte es gewissermaßen eine Art Gegenpol zur Reichsregierung bilden. Der Wunsch der Nazis, es aufzulösen, gründete sich auf ihre Besorgnis, daß sich aus ihm ein Ansatzpunkt für das Überleben der Demokraten inmitten des geplanten autoritären und korporativen Staates entwikkeln konnte. Im Juli hatte sich schon Franz von Papen als Reichskanzler selber zum mit besonderen Vollmachten ausgestatteten Reichskommissar für Preußen gemacht. Das lieferte den Nazis das Stichwort: Als Hitler am 30. Januar an die Macht kam, war er fest entschlossen, die preußische Regierung abzuschaffen; daher betrachtete er von Papen fälschlicherweise noch immer als eine Gefahr.

Von Anfang an stellte Adenauer sich diesem Plan der Nazis entgegen. Doch am 6. Februar wurde er in Berlin auf einer zweistündigen Sitzung einer Dreierkommission, die eigens zur Klärung des Geschicks von Preußens Regierung und Parlament eingesetzt worden war, überstimmt. Die beiden anderen Mitglieder der Kommission waren Franz von Papen selbst, Vizekanzler in Hitlers Kabinett, und der Präsident des preußischen Abgeordnetenhauses, Dr. Kerrl, ein Mann der NSDAP. Nach von Papens Ansicht war eine unsinnige Situation entstanden, in der die Staatsbeamten zwei Herren, dem Reich sowohl wie Preußen, zu dienen hatten. Er wies darauf hin, daß Preußen nun schon neun Monate ohne Ministerpräsident gewesen sei, nannte die Situation unerträglich und forderte die Auflösung des preußischen Abgeordnetenhauses zum 4. März.

Adenauer trat dieser Auffassung kühn entgegen und forderte statt dessen, daß dem preußischen Abgeordnetenhaus Gelegenheit gegeben werde, einen neuen Ministerpräsidenten zu wählen. Er fügte hinzu, daß sich das Zentrum sogar bereitfinden würde, die Kandidatur von Hermann Göring, Hitlers engstem Mitarbeiter, zu unterstützen. Mit äußerster Bestimmtheit verlangte er, daß Preußen als Staat nicht verletzt werden sollte[26]. Und als von Papen es zur Abstimmung kommen ließ, enthielt Adenauer sich ausdrücklich der Stimme, was den Zorn der ganzen nationalsozialistischen Presse auf sein Haupt zog.

Auch nachdem das Schicksal des preußischen Abgeordnetenhauses besiegelt war, gab Adenauer noch nicht auf. Am 9. Februar warnte ihn die *Vossische Zeitung*, seine Anstrengungen seien zum Scheitern verurteilt, man könne sie nur mit Beerdigungsriten vergleichen. Am 18. Februar suchte ihm der französische Sozialistenführer Edouard Herriot mit einer Rede zu Hilfe zu kommen, in der er seiner tiefen Besorgnis über das Schicksal Preußens Ausdruck gab (vermutlich als der erste Franzose im Laufe der Geschichte!). Adenauer betrachtete diese Intervention als fehl am Platze und schrieb ein scharf formuliertes Memorandum, in dem er eine solche Einmischung in die Angelegenheiten eines anderen Staates als meist kontraproduktiv bezeichnete[27]. Am 25. Februar reiste Adenauer noch einmal nach Berlin, um von Papen und Göring, der damals preußischer Innenminister war, doch noch zu überzeugen, aber er erreichte nichts, ebensowenig wie durch einen Brief an von Papen, in dem er seine trüben Ahnungen über die bevorstehenden Wahlen zum Ausdruck brachte, bei denen es seiner Meinung nach beträchtliche Eingriffe in die Rechte und Freiheiten des Staatsbürgers von seiten der bewaffneten Schlägertruppe der SA und der kommunistischen Roten Front geben würde. Von Franz von Papen konnte man nichts erwarten, außer daß er jede vertrauliche Mitteilung weitergeben würde. Höchstwahrscheinlich stand Adenauer von diesem Augenblick an auf der ›Schwarzen Liste‹ der Nationalsozialisten.

Nach den Wahlen vom 5. März, bei denen die Nazis 44 Prozent aller Stimmen auf sich vereinigten und mit ihren deutschnationalen Verbündeten die absolute Mehrheit im Reichstag besaßen, wurde dann unmittelbar gegen Adenauer eingeschritten. Ein SA-Trupp wurde in seinem Haus stationiert, nach außen hin, um ihn zu ›beschützen‹. Eine zweite solche ›Wache‹ stand in seinem Büro auf dem Rathaus. Er bekam eine Anzahl von anonymen Briefen, die wahrscheinlich von den Nazis angeregt waren. Hier ein besonders schönes Beispiel:

»Dieb, Verräter, Separatist
Und was du sonst noch alles bist,
An Rom verkaufst du deutsches Recht,
Gewissenslump und Pfaffenknecht!
Jetzt wird's dem deutschen Volk zu bunt;
An den Laternenpfahl mit dir,
Du Schweinehund[28]!«

Er war von Freunden gewarnt worden, daß sein Haus möglicherweise am 12. Februar, am Tag der Kölner Kommunalwahlen, überfallen würde, wenn er nicht zurückträte und Köln verließe. Er trat nicht zurück, brachte aber seine Kinder zum Direktor des katholischen Caritas-Krankenhauses. Am 12. März besuchte er einen Gottesdienst für die Toten des Weltkrieges und zeigte nicht die geringste Furcht. »Obwohl man Adenauer gewarnt hatte, an dieser Versammlung teilzunehmen, erschien er. Ich begleitete ihn, und dabei konnte ich mit eigenen Augen beobachten, in welche Isolierung der Oberbürgermeister geraten war. Man wich ihm aus wie einem Aussätzigen[29].«

Während dieser Totenfeier wurde er noch einmal gewarnt, diesmal von jemandem, der der NSDAP beigetreten war, daß die SA den Auftrag bekommen habe, ihn zu ›liquidieren‹. Er solle am darauffolgenden Montag, wenn er morgens sein Büro im Rathaus betrat, aus dem Fenster gestürzt werden.

Es klingt einigermaßen unwahrscheinlich, daß die Nazis etwas so Aufsehenerregendes im Sinn gehabt haben sollten. Es wäre ihrem Prestige sehr schlecht bekommen, auf das sie noch zu achten hatten, solange noch weniger als die Hälfte der deutschen Wählerschaft hinter ihnen stand. Sie hätten Adenauer gewiß gern aus dem Wege geräumt, um so mehr, als sie sich schon mit der Vorbereitung des ›Ermächtigungsgesetzes‹ beschäftigten, das Hitler am 23. März die Macht eines Diktators verlieh. Adenauers tatkräftige Verteidigung des preußischen Parlamentarismus deutete darauf hin, daß er die ganze Widerstandskraft des Zentrums um sich scharen würde. Es sollte sich dann allerdings herausstellen, daß die Zentrums-Mitglieder des Reichstags für das Ermächtigungsgesetz stimmten; einzig und allein die Sozialdemokraten stimmten dagegen.

Doch bis dahin sollte Adenauer praktisch aus dem Wege geschafft sein. Am Nachmittag des 12. März forderte er Polizeischutz an, der ihm verweigert wurde. Jetzt, als es zu spät war, muß Adenauer bitterlich bereut haben, daß er sich zwei Jahre vorher gegen den Vorschlag gewandt hatte, die preußische Regierung solle bestimmen, in welchem Umfang nationalsozialistische Demonstrationen und Versammlungen stattfinden dürften. Noch länger Widerstand zu leisten wäre zwecklos gewesen und konnte seine Familie gefährden. So beschloß er, nach Berlin zu gehen, wo er seinen Fall vielleicht Hermann Göring vortragen konnte, der inzwischen Reichsinnenminister geworden war. Man kann nur ahnen, was er bei diesem vergeblichen Versuch im Sinn gehabt haben mochte. Bestenfalls konnte er wieder in sein Amt eingesetzt werden; schlimmstenfalls war nichts verloren, und er war eine Zeitlang verschwunden, bis die Kölner Nazis ihn vergessen hatten.

Er sagte seiner Frau Gussi nur, daß er für ein paar Tage nach Berlin fahre. Seinem Büro verriet er nichts, sondern bestellte seinen Dienstwagen wie gewöhnlich, so auch am 13. März zu seiner Abholung um 9 Uhr früh. Doch schon um 7 Uhr schlich er sich in der Dunkelheit aus dem Haus und ließ sich im Wagen seines engen Freundes Robert Pferdmenges zum Dortmunder Bahnhof bringen, wo er in den Zug nach Berlin einstieg. Die Nazis verkündeten darauf sofort seine Entlassung und ernannten einen gewissen Dr. Günther Riesen zum kommissarischen Oberbürgermeister, der sogleich eine Untersuchung der städtischen Finanzen anordnete und sich daran begab, einen Beamten nach dem anderen zu entlassen. Die Stadtverwaltung war bis dahin fest in der Hand der herrschenden Zentrumspartei gewesen. Mit seiner Reinigungsaktion beabsichtigte Dr. Riesen, alle Schlüsselposten durch Nazis oder Nazifreunde zu besetzen.

In Berlin erreichte Adenauer gar nichts. Göring gehörte zu dem ebenso unerfreulichen wie gefährlichen Menschentyp des *faux bonhomme*. Bei all seiner Rundlichkeit und äußeren Gutgelauntheit war er einer der bösartigsten Naziführer, ohne jeden Halt, eitel und grausam. Er ließ Adenauer drei Tage warten, bevor er ihn zu sprechen geruhte. Was er ihm dann erzählte, hatte nichts Tröstliches: Die Sache mit den von der Köln-Deutzer Brücke heruntergeholten Hakenkreuzfahnen war noch nicht vergessen, außerdem war eine Überprüfung der Kölner Stadtverwaltung im Gang, und Adenauer stand unter dem Verdacht, städtische Gelder veruntreut zu haben. Göring selbst hatte die Untersuchung im Februar angeordnet. Sie ging von der Beschuldigung aus, die im September 1932 im preußischen Abgeordnetenhaus erhoben worden war, daß Adenauer eine Anleihe von 15 Millionen Mark niemals zurückgezahlt habe, die ihm 1930 von der Preußischen Zentralgenossenschaftsbank gewährt worden war. Ein Dr. von Winterfeld warf Adenauer vor, daß ein großer Teil dieses Geldes in die Taschen führender Zentrumspolitiker geflossen sei, und forderte eine gerichtliche Untersuchung der ganzen Angelegenheit[30].

Diese war nunmehr im Gange. Etwa am 18. März fragte Adenauer bei seinem Nachfolger Dr. Riesen schriftlich an, weshalb getreue Beamte der Kölner Stadtverwaltung entlassen würden, und aus Riesens Antwort ging hervor, daß die bisherige Untersuchung ergeben habe, daß Adenauer und seine Beamten zumindest der ›tollsten Verschwendung‹ und der ›ungeheuerlichsten Korruption‹ schuldig seien[31]. Adenauer sei der Angeklagte, so schloß Dr. Riesen seinen Antwortbrief, er selbst sei der Ankläger und das Volk der Richter.

Riesens Beschuldigungen wurden im Mai 1933 dann von einer regelrechten Untersuchungskommission aufgegriffen, an deren Spitze ein Nazibeamter, ein Dr. Adolf Miller, stand. Diese Kommission stellte umfassende Untersuchungen an und überprüfte sogar die Lohnzahlungen an Adenauers Gärtner in der Max-Bruch-Straße. Jeder einzelne Posten der städtischen Ausgaben während der letzten zehn Jahre wurde durchleuchtet, ebenso wie jede noch so verrückte Beschuldigung Adenauers, einschließlich derjenigen von kommunistischer Seite. Die Untersuchungskommission verschwendete sehr viel Zeit und entdeckte nichts; sie beendete ihre Tätigkeit irgendwann im Laufe des Jahres 1934.

Nach seiner Flucht aus Köln verbrachte Adenauer nur kurze Zeit in Berlin. Laut einem seiner Biographen[32] war er damals sehr viel allein, konnte aber Halt an seinem religiösen Glauben gewinnen und suchte häufig die St.-Hedwigs-

Kirche auf. Wenn das stimmt, mag er dort – obwohl es nirgendwo überliefert ist – mit dem ehemaligen Reichskanzler Brüning zusammengetroffen sein, der in dieser Zeit als eine Art inoffizieller Patient in dem der Kirche angeschlossenen St.-Hedwigs-Krankenhaus wohnte. Während seines dortigen Aufenthalts machte Brüning gegenüber einem künftigen Mitglied der deutschen Widerstandsbewegung, Fabian von Schlabrendorff, die Bemerkung: »Man muß wählen, ob man unter dem Hakenkreuz oder unter dem Kreuz Christi stehen will. Für eines von beiden muß man sich entscheiden[33].« Sowohl Brüning wie Adenauer waren mutige Männer, beiden war bewußt, daß sie sich in tödlicher Gefahr befanden. Brüning sollte im Juni 1934 Deutschland verlassen. Auch Adenauer hatte reichlich Gelegenheit, ins Ausland zu reisen. Doch im Unterschied zu Brüning hatte er eine Familie, sogar eine ziemlich große, und das mag ihn dazu bewogen haben, in Deutschland zu bleiben und die Naziära irgendwie zu überdauern.

Die amtliche Untersuchung durch Dr. Adolf Miller wird vermutlich Adenauer in der Meinung bestärkt haben, daß er sich so still wie nur irgend möglich verhalten mußte. Gussi besuchte ihn in Berlin, um alles durchzusprechen. Seine Lage war prekär. An höherem Ort in der Politik hatte er keinen einzigen Freund mehr. Die Zentrumspartei stand inmitten eines Auflösungsprozesses. Durch ihr Votum für das Ermächtigungsgesetz hatte sie ihr eigenes Todesurteil unterschrieben, denn Hitler hatte gewiß nicht die Absicht, einer regionalen katholischen Partei die Existenz zu verlängern, die sie den katholischen Wählern des Rheinlands zu verdanken hatte[34]. Die Nazis fingen an, ihre Feinde einzukreisen. Ihre eigene Geheimpolizei, die Gestapo, hatte ihre Tätigkeit aufgenommen. Für Adenauer gab es keine Hoffnung, in Berlin eine Stellung oder eine Existenzbasis zu finden. In diesem trüben Augenblick wandte er sich an einen alten Schulfreund, den Abt von Maria Laach, Ildefons Herwegen, und bat ihn um Asyl in seinem Kloster inmitten der Eifel.

Herwegen teilte ihm mit, daß er willkommen sei. Fast gleichzeitig besuchte ein anderer alter Freund ihn überraschend in Berlin – Danny Heinemann, der früher zwischen ihm und französischen Diplomaten und Geschäftsleuten vermittelt hatte. Er hatte von Adenauers Notlage gehört und überbrachte ihm 10000 Mark in bar, für die er keinen Schuldschein haben wollte. Ehe Adenauer sich richtig bedankt hatte, war er schon wieder fort. Auf Anordnung der Nazis hatte Adenauers Bank ihm jeden Kredit verweigert und anscheinend sein Konto gesperrt; Heinemanns 10000 Mark halfen ihm über die erste Geldkrise seines Lebens hinweg.

Während Robert Pferdmenges allerlei riskierte, indem er seinen Wagen mit Chauffeur für die Flucht aus Köln zur Verfügung stellte, brauchte Danny Heinemann durch sein Geldgeschenk zwar nichts zu befürchten, zeigte aber viel Vertrauen und guten Willen; Ildefons Herwegen endlich nahm wohlüberlegt ein größeres Risiko auf sich, als er Adenauer in das klösterliche Leben von Maria Laach aufnahm. Es ist oft behauptet worden, daß Adenauer keine Freundschaften zu schließen verstand. Immerhin fand er drei sehr gute Freunde, als er sie am nötigsten brauchte. Und sie taten in diesem Augenblick mehr für ihn, als vieler Leute Freunde ein ganzes Leben lang tun.

Maria Laach ist ein Benediktinerkloster in den Vorbergen der Eifel, ungefähr 20 Kilometer westlich des Rheins. Zufällig ist es auch kaum weiter als diese Strecke von dem Eifelstädtchen Adenau entfernt, das wahrscheinlich vor Hunderten von Jahren der Familie Adenauer zu ihrem Namen verholfen hat. Das Kloster liegt am Westufer eines tiefen Sees, den man für den Krater eines erloschenen Vulkans hält. Die ganze Gegend ist dicht bewaldet und landschaftlich sehr schön. Mit der Wahl dieses Exils sicherte sich Adenauer ein der Welt entrücktes, mönchisches Leben. Um keine Aufmerksamkeit zu erregen, sollte seine Familie weiterhin in Köln bleiben und die Beziehungen mit ihm nur durch dritte Personen aufrechterhalten, da ihre

Post wahrscheinlich überwacht wurde. Auch um Adenauer nach Maria Laach zu schaffen, wurden alle erdenklichen Vorsichtsmaßregeln getroffen: Er reiste mit dem Zug bis Neuß, 30 Kilometer nördlich von Köln, und wurde dort von dem getreuen Pferdmenges im Auto abgeholt. Bei der Fahrt zum Kloster umging man Köln, da Adenauer ja aus seiner Geburtsstadt verbannt war.

Maria Laach stellte für einen Mann, der ein intensives und aktives Leben geführt hatte, überwiegend unter den Augen der Öffentlichkeit, ein totales Exil und eine so gut wie vollkommene Abgeschlossenheit dar. Doch gab es einen gewissen Ausgleich dafür. Das Kloster besaß eine gute Bibliothek, und Adenauer, der seine Lektüre in den letzten Jahren einigermaßen vernachlässigt hatte, las nun sehr viel, vor allem Bücher über deutsche und römische Geschichte. Die ländliche Umgebung war wunderhübsch, er machte viele und weite Spaziergänge. Auch mit den Patres unterhielt er sich oft; Herwegen selbst war für ihn nicht nur ein persönlicher Freund, sondern auch ein aufgeschlossener, liberaler und vielseitiger Gesprächspartner[35]. In vielen Ländern der Welt machen katholische Laien Exerzitien unter geistlicher Überwachung, gewöhnlich für ein oder zwei Wochen. Adenauers gewaltsam herbeigeführte Exerzitien dauerten freilich besonders lange, fast ein ganzes Jahr.

Während der Sommerferien kam sein ältester Sohn aus der Ehe mit Gussi zu ihm, der damals zehnjährige Paul, der schon ein Interesse an der Kirche zeigte; man ging davon aus, daß die Abwesenheit eines einzigen Kindes aus dem Adenauer-Haushalt in Köln nicht bemerkt werden würde. Weihnachten 1933 besuchte ihn dann die ganze Familie, in drangvoller Enge in zwei Zimmern des Hotels am Seeufer wohnend. Die Sommerferien waren für Paul ein wahres Fest gewesen – die langen Wanderungen über die Hügel, die Art und Weise, mit der er vom Vater als Gefährte behandelt wurde, und das Gefühl, an etwas Bedeutungsvollem teilzuhaben und sich gegenseitig zu vertrauen[36].

Auch die große Zusammenkunft über Weihnachten war gelungen, mit dem Tannenbaum, den kleinen Geschenken – ein aufregender ausgedehnter Ausflug in die schneebedeckten Hügel. Weihnachten kann auch unter bescheideneren und ungewohnten Verhältnissen eine Zeit der Freude sein, jedenfalls war es so für die vier kleineren Kinder in diesem Jahr. Wenn es für die drei Kinder aus der ersten Ehe, die alle schon über zwanzig und sich der Gefahren für ihren Vater wohl bewußt waren, in geringerem Maße zutraf, so verstand er es doch, sie ganz zu entspannen. »Er zeigte«, so berichtete eines von ihnen, »ein unglaubliches Maß an Takt; er ließ den Gedanken einfach nicht aufkommen, daß er für seine Person irgend etwas befürchten mußte. Er war fest entschlossen, uns aus allen Besorgnissen herauszuhalten, aber deshalb waren sie doch vorhanden[37].«

Adenauers Aufenthalt in Maria Laach ist wohl tatsächlich, wie eines seiner Kinder einmal ausgesprochen hat, ›charakterbildend‹ für ihn gewesen[38]. Er wurde ganz und gar auf sich selbst zurückgeworfen. Die stoische Haltung, die ihm ohnehin eignete, wurde noch befestigt und verstärkt. Er hatte Zeit zum Nachdenken und dachte gründlich, eigentlich zum ersten Mal in seinem Leben, über die Grundprobleme seines Vaterlandes nach. Sicherlich bot ihm seine Religiosität großen Trost, ebenso wie die friedvolle und von einem höheren Zweck durchdrungene Atmosphäre von Maria Laach[39]. Die ganze Nazizeit sollte eine einzige große Charakterprüfung für ihn werden, und es fing jetzt damit an.

Das weihnachtliche Familientreffen war leider nicht unbemerkt geblieben. Kurz darauf erhielt Herwegen eine förmliche Beschwerde des Oberpräsidenten der Rheinprovinz, Freiherr von Lünick, mit der Aufforderung, Adenauer habe Maria Laach zu verlassen[40]. Herwegen schrieb zwar darauf einen sehr würdevollen Protestbrief, doch Adenauer beschloß von sich aus, seinem Freund keine weiteren Unannehmlichkeiten zu bereiten. Er hatte gerade von einem Haus erfahren, das er bewohnen konnte, während sich die Bewohner in eine befristete Emigration begaben. Sie wollten ihr Eigentum behalten und suchten einen vertrauenswürdigen Menschen, der sich darum kümmerte[41]. Das Haus stand in Neubabelsberg, einem südwestlichen Vorort von Berlin, der hauptsächlich als Sitz der größten deutschen Filmgesellschaft, der Ufa, bekanntgeworden ist und nach dem Zweiten Weltkrieg ziemlich oft in den Nachrichten auftauchte, weil er dem sowjetischen Kontrollpunkt auf der Autobahn Berlin–Helmstedt am nächsten lag.

Mit einem Berliner Vorort als einstweiligem Aufenthalt für sich und seine Familie hatte Adenauer eine sehr seltsame Wahl getroffen. Nicht nur, daß er damit knapp 20 Kilometer vom Zentrum Berlins und dem Sitz der Naziregierung entfernt war, für ihn als Rheinländer hatte Berlin etwas Feindliches, wenngleich er die Stadt dank seiner häufigen Reisen als Präsident des Preußischen Staatsrats ganz gut kannte. Er lebte in Neubabelsberg praktisch wie im Ausland, in einem Land eintöniger Wälder und Moore, im Herzen des protestantischen Preußen. Auf einem Foto, das in dieser halbexilmäßigen Periode gemacht wurde, sieht man ihn gegen einen Birkenstamm gelehnt sitzen, die Knie mit den Händen umspannend; der Boden ist mit Schnee bedeckt, und in seinem Gesicht liegt ein Ausdruck dumpf brütender Melancholie und tiefer Resignation. Ausnahmsweise hatte er einmal seine Gefühle vor der Kamera nicht verborgen gehalten[42].

Mit recht gutem Erfolg verhehlte er sie vor seiner Familie. Für die beiden ältesten Söhne brauchte er nicht länger zu sorgen, und Ria studierte in Heidelberg, so daß sie nur noch in den Ferien zu Hause war. Sie erinnerte sich an viele glückliche Tage in Neubabelsberg, und seine jüngste Tochter Libet desgleichen, obwohl sie damals erst sechs Jahre alt war[43]. Auf Paul dagegen wirkte Neubabelsberg bedrohlich und fremd. Er schien von allen Familienmitgliedern das väterliche Gefühl der Hilflosigkeit am stärksten nachzuempfinden; die anderen ließen sich dadurch bezaubern, daß er viel mehr Zeit für sie übrighatte und mit großem Vergnügen an der Sache ein ›Familienkollektiv‹ organisierte – Paul mußte Schuhe putzen, Lotte abwaschen und die kleine Libet Staub wischen[44]. Adenauer half ihnen bei den Schularbeiten, ging mit ihnen spazieren, veranstaltete Picknicks im Wald, brachte allen das Schwimmen bei und förderte das liebenswerte Talent des kleinen Schorsch zur Schauspielerei. So gab es innerhalb der Familie, deren Angehörige sich alle gut miteinander verstanden, viele heitere Stunden. Adenauer schätzte gerade den Familienzusammenhalt besonders hoch und suchte ihn bei jeder sich bietenden Gelegenheit heranzubilden, mit einer kleinen Ansprache an jedes einzelne Mitglied, mit einem Scherz oder einem Lob für eine spezielle Leistung[45]. Unter dem Druck der beständigen Furcht vor irgendeiner Maßnahme gegen ihn lebend, bekam er im März 1934 einen kleinen Schock: ein paar Wochen vorher war ein ehemaliger Manager der Deutschen Bank in Köln, zu deren Vorstandsmitgliedern Adenauer gehört hatte, ein Mann namens Anton Brüning, wegen Unterschlagung verhaftet worden. Adenauer erhielt eine Vorladung, als Zeuge zu erscheinen. Durch seinen Bruder August, den Rechtsanwalt, erfuhr er, daß seine Zeugenaussage *in camera* vorgebracht werden sollte. Im Auftrag seines Bruders erreichte August Adenauer immerhin, daß das Verhör – denn um nichts anderes handelte es sich – im Haus des dritten Bruders Hans, des Kanonikus am Kölner Dom, stattfinden sollte.

Drei Vertreter des Gerichts, einschließlich des Richters und des Staatsanwalts, erschienen in Hans Adenauers Haus und befragten zunächst Anton Brüning, der Adenauer vorwarf, Bestechungsgelder in Höhe von 35000 Mark von der Bank angenommen zu haben. Angeblich war das Geld dazu verwendet worden, eine Hypothek abzulösen. Adenauers Gegenleistung habe darin bestanden, der Bank bei geschäftlichen Abschlüssen der Stadt eine Vorzugsstellung einzuräumen. Es wurde sofort klar, daß Adenauer nicht als Zeuge nach Köln geholt worden war; er selbst war der Angeklagte und befand sich in tödlicher Gefahr.

Nach Auskunft seines Biographen[46] war es Adenauer erlaubt, Brüning ins Kreuzverhör zu nehmen, was er mit großem Geschick tat, ohne daß Brüning allerdings seine Beschuldigung zurückzog. Es war vermutlich so, daß Brüning sich davon eine Strafmilderung oder gar den Freispruch versprach. Zum Schluß appellierte Adenauer an Brüning, »bei allem, was Ihnen heilig ist«, und deutete dabei auf das Kruzifix, das an der Wand hing. Worauf Brüning, allen Beschwörungen des Staatsanwaltes zum Trotz, die Beschuldigung gegen Adenauer zurückzog. Er wurde anschließend ins Gefängnis abgeführt.

Diesem Anschlag war Adenauer also glücklich entronnen. Drei Monate später hatte er noch mehr Glück. Am 30. Juni 1934 veranstaltete Hitler bekanntlich nach dem sogenannten Röhm-Putsch ein Blutbad. Ernst Röhm, ein ›alter Kämpfer‹ der Partei, Mitglied der ›Freikorps‹ nach dem Ersten Weltkrieg und seither Söldner, meist in Südamerika, war am 1. Januar 1931 Stabschef der braununiformierten SA geworden. Als Hitler 1933 an die Macht kam, war die SA auf fast drei Millionen angeschwollen und Röhm damit nach Hitler der mächtigste Mann der ganzen Nazibewegung. Obendrein war er vermutlich der einzige Naziführer, der sich vor Hitler nicht fürchtete, sondern ihn im Gegenteil mit ein wenig Verachtung betrachtete. Röhm gab offen zu, ein aktiver Homosexueller zu sein, und war von brutalem Äußeren, ungeheurem Schneid und, wenn er wollte, beträchtlichem Charme.

Er hatte die SA als paramilitärische Organisation aufgezogen und in den höheren Chargen die Männer seines Vertraues untergebracht (von denen nicht wenige seine homosexuellen Neigungen teilten). Als Kenner der Geschichte, so heißt es in einer Darstellung[47], war er bemüht, der SA einen wahrhaft revolutionären Geist einzuflößen und sie damit zum Gegenstück der zerlumpten, aber unschlagbaren Armeen der Französischen Revolution zu machen, die ihre sensationellsten Siege erfochten hatten, ehe Napoleon die Szene betrat. Röhm gab Ende 1933 deutlich zu verstehen, daß die nationalsozialistische Erhebung nach seiner Vorstellung in eine ›zweite Phase‹ eintreten müsse, in der alle Privilegien abgeschafft seien und gemäß einer echt sozialistischen Ideologie eine total vereinheitlichte Gesellschaft entstehen werde. Sobald solches Gerede sich in konkreten Plänen niederschlug und Hitler davon Wind bekam, schlug dieser überraschend und mit brutaler Gewalt zu. Röhm und seine engeren Genossen wurden verhaftet und auf der Stelle ermordet. Hunderte seiner Anhänger wurden umgebracht, wobei Hitler die Gelegenheit ergriff, gleich alle möglichen politischen Gegner aus dem Wege zu räumen, auch wenn sie unmittelbar nichts mit Röhm zu tun hatten. So wurden unter anderen General von Schleicher und seine Frau ermordet sowie Edgar Jung, ein enger Mitarbeiter von Papens. Führende Sozialdemokraten wurden in die erst kürzlich geschaffenen Konzentrationslager gesteckt, und zwei Parteifreunde Adenauers vom Zentrum entgingen nur mit knapper Not dem Tod. Der ehemalige Reichskanzler Heinrich Brüning war gewarnt worden und einige Tage vor dem ›Blutbad‹ in die Vereinigten Staaten gereist. Der Reichsminister a. D. Gottfried Treviranus sprang in weißem Tennisdreß über das Mäuerchen seines Gartens, als ein SS-Kommado an der Haustür vorfuhr, und ging später ebenfalls außer Landes.

Adenauer wurde von einem einzelnen Beamten der Gestapo in seinem Haus in Neubabelsberg verhaftet. Es war ein warmer Sommerabend, und die ganze Familie saß im Garten, während Adenauer seine Blumen begoß. Der Gestapo-Mann rüttelte an der Gartenpforte, hielt sie für verschlossen und stieg über den Zaun. Er teilte Adenauer mit, er sei verhaftet, ließ ihn ein paar Sachen in ein Köfferchen packen und brachte ihn in seinem Auto weg. Kurze Zeit darauf hörte die Familie mehrere Schüsse – es waren die Schüsse auf Schleicher und seine Frau, die nur wenige hundert Meter entfernt wohnten[48].

Bezeichnenderweise war Adenauer äußerst sachlich und ruhig, als man ihn abholte. Er hatte nichts auf dem Gewissen, wie er noch beim Weggehen zu seiner Frau sagte. Man hielt ihn zwei Tage in einer Villa außerhalb Potsdams fest, zusammen mit 29 anderen ›Verdächtigen‹. Alle Gefängnisse der Stadt waren überfüllt. Zweimal wurde er kurz verhört, und beim zweiten Mal – im Potsdamer Polizeipräsidium – wurden ihm weitere Verhöre im Keller angedroht, womit man ihm zu verstehen gab, daß er gefoltert würde. Doch er weigerte sich standhaft, irgendeine Schuld einzugestehen, deren er sich nicht bewußt war. Doch möglicherweise hat nicht so sehr die Tatsache, daß er ganz offensichtlich nichts mit irgendeinem ›Putsch‹ gegen das Naziregime zu tun hatte, zu seiner Rettung beigetragen, sondern daß die Einzelheiten über das angerichtete Blutbad die ganze Welt schockiert und wahrscheinlich Hitler dazu bewogen hatten, die Exekutionen vorläufig einzustellen. Noch lag ihm daran, die Illusion von einer gewissen Pseudo-Wohlanständigkeit der Nazis in den Augen der übrigen Welt aufrechtzuerhalten.

Kurz nach seiner Entlassung bekam Adenauer eine Warnung von Abt Ildefons Herwegen, daß er sich in Gefahr befinde und am besten ständig den Aufenthaltsort wechseln sollte[49]. Das Unangenehmste an der ganzen Angelegenheit war die völlige Ungewißheit der Lage – daß Adenauer keine Ahnung hatte, welche Anklage gegen ihn erhoben werden könnte, ja nicht einmal sagen konnte, ob die Warnung Herwegens berechtigt war oder ob irgendein *agent provocateur* einen privaten Nervenkrieg gegen ihn führte. Auf alle Fälle verließ er Neubabelsberg und verbrachte mehrere Wochen auf der Reise von einem kleinen Ort zum andern. Über diesen Abschnitt seines Lebens weiß man am wenigsten, und selbst seine Familienangehörigen können nicht sagen, wo er überall gewesen ist.

Sehr lang kann diese Periode nicht gedauert haben, denn schon irgendwann im August stellte er einen schriftlichen Antrag an den Reichsinnenminister Wilhelm Frick auf

Zahlung seiner Pension oder eines Teils derselben. Nach Auskunft eines seiner Biographen[50] geschah dies am 9. August, genau acht Tage nach dem Tod des Reichspräsidenten und der Abschaffung von dessen Amt durch Adolf Hitler, der nunmehr als Führer und Reichskanzler allein an der Spitze der Nation stand. In diesem Brief an Frick soll Adenauer angeblich dagegen protestiert haben, als ›national unzuverlässig‹ bezeichnet zu werden, mit dem Argument, er habe seinerzeit im Preußischen Staatsrat erklärt, daß die NSDAP die Führung der Nation übernehmen solle. Es heißt, er habe dann noch hinzugefügt, seine Beziehungen zur NSDAP seien immer ›korrekt‹ gewesen, und er habe auch gestattet, daß die Hakenkreuzfahne bei gegebenem Anlaß gezeigt werde.

In späterer Zeit hat Adenauer zugegeben, daß er an Frick wegen seiner Pension geschrieben habe, aber er hat nie den genauen Inhalt des Briefes erwähnt. Es ist denkbar, daß er die richtigen Worte zur Erreichung seines Zieles gefunden hat, ohne irgendwie sein Gewissen zu belasten. Jedenfalls wurde daraufhin eine Pension an ihn bezahlt – erwähnt wird die Summe von 12000 Mark jährlich[51] – und außerdem eine nicht näher bezifferte Entschädigung für seine beiden Häuser in Köln, die von den Nazis beschlagnahmt worden waren. Mit diesem Geld kaufte er 1935 ein Grundstück in Rhöndorf, am Ostufer des Rheins gegenüber von Bonn, und baute dort am Zennigsweg Nr. 8a das Haus, das für den Rest seines Lebens seine Heimstatt werden sollte. Es bleibt ungewiß, ob der Beschluß, seine Pension zu zahlen, auf Wilhelm Frick oder die Behörden der Stadt Köln zurückging. Keinesfalls brauchte Adenauer sich deswegen irgendwelche Vorwürfe zu machen. Er hatte einen vollen Anspruch auf seine Pension und war vollkommen berechtigt, ihn auch zu verfechten.

Ehe das Grundstück Zennigsweg 8a bebaut wurde, sollte es noch manches ungemütliche Hin und Her geben. 1935 mietete Adenauer ein altes und unbequemes Haus in Rhöndorf, das er in kürzester Frist wieder verlassen mußte, weil er durch eine besondere Verordnung aus dem Regierungsbezirk Köln ausgewiesen wurde, in dessen äußerstem Zipfel Rhöndorf lag. Adenauer ließ seine Familie dort und zog sechs Kilometer stromaufwärts nach Unkel (Regierungsbezirk Koblenz), wo er in dem katholischen Erholungsheim ›Pax‹ wohnte. Im Winter 1935/36 war das Wetter sehr schlecht und die Straße für die auf Fahrräder angewiesenen Familienmitglieder schwer benutzbar, so daß Adenauer viel allein blieb. Ein ehemaliger Beamter der Stadt Köln, Josef Giesen, hat erzählt, wie einsam und verloren ihm Adenauer am Buß- und Bettag des Jahres 1935 erschienen sei, als ob er endlich doch den Mut sinken ließe. Er sagte Giesen, daß er sich wie ein entwurzelter Baum vorkomme, der im Strom dahingetrieben werde[52].

Von Tünnes und Scheel, den rheinischen Witzfiguren, erzählte man sich in jener Zeit den Kurzdialog: »Was hältst du vom Dritten Reich?« – »Die Schnauze!« Sehr viele Deutsche, abgesehen von Adenauer, hielten damals die Schnauze. Im April 1933 war das Konzentrationslager von Dachau errichtet worden. Fünf Jahre später gab es ein Dutzend ähnlicher Einrichtungen, in denen Gegner des Regimes einfach verschwanden. Millionen von Deutschen wußten, daß es solche Lager gab, aber verhältnismäßig wenige ahnten, was darin vorging. Das *Braunbuch vom Hitler-Terror*, das Victor Gollancz in London herausgebracht hatte, war in Deutschland verboten und wäre auf dem Scheiterhaufen der ›entarteten‹ Literatur gelandet, die Josef Goebbels aufgeschichtet hatte. Im Rheinland war man nicht besonders nationalsozialistisch, aber es gab auch keinen ausgesprochenen geistigen Widerstand. Als am 9. November 1938 in der ›Reichskristallnacht‹ die jüdischen Läden geplündert und die Synagogen in der Roonstraße und der Glockengasse, in Mülheim, Deutz und Schornfeld niedergebrannt wurden, sammelten sich nur ein paar Neugierige. Aus seiner Apathie wurde das Volk von Köln erst aufgeschreckt, als die Nazis auch seinen heißgeliebten Karneval zu einer Parteiveranstaltung zu machen suchten und eine monolithische Einheits-›Karnevalsgesellschaft‹ schufen. Da erfolgte prompt ein Gegenangriff der einzelnen Kölner Karnevalsgesellschaften, die sich ihren Fortbestand sicherten. Es wäre vielleicht besser gewesen, wenn die Bewohner von Köln einen ähnlichen Eifer bei der Wahrung ihrer staatsbürgerlichen Rechte an den Tag gelegt hätten.

Als sein Haus in Rhöndorf fertig war, hatte Adenauer endlich eine Beschäftigung gefunden. Er plante seinen Garten, karrte Stein für Stein die steilen Terrassenstraßen heran, pflanzte und zog sowohl Blumen wie Gemüse im Überfluß. Im Innern des Hauses arbeitete er ebenso emsig und gestaltete es mit den bescheidensten Mitteln zu einem schönen behaglichen Heim, mit einem großartigen Blick über den Rhein hinweg auf die zarte blaue Silhouette der Eifelberge in der Ferne. Bonn lag fast zu seinen Füßen, während Köln durch die steilen Hänge des Drachenfels' verdeckt war, von wo der böse Drachen einst das Tal tyrannisiert hatte, bis der Ritter Roland ihn erschlug. Die Einrichtung seines Hauses verschaffte Adenauer ein wirkliches Gefühl der Befriedigung: Er konnte etwas für seine Familie tun, ihr eine feste Grundlage geben und ein gewisses Gefühl der Sicherheit und der Kontinuität verschaffen, als sie es am dringendsten brauchte.

Denn für Adenauer gab es kaum einen Zweifel, daß der Zweite Weltkrieg kommen würde, und so war er nicht überrascht, als dieser 1939 ausbrach. Er hatte es wenige Monate früher vorausgesagt und war mit seiner Frau zu Ferien in die Schweiz gefahren[53]. Er hatte die unbestimmte Vorstellung, daß der Kriegsbeginn bei den Nazis eine neue Verhaftungswelle auslösen und es darum für ihn besser sein würde, sich für eine Weile unbemerkbar zu machen. Er verständigte Freunde von dem Bevorstehenden, aber er scheint nicht die Absicht gehabt zu haben auszuwandern, um einer Verfolgung zu entgehen. Seine Familienangehörigen stimmen überein, daß er nie davon gesprochen, niemals Pläne in dieser Richtung gemacht und so gut wie sicher nie daran gedacht habe. Auch darin sind sie einer

Meinung, daß der Hauptgrund für sein Bleibenwollen nicht in der Besorgnis lag, für einen ganz neuen Anfang zu alt zu sein – immerhin war er bei Kriegsausbruch schon dreiundsechzig –, sondern in dem Wunsch, sich nicht von der Familie zu trennen. 1939 standen die drei Kinder aus erster Ehe schon ganz und gar auf eigenen Füßen, denn inzwischen war Ria mit einem erfolgreichen Ingenieur verheiratet. Aber seine beiden Jüngsten – Libet und ›Schorsch‹ – waren erst elf beziehungsweise acht Jahre alt. Und Gussi, eine aufopfernde und liebevolle Mutter, stand dem Leben ein wenig hilflos gegenüber und war sehr auf sein Urteil und seine Erfahrung angewiesen.

So läßt sich durchaus die Auffassung vertreten, daß Adenauer kurz vor Ausbruch des Zweiten Weltkrieges zu Ferien in die Schweiz fuhr, nur um außer Reichweite zu sein, wenn die von ihm erwartete neue Verhaftungswelle erfolgte. Daß er sich das alles so genau ausrechnen konnte, beweist sein gutes Urteil und seine Kenntnis der Nazipsychologie. Wenn die Nazis jemanden für wirklich gefährlich hielten, machten sie auf ihn ganz unbarmherzig Treibjagd; doch wenn es sich darum handelte, irgendwelche Männer in den Sechzigern einzusammeln, bloß weil deren Namen auf einer Schwarzen Liste standen, dann war ihr Interesse nicht besonders groß. Adenauer durfte ruhig weiter in Rhöndorf wohnen bleiben, während erst zwei seiner Söhne, dann auch der dritte an die Front gingen, um für eine deutsche Regierung zu kämpfen, an die keiner von ihnen noch glaubte. Die jüngste Tochter Libet, ebenso klug wie beeindruckbar, erinnert sich heute wohl am deutlichsten, was Adenauer selbst beim ›Hitlerkrieg‹ empfand. »Er sagte uns, daß die Nazis nicht gewinnen könnten. Er meinte, sie dürften es auch nicht, und das machte er uns allen sehr klar. So beteten wir, daß der Krieg verlorenginge, nicht für Deutschland, sondern für Hitlers Deutschland. Das war unsere einzige Hoffnung für die Zukunft[54].« Adenauer – zu seiner Ehre sei es gesagt – gehörte zu dem relativ kleinen Prozentsatz von Deutschen, die sich nach dem Krieg nicht bitterlich darüber beklagten, daß die Alliierten die bedingungslose Übergabe gefordert hatten; in diesem Punkt war er völlig konsequent.

Damals suchte er seine einzige Rettung im Gebet. Er wußte, daß sein Name auf der Schwarzen Liste der Nazis stand[55]. Wenn er je erwogen haben sollte, sich der Widerstandsbewegung anzuschließen, so hätte diese Tatsache allein ihn schon daran gehindert: Er wäre für die unendlich mutigen Deutschen, die Hitlers Sturz und seinen Tod vorbereiteten, nur eine Belastung gewesen. Aber es gab noch drei andere Gründe für seine Zurückhaltung, obwohl er viele Leute kannte – wie uns sein Sohn berichtet hat –, die eine Verbindung hergestellt hätten[56]. Erstens glaubte er nicht, daß Hitler durch seine deutschen Widersacher erledigt werden konnte, und mißtraute insbesondere Dr. Karl Goerdeler, einem der Führer des Widerstands, den er im Deutschen Städtetag kennengelernt hatte und der übrigens mit großer Wahrscheinlichkeit im Jahr 1943 einen Sendboten zu Adenauer geschickt haben dürfte. Zweitens war er seiner Natur nach kein Verschwörer. Und drittens befürchtete er, daß die Nazis im Falle seiner Teilnahme an einem erfolglosen Putsch seine Familie in ›Sippenhaft‹ nehmen würden – was sie dann auch mit den Angehörigen der Verschwörer vom 20. Juli getan haben.

Paul Adenauer erinnert sich noch, wie sein Vater ihm nach dem Krieg von einem Annäherungsversuch Karl Goerdelers über eine dritte Person erzählte[57]. Seines Wissens hielt sein Vater Goerdeler für ›indiskret‹; höchstwahrscheinlich hat ihm Goerdelers Abgesandter auch eine der Listen mit den Namen aller Mitglieder eines nicht-nationalsozialistischen Kabinetts gezeigt, die Goerdeler mit großer Leidenschaft aufzustellen pflegte[58]. Andere Leute aus Adenauers Umgebung haben darauf hingewiesen, daß er viel zu vorsichtig war, um sich auf ein Unternehmen einzulassen, das er nicht unter seiner eigenen Kontrolle haben würde, daß er instinktiv glaubte, es würde nicht den Tod oder den Sturz Hitlers bewirken, und daß die vagen Hoff-

Adenauer und Frau Gussi mit drei Enkelkindern
im Garten des Rhöndorfer Hauses

Oben links:
Mit Reichspräsident Ebert auf der Kölner Messe 1924

Oben rechts:
Hindenburg und Adenauer, Köln 1926

Links unten:
Adenauer als Präsident des preußischen Staatsrates bei einer Sitzung im Herrenhaus in Berlin

Oben:
Exil in Berlin:
1933 mußte Adenauer Köln verlassen

Oben:
Familie Adenauer 1945:
Der Kölner Oberbürgermeister mit seiner Frau und Sohn Max

Unten:
Während eines Urlaubs am Comer See plaudert Adenauer mit seiner Tochter Libeth Werhahn

nungen der Verschwörer, einen gerechten Frieden mit Deutschlands Gegnern aushandeln zu können, unweigerlich enttäuscht werden müßten[59].

Über seine etwaigen Beziehungen zur deutschen Widerstandsbewegung hat Adenauer völliges Schweigen bewahrt. Offensichtlich konnte ihm nicht daran gelegen sein, daß bekannt wurde, es sei vom Widerstand bei ihm angefragt worden, weil er – ebenso offensichtlich – keine Miene gemacht hatte beizutreten. Bezeichnenderweise scheint er auch während des Krieges kein einziges Mal versucht zu haben, die Verbindung mit anderen Ländern aufzunehmen. Seine Freunde nennen das weise, seine Gegner berechnend schlau und von dem Willen zum Überleben bestimmt. Er hätte leicht als Antinazi den Märtyrertod sterben können, zog es aber vor, als tatenloser Nichtnazi zu überleben.

Am 20. Juli 1944 schlugen die Verschwörer zu, doch ihr beinahe perfekter Plan zur Ermordung Hitlers mißlang. Während Hunderte von Verdächtigen zusammengetrieben wurden, während die Folterknechte der Gestapo aus ihren Opfern mehr und mehr Namen von Nazigegnern herauspreßten, wartete die Familie Adenauer unter Zittern und Zagen ab. Am 24. Juli machten sechs Gestapo-Beamte eine Haussuchung in der Rhöndorfer Villa, fanden aber nichts (Adenauer war viel zu vorsichtig, um etwa eine von Goerdelers Kabinettslisten herumliegen zu lassen!). Am 23. August erschienen dann zwei Polizeibeamte, um ihn zu verhaften. Er wurde erst ins Gestapo-Büro nach Bonn gebracht, wo man ihn kurz verhörte, dann in ein Auffanglager auf dem Messegelände in Köln-Deutz.

Er kam in eine Zelle mit einem Kommunisten namens Eugen Zander, einem munteren Burschen, der es sich angelegen sein ließ, möglichst alles, was im Lager vor sich ging, zu erfahren. Er hat Adenauer gewissermaßen das Leben gerettet, denn er hatte herausbekommen, daß ein Transport von prominenten Häftlingen zum Konzentrationslager Buchenwald abgehen sollte und Adenauers Name sich auf der betreffenden Liste befand. Mit der Hilfe eines Mithäftlings, eines Dr. Richarz, der Zugang zur Apotheke hatte und unter Aufsicht andere medizinisch behandeln durfte, täuschte Adenauer eine Krankheit vor und wurde ins Hohenlind-Krankenhaus eingeliefert. Er traf deprimiert, abgemagert und in größter Besorgnis um seine Familie dort ein – nur ein einziges Mal hatte er durch den Stacheldraht des Lagers einen Blick auf Gussi und Libet erhaschen können. Im Krankenhaus aber war ihm noch einmal das Glück hold: Der Chefarzt war ein persönlicher Freund, Paul Uhlenbruck. Er bekam ein Einzelzimmer, so viel zu essen, wie sich beschaffen ließ, und ausgezeichnete Pflege.

Ja, er konnte sogar seine Flucht in die Wege leiten. Eines Tages holte ihn ein überaus amtlich aussehender Pkw der Luftwaffe ab, am Steuer ein Major Fritz Schliebusch, ein Freund der Familie, der mit einem gefälschten Dokument ausgestattet war, wonach Adenauer zu einem Verhör in Berlin erwartet werde. Statt dessen brachte man ihn in die alte Nister Mühle, 65 Kilometer südöstlich von Köln. Der Müller und seine Frau wußten, wer er war, doch hieß ihr Gast für sie ›Herr Weber‹. Es war geplant, daß er sich dort bis zum Kriegsende versteckt halten sollte.

Doch am 25. September erschienen zwei Gestapo-Männer in seinem Haus in Rhöndorf mit der Frage, wo er sei, und nahmen, als diese nicht beantwortet wurde, Gussi Adenauer ins Gefängnis Brauweiler außerhalb Kölns mit. Dort wurde sie in eine mit Prostituierten belegte Zelle gesteckt, wieder herausgeholt und mit weiteren Maßnahmen bedroht, einschließlich der Verhaftung der sechzehnjährigen Libet, um aus ihr den Aufenthaltsort ihres Mannes herauszubekommen. Mit dem Erfolg, daß am nächsten Tag im Morgengrauen die Gestapo in der Nister Mühle erscheinen konnte. Vielleicht zum einzigen Mal in seinem Leben verlor Adenauer die Nerven: Er rannte auf den Boden und versteckte sich hinter einem Schornstein, wo ihn die drei Gestapo-Leute fanden, nachdem sie das ganze Haus durchsucht hatten. Sie brachten ihn nach Brauweiler und entließen bei seiner Ankunft die als Geisel festgehaltene Gussi[60].

Adenauer sollte knapp zwei Monate in Brauweiler verbringen. Wenn er später behauptete, die Nazis hätten ihn in ein Konzentrationslager gesteckt, so stimmt das nicht ganz, Brauweiler war kein Konzentrationslager, sondern eher eine Etappe auf dem Wege dorthin. Freilich hätte Adenauer jederzeit weitertransportiert werden können, ohne daß man je wieder etwas von ihm erfahren hätte. Man steckte ihn in eine schmutzige und feuchte Zelle, gab ihm erbärmliches Essen und verhörte ihn zu wiederholten Malen. Seine Hosenträger, sein Schlips und seine Privatsachen wurden ihm weggenommen, wie es während des Krieges in deutschen Gefängnissen allgemein üblich war, wobei ihm der Kommissar, dem das Gefängnis unterstand, noch mitteilte, daß es ihm große Unannehmlichkeiten bereiten würde, wenn Adenauer sich das Leben nähme. Dazu Adenauer, in seinen eigenen Worten: »Ich fragte, wie er zu der Idee komme. Er erwiderte, ich sei jetzt fast 70 Jahre alt, ich hätte vom Leben doch weiter nichts zu erwarten, und es läge dann wohl nahe, sich das Leben zu nehmen[61].«

Tatsächlich legte Adenauer in Brauweiler eine erstaunliche Haltung und Charakterstärke an den Tag. Wenn Libet ihn besuchte – oft mußte sie zwei bis drei Stunden außerhalb des Gefängnisses warten, ehe sie zu einer zwei bis drei Minuten langen Sprechzeit eingelassen wurde –, hatte er nicht die geringsten Klagen über seine Lebensbedingungen und nicht die geringsten Vorwürfe gegen Gussi vorzubringen, daß sie sein Versteck in der Nister Mühle verraten hatte. Bei seinen Verhören bestand er weiter darauf, daß er keinerlei Verbrechen begangen habe, und forderte seine Entlassung. Er beauftragte Libet, sich mit ihrem Bruder Max zu verständigen, der inzwischen Leutnant geworden war. Max besuchte ihn am 26. Oktober und ging dann ins Gestapo-Hauptquartier nach Berlin, wo er zum Ausdruck brachte, daß der Kampfgeist des Heeres unweigerlich darunter leiden müsse, wenn Frontsoldaten erführen, daß ihre

Väter ohne jeden Grund verhaftet und ins Gefängnis geworfen würden. Dieser Schritt mag zu Adenauers Entlassung beigetragen haben, doch es stand ihm ein neuer Schock bevor: Major Schliebusch und sein Sohn wurden ins Gefängnis Brauweiler eingeliefert, weil die Rolle des Majors bei Adenauers Befreiung aus dem Hohenlind-Krankenhaus entdeckt worden war. Vater und Sohn bekamen im Gefängnis Typhus und starben kurz nach dem Einmarsch der Amerikaner in Köln[62].

Am 26. November gab es einen schweren Luftangriff auf Köln, und die Gefängnisinsassen wurden in die Luftschutzkeller gescheucht. Als der Angriff vorbei war, bekam Adenauer die Mitteilung, daß aus Berlin der Befehl zu seiner Entlassung eingetroffen sei. Die Magazine waren geschlossen, weil es ein Sonntag war, infolgedessen begab sich Adenauer ohne seinen Schlips und seine Hosenträger zu Fuß auf den Heimweg, bis ein Kölner Freund, der glücklicherweise noch über etwas Benzin verfügte, ihn im Auto mitnahm. Er kehrte in ein Haus voller Frauen zurück, denn mittlerweile hatten sich auch die Ehefrauen von Max und Koko bei der übrigen Familie eingefunden. Er war schwach und unterernährt, doch gelassener Stimmung. Wenn er Glück hatte, würde sich die Gestapo nicht weiter um ihn kümmern, und der Krieg war ohne jeden Zweifel so gut wie vorbei. Die Amerikaner standen nur noch 90 Kilometer vor Köln.

Seine weiblichen Angehörigen päppelten ihn wieder einigermaßen auf. Gierig lauschte er den Rundfunksendungen der BBC und suchte die vermutlichen Vormarschwege der Alliierten zu bestimmen; seiner Ansicht nach mußten die Amerikaner den Rhein bei Mainz, die Briten bei Wesel überqueren. Woraus sich für ihn ergab, daß Rhöndorf einfach umgangen werden würde. Doch noch stand ihm ein überaus dramatisches Kriegsabenteuer bevor. Nach seinem eigenen Bericht[63] war er eines Tages den Hügel hinter seinem Haus hinaufgegangen bis zu seinem speziellen Beobachtungsstand, von dem man in westlicher

Richtung über den Rhein blickte. Die Amerikaner standen am anderen Ufer und hatten schon in Abständen über den Fluß geschossen. Da kamen auf einmal kurz hintereinander drei Granaten und schlugen jeweils in zwölf, sieben und fünf Meter Entfernung in den Boden ein. Später hat Adenauer behauptet, er habe die erste Granate »auf mich zufliegen« sehen und sich auf die Erde geworfen. Als die dritte Granate explodierte, sprang er auf und rannte zum Haus hinunter, neben dem es im Garten einen improvisierten Unterstand gab. Er war vorübergehend ertaubt, aber sonst unverletzt. Seine Tochter Ria meint, sie habe ihn während der letzten Wochen des Krieges nur dieses eine Mal in einer gewissen Erregung gesehen. Nun ist es zwar unmöglich, daß Adenauer eine auf ihn zukommende Granate gesehen hat, aber gerade noch vorstellbar, daß er einen voraufgehenden Schuß mit Leuchtspurmunition beobachtet haben konnte, den die gleiche Batterie zur Zielansprache gefeuert hat. Bei späteren Gelegenheiten sollte Adenauer dann immer nachdrücklich betonen, daß die Salve mit voller Absicht auf sein Haus abgegeben worden sei, weil es so offensichtlich zum Beobachtungsstand geeignet war.

Die Amerikaner trafen acht Tage später ein. In Rhöndorf gab es keine Kämpfe, die deutschen Verteidiger rückten nach Osten ab. Die Familie Adenauer tauchte wieder aus dem Luftschutzkeller auf, in dem sie während der letzten drei Wochen die meiste Zeit verbracht hatte. Sie stellte fest, daß ihr Haus einen Volltreffer abbekommen hatte und einige Bäume im Garten beschädigt worden waren. Etwa eine Woche später[64] fuhren zwei Amerikaner in einem Jeep vor dem Haus vor. Sie baten Adenauer, mit ihnen nach Köln zu kommen und wieder die Stadtverwaltung zu übernehmen.

6
Ein neues Deutschland, eine neue Partei

In seiner Gefängniszelle schrieb Dietrich Bonhoeffer, einer der tapfersten Gegner Hitlers, im Jahr 1944 nieder: »Ob nicht die Angst doch auch zu den Pudenda gehört, die verborgen werden sollten[1]?« – Und in einem anderen seiner Briefe heißt es: »Gott selbst hat den Menschen Kleider gemacht, das heißt *in statu corruptionis* sollen viele Dinge im Menschen verhüllt bleiben... Bloßstellung ist zynisch: und wenn der Zyniker sich auch besonders ehrlich vorkommt... so geht er doch an der entscheidenden Wahrheit, nämlich daß es seit dem Sündenfall auch Verhüllung und Geheimnis geben muß, vorbei[2].«

Mit diesen beiden Äußerungen würde Adenauer sich einverstanden erklärt haben. Sicherlich hatte auch er während der Nazizeit Terror kennengelernt: als die Gestapo ihn in Neubabelsberg abholen kam, als er in seinem Haus in Rhöndorf verhaftet wurde, als er sich auf dem Dachboden der Nister Mühle versteckte. Aber er glaubte an äußerste Selbstbeherrschung und daran, daß man jedes Gefühl von Schwäche verbergen müsse. Der Krieg mag mit anderen noch rauher umgesprungen sein, doch auch er hatte mehrere Besuche im Tal der Todesschatten hinter sich. Als Hitlers Armeen nacheinander Polen, Dänemark und Norwegen, Holland, Belgien und Frankreich, Jugoslawien und Griechenland überrannten, war er stumm geblieben. Lobenswerterweise blieb er ebenso stumm während der Jahre der Niederlagen, während die brutalen Bombenangriffe sein Heimatland zerstörten, und am allerschlimmsten seine Vaterstadt Köln. Adenauer hatte zu schweigen gelernt, aber in der Folgezeit aus dieser Entdeckung keine Tugend zu machen gesucht. Ganz zum Schluß, im Jahr 1945, war er nur noch das skelettartige Gespenst des ungemein selbstsicheren und eigensinnigen Oberbürgermeisters von Köln, den man vor der Machtübernahme der Nazis als den ›stärksten Charakter in ganz Deutschland‹ bezeichnet hatte. Er stand nun im siebzigsten Jahr, und es wäre gewiß keine abwegige Annahme gewesen, daß seine aktive Laufbahn abgeschlossen war.

Die Stadt Köln, in die Adenauer nunmehr zurückkehrte, hatte noch mehr als ihr einstiger Oberbürgermeister gelitten. Dieser hatte sie zum letzten Mal sechs Monate vor Kriegsende gesehen und war zu Tode erschrocken über die Verwüstungen, die von den unablässigen Bombenangriffen der Alliierten angerichtet worden waren: Köln war das Ziel des ersten britischen Luftangriffs mit tausend Bombenflugzeugen gewesen[3]. Der französische Schriftsteller André Gide war kurz nach Beendigung der Kampfhandlungen einmal durch die Stadt gefahren und von solchem Entsetzen gepackt worden, daß er darum bat, so schnell wie möglich wieder aus der Stadt herausgefahren zu werden. Wenn schon ein Franzose solche Gefühle für Köln empfand, wieviel fürchterlicher mußte der Anblick seiner Heimatstadt erst für Adenauer gewesen sein, der fast sechzig Jahre lang in ihr gelebt und sie sechzehn Jahre lang regiert hatte.

Fast alle romanischen Kirchen waren zertrümmert, auch der gewaltige Dom hatte mehrere Volltreffer aufzuweisen. Über 30 Prozent der Häuser waren total zerstört, weitere 30 Prozent unbewohnbar geworden. Das Ausmaß der Zerstörung erscheint noch phantastischer, wenn man bedenkt, daß Köln von allen deutschen Städten mit der Ausnahme Berlins die größte Flächenausdehnung hatte, die nur zu einem Drittel mit Häusern bedeckt war. In anderen Städten des Rheinlands hatten die alliierten Bombenangriffe schlimme Schäden verursacht, in Köln aber hatte es katastrophale Ausmaße angenommen. Sogar die Straßen waren unter Bergen von Trümmern versunken, die ihnen den Charakter von Mondlandschaften verliehen, durchzogen von den sich schlängelnden Trampelpfaden der vielen Tausende, die auf der Suche nach ihrem Heim in die Ruinenfelder zurückgekehrt waren. Alle Brücken über den Rhein waren zerstört, und alle öffentlichen Dienste – Verkehrsmittel, Gas-, Strom- und zum Teil sogar die Wasserversorgung – hatten zu funktionieren aufgehört. Das Vorkriegs-Köln hatte eine dreiviertel Million Einwohner; als die amerikanische Armee einmarschierte, waren es nur noch 32000.

Adenauer scheint unter dem Eindruck gestanden zu haben, daß die amerikanischen Besatzungsbehörden im Besitz einer besonderen ›weißen Liste‹ von antinationalsozialistischen Deutschen waren, deren Mitwirkung sie sich versichern konnten. Doch der Grund, aus dem die Amerikaner sich Adenauer herausgriffen und ihm das Amt des Oberbürgermeisters angetragen hatten, war sehr viel einfacher: Er war der letzte Bürgermeister vor der Nazizeit gewesen. In Dutzenden von anderen Städten hatten die amerikanische, britische und französische Militärregierung den Mann wieder eingesetzt, der dieses Amt innegehabt hatte, bis die Nazis ihn hinausgeworfen hatten. Wie vorauszusehen war, ging Adenauer mit einem ganz bestimmten Willen an die Arbeit; er hat uns über diese ersten Wochen seiner Tätigkeit selbst einen Bericht in seinen *Erinnerungen* geliefert[4]. Seine erste Aufgabe war, genügend Lebensmittel heranzuschaffen, um eine Bevölkerung am Leben zu erhalten, die durch das Zurückströmen der Menschen aus den benachbarten ländlichen Gebieten in einem geradezu furchterregenden Tempo anwuchs. Die Amerikaner halfen mit Beständen aus ihren militärischen Versorgungslagern. Auch mit Transportmitteln halfen sie aus, aber zur Behebung des anderen Hauptmangels – Wohnraum – konnten sie wenig beitragen. Provisorische Barakken entstanden an allen Ecken und Enden, die Leute kratzten sich sogar einfach Löcher in den Erdboden und buddelten sich zu den noch relativ unbeschädigten und leidlich bewohnbaren Kellern durch. Köln brauchte annähernd zehn Jahre, bis es sein normales Äußeres zurückgewann.

Um sich herum scharte Adenauer eine kleine, aber hingebungsvolle Mannschaft. Einstweilen zog er selbst in zwei Zimmer in Köln-Lindenthal und arbeitete 18 Stunden am Tag. Nach der Aussage eines Kölner Beamten, Johannes Albers, stand Adenauer immer zur Verfügung und hatte immer Zeit[5]. Er organisierte Enttrümmerungstrupps, schickte ganze Flottillen von Autobussen zu einem halben Dutzend von Konzentrationslagern, um Kölner Bürger wieder heimzuholen, er beschaffte Stahl, um mit der Arbeit an einer der Rheinbrücken anzufangen, er stellte Architekten an, die ihm die ersten Entwürfe für eine praktisch ganz von neuem zu erbauende Stadt lieferten. Er knüpfte ausgezeichnete Beziehungen zu den amerikanischen Besatzungsbehörden; doch diese zogen am 21. Juni 1945 ab und wurden durch eine britische Militärregierung abgelöst. Das ergab, wie Adenauer später berichtete, einen unmittelbaren Wechsel des Klimas: »Mit den maßgebenden britischen Offizieren geriet ich bald in Konflikt. Die Bevölkerung wurde nach meiner Meinung von den Engländern schlecht behandelt. Mir gegenüber nahm man eine sehr ablehnende Haltung ein[6].«

Ein solcher Klimawechsel vollzog sich begreiflicherweise überall im besetzten Deutschland. An sich empfinden menschliche Wesen ein natürliches Bedürfnis, sich gegenseitig in der Not zu helfen, auch wenn sie ursprünglich verfeindet waren. In den ersten Monaten bestand eine verzweifelte Notwendigkeit für derlei Hilfsmaßnahmen, danach aber neigte die militärische Besatzung dazu, in einen bürokratischen Trott zu verfallen. Adenauer war nicht der Kandidat der Briten für den Posten des Oberbürgermeisters gewesen, und die britischen Behörden wußten weniger von ihm, als sich gehört hätte. Andererseits muß man ihnen wieder zugute halten, daß Adenauer als Autokrat galt, der in seinem Bereich absolut herrschen wollte und keinen Widerspruch duldete. Als die Briten die Amerikaner ablösten, war er wahrscheinlich ein gutes Stück fester entschlossen, sich durchzusetzen, als fünfzehn Wochen früher.

Die Engländer führten sich gleich schlecht ein, indem sie das Telefon in Adenauers Haus in Rhöndorf abhörten; sie stellten sich dabei so ungeschickt an, daß er von den deutschen Postbehörden davon verständigt wurde. Nach Adenauers Meinung bevorzugten die Briten ganz offensichtlich die Sozialdemokraten am Platze und ließen sich durch eine Denkschrift beeinflussen, die sein alter Gegner in der Stadtverordneten-Versammlung, Robert Görlinger, abgefaßt hatte. Er behauptete darin[7], daß Adenauer und seine ehemaligen Parteifreunde vom Zentrum konfessionelle Schulen haben wollten, eine politische Untergrundbewegung organisierten (politische Parteien waren von den Alliierten noch verboten) und alte Parteigenossen der NSDAP in Schlüsselpositionen zu bringen versuchten. Adenauer erfuhr von dem Görlinger-Bericht einige Zeit nachdem Ende Juli die Labour-Regierung in Großbritannien die Macht übernommen hatte, und ihm war die instinktive Zuneigung der Labour Party für die deutsche Sozialdemokratie überaus verdächtig.

Aber es war ohnehin unvermeidlich, daß sich zwischen Adenauer und der britischen Militärregierung Schwierigkeiten erhoben. Die Aufgabe einer Besatzungsmacht ist immer prekär, und im Falle Deutschlands nach 1945 war sie unbeschreiblich schwierig. Die britischen Behörden mußten auf die Wiederherstellung eines normalen Lebens drängen, zu einem Zeitpunkt, in dem sämtliche Rohstoffe knapp waren, die Demontage der deutschen Industrie in vollem Gange war und die Vorschriften der Alliierten es den Deutschen unmöglich machten, den Stahl, die Baumaterialien und die Versorgungsgüter zu produzieren, die sie so dringend benötigten. So wurden die Absichten der Alliierten vielfach durch ihre eigenen Vorschriften verhindert und gleichzeitig durch die alliierten Maßnahmen zur Ausmerzung der NSDAP eine weitgehende soziale Umwälzung eingeleitet. Aus dieser paradoxen Situation entstanden so manche hintersinnige deutsche Witze über die alliierte Besatzung. Ein britischer Offizier, so ging der eine, stellt die Frage, wie lange die Stadtverwaltung wohl brauchen würde, um eine provisorische Brücke über den Rhein zu bauen. Drei Wochen, lautet die Antwort. Aber wenn die britischen Behörden alle Unterstützung leisten würden, die sie aufbringen können? Dann würde es drei Jahre dauern...

Adenauers Bedenken gegenüber den Briten wurden genau erwidert. Es gab – soviel man weiß: unbegründete – Gerüchte, daß er persönliche Kontakte zur französischen Regierung hergestellt habe. In einer tendenziöseren und banaleren Fassung hieß es, er habe Lebensmittelpakete von den Franzosen angenommen. Es wurde wieder einmal von seinen Verbindungen zu den rheinischen Separatisten der zwanziger Jahre gemunkelt. Die britischen Behörden mochten den schroffen Ton seiner ›Gesuche‹ um mehr Kohlen und mehr Baustoffe nicht. Auch dürften sie schwerlich angenehm berührt gewesen sein von dem letzten Satz der Rede, die er auf der ersten Sitzung der Kölner Stadtverordnetenversammlung unter britischer Aufsicht am 1. Oktober 1945 hielt und die er mit einer gewissen Befriedigung in seinen *Erinnerungen* zitiert: »So wollen wir gemeinsam ans Werk gehen, gebeugt, tief gebeugt, aber – meine Damen und Herren – nicht gebrochen[8]!«

Dann geschah es gegen Ende September, daß Adenauer sich weigerte, das Fällen der Bäume in dem von ihm so geliebten Grüngürtel am Westrand der Stadt anzuordnen. Es gab mehrfach ernste Verknappungen an Brennstoff während der ersten Fröste des Winters, der sich als sehr kalt erweisen sollte, doch Adenauer bestand darauf, daß die Bäume des Grüngürtels Köln auch nicht lange warm halten würden, wohl aber eine langfristige Investition von hohem Wert darstellten. Und dann gab am 5. Oktober Adenauer zwei ausländischen Journalisten, einem englischen und einem amerikanischen, ein Interview, in dem er von der Möglichkeit der Bildung eines Rhein-Ruhr-Staats sprach, der wirtschaftlich mit Frankreich und Belgien verbunden sein würde, aber nur denkbar im Rahmen eines Bundesstaates sei, der alle Teile Deutschlands mit Ausnahme der sowjetisch besetzten Zone einschließen müßte. Er schlug auch ein System ›internationaler Kontrolle‹ anstatt der militärischen Besatzung vor[9] und brachte den Wunsch zum Ausdruck, daß einmal ein ›englischer Staatsmann‹ von den Deutschen als ›Westeuropäer‹ sprechen oder sie sogar dafür halten möge.

Am Tag darauf, dem 6. Oktober, beorderte der oberste Verwaltungsoffizier der britischen Militärregierung für Nordrhein, der Brigadier John Barraclough, Adenauer in sein Büro, teilte ihm mit, daß er verabsäumt habe, seine Obliegenheiten und seine Verpflichtungen gegenüber der Kölner Bevölkerung zu erfüllen, entließ ihn ab sofort aus seinem Amt und forderte ihn auf, »Köln so bald wie möglich, in keinem Falle nach dem 14. Oktober zu verlassen[10]«. Außerdem wurde ihm verboten, ›weder direkt noch indirekt irgendeiner wie auch immer gearteten politischen Tätigkeit nachzugehen‹. Verbot und Entlassung wurden auf der Stelle durch den Befehlshaber des Armeekorps, General Thomas, bestätigt.

Wahrscheinlich war dies die gewichtigste Maßnahme, die von einer der drei westlichen Besatzungsmächte auf dem Gebiet der deutschen Innenpolitik je getroffen worden ist. Denn Adenauer wurde aus seiner Vaterstadt Köln, der er mit den ihm verbliebenen Kräfte hatte dienen wollen, buchstäblich hinausgetrieben. Kölns Schwierigkeiten waren so ungeheuerlich, daß er es wahrscheinlich nicht über sich gebracht hätte, seine Heimatstadt vor Ablauf der nächsten fünf Jahre im Stich zu lassen. Andererseits bewegte sich die Geschichte Westdeutschlands in jener Epoche mit Riesenschritten vorwärts. Adenauer hätte natürlich auch nach 1950 sich in die größere politische Arena begeben können, wenngleich er dann – im Fall er bis zu diesem Zeitpunkt nur mit Kölner Angelegenheiten beschäftigt geblieben wäre – eine politische Konstellation hätte antreffen können, in der für ihn kein Platz war.

Mithin ist die ganze Barraclough-Affäre von solcher Bedeutung, daß sie eine so gründliche Untersuchung wie nur irgend möglich verdient. Ein konkretes Beweisstück ist uns von Brigadier Barraclough selber geliefert worden. Nachdem er zunächst behauptet hatte, er würde sich zu dieser Angelegenheit nicht äußern, solange Adenauer am Leben sei, hat er sich nach Adenauers Rücktritt als Bundeskanzler erst vom britischen Fernsehen und dann vom *Daily Express* interviewen lassen. Das Zeitungsinterview ist in einer kurzen Biographie Adenauers enthalten, die nachfolgend zitiert sei:

»Ich war damals der Regional-Befehlshaber für das Rheinland. Die britischen Behörden bemühten sich, Ordnung in das Chaos zu bringen, und die deutschen Behörden der meisten Groß- und Mittelstädte arbeiteten mit uns zusammen. Doch die Stadt Köln blieb aus irgendwelchen Gründen weit hinter den übrigen zurück.

General Templer (damals Direktor der Militärregierung, später als Field Marshal Sir Gerald Templer Chef des Imperial General Staff) besuchte mich in meinem Hauptquartier in Düsseldorf und teilte mir mit, daß er von dem Ausbleiben eines Fortschritts bestürzt sei.

Die Verwüstung von Köln war nahezu unbeschreiblich. Die öffentlichen Verkehrsmittel waren so gut wie nicht vorhanden. Die Strom- und Gasversorgung war zusammengebrochen. Die Wasserstraße des Rheins, einer der wichtigsten Verkehrswege, war völlig blockiert. Die Kanalisation war überschwemmt. Tausende von Deutschen verhungerten. Hunderttausende von Flüchtlingen lagen auf der Straße.

Ich verabredete eine Begegnung mit Adenauer.

Wir trafen uns im Büro des Ortskommandanten in Köln. Ich glaube, es war das erste Mal, daß Adenauer und ich uns je gesehen haben. Obwohl ich von seiner Persönlichkeit beeindruckt war, muß ich doch offen eingestehen, daß ich nicht ahnte, einem Manne gegenüberzustehen, der einer der beherrschenden Politiker Europas werden sollte.

Er betrat das Zimmer mit einem Buch unter dem Arm. Wir schüttelten uns die Hände und setzten uns.

Ich tat mein Bestes, um Adenauer die verzweifelte Dringlichkeit der uns beschäftigenden Probleme klarzumachen, und appellierte an seinen Willen zur Zusammenarbeit.

Seine unmittelbare Reaktion war, mir ein Album mit Zeichnungen zu zeigen, das so ähnlich wie ›Das Köln der Zukunft‹ hieß. Allem Anschein nach hielt er es für undurchführbar, die Stadt an der alten Stelle wiederaufzubauen. Nach seinem Plan sollte ein neues Köln außerhalb der Grenzlinien der alten Stadt errichtet werden.

Ich erinnere mich, das Buch über den Tisch zurückgeschoben und zu ihm gesagt zu haben: ›Das können Sie mir in zehn Jahren zeigen. Zunächst einmal müssen Sie sich mit den unmittelbar vor Ihnen liegenden Problemen beschäftigen.‹

So sprachen wir annähernd zwei Stunden lang, erzielten jedoch keine Fortschritte. Umringt von dem Chaos, das ich geschildert habe, hatte der oberste bezahlte Beamte vor uns den Kopf vollständig in den Wolken.

Mit großem Widerstreben beschloß ich, daß er im ureigenen Interesse seiner Landsleute gehen müsse.

Es war meine eigene unbeeinflußte Entscheidung. Es ist seither behauptet worden, daß sie aus politischen Erwägungen oder dem Gedanken an Dr. Adenauers vorgerücktes Alter entstanden sei. Beide Annahmen sind falsch.

Ich entließ Dr. Adenauer aus einem einzigen Grunde: weil er als der führende gehaltbeziehende Verwaltungsbeamte der Stadt seine Aufgabe nicht erfüllte[11].«

Auf dieses Zeugnis von Brigadier Barraclough werden wir noch zurückkommen müssen. Adenauers eigene Darstellung wurde in verkürzter Form schon angeführt. Er fügte noch hinzu, daß Brigadier Barraclough ihn nicht aufgefordert habe, sich hinzusetzen, daß noch eine Anzahl anderer britischer Offiziere anwesend gewesen sei, die ihrerseits sitzen blieben, so daß das Ganze wie eine Art Tribunal gewirkt habe, und daß die Unterredung außerordentlich kurz gewesen sei und eigentlich nur im Vorlesen der 500 Worte umfassenden Erklärung des Brigadiers bestanden habe, worauf Adenauer sofort den Raum verließ. Die beiden Schilderungen des Ereignisses sind, mit anderen Worten, beinahe in allen Teilen voneinander verschieden, ganz abgesehen von den weit auseinandergehenden Begründungen, weshalb Adenauer von der britischen Besatzungsmacht fristlos entlassen worden ist.

Zwei Punkte von Barracloughs Darstellung lassen sich verhältnismäßig leicht erledigen. Es stimmt, daß Adenauer einen Wiederbebauungsplan für Köln vorbereitet hatte, doch war das schon lange vor dem Tag seiner Entlassung geschehen, und wenn er ihn an diesem 6. Oktober bei sich trug, so war das ein reiner Zufall, es sei denn, er meinte, daß er vielleicht Gegenstand der bevorstehenden Unterredung sein würde. Selbstverständlich enthielt die Denkschrift nicht den Vorschlag, ganz Köln als Trümmerhaufen stehen zu lassen und statt dessen eine ›Ersatz-Stadt‹ außerhalb des bisherigen Stadtgebiets zu errichten. In dieser Hinsicht ist Barracloughs Darstellung völlig irreführend.

Ebenso irreführend ist sie in der Angelegenheit von General Templers Besuch in Köln. Wohl hatte Templer sich über die Verwüstung Kölns geäußert und die Frage erhoben, weshalb nicht mehr getan worden sei, die Stadt wieder in Ordnung zu bringen. Der ihn herumführende, von der britischen Militärregierung abgeordnete Offizier war in der Lage, ihn darauf hinzuweisen, daß Köln mehr als jede andere Stadt des Rheinlandes unter den alliierten Bombenangriffen gelitten habe. Barraclough brauchte das nicht gesagt zu werden; er war der oberste Verwaltungsoffizier des Bezirkes und wohnte nur 40 km entfernt in Düsseldorf.

Es muß daraus geschlossen werden, daß der Ausdruck der Besorgnis von seiten Templers von Barraclough als willkommener Vorwand für die Entlassung Adenauers aufgegriffen worden ist.

Ob Adenauer nun tatsächlich doch zum Sitzen aufgefordert wurde und einen gemütlichen Plausch mit Barraclough gehabt hat, wird vielleicht von untergeordneter Bedeutung erscheinen. Doch ist es als Maßstab der Wahrhaftigkeit zu bewerten: Wenn Barraclough seine Unterredung mit Adenauer in diesem hervorstechenden Detail falsch geschildert hat, verliert seine ganze Aussage an Glaubwürdigkeit. Es ist einfach unmöglich, zwei Darstellungen zur Deckung zu bringen, nach denen Adenauer entweder zwei Stunden lang behaglich geplaudert oder aber vor seinen ›Richtern‹ weniger als zehn Minuten lang stehend verharrt hat. Wo liegt hier die Wahrheit?

Man kann sie nur auf Umwegen ermitteln. Mit verblüffender Taktlosigkeit hatte Barraclough Dr. Willi Suth aufgefordert, Adenauers Nachfolger zu werden. Man kann sich kaum vorstellen, daß er nicht wußte, daß Suth Adenauers Schwager war. Wußte er es aber, wirkt die von ihm getroffene Wahl noch seltsamer. Suth war jedenfalls nicht bereit, das Amt anzutreten, und es wurde Dr. Hermann Pünder angeboten. Was diesem daraufhin passierte, ist wiederum sehr bezeichnend: Er wurde zu Barraclough zitiert und verständigt, daß er Oberbürgermeister von Köln werden solle, wobei ein Dolmetscher die knappen Sätze von Barracloughs Aufforderung ins Deutsche übersetzte. Pünder antwortete in ziemlich gutem Englisch. Erst daraufhin bot ihm der angenehm überraschte Barraclough einen Stuhl an; bis dahin hatte er ihn stehen lassen[12].

Es ist höchst unwahrscheinlich, daß Barraclough dem Mann, den er hinauswarf, einen Stuhl angeboten haben sollte, wenn er zunächst nicht einmal dem Mann, den er zum Kölner Oberbürgermeister machen wollte, einen anbot. Außerdem sprach Adenauer im Unterschied zu Pünder kein Englisch! Pünders einzige sonstige Bemerkung über Barraclough war, daß er dem schneidig-militärischen Typ entsprach, den die Deutschen ›Kommißkopp‹ nennen, und daß er Pünder bezeichnenderweise beauftragte, rund um den Kölner Dom Kartoffeln anzubauen. Pünder lehnte glatt ab[13]. Was Adenauer und seine Amtsführung anbelangte, so war er nach Pünders Worten ziemlich sicher ›bockig‹ gewesen, was von der Wahrheit wohl nicht weit entfernt ist.

Die regionale britische Militärregierung trug die alleinige Verantwortung für die Entlassung Adenauers. Weder General Sir Brian Robertson, die Richtlinien erteilende Instanz innerhalb der Militärverwaltung, noch sein politischer Berater, Sir Christopher Steel, waren informiert. Sir Christopher erfuhr erst zwei Tage später davon, als es aus Prestigegründen unmöglich war, die Entscheidung Barracloughs zu widerrufen. Er verglich die Rolle General Templers in der Angelegenheit mit der hingeworfenen Bemerkung Heinrichs II. von England, die zu der Ermordung Thomas Beckets führte[14]. Sir Brian dagegen bemerkte nur trocken: »Ich hatte Glück, nicht mit von der Partie zu sein[15].«

Die dumme Geschichte hatte noch sehr bittere Folgen für Adenauer. Seine Frau Gussi lag in Köln im Krankenhaus, und da er nun aus seiner Heimatstadt ausgewiesen war, bedurfte er einer Sondererlaubnis, um seine Frau zu besuchen. Er berichtet selbst, daß der Passierschein nur widerwillig ausgestellt wurde und nur für zwei Besuche pro Woche galt[16]. Außerdem erzählt Adenauer, daß eine seiner Sekretärinnen im Rathaus, Fräulein Goldkuhle, entlassen wurde, weil sie in einem Brief an Barraclough unerschrokken versichert hatte, daß Adenauer ihrer festen Überzeugung nach alles, was in seiner Macht stand, für die Kölner Bevölkerung getan habe.

Hat der Zwischenfall mit Barraclough ernstlich die Haltung Adenauers gegenüber England beeinträchtigt? Seine Familienangehörigen glauben das im allgemeinen nicht. Frau Ria Reiners erinnert sich, daß er schon ein paar Tage später Witze über die Sache machte. Sowohl sie wie ihr

Bruder Max glaubten, daß er einfach ein zu bedeutender Mann war, um in seinen tatsächlichen politischen Anschauungen durch dergleichen beeinflußt zu werden. Paul Adenauer meinte, es sei ihm schon ein bißchen nachgegangen, aber der Humor seines Vaters habe diesem geholfen, darüber hinwegzukommen[17].

Frau Libet Werhahn bekam von ihrem Vater erzählt, daß er aufgrund sozialdemokratischer Intrigen entlassen worden sei, eine Auffassung, die er sich auch für seine veröffentlichten *Erinnerungen* zu eigen zu machen beschloß, in denen er behauptete, daß die britische Labour-Regierung ihn, den Anti-Sozialisten, als ›für ihre Politik unbequem‹ und zu stark mit den Amerikanern verbunden betrachten mußte und einfach abschob[18].

Adenauer hat die Geschichte seiner Entlassung noch viele Male erzählt[19]. Manchmal versuchte er sie witzig zu behandeln, zum Beispiel, wenn er dem Brigadier Barraclough selber viele Jahre später erzählte, er habe zu Hause zwei Aktenstücke, ein altes mit der Aufschrift ›Entlassung durch die Nazis‹ und ein neues ›Entlassung durch die Befreier‹. Aber bei vielen Gelegenheiten schwang auch eine bittere Note mit. Wenn es zwei menschliche Eigenschaften gab, die Adenauer aus tiefster Seele haßte, so waren das Grobheit und Dummheit, und seiner Meinung nach hatte Barraclough in beiden Richtungen gesündigt. Und Robertson und Lord Longford (der vormalige Lord Pakenham), die beide Adenauer sehr gut kennen- und schätzengelernt hatten, sind der Meinung, daß er seine Entlassung als eine Beleidigung betrachtete und daß sie eine Wunde zurückließ, die niemals ganz vernarbt ist[20]. Es war ihm bewußt, daß die Beschuldigung, sein geliebtes Köln und dessen Bevölkerung vernachlässigt zu haben, eine ungeheuerliche Ungerechtigkeit darstellte.

Ganz gewiß aber hat seine Entlassung die enorm wichtige Folge gehabt, ihn in die parteipolitische Arena zu stoßen. Zwar war ihm im Augenblick noch jede politische Betätigung ausdrücklich verboten. Aber Sir Christopher Steel und der Leiter der Politischen Abteilung der Militärregierung, Oberstleutnant Noel Annan (der spätere Lord Annan), hatten seinen Fall durchgesprochen und auch Ronald Grierson, den zuständigen politischen Offizier im Rheinland, hinzugezogen. Im Dezember 1945 kam Oberstleutnant Annan Adenauer in seinem Haus besuchen. Dieser erklärte ihm, daß er in der britischen Zone nicht ›über Politik reden‹ dürfe, aber daß er den hochgelehrten Herrn Oberstleutnant gerne nach Bad Honnef, nur fünf Kilometer entfernt in der französischen Zone gelegen, begleiten wolle. Dort hätten sie ein langes Gespräch geführt mit dem Ergebnis, daß nach einer Rücksprache zwischen Annan und Barraclough das Verbot von Adenauers politischer Tätigkeit aufgehoben wurde[21].

Für Adenauer kam dies keinen Augenblick zu früh. Er war zwei Monate lang völlig tatenlos gewesen, zu einem Zeitpunkt, in dem sein Vaterland seiner Auffassung nach Männer seines Schlages am dringendsten benötigte. Der britischen Militärregierung traute er keinen Schritt mehr über den Weg, denn er hielt sie in ihrer Bevorzugung der deutschen Sozialdemokraten für ein Werkzeug der Labour Party. Die Organisation der Partei aber, der er sich zugehörig fühlte, die der ›Christlichen Demokraten‹, war schon im Gange, und sehr viel jüngere Menschen als er meldeten ihre Ansprüche auf die Führung an.

Man muß im Zeitablauf noch einmal kurz zurückgehen, um zu erklären, was sich in dieser Hinsicht schon abgespielt hatte. Als die siegreichen Alliierten in Deutschland einmarschiert waren, hatten sie festgelegt, daß es keine politischen Parteien geben dürfe, ja überhaupt keinerlei politische Betätigung, solange nicht die letzten Überreste des Nationalsozialismus hinweggefegt waren. Am 16. Mai 1945 hat Churchill diese Haltung für die britische Zone noch einmal bekräftigt, mit der Ankündigung, daß es für die Dauer der militärischen Besetzung – die man damals auf zwanzig Jahre ansetzte – weder eine regionale noch zentrale deutsche Regierung geben könne. Versammlungen von sechs oder mehr Personen waren verboten. Die Sozialdemokraten waren über diese Regelung entrüstet, denn sie waren der Meinung, daß ihre Partei – die einzige, die gegen Hitlers Ermächtigungsgesetz gestimmt hatte – legal niemals zu bestehen aufgehört hatte. Im Mai fragten führende Sozialdemokraten in Hamburg bei der Militärregierung an, ob sie ihre Partei formell neu bilden könnten, doch diese Erlaubnis wurde ihnen verweigert[22].

Doch noch vorher hatten die deutschen Konservativen mit ihrer heimlichen politischen Tätigkeit begonnen. Im April 1945 hatten drei frühere Mitglieder der Zentrumspartei die vermutlich allererste Zelle einer neuen, auf breitere Basis gestellten interkonfessionellen Partei gegründet. Diese drei – Leo Schwering, Dr. Wilhelm Warsch und Josef Frings – trafen sich im geheimen in Königswinter, knapp zwei Kilometer von Adenauers Haus, noch ehe die amerikanischen Truppen angelangt waren. Am 1. April des Jahres 1945 beschlossen sie, den Grundstein einer ›Christlichen Volkspartei‹ zu legen, die an die Stelle des alten Zentrums in dessen alten Kerngebieten treten und im übrigen auch in die protestantischen Teile Deutschlands ausstrahlen konnte. Zu einem späteren Termin trat Schwering an Adenauer heran, der ihn dann darauf hinwies, daß es außer den Verordnungen der alliierten Militärbehörden noch beträchtliche andere Hindernisse gab[23].

Es ist durchaus möglich, daß Adenauer nicht einmal die Keimzelle einer christlichen Partei sich bilden sehen wollte, solange er selbst noch mit anderen Dingen beschäftigt war. Als Oberbürgermeister von Köln stand er zu sehr im Licht der Öffentlichkeit und konnte nicht daran teilnehmen. Doch Schwerings Gedanken waren für ihn nichts Neues. Schon in den frühen zwanziger Jahren hatte er mit Stegerwald Pläne für gerade so eine interkonfessionelle Partei durchgesprochen, die den Namen ›Christlich-Nationale Volkspartei‹ tragen sollte. Auf dem Katholikentag in München 1922 hatte Adenauer öffentlich zur Schaffung dieser Partei aufgerufen. Vom April 1945 an prüfte er nun sehr sorgfältig die Pläne Schwerings und seiner Freunde sowie die von Männern mit ähnlichen Ideen in allen Teilen Deutschlands.

Im Mai und Juni wurden dann an mehreren Orten im Rheinland weitere ›Zellen‹ organisiert, aber auch in Essen, Dortmund, Münster und Paderborn. Am 17. Juni 1945 erhielt eine Anzahl führender Leute der neuen Bewegung die Erlaubnis, im Kölner Kolpinghaus eine Tagung abzuhalten. Sie beschlossen, daß die alte Zentrumspartei abgeschafft werden solle (sie sollte sich übrigens noch mehrere Jahre in einigen Teilen des Rheinlandes halten), kein leichter Entschluß, besonders nicht im Rheinland, wo das Zentrum so lange Zeit der Garant der katholischen Grundsätze und Belange gewesen war. Schwering sagte: »Wir mußten gerade die bekämpfen, die unsere besten Freunde gewesen waren.« Außerdem legten sie bestimmte Leitsätze fest, mit denen die Partei als christlich, demokratisch und ›sozial‹ (im Unterschied zu sozialistisch) umrissen wurde. In aller Form konstituierte sie sich am 2. September 1945 in Köln.

Soviel über die rheinische CDU, die praktisch die Nachfolge des Vorkriegs-Zentrums antrat. Unterdessen war aber auch in anderen Teilen Deutschlands, vor allem in Berlin, mancherlei geschehen. Ein Berliner Zweig der CDU war am 22. Juli gegründet worden und hatte schnell sein Büro in der Jägerstraße aufgeschlagen. Er nannte sich ›gesamtdeutsch‹, was von der sowjetischen Militärregierung unterstützt wurde. Diese wiegte sich nämlich in der Hoffnung, die Zentralbüros sämtlicher wichtigen politischen Parteien unter ihre Kontrolle zu bekommen; ganz automatisch hatte sie sich schon die Herrschaft über die neugegründete Kommunistische Partei verschafft. Die Spitzen der Berliner CDU waren drei frühere Zentrums-Mitglieder: Jakob Kaiser, Andreas Hermes und Otto Nuschke sowie ein ehemaliger Abgeordneter der Deutschen Staatspartei, Ernst Lemmer. Ihrem rheinischen Konkurrenten hatte die Berliner CDU zwei große große Vorteile voraus: Sie wurde mit Büroräumen, Papier und Benzin durch die sowjetischen Behörden vorsorgt, und sie hatte sich in der alten Reichshauptstadt etabliert[24].

Bis Anfang Oktober war Adenauer noch Oberbürgermeister von Köln gewesen. Von da an beschäftigte er sich mit den Angelegenheiten der CDU, zuerst noch hinter den Kulissen, dann in aller Öffentlichkeit und mit zunehmender Kraft und Bestimmtheit. Schon Ende September griff er ein, um ein in seinen Augen gefährliches Ablenkungsmanöver zu hintertreiben: Carl Severing, der Reichsminister des Innern vor 1933, hatte Gespräche zwischen führenden Sozialdemokraten und Christdemokraten veranstaltet, offensichtlich mit dem Gedanken an die Bildung einer ›Demokratischen Front‹, die Richtlinien für eine künftige ›nationale‹ Regierung ausarbeiten sollte. Adenauer nahm an einer Konferenz in Bad Godesberg teil, auf der man die Ergebnisse dieser Erörterungen zusammenfassen wollte, sprach aber nicht, sondern machte nur deutlich, daß er gegen jede Vorentscheidung in Gestalt klar umrissener parteipolitischer Programme sei. Severings gutgemeinte Initiative verlief daraufhin im Sande[25].

In Bayern wäre die Bildung einer interkonfessionellen Partei um ein Haar gescheitert. Die Ultrakonservativen aus der früheren Bayerischen Volkspartei (BVP) lieferten unter der Führung von Alois Hundhammer ein erbittertes Rückzugsgefecht. Doch wurden sie von Josef Müller, der fest entschlossen war, mit Hilfe der Protestanten Nordbayerns eine kräftige Zweigorganisation der CDU zu schaffen, geschickt aus dem Felde geschlagen. Allerdings bestand die bayerische Sektion auf einem eigenen Namen – Christlich-Soziale Union (CSU). Die Bayern wollen es halt immer ein bißchen anders haben, und so blieb die CSU von jenem Zeitpunkt an ein halbautonomer Bestandteil der CDU. In Hessen hätten sich die fortschrittlichen Konservativen beinahe mit den Sozialdemokraten zusammengeschlossen, wurden dann aber von dem Gedanken abgeschreckt, daß die SPD ideologisch eine marxistische Partei geblieben war. In Hamburg ging von Schlange-Schöningen als Führer einer rechts von der Mitte stehenden CDU-Zweigorganisation hervor. Als die Berliner CDU 1946 einen entschiedenen Versuch machte, die Hamburger Filiale auf ihre Seite zu ziehen, wurde dieser von Adenauer zurückgewiesen.

Es gab noch weitere interne Machtkämpfe, denn es war klar, daß die Berliner Organisation die Spitzenstellung erringen wollte, während die westdeutschen Zweige sich instinktiv föderalistisch verhielten und zunehmend weniger bereit waren, sich mit irgendeinem Teil Deutschlands einzulassen, in dem die Sowjets auch nur teilweise die Kontrolle ausübten. Im Dezember berief Andreas Hermes eine ›Reichstagung‹ der CDU nach Bad Godesberg ein. Doch den sowjetischen Behörden war dieser aufrechte und klarsichtige Mann inzwischen verdächtig geworden, und sie verweigerten ihm die Ausreisegenehmigung aus der sowjetischen Zone. Adenauer dagegen nahm an der Godesberger Tagung teil und verhinderte sehr geschickt alle Schritte in Richtung auf eine vereinigte CDU unter Berliner Geschäftsführung. Infolgedessen wurde Hermes von den Sowjetbehörden ›abgesetzt[26]‹. Ohne es zu ahnen, nahmen sie den gefährlichsten Konkurrenten jenes Mannes aus dem Spiel, der später zum allergrößten Dorn in ihrem Fleisch werden sollte – Adenauer.

Am 8. Januar 1946 wurde beschlossen, eine Sitzung des Zonenausschusses der CDU in der britischen Zone für den 19. und 20. Januar nach Herford einzuberufen. Adenauer wurde zu einem der fünf Delegierten aus dem Rheinland gewählt. Nach einer Quelle[27] war es »für die Freunde des ehemaligen Kölner Oberbürgermeisters klar, daß er sich auf künftige Pflichten vorbereitete«; in Bad Godesberg hatte ein Professor den Satz ›*Conradus ante portas*‹ geprägt und sich damit als kein schlechter politischer Prophet erwiesen. Am 6. Januar hatte Adenauer in einem vertraulichen Brief an sieben entscheidende Mitglieder der CDU erklärt, daß er sich für die bevorstehenden ›größeren‹ Aufgaben aufbewahren wolle, als da seien: die Vereinigung der CDU mit den Überbleibseln des Zentrums, einen ›familiären Zusammenschluß‹ mit den Christlichen Demokraten Bayerns und der französischen Zone, ferner die Wiederherstellung einer freien Presse in Deutschland, die Lösung der deutschen wirtschaftlichen Probleme, die Wiederherstellung von Recht und Ordnung und die Entwicklung einer ›nationalen‹ Außenpolitik[28]. Eine ganz schöne Liste, aus der hervorgeht, daß Adenauer sich als eine Macht betrachtete, mit der man rechnen mußte. Er neigte nicht dazu, sich unterzubewerten. Aber er überschätzte auch seine Kräfte nicht.

Das wirklich Interessante hierbei ist, daß Adenauer es für lebenswichtig hielt, die CDU in der britischen Zone in der Hand zu haben. Damit hatte er vollkommen recht, denn die britische Zone umfaßte das ganze Ruhrgebiet und alle westdeutschen Häfen mit Ausnahme Bremens, das eine amerikanische Enklave bildete. Fast noch entscheidender war Adenauers Gedanke, daß man zum Aufbau eines politischen Potentials eine ›Hausmacht‹, eine politische Ausgangsbasis brauchte. Angesichts der zentralistischen Absichten der Berliner CDU und der abweichlerischen Tendenzen in Süddeutschland erschien Adenauer die britische Zone als die geeignete Basis. Und er machte sich daran, sie zu erobern.

Er erlangte die notwendige Kontrolle auf der Tagung in Herford am 20./21. Januar 1946. Die ganze Organisation dieser Zusammenkunft war ein bißchen zufällig; es trat nicht gleich deutlich zutage, daß es sich darum handelte, einen Parteivorsitzenden für die britische Zone zu wählen, und keiner der Anwesenden scheint sich bewußt gewesen zu sein, daß man damit auch den künftigen Führer der ganzen CDU wählte. Hamburg hatte von Schlange-Schöningen als Kandidaten, Westfalen Holzapfel, Berlin Hermes. Adenauer war überhaupt nicht offiziell als Kandidat benannt worden.

Doch als sich die Delegierten in Herford eingefunden hatten, übernahm Adenauer mit leichter Hand als ›Alterspräsident‹ die Leitung der Versammlung. Da viele der Delegierten sich überhaupt nicht kannten, war der Stuhl des Vorsitzenden leer geblieben, bis Adenauer sich daraufgesetzt hatte, mit der Bemerkung, daß es ihm als dem ältesten anwesenden Delegierten wohl zustehe, die Führung zu übernehmen – die er dann nicht wieder aufgab. Aus dem Vorsitz im Zonenausschuß sollte sich dann organisch der Vorsitz der ganzen Partei entwickeln, der für die beiden folgenden Dekaden Adenauers politische Basis war. Von Schlange-Schöningen verließ die Sitzung am zweiten Tag, weil er Vorsitzender des Ernährungsamtes der britischen Zone wurde. Hermes, der auf der Tagung keinen offiziellen Status hatte, da er ja kein Vorstandsmitglied der Berliner CDU mehr war, reiste aus eigenem Entschluß ab und verschwand damit von der politischen Szene. Holzapfel glitt ebenfalls in die Versenkung – später sollte Adenauer ihn als ersten westdeutschen Botschafter in die Schweiz schicken: In Bern passiert nie etwas, und auch mit Holzapfel passierte nie wieder etwas, genau wie sein Vorsitzender es sich gewünscht hatte, der ihm als Trostpreis noch den Platz des stellvertretenden Vorsitzenden verschafft hatte, nachdem er selbst in seinem Amt durch den Zonenrat der CDU in dessen Sitzung vom 26. Februar bestätigt worden war.

Von diesem Zeitpunkt an bewegte sich Adenauer mit unausweichlicher Schwungkraft auf die vollständige Kontrolle der CDU zu. Im März wurden die Hamburger und die Schleswig-Holsteiner Gruppen völlig in die Zonen-CDU einverleibt. Noch im selben Monat saß Adenauer einer Tagung der CDU-Führer in Stuttgart vor, bei der beschlossen wurde, die Berliner CDU mit den anderen Zweigorganisationen in den verschiedenen Zonen zu verschmelzen, und außerdem, was noch wichtiger war, von Adenauer festgelegt wurde, daß der Sitz der Parteispitze nicht Berlin oder eine andere Stadt in der sowjetischen Zone sein würde. Selbst für den Fall, daß die Russen nicht länger Berlin besetzt hielten, dürfe Berlin nicht der Hauptsitz der Partei werden[29]. Im Juni 1946 ging Adenauer gleichgültig über eine Tagung der Berliner CDU hinweg, auf der Jakob

Kaiser Ziele durchsetzte, die man als ›christlich-sozialistisch‹ akklamierte, und die nur von einer Handvoll westdeutscher ›Beobachter‹ besucht worden war. Kaiser wurde zu verstehen gegeben, daß die CDU Westdeutschlands keine Konzessionen hinsichtlich ›sozialistischer‹ Zielsetzungen zu machen gedenke, um die sowjetische Besatzungsmacht versöhnlich zu stimmen. Adenauer ging auf Nummer Sicher. Er glaubte nicht, daß irgendwelche säuberlichen Kompromisse mit den Russen ausgehandelt werden könnten, und zog es vor, eine Spaltung der CDU zu riskieren – in eine westdeutsche Partei, der eine entscheidende Rolle in Deutschlands Zukunft zu spielen bestimmt war, und eine ostdeutsche, die von vornherein zu einem Satellitendasein und zu politischer Kraftlosigkeit verurteilt war.

Zielstrebigkeit macht sich fast immer bezahlt. Adenauer wußte, was er selber wollte. Seine Konkurrenten in Berlin dagegen versuchten in gesamtdeutschen Vorstellungen zu denken und waren mit allen ihren Berechnungen immer auf die Einfälle und Launen der Sowjets angewiesen. Einen von Berlin gemachten Versuch, mit Hamburg einen regelmäßigen Informationsaustausch abzusprechen, kam Adenauer zuvor[30]; die CDU in Hessen gewann er für sich, indem er versprach, daß Frankfurt die künftige Hauptstadt Deutschlands sein würde, und dem Drängen der nordbayerischen Protestanten nach einem weiter links orientierten Sozialprogramm half er ein Ende setzen. Unter Adenauer begann die rheinländische CDU sich deutlich als die beherrschende Macht innerhalb der Partei abzuzeichnen.

»Der Versammlung erschien er als Staatsmann, der wußte, was er wollte.« Diese Formulierung gebrauchte Leo Schwering nach einer Rede Adenauers auf einer Massenkundgebung in Köln, Anfang 1946[31]. Bei diesem Anlaß sprach Adenauer in der Kölner Universität zwei Stunden lang vor einer Hörerschaft von 4000 Menschen über die Zukunft Deutschlands. Was er zu sagen hatte, war klar: Der Staat dürfe nicht länger das Individuum beherrschen, dem vielmehr die Gelegenheit gegeben werden müsse, in allen Facetten seiner Existenz eigene Initiative zu entfalten, und die christliche Ethik solle wieder zur Bastion des deutschen Gemeinwesens werden. Adenauer forderte die Wiederherstellung angemessener Lebensbedingungen, keine Annexion deutscher Gebiete, einen Bundesstaat mit ausreichender Zentralgewalt und Fortschritte in Richtung auf die Vereinigten Staaten von Europa. Er sprach einen inhaltsschweren Satz aus: »Besatzung ist kein Vergnügen, weder für die, die sie erleiden, noch für die, die sie ausüben.« Seine Rede war der erste echte Beweis staatsmännischen Denkens, das in der deutschen Nation fortgelebt hatte, auch nachdem sie von den Nazis versklavt, entehrt und geistig kastriert worden war.

Mit dieser Rede zeichnete sich Adenauer als möglicherweise die einzige Persönlichkeit ab, die mit Erfolg die weit auseinanderstrebenden Gruppen innerhalb der CDU zu einer in sich geschlossenen Partei zusammenschweißen konnte. In diesem historischen Moment muß Adenauer in bezug auf die CDU zwei Besorgnisse gehabt haben. Die erste war, daß sie sich zu einem großen, wenn auch leicht durchlöcherten Regenschirm entwickeln würde, unter dem sich zunächst einmal Leute von allen erdenklichen politischen Schattierungen zusammenrotteten, die alsbald zu einer Vielzahl von neuen Parteien abwandern würden; das würde zu derselben Kraftlosigkeit und derselben Zersplitterung führen, die schon die Weimarer Republik ausgezeichnet hatte. Bannen ließ sich diese Gefahr nur, wenn man die CDU mit wahrer Autorität und Zielbewußtheit führte.

Die zweite Gefahr lag in Adenauers Augen darin, daß die Partei zentral aus Berlin gesteuert würde, nachdem sie dort unter sowjetischen Einfluß geraten und infolgedessen außerstande geworden war, eine sinnvolle Weltanschauung und politische Linie zu entwickeln. Diese Gefahr war keineswegs von der Hand zu weisen: So forcierte im Mai 1946 die sowjetische Militärregierung eine Spaltung zwischen den westdeutschen und den ostdeutschen Sozialdemokraten. Der ostdeutsche Teil der Partei wurde gewaltsam mit der Kommunistischen Partei vereinigt und bildete mit ihr die Sozialistische Einheitspartei (SED). Kurt Schumacher installierte darauf zum Trotz das Hauptquartier der SPD in Hannover und verhinderte mit Erfolg, daß die Berliner Zweigorganisation von der SED verschluckt wurde. Man sah also, daß die Russen die Absicht hatten, sich in die deutsche Innenpolitik einzumischen. Aber wahrscheinlich würden sie nicht denselben Fehler zweimal machen: Mit der CDU wären sie vermutlich vorsichtiger umgegangen, wenn sie erst eine vereinigte Partei mit der Zentrale in Berlin erreicht hätten.

Adenauer war nie in seinem Glauben schwankend geworden, daß man im Rheinland ein Gegengewicht gegen Berlin und dessen preußisches Hinterland schaffen mußte. Im Jahr 1946 machten die britischen Behörden einen bedeutsamen Schritt in diese Richtung, indem sie das Land Nordrhein-Westfalen schufen. Damit wurden das Industriegebiet der Ruhr und die landwirtschaftlichen Gebiete Westfalens mit dem Rheinland verbunden. Das neue Land sollte zur Achse der wirtschaftlichen Stärke Westdeutschlands werden; seine Grenzen entsprachen ziemlich genau den von Adenauer 1919 gezogenen, als er die Schaffung eines Rhein-Ruhr-Staates innerhalb des Deutschen Reichs vorschlug. Die britischen Behörden befragten Adenauer und Schumacher als die Führer der sich abzeichnenden beiden wichtigsten Parteien zu diesem Punkt; beide flogen mit einer britischen Maschine nach Berlin, wo Adenauer die britischen Vorschläge bereitwillig akzeptierte, während Schumacher sie bezeichnenderweise schroff zurückwies[32]. Preußen war übrigens schon offiziell ›abgeschafft‹ worden, durch das Gesetz Nr. 46 des Alliierten Kontrollrats vom 25. Februar 1946. Über 150 Jahre vorher hatte Johann Gottfried Herder prophezeit, daß im Lauf der Zeit das Werk Friedrichs des Großen, der Preußen in den Rang einer europäischen Großmacht hinaufgehoben hatte, wieder zerfallen würde. Herder verlangte die Zerstückelung Preußens, des ›undeutschen‹ Kriegerstaates, und seine Eingliederung in das Heilige Römische Reich. Als ein ›Feind‹ wurde Preußen nach dem Zweiten Weltkrieg von allen vier Besatzungsmächten betrachtet. Etwa die Hälfte seines Gebiets – die ehemaligen Provinzen Schlesien, Pommern, Ost- und Westpreußen – war durch die Vorverlegung der Westgrenze Polens an die Oder und Neiße verlorengegangen. Die Russen hatten ihre Zone in fünf Länder gegliedert, und was von dem alten preußischen Besitz nach den Grenzen von 1815 nunmehr im Westen lag, wurde im Laufe des Jahres 1946 auf die drei Länder Nordrhein-Westfalen, Niedersachsen und Rheinland-Pfalz aufgeteilt.

Schon lange vor der Schaffung des Landes Nordrhein-Westfalen hatte Adenauer sich entschlossen, mit den alliierten Besatzungsmächten soweit wie irgend möglich zusammenzuarbeiten. Ein nützliches Instrument für diese Zusammenarbeit war der im März 1946 in Hamburg geschaffene Beirat der britischen Zone. Adenauer nahm regelmäßig an dessen Sitzungen teil und kämpfte dort um Erhöhung der Lebensmittelzuteilungen für die verzweifelt hungernde deutsche Bevölkerung, um die Wiederbelebung von Handel und Industrie und um die Aufhebung der alliierten Beschränkungen und Kontrollen. Schumacher wiederum interessierte sich gar nicht für den Zonenbeirat, war gegen jede ›Kollaboration‹ mit der Besatzungmacht – wie er es nannte – und verpaßte dadurch eine wunderbare Gelegenheit, sich über die Absichten der Engländer zu unterrichten. Der Zonenbeirat war nicht, wie Schumacher meinte, eine bloße Schwatzbude, sondern eine sehr sinnvolle Körperschaft.

Im Herbst 1946 fanden Kommunalwahlen in Berlin, in der Sowjetzone und in der britischen Zone statt. Die CDU bekam annähernd 20 Prozent der Stimmen in Berlin und in der Sowjetzone, aber in der britischen Zone ungefähr 40 Prozent. Es gab daraufhin einen ärgerlichen Meinungsaustausch zwischen Berlin und dem Rheinland, bei dem Kaiser die Ansicht vertrat, die CDU solle ihre Chancen in Berlin erstens durch Verlegung ihrer Zentrale nach Berlin steigern, ferner durch die unmißverständliche Befürwortung der Sozialisierung der Schwerindustrie im Ruhrgebiet.

Die erste dieser Forderungen beantwortete Adenauer im November in einem Interview mit der Hamburger Zeitung *Die Welt*[33]. Seine wichtigste Meinungsverschiedenheit gegenüber Kaiser beträfe den ›Schwerpunkt‹ Deutschlands; er lehne Berlin wegen seines Preußentums als physikalischen und geistigen Mittelpunkt für die CDU ab. Und er fuhr fort: »Ich glaube, daß die deutsche Hauptstadt eher im Südwesten liegen soll als im weit östlich gelegenen Berlin. In der Gegend des Mains, dort wo die Fenster Deutschlands auch nach dem Westen hin weit geöffnet sind, sollte die deutsche Hauptstadt liegen . . . Sobald aber Berlin wieder Hauptstadt wird, wird das Mißtrauen im Ausland unauslöschbar werden. Wer Berlin zur neuen Hauptstadt macht, schafft geistig ein neues Preußen.«

Die zweite Frage, die der Sozialisierung der Schwerindustrie, war komplizierter. Schon im August 1945 hatte Adenauer einem politischen Gesinnungsfreund in München, Dr. Wilhelm Scharnagl, geschrieben, ihr gemeinsames Ziel müsse eine »fortschrittliche soziale Reform, aber kein Sozialismus[34]« sein. Aber er war bereit, für die einigermaßen unbestimmten Ideen über die ›Industrie in öffentlicher Hand‹, die damals herumschwirrten, mindestens Lippenbekenntnisse abzulegen. Diese Ideen gingen in erster Linie auf einen womöglich noch unbestimmteren Wunsch der Allgemeinheit nach einem ›Neubeginn‹ für die deutsche Gesellschaft zurück und auf verworrene Überlegungen, ob ein besiegtes und verarmtes Deutschland sich noch länger den ›Luxus‹ einer kapitalistischen Gesellschaftsform leisten könne. (Daß eine staatlich betriebene Industrie unbedingt ökonomischer sei, sollten Experimente der Labour-Regierungen im Nachkriegs-England bald widerlegen.)

Innerhalb der CDU gab es eine Anzahl einflußreicher Leute, die tatsächlich der Meinung waren, daß die Schwerindustrie, also in erster Linie Kohle, Stahl und die chemische Erzeugung, sozialisiert werden sollte. Dazu gehörten die Christlichen Gewerkschaftler, Jakob Kaiser in Berlin, Karl Arnold in Düsseldorf und, etwas weniger überzeugt, Josef Müller in München. Anfang 1946 veröffentlichte ein CDU-Anhänger, Otto Heinrich von der Gablentz, eine Broschüre mit dem Titel *Über Marx hinaus,* in der das Kollektiveigentum an Schlüsselindustrien, das Mitbestimmungsrecht für die Arbeitnehmer in der Industrie und eine weitreichende wirtschaftliche Planung vorgeschlagen wurden. Adenauers Reaktion war die Erklärung, daß Sozialismus ›unannehmbar‹ sei. »Mit dem Argument gewinnen wir fünf Leute, aber zwanzig laufen uns dafür weg[35].« Später äußerte er noch: »Der Übergang der Produktionsmittel in öffentlichen Besitz geht in unseren Augen nicht notwendigerweise mit sozialem Fortschritt einher.« Und dann wies er darauf hin, daß die Nationalisierung dem britischen Bergbau nicht gut bekommen sei und daß ein Eingreifen von britischer Seite in die Struktur der deutschen Grundindustrie als Bruch internationaler Abkommen betrachtet werden könne.

Im Februar 1947 tat der Zonenrat der CDU für die britische Zone einen bedeutsamen Schritt. Auf den Rat einer Wirtschaftskommission, die er eingesetzt hatte, genehmigte er im Prinzip das sogenannte Ahlener Programm, das eine revolutionäre Umstrukturierung der deutschen Schwerindustrie vorzusehen schien. Die drei wichtigsten Punkte dieses Programms waren der Übergang des Kohlenbergbaus in ein System öffentlichen Eigentums, die Reorganisation der Stahl-, Chemie- und anderer Schlüsselindustrien nach dem Prinzip einer ›gemischten Wirtschaft‹ und die Annahme der Bestimmung, daß künftig die Mehrheit der Aktien all solcher Betriebe in der Hand öffentlicher Körperschaften liegen sollte.

Wie Adenauer in der Folgezeit mit dem ›Ahlener Programm‹ umging, war ein wahres Meisterstück der Diplomatie und kann am besten an dieser Stelle berichtet werden. Als 1947 die Landesregierung von Nordrhein-Westfalen gebildet wurde, brachte Adenauer als Führer der größten politischen Partei drei Gesetzentwürfe zur Durchführung der Programme ein. Im Anschluß daran aber schlug er vor, daß die Planung und Kontrolle bei den Schlüsselindustrien auf ein Mindestmaß beschränkt werden sollte. Die Sozialdemokraten, die hier eine einzigartige Gelegenheit witterten, legten darauf ihren eigenen, sehr viel weiter gehenden Sozialisierungsentwurf vor. Zu dessen Abweisung fand Adenauer leicht die Unterstützung seiner eigenen Partei und hielt die Abstimmung durch Einbringung von Abänderungsvorschlägen auf. Erst im August 1948 ging der sozialdemokratische Entwurf durch die dritte und letzte Lesung. Inzwischen war es zu spät: Die Londoner Außenministerkonferenz hatte zwei Monate vorher den Weg zu einem westdeutschen Bundesstaat freigelegt, und der britische Kommissar für Nordrhein-Westfalen teilte der Landesregierung zu seinem Bedauern mit, daß er die Sozialisierung der Schwerindustrie in einem einzelnen ›Land‹ nicht anerkennen könne, wenn die ganze Schwerindustrie als ein Aktivposten der Nation zu betrachten sei. Das war das Ende des ›Ahlener Programms‹ – Adenauers diskrete Verzögerungstaktik hatte es geschafft.

In der Zwischenzeit hatte Adenauer auch seine Schlacht gegen Kaiser und die Zentralisten in der CDU gewonnen. Doch hatten diese nicht kampflos nachgegeben. Kaiser verlagerte seine Bemühungen von der Frage des Sitzes der CDU in Berlin auf das Fernziel der deutschen Wiedervereinigung. Am 5. und 6. Februar 1947 fand eine Sitzung von CDU-Vertretern aus allen vier Besatzungszonen und aus Berlin in Bad Königstein im Taunus statt, hauptsächlich auf Initiative Kaisers. Die Anwesenden verkündeten die unauflösliche Einheit Deutschlands, worauf Kaiser eine Diskussion über den Hauptsitz der CDU verlangte. Wiederum verlangte Adenauer, es solle nicht Berlin, sondern Frankfurt sein. Kaisers stärkster Mitstreiter Ernst Lemmer erinnerte sich, »Adenauer saß bei diesem Treffen in Königstein in der hintersten Ecke des Raumes, aus der er seine intimen Helfershelfer ins Feuer schickte[36]«. Adenauer schreckte auch nicht vor Ablenkungsmanövern bedenklicher Art zurück; er deutete an, daß Kaiser sich auf unüberlegte Unterhaltungen mit führenden Männern der ehemaligen Wehrmacht und Beamten der sowjetischen Militärregierung eingelassen habe und daß er das von einem ›Oberbürgermeister im nördlichen Rheinland‹ erfahren habe, dessen Namen er nicht angeben dürfe. Lemmer, der es wissen müßte, bezeichnete diese Geschichte als unwahr und womöglich einfach von Adenauer erfunden[37].

Die Versammlung in Bad Königstein entschied mit knapper Mehrheit gegen Berlin als Zentrale der CDU. Die Mehrheit stimmte Adenauers These zu, daß der richtige Weg zur Erreichung der deutschen Einheit in der Konsolidierung der drei westlichen Zonen liege und daß sich die CDU nicht dem gewaltsamen Eingriff einer totalitären Macht wie der Sowjetunion aussetzen dürfe. Doch Kaiser gab die Hoffnung noch nicht auf. Auf der Leipziger Messe im März schlug er die Errichtung einer ›Nationalversammlung‹ durch die vier hauptsächlichen Parteien, die CDU und SPD Westdeutschlands und die SED und LDP Ostdeutschlands, vor. Adenauer machte eine Ausweichbewegung: Er wartete einfach, bis Schumacher den Plan im Namen der Sozialdemokraten ablehnte. Alles, was dabei herauskam, war eine törichte Konferenz der Ministerpräsidenten der ost- und westdeutschen Landesregierungen am 6. Juni 1947 in München, die von den Ostdeutschen verlassen wurde, nachdem die von ihnen vorgeschlagene Tagesordnung nicht angenommen worden war.

Ein letzter zaghafter Ansatz zu einer deutschen Wiedervereinigung wurde innerhalb der CDU gemacht. Kaisers Hauptanhänger in Bayern, Josef Müller, bildete zu diesem Zweck den ›Ellwanger Kreis‹. Adenauers Reaktion darauf war, daß er einmal an einem Treffen dieser Gruppe in Bad Brückenau teilnahm, wo er mit vernichtender Ironie hervorhob, daß Pläne für eine Wiedervereinigung aller vier

Zonen aussichtslos verfrüht seien[38]. Kaiser war inzwischen schon am Ende seiner diesbezüglichen Bemühungen angelangt: Im Dezember 1947 wurden er und Ernst Lemmer von ihren Posten als Vorsitzender und stellvertretender Vorsitzender der ostzonalen CDU entfernt und von jeder weiteren politischen Aktivität ausgeschlossen. Als Vorwand diente Kaisers Forderung, daß ein übereifriger ›Beobachter‹ der sowjetischen Militärregierung, Hauptmann Kratyn, eine Versammlung verlassen solle, an der Vertreter der westdeutschen CDU teilnahmen[39]. Doch schon lange Zeit vorher war der nach dem amerikanischen Außenminister benannte Marshall-Plan zur Debatte gestellt worden, der Europa umfangreiche wirtschaftliche Hilfe versprach. Die Sowjetunion hatte diesen Plan für sich selbst und alle von ihr besetzten Länder zurückgewiesen, auch für die sowjetisch besetzte Zone Deutschlands, die auf diese Weise von den drei Westzonen in wirtschaftlicher Hinsicht abgeschnitten wurde. Gegen seinen Willen mußte Kaiser seine Pläne für eine Wiedervereinigung Deutschlands mit Hilfe einer vereinigten CDU aufgeben.

Und mit diesem Augenblick fiel Kaiser auch als Adenauers Konkurrent für die Führung der Partei aus. Kein anderer trat auf den Plan. Hermes und von Schlange-Schöningen waren aus der parteipolitischen Arena schon verschwunden. Karl Arnold in Düsseldorf besaß zwar die moralische Stärke, aber nicht genug politischen Scharfblick und nicht genug Rücksichtslosigkeit. Josef Müller in München spann Ränke, plante aber nichts auf längere Sicht. Heinrich Brüning war nicht aus seinem amerikanischen Exil zurückgekehrt, und Ludwig Erhard war noch nicht als eine klar umrissene politische Erscheinung aus den Frankfurter Verhandlungen des im Juni 1947 geschaffenen Bizonalen Wirtschaftsrates hervorgegangen.

So stand Adenauer innerhalb der CDU obenan und beabsichtigte, der CDU im politischen Leben Westdeutschlands die entscheidende Rolle zu geben. Seine Vormachtstellung war zugleich persönlicher wie politischer Natur.

Hier sei eine Schilderung seiner Person aus jener Epoche wiedergegeben:

»Mit seinen siebzig Jahren wirkte er physisch zart und gebrechlich. Wie die meisten seinesgleichen hatte er in den drei ersten Nachkriegsjahren zuwenig zu essen bekommen... Der damalige Adenauer machte einen einzigartigen Eindruck auf mich. Er äußerte und bewegte sich entspannt und zurückhaltend, während die große Masse seiner Politikerkollegen sich über Fragen der Demontage, der Entnazifizierung und des Lebensmittelmangels ganz hysterisch gebärdete. Inmitten all der Menschen, die ihre Zeit mit der Jagd nach zusätzlichen Nahrungsmitteln verbrachten oder sich auf den ersten ›gemischten‹ Cocktailparties der Alliierten allzu schnell betranken, wirkte Adenauer wie der ideale Kanzlerkandidat. Angesichts der Besatzer bewahrte er eine wirklich einmalige Würde und stach damit als der geeignete Mann hervor, mit ihnen im Namen seiner Landsleute zu verhandeln. Er erweckte Vertrauen zugleich durch seine Weigerung, sich über die materiellen Unzulänglichkeiten zu beklagen, wie durch sein eisernes Beharren auf Fortschritten beim politischen Aufbau. Die Arbeit und die Verantwortung machten ihn zusehends jünger und gesünder[40].«

Und so schilderte ihn damals Brian Connell, der Deutschland-Korrespondent der *Daily Mail*:

»Ich erinnere mich noch, wie mich bei unserer ersten Begegnung die hohe und heitere Stirn, die merkwürdig mongolischen Backenknochen und die strahlenden, intelligenten Augen des mageren und zurückhaltenden Siebzigers beeindruckten. Zu einer Zeit, als man bei jeder beliebigen privaten Zusammenkunft politische Lösungen und Wundermittel mit ohrenbetäubendem Geschrei angeboten bekam, war er ruhig, würdevoll, kurz und präzis; die eigentümlich gequetschten Diphthonge seines rheinischen Akzentes fesselten einen ebenso stark wie die Klarheit seines Denkens und die überraschenden Talente des witzigen Plauderers[41].«

Connell bemerkt noch, daß Adenauer »seinen Kopf nicht durchsetzt, indem er mit der Faust auf den Tisch schlägt. Er macht sich Menschen zu Gebot, indem er ihnen schmeichelt, sie mit seidenweicher Wohlgelauntheit bezaubert oder auch mit gelassener Verachtung zu Eis erstarren läßt«.

Noch ein kleines Glanzlicht: Julius Hollos, erst bei der Hamburger *Welt*, dann bei der Londoner *Financial Times*, zeigte sich von Adenauers erstaunlicher Nonchalance überrascht. Gegen Ende 1946 interviewte er ihn, der gerade auf dem Wege von einer Sitzung zur nächsten war. Als wäre gar nichts dabei, holte Adenauer zwei Butterbrote aus einer kleinen Tüte heraus und verspeiste sie elegant und ohne jede Verlegenheit, während Hollos ihn ausfragte[42]. Seine Kritiker und Feinde haben diese Unbefangenheit immer falsch eingeschätzt, für sie war sie nur der Beweis seiner Dickfelligkeit.

Zwei britische Beamte, die Adenauer während dieser ersten Nackriegszeit oft begegnet sind, schätzten ihn sehr hoch, General Sir Brian Robertson, der viel mit ihm zu tun hatte, erst als Stellvertreter des Militärgouverneurs, Luftmarschall Sir Sholto Douglas – der die Deutschen haßte und seine Beziehungen zu ihnen auf ein Minimum reduzierte –, dann als er selber Militärgouverneur war. Nach Robertsons Auffassung war Adenauer »außerordenlich vernünftig, hochintelligent und beweglich in der Verhandlungsführung. Er war kein Mensch, der jeden gleich mochte, und nahm manchmal Anstoß. Aber ich habe ihn schließlich gern gehabt[43].« »Schumacher trug übrigens dazu bei«, so fügte Robertson hinzu, »mich Adenauer schätzen zu lehren. Er nämlich ließ es einfach nicht zu, daß man ihn näher kennenlernte; er verharrte anhaltend und unnachgiebig in feindlicher Haltung. Auch daß ich ihn in seinem kleinen Haus besuchte, half nichts.« Lord Pakenham, der im britischen Kabinett für Deutschland verantwortliche Minister, war anfangs von Adenauers eiserner Reserve überrascht. »Ich bin ihm zum ersten Mal auf einem offiziellen britischen Lunch begegnet; er beobachtete mich sehr sorgfältig, sehr abschätzend. Dann lernte ich ihn im Laufe der Zeit besser kennen. Ich glaube, ich muß es ihm hoch anrechnen, daß mein Außenminister, Ernie Bevin, anfing, sich Sorgen zu machen, daß ich in einen Deutschenfreund verwandelt worden sei, und zwar ausgerechnet durch einen Mann, den er als einen katholischen Nationalisten betrachtete[44].« Pakenham war sich sowohl der Entschlossenheit wie der Tiefe Adenauers bewußt. »In vielen Gesprächen bin ich in kaum mehr als die oberste Schicht seines Geistes eingedrungen[45].«

Auch Pakenham war von seiner Würde beeindruckt. Als Adenauer und Sir Winston Churchill 1948 in Den Haag aufeinandertrafen, sagte er ihm kein Wort davon, wie die deutschen Hitler-Gegner auf den britischen Premierminister geblickt hatten, als den Mann, der den Sturz des Nazi-Regimes herbeiführen konnte. Adenauer habe ihm erklärt, weshalb: Churchill hatte einmal gesagt, die Deutschen habe man entweder an seiner Gurgel oder zu seinen Füßen. Infolgedessen beschränkte er sich darauf, Pakenham höflich darum zu bitten, Churchill in aller Stille seine Bewunderung und Dankbarkeit zum Ausdruck zu bringen[46].

Zum Schluß kommt Pakenham noch auf einen merkwürdigen Charakterzug Adenauers zu sprechen: »Er führte mir etwas in meiner Praxis Einzigartiges vor – die Fähigkeit, ganz außerhalb der Deutschen zu stehen, wie ein allgemein geliebter Vater oder sogar Großvater. Er wußte besser als jeder andere, dank welcher Schwächen sie unterlegen waren[47].« Dieser Zug muß nicht unbedingt väterlich oder großväterlich gewesen sein: In der Nazizeit hat sich Adenauer mehr als einmal bitterlich über die moralische Zurückgebliebenheit seiner Landsleute beklagt. Er konnte Dummköpfe und Feiglinge nicht leiden.

Und doch waren Geduld und Standhaftigkeit die beiden Eigenschaften, von denen er in diesen ersten Nachkriegsjahren am meisten Gebrauch machen mußte. Als sie zu Ende gingen, stand er als Mann von 72 Jahren an der Spitze einer der beiden stärksten politischen Parteien des Rumpf-

Deutschlands westlich der Elbe. Für diese Partei, die CDU, hatte er schon die Richtlinien festgelegt, die sie zu seinen Lebzeiten niemals außer acht lassen sollte.

Er hatte sich – sogar nach seiner schimpflichen Entlassung – des Verständnisses der britischen Besatzer versichern können, die für den von ihm bewohnten Teil Deutschlands verantwortlich waren. Er hatte eine untadelige Leistung als deutscher Staatsbürger in der Stunde der Niederlage vollbracht. Nun stand er bereit, den nächsten Abschnitt seines ausgedehnten politischen ›Altherrensommers‹ in Angriff zu nehmen. Im Jahr 1948 stand er vor der Aufgabe, für Westdeutschland eine demokratische Verfassung zu entwerfen, die ersten Wahlen zu bestreiten, die nach dieser Verfassung abzuhalten waren, und eine Regierung zu bilden, die für die absehbare Zukunft als Muster gelten konnte. In der ganzen Geschichte hat wohl kein Mann von 72 vor einer so anspruchsvollen Bewährungsprobe gestanden. Und keiner, ob unter oder über siebzig, dürfte sich mit einer so unbeschwerten Erkenntnis ihrer Schwierigkeit ihr zugewandt haben.

7

Geburtshelfer der Bundesrepublik

Anfang 1948 erlitt Adenauer zum zweiten Mal im Leben einen schweren persönlichen Verlust: Seit 1945 schon war seine Frau Gussi ernstlich krank gewesen; sie hatte, wie es in der Familie hieß, eine ›Blutkrankheit‹, also wahrscheinlich Leukämie, und sie hatte möglicherweise ihren Zustand durch den übermäßigen Gebrauch von Schlafmitteln verschlimmert, der eine begreifliche Auswirkung der Verfolgung durch die Nazis und die durch sie bedingten Sorgen gewesen war[1]. Im Herbst 1946 hatte sie eine doppelseitige Lungenentzündung, aber im Frühjahr 1947 schien ihre Gesundheit besser als in den voraufgegangenen Jahren zu sein.

Adenauer, der seiner Frau fast zehn Jahre lang Ferien in der Schweiz versprochen hatte, konnte im Juni endlich mit ihr für drei Wochen nach Chandolin im Rhonetal reisen, wo sie ihren letzten Auslandsurlaub verbracht hatten. Doch im September ging es ihr viel schlechter, und sie mußte ins Johannes-Hospital nach Bonn. Am 3. März 1948 starb sie nach einer vollen Woche der Bewußtlosigkeit. Adenauer zeigte sich so tapfer und ergeben, wie jeder es von ihm erwartet haben würde. Sein jüngster Sohn Georg berichtet: »Damals, nach Mutters Tod, aber spürten wir, wie er an uns hing. Ohne viele Worte richtete er seine ganze Arbeit so ein, daß er mit uns Kindern zusammen zu Mittag essen konnte, um das Gefühl der Verlassenheit bei uns nicht aufkommen zu lassen[2].« Eine bemerkenswerte Anerkennung – denn man sollte eigentlich meinen, daß Adenauer mit seinen 72

Jahren und zum zweiten Mal verwitwet mehr Grund hatte, sich verlassen zu fühlen. Das älteste seiner Kinder war erst vierzig, und alle sieben hatten ihr Leben noch vor sich, ihre eigenen Familien und keinen Anlaß, sich einsam zu fühlen.

Es herrschte die Tendenz, die Ehefrauen ›großer‹ Männer zu gering zu bewerten. Gussi war ganz offensichtlich ein liebevoller und treuer Mensch, aber sie hatte auch ihre feste Überzeugung. John J. McCloy, der spätere amerikanische Hochkommissar in Deutschland, dessen Frau eine entfernte Kusine der Familie Zinsser war, hielt sie für eine »sehr bemerkenswerte Frau. Sie war eine noch aktivere Gegnerin Hitlers und der Nazis als Adenauer selbst, obwohl sie beide im Gefängnis gesessen hatten[3]«. In den dunklen Tagen der NS-Zeit waren eine so ausgeprägte Menschlichkeit und Anständigkeit wie die Gussis für Adenauer eine große Stütze.

Um die Mitte des Jahres 1948, als Adenauer die Christlich-Demokratische Partei fest in der Hand hatte, sah die internationale Lage – insofern Deutschland davon betroffen wurde – grundlegend anders aus als 1945. Die ›Große Allianz‹ aus der Kriegszeit war vollständig zusammengebrochen, wie Adenauer es schon vorausgesagt hatte, als er 1944 auf dem Kölner Messegelände gefangengehalten wurde[4]. Die Sowjetunion unterdrückte in den von ihr besetzten Ländern die demokratischen Rechte, verletzte die Charta der Vereinten Nationen, setzte mit brutaler Gewalt kommunistische Regierungen ein und errichtete Polizeistaaten. Wohlüberlegt schürte sie die Revolution in Persien und ließ dort gegen alle vertraglichen Abmachungen ihre Truppen stehen, ebenso wie sie gewaltigen Druck auf die Türkei ausübte, ihr Stützpunkte in Thrazien und an den Dardanellen zu überlassen. Außerdem machte sie von ihrem Vetorecht Gebrauch, um die Tätigkeit des Weltsicherheitsrats lahmzulegen, verweigerte Osteuropa die wirtschaftliche Hilfe aus dem Marshall-Plan und führte in Prag den Staatsstreich vom Februar 1948 durch, der die demokratische Tschechoslowakei zerstörte.

In Deutschland verhinderte die Sowjetunion jede wirksame Tätigkeit des Alliierten Kontrollrats der vier Mächte. Freilich muß man zugeben, daß sie das Stichwort von den Franzosen geliefert bekam; in den letzten drei Monaten des Jahres 1945 unterbanden die Franzosen durch ihr Veto alle konstruktiven Vorschläge, eine zentralisierte Verwaltung Deutschlands zu schaffen. Sie lehnten den englisch-amerikanischen Vorschlag ab, den freien Personenverkehr zwischen den verschiedenen Besatzungszonen zu gestatten; sie verweigerten die Genehmigung zur Aufstellung politischer Parteien auf nationaler Ebene ebenso wie einer nationalen Gewerkschaftsorganisation oder einer nationalen Eisenbahndirektion. Sie verlangten Kontrolle über das Rheinland, die Annexion des Saargebietes und die Enteignung der Schwerindustrie an der Ruhr.

Ohne jeden Zweifel hatte Frankreich sowohl psychologisch wie materiell sehr heftig unter dem Krieg gelitten. Doch die Sowjetunion hatte noch sehr viel stärker gelitten und war fest entschlossen, das Äußerste an Entschädigungen zu erlangen. Die sowjetische Regierung forderte die Zahlung von 10 Milliarden Dollar Reparationen als erste Abschlagszahlung. Ein Viermächteplan wurde abgesprochen, nach dem der Sowjetunion Reparationen aus den Westzonen in Gestalt demontierter Industrieanlagen zustanden, neben den Reparationsleistungen, die aus der sowjetisch besetzten Zone stammten. Gleichzeitig entnahm die Sowjetunion aber auch Reparationen aus der laufenden Produktion, die ohnehin nicht ausreichte, die herabgeminderten Bedürfnisse der deutschen Bevölkerung zu befriedigen. Auf den Sitzungen des Alliierten ”ontrollrats weigerte sich die Sowjetunion, sich an den Grundsatz der Wirtschaftseinheit zu halten, der durch das Potsdamer Abkommen von 1945 festgelegt worden war, oder sich mit einer gemeinsamen Import- und Exportpolitik einverstanden zu erklären.

Am 3. Mai 1946 ließ der amerikanische Militärbefehlshaber General Lucius D. Clay alle Reparationslieferungen aus der amerikanischen Zone in die Sowjetunion einstellen. Im Juli lehnte die Sowjetunion das amerikanische Angebot ab, die Besatzungszonen wirtschaftlich zusammenzulegen. Der Alliierte "ontrollrat wurde zur Szene end- und zweckloser Streitigkeiten, die hier nicht weiter beschrieben werden sollen. Auf der Moskauer Konferenz vom 10. März bis 24. April 1947 wiederholte die Sowjetunion nur immer wieder ihre Forderung nach 10 Milliarden Dollar Reparationen. Der einzige greifbare Fortschritt auf dieser Konferenz bestand in der Übereinkunft, alle deutschen Kriegsgefangenen bis zum 1. Dezember 1948 zu entlassen; doch die Sowjetunion genierte sich nicht, auch diese Abmachung zu brechen.

Die Anstrengungen der Sowjetunion, ihre Besatzungszone in einen kommunistischen Satellitenstaat zu verwandeln, verbunden mit ihrem Druck auf Ost- und Mitteleuropa und der völligen Absage an eine Mitwirkung bei der Lösung der deutschen Zukunft, konnten nicht verfehlen, auf seiten der Westmächte eine Reaktion hervorzurufen. Im September 1946 hatte Churchill in seiner berühmten Zürcher Rede zu einer Art von ›Vereinigten Staaten Europas‹ aufgerufen – die Tragödie war nur, daß er nicht länger Premierminister war und den Gedanken nicht selber weiterverfolgen konnte. Im Januar 1947 war der Marshall-Plan gekommen. Am 12. März verkündete Präsident Truman seine Politik der ›Eindämmung‹ des sowjetischen Druckes. Im Oktober 1947 taten sich die drei Beneluxstaaten Holland, Belgien und Luxemburg zu einer Union zusammen. Am 17. März 1948 wurde der Vertrag der Westeuropäischen Union zur wechselseitigen Verteidigung in Brüssel von Großbritannien, Frankreich und den Beneluxstaaten unterzeichnet (später sollten Italien und Westdeutschland noch mit hineingenommen werden). Im April 1948 wurde die Organisation zur Europäischen Wirtschaftlichen Zusammenarbeit gegründet.

Genau ein Jahr später schlossen zwölf Nationen einen wechselseitigen Verteidigungspakt als Mitglieder der

NATO (North Atlantic Treaty Organization). Zu den ursprünglichen fünf Mitgliedern des Brüsseler Paktes waren noch die USA, Kanada, Dänemark, Island, Italien, Norwegen und Portugal hinzugekommen. Endlich wurde im Mai 1949 der Europarat gegründet, eine beratende Körperschaft, die auf die Errichtung eines europäischen Parlaments hinarbeiten sollte.

Mit den beiden letzten Ereignissen greifen wir unserer Erzählung etwas vor. Am 20. März 1948 hatte der sowjetische Militärgouverneur, Marschall Sokolowsky, die Sitzung des Alliierten Kontrollrats im Zorn verlassen. Damit war das Signal für den Beginn unerbittlicher Zwangsmaßnahmen der Russen gegen West-Berlin gegeben. Am 1. April fanden die ersten Einschränkungen des alliierten Straßen- und Schienenverkehrs zwischen Berlin und Westdeutschland statt. Am 16. Juni verließen die Sowjets die alliierte ›Kommandantura‹, die gemeinsame Verwaltungsbehörde Berlins. Am 23. Juni inszenierten die ostdeutschen Kommunisten einen Aufstand vor dem Berliner Stadthaus in Ost-Berlin[5]. Am gleichen Tag führten die Westalliierten in ihren Berliner Sektoren die neue D-Mark-Währung ein, die schon am 18. Juni in den drei westlichen Besatzungszonen eingeführt worden war. Die sowjetische Antwort darauf war am 23. Juni die Einführung ihrer eigenen neuen Ost-Mark sowohl in der Ostzone wie in Ost-Berlin.

Am 24. Juni schnitten die Russen alle Land- und Wasserverbindungen nach West-Berlin ab. Das beantworteten die Westmächte mit der Berliner Luftbrücke, die innerhalb eines Jahres annähernd zweieinhalb Millionen Tonnen Lebensmittel, Brennstoff und andere Güter auf 277000 Flügen in die Stadt hineinschaffte. Es wurde damit nicht nur die Berliner Blockade gebrochen, sondern zwischen den Westmächten und den Deutschen ein einigendes Band geschaffen, das vorher nicht bestanden hatte. Auf der deutschen Seite entstand echte Dankbarkeit für diese erfolgreiche, ungeheuer kostspielige Anstrengung des Westens, die Freiheit und Unabhängigkeit West-Berlins zu bewahren; auf der alliierten Seite erkannte man uneingeschränkt die Courage und den gesunden Menschenverstand der Berliner an. Es wurde eine Schlacht geschlagen um Menschen, deren Rettung vor einer kommunistischen Tyrannei sich wirklich lohnte.

Mit der Berliner Blockade hatte Adenauer nichts zu schaffen. Seine Energien waren ganz und gar von dem in Anspruch genommen, was sich damals in Westdeutschland abspielte. Am 7. April 1948 hielt der britische Oberbefehlshaber General Robertson eine Rede vor dem Landtag von Nordrhein-Westfalen in Düsseldorf, in der er die Deutschen zur vollsten Unterstützung der Ideale der westeuropäischen Zivilisation aufrief, angesichts des ›gemeinsamen Feindes‹. Er brauchte die Sowjetunion nicht eigens zu erwähnen, wenn er aussprach: »Entschließen Sie sich, zusammenzustehen gegen diese Herrschaften, die mit der Demokratie auf den Lippen und dem Knüppel hinter dem Rücken Ihnen Ihre deutsche Freiheit stehlen wollen... Die Aussichten sind günstig. Gehen Sie vorwärts und machen Sie von ihnen Gebrauch!« Mit den gute Aussichten meinte General Robertson die wirtschaftliche Gesundung und die politische Selbstbestimmung, die gemeinsam mit den Westmächten angestrebt werden sollte. Er fügte hinzu: »Wir müssen als Tatsache hinnehmen, daß Deutschland durch einen Eisernen Vorhang gespalten ist[6].«

General Robertsons Rede machte deutlich, daß die Westmächte begonnen hatten, sich vor ihrer Aufgabe positivere Vorstellungen zu machen als von einer bloßen militärischen Besetzung Deutschlands auf unbestimmte Frist. Die französische Zone mußte zur Abrundung einer ›trizonalen‹ wirtschaftlichen Verwaltung noch eingebracht werden. Noch wichtiger war die Vorbereitung des Plans einer einheitlichen politischen Verwaltung deutscherseits. Im Mai und Anfang Juni fand eine Sechsmächtekonferenz in London statt. Ihr Abschlußkommuniqué gab die Absicht bekannt, »den Deutschen die politische Organisation und die Institution zu geben, die ihnen ermöglichen, das Maß an Regierungsverantwortlichkeit auf sich zu nehmen, das mit den Mindestforderungen der Besatzung und Kontrolle vereinbar ist«. Am 1. Juli 1948 bestellten die drei westlichen Militärbefehlshaber die Ministerpräsidenten der elf westdeutschen Länder nach Frankfurt und händigten ihnen dort die drei auf der Sechsmächtekonferenz entworfenen ›Londoner Dokumente‹ aus. Zwei davon enthielten Empfehlungen für Grenzberichtigungen zwischen den Ländern und Rechtsvorbehalte der Besatzungsbehörden unter einem ›Besatzungsstatut‹. Das dritte und bei weitem wichtigste Dokument sah vor, daß die Ministerpräsidenten der Länder bis zum 1. September eine verfassunggebende Versammlung einberiefen, die eine demokratische Verfassung entwerfen und einen Bundesstaat errichten sollte.

Die Ministerpräsidenten der Länder traten auf Herrenchiemsee in Oberbayern vom 10. bis 25. August zusammen und lieferten einen vorläufigen Bericht über die Arbeit an einem Verfassungsentwurf. Die 65 Mitglieder dieser verfassunggebenden Versammlung, die sich ›Parlamentarischer Rat‹ nannte, waren von den Länderparlamenten gewählt worden. Sie bestanden aus 27 CDU-Mitgliedern, 27 Sozialdemokraten, fünf Freien Demokraten, zwei Kommunisten und je zwei Mitgliedern der rechtsgerichteten konservativen Deutschen Partei und des noch übriggebliebenen Zentrums. Der Schauplatz für den Machtkampf zwischen CDU und SPD, die zentrale Auseinandersetzung innerhalb der deutschen Politik für die ganze kommende Zeit, war damit vorbereitet. In seinem Anfangsstadium drehte sich dieser Kampf um zwei Menschen – Adenauer und den Führer der SPD, Kurt Schumacher, über den als Adenauers einzigem Rivalen von Bedeutung in dieser Epoche hier etwas gesagt werden sollte.

Zunächst ist über ihn zu bemerken, daß er ein Preuße war und schon aus diesem Grunde Adenauer feindlich gegenüberstehen mußte[7]. Er war in Kulm an der Weichsel geboren. Außerdem war er Protestant, Junggeselle und Kettenraucher (Adenauer haßte das Rauchen). Ebenfalls im

Unterschied zu Adenauer hatte er den Ersten Weltkrieg mitgemacht und an der Front einen Arm verloren. Diese physische Benachteiligung und seine Überempfindlichkeit in sexueller Hinsicht trugen wahrscheinlich zu seiner Aggressivität bei, in der sich seine emotionale Erregbarkeit mit einer Neigung zu schroffem und verletzendem Sarkasmus paarte. Er war mit Leib und Seele Sozialist, mit einem tiefsitzenden Widerwillen gegen alle Vorrechte und jedwede kapitalistische Machtausübung. Es scheinen allzu viele widerstrebende Eigenschaften in das Gefäß seiner Persönlichkeit hineingeschüttet und dann nur unzulänglich umgerührt worden zu sein. Er war ehrlich und aufrichtig, im Grunde ein anständiger Mensch und gleichzeitig sprunghaft, unversöhnlich und außerordentlich ungeduldig.

Auf Außenstehende machte er fast immer einen ungünstigen Eindruck. General Robertsons Meinung über ihn wurde schon erwähnt. Der amerikanische Außenminister Dean Acheson, der ihm 1949 begegnete, war entsetzt über seine Giftigkeit[8]. Ohne einen Augenblick zu zögern, stürzte sich Schumacher »in einen unbeherrschten und erbitterten Angriff gegen Adenauer, mit der seltsamen Begründung, daß Adenauer gut mit den Besatzungsbehörden auskam«. Der amerikanische Biograph Schumachers, Lewis Edinger, spricht von seinem »gequälten Körper«, seinen »fanatischen Augen«, seinen »ruckartigen Bewegungen«[9]. Robertsons Nachfolger, Sir Ivone Kirkpatrick, hielt Schumacher für pathologisch empfindlich und unsinnig streitbar[10]; er fand eine vernünftige Diskussion mit ihm so gut wie unmöglich[11].

Vermutlich gab es einen Hauptgrund für Schumachers Gereiztheit: daß er von dem Gefühl besessen war, nur noch wenig Zeit zu haben, um das zu tun, was er für das deutsche Volk erforderlich hielt. Er betrachtete Adenauer als eine jesuitische, unaufrichtige Natur, als einen Reaktionär und einen Mann, der bereit gewesen sein sollte, sowohl nach dem Ersten wie nach dem Zweiten Weltkrieg das Rheinland von Deutschland abtrennen zu lassen. Ein komisches Element wurde durch einen der gutgemeinten Versuche Adenauers hineingebracht, Gemeinsamkeiten mit Schumacher zu entdecken, indem er dessen deutschen Schäferhund lobte – Schumacher liebte seinen Hund ganz ungemein. So wurden bei mindestens zwei verschiedenen Gelegenheiten die Unterredungen zwischen Adenauer und Schumacher von dem ersteren durch lange Palaver über Hunde eingeleitet. Doch Schumacher war, statt in das Thema einzusteigen, nur sehr erstaunt und anschließend äußerst mißtrauisch. Aber es ist zu bezweifeln, ob Schumacher seinerseits überhaupt den Willen hatte, Adenauer zu verstehen. Von den Jahren im Konzentrationslager zermürbt, von den Schmerzen gefoltert, die später auch noch die Amputation eines Beines erforderlich machten, und von dem quälenden Bewußtsein erfüllt, daß er nicht mehr lange zu leben habe, entsetzte sich Schumacher über Adenauer als Anführer einer bürgerlichen Restauration, über seine Bereitwilligkeit, Ex-Nazis wieder in Vertrauensstellungen aufrücken zu lassen, und seine verdrießliche Fähigkeit, bei den Westmächten ein offenes Ohr zu finden. So muß es Schumacher, der die Leidenschaft eines Luther in sich trug, geradezu rasend gemacht haben, die Aussicht auf eine ›sozialistische Revolution‹ dahinschwinden zu sehen, zugleich mit seiner eigenen Lebenskraft[12].

Schumacher selbst glaubte aufrichtig, daß allein seine Sozialdemokratische Partei eine neue deutsche Demokratie herbeiführen konnte. In seinen Augen hatten die ›bürgerlichen‹ Parteien die deutsche Demokratie 1933 verraten, indem sie für das Ermächtigungsgesetz stimmten, das Hitler alle Vollmachten eines Diktators gab. Er betrachtete sie als Kollaborateure und war überzeugt, daß sie sich jetzt von Ex-Nazis infiltrieren ließen[13]. Aus diesem Grund forderte er eine Vorrangstellung für die SPD vor den anderen Parteien, und eben diese mit einer gewissen Arroganz vorgetragene Forderung hatte Adenauer bei einer ihrer ersten Begegnungen erzürnt und gegen Schumacher aufgebracht.

Zu Schumachers Verdruß trug noch ein anderes Faktum bei: die von ihm so empfundene Nichtanerkennung der Sonderstellung der SPD durch die britische Labour-Regierung. Adenauer sah das, wie schon gezeigt wurde, in einem ganz anderen Licht. Er war der Meinung, daß die Labour-Regierung schon bei seiner Absetzung als Oberbürgermeister mit den Kölner Sozialdemokraten zusammengearbeitet hatte. Sein Mißtrauen gegen Großbritannien und gegen die britische Politik wurde daraufhin zu einem so festen Bestandteil seiner außenpolitischen Vorstellungswelt, daß auf diese Frage einer Bevorzugung der SPD durch die Labour-Regierung hier eingegangen werden muß.

Zunächst einmal hatte die Labour-Regierung dafür gesorgt, daß ein guter Teil der Planungsbeamten in der Militärregierung Labour-Leute waren; die politische Abteilung war dicht mit ihnen besetzt, ebenso die wichtige Erziehungsabteilung. Eine Anzahl von Labour-Kandidaten wurde in hohe Positionen eingesetzt, und manche verdienten es nicht.

Die aus der Labour Party stammenden Beauftragten hatten begreiflicherweise die Tendenz, mit den deutschen Sozialdemokraten Kontakt aufzunehmen. Sie hatten eine ebenso begreifliche Abneigung gegen alle, die etwas mit der NSDAP zu tun gehabt hatten, und die SPD war die einzige der neu entstandenen Parteien, die ›nazifrei‹ war. Eine Erleichterung ist es auch, wenn man eine gemeinsame Sprache spricht, die des sozialistischen Idealismus und der sozialistischen Ideologie. Schließlich verband die britischen Labour-Leute und die deutschen Sozialdemokraten auch die Tatsache, daß viele von den letzteren in der Nazizeit in England Zuflucht gesucht hatten. Schumacher verschaffte einigen von ihnen Schlüsselstellungen in der Parteizentrale in Hannover, und diese Leute wiederum haben ganz besonders dazu beigetragen, ihre Kandidaten in den von den Briten überwachten Zeitungen und Rundfunkanstalten unterzubringen. SPD-Angehörige bekamen die entscheidenden Stellungen in der ersten von den Briten betriebenen

Oben:
Abgeordnete des Parlamentarischen Rats beraten am 13. 4. 1949 mit den westalliierten Militärgouverneuren den Entwurf des ›Besatzungsstatuts‹. V. r. n. l.: Der hessische Justizminister Zinn, Prof. Carlo Schmid, Adenauer, Staatsminister Dr. A. Pfeiffer

Unten:
Konrad Adenauer, Präsident des Parlamentarischen Rats, an seinem Arbeitstisch, 1949

Oben:
Bundespräsident Heuss überreicht am 16. 9. 1949 dem ersten deutschen Bundeskanzler die Beglaubigungsurkunde

Unten:
Das erste Kabinett Adenauer.
V. l. n. r.: Schäffer (Finanz), Dehler (Justiz), Lehr (Innen), Kaiser (Gesamtdeutsch), Erhard (Wirtschaft), Adenauer (Kanzler), Schuberth (Post), Seebohm (Verkehr), Blücher (Vizekanzler), Wildermuth (Wohnungsbau)

Oben:
Die drei Initiatoren der europäischen Einigungsbewegung: Alcide de Gasperi (Italien), Konrad Adenauer und Robert Schuman (Frankreich), während einer Sitzung des Europarats in Straßburg

Unten:
Unterzeichnung des Deutschland-Vertrages im Bonner Rathaussaal am 26. 5. 1952. V. l. n. r.: Eden, Schuman, Acheson und Adenauer

Der Bundeskanzler bei einer seiner ersten Besprechungen mit den drei alliierten Hohen Kommissaren. Von links nach rechts: Der amerikanische Hochkommissar John McCloy, Bundeskanzler Dr. Adenauer, der englische Hohe Kommissar, General Sir Brian Robertson und der französische Hohe Kommissar André François-Poncet

Tageszeitung *Die Welt*, der Nachrichtenagentur DPD und der bedeutendsten deutschen Rundfunkanstalt NWDR – lauter Vorgänge, die Adenauer sehr wohl bemerkte und ebenso verdrießlich fand.

Doch auf einer Ebene versagte dies Zusammenwirken von Labour Party und SPD – auf der obersten. Der englische Außenminister während dieser ersten Nachkriegsjahre hieß Ernest Bevin, für dessen Haltung zur SPD Sir Ivone Kirkpatrick uns eine Erklärung geliefert hat: »Eine Sache hatte einen tiefen Eindruck bei ihm hinterlassen, das war die kriegerische Haltung der deutschen Sozialdemokraten im Jahre 1914, die er ihnen niemals verziehen hat. Er fühlte sich verraten und ist dadurch deutschfeindlicher geworden als durch irgend etwas sonst, was die Deutschen jemals angestellt haben[14].« Lord Robertson hat noch einen menschlichen Zug nachgetragen; er erinnert sich, wie Bevin ihm mit gewichtiger Ernsthaftigkeit über die Deutschen anvertraut habe: »Ich versuche, sie fair zu behandeln, eigentlich hasse ich sie doch[15].« Bevins Abneigung glich der eines großen, zähen und ziemlich kämpferischen Mannes gegenüber Leuten, die er nun einmal für unverbesserlich brutal hält. Es gab keine feststehende britische Politik mit dem Ziel, die SPD aufzubauen, weil Bevin überhaupt keinen Bestandteil des deutschen Gemeinwesens aufzubauen gesonnen war. Wahrscheinlich war es der größte Kummer Schumachers, daß die britische Regierung die Deutschen nicht einfach als Freunde behandelte.

Als der Parlamentarische Rat am 1. September 1948 zum ersten Mal zusammentrat, war Schumacher schon ein sehr kranker Mann. Dazu kam, daß er im Juli die der SPD angehörenden Ministerpräsidenten der Länder angewiesen hatte, den Gedanken eines getrennten westdeutschen Staates abzulehnen, mit der Begründung, daß dies die Kluft zwischen Ost und West vertiefen und die deutsche Wiedervereinigung noch schwerer erreichbar machen würde. Deshalb ließ er sich als Führer der SPD-Mitglieder im Parlamentarischen Rat von dem ansehnlichen und korpulenten

Professor Carlo Schmid vertreten. Durch diesen Entschluß dankte er zugunsten Adenauers ab. Es wirft ein seltsames Licht auf die Taktik der SPD, daß sich Schumacher freiwillig aus der Versammlung herauswählte, die dem neuen Deutschland eine Verfassung geben sollte, und seine Anhänger instruierte, für Adenauer als Präsidenten zu stimmen, in der Annahme, daß dieser zu alt sei, um anschließend noch eine irgendwie bedeutsame politische Laufbahn zu haben[16].

Der *Manchester Guardian* mißdeutete damals diese Anzeichen und berichtete, Adenauer sei gewählt worden »nach voraufgehenden Besprechungen zwischen den beiden Parteien, was wohl als Fingerzeig auf künftige Zusammenarbeit und die Überwindung der Meinungsverschiedenheit zwischen den Parteien zum Besten des ganzen deutschen Volkes angesehen werden kann[17]«. Nichts dergleichen war der Fall. Im Gegenteil, die unmittelbare Konfrontation von CDU und SPD, von Adenauer und Schumacher, begann in diesem Augenblick.

Der Parlamentarische Rat sollte knapp neun Monate lang tagen. Am Ende dieser Zeit hatte er das ›Grundgesetz‹ erarbeitet und den Weg zu Wahlen auf Bundesebene freigelegt sowie für das Zusammentreten eines Bundesparlaments für ganz Westdeutschland. Im ganzen betrachtet hat der Parlamentarische Rat bemerkenswert gute Arbeit geleistet; er hat eine Bundesverfassung hervorgebracht, die sich im Ansturm der Zeit bewährt hat, und ein gut funktionierendes Regierungssystem. Er brauchte allerdings sehr viel länger dazu als vorgesehen. Die Westalliierten hatten gehofft, er würde in drei Monaten fertig sein, und man könnte schon im Dezember 1948 Bundeswahlen abhalten[18]. Aber es gab sehr viele Probleme zu lösen; sowohl unter den Westalliierten als auch zwischen den deutschen Parteien mußten widerstreitende Meinungen auf einen Nenner gebracht werden.

Über die Ausgangsposition der Verhandlungen des Parlamentarischen Rates äußerte sich Adenauer selbst folgendermaßen: »Allgemeiner Grundsatz unsererseits war, daß wir aus den Fehlern der Weimarer Republik die nötigen Folgerungen ziehen müßten. Die Stellung des künftigen Bundespräsidenten durfte nicht mit den Vollmachten versehen sein, die der Reichspräsident der Weimarer Republik besessen hatte. Ein weiterer Grundsatz unserer Arbeit war, die Stellung des Bundeskanzlers stärker zu machen, als es die des Reichskanzlers der Weimarer Republik gewesen war. Es sollte nach dem künftigen Grundgesetz nicht mehr möglich sein, einzelne Minister durch Mißtrauensantrag von ihren Ämtern zu entfernen..., sondern es würde ein Mißtrauensantrag gegen den Bundeskanzler selbst gestellt werden müssen. Um jedoch die Gefahren, die in einem zu leichten Sturz der Regierung lagen – die Weimarer Republik galt auch hier für uns als warnendes Beispiel –, auszuschließen, bauten wir die Bestimmung ein, daß gegen einen Bundeskanzler nur dann ein Mißtrauensantrag des Parlaments gestellt werden könnte, wenn gleichzeitig ein neuer Bundeskanzler vorgeschlagen werde, der die nötige regierungsfähige Mehrheit des Parlaments hinter sich hätte[19].«

Es sollte tatsächlich nicht wieder zu den katastrophalen Erfahrungen der Weimarer Epoche kommen, in der die Regierungen durchschnittlich alle sechs Monate gestürzt wurden und die legislativen Befugnisse schließlich einem vom Reichspräsidenten benannten Kanzler zufielen, der dann mit Hilfe von Notverordnungen regierte.

Neben den Machtbefugnissen von Präsident, Kanzler und Parlament waren noch andere Probleme zu beachten. Die CDU war für Dezentralisation und ein möglichst föderalistisches Regierungssystem; die SPD dagegen wollte ein Höchstmaß an Zentralisation. Der Parlamentarische Rat wollte West-Berlin innerhalb des Bundesstaats die volle Mitgliedschaft zuerkennen; die Westalliierten gingen nur so weit, West-Berlin die Entsendung von ›Beobachtern‹ in ein westdeutsches Bundesparlament zu gestatten, in der Erkenntnis, daß die alliierte Kontrolle über das isoliert inmitten sowjetisch besetzten Gebietes liegende West-Berlin nicht geschwächt werden durfte. Die CDU war für ein Mehrheitswahlrecht, die SPD für Verhältniswahlrecht. Und als der Parlamentarische Rat die Schwierigkeiten der Steuergesetzgebung mühsam ausgebügelt hatte, mischten sich die Alliierten ein, um den Ländern eine großes Maß finanzieller Unabhängigkeit zu geben.

Gerade das letztgenannte Thema wiederum gehörte zu den beiden Hauptanlässen für Meinungsverschiedenheiten der drei Westalliierten untereinander. In Steuerangelegenheiten bevorzugten die Vereinigten Staaten die Dezentralisierung. Großbritannien, das schließlich seinen Bürgerkrieg im 17. Jahrhundert über die Finanzfrage ausgefochten hatte, hielt dafür, daß die Besteuerung in den Händen der Bundesregierung liegen müsse; Frankreich schloß sich nach anfänglichem Schwanken dem amerikanischen Standpunkt an, jedoch nicht etwa aus altruistischen Gründen, sondern weil es meinte, daß ein westdeutscher Staat durch eine dezentralisierte Verfügung über seine Steuern geschwächt sein würde.

In einer viel wichtigeren, aber viel weniger erörterten Streitfrage beharrte Frankreich auf seinem eigenen Standpunkt. Sowohl die Briten wie die Amerikaner waren, nach Auskunft des britischen Militärgouverneurs und seines politischen Beraters, damit einverstanden, daß erst einmal eine provisorische Regierung ernannt würde, die dann ihrerseits die erforderliche ›Sonderkommission‹ für den Entwurf einer Verfassung einsetzen sollte[20]. Dahingehende Vorschläge waren Ende 1947 auch gemacht worden, so daß eine provisorische Regierung sich Anfang 1948 hätte bilden können. Doch Frankreich bestand darauf, daß zunächst eine Verfassung schriftlich niedergelegt und dann erst eine verfassunggebende Versammlung in aller Form gewählt würde – in der Hoffnung, daß sich auf diese Weise die Verhandlungen in die Länge zögen, unter Umständen auf Jahre hinaus. Während der ganzen sich hinziehenden Tätigkeit des Parlamentarischen Rates empfahlen die Franzosen unentwegt ein Maximum an Überlegung und ein

Minimum an Beeilung. Frankreichs Motto bei der Behandlung der deutschen Frage war nach dem Ausspruch eines amerikanischen Beobachters[21]: Eile mit Weile. In Paris nannte man die französische Verzögerungstaktik *la guerre tiède*, den lauen Krieg. So spielte sich hinter den Kulissen ein Kampf zwischen den Westalliierten ab, von dem die Außenwelt nichts ahnte. Zur gleichen Zeit entwarfen die Westalliierten ihr ›Besatzungsstatut‹, das ihnen gewisse Vollmachten einräumte, nachdem eine Bundesregierung ihre Funktion aufgenommen haben würde.

Adenauer nahm die Zügel des Parlamentarischen Rates fest in seine Hand, sobald er zum Präsidenten gewählt worden war. Mit charmanter Ironie beglückwünschte er den Alterspräsidenten Adolf Schönfelder von der SPD zu seiner jugendlichen Frische und Energie, als dieser zum Vizepräsidenten gewählt wurde[22]. Dabei war Schönfelder zwar nur zwei Jahre älter als Adenauer, aber leider mit physischer Energie nicht gesegnet, so daß er bei der Eröffnungssitzung von dem Führer der Kommunisten, Max Reimann, niedergebrüllt wurde, dem es ein leichtes war, das dünne Läuten der Präsidentenglocke zu übertönen. Adenauer legte nach einer Darstellung genau die Eigenschaften an den Tag, die zur Führung des Parlamentarischen Rates erforderlich waren – persönliche Autorität, schnelle Reaktionsfähigkeit, festes Auftreten gegenüber Menschen und Situationen, gut angebrachte Beweise eines echt kölnischen Humors und ein bemerkenswertes Durch-"altevermögen, wenn die Sitzungen sich manchmal bis tief in die Nacht hinzogen[23].

Außerdem bewies Adenauer eine auffallende Geschicklichkeit im Umgang mit den Kommunisten – was sich später auch im ersten Bundestag zeigen sollte. Im Parlamentarischen Rat gab es nur zwei Kommunisten, die sich allerdings vorgenommen hatten, seine Arbeit durch jedes ihnen verfügbare Mittel zu unterbrechen. Glücklicherweise war der eine der beiden, Heinz Renner, ein Rheinländer, der große Mühe hatte, Adenauers liebenswürdigen Appellen an ihn

›als Rheinländer und Gentleman‹ zu widerstehen, so daß seine Zwischenrufe zum großen Verdruß seines fanatischen Chefs, Max Reimann, zu grotesken Albernheiten auszuarten begannen. Ein Beispiel dafür: Als Adenauer ihm in aller Ruhe den Vorwurf machte, nichts von dem ernstlich zu meinen, was er gesagt habe, erwiderte Renner: »Wenn man mit Ihnen unter vier Augen spricht, tut man gut daran, sich mindestens zwei Zeugen zu besorgen!«

Es gab im Parlamentarischen Rat zwei besonders kritische Auseinandersetzungen. Die erste fand im Dezember 1948 statt und wurde als die ›Frankfurter Affäre‹ bekannt. Die SPD beschuldigte Adenauer, daß er von dem Zugang, den er zu den drei Militärgouverneuren hatte, Gebrauch gemacht habe, um die Auffassung der CDU bezüglich der finanziellen Dezentralisierung zu vertreten und sich der Unterstützung jener gegen seine Widersacher im Parlamentarischen Rat zu versichern. Adenauer behauptete demgegenüber, daß er nichts weiter getan habe, als den drei Militärgouverneuren zu berichten, daß gewisse Meinungsverschiedenheiten innerhalb des Parlamentarischen Rates bestünden und daß dessen Arbeit sich infolgedessen länger als erwartet hinziehen würde. Er fügte noch hinzu, daß er »sehr erstaunt« gewesen sei über den Vorwurf, die Militärgouverneure um einen Schiedsspruch gebeten zu haben[24]. Mit Erfolg wehrte er ein Mißtrauensvotum der SPD ab sowie einen Antrag der Kommunisten, das Amt des Präsidenten niederzulegen.

Die zweite Kontroverse war noch ernsthafter. Aus der Ferne, von Hannover aus, hatte Schumacher gegen Adenauers offensichtliche Vormachtstellung im Parlamentarischen Rat seine Blitze geschleudert und sich besonders darüber erregt, daß die SPD-Gruppe in Bonn seinen Vorschlag, ein Mißtrauensvotum einzubringen, mit der Drohung zu Fall gebracht hatte, den Parlamentarischen Rat ganz zu verlassen. Darüber hinaus ärgerte sich Schumacher über die offenbar ausgezeichneten Beziehungen, die Adenauer sich zu den Militärgouverneuren geschaffen hatte.

Im März 1949 vertraten die Militärgouverneure ein höheres Maß an finanzieller Dezentralisation, als nach endlosem Ringen innerhalb des Parlamentarischen Rates beschlossen worden war. Kurz darauf überreichten sie dem Parlamentarischen Rat das inzwischen fertiggestellte Besatzungsstatut, in dem die ihnen vorbehaltenen Rechte aufgeführt waren, aber zugleich zugesichert wurde, daß die Militärregierung beendet sei und die alliierten Vollmachten auf Hochkommissare übertragen würden. Die SPD bestand darauf, ihre eigene Entscheidung über Annahme oder Ablehnung der alliierten Bedingungen bis zu ihrem Parteitag am 19. und 20. April in Hannover hinauszuschieben. Adenauer sprach sich für die Annahme der alliierten Bedingungen aus, damit die erfolgreiche Arbeit an der Verfassung und die Aussicht auf Bundeswahlen im Sommer nicht gefährdet würden.

Am 20. April verkündete Schumacher in Hannover nach Adenauers Worten »eine Art Ultimatum[25]«. Er forderte das geringst mögliche Maß an Intervention der Alliierten in die Tätigkeit der künftigen Bundesregierung, »ausreichende Einnahmequellen für den Bund« und die Garantie der Rechts- und Wirtschaftseinheit innerhalb des Bundes. Adenauer sprach am nächsten Tag im NWDR, bedauerte diesen Angriff gegen die Alliierten und appellierte an die SPD, im deutschen Volk keine Kluft aufzureißen, indem sie die CDU einer ›antinationalen Erfüllungspolitik‹ beschuldige. Doch am 22. April teilten die Militärgouverneure mit, daß sie von ihren Regierungen bevollmächtigt seien – durch Direktiven, die sie schon vor dem SPD-Parteitag erhalten hätten –, gewisse Zugeständnisse nach ihrem eigenen Ermessen zu machen. Diese Zugeständnisse entsprachen praktisch Schumachers Forderungen. Dadurch vermieden es die Alliierten, ihr Gesicht zu verlieren, muteten aber Adenauer einen schweren Gesichtsverlust zu. Denn die SPD begrüßte natürlich das Einlenken der Alliierten als die unmittelbare Folge von Schumachers – wie er es nannte – »historischem Nein«.

Was war geschehen, um so plötzlich alliierte Konzessionen zu ermöglichen und der SPD diese ungeahnte Chance zu verschaffen, sich als der einzig wahre Hüter der nationalen Belange Deutschlands aufzuspielen? Adenauer trug seine Erklärung dafür in einer Rede vor, die er während des Wahlkampfes am 21. Juli in Heidelberg hielt. Was er damals aussprach, hat er in seinen *Erinnerungen* noch einmal bekräftigt[26]. Die Alliierten hatten tatsächlich schon vorher in Aussicht genommen, Konzessionen zu machen. Deshalb hatten sie zwei Verlautbarungen vorbereitet, von denen die zweite, in der Hoffnung, daß man keinen Gebrauch davon machen müßte, bis nach dem SPD-Parteitag zurückgehalten wurde. Aber die SPD sei, so behauptet Adenauer, vom Inhalt der zweiten Note informiert gewesen, er dagegen nicht. Der Informant, der mithin Schumacher ermöglicht hatte, in Hannover sein ›historisches Nein‹ auszusprechen, sei ein britischer Offizier gewesen.

Doch diese Erklärung war zu banal. Sowohl Lord Robertson als auch Sir Christopher Steel haben in der Folgezeit abgestritten, daß der SPD eine Information zugeleitet worden sei[27]: Sir Christopher wies darauf hin, daß die Zeit, in der die britische Militärregierung der SPD besondere Hilfe und Förderung angedeihen ließ, schon lange zurücklag; im übrigen sei diese Unterstützung im wesentlichen dazu bestimmt gewesen, die SPD zu einem Bollwerk gegen den Kommunismus zu machen. Ein Gewährsmann hat angedeutet, daß nicht die Briten, sondern die Amerikaner der SPD den Tip gegeben hätten, doch sei dies nicht absichtlich geschehen, sondern eher so gewesen, daß sich die SPD eine gewisse Vorstellung davon gemacht habe, bei den Alliierten seien Konzessionen im Gespräch und infolgedessen zu erreichen, wenn man selber eine feste Haltung einnähme[28]. Der Verfasser ist der Ansicht, daß eben diese entschlossene Haltung das logische Ergebnis einer zunehmenden Desillusionierung auf seiten der SPD war. Am 3. April sagte ihm der Führer der SPD im Parlamentarischen Rat, Professor Carlo Schmid, daß die SPD schon genug Konzessionen gemacht habe. »Wir können nicht immer die Nachgebenden sein. Wir tragen noch immer die Verantwortung gegenüber den deutschen Werktätigen, und jede weitere Konzession wäre ein Verrat an deren Interessen[29].« Carlo Schmid war der Ansicht, die alliierte Intervention zerstöre die Rechts- und Wirtschaftseinheit Westdeutschlands, und er sprach sich entschieden gegen die ›Absurdität‹ einer zu weit getriebenen Dezentralisierung der Steuerbefugnisse aus. So war der Verfassser in der Lage, am 12. April die für den 20. April angesetzte Zündung der SPD-Zeitbombe vorherzusagen[30]. Und sie traf pünktlich ein.

Adenauers Verärgerung über den seiner Ansicht nach ungerechtfertigten Triumph der SPD hatte noch ein komisches Nachspiel. Am 23. April lud er eine Anzahl britischer Zeitungskorrespondenten in sein Bonner Büro ein; anwesend war sein politischer Berater Herbert Blankenhorn, der den Zeitungsleuten einen Überblick über die Situation gab, die er dem Verfasser schon elf Tage vorher erklärt hatte[31]. Im Anschluß daran ließ Adenauer einen vernichtenden Angriff auf die Londoner vom Stapel, die ›einen Sieg der SPD gefeiert‹ hatten. Er wies darauf hin, daß die SPD bereit gewesen sei, den ganzen Verfassungsentwurf über Bord zu werfen und als Ersatz ein ›Verwaltungsstatut‹ anzunehmen. Doch wie Recht und Unrecht zwischen CDU und SPD auch verteilt gewesen sein mögen, man sollte doch festhalten, daß die Alliierten es im Parlamentarischen Rat mit einer Körperschaft zu tun hatten, die die deutschen Interessen zu vertreten und zu einer gerechten und vernünftigen Regelung zu gelangen suchte[32]. Die durch diesen Zwischenfall verursachte Erregung legte sich wieder, und der Parlamentarische Rat kam mit den Militärgouverneuren auch zu einer Verständigung über das Wahlsystem: 60 Prozent der Sitze des künftigen Bundestages sollten durch direkte Wahl besetzt, die restlichen 40 Prozent durch Parteilisten aufgrund der Stärkeverhältnisse aufgefüllt werden. Am 8. Mai 1949 wurde das Grundgesetz vom Parlamentarischen Rat mit 53 gegen zwölf Stimmen angenommen und am 12. Mai von den Militärgouverneuren bestätigt. Die Länder, vor deren Einfluß der Parlamentarische Rat durch Adenauer sorgfältig abgeschirmt worden war, stimmten zwischen dem 18. und 21. Mai über das Grundgesetz ab. Zehn von den elf Ländern gaben ihre Zustimmung; doch auch das elfte Land, Bayern, schloß sich dem Bundesstaat an, denn der Artikel 144 des Grundgesetzes sah vor, daß es Rechtskraft besaß, falls zwei Drittel der Länder ihm zustimmten. Damit war die Bahn für Bundestagswahlen frei; der 14. August wurde als Termin bestimmt, und der Wahlkampf begann im Juli, nach einer kurzen Erholungspause für die Parlamentarier, die an der Erarbeitung des Grundgesetzes beteiligt gewesen waren.

Ehe sich der Parlamentarische Rat auflöste, hatte er noch eine weitere Entscheidung zu fällen – die Wahl einer Hauptstadt und des Regierungssitzes für die Bundesrepublik. Auf den ersten Blick schien diese Frage schon beantwortet zu sein. Die Stadt Frankfurt am Main hatte schon in Deutschlands allererstem zaghaften Anlauf zu einer demokratischen Regierung – während der Revolution von 1848 – die Hauptrolle gespielt. Sie war auch weiterhin ein Mittelpunkt lieberalen Denkens und politischer Aufgeklärtheit geblieben. In den ersten Jahren nach dem Krieg hatte Adenauer selbst vorgeschlagen, den Sitz der neuen deutschen Hauptstadt an die Ufer des Mains zu verlegen und Frankfurt ausdrücklich als dem ›preußischen‹ Berlin vorzuziehen bezeichnet. Die SPD war entschieden für Frankfurt, das zentral gelegen und ohnehin eine bedeutende Großstadt war. Für sie hatte Frankfurt noch den zusätzlichen Vorzug, die Hauptstadt von Hessen, einem sozialdemokratisch regierten Land, zu sein.

Doch Adenauer hatte sich für Bonn entschieden. Er konnte allerlei Gründe anführen, die dafür sprachen. Es sei keine alliierte Garnisonsstadt, während Frankfurt ein Zentrum der amerikanischen Militär- wie Zivilverwaltung war. Es sei so offensichtlich ungeeignet, auf die Dauer zur deutschen Hauptstadt zu werden, daß es sich sehr viel besser zum provisorischen Sitz der Regierung eignete – bis zur Wiedervereinigung und dem Zusammentreten einer gesamtdeutschen Regierung in Berlin. Es sei verhältnismäßig unbeschädigt aus dem Krieg hervorgegangen, während Frankfurt zu mehr als 50 Prozent zerbombt war und mindestens zehn Jahre für seinen Wiederaufbau benötigen würde. Schließlich berief Adenauer einen Sonderbeauftragten der Regierung von Nordrhein-Westfalen, Dr. Wandersleb, der die Sache Bonns aus finanziellen Gründen vertreten sollte. Dieser Dr. Wandersleb, klein von Gestalt, ein Figaro-Typ von gewinnendem Wesen, in hohem Maße optimistisch und außerordentlich pressefreundlich, zauberte Zahlen hervor, die zu beweisen bestimmt waren, die Errichtung einer Hauptstadt in Bonn würde nur die Hälfte der für Frankfurt benötigten Kosten beanspruchen. Die von ihm genannten Ziffern betrugen ungefähr ein Zehntel der innerhalb der nächsten zehn Jahre tatsächlich aufgebrachten Kosten, und auch dann war Bonn noch in hohem Maße eine ›provisorische Hauptstadt‹, in der Ministerien, Behörden und Parteibüros in wildem Durcheinander rund um den Kern einer unsinnig aufgeschwemmten Universitätsstadt lagen[33].

In Wahrheit wollte Adenauer mit äußerster Entschlossenheit die neue Hauptstadt in seinem geliebten Rheinland haben. Bonn war nur 30 Kilometer von seiner Geburtsstadt Köln entfernt, die von der unmittelbaren Nähe der neuen Bundeshauptstadt ungeheuer profitieren würde. Außerdem lag Bonn auf dem anderen Rheinufer fast genau seinem Haus in Rhöndorf gegenüber. Er hatte bei seinem Bemühen ein paar nützliche Verbündete. Die SPD-Führer im Ruhrgebiet wollten gern eine Hauptstadt in bequemer Reichweite – Autos und Benzin waren damals noch knapp. Das gleiche galt für den Vorsitzenden des eben erst gebildeten Gewerkschaftsbundes, Hans Böckler. Als die Entscheidung heranrückte, behauptete Schumacher irrtümlich, die Wahl Frankfurts würde eine Niederlage für die CDU darstellen. Das führte dazu, die CDU bei der Abstimmung im

Parlamentarischen Rat zu solidarisieren, so daß diese 33:29 zugunsten Bonns ausfiel. Zur gleichen Zeit sicherte Adenauer für die Fahne der Bundesrepublik die alten Weimarer Farben Schwarz-Rot-Gold zu. Den einzigen Rückschlag erlitt er bei der Gestaltung der Zweiten Kammer des Parlaments, des Bundesrates, insofern als dessen Mitglieder von den Länderregierungen ausgewählt wurden, während Adenauer den Bundesrat lieber als einen unabhängigen ›Senat‹ gesehen hätte.

In den Wahlkampf des Jahres 1949 ging Adenauer sozusagen auf dem Kamm der Woge hinein. Hinter sich hatte er eine geeinte CDU. Sein Prestige war dank der erfolgreichen Arbeit des Parlamentarischen Rates ungemein gewachsen. Er konnte vorzeigen, daß sogar das Besatzungsstatut einen greifbaren Fortschritt gegenüber dem früheren Zustand darstellte: Der Apparat der Militärregierung würde verringert und an seiner Stelle eine alliierte Zivilverwaltung errichtet werden, außerdem würde die französische Besatzungszone vollständig in die britische und amerikanische integriert und ein vereinigtes Westdeutschland geschaffen werden. Schließlich war Adenauer selbst – und zwar durch seine Rede in Bern am 23. März 1949 – als der Hauptsprecher des deutschen Volkes hervorgetreten.

Diese Rede war ein nüchterner und sorgfältiger Bericht über die deutsche Situation, der auch viel Kritik an der Politik der Alliierten in Deutschland enthielt. Adenauer sagte darin, daß die Alliierten sich nicht alle Regierungsvollmachten selbst hätten übertragen sollen, daß sie die Wirtschaft nicht ›bis zum letzten Hosenknopf‹ hätten planen und nicht die Demontage der Industrie auf eine Art hätten betreiben sollen, als wollten sie die deutsche Konkurrenz auf dem Weltmarkt ausschalten und deutsche Handelsmarken für sich beanspruchen. Die übrige Rede jedoch war positiv gehalten: Adenauer trat für die Annäherung an Frankreich ein, für eine Westeuropäische Union unter Einschluß Großbritanniens, für das Ruhr-Statut von 1948 (das eine fünfzehnköpfige Ruhrbehörde zur Regelung der Schwerindustrie vorsah) als Beginn einer europäischen Zusammenarbeit und auch dafür, daß dem deutschen Volk dazu verholfen würde, ein gesundes Nationalgefühl zu entwickeln.

Die Rede erregte großes Aufsehen. Die wenigen Deutschen, denen bis dahin Auslandsreisen ermöglicht worden waren, hatten ein taktvolles Schweigen bewahrt und nicht im entferntesten daran gedacht, irgendwelche internationalen Anlässe – wie Adenauer das Treffen der Interparlamentarischen Union – als Plattform für eine Kritik an der alliierten Verwaltung Deutschlands zu benutzen. Ein Teil der Londoner Presse bedauerte die Berner Rede als ›antialliiert‹, einige Schweizer Zeitungen waren offenbar der Meinung, Adenauer – der in einem Artikel als der ›bleiche, hagere Deutsche mit dem harten Tatarengesicht‹ geschildert wurde – habe die Schweizer Gastfreundschaft verletzt. Bei sehr vielen Deutschen dagegen hatte er sich mit der Rede beliebt gemacht, denn sie empfanden im geheimen, es sei allmählich an der Zeit, daß einmal ein Deutscher im Interesse seiner Landsleute die Stimme erhebe. Sie brauchten einen Vorkämpfer. Lord Pakenham hatte recht, wenn er später schrieb, daß »Adenauer von der Besatzung in moralischer Hinsicht wenig beeindruckt war, auch nicht von der Legitimation der Engländer oder irgendwelcher anderen Ausländer, in Deutschland alles in Ordnung zu bringen«. Und weiter: »Wenn er (Adenauer) bei den Alliierten in den Tagen des großen Hungers und der Demontagen *persona grata* gewesen wäre, würde er niemals sein Volk zusammengehalten haben[34].« Der schlimmste ›große Hunger‹ war seit der Mitte des Jahres 1948 vorbei, aber die Demontagen gingen noch weiter. Und ebenso trug das deutsche Volk noch immer eine schwere Last der Schande, Schmach und Schuld auf seinen Schultern.

Der Wahlkampf im Juli und August 1949 beschäftigte sich hauptsächlich mit wirtschaftlichen Fragen. Das konnte auch nicht anders sein. Die auswärtige Politik blieb ein Reservat der Alliierten, die politischen Parteien aus der

Weimarer Zeit übernahmen als Erbteil die Ideologien und die enger umgrenzten Belange. Allein die KPD und die SPD hatten 1949 einigermaßen deutlich umrissene ideologische Vorstellungen. Beide waren marxistisch ausgerichtet, wobei das Festhalten der SPD an so überholten Begriffen wie dem ›Klassenkampf‹ und der Gefahr des Klerikalismus ebenso wie der Glaube an die notwendige Verstaatlichung der Industrie das Feld ihrer Anziehungskraft auf die Arbeiterklasse und eine Minderheit von Intellektuellen einschränkte. Demungeachtet erwartete die SPD, als stärkste Partei in den Bundestag einzuziehen. Sie besaß einen Parteiapparat, der mit alten Genossen aus der Weimarer Zeit besetzt war, und eine jeder anderen Partei weit überlegene Mitgliederzahl, wenn diese auch innerhalb von zwei Jahren von 875000 auf rund 750000 gefallen war. Die Gewerkschaften standen hinter ihr. 1932 hatte der Sozialdemokrat Rudolf Breitscheid prophezeit: »Nach den Nazis kommen wir dran!« Besonders fest saß die Partei in Norddeutschland, wo sie in den Großstädten die Oberbürgermeister stellte (Wilhelm Kaisen in Bremen, Max Brauer in Hamburg und Ernst Reuter in Berlin), während Hinrich Kopf als ungekrönter König das Land Niedersachsen beherrschte.

Bis kurz vor den Wahlen sah es so aus, als sei Konrad Adenauer die einzige Trumpfkarte der CDU. Doch dann kam Ludwig Erhard hinzu, der Vorsitzende des Wirtschaftsrates der Bizone und Hauptverantwortliche für Westdeutschlands fortschreitende wirtschaftliche Genesung. Erhard war ein Stein in der Krone der CDU. Sogar schon vor der Währungsreform, die von den Alliierten im Juni 1948 durchgeführt worden war, war er kühn für die Abschaffung wirtschaftlicher Beschränkungen eingetreten und hatte seine Theorie der freien Marktwirtschaft verkündet. Er war ein leidenschaftlicher Gegner einer Verstaatlichung der Industrie und fest entschlossen, die Initiative des einzelnen zu fördern. Seine freie Marktwirtschaft beruhte auf billigen Importen, Exportförderung, herabgesetzten

Zöllen und Liberalisierung des Handels. Mitte 1949 waren die Auswirkungen spürbar. Es gab immer mehr Lebensmittel und Gebrauchsgüter in den Läden, mehr freie Stellen und die ersten Anfänge eines Booms in der Bauindustrie. Erhard, der mit seinen rosigen Bäckchen und seinem nicht unbeträchtlichen Leibesumfang vertrauensvoll das Herannahen besserer Zeiten verkündete, war der beste Mann, um sowohl an die unentschlossenen Wähler wie an die überzeugten Gegner des Sozialismus zu appellieren.

Der Partikularismus wiederum war nicht leicht totzukriegen. Die Partei der alten Hannoveraner oder Welfen formierte sich als Deutsche Partei in Niedersachsen von neu"m. Die Bayernpartei bestand darauf, als selbständiges Gebilde in der Südostecke der Bundesrepublik fortzuleben. Die arg zusammengeschrumpfte Zentrumspartei lebte im Rheinland weiter, ungeachtet der Bemühungen ihres Führers Dr. Spiecker, sie mit der CDU zu vereinigen. Die Freie Demokratische Partei endlich, die als einzige neben CDU und SPD eine echte politische Kraft in Westdeutschland werden sollte, bestand in Wirklichkeit nur aus der Verschmelzung partikularer Mittelstandsinteressen, die in Süddeutschland von einem tiefverwurzelten Liberalismus getönt waren, während in Nordrhein-Westfalen und Hessen die Landesverbände konservativ ausgerichtet waren und rechts von der Mitte standen.

Es gab einen Hauptgrund, aus dem die CDU in den Wahlkampf mit sehr viel größerem Selbstvertrauen hineinging, als vielen Beobachtern von außen gerechtfertigt erschien (die britischen Besatzungsbehörden zum Beispiel waren der Ansicht, daß die SPD mit einem beträchtlichen Vorsprung gewinnen würde): Die SPD hatte die meisten ihrer angestammten Anhänger dadurch verloren, daß sie in der sowjetischen Zone oder in Berlin wohnten, das nur durch ›Beobachter‹ im Bundesparlament vertreten sein würde. Bis zum Jahre 1912 war die SPD mit weit über vier Millionen Stimmen und 35 Prozent der Sitze im Reichstag die stärkste Einzelpartei in Deutschland gewesen. Aber ihre hauptsächliche Stärke lag – außer in Hamburg, Bremen und den großen Städten des Ruhrgebietes – in Sachsen, Thüringen und Großberlin. Nun waren große Mengen von Flüchtlingen nach Westdeutschland hineingeströmt, doch stammten diese zum größten Teil aus den Provinzen östlich der provisorischen Oder-Neiße-Linie, die traditionsgemäß eher katholische als sozialistische Hochburgen gewesen waren.

Adenauer glaubte, daß die CDU die SPD bei den Wahlen schlagen könnte. Er genoß den Wahlkampf in vollen Zügen, hielt bis zu vier Wahlreden täglich, wobei er den örtlichen Problemen und Vorurteilen besondere Aufmerksamkeit schenkte und sich auf die einfachen wirtschaftlichen Fragen konzentrierte, die seine Zuhörer am meisten interessierten, wie Wohnungen, Arbeitsplätze und die Stabilität der Währung. Während Schumacher ihn der politischen Unaufrichtigkeit bezichtigte, ließ sich Adenauer auf keine persönlichen Anschuldigungen ein. Einer seiner Biographen ist der Auffassung, daß die Faktoren, die damals der CDU den Wahlsieg einbrachten, Adenauers Schlauheit, sein Glück und die unerbittliche Unterdrückung der Opposition gewesen seien[35]. Doch die Wahrheit war weniger sensationell: Die CDU gewann, weil Adenauer gerade Zeit genug gehabt hatte, sie zu einer einigermaßen einheitlichen Partei zusammenzuschweißen, und weil er sie mit einem so unerschütterlichen Selbstvertrauen anführte. Schon lange vor Abschluß des Wahlkampfes war der Gedanke entschwunden, daß Adenauer sich mit dem Posten eines hochgeachteten, aber machtlosen Bundespräsidenten begnügen würde. Er war der gegebene Mann, an die Spitze einer unter CDU-Führung gebildeten Bundesregierung zu treten.

Das Wahlergebnis war ein schmerzlicher Schock für Schumacher und die SPD. Die CDU hatte 7360000 Stimmen, das heißt 400000 mehr als die SPD, erhalten und zog mit 139 Abgeordneten (gegenüber 131 Sozialdemokraten) in den Bundestag ein. Die FDP, die von vielen ostdeutschen

Flüchtlingen gewählt worden war, erhielt 52 Sitze. Die restlichen 80 Sitze fielen auf eine Anzahl kleinerer Parteien, die mit Ausnahme der 15 Abgeordneten der KPD überwiegend rechtsgerichtet waren. Damit hatte Adenauer sich schon im voraus abgefunden; er erkannte, daß die CDU in der Lage sein würde, eine Mitte-Rechts-Koalition zu bilden. Die SPD hatte nicht die geringste Aussicht, sich an der Regierung zu beteiligen, wenn sie nicht eine Verbindung mit der CDU als dem gewichtigeren Partner eingehen wollte – ein lähmender Schlag für Schumachers Hoffnungen und Ansprüche. Er reagierte mit bezeichnender Verbitterung auf dieses Wahlergebnis, indem er die neue Bundesrepublik »einen westlichen Gegenschlag gegen die russische Errichtung eines totalitären Regimes in der Ostzone« nannte.

Am 21. August versammelte Adenauer eine Reihe von führenden CDU-Mitgliedern in seinem Rhöndorfer Haus. In seinen *Erinnerungen* hat er von diesem Treffen seinen eigenen Bericht gegeben[36]. Unter den Teilnehmern waren die Ansichten ziemlich gleichmäßig aufgespalten zwischen einer Gruppe, die für die Bildung einer Art ›nationaler‹ Regierung unter Einschluß der SPD und gegebenenfalls auch anderer Parteien war, und einer zweiten, nach deren Meinung eine Mitte-Rechts-Koalition ohne die SPD geschlossen werden sollte. Adenauer vertrat rückhaltlos die zweite Ansicht. Er brachte Argumente vor, auf die es keinen Widerspruch gab. Nach der Wahl hatte die SPD zum Ausdruck gebracht, daß sie beim Beitritt zu einer ›Großen Koalition‹ das Wirtschaftsministerium für sich beanspruchen würde. Adenauer wies darauf hin, daß sich 13 Millionen Deutsche gegen die von der SPD proklamierte Nationalisierung der Industrie angesprochen hätten und nur acht Millionen dafür. Er sei dagegen, daß sich die CDU in der Frage der Verstaatlichung zu irgendeinem Kompromiß überreden lasse, der seiner Ansicht nach nicht funktionieren werde. In seinen Augen war die SPD ein unmöglicher Partner.

Zwischen den Zeilen geht aus Adenauers Schilderung des Treffens deutlich hervor, daß er schon im voraus genau beschlossen hatte, was sich zutragen sollte. Nachdem jeder Gelegenheit gehabt hatte, seine Meinung zu äußern, förderte er, wie ein Zauberkünstler das Kaninchen aus einem Zylinder, die Namen der Parteien zutage, die sich an der Koalition beteiligen würden: die CDU, die FDP und die in Niedersachsen beheimatete Deutsche Partei. Gemeinsam hatten diese drei Parteien 208 von den 402 Sitzen des Bundestages, sie konnten in wirtschaftlichen Fragen allgemein mit der Unterstützung von 30 bis 40 weiteren Abgeordneten rechnen. Mit der gleichen Leichtigkeit produzierte Adenauer auch den Kandidaten für den Bundespräsidenten – Theodor Heuss von der FDP; eine Anfrage nach dessen ziemlich unfreundlicher Haltung gegenüber den Kirchen wischte er mit dem Scherz weg: »Er hat eine sehr christlich denkende Frau, das genügt.« Obwohl er seiner Behauptung nach damals durch den Vorschlag, ihn selber zum Bundeskanzler zu machen, überrascht worden sei[37], erklärte er sofort, daß er seinen Hausarzt, Prof. Dr. Martini, befragt habe und daß dieser seine Gesundheit als ausreichend bezeichnet habe, die Pflichten eines Kanzlers zu erfüllen. Zwei Jahre werde er durchhalten können. In Wirklichkeit sollte Adenauer über 14 Jahre lang Bundeskanzler bleiben. Während dieses ganzen Rhöndorfer Treffens gab es nur einen einzigen unvorhergesehenen Zwischenfall, den Adenauer ebenfalls mit einem Scherz abtat. Es wurde ein Gerücht verbreitet, nach dem ein ›päpstlicher Sendbote‹ an der Versammlung teilgenommen habe; nach Adenauers späterer Erklärung hatte es sich bei diesem ›Eindringling‹ um den Angehörigen eines niederländischen geistlichen Ordens gehandelt, der zu einer persönlichen Unterredung mit Dr. Hermann Pünder, einem der anwesenden CDU-Führer, erschienen war. »Ich habe den Herrn bis heute weder gesehen noch kennengelernt. Von Mitgliedern meiner Familie wurde mir gesagt, daß er keine Strümpfe getragen habe. Ich konnte mir nicht gut vorstellen, daß ein Vertreter des Vatikans ohne Strümpfe kommt[38].« Damit verlief das Gerücht von der ›päpstlichen Infiltration‹ im Sande.

Der Präsident des Bundestages wurde auf der Eröffnungssitzung am 7. September 1949 gewählt; es wurde der Kandidat der CDU, Dr. Erich Köhler. Die Wahl des Bundeskanzlers wurde auf den 15. September anberaumt. Doch Adenauer war seiner Wahl so sicher, daß er am 8. September dem Korrespondenten des *Manchester Guardian* ein Interview gab, in dem er einige Punkte des künftigen Regierungsprogramms skizzierte[39], unter besonderer Berücksichtigung der Beziehungen zu den Westmächten. Die von der CDU geführte Regierung, so sagte er, werde auf eine Herabminderung der alliierten Demontagen dringen, auf eine baldige Regelung der Besitzverhältnisse in der Schwerindustrie auf der Basis eines ›Ausgleichs zwischen privatem Kapital und öffentlicher Kontrolle‹, und auf die Aufhebung der Beschränkungen in der deutschen Wirtschaft und im Leben des einzelnen deutschen Staatsbürgers. Er werde außerdem um deutsche diplomatische Vertretungen im Ausland nachsuchen, um größere Freizügigkeit für die Deutschen bei Auslandsreisen, die Befreiung des deutschen Außenhandels von der Kontrolle durch die alliierte ›Joint Export-Import-Agency‹, die Beendigung des alliierten Verbotes des Schiffsbaus und schließlich um eine Friedensregelung zwischen der Bundesrepublik und den westlichen Alliierten: »Wenn wir auf einen Friedensvertrag mit der Sowjetunion warten müssen, so wird unsere Wartezeit sicherlich sehr lang sein.«

Adenauer lehnte die Oder-Neiße-Linie als Deutschlands Ostgrenze ab und machte geltend, daß sie Deutschland »sowohl wirtschaftlich wie als Volk« benachteilige. Er forderte wirtschaftliche Wettbewerbsfreiheit als unerläßliche Voraussetzung für die Einreihung Deutschlands »in die größere Weltwirtschaft« und erklärte sich mit alliierten Kontrollbehörden wie dem militärischen Sicherheitsrat und der Internationalen Ruhrbehörde unter der Bedingung einverstanden, daß die Tätigkeit der einen auf die eigentlichen Sicherungsmaßnahmen beschränkt bleibe, während die andere sich zur Grundlage einer »internationalen Kontrolle eines größeren europäischen Bereichs« fortentwickle. Zum Schluß stritt Adenauer in aller Form die Berichte ab, wonach er versucht haben sollte, einen diplomatischen Keil zwischen Großbritannien und Frankreich zu treiben. Er sagte dazu: »Eine solche Politik würde ich für absolut verfehlt halten. Nur eine geeinte westeuropäische Front kann den Wiederaufbau eines neuen Europa gewährleisten. Ich würde mich freuen, wenn die britische Regierung und die britische öffentliche Meinung die Tatsache anerkennen, daß England eine europäische Macht ist, geschichtlich mit Westeuropa verbunden und dazu verpflichtet, seine Rolle in der europäischen Entwicklung zu spielen. Ich muß hier hinzufügen, daß die britische Regierung in ihrer Besatzungszone offen die deutschen Sozialdemokraten unterstützt hat. Ihre Vertreter haben den Nordwestdeutschen Rundfunk, die Nachrichtenagenturen und die im Besitz der Militärregierung befindliche Zeitung *Die Welt* in dieser Richtung beeinflußt, die alle besondere Vorteile genossen haben und eine einwandfreie sozialistische Politik verfolgt haben. Als Mitglied der CDU muß ich dieser Politik energisch entgegentreten.«

Daß Adenauer kein ›bequemer‹ Verhandlungspartner für die Westmächte sein würde, war klar. Der Korrespondent des *Manchester Guardian* hielt bei jener Gelegenheit fest: »Das Interessanteste an seinen Äußerungen ist, daß er entschlossen wirkt, dem deutschen Standpunkt in allen Fragen, in denen die Westmächte sich noch unmittelbar betroffen fühlen, zur Geltung zu verhelfen. Nur durch eine freundliche Regelung dieser Fragen kann Deutschland seinen Platz unter den europäischen Mächten zurückerobern.«

Am 15. September 1949 wurde Adenauer vom Bundestag zum Bundeskanzler gewählt. Seine Kabinettsliste hatte er schon vorher aufgestellt und sich damit die Bereitwilligkeit der FDP und der Deutschen Partei gesichert, an einer Koalitionsregierung mitzuwirken. Aber es kam im letzten Augenblick noch zu allerlei Hin und Her in bezug auf die Kanzlerwahl. Den süddeutschen Liberalen innerhalb der FDP erschien Adenauer dann doch zu konservativ. Selbst unter seinen CDU-Freunden sind möglicherweise einige abgesprungen, denn auf dem linken Flügel der Partei werden manche Mühe gehabt haben, mit ihrer Enttäuschung über das Nichtzustandekommen der CDU-SPD-Koalition fertig zu werden. Tatsächlich stimmten von den 402 Mitgliedern des Bundestages nur 202 für Adenauers Kandidatur; 142 stimmten dagegen, 44 enthielten sich der Stimme, ein ungültiger Stimmzettel wurde abgegeben, und dreizehn Abgeordnete fehlten. In der Folgezeit sollte eine Frau Margarethe Hütter, eine FDP-Abgeordnete aus Stuttgart, von sich behaupten, die entscheidende Stimme abgegeben zu haben. Sie war auf der Liste ihrer Partei nachgerückt, um den Platz des als Bundespräsident ausgeschiedenen Professors Heuss einzunehmen. Sie erreichte außer Atem das Bundeshaus gerade noch rechtzeitig, um ihre Stimme für Adenauer abzugeben. Aber auch Herr Johann Wartner von der Bayernpartei bewirbt sich um die Auszeichnung, jene eine entscheidende Stimme für Adenauer geliefert zu haben[40]. Seine Partei hatte ihren 17 Bundestagsabgeordneten auferlegt, sich der Stimme zu enthalten, weil Adenauer – man höre und staune – für ihre Bedürfnisse nicht ›föderalistisch‹ genug war; doch Wartner stimmte – wir können uns allerdings, da die Abstimmung geheim war, nur an seine eigene Aussage halten – für Adenauer.

Noch ergiebiger ist vielleicht Adenauers eigene Stellungnahme: »Später fragte man mich, ob ich mich selbst gewählt hätte. Ich antwortete: ›Selbstverständlich, etwas anderes wäre mir doch als Heuchelei vorgekommen[41].‹« Daß er tatsächlich nur mit der schmalen Differenz einer einzigen Stimme gesiegt hatte – 201 Stimmen wären schon nicht mehr die erforderliche absolute Mehrheit gewesen –, ließ ein recht labiles Gleichgewicht der Kräfte während der bevorstehenden vier Jahre Amtszeit der ersten Bundesregierung erwarten. Dieser Eindruck wurde noch verstärkt durch drei von der SPD unmittelbar nach Adenauers Wahl eingebrachte Entschließungen – für eine Revision des Demontage-Programms, für die Einbeziehung West-Berlins als integraler Bestandteil der Bundesrepublik und die Verlegung des Regierungssitzes von Bonn nach Frankfurt. So geriet Adenauer als Bundeskanzler sofort unter schweren und anhaltenden Druck. Er war jetzt fast 74 Jahre alt. Die meisten Männer seines Alters hätten sich längst in die Obhut von Heim und Familie zurückgezogen und sich ausschließlich einem Steckenpferd wie dem Memoirenschreiben oder Rosenzüchten gewidmet.

8 Das Ende der alliierten Besatzung

Adenauer hielt seine erste Rede als Bundeskanzler vor dem Bundestag am 20. September 1949. Seine Regierungserklärung war ebenso knapp, geradlinig und unemotional wie die Hunderte von Reden, die er in der Folgezeit in dem gleichen formell-nüchternen Parlamentsgebäude halten sollte. In seiner Darstellung waren die Hauptziele seiner Regierung: den westlichen Alliierten weiteres Entgegenkommen in Gestalt größerer politischer und wirtschaftlicher Gleichstellung abzuringen, ihnen in Westeuropa treue Partnerschaft zu bewahren, gute Beziehungen zu allen Nachbarn zu entwickeln, den wirtschaftlichen Fortschritt zu fördern, die Entnazifizierungsverfahren im Zuge einer stärkeren Einigung der Gemeinschaft abzuwandeln und dem Antisemitismus jeglicher Gestalt ein Ende zu setzen. In seiner Rede sagte Adenauer: »Es gibt aber keinen anderen Weg für das deutsche Volk, wieder zur Freiheit und Gleichberechtigung zu kommen, als indem es dafür sorgt, daß wir nach dem völligen Zusammenbruch, den uns der Nationalsozialismus beschert hat, mit den Alliierten zusammen wieder den Weg in die Höhe gehen. Der einzige Weg zur Freiheit ist der, daß wir im Einvernehmen mit den Hohen Alliierten Kommissaren unsere Freiheiten und Zuständigkeiten Stück für Stück zu erweitern versuchen.«

Es gab – jedenfalls für westliche Ohren – nur einen leichten Mißklang in der Rede. Das war die Erwähnung der Tatsache, daß die vorläufige Ostgrenze, die Oder-Neiße-Linie, unakzeptierbar sei. Rund neun Millionen Deutsche, die von Haus und Hof in den Ostprovinzen – im Potsdamer Abkommen ausdrücklich unter provisorische polnische Verwaltung gestellt – oder in der Tschechoslowakei vertrieben worden waren, suchten Zuflucht in der Bundesrepublik. Wie jeder andere deutsche Politiker war sich Adenauer nur zu deutlich des Gewichtes der Vertriebenenstimmen bewußt. Die Londoner *Times* aber vermerkte: »Was immer man über die Gerechtigkeit oder Ungerechtigkeit der (Oder-Neiße-)Linie denken mag, es muß von vornherein deutlich ausgesprochen werden, daß aus der Aufnahme Deutschlands in eine Europäische Union nicht gefolgert werden darf, Europa würde alle deutschen Ansprüche auf eine Revision der Grenzen hinnehmen und unterstützen[1].« Von diesem Punkt abgesehen, fand Adenauers Regierungserklärung in der Presse der freien Welt zurückhaltende Zustimmung.

Mit der denkbar kleinsten Majorität vom Bundestag gewählt, hatte Adenauer es mit labilen und schwierigen Machtverhältnissen zu tun. Ganz abgesehen von den Koalitionspartnern FDP und Deutsche Partei gab es auch in seiner eigenen Fraktion alle Arten von Gruppen, deren Wünschen Rechnung zu tragen war. Das Paradoxe war, daß sich die CDU noch gar nicht formell zu einer Partei zusammengeschlossen hatte, und möglicherweise hat Adenauer diese Einigung bewußt so lange zurückgestellt, bis er selbst sich im Besitz der notwendigen persönlichen Autorität fühlte[2]. Adenauer mußte in seiner Partei ein ausgeglichenes Verhältnis zwischen Katholiken und Protestanten, zwischen Norddeutschen und Süddeutschen und schließlich zwischen Konservativen und dem linken gewerkschaftlichen Flügel anstreben. Er mußte der bayerischen Filiale, die unter der Bezeichnung ›Christlich-Soziale Union‹ sich eine halbe Unabhängigkeit bewahrte, besondere Aufmerksamkeit angedeihen lassen. Und er mußte diejenigen führenden CDU-Mitglieder, die seiner Voraussicht nach nicht mit seiner Politik würden Schritt halten können, langsam aus dem Bundestag herausdrängen: Karl Arnold,

Hans von Schlange-Schöningen und Werner Hilpert, den widerspenstigen Führer der hessischen CDU. Arnold, den der linke Flügel der CDU gern als Kanzler gesehen hätte, wurde ›die Treppe hinaufgestoßen‹ und zum Präsidenten des Bundesrats gemacht[3]. Hilpert und von Schlange-Schöningen verzichteten auf ihre Bundestagsmandate, nachdem ihnen keine Ministerposten angeboten worden waren.

Das Kabinett bestand einschließlich Adenauers aus 14 Köpfen: neun CDU-Mitgliedern, drei FDP-Mitgliedern und zwei Mitgliedern der Deutschen Partei. Bei der Ernennung hatte Adenauer seine sichere Hand in der Berücksichtigung aller Partei- und Gruppen-Empfindlichkeiten bewiesen, was bei späteren Kabinettsbildungen nicht mehr ganz so notwendig war. Die Regierung enthielt sechs Bayern, womit dem hochentwickelten Selbstgefühl der CSU und der Tatsache Rechnung getragen wurde, daß Bayern als einziges Land ernstlich gezögert hatte, sich dem Bund anzuschließen. Der linke Flügel der CDU war durch die Bestallung Jakob Kaisers zum Minister für Gesamtdeutsche Fragen, Gustav Heinemanns zum Innenminister und Anton Storchs zum Arbeitsminister besänftigt worden. Die FDP konnte sich mit ihren drei Ministern am ehesten für vernachlässigt halten, doch wurde Franz Blücher zum Trost zum Vizekanzler ernannt; ihm und Heinrich Hellwege fiel ganz automatisch die Aufgabe zu, die Liaison mit den beiden Koalitionspartnern aufrechtzuerhalten. Ein Flüchtling aus Schlesien (Lukaschek) war sinnvollerweise zum Flüchtlingsminister gemacht worden.

Ungefähr die Hälfte der Mitglieder dieses ersten Kabinetts waren politisch unbeschriebene Blätter, dafür aber vernünftige und arbeitsame Verwaltungsbeamte. Das war genau nach Adenauers Geschmack, denn er hatte vor, allen seine persönliche Autorität aufzuzwingen – was zu jener Zeit sicherlich notwendig war, um die Regierung zusammenzuhalten. Tatsächlich sollte sich in der ganzen gutgedrillten Riege nur ein einziger Minister je bereit finden, in der Kabinettssitzung Adenauers Ansichten in Zweifel zu ziehen; das war der hitzige Bundesfinanzminister Fritz Schäffer. Ein anderer Minister, Gustav Heinemann, sollte später seinen Rücktritt erklären, und Jakob Kaiser hat mehr als einmal damit gedroht; doch in den Kabinettssitzungen haben beide Männer sich stets brav und wohldiszipliniert verhalten. Ein Kennzeichen der Regierungsarbeit war Adenauers absolute Bereitschaft, bis zu einer gewissen Grenze zu dezentralisieren. Er gab Ludwig Erhard praktisch *carte blanche* auf wirtschaftlichem Gebiet, auf dem er sich schon so nachhaltig und erfolgreich bewährt hatte und auf dem Adenauer vorgab und vorzog, unwissend zu sein. Ebenso hatte Schäffer fast uneingeschränkte Verfügungsfreiheit im Bereich der Finanzen, und auch die Minister für Post, Verkehr, Wohnungsbau, Ernährung, Flüchtlingsangelegenheiten, den Marshall-Plan und die Bundesratsangelegenheiten wurden angehalten, ihre Arbeit mit einem Mindestmaß an Lenkung von oben zu tun. Insofern ist das Bild von Adenauer als eines sich unentwegt einmischenden Autokraten ganz falsch. Er stand vielen Aufgaben der Regierung aufrichtig unbekümmert gegenüber und hatte keine Zeit dafür übrig. In seine wichtigsten Minister – Erhard, Schäffer und Heinemann – setzte er großes Vertrauen, und das mit Recht. Dafür führte er die Unterhandlungen mit den drei alliierten Hochkommissaren ganz allein, mit dem Erfolg, daß er ihnen auf dem Weg zur Wiederherstellung der westdeutschen Souveränität und Unabhängigkeit eine Konzession nach der anderen abrang.

Es gibt noch eine andere weitverbreitete und irreführende Vorstellung von Adenauer als Regierungschef: daß er die einzelnen Kabinettssitzungen zu beherrschen suchte. Diejenigen, die sein Verhalten im Kabinett aus größter Nähe beobachten konnten, geben davon ein ganz anderes Bild[4]. Er ließ seine Minister sagen, was sie zu sagen hatten, und schnitt ihnen höchstens das Wort ab, wenn sie ganz offensichtlich zu langatmig waren. Seine eigenen Kommentare zu ihren Ausführungen waren wohlüberlegt und höflich formuliert. Gewiß, er gab immer zu verstehen, daß er am Ende der allwöchentlichen vierstündigen Kabinettssitzungen Resultate zu sehen wünschte. Er machte einen Unterschied zwischen Debattieren und Argumentieren, zugunsten der Debatte. Schäffer war wohl der einzige Minister seines Kabinetts, der sich aufs Argumentieren verlegte, auch über Gegenstände, die nicht seinem unmittelbaren Fachbereich angehörten.

Adenauer hatte seine Schwächen. Er haßte es, wenn geraucht wurde, denn er hatte seit seiner Jugend eine schwache Brust und eine Neigung zu Bronchitis. Trotzdem gab es kein formelles Rauchverbot während der Kabinettssitzungen; die Minister suchten nur seine Gefühle zu respektieren. Wie mir einer seiner Berater erzählte: »Wir gingen gewöhnlich hinaus und rauchten im Korridor[5].« Gelegentlich spürte er es, daß der eine oder andere seiner Minister dringend eine Zigarette nötig hatte, dann forderte er ihn zum Rauchen auf, unter der Voraussetzung, daß genügend Fenster offenstanden. Frische Luft war ein anderer Herzenswunsch von ihm, so daß gewöhnlich selbst im Winter ein Fenster offengehalten wurde. Seine Gewohnheit, während der Sitzungen an einer kleinen Tafel Schokolade zu knabbern, beruhte auf seiner Meinung, daß man mäßig, aber regelmäßig essen solle, wobei seine Vorliebe für Schokolade darauf zurückzuführen sein mag, daß er gegen Ende des Krieges unter der Lebensmittelknappheit gelitten hatte (viele Kriegsgefangene haben aus diesem Grunde besonderen Geschmack an Schokolade gefunden). Im übrigen war Adenauer von penibler Pünktlichkeit und überhaupt für gute Manieren in allen Lebenslagen. Sein erstes Kabinett leistete ihm gute Dienste, ja man könnte es sogar als zu gefügig bezeichnen. Dafür hatte es Adenauer mit zwei anderen Körperschaften zu tun, die alles andere als bequem waren – dem Bundestag und der aus den drei Mächten bestehenden Alliierten Hohen Kommission. Zunächst ein Wort über den Bundestag.

Von ihm hat ein britischer Schriftsteller eine ausgezeichnete Beschreibung geliefert[6]. Er sei »im protzigsten Parlamentsgebäude der Welt« untergebracht, einem übergroßen weißen kubistischen Zementblock. Der Innenraum enthalte die Wappen von Bund und Ländern, und das Podium sei schwarz angemalt und durch Nägel mit goldenen Köpfen verziert, ungefähr im Stil der Dekoration einer Max-Reinhardt-Inszenierung von *Julius Caesar*. Die Abgeordneten säßen auf schwarzen und grünen Ledersesseln, die am Boden festgeschraubt seien. Ebenso fest seien Pultdeckel und Tintenfässer eingebaut, wohl weil die Planer in Bonn sich der Schlachten im französischen und italienischen Parlament erinnerten und der Rolle, die diese Gegenstände dabei zu spielen pflegten. Die Decke sei »schachbrettartig aufgeteilt, wobei jedes zweite Feld mit einer grellen Neonröhre ausgestattet ist, so daß die unglücklichen Zuschauer und Journalisten auf ihrer erhöhten Galerie gegenüber dem Vorsitzenden wie unter einem Grill sitzen«. Der gleiche Autor behauptet auch, daß die »Kämpfe in der Bonner Versammlung sich durch eine Erbitterung und Kompromißlosigkeit auszeichnen, die bei den Betrachtern oft Entsetzen hervorruft. Für ihre Aufgabe, eine Nation am Bauchnabel Europas im Gleichgewicht zu halten, bringen die Abgeordneten mehr Komplexe als Ideale, mehr Ehrgeiz als Arbeitseifer, mehr Verwirrung als Begeisterung mit«. Und er beschreibt eine Bundestagssitzung als »ein Chaos von klappenden Pultdeckeln, aufstampfenden Füßen und Gebrüll«.

Er hatte nicht ganz unrecht damit. Ein anderer qualifizierter britischer Beobachter bezeichnete das Niveau des ersten Bundestages als »abgrundtief«. Er habe sich überwiegend aus »Verrückten und Langweilern« zusammengesetzt. Die Debatten seien von jämmerlicher Qualität gewesen, denn als eiserne Regel habe gegolten, daß niemand auf das gehört habe, was ein anderer zu sagen hatte. Nach seiner Anschauung war »die beklagenswerte geistige Unsicherheit dieser Parlamentarier« ein deutliches Anzeichen für die Gefahr, daß sich der Zusammenbruch der Weimarer Republik noch einmal wiederholen konnte[7]. Der britische Hochkommissar Sir Ivone Kirkpatrick, der General Robertson bald nach dem Zusammentreten des ersten Bundestages ablöste, formulierte es noch prosaischer – der Bundestag steckte »in einer Euphorie voll wilder Pläne und noch wilderer Deklamationen« – und fährt dann trocken fort: »Das ganze Treiben der deutschen Parlamentarier machte nur deutlich, welche demoralisierende Wirkung eine lange Besatzungszeit hat[8].«

Sicherlich bot der Bundestag im Jahre 1949 einen seltsamen Anblick. Schon die erste Debatte am 22. September beweist es. Sie wurde durch Schumacher eröffnet, dem die Aufgabe zufiel, die Ansichten der Opposition über Adenauers zwei Tage zuvor abgegebene Regierungserklärung zu erläutern. Er erwähnte einige konkrete Punkte, aber im ganzen gesehen war seine Rede ein Musterbeispiel verfehlter Rhetorik. Auf den Regierungsbänken begann man zu kichern, was bald zu einer idiotischen Belustigung ausartete. Rasend vor Zorn griff Schumacher seine Gegenspieler an und nannte sie »die wahren Nazis«. (Es war schade, daß er die Geduld verlor, denn privat pflegte er einen viel bezeichnenderen Spitznamen für sie zu gebrauchen: »die Bänke der Neandertaler«.) Es kam zu einem wahren Vulkanausbruch, und es dauerte Minuten, ehe der Präsident die Ruhe wiederherstellen konnte.

Wenn man von ihrem Führer absieht, waren die Sozialdemokraten ziemlich friedfertige Zeitgenossen, im Gegensatz zu den 15 Kommunisten mit Max Reimann an ihrer Spitze. Diese waren über ihr schlechtes Abschneiden bei der Bundestagswahl bitter enttäuscht, denn sie hatten mit rund 40 Sitzen, darunter mindestens zwei Direktmandaten in Solingen und Remscheid, gerechnet. Doch ihre Chancen waren durch das brutale und empörende Auftreten der Roten Armee in den ersten Tagen der Besatzung verdorben sowie durch die Berliner Blockade und die Sabotage der Sowjets an der Viermächteverwaltung Deutschlands. In viel stärkerem Maße noch als die Partei vor 1933 wurde die neue KPD von Moskau aus gesteuert. Es entsprach infolgedessen ganz ihrer vorgezeichneten Linie, die Tätigkeit des Bundestags zu unterbinden, und sie machten gleich in der ersten Sitzung den Anfang damit, indem sie die Auflösung des Bundestags als einer verfassungswidrigen ›Körperschaft‹ beantragten. Adenauer wurde zu ihrer ganz speziellen Zielscheibe, und seine Reden wurden von ihnen fast unaufhörlich und mit den primitivsten Mitteln unterbrochen.

Ziemlich viel Krach ertönte aber auch von den Bänken auf dem rechten Flügel. Es gab ein halbes Dutzend Rechtsextremisten, die getarnte Ex-Nazis waren, und dazu ein Dutzend Abgeordnete der Wirtschaftlichen Aufbauvereinigung (WAV) unter der Führung eines seltsamen Demagogen namens Alfred Loritz, der eigentlich überhaupt keine erkennbare politische Linie hatte. Ganz allgemein herrschte die Tendenz, beim geringsten Anlaß in unartikulierte Zwischenrufe auszubrechen und im übrigen die Zeit zwischen solchen Ausbrüchen der Empörung oder der Heiterkeit mit Zeitungslektüre und Briefeschreiben hinzubringen. Die einzelnen Reden wurden üblicherweise verlesen und hatten keinerlei innere Beziehung zu den Vorgängen davor oder danach. Von einer eigentlichen Debatte hatte man so gut wie gar keine Vorstellung. Vierzehn Tage nach der Eröffnungssitzung drangen zwei ehemalige Kriegsgefangene, die eben aus der Sowjetunion heimgekehrt waren, in den Bundestag ein und versuchten Max Reimann zu verprügeln. Die KPD suchte aus dem Zwischenfall Kapital zu schlagen, indem sie behauptete, die beiden seien vom Bundeskanzler mit je 50 DM zu ihrem Auftreten angestiftet worden.

Bei diesem Tohuwabohu blieb Adenauer ruhig, beherrscht und zurückhaltend. Seine Langmut gegenüber kommunistischen Provokationen war bemerkenswert. Wie schon im Parlamentarischen Rat lieferte er gelegentlich Proben seines spöttischen Witzes. Hilaire Belloc hat einmal gesagt: »Ironie ist wie ein Degen und muß wie ein Degen gehandhabt werden... Sie ist die Form des Scherzes, bei der wir eine zweite Person in Anwesenheit einer dritten lächerlich machen.« In Adenauers Ironie steckte ein schalkhaftes Element. Man merkte es, wenn er innerlich belustigt war, und ebenso, wenn sich in ihm eine treffende Bemerkung vorbereitete. Seine Stimme nahm dann eine ganz bestimmte Färbung an – »eine falsche, eine gelbe Note«, wie George Orwell es in seinem Buch *1984* genannt hat –, sein Kölner Akzent wurde ganz übertrieben und bekam unmerklich eine nasale Tönung. Dann holte er zu einem geradezu tödlichen Scherzwort aus.

Doch er machte von dieser Gabe der Ironie keinen übermäßigen Gebrauch. Eine so wertvolle Trumpfkarte sollte man auch hüten, und im übrigen hatte Adenauer genug andere auszuspielen. Wenn er auf seinem Platz am Kopf der Ministerbank saß, bewahrte seine Miene stets die gleiche Undurchdringlichkeit. Er hielt sich im Sitzen immer gerade und doch entspannt. Wenn er einem Redner aufmerksam zuhörte,, drehte er den Kopf ein wenig nach links und ließ sein Auge unverwandt und leidenschaftslos auf dem Betreffenden ruhen. Er versuchte niemals, den Bundestagspräsidenten zur Wortmeldung auf sich aufmerksam zu machen, er hatte das nicht nötig, denn aller Augen richteten sich ohnehin auf ihn, wenn er sich zur Beantwortung einer Frage erhob oder mit einem Minimum an Aufwand und einem Maximum an Effekt in eine Debatte eingriff. Hin und wieder einmal stieg er von seinem Platz auf der Regierungsbank hinunter und nahm seinen Sitz in der ersten Reihe der CDU ein, was eine unmittelbare Wirkung auf Haltung und Stimmung seiner Fraktion ausübte. Die Anhänger wurden auf einmal so wach und angespannt wie ihr Führer und auf eine subtile Weise verantwortungsbewußter. So hatte er auf die ersten Bänke seiner Partei die gleiche Wirkung wie ein guter Trainer auf seine Fußballmannschaft.

Zwei Wochen nachdem der Bundestag ins Leben getreten war, schrieb ich als Bonner Korrespondent meiner Zeitung, daß Adenauer »in wenigen Wochen an Statur gewonnen« habe. Ich unterstrich seine »Ausgewogenheit, Mäßigung und streng objektive Haltung zu den Fragen der auswärtigen Beziehungen Deutschlands« und stellte seine Reden – zusammen mit denen Carlo Schmids von der SPD – »auf die Kreditseite der deutschen parlamentarischen Bilanz[9]«. Es gab sonst recht wenig, was man auf dieser Seite des Hauptbuches hätte verzeichnen können.

Adenauer schuf sich im Bundestag eine persönliche Vorrangstellung, von der er klugen und zurückhaltenden Gebrauch machte und die erst in seinen letzten Amtsjahren abzubröckeln begann. Von Anfang seiner Kanzlerschaft an war ihm die für den Augenblick wichtigste Aufgabe zugefallen, mit der Alliierten Hohen Kommission zu verhandeln. Die drei Hochkommissare der Westmächte lösten bekanntlich die Militärgouverneure ab: Die Generäle Clay und Koenig wurden durch Mr. John J. McCloy und M. André François-Poncet ersetzt, während General Robertson nur die Uniform auszog, um weiterhin als der höchste britische Vertreter in Deutschland zu dienen, bis er 1950 durch Sir Ivone Kirkpatrick abgelöst wurde.

Es sollte hier ein Wort über diese vier Männer und Adenauers Beziehungen zu ihnen gesagt werden. Denn diese Beziehungen waren von überragender Wichtigkeit. Allein durch die Hochkommissare konnte Adenauer die schrittweise Entwicklung zu einer Wiederherstellung der deutschen Souveränität ermöglichen, die er für so notwendig hielt. Nur durch sie konnte er die so dringend erforderlichen Konzessionen auf wirtschaftlichem Gebiet erreichen, vor allem die Revision des bedrückenden Demontage-Programms. Und nur durch sie konnte die Bundesrepublik als vollberechtigter Partner in die europäische Gemeinschaft eingegliedert werden.

Gegen Ende 1949 hatte Adenauer Robertson allmählich gut kennen- und schätzengelernt. Zu Anfang war Adenauers Eindruck von Robertson gewesen, daß er, als typischer Stabsoffizier, in höchstem Maße reserviert in Worten und Gedanken und wahrscheinlich instinktmäßig antideutsch sei. Doch dann entdeckte er, daß alles dies auf Robertson nicht zutraf, und fing an, seine Verstandesschärfe wie seine Integrität, seine guten Manieren und seine würdige Haltung hochzuachten.

Sein Nachfolger Kirkpatrick war ein grundverschiedener Typ: ein Katholik, Berufsdiplomat und mit einer überempfindlichen Antenne für die Gefühle und die Beweggründe seiner Mitmenschen ausgestattet, dazu mit dem gleichen spöttischen Humor wie Adenauer. Kirkpatrick war ein geschickter und unermüdlicher Unterhändler – und es standen ja noch viele Verhandlungen zwischen den Hochkommissaren und Adenauer bevor. Als Kirkpatrick Feldmarschall Lord Montgomery mit Adenauer bekannt machte, ergriff Montgomery Kirkpatrick vertraulich am Rockaufschlag und fragte Adenauer: »Macht Ihnen dieser Bursche viele Schwierigkeiten?« Darauf der Bundeskanzler: »Nicht halb soviel, wie ich ihm zu machen gedenke!« Tatsächlich waren die beiden füreinander geschaffen, ein ebenbürtiges Paar für so manches geistige Duell. Kirkpatrick zollte Adenauer diesen Tribut: »Bei Verhandlungen empfand ich ihn immer als einen ehrfurchtgebietenden, aber charmanten Gegner. Zweifellos genoß er die Waffengänge am Konferenztisch sehr und hatte seinen Spaß an seinen Scharmützeln mit den Hochkommissaren. Mehr als einmal hat er mir versichert, daß er an die langen und oft langweiligen Sitzungen über die Bonner Verträge mit Vergnügen denke. Er war immer schnell bei der Hand, irgendeine Ritze in der Rüstung der Gegner zu entdecken und dann seine Waffe in diese Lücke zu bohren. Andererseits war er ebenso schnell bereit, großzügig die Stärke in der Argumentation seines Gegners anzuerkennen. Er ist immer der Mann der Vernunft. Seine Argumentation wird höflich, humorvoll und mit Verständnis auf der Ebene der Vernunft geführt. Dabei sitzt der große schlanke Mann steif am Tisch, als hätte er einen Ladestock verschluckt, und von seinen Lippen fallen die sorgfältig artikulierten deutschen Sätze – leblose, autoritative Sätze von einer beinahe chinesischen Ungerührtheit.

Von Zeit zu Zeit aber schienen irgendwelche Ereignisse seinen Zorn hervorzurufen. Einmal sagte ich ihm, daß er sich niemals so ärgern lassen dürfe, denn die Aufregung sei schlecht für seine Gesundheit. ›Im Gegenteil‹, erwiderte er mit einem schalkhaften Schmunzeln, ›das erhält mich gerade jung.‹« So sah Kirkpatrick in Adenauer einen Mann von Prinzipien, einen brillanten Taktiker auf diplomatischem Boden und einen Menschen, der es genoß, seine eigene Schlauheit als Mittel zu einem guten Zweck zu gebrauchen[10]. Der französische Hochkommissar André François-Poncet trug die Last eines reichlichen Anteils dieser in regelmäßigen Abständen erneuerten Wortgefechte auf seinen Schultern. Bei ihm schlich sich häufig eine gewisse Schärfe ein, und er zögerte auch nicht, bewußt schroff zu sein, wenn er damit besser voranzukommen meinte. Die französische Diplomatie ist eine exakte Wissenschaft, und eine wohlberechnete Kühle und Barschheit, wohlüberlegt und mit kecker Eleganz eingesetzt, gehört in ihr Instrumentarium. Klein und rundlich, aber so makellos gekleidet wie ein Dandy aus der Epoche Eduards VII., verfügte François-Poncet über eine scharfe Intelligenz und ebensolche Zunge und einen stets bereiten Witz. Bei einem seiner Waffengänge mit Adenauer sagte er, dieser würde gewiß hocherfreut sein, die Hohen Kommissare ein für allemal los zu sein. »Das wäre zuviel gesagt«, erwiderte Adenauer, »aber ich hätte nichts dagegen, wenn sie sich plötzlich in bunte Schmetterlinge oder so etwas Ähnliches verwandeln würden.« Darauf François-Poncet: »Das hülfe gar nichts. Sie würden uns dann mit einem Schmetterlingsnetz fangen.« Und darauf wieder Adenauer: »Für diesen Fall würden Sie einfach die Schmetterlingsnetze zu verbotenen Waffen erklären[11].«

François-Poncets katzenhafte Tücke läßt sich sehr schön an der Äußerung demonstrieren, mit der er ein"al Adenauers Büro betrat: »Ich bringe Ihnen Grüße von einem toten Mann.« Auf Adenauers abwartenden Blick fuhr er fort: »Naja, tot ist er nicht, aber von der politischen Szene verschwunden. Robert Schuman ist soeben zurückgetreten[12].« Schuman war, bis de Gaulle fast zehn Jahre später Frankreichs Geschicke in die Hand nahm, der einzige Franzose, dem Adenauer wie einem Freund vertrauen konnte. François-Poncet wußte von der Freundschaft der beiden, und seine Bosheit war wohlgezielt.

Doch es war Adenauers Stärke, Kränkungen herunterzuschlucken – wenn sie von Franzosen kamen. Er hatte, schon dreißig Jahre ehe ihm François-Poncet begegnete, sich die deutsch-französische Verständigung zur Herzensangelegenheit gemacht. Er muß auch für dessen stachelige Scherze eine gewisse Bewunderung aufgebracht haben, und zur besonderen Genugtuung wird es ihm gereicht haben, daß sich François-Poncet mit Adenauers innenpolitischem Erbfeind Schumacher in eine wahre Vendetta verstrickte. Der französische Hochkommissar bezeichnete Schumacher als einen »faustischen Schizophrenen«, worauf Schumacher ihn beschuldigte, in der Zeit von 1933 bis 1939 am *appeasement* mitgewirkt und sich als Apostel der deutsch-französischen Verständigung ausgegeben zu haben, was er nun nach 1945 in wenig überzeugender Weise zum zweiten Mal versucht habe[13]. Darin steckte mehr als ein Körnchen Wahrheit.

Zu dem amerikanischen Hochkommissar John J. McCloy hatte Adenauer eine ganz andere Art von Beziehung, in der eine herzliche persönliche Freundschaft als entscheidendes, wenn auch unterschwelliges Element mitschwang. McCloys Frau war eine entfernte Verwandte von Adenauers zweiter Frau Gussi, doch scheint sich McCloy dieser Verbindung gar nicht bewußt gewesen zu sein, ehe er in Deutschland eintraf[14]. McCloy, mit dem man als einem Bankier eine verhältnismäßig ›unpolitische‹ Wahl getroffen hatte, fand Adenauer anfangs streng und zurückhaltend und »keineswegs abgeneigt, aus politischen Gründen hin und wieder etwas zu posieren[15]«. Doch Adenauer stimmte den Mann, der ganz offensichtlich seine und Deutschlands Probleme zu verstehen suchte und in praktischer Hinsicht zu Hilfe bereit war, bald milder. McCloy war von Adenauers Weisheit, Tapferkeit und angeborener Durchtriebenheit beeindruckt. Nur sehr selten machte Adenauer ihm gegenüber von seiner Ironie Gebrauch, wie zum Beispiel als McCloy ganz unbefangen Adenauer aufforderte, sich beim Betreten der Büroräume der Hohen Kommission auf dem Petersberg »ganz wie zu Hause« zu fühlen, worauf Adenauer sagte: »Na, wenn es so ist, Mr. McCloy, dann nach Ihnen, bitte[16]!«

Auf einem speziellen Gebiet war McCloy für Adenauer von besonderer Unterstützung. Die verschiedenen amerikanischen Regierungen hatten den Deutschen eine echte Chance zu wirtschaftlichem Fortschritt geben wollen; es erschien aber unsinnig, ihnen auf der einen Seite Marshall-Plan-Hilfe zukommen zu lassen, wenn man andererseits gleichzeitig die deutsche Industrie und den deutschen Handel allerlei Strafbestimmungen unterwarf. In seinen *Erinnerungen* führt Adenauer eine Aktennotiz seines persönlichen Beraters Herbert Blankenhorn vom 30. November 1949 an, die mit den Worten beginnt: »In jeder Sitzung, die Bundeskanzler Adenauer mit der Hohen Kommission hatte, brachte er immer wieder die Demontagefrage zur Sprache, stieß aber jedesmal auf eine absolut ablehnende Haltung[17].« Das stimmte nicht. Denn schon Anfang Oktober hatte McCloy angedeutet, daß die Demontagen in der Ruhrindustrie ›sinnlos‹ seien und daß man nichts weiter brauche als die Kontrolle des Militärischen Sicherheitsamts[18]. McCloy hatte keine Zeit verloren, die Ansicht seiner Regierung über diese Frage deutlichzumachen. Von diesem Zeitpunkt an wußte Adenauer, daß er in der Demontageangelegenheit auf die Sympathie der Amerikaner zählen konnte.

Gleich bei seiner ersten Sitzung mit den Hochkommissaren am 21. September 1949 erbat Adenauer für die Deutschen »eine wirtschaftliche Möglichkeit, ihren Lebensunterhalt zu verdienen«, internationale Hilfe bei der Lösung des Vertriebenenproblems und Fortschritte in Richtung auf eine europäische Föderation[19]. Beinahe auf der Stelle war er in umfangreiche Verhandlungen mit den Hochkommissaren über diese und andere Themen getreten. Diese führten zum sogenannten Petersberger Abkommen vom 24. November, demzufolge die alliierten Demontagen der deutschen Industrie wesentlich herabgesetzt wurden, im Austausch gegen Konzessionen von seiten der Bundesrepublik, die überwiegend optischer Natur waren. Die Vereinbarung war das Ergebnis harten Feilschens und war in erster Linie das Werk von Herbert Blankenhorn auf deutscher Seite und von Sir Christopher Steel auf seiten der Hochkommissare. Ihre einzelnen Bedingungen bedürfen der genaueren Untersuchung, denn immerhin war dies das erste Abkommen, das Adenauer bei seiner schrittweisen Annäherung an eine souveräne Stellung der Bundesrepublik erreichte.

Da sind zunächst einmal die von der Bundesrepublik gemachten Konzessionen. Adenauer verpflichtete sich, in vollem Umfang mit dem Alliierten Militärischen Sicherheitsamt zusammenzuarbeiten, um die Entmilitarisierung Deutschlands zu gewährleisten und aufrechtzuerhalten. Er hatte in dieser Frage keine Wahl: Das Sicherheitsamt würde in jedem Fall in irgendeiner Form seine Tätigkeit ausgeübt haben. Adenauer erkannte das ›Ruhrstatut‹ an. Auch hier hatte er keine andere Alternative. Es war einwandfrei günstiger für die Ruhrindustrie, wenn sie von einer Körperschaft verwaltet wurde, die unter anderen auch deutsche Mitglieder hatte, als von einer ohne solche. Freilich brachte die Annahme des Ruhrstatuts im Bundestag bombastische Wutausbrüche über Adenauers Haupt. Carlo Schmid von der SPD nannte das Statut »die Hand an der Gurgel Deutschlands« und behauptete, das Resultat werde der Nationalismus eines Kettenhundes sein[20]. Schumacher dagegen meinte, ausnahmsweise einmal in einer prosaischen Phase, das eigentliche Problem sei nicht die Internationalisierung der Ruhr, sondern die Internationalisierung Europas.

Nun sollte die Bundesrepublik auf alle erdenklichen Arten in Westeuropa integriert werden. Von alliierter Seite war davon die Rede, daß dieser Teil der Vereinbarung einen gewissen Verzicht auf die deutsche Unabhängigkeit mit sich bringe; der Bundesrepublik stand es jetzt frei, dem Europarat in Straßburg beizutreten und einer Reihe von internationalen Organisationen wie der Weltbank und dem Weltwährungsfonds. Sie durfte außerdem konsularische Vertretungen im Ausland errichten. Möglicherweise wollten die Hochkommissare die Bundesrepublik deshalb in Westeuropa integrieren, um zu verhindern, daß in der Zukunft ein wiedererstarkter deutscher Staat von neuem als eine potentielle Gefahr in Mitteleuropa auftauchte. Doch Adenauer wollte das in dem gleichen Maße wie sie.

Der unmittelbare Gewinn für die Deutschen aus dem Petersberger Abkommen lag auf wirtschaftlichem Gebiet. Siebzehn führende Industriewerke wurden von der Demontageliste gestrichen, drei weitere blieben so gut wie vollständig verschont, und in West-Berlin sollten die Demontagen ganz und gar eingestellt werden. Zum ersten Mal seit Kriegsende sollte es Westdeutschland auch wieder erlaubt werden, Ozeanschiffe sowohl für den eigenen Gebrauch wie für den Export zu bauen, wenn auch einige Einschränkungen in bezug auf die Tonnage und Geschwindigkeit weiterhin in Kraft blieben. Die Höhe der Stahlproduktion sollte zwar auf elf Millionen Tonnen im Jahr festgelegt bleiben, doch diese Ziffer war gerade erst vereinbart worden, nachdem sie vorher wesentlich niedriger angesetzt gewesen war[21]. Aber wie Adenauer selbst vermerkte, kam es am meisten auf »die psychologische Wirkung dieser Zugeständnisse an, auf die Entschlußfreudigkeit und den unternehmerischen Wagemut unserer führenden Wirtschaftler sowie auf die Einsatzbereitschaft unserer arbeitenden Menschen, ohne die wir einen Erfolg nicht erhoffen konnten[22]«.

Noch bedeutungsvoller war es, wie Adenauer am gleichen Tag in der Bundestagsdebatte hervorhob, daß die

Bundesrepublik zum ersten Mal als ebenbürtiger Partner behandelt worden war. Demungeachtet ergab sich eine sehr stürmische Debatte. Die SPD und die Kommunisten behaupteten, Adenauer habe zuviel aufgegeben und die 18 Millionen Ostdeutschen ganz außer acht gelassen. Die SPD war entrüstet, daß das Abkommen unterzeichnet worden war, ehe man den Bundestag überhaupt befragt hatte. Ein Sturm im Wasserglas erhob sich dann noch, als Adenauer den Text einer United-Press-Meldung verlas, wonach der Deutsche Gewerkschaftsbund in Düsseldorf das Abkommen als ein ernsthaftes Bemühen von seiten der Hochkommissare würdigte, den deutschen Bedürfnissen entgegenzukommen, und die Mitarbeit der Regierung am Ruhrstatut als richtig anerkannte. Adenauer bezeichnete die Agenturmeldung als ein ›Telegramm‹, Schumacher dagegen sofort als eine Fälschung und als ›objektiv und subjektiv unwahr‹. Das Sekretariat des Bundestags telefonierte mit dem Vorstand des Gewerkschaftsbundes und bekam die Auskunft, daß United Press seine Verlautbarung korrekt wiedergegeben habe.

Das verkündete Adenauer um drei Uhr früh am 25. November in der noch immer anhaltenden Debatte. Es führte zu einer wüsten Auseinandersetzung im Plenum, die darin gipfelte, daß Schumacher Adenauer ›Kanzler der Alliierten‹ nannte und, deswegen zur Ordnung gerufen und die Zurücknahme des Ausdrucks verweigernd, für zwanzig Tage von den Sitzungen des Bundestags ausgeschlossen wurde. Die ganze Galle, die in Schumacher aufwallte, hatte sich in diesem rasenden Aufschrei entladen; durch den offensichtlichen Erfolg Adenauers bei seinen Verhandlungen mit den Alliierten und durch die Tatsache, daß er selbst und seine Partei davon vollkommen ferngehalten worden waren, hatte sich sein Zorn zu unerträglichen Ausmaßen gesteigert. Zu seiner Entschuldigung muß gesagt werden, daß er ein Jahr zuvor gezwungen gewesen war, sich auch noch das linke Bein abnehmen zu lassen (seinen rechten Arm hatte er im Ersten Weltkrieg verloren). Seine ohnehin angegriffene Gesundheit war durch diesen Eingriff vollständig ausgehöhlt worden, man konnte ihn schon als einen Sterbenden betrachten. Es sollte auch erwähnt werden, daß Schumacher einige Tage später Adenauer eine schriftliche Entschuldigung schickte[23].

Im übrigen war Schumacher nicht der einzige, der übertreibende Äußerungen von sich gab. In Adenauers *Erinnerungen* steht der folgende Passus: »Nach dem Petersberger Abkommen konnte man in der Tat sagen, um die Worte von Robertson zu wiederholen, ›der Ring war gesprengt‹. Ich bin der Überzeugung, daß das deutsche Volk aus Not und Verzweiflung dem Kommunismus anheimgefallen wäre, wenn die Arbeitslosigkeit und das Elend weiter gestiegen wären, wenn der Funke von Hoffnung auf eine bessere Zukunft, den es noch hatte, durch das Nichtzustandekommen des Petersberger Abkommens erloschen wäre[24].« Die Not stieg damals nicht an, und es gab auch keine wirkliche Gefahr, daß sich das deutsche Volk dem Kommunismus ergeben würde; es hatte ihn in der Nazizeit als das schlimmste aller Übel betrachten gelernt, und er war auch weiterhin der leicht erkennbare Feind. Trotz alledem bleibt das Petersberger Abkommen eine wertvolle Leistung, nicht zuletzt dank der Geschwindigkeit und Reibungslosigkeit, mit der es ausgehandelt worden ist.

Nach Unterzeichnung des Abkommens konnte Adenauer seine Aufmerksamkeit zwei anderen Problemen von größerer Bedeutung zuwenden. Das erste waren die Beziehungen zu Frankreich, die jedoch erst in einem späteren Kapitel behandelt werden sollen. Das zweite betraf den Anteil der Bundesrepublik an der Verteidigung ihres eigenen Territoriums und Westeuropas. Beide Probleme sollten endloses Kopfzerbrechen verursachen und sich in letzter Instanz wechselseitig durchdringen.

Dazu muß man für einen Augenblick zu den Nöten und Ängsten der westlichen Alliierten im Jahr 1948 zurückkehren, als sie sich im Zustand der Para-Panik befanden, wie ein Gewährsmann es nannte, dem ein französischer Minister mitteile, die Russen würden im August schon in Paris sein[25]. Die Berliner Blockade war bedrohlich genug, um die akute Gefahr eines Weltkrieges heraufzubeschwören.

Zusätzlich übten die Russen – brutal, wenn auch nicht immer erfolgreich – Druck auf die Tschechoslowakei, die Türkei, Norwegen und Iran aus. Der NATO-Pakt, am 4. April 1949 unterzeichnet, war ein Defensivbündnis, und die Pläne der NATO, zur Verteidigung Westeuropas die notwendigen konventionellen Streitkräfte aufzubringen, waren eine bescheidene Anstrengung, verglichen mit der tatsächlichen bewaffneten Macht der Sowjets, die 200 Divisionen noch in voller Kriegsstärke unterhielten, von denen 25 allein in der vorgeschobenen Bastion Ostdeutschlands aufmarschiert waren. Angesichts der überaus aktiven kommunistischen Parteien in Frankreich, Italien und anderen westeuropäischen Ländern war die kommunistische Bedrohung der westlichen Demokratie schon eine Realität.

Adenauer konnte nicht verfehlen, an diese Drohung sorgfältige Überlegungen zu wenden. Einigermaßen naiv schreibt er in seinen *Erinnerungen:* »In der Auslandspresse wurde plötzlich im November 1949 die Frage der Wiederbewaffnung Deutschlands besprochen[26].« Auch er selbst hatte bereits begonnen, sie zu erörtern. Die erste Gelegenheit dazu scheint sich am 13. November geboten zu haben, als sich der amerikanische Außenminister Dean Acheson in Bonn befand. Achesons Botschaft an Adenauer war, daß Europa sich selber wirkungsvoller helfen müsse, wenn die Vereinigten Staaten Europa weiter unterstützen sollten. Höchstwahrscheinlich sondierte Acheson bei Adenauer wegen eines künftigen deutschen Verteidigungsbeitrages. Das war der ›Aufhänger‹ für das Interview, das Adenauer am 3. Dezember 1949 dem Korrespondenten des *Cleveland Plain Dealer,* John P. Leacacos, gab. Er sagte darin, daß er, obwohl er der Schaffung einer unabhängigen westdeutschen Armee oder deutscher ›Söldnerverbände‹ nicht zustimmen könne, die Möglichkeit eines deutschen Kontingents innerhalb der Armee einer europäischen Föderation zu prüfen bereit sei. Auf einer Pressekonferenz am 5. Dezember wiederholte Adenauer das in noch vorsichtigeren Wendungen, und dann noch einmal in der *Frankfurter Allgemeinen Zeitung* vom 7. Dezember.

Sein Umgang mit der Presse hatte etwas sehr Beunruhigendes. Er hatte die Gewohnheit angenommen, einen Versuchsballon aufsteigen zu lassen, indem er einem einzelnen Korrespondenten eine ›exklusive‹ Information gab, und zwar gewöhnlich einem nicht übermäßig bekannten oder für keine besonders wichtige Zeitung schreibenden Journalisten. Damit verschaffte er sich die Möglichkeit, auf eine seiner Ansicht nach geschickte Art und Weise die öffentliche Meinung zu sondieren, wobei ihm immer noch der Ausweg blieb, das Ganze als ein Mißverständnis und sich selbst als Opfer eines ungeschickten Reporters zu bezeichnen. Er wandte diese Taktik so oft in seiner politischen Laufbahn an, daß es sich um eine wohlüberlegte Berechnung handeln mußte. Bei dem vorliegenden Anlaß trat er dem unvermeidlichen Geschrei mit der Erklärung entgegen, seine Äußerungen seien ungenau wiedergegeben worden. Aber das Eis in der Frage der deutschen Wiederbewaffnung war damit gebrochen, und das war vermutlich alles, was er erreichen wollte.

Es stimmte allerdings, daß jetzt von einer Wiederbewaffnung Deutschlands die Rede war, denn der Geisteszustand der Para-Panik, von dem Kirkpatrick sprach, hatte auch lange nach Aufhebung der Berliner Blockade noch angehalten. Sir Winston Churchill hatte das Thema in allgemeinen Wendungen erörtert. Der ehemalige amerikanische Militärgouverneur, General Lucius Clay, war bei einer Rede an der Harvard-Universität am 20. November schon deutlicher geworden.

Selbst Feldmarschall Sir William Slim, der Chef des britischen Imperial General Staff, meinte Anfang Dezember, daß eine deutsche Wiederbewaffnung durchgeführt werden könnte (von ihm stammt im übrigen die Bezeichnung der Deutschen als ›blutrünstige Schafe‹).

Nachdem er sich einmal des Themas bemächtigt hatte, ließ Adenauer es nicht wieder fallen. Am 8. Dezember sagte er vor einer CDU-Versammlung in Düsseldorf, daß ein deutscher Beitrag zur Verteidigung Europas in keiner Weise die absolute Gegnerschaft des deutschen Volkes zum Krieg präjudiziere. Am 9. Dezember unterstrich er die Notwendigkeit, die Sicherheit der Bundesrepublik zu bewahren, speziell angesichts der Schaffung einer paramilitärischen ›Volkspolizei‹ in Ostdeutschland, die »nichts Geringeres darstelle als eine regelrechte Armee[27]«. Am 10. Dezember stellte er der *Neuen Zürcher Zeitung* die Frage: »Was ist die größere Gefahr, die russische Bedrohung der westlichen Welt oder die Existenz deutscher militärischer Kontingente im Rahmen der Streitkräfte anderer Nationen[28]?«

Am 16. Dezember sagte er vor dem Bundestag: »Auch wenn das Verlangen nach einem deutschen Beitrag zur Sicherheit Europas in einer unabdingbaren Weise von den Alliierten gestellt würde, käme die Aufstellung einer deutschen Wehrmacht nicht in Frage. Im äußersten Fall sei die Frage eines deutschen Kontingents im Rahmen der Armee einer europäischen Konföderation zu überlegen.«

Tatsächlich hatte Adenauer lange und gründlich über die Frage der deutschen Wiederbewaffnung nachgedacht und war zu dem Schluß gekommen, daß sie eine absolute Notwendigkeit sei. Er hatte drei gute Gründe dafür: erstens würde sie der Bundesrepublik mit der Zeit die politische Gleichstellung und Unabhängigkeit geben; zweitens würde sie Westdeutschland enger an den Westen binden; und drittens würde sie sowohl der Bundesrepublik selbst wie Westeuropa einen wirksameren Schutzschild verschaffen. Sein Vaterland stand schließlich genau an der Front des Kalten Krieges. Doch in bezug auf Prioritäten war Adenauer ganz einwandfrei festgelegt: »Auf dem Weg über die Wiederbewaffnung konnte die volle Souveränität der Bundesrepublik erreicht werden. Es war die Frage unserer politischen Zukunft schlechthin[29].«

Nach seinem Anfall von hektischer Aktivität im Dezember 1949 schien Adenauer jedoch plötzlich das Interesse an der Sache verloren zu haben. Doch war das nicht der Fall, vielmehr gab es für ihn eine Anzahl von Gründen, leisezutreten. Gewisse Teile der westlichen Presse, insbesondere einige britische Zeitungen, nahmen an, daß die Deutschen keinen sehnlicheren Wunsch hatten, als wieder die Uniform anzuziehen. Dem war keineswegs so, wenn es auch eine kleine Minderheit von Ex-Offizieren und Ex-Unteroffizieren gab, die eine militärische Laufbahn für die einzig erstrebenswerte hielten. Nach dem Ersten Weltkrieg hatten Leute dieses Schlages die Freikorps gebildet und waren später zur ›Grünen Polizei‹ oder zur Schwarzen Reichswehr gegangen, auf der Suche nach einem Ersatz für den regulären Militärdienst. Aber nach 1918 bestand eine sehr viel größere Bereitschaft, wieder zu den Waffen zu greifen, als nach 1945. Die Niederlage im Zweiten Weltkrieg war total und verheerend gewesen; selbst zwanzig Jahre später waren ihre Spuren noch nicht vollständig getilgt.

Die deutschen Frauen, die nach den Kriegsverlusten ungefähr 55 Prozent der Bevölkerung ausmachten, erinnerten sich einzig und allein der Schrecken und Entbehrungen des Krieges und nicht wie die Männer der Kameradschaft und der bewältigten Aufgaben. Die jüngere Generation war schon instinktiv gegen den Krieg und gegen das Militär eingestellt. Sie legte schnell einen Abscheu vor den alten hohltönenden Schlagworten wie ›Vaterland‹ und ›deutsches Schicksal‹ an den Tag und hatte nicht die geringste Lust, als Kanonenfutter zu dienen. Die Evangelische Kirche, die ein wachsendes Interesse an der Frage der deutschen Wiedervereinigung zeigte, erblickte in der Wiederbewaffnung ein Hindernis auf diesem Weg. Eine große Gruppe von Intellektuellen teilte diese Auffassung. Und unter den ehemaligen Frontkämpfern gab es eine heftige Reaktion auf Gamaschendienst und Schreibstubenmief, auf den ›Kommiß‹ oder ›Barras‹, und einer der erfolgreichsten Romane, der in Deutschland nach 1945 erschienen war,

Null-Acht-Fünfzehn von Hans Hellmut Kirst, verdankte seine vielen Auflagen der satirisch-parodistischen Schilderung des militärischen Lebens. Es gab einfach zu viele gediente Männer, die sich noch erinnern konnten, von Feldwebeln über den Kasernenhof gescheucht, in aussichtslose Kampfhandlungen verwickelt und als Kriegsgefangene erniedrigt worden zu sein.

Unter den politischen Parteien befürchtete die SPD, daß die Wiederbewaffnung die Neugeburt einer Militärkaste mit sich bringen würde, deren Überlegenheitsgefühl und Exklusivität sich noch negativer auswirken würde als die Härte und der perfektionistische Drill. Außerdem war sich die SPD jetzt ihrer pazifistischen Grundsätze bewußt, deren sie sich im August 1914 so leichtfertig entäußert hatte. Die FDP und die Deutsche Partei, die nach den Stimmen der ehemaligen Wehrmachtsangehörigen schielten, trauten sich an den Gedanken der Wiederbewaffnung nicht heran, solange frühere deutsche Soldaten noch von alliierten Gerichten wegen Kriegsverbrechen abgeurteilt wurden. Die Kommunisten waren natürlich leidenschaftlich gegen die Wiederbewaffnung, aus der klaren Erkenntnis, daß sich ihre russischen Herren und Meister vor keiner militärischen Kombination so zu fürchten hatten wie vor der Verbindung wohlgedrillter deutscher konventioneller Truppen mit amerikanischen Atomwaffen. Aber auch in der CDU gab es eine aktiv pazifistische Gruppe, wie Adenauer bald erfahren sollte. Außerdem machten sich die ersten ›neutralistischen‹ Strömungen bemerkbar, von denen einige sowjetisch inspiriert waren.

Im Frühjahr 1950 entschloß sich Adenauer, erst einmal ein bescheideneres Ziel anzusteuern als einen deutschen Beitrag zu einer europäischen Armee. Im Juni dieses Jahres schlug er die Schaffung einer Bundespolizeitruppe vor, die bewaffnet sein und zusätzlich zu den von den einzelnen Ländern unterhaltenen Polizeiverbänden hinzutreten sollte. An General Robertson, der im Begriff stand, Deutschland zu verlassen, wandte sich Adenauer zuerst. Er wies darauf hin, daß die Russen begonnen hatten, mit dem Ex-Nazi-General Hermann Reutsch seit Juli 1948 eine ›Volkspolizei‹ aufzubauen, die sie im Sommer 1949 schon auf eine Stärke von 48000 Mann gebracht hatten. Diese Truppe war in Form von bis zu 1200 Mann starken Einsatzstaffeln organisiert, kaserniert und mit Infanteriewaffen und leichten Panzern ausgestattet. 1950 hatte sie schon ihre eigene Flugaufklärung, ihr erstes vollmechanisiertes Regiment und einen neuen Kommandeur in Gestalt des furchterregenden Generals Wilhelm Zaisser, der unter dem Pseudonym ›General Gómez‹ in Spanien gekämpft hatte. Im Laufe der folgenden beiden Jahre sollte die Volkspolizei noch einmal verdoppelt und auf 100000 Mann gebracht werden sowie mittelschwere Panzer, Artillerie und ihr erstes YAK-Kampfflugzeug bekommen.

Robertson und sein politischer Berater Sir Christopher Steel waren bereit, Adenauers Gesuch nach einer etwa entsprechenden westdeutschen Truppe der britischen Regierung zuzuleiten[30]. Doch die britische Außenpolitik war alles andere als durchschlagend, und während Frankreich vorläufig nichts unternehmen wollte, waren die Vereinigten Staaten für eine Art Koppelungsgeschäft: Die Deutschen sollten ihren bewaffneten Beitrag zur Verteidigung Europas stellen, die Vereinigten Staaten ihre schon vorhandenen Divisionen in Europa verstärken, und General Dwight Eisenhower sollte Oberkommandierender in Europa werden[31]. Doch diesem Plan stand der britische Außenminister Ernest Bevin im Wege. Infolgedessen passierte nichts weiter, als daß die Hochkommission eine Verstärkung der Länderpolizei um insgesamt 10000 Mann genehmigte. In diesem Augenblick, Ende Juni 1950, brach der Korea-Krieg aus. Er rief tiefe Besorgnis bei den westlichen Alliierten und richtige Angst in Westdeutschland hervor. Schließlich war Deutschland, genau wie Korea, ein Zankapfel zwischen Ost und West, nur ein noch viel bedeutungsvollerer. Die Zonengrenze quer durch Deutschland bildete eine lange, kaum zu verteidigende Zickzacklinie. Und hinter ihr auf ostdeutschem Boden standen 25 Divisionen der Roten Armee, gegenüber knapp sieben alliierten Divisionen in der Bundesrepublik. Irgend etwas, so sollte man meinen, würde da getan werden müssen.

Im Juli 1950 beauftragte Konrad Adenauer den ehemaligen General Hans Speidel, der einmal im Afrikakorps Rommels zweiter Mann gewesen war, ein Memorandum über die äußere Sicherheit der Bundesrepublik auszuarbeiten. Am 14. August lag es vor, drei Tage nachdem Adenauer von einem Urlaub aus der Schweiz zurückgekehrt war (er war nach einer Lungenentzündung auf den Bürgenstock bei Luzern gegangen). Speidels Untersuchung ergab, daß das russische Übergewicht an konventionellen Waffen erdrückend war, daß eine nukleare Überlegenheit der Amerikaner nur bis 1952 gegeben war und daß man die NATO-Streitkräfte in Europa durch einen deutschen Beitrag von 15 Divisionen ›verfestigen‹ sollte, mit einer taktischen Luftwaffe und einer kleinen Kriegsflotte, alles innerhalb der nächsten zwei Jahre.

Adenauer glaubte ohne weiteres an Speidels Situationsanalyse, die in der Tat bemerkenswert genau und treffend war. Am 17. August 1950 wurde in der *New York Times* ein Interview veröffentlicht, in dem er von der Notwendigkeit eines westdeutschen militärischen Beitrags sprach, um ein Gegengewicht gegen die ostdeutsche ›Volkspolizei‹ zu bilden. Am selben Tag konfrontierte er die Hochkommissare mit dem Vorschlag einer »deutschen Verteidigungsmacht... in Form von freiwilligen Formationen bis zu einer Gesamtstärke von 150000 Mann[32]«. Er entwickelte dabei solche Eile – einen für Adenauer ganz ungewöhnlichen Zug –, daß er noch nicht einmal deutlichmachte, welche Form diese Freiwilligen-Armee annehmen sollte. François-Poncet vermutete, es sollte eine Art paramilitärische Polizeitruppe werden, und auf einer Pressekonferenz am 23. August bestätigte Adenauer, daß er genau das gemeint habe. Daß er diesmal ohne die ihm sonst eigene Bedachtsamkeit und Sorgfalt gehandelt hatte, läßt sich an der

Bemerkung erkennen, die er am 17. August den Hochkommissaren gegenüber machte. McCloy hatte ihn gefragt, ob er denn 150000 Freiwillige aufbringen könne, wenn die SPD gegen das Ganze sei, worauf Adenauer antwortete, er habe die Angelegenheit schon mit Schumacher durchgesprochen und »aus verschiedenen Gesprächen Hochachtung vor dem Urteil Schumachers gewonnen[33]«. Wenn sich das wirklich zugetragen hatte, so war es ein überraschenderes Ereignis als die Verwandlung von Saulus in Paulus auf dem Wege nach Damaskus.

Am 29. August handelte Adenauer noch einmal ohne die gewohnte Umsicht. Er hatte einen inneren Zusammenhang erspürt zwischen dem deutschen bewaffneten Beitrag und der allmählichen Verwässerung der ohnehin schon abgewandelten ›Besetzung‹ durch die Alliierten. In höchster Eile wurde ein Memorandum aufgesetzt, das den Wunsch nach einem deutschen militärischen Beitrag zur europäischen Armee mit dem Vorschlag verband, die Hochkommissare in Botschafter zu verwandeln, so daß die Bundesrepublik in normale diplomatische Beziehungen zu ihren westlichen Partnern treten konnte. Adenauer gab in dem Memorandum zu verstehen, es sei doch ›grotesk‹, wenn sich die Bundesrepublik immer an eine ›Dreifaltigkeit‹ zu wenden habe, statt an die Vertreter dreier befreundeter Mächte.

Das Memorandum war soweit in Ordnung; die drei Hochkommissare hatten schon lange den Spitznamen der ›unheiligen Dreieinigkeit‹ bekommen, ganz wie der Petersberg die Bezeichnung ›Monte Veto‹. Aber es war zu bedenken, daß eine Konferenz der westlichen Außenminister für den 12. September in New York angesetzt war und McCloy, im August amtierender Vorsitzender der Hochkommission, im Begriff war, zu den Vorbesprechungen dorthin abzureisen. Deshalb schickte Adenauer einen Sonderkurier nach Frankfurt, um McCloy noch vor der Abreise zu erwischen. Man schrieb schon den 30. August, und am 1. September übernahm François-Poncet den Vorsitz, der,

Der Rosenzüchter Adenauer in seinem Rhöndorfer Garten

Die Bundesrepublik wird souverän: Am 5. 5. 1955 unterzeichneten die Hohen Kommissare der drei Westmächte eine Proklamation über die Aufhebung des Besatzungsstatuts und der alliierten Kommissariate in der Bundesrepublik. Hinterlegung der Ratifikationsurkunden durch James B. Conant (links), dem Hochkommissar der USA.

Rechts oben:
John Foster Dulles und Konrad Adenauer unterzeichnen am 29. Oktober 1954 das deutsch-amerikanische Freundschafts-, Handels- und Schiffahrtsabkommen

Rechts unten:
Unterzeichnung der Pariser Verträge im Oktober 1954. Von links nach rechts: Bundeskanzler Adenauer, der amerikanische Außenminister John Foster Dulles, der französische Ministerpräsident Pierre Mendès-France und der britische Außenminister Sir Anthony Eden

Besuch in Moskau im September 1955:
Adenauer zwischen Bulganin und Chruschtschow

wie Adenauer genau wußte, das Memorandum erst einmal aufhalten würde, da Frankreich noch immer gefühlsmäßig gegen jede Form der deutschen Wiederbewaffnung war.

Der Kurier kam rechtzeitig an, und Adenauers Memorandum wurde in Washington gelesen, ja, es trug sogar schnell Früchte. Am 19. September sprach das Kommuniqué der Außenministerkonferenz der Westmächte von einem ›neuen Schritt‹ auf dem Weg zur Rückkehr Westdeutschlands in die Völkergemeinschaft, sagte eine Revision des Besatzungsstatuts voraus und ließ durchblicken, daß die Bundesrepublik bald selbst einen Außenminister haben würde. Die Außenminister verlangten nur, daß die Bundesrepublik die Vorkriegs- und Nachkriegsschulden anerkennen und sich dazu bereit finden sollte, militärisches Gerät und Material für die Sache der europäischen Sicherheit in einen gemeinsamen Fonds zusammenzutun. Das war alles sehr erfreulich, aber Adenauer hatte in der Eile vergessen, seinem Kabinett über sein Vorhaben irgend etwas mitzuteilen. Sein Innenminister, Gustav Heinemann, war ein strikter Gegner der Wiederaufrüstung in jeglicher Form. Er bot Adenauer am 4. September seinen Rücktritt an, den dieser nicht akzeptieren wollte. Doch am 11. September bestand Heinemann auf seinem Ausscheiden aus der Regierung. Er brachte noch einmal seine Ablehnung der Wiederaufrüstung zum Ausdruck, doch ist durchaus möglich, daß ihn Adenauers Nichtachtung für seine Gefühle und die aller anderen, die man erst hätte überzeugen müssen, in noch stärkerem Maße verärgert hat.

Heinemann war ein grundsätzlicher Pazifist. Außerdem ging es ihm sehr ernsthaft darum, Mittel und Wege zu finden, um eines Tages die deutsche Wiedervereinigung zu ermöglichen. Er erkannte ganz richtig, daß die westdeutsche Wiederaufrüstung ein unwiderruflicher Schritt war. Die westlichen Alliierten, die nicht willens waren, die erforderlichen konventionellen Streitkräfte zu ihrer eigenen Verteidigung aufzubringen, konnten diese Sache nicht wieder rückgängig machen. Damit war Westdeutschland unmißverständlich in das westliche Lager eingereiht, im Rahmen einer Ost-West-Konfrontation, die wahrscheinlich eine Generation oder noch länger anhalten würde. Heinemann schied damals zunächst aus dem politischen Leben ganz aus, gründete dann eine eigene neutralistische Partei[34] und schloß sich schließlich der SPD an, als deren Mann er wieder Minister und 1969 Bundespräsident wurde.

Adenauer mochte meinen, daß er froh sein konnte, Heinemann, der sich schon zu einem Dorn in seinem Fleisch ausgewachsen hatte, losgeworden zu sein. Heinemann hatte ihn schon mit der Äußerung erzürnt, Gott habe »den Deutschen schon zweimal die Waffen aus der Hand geschlagen«, und die Bundesrepublik solle sich nicht gegen den »Willen Gottes« auflehnen. Adenauer hatte darauf nach seinem eigenen Bericht geantwortet, daß nach seiner Auffassung »Gott uns den Kopf zum Denken gegeben habe und die Arme und Beine, um damit zu handeln[35]«. Doch war Adenauer sicherlich im Unrecht, wenn er behauptete, daß Heinemann »in einem Augenblick der Erregung« zurückgetreten sei. Heinemann war ein nüchterner und ernsthafter Mensch, und sein Rücktritt bezog sich auf seiner Meinung nach äußerst wichtige Fragen der Politik und die schlechte Behandlung des Kabinetts.

Die Heinemann-Krise ging schnell vorbei. Adenauer scheint keinen weiteren Gedanken mehr darauf verschwendet zu haben, so vertieft war er in das Problem der Wiederbewaffnung. Seit Großbritannien sich im Prinzip damit abgefunden hatte, daß Deutschland einen Beitrag zur Verteidigung leistete, hing jetzt vieles von der Haltung Frankreichs ab. Da Frankreich noch von seinen kolonialen Sorgen gepeinigt und nicht imstande gewesen war, mehr als eine ›Schattendivision‹ für die NATO-Kräfte auf deutschem Boden abzustellen, wußte er nur zu gut, daß sein Widerstand gegen alle Vorschläge für eine deutsche Wiederbewaffnung zur Folge haben könnte, die Amerikaner militärisch zum Auszug aus einem offensichtlich nicht verteidigungswilligen Europa zu veranlassen. Fünfzehn

Jahre später hätte de Gaulle eine solche Gelegenheit, gleich zwei Fliegen mit einer Klappe zu schlagen, in vollen Zügen genossen; doch die verschiedenen Regierungen der Vierten Republik waren schwach und ihrer selbst unsicher. Frankreich machte infolgedessen seine eigenen, in dem sogenannten Pleven-Plan vom 24. Oktober 1950 verkörperten Vorschläge (nach dem damaligen Ministerpräsidenten René Pleven benannt). Dieser sah ›gemischte Divisionen‹ vor, in denen die deutschen Kontingente Kompaniestärke nicht überschreiten sollten, mit anderen Worten, Europas Verteidigung sollte in den Händen einer Art europäischer Fremdenlegion liegen.

Es lohnt sich nicht, viele Worte über den Pleven-Plan zu verlieren. Er war in höchstem Maße undurchführbar und wirft auf die französische Nationalversammlung, die ihn angenommen hatte, kein gutes Licht. Allein von der sprachlichen Verständigung her wäre mit den gemischten Divisionen nicht zu arbeiten gewesen. Dazu wären dann noch die Probleme der personellen Zusammensetzung, Befehlsgebung und Ausrüstung gekommen. Das wurde schon von dem französischen Verteidigungsminister Jules Moch auf der NATO-Ministertagung am 28. Oktober 1950 in Washington hervorgehoben. Doch Großbritannien verhielt sich noch immer abwartend gegenüber dem Gedanken eines deutschen Verteidigungsbeitrages, und so wurde auf einer weiteren NATO-Tagung in Brüssel am 18./19. Dezember beschlossen, die Möglichkeit der gemischten Divisionen noch einmal zu überprüfen, auf der Grundlage eines Vorschlages des amerikanischen NATO-Botschafters Charles Spofford, der *combat teams* von 5000 bis 6000 Mann Stärke ins Auge faßte. Die Weihnachtspause trat ein, ohne daß eine Entscheidung erreicht worden wäre.

Während dieser Zeit des ewigen Hin und Her bewahrte Adenauer seine Ruhe und Geduld. Seine Fähigkeit, die Gedanken des ›einfachen Mannes von der Straße‹ zu erahnen, hat sich zu keinem Zeitpunkt deutlicher gezeigt. Trotz der Kampagne gegen die Wiederbewaffnung, die von der

SPD und führenden Vertretern der evangelischen Kirche, wie Pastor Niemöller, entfesselt wurde, spürte Adenauer, daß sehr viele Deutsche sich langsam zu der Überzeugung durchgerungen hatten, es sei logisch richtiger, wenn sie sich an ihrer eigenen Verteidigung beteiligten, insbesondere wenn dies der Bundesrepublik politische Vorteile einbrachte. Die SPD betrieb eifrig die ›Ohne mich‹-Bewegung, doch gab es Anzeichen dafür, daß ihre Haltung in der Wiederbewaffnungsfrage nicht mehr so starr war wie zuvor. Im September erklärte Schumacher in Stuttgart, die Deutschen seien wieder bereit, Waffen zu tragen, wenn die Westalliierten bei der Abwehr eines sowjetischen Angriffs die gleichen Chancen und Risiken übernähmen, indem sie sich in größtmöglicher Stärke an der Elbe installierten[36]. Die Wiederbewaffnung war eben eine praktische Angelegenheit, die sich nicht allein auf prinzipieller Basis entscheiden ließ.

Den Hochkommissaren erkärte Adenauer, daß sich die ›negative‹ Haltung des deutschen Volkes überwinden ließe, wenn die Bundesrepublik ihre Unabhängigkeit zurückbekäme. Daß er die Entschlossenheit der SPD und die Wirkungskraft ihrer Argumente anführen konnte, kam ihm sehr gut zupaß. In einer Reihe von Reden und Interviews drängte er auf sofortige Ablösung des Besatzungsstatuts durch ein System von Verträgen und auf die Anerkennung der absoluten Gleichstellung der Deutschen bei der gemeinsamen Verteidigung Europas. Im Oktober 1950 beauftragte er die ehemaligen Generäle Hans Speidel und Adolf Heusinger[37], die Möglichkeit eines 500000 Mann starken deutschen Heeres im Rahmen der europäischen Verteidigung zu überdenken. Am 22. Dezember benannte er diese beiden Männer zusammen mit dem ehemaligen Oberst Johann Graf von Kielmansegg und dem Gewerkschaftler Theodor Blank[38], einem CDU-Mitglied, als Mitglieder eines ›engeren Ausschusses für Verteidigungsfragen‹. Und er wies scharf zwei sowjetische Noten vom 3. November und 1. Dezember zurück, in denen er beschuldigt wurde, das

Potsdamer Abkommen verletzt, alle Aussicht auf Viermächteverhandlungen über Deutschland zunichte gemacht und die militärische Aggression vorbereitet zu haben.

In den ersten Monaten des Jahres 1951 hielt Adenauer seinen ständigen Druck auf die Hochkommissare aufrecht, Gespräche über die Revision oder Ablösung des Besatzungsstatuts einzuleiten. Er war im Besitz eines neuen Arguments, von dem er beharrlich Gebrauch machte. Die CDU hatte bei den Landtagswahlen in Schleswig-Holstein, Württemberg-Baden und Bayern Stimmen und Sitze verloren, was nach seiner Behauptung deutlich zeigte, daß die ›Erfüllungspolitik‹ zunehmend unpopulär wurde, weil sie keine hinreichende Dividende zahlte. In Bayern war eine Flüchtlingspartei (der BHE) auf den Plan getreten, die 10 Prozent der Stimmen auf sich vereinigen konnte. Der politische Extremismus war im Begriff, so folgerte Adenauer, zu einer Gefahr zu werden. Am 6. März 1951 revidierten die Hochkommissare das Besatzungsstatut. Die wichtigste Änderung war, daß die Bundesrepublik von nun an ihre auswärtigen Angelegenheiten selber regeln sollte. Entsprechend wurde Adenauer – am 15. März – zusätzlich zu seinem Kanzleramt Bundesaußenminister und sollte von nun an die auswärtigen Beziehungen auf zwei verschiedenen Ebenen führen: einmal durch seinen Kontakt mit den Hochkommissaren und zweitens (mit Ausnahme Großbritanniens, Frankreichs und der Vereinigten Staaten) über die normalen diplomatischen Kanäle.

Auf dem Weg zur westdeutschen Souveränität war dies ein gewaltiger Schritt nach vorn. Ein zweiter folgte am 2. Mai 1951 in Gestalt der Aufnahme der Bundesrepublik als vollberechtigtes Mitglied in den Europarat. Adenauer sah darin, wie er später schrieb, »eine Bestätigung meiner Politik der zähen Geduld«. Im Anschluß an diese Bemerkungen teilte er schnell noch Schumacher einen Seitenhieb aus: »Nicht die Politik des Faustschlags auf einen noch gar nicht erreichten Verhandlungstisch, sondern die unermüdliche Bekundung eisernen Willens zur Mitarbeit an der Sicherung des Friedens und des sozialen Fortschritts in Europa hatte... uns jenes Maß an Souveränität wiedergebracht[39] ...«

Und was noch wichtiger war, am 10. Mai 1951 begann eine neue, anhaltende und entscheidende Reihe von Gesprächen zwischen Adenauer und den Hochkommissaren auf dem Petersberg. Der Zweck dieser Gespräche war kein geringerer als die Beendigung der alliierten Besatzung und die Ablösung des Besatzungsstatuts durch vertragliche, mit Hilfe freier Übereinkunft erzielte Abkommen zwischen der Bundesrepublik und den drei Westmächten. Freilich gingen allein Wochen mit langatmigen Vorbesprechungen, besonders über Fragen der Tagesordnung, hin. Die Sommerferien kamen dazwischen. Während Adenauer wieder seinen Urlaub auf dem Bürgenstock in der Schweiz verbrachte, holte er seine Berater zusammen, um mit ihnen die Einzelheiten einer vertraglichen Abmachung und eines etwaigen wechselseitigen Sicherheitsabkommens zwischen der Bundesrepublik und den Westmächten durchzusprechen. Konkrete Fortschritte waren endlich zu erwarten, als die drei Außenminister vom 10. bis 14. September in Washington zusammentrafen und beschlossen, daß am 24. September die Gespräche auf dem Petersberg beginnen sollten, mit dem Ziel, die Bundesrepublik in die ›Europäische Verteidigungsgemeinschaft‹ einzubringen und das Besatzungsstatut abzulösen.

Adenauer war nach seinen eigenen Worten gewillt, in diese Verhandlungen einzutreten, »unter Berücksichtigung der großen Gesichtspunkte, die für unsere Entscheidung maßgebend sein mußten. Ich ging in diese Verhandlungen hinein mit Optimismus und mit Vertrauen[40]«. Diese Gespräche waren der dritte und entscheidendste Schritt auf dem Weg zur westdeutschen Souveränität; der erste war die Errichtung eines westdeutschen Staates, der zweite das Petersberger Abkommen vom 24. November 1949. Die am 24. September 1951 beginnenden Verhandlungen waren die schwierigsten, die Adenauer bisher geführt hatte, und sollten sich bis weit in das Jahr 1952 hinziehen.

Dafür gab es sehr gute Gründe, unter denen der erste und bei weitem wichtigste war, daß die Westmächte sich zwar der deutschen Zustimmung zu einem Abkommen zu versichern suchten, das unweigerlich einige unwillkommene Sanktionen gegen eine Nation enthalten mußte, die sich der Entfesselung eines für sie durch Niederlage beendeten Krieges schuldig gemacht hatte, daß aber die gleichen Westmächte eben jene Nation aufforderten, zur Verteidigung ihrer Eroberer zugleich mit der ihrer eigenen Interessen zu den Waffen zu greifen. Diese Tatsache gab Adenauer beträchtlichen Spielraum zu Verhandlungen.

Den Westmächten war das anfangs noch gar nicht klargeworden, und die ersten Vertragsentwürfe, die sie anboten, waren infolgedessen unannehmbar. Sie brauchten eine ganze Weile, ehe sie begriffen, daß die Bundesrepublik als gleichgestellter Partner mit ihnen verhandelte, und wurden durch die Geschicklichkeit aus dem Tritt gebracht, mit der Adenauer – ein zweiter Grund für die Verhandlungsdauer – die schwer erfüllbaren Wünsche seiner Koalitionspartner von der FDP ins Spiel brachte, oder auch die weit radikaleren Forderungen der SPD.

Der dritte Grund für die Länge der Verhandlungen war der vielseitige Inhalt der westlichen Vorschläge. Die Militärregierung hatte sich mit beinahe jedem Aspekt des deutschen Lebens beschäftigt, daraus ergab sich unvermeidlich eine Tendenz, sich an einigen Besatzungsvorrechten festzuklammern, nachdem man andere preisgegeben hatte. Zuletzt kam man zum Abschluß von fünf einzelnen Verträgen. Der ›Dachvertrag‹ umriß die Absichten der Westmächte, ihre Treuhandschaft für Berlin und ihre Vorrechte in der Behandlung aller Fragen, die sich auf Deutschlands Beziehungen zur Sowjetunion erstrecken.

Als die Verhandlungen im Mai 1952 beendet wurden, schrieb eine britische Zeitung, daß speziell der dritte Vertrag die Stacheln und Strafbestimmungen enthalte, die dank der Grausamkeiten und Ungerechtigkeiten der Nazizeit und des Krieges jeder Vertrag mit den Deutschen enthalten müsse. »In alle solche Abmachungen müssen ganze Berge von alliierten Gesetzen hineingeschrieben werden – die Zerschlagung der industriellen Kartelle, die Wiedergutmachung für die Opfer des Naziregimes, die Stellung der Kriegsverbrecher, die Sicherung der nichtdeutschen industriellen Interessen und so weiter. Im Vergleich dazu hatten die Staatsmänner in Versailles es noch leicht, auch weil sie nicht bei jedem Schritt bedenken mußten, daß sie es mit einem geteilten Land zu tun hatten und daß sie mit keiner ihrer Handlungen die Aussichten dieses Landes, je wiedervereinigt zu werden, präjudizieren durften[41].«

Der Verfasser dieses Artikels lieferte gleich ein groteskes Beispiel für das Insistieren der Deutschen darauf, daß der Vertrag absolut ›fair‹ sein müsse. Mehrere deutsche Zeitungen hätten, so schreibt er, die angebliche Äußerung eines Beamten nachgedruckt, wonach kein amerikanischer Soldat auch nur eine Zigarette mehr als der künftige deutsche Soldat bekommen dürfe, »denn eines Tages könnte der eine neben dem anderen in demselben Fuchsloch stecken und der Deutsche nichts zu rauchen haben«! Glücklicherweise ließ sich Adenauer bei den Verhandlungen mit seinen westlichen Partnern nicht auf das Thema der möglicherweise ungestillten Bedürfnisse auf relativ unwichtigen Gebieten ein, sonst hätten sich die Palaver wohl noch länger hingezogen. Doch alle Meinungsverschiedenheiten von entscheidender Bedeutung kämpfte Adenauer mit ungeheuerlicher Zähigkeit durch.

Es wäre ermüdend, sich hier mit allen Einzelheiten der Verhandlungen zu beschäftigen, die schließlich in den Verträgen endeten, die man gemeinhin als die Bonner und Pariser Abkommen vom 26. und 27. Mai 1952 bezeichnet. Im Verlauf der Unterhandlungen machte Adenauer Reisen nach Rom, Paris und London. Von dem Besuch in Paris soll in einem späteren Kapitel die Rede sein; der in London hätte ein denkwürdiger Meilenstein sein können. Im Oktober 1951 war Churchill Premierminister geworden. Adenauer muß sehr erfreut gewesen sein, daß die insulare, linkische und deutschlandfeindliche Labour-Regierung verschwunden war. Der Adenauer-Besuch war der erste eines deutschen Regierungschefs seit dem Brünings im Jahr 1931.

In seiner unmittelbaren und unverblümten Weise hatte Churchill beschlossen, daß England jetzt mit den ›guten‹ Deutschen Freundschaft schließen müsse. Nach Adenauers Ankunft äußerte er sich in Wendungen, die einem katholischen Rheinländer unbedingt gefallen mußten. Er fragte Adenauer, ob er ein Preuße sei, was Adenauer verneinte. Churchill bemerkte darauf, daß die Preußen ›Bösewichte‹ seien, und nichts konnte in Adenauers Ohren lieblicher klingen; er ließ einfließen, daß sein größter politischer Gegner, Schumacher, ein Preuße sei[42]. Bei diesem Gedankenaustausch wurde leider das große Paradox der deutsch-englischen Beziehungen außer acht gelassen, daß nämlich die Briten während der letzten anderthalb Jahrhunderte ganz vergessen haben, daß gerade die Deutschen, die sie am besten verstehen und bereit wären, sie noch viel besser zu verstehen, eben jene Preußen sind, die Churchill als ›Bösewichter‹ eingestuft hatte.

In London und Oxford gab es während Adenauers Besuch ein paar matte antideutsche Demonstrationen. Sie bedeuteten nicht viel gegenüber der Tatsache, daß der offensichtlich schwerkranke König Georg VI. die Mühe nicht scheute, mit Adenauer zusammenzutreffen und ihn sehr liebenswürdig zu behandeln, und daß Churchill spontan freundlich und entgegenkommend war[43]. Doch Adenauer fügt dem allen in seinen *Erinnerungen* noch ein bezeichnendes Postskriptum hinzu. Er beschreibt, wie er bei einer späteren Gelegenheit eine weitere Unterredung mit Churchill hatte und wie dieser auf der Rückseite einer Speisekarte eine Zeichnung von der ganzen westlichen Zivilisation machte[44]. Er malte drei einander überlappende

Kreise, die ein geeintes Europa, Großbritannien mit dem Commonwealth und die Vereinigten Staaten darstellen sollten. An dieser britischen Haltung, so bemerkt Adenauer dazu ziemlich geheimnisvoll, habe sich nichts geändert. Womit er wahrscheinlich sagen wollte, daß England noch immer nicht europäisch dachte oder fühlte. Das war schon lange seine festeingewurzelte Ansicht gewesen.

Unter Churchill und Sir Anthony Eden, dem späteren Lord Avon, schon damals Kronprinz der konservativen Regierung, trat Großbritannien an die Bonner und Pariser Verträge einigermaßen vertrauensvoll heran. Sie bedeuteten gewisse Opfer – die Besatzungskosten konnten in Zukunft nicht einfach erhoben werden, sondern mußten ausgehandelt werden, die alliierten Kontrollorgane wie die Militärische Sicherheitsbehörde wurden abgeschafft, die Beschränkungen für die deutsche Wirtschaft wurden beseitigt und die deutsche Konkurrenz auf dem Weltmarkt dadurch zweifellos intensiviert. Die Hochkommissare wurden zu Botschaftern. Großbritannien aber würde rein militärisch nichts mit der Bundesrepublik zu tun haben, denn es würde ja nicht zu der erst zu schaffenden Europäischen Verteidigungsgemeinschaft gehören. Wohl aber Frankreich, und bis zur letzten Minuten hatte die französische Regierung gezögert, die Vereinbarungen zu unterschreiben. Typisch für diese Bedenken war eine Stellungnahme, die am 25. Mai 1952, also nur einen Tag vor der Unterzeichnung des Bonner und zwei Tage vor der des Pariser Vertrages, von dem alten und erfahrenen französischen Sozialisten Edouard Herriot kam: »Ich bin über die Wiederbewaffnung Deutschlands sehr beunruhigt. Wenn wir so überzeugt sein würden, daß Deutschland seine unterschriebenen Verpflichtungen einhalten wird, wie wir von seinem Willen überzeugt sind, seine alte Größe wiederherzustellen, würden wir keine Unruhe verspüren. Aber die mit ihm auf dem Papier vereinbarten Verpflichtungen sind ungenügend ... Ich flehe mit all meiner Überzeugungskraft unsere amerikanischen Freunde an, uns nicht in eine Reihe derartiger Experimente zu ziehen, deren schmerzlicher und machtloser Zeuge ich zwischen den beiden Kriegen war. Man sagt, daß die Amerikaner Geschäftsleute sind. Dies stimmt nicht. Sie sind Idealisten, und zwar von einem leicht naiven Idealismus[45]...«

Die Regierung der Vereinigten Staaten hatte in der Tat ihre Entscheidung schon getroffen. Eden war Acheson dabei behilflich, die Befürchtungen der Franzosen zu zerstreuen, wenigstens vorläufig[46]. Die Verträge wurden wie geplant am 26. Mai in Bonn und am 27. Mai in Paris unterzeichnet. Nachdem der Pariser Vertrag unterschrieben worden war, gab Großbritannien noch eine zusätzliche Versicherung ab, der Europäischen Verteidigungsgemeinschaft zu Hilfe kommen zu wollen, falls sie oder einer ihrer Teile Gegenstand eines bewaffneten Angriffs sei. Dieser dem Anschein nach bescheidene Beitrag war nichtsdestoweniger für die englische Geschichte ein einzigartiges Ereignis. In Bonn wurden weder Flaggenschmuck angelegt noch Feuerwerke abgebrannt. Die Stimmung einer berechtigten Genugtuung wurde gedämpft durch die Überlegung, daß Deutschland genauso geteilt blieb wie zuvor, vielleicht dank der ausdrücklich angekündigten Wiederbewaffnung sogar in noch stärkerem Maße. Die SPD sprach sich, ohne sich etwas Besonderes einfallen zu lassen, gegen die Verträge aus; ein Beobachter verglich die Haltung der Partei mit der »eines hungrigen Menschen, der eine ordentliche Mahlzeit ablehnt, nur weil er sie sich nicht selbst bestellt hat[47]«.

Der gleiche Beobachter hatte vorher schon die Gründe für Adenauers Erfolg analysiert: Er hatte sich erreichbare Ziele gesteckt – die Errichtung einer handlungsfähigen Regierung, die Wiedergewinnung der Souveränität und die Integration der Bundesrepublik in das ›Europa Karls des Großen‹ –, und er war an seine Aufgabe mit einem Gespür für historische Perspektiven, einer stets gleichbleibenden politischen Mäßigung und dem Verzicht auf alle tönenden Phrasen und nur der Selbstbestätigung dienenden Gesten herangegangen. Und das Ganze war die Leistung eines Mannes, »dessen Name noch nicht einmal in der Auflage eines deutschen *Wer ist wer?* von 1948 stand, die ganze Spalten an obskure Stadträte und nur mäßig erfolgreiche Schauspieler verschwendete[48]«.

Noch ein weiterer Grund für Adenauers Erfolg war, daß die Lage der Bundesrepublik, wenngleich heikel, im wesentlichen eine einfache Sache war: Ohne die Unterstützung und das Verständnis der Westmächte konnte nichts erreicht werden. Adenauer hatte ein besonderes Talent, den einfachsten Weg aus seinen Problemen zu suchen und zu finden. Er hatte im Kalten Krieg sein Heil ohne jeden Vorbehalt beim Westen gesucht, die Führungsrolle der Vereinigten Staaten anerkannt und in der Verständigung mit Frankreich die Grundlage für ein geeintes Europa erblickt, wovon im nächsten Kapitel noch mehr zu berichten sein wird. Bei dieser Gelegenheit jedoch sollte man den Hochkommissaren ein Lob spenden, die im großen und ganzen ein bemerkenswertes Verständnis für die tatsächliche Situation und im Umgang mit Adenauer und dessen Beratern ein hohes Maß an Takt bewiesen haben. Der französische Außenminister Robert Schuman hat einmal gesagt, daß wohl zu keinem Zeitpunkt der Geschichte Männer mit solchem Eifer an ihrer eigenen Abschaffung mitgewirkt hätten[49].

Fast genau zur Stunde von Adenauers Triumph starb sein großer Gegner Kurt Schumacher – am 22. August, während Adenauer seinen wohlverdienten Urlaub in der Schweiz verbrachte. Er zollte Schumachers Patriotismus den angemessenen Tribut: »Trotz mancher Differenzen in unseren politischen Vorstellungen waren wir uns dennoch einig in unserem gemeinsamen Ziel, alles nur Mögliche für das Wohl unseres Volkes zu tun[50].« In Wirklichkeit war Schumacher bis zum Schluß ein rechtes Ärgernis gewesen. Im Januar 1952 hatte er vor dem Bundesverfassungsgericht in Karlsruhe eine Klage angestrengt, um die Wiederbewaffnung als nicht verfassungsmäßig zu erklären, so daß sie eine Verfassungsänderung und damit eine Zweidrittelmehrheit im Bundestag erfordert hätte. Dieser Verfassungsstreit sollte sich bis März 1952 hinziehen. Selbst nachdem die Verträge unterzeichnet waren, weigerte sich Schumacher, seine totale Opposition dagegen aufzugeben, die ihn zu dem unbeherrschten Ausruf veranlaßt hatte: »Wer für den Generalvertrag ist, ist kein Deutscher mehr!«

Doch solche verbalen Ausschreitungen sollten einem die Einsicht in Schumachers Verdienste um das Nachkriegsdeutschland nicht versperren. Seine integre moralische Haltung und sein unerschrockener Mut haben viel dazu beigetragen, jede Abwanderung aus den Reihen der SPD zum Kommunismus zu verhindern. In einem beklagenswert demoralisierten Land lieferte er ein Beispiel an persönlicher Rechtschaffenheit, Bürgerstolz und Zuversicht, und furchtlos sprach er sich gegen alles von der Sowjetunion begangene Unrecht aus – die neuen Konzentrationslager in der Ostzone, die Verweigerung der Rückkehr von Hunderttausenden von Kriegsgefangenen, die Verletzungen der Menschenwürde und das Herumtrampeln auf den primitivsten Menschenrechten. Er widersetzte sich der Vereinigung von SPD und KPD unter sowjetischer Ägide und spielte insofern eine wichtige Rolle bei der Erhaltung West-Berlins.

Schumacher war ein *zoon politicon* und wirkte, als lebe er überhaupt nur für die Politik. Die taktischen Fehler, die er vielleicht beging, können niemals sein tapferes Einstehen für die Freiheit des Menschen verdunkeln. Physisch durch die Verfolgungen der Nazis gebrochen, schwer angeschlagen durch die schlechte Behandlung, die ihm und seiner Partei seiner Meinung nach durch die Alliierten zuteil wurde, zutiefst bekümmert, daß er nicht imstande war, alle an einem neuen goldenen Zeitalter sozialer Gerechtigkeit teilhaben zu lassen, starb er als ein bitter enttäuschter Mann.

9

Der schwere Weg zum Rapprochement

Hier müssen wir zeitlich zurückgreifen. Während Adenauer über die Souveränität und Unabhängigkeit der Bundesrepublik verhandelte, gewann eine andere Frage, die dem Bundeskanzler sehr am Herzen lag, ganz neue Aspekte – das deutsch-französische Verhältnis. Zwischen dem deutschen Rheinland und Frankreich gab es schon eine alte Tradition der Freundschaft. Im Dreißigjährigen Krieg hatte das katholische Rheinland das katholische Frankreich als seine Schutzmacht gegenüber den ›heidnischen‹ Protestanten aus Norddeutschland und Schweden betrachtet. Die Franzosen hatten zwar in den Eroberungskriegen der zweiten Hälfte des 17. Jahrhunderts und anfangs des 18. Jahrhunderts wieder an Ansehen verloren, doch hundert Jahre später sieht sich der Düsseldorfer Heinrich Heine etwa als geistigen Vermittler zwischen Frankreich und Deutschland, während er von dem »infernalischen England« spricht und von den Engländern als dem »widerwärtigsten Volke…, das Gott in seinem Zorn erschaffen hat[1]«. In derselben Richtung bewegen sich Äußerungen Goethes, der freilich auch von einem tiefsitzenden Mißtrauen gegenüber seinem eigenen Volk durchdrungen war. Auch die Krupps in Essen scheuten sich nicht, Napoleon mit Kanonen zu beliefern.

Das Deutschland Bismarcks und Wagners, das Deutschland Karl Marxens und selbst des frühen Thomas Mann, der während des Ersten Weltkrieges noch den ›kulturellen Nationalismus‹ und ein russisch-deutsches Bündnis predigte, lehnte Frankreich, den französischen Liberalismus und Kosmopolitismus, die vorgebliche französische ›Dekadenz‹ ab. Gegen diese in erster Linie protestantische und norddeutsche Animosität gegen Frankreich stellt Adenauer die Reaktion dar. Er war seinem ganzen Wesen nach ein Westeuropäer, wofür eine seiner frühen Reden, nach Antritt seines Amtes als Kölner Oberbürgermeister, das beste Beispiel gibt:

»Was immer die endgültige Form des Friedensvertrages sein wird, hier am Rhein, an dem alten internationalen Kreuzweg werden sich auch in den kommenden Jahrzehnten die deutsche Kultur und die der westlichen Demokratien begegnen. Wenn keine echte Versöhnung zwischen ihnen möglich ist, wenn die europäischen Nationen nicht lernen können, sich gegenseitig anzuerkennen und das Gemeinsame aller europäischen Kulturen zu pflegen... wenn es nicht noch einmal gelingt, die Nationen durch kulturelle Verständigung zu einigen, wenn wir nicht imstande sind, auf diesem Wege einen neuen Krieg zwischen den Völkern Europas zu verhindern, dann ist Europas Führungsrolle ein für allemal verloren[2].«

Wenn er von den westlichen Demokratien sprach, meinte Adenauer in erster Linie Frankreich; an Holland, Belgien und Luxemburg dachte er weniger dabei, weil diese Länder kleiner waren, und noch weniger an Großbritannien und die Vereinigten Staaten, wegen der größeren Entfernung. Was er 1919 glaubte, das glaubte er in noch stärkerem Maße auch 1945. Denn während der Erste Weltkrieg Frankreich verwüstet hatte, war sein eigenes Land im Zweiten Weltkrieg in seiner Existenz bedroht worden. Ganz wie Goethe war Adenauer von einem tiefen Mißtrauen gegenüber der menschlichen Natur im allgemeinen und dem deutschen Nationalcharakter im besonderen erfüllt[3]. So ist es ihm hoch anzurechnen, daß er immer meinte, es könne doch etwas Positives geleistet werden. Und das Streben nach einer deutsch-französischen Versöhnung wurde zu einem der positivsten und ergiebigsten Aspekte seines Denkens.

Er äußerte sich häufig zu diesem Thema. Im November 1949 gab er der Hamburger Wochenschrift *Die Zeit* ein Interview, das die folgenden Sätze enthielt: »Ich muß mich um eine deutsch-französische Verständigung bemühen. Eine solche Politik sollte nicht als profranzösisch mißinterpretiert werden, und erst recht nicht als antibritisch. Es kann sich ganz gewiß für uns nicht darum handeln, eine ausländische Macht gegen die andere auszuspielen... Doch die Freundschaft mit Frankreich erfordert größere Anstrengungen, weil sie bisher unter Behinderungen gelitten hat[4].« Und mit einer gewissen Treuherzigkeit fährt Adenauer fort: »Ich glaube, sagen zu können, daß die Versöhnung mit Frankreich in Deutschland heute populärer denn je seit 1945 ist. Vielleicht war sie unmittelbar nach dem Zusammenbruch sogar noch populärer.« Was er sagen wollte, ist klar, und er brachte auch deutlich zum Ausdruck, daß seiner Meinung nach gerade die deutsche Jugend leidenschaftlich die Versöhnung und einen ganz neuen Anfang herbeisehnte. Wenige Tage später schon äußerte Adenauer gegenüber der *Baltimore Sun*, daß man Frankreich gestatten sollte, sich bis zu 40 Prozent durch Investitionen an der deutschen Industrie, speziell der Stahlindustrie, zu beteiligen, wobei die Vereinigten Staaten Frankreich dabei helfen könnten, das notwendige Kapital aufzutreiben. Er begriff, daß Frankreich die deutsche Stahlindustrie als Potential für die Reorganisation der Rüstung und damit als einen Störungsfaktor für das westeuropäische Gleichgewicht der Kräfte ansah[5]. Am 5. März 1950 ging er noch einen Schritt weiter; in einem Interview mit der *International News Service* schlug er eine Union zwischen Frankreich und Deutschland vor, die dem ernstlich erkrankten Europa neues Leben einflößen würde. Dieser Union sollten Großbritannien und die Niederlande ebenfalls beitreten können, so daß nicht allein ein französisch-deutscher Mächteblock in Westeuropa entstehen würde. Besonders Großbritannien forderte er auf, ›seine Verantwortlichkeiten in Europa‹ nicht zu ignorieren.

Nachdem er sich einmal der Sache einer deutsch-französischen Versöhnung angenommen hatte, ließ Adenauer von seinem Bemühen, irgend etwas zu erreichen, nicht mehr locker. Vier Jahre später hören wir ihn die gleiche These mit ungeminderter Leidenschaft verkünden: »Es gibt keine Europa-Politik ohne oder gegen Frankreich, genausowenig wie es eine Europa-Politik ohne oder gegen Deutschland geben kann. Die deutsch-französische Verständigung ist für mich im vollsten Sinne des Wortes eine Frage der rationalen Überzeugung und ebensosehr eine Herzensangelegenheit[6].«

Adenauers Interesse an der deutsch-französischen Versöhnung war im wesentlichen politischer Natur. Er fühlte sich vom französischen Lebensstil nicht besonders angezogen, obwohl er ihn in einem gewissen Maße durchaus hätte bejahen können. Er wußte einfach nur sehr wenig davon. Da er während des größten Teils seines Lebens ein ziemlich enges Provinzlerdasein geführt hatte, war er vor Erreichen seines siebzigsten Jahres nur ein einziges Mal in Frankreich gewesen, abgesehen von einer zweitägigen Besprechung in Paris.

In den ersten Nachkriegsjahren war er ein einsamer Rufer in der Wüste. Seine Minister hatten zum Thema der Versöhnung mit Frankreich wenig vorzubringen, wenngleich mindestens einer von ihnen eine unglückliche Liebe für die *ville lumière* entwickeln sollte[7]. Ein Mitglied seines Kabinetts, der Justizminister Thomas Dehler, hielt am 22. Januar 1950 auf dem Parteitag der Freien Demokraten eine typisch taktlose Rede, in der er Frankreich bezichtigte, mindestens ebensosehr wie Deutschland für den Ersten Weltkrieg verantwortlich zu sein, und unter anderem behauptete, daß die Kleinlichkeit der Franzosen auf der Pariser Friedenskonferenz zu Hitlers Aufstieg beigetragen habe. Der französische Hochkommissar André François-Poncet teilte Adenauer in einem entrüsteten Brief mit, daß er von einem Justizminister mehr Gerechtigkeitssinn erwartet hätte.

Im übrigen war auch François-Poncet bei Adenauers Bestrebungen keine große Hilfe. Der französische Hochkommissar war in seiner Schlauheit und politisch amoralischen Haltung, abwechselnd eisig schroff und ausgelassen lustig, das ideale Werkzeug für die diplomatischen Computer am Quai d'Orsay. Er hatte sich stets gern als Deutschenfreund aufgeführt, besonders in der NS-Ära, aber er war in Wahrheit ein äußerst loyaler und unerbittlicher Diener seines Vaterlandes. Seine Haltung in dem hauptsächlichsten Streitpunkt, der Saar-Frage, die den staatsmännischen Absichten Adenauers eine Verzögerung aufzwang, war negativ und hätte sich zu einer Katastrophe auswachsen können. Er hatte die Neigung, den Deutschen Gardinenpredigten zu halten, wie man aus diesem Zitat aus einer Rede vom April 1950 in Paris ersehen kann: »Das deutsche Volk hat den Geschmack der Freiheit noch nicht gekostet. Es hat mehr Sinn für das Befehlen und Gehorchen... Die Freiheit ist ein Wein, der ihm zu Kopf steigt und mit dem es nicht recht fertig wird. Es besitzt keine politische Erfahrung.« Das Deutschland, mit dem François-Poncet sich eine Verständigung wünschte, mußte brav und pflichteifrig seine Lektion gelernt haben und jeder französischen Forderung nachgekommen sein.

Man muß dabei bedenken, daß Frankreich alle bisherigen Versuche verhindert hatte, durch zentrale Behörden eine wirksame Viermächteregelung für Deutschland zu sichern. Es hatte in seiner Besatzungszone die industriellen Demontagen mit nüchterner Gründlichkeit durchgeführt und nach Aussage eines – übrigens ganz profranzösisch eingestellten Politikers – in den Jahren 1946 und 1947 nicht weniger als 20000 Maschinen ausgebaut, die noch nicht einmal auf der Demontageliste gestanden hatten[8]. Die französischen Demontageaktionen waren so streng und gründlich, daß zwei Länderregierungen – die von Südbaden und von Südwürttemberg – deswegen zurücktraten. Aus der Straßburg am rechten Rheinufer gegenüberliegenden Stadt Kehl wurden 13000 Deutsche ausgesiedelt, um 9000 Franzosen Platz zu machen, was einwandfrei auf eine einseitige Annexionsabsicht hindeutete. Ein noch sehr viel wichtigerer Vorgang aber war, daß Frankreich das Industriegebiet der Saar mit einer Bevölkerung von rund einer Million aus seiner Besatzungszone herauslöste und damit seine Absicht zu erkennen gab, das Saargebiet wirtschaftlich und später vielleicht auch politisch mit Frankreich zu vereinigen.

Der Streit um die Saar sollte sich zu einem brennenden und bitteren Problem auswachsen, das mit Leichtigkeit alle Hoffnungen Adenauers auf eine deutsch-französische Versöhnung hätte zum Scheitern bringen und die noch viel umfänglicheren Pläne für eine westeuropäische Union aufhalten können. Es sollte deshalb an dieser Stelle etwas über die Ursprünge dieser Auseinandersetzung gesagt werden.

Zunächst einmal bestand die eine Million starke Bevölkerung des Saargebiets zweifelsfrei aus Deutschen. Zwar hatte 1919 der französische Premierminister Georges Clemenceau den Mythos in Umlauf gebracht, es gäbe an der Saar 150000 Franzosen, doch diese existierten einfach nicht. Die Saarländer waren der Sprache, dem Nationalbewußtsein und den Lebensgewohnheiten nach Deutsche. Doch für Frankreich war das Gebiet von großem wirtschaftlichem Interesse. Die saarländische Kohlen- und Stahlproduktion würde, wenn man sie der französischen zugeschlagen hätte, diese ungefähr auf den Umfang der westdeutschen gebracht haben. Umgekehrt hätte die westdeutsche Kohlen- und Stahlkapazität unter Beibehaltung des Saargebiets annähernd das Doppelte der französischen betragen. Die Franzosen waren, besonders nach den schweren Prestigeverlusten und den unleugbaren Leiden des Zweiten Weltkriegs, ehrlich davon überzeugt, daß es in der industriellen Kapazität ein ›faires Gleichgewicht‹ zwischen ihrem Land und der Bundesrepublik Deutschland geben sollte.

Das Saargebiet war schon einmal, im Jahr 1919, von Deutschland abgetrennt worden. Damals waren alle Vermögenswerte von den Franzosen beschlagnahmt worden und hatten 1935 durch die früheren Eigentümer wieder zurückerkämpft werden müssen, als das Gebiet nach sechzehnjähriger Verwaltung durch den Völkerbund an Deutschland zurückgegeben wurde, aufgrund einer Volksabstimmung, bei der sich mehr als 90 Prozent für Deutschland entschieden. Jene Abstimmung wurde zwar unter internationaler Aufsicht durchgeführt, stand aber in einem gewissen Maße unter dem Druck der nationalsozialistischen Propaganda. Immerhin ist bezeichnend, daß neun Prozent für die Fortdauer der Völkerbundverwaltung und nur ein halbes Prozent für den Anschluß an Frankreich stimmten. Im Jahre 1945 importierte Frankreich eine Anzahl ›Saar-Separatisten‹ ins Saargebiet, darunter Johannes Hoffmann, der eigens aus Brasilien herbeigeschafft wurde, und Edgar Hector, der inzwischen französischer Staatsbürger geworden war. Ihre Rückkehr rief an der Saar einen Kabarett-Witz hervor: »Was ist der Unterschied zwischen 1935 und 1947? Damals bekamen wir die Leute, die einmarschiert waren, diesmal kriegen wir die Leute, die weggelaufen sind[9].« Man stellte diese Männer an die Spitze von zwei profranzösischen Marionetten-Parteien, eine von christlich-sozialem und eine von sozial-demokratischem Anstrich. Es wurde ihnen versprochen, daß keine Ost-Flüchtlinge ins Saargebiet hereingelassen würden, daß es keine Demontagen, sondern statt dessen Lebensmittelzufuhren aus Frankreich geben würde – das Ruhrgebiet war in jener Zeit dem Verhungern nah –, ferner Investitionen und Förderungen für den Handel. Das waren gewaltige Bestechungen, deren Eindruck sich die Saarbevölkerung unmöglich entziehen konnte.

Im Januar 1946 wurde das Saargebiet als Partner in eine Zollunion mit Frankreich eingebracht. Der äußere Grund dafür war, daß ohne diese Union das Hinausschmuggeln der aus Frankreich importierten Nahrungsmittel nach Deutschland nicht zu verhindern war. Im Juli 1946 wurde das Saargebiet um zusätzlich 48 Prozent erweitert, so daß es nunmehr bis an die luxemburgische Grenze und unmittelbar bis vor die Tore Triers reichte. Diese einseitige Maßnahme wurde im Juni 1947 auf den Einspruch der amerikanischen und britischen Regierung abgeändert, so daß die territoriale Abrundung nur 32 Prozent ausmachte.

Im Oktober 1947 fanden an der Saar Wahlen statt. Sie waren der Triumph einer Politik, die durch den Magen ging[10]. In dem gewählten Parlament von 50 Abgeordneten waren von vornherein 48 für die französische Politik und die restlichen beiden Kommunisten, deren Anhänglichkeit an das besetzte, entehrte und bankrotte Deutschland auch kein Pluspunkt war. Prodeutsche demokratische Parteien waren nicht erlaubt. Der Französische Franc wurde alsbald als legale Währung eingeführt, die Kohlengruben wurden unter einem französischen Direktorium reorganisiert, und im Januar 1948 wurde der französische Militärbefehlshaber durch einen Hochkommissar, Gilbert Grandval, ersetzt. Bis zum April 1948 war die Wirtschaftsunion des Saargebiets mit Frankreich offiziell abgeschlossen. Im Grunde war sie im Dezember des Vorjahres im Rahmen der neuen Saargebietsverfassung schon verkündet worden, deren Artikel 59 lautete: »Das Saargebiet ist ein autonomer Staat, der auf demokratischer und sozialistischer Grundlage organisiert ist. Er ist wirtschaftlich mit Frankreich vereinigt.«

Im Juni 1948 wurde die saarländische Eisenbahn unter französische Verwaltung gebracht, und im Juli wurde eine eigene saarländische ›Nationalität‹ geschaffen – eine besondere Saar-Flagge, eine Trikolore mit einem weißen Kreuz, kam ein Jahr später noch hinzu. Im Dezember wurde Französisch Pflichtfach an den Schulen. Ein *Mouvement pour le rattachement de la Sarre,* das die Annexion durch Frankreich betrieb, wurde in dieser ganzen Zeitspanne reichlich mit französischem Geld ausgestattet. Doch diese Volksbewegung war nur zum Gegengewicht gegen die sich allmählich bemerkbar machenden Regungen prodeutscher Gefühle bestimmt. Die wahren Absichten gingen aus einer Erklärung von Jacques Bardoux in der Pariser Nationalversammlung hervor: »Das Saargebiet ist noch kein freier Staat. Es muß in der Tat zu einem zweiten Luxemburg gemacht werden[11].« Wozu er noch hätte sagen müssen: »Jedoch völlig unter französischer Kontrolle.«

In diesem unerbittlichen Drängen der Franzosen auf die endgültige Abtrennung des Saargebiets von Deutschland mußte für die an der Saar interessierten Deutschen und erst recht für die Saarländer selbst etwas geradezu Alpdruckhaftes liegen. Jeder neue Schritt wurde durch die Entfaltung von makelloser französischer Logik abgesichert und andererseits als ›rein provisorisch‹ bezeichnet. Obwohl die Vereinigten Staaten im Oktober 1948 ausdrücklich erklärt hatten, daß das Saargebiet rechtlich ein Bestandteil Deutschlands bleibe[12], fühlten sich die Deutschen verlassen und hilflos. Allmählich aber ließen sich, besonders bei den Parteien am rechten Flügel und bei den Freien Demokraten, Stimmen vernehmen, die anfangs Bestürzung und dann in zunehmendem Maße Zorn zum Ausdruck brachten[13].

Adenauer blieb so schweigsam und zurückhaltend, wie er es sich erlauben konnte. Bis zum Antritt des Kanzleramtes war das noch leicht. In der Folgezeit wurde seine Haltung stark durch eine Begegnung mit dem französischen Außenminister Robert Schuman bestimmt. Nach Adenauers eigenen Worten »ließ Schuman in diesem Gespräch durchblicken, daß Frankreich hinsichtlich der Saar die Rückkehr zu Deutschland als im Bereich des Möglichen ansehe. Worauf es Frankreich ankomme, sei die Sicherung seiner wirtschaftlichen Interessen. Die Ansichten von Robert Schuman über diesen neuralgischen Punkt in den deutsch-französischen Beziehungen hatten mich beruhigt. Ich verhielt mich nach dieser Aussprache mit Schuman in allen Reden hinsichtlich der Saarfrage sehr zurückhaltend und stand wegen dieses Verhaltens unter ständigen Angriffen durch den Vorsitzenden der SPD, Dr. Schumacher[14].«

Bis zu einem gewissen Grade ist dies eine vernünftige Erklärung. Aus dem Abstand von fast zwanzig Jahren schreibend, versuchte Adenauer zu beweisen, daß die von ihm betriebene Saar-Politik – in Wirklichkeit seine Achillesferse – vollauf gerechtfertigt war. Daß die Rückkehr des Saargebiets ›im Bereich des Möglichen‹ lag, hatte schwerlich besänftigend in seinen Ohren klingen dürfen, und man kann auch nur mit Vorbehalt seine Versicherung hinnehmen, daß er sich daraufhin ›beruhigt‹ habe.

Unter den Angriffen seiner Gegner behauptete Adenauer später, es sei ihm stets klar gewesen, daß »die endgültige Regelung der Saar-Frage ... dem Friedensvertrag nicht vorweggenommen werden« dürfe [15]. Das war ein lobenswertes Ziel; aber die Franzosen waren eifrig damit befaßt, das Saargebiet mit geradezu chirurgischem Geschick aus Deutschland herauszuschneiden. Wahrscheinlich kann man Adenauer deswegen nicht allzuviel Vorwürfe machen, denn er war schließlich erst gegen Ende des Jahres 1949 Bundeskanzler geworden, und am 13. Januar 1950 machte Robert Schuman seinen ersten Besuch in Bonn. Nach seinem eigenen Bericht hoffte Adenauer mit Schuman zusammen »Ansätze einer möglichen Saar-Lösung zu finden [16]«. Zu sagen, daß er damals noch ziemlich weit von einer Einigung entfernt war, wäre ein typisch britisches *understatement*.

Die gaullistische Zeitung *Rassemblement* nannte die Reise Schumans, des Ministers *comme il faut*, eine überflüssige Spritztour, bei der ihn ein ganzes Rudel von cocktaildurstigen Journalisten begleitet und der allseits bekannte Hochkommissar André François-Poncet – »plötzlich um elf Jahre verjüngt«, eine unverhüllte Anspielung auf seine unermüdliche Tätigkeit am Hofe Adolf Hitlers vor 1939 – ihn mit Adenauer bekannt gemacht habe [17]. Die Gaullisten standen in der Vierten Republik in der Opposition. Daß sie herabsetzende Bemerkungen über François-Poncet machten, ist noch verständlich, denn sie sahen in ihm den kleinkarierten Karrieremacher und Bürokraten, dessen Herz noch bei Vichy und der Kollaboration war. Ihre Verurteilung Schumans ist schwerer zu erklären. Wer war dieser Mann, und weshalb rief er, der die deutsch-französische Versöhnung predigte, ihre Abneigung hervor?

Schuman stammte aus Lothringen und war infolge der Annexion Elsaß-Lothringens durch Deutschland nach dem Krieg von 1870/71 als deutscher Staatsangehöriger geboren worden. So wuchs er als Deutscher auf, und bei ihm zu Hause wurde, wie übrigens in den meisten Familien im Norden Lothringens, Deutsch gesprochen. Er diente im Ersten Weltkrieg als Offizier auf deutscher Seite, während sein Vater noch den Krieg von 1870/71 als französischer Offizier mitgemacht hatte. 1919 wurde er, schon im reifen Mannesalter stehend, zum erstenmal Franzose. In den Augen der Gaullisten war er ein Gegenstand des Argwohns, weil er ihrer Meinung nach als ›Mann der Grenze‹ unweigerlich das gespaltene Verhältnis zu seiner Nationalität haben mußte, das manchmal bei solchen Menschen anzutreffen ist. Für die meisten Deutschen dagegen war er jemand, den sie unter normalen Bedingungen voller Verachtung zurückgewiesen hätten: ein deutschsprechender Deutscher, der sein Geschick zu einem Zeitpunkt, in dem es keine leichte Wahl war, mit Frankreich verbunden hatte. Adenauer sah ihn natürlich in einem ganz anderen Licht: als einen späten Erben des ›Mittelreiches‹ von König Lothar, dem Urenkel Karls des Großen. In jenem historisch weit zurückliegenden Reich ruhten die Keime der deutsch-französischen Verständigung – sowohl Schumans Lothringen wie Adenauers Köln lagen auf seinem Boden.

Am 14. Januar 1950 gab Adenauer ein Frühstück für Schuman, bei dem dieser eine verhältnismäßig lange Rede hielt, die nichts weiter als eine vage Verpflichtung zur deutsch-französischen Verständigung enthielt. In dieser Rede nannte er den Rhein »unsern Rhein, den deutschen und französischen Rhein«, eine geographische Umschreibung, die sich kühn über die Tatsache hinwegsetzt, daß der Rhein weder heute noch früher auch nur einen Meter durch französisches Territorium geflossen ist. An die Rede schlossen sich zwei Stunden dauernde Gespräche, bei denen Schuman sein maßloses Erstaunen über die deutschen Zweifel hinsichtlich des Saargebiets äußerte. Er verteidigte jeden Schritt, den Frankreich bisher an der Saar unternommen hatte, und kündigte einige vollständig neue Maßnahmen an. Die französische Regierung hatte gewisse ›Konventionen‹ mit der Saar-Regierung entworfen; sie stammten von Maurice Couve de Murville, einem der geschultesten Köpfe des Quai d'Orsay, einem Mann, der Macchiavellis *Principe* noch allerlei diplomatische Tricks beibringen könnte. Schuman war offenbar imstande, diese einseitigen Abmachungen für bare Münze zu nehmen, was man je nachdem als Beweis für seine Treuherzigkeit oder für sein Raffinement betrachten kann. Er fügte als Extra-Klausel noch hinzu, daß es keine Volksabstimmung über die Zukunft des Saargebiets geben werde, denn »das Saarvolk will keine Abstimmung[18]«. Eine sehr bequeme Konzession gegenüber dem Prinzip der orthodoxen Demokratie, die an der Saar sonst so wenig praktiziert wurde! In den folgenden Wochen unternahm Adenauer einige besorgte Auslotungen der alliierten Auffassungen über die Saar, mit denen er jedoch nichts erzielte. Dann informierte ihn am 2. März der französische Hochkommissar ganz ungerührt, daß die ›Verhandlungen‹ zwischen der französischen Regierung und der saarländischen Marionetten-Regierung abgeschlossen seien und daß die ›Konventionen‹ schon am nächsten Tag unterzeichnet würden. Das also war von Schumans Floskeln über eine deutsch-französische Verständigung zu halten. François-Poncet, der noch nie der Versuchung widerstanden hatte, einem groggy geschlagenen Gegner noch einen letzten Schlag zu versetzen, empfahl Adenauer, sich nur nicht aufzuregen. »Die erste Regung«, sagte er, »ist nicht immer die beste, vor allem in einem so nervösen und erregbaren Land wie dem Ihrigen[19].«

Am 4. März gab Adenauer eine Pressekonferenz, auf der er die in Paris geschlossenen Konventionen als eine gegen Europa getroffene Entscheidung bezeichnete. In seinen *Erinnerungen* gleitet er über das Thema hinweg und erwähnt nur ganz am Rande seinen – im übrigen völlig irrigen

– Eindruck, daß durch die Konventionen Deutschlands Kohlengruben fortgenommen würden, »deren Besitz für einen wirtschaftlichen Ausgleich innerhalb der Bundesrepublik Deutschland notwendig war[20]«. Dies war, wie Außenminister Schuman in einer von ihm in Paris einberufenen Pressekonferenz deutlichmachte, keine relevante Überlegung. Schuman skizzierte nun seinerseits die ›Saar-Konventionen‹ und verkündete einen Status der Unabhängigkeit für das Saargebiet, seine wirtschaftliche Vereinigung mit Frankreich und Absprachen über die französische Kontrolle der saarländischen Bergwerke und Eisenbahnen.

Auf Anfragen von Adenauer brachten der britische und amerikanische Hochkommissar ihre Meinung zum Ausdruck, daß die ›Konventionen‹ einen nur einstweiligen Charakter hätten und der Bestätigung durch einen Friedensvertrag bedürften. In einer Rede vor dem Bundestag am 10. März behauptete Adenauer, daß Frankreich ›Treuhänder‹ für das Saargebiet sei und daß nichts, was geschehen sei oder noch geschehen werde, den Bedingungen eines endgültigen Friedensvertrages vorgreifen könne. Er stellte die seit langem überfällige Forderung nach Wiederherstellung der demokratischen Freiheit an der Saar. Sozialdemokratische Abgeordnete unterbrachen diese Rede, indem sie ein rechtsextremistisches Bundestagsmitglied namens Wolfgang Hedler wegen angeblich antisemitischer Äußerungen kopfüber auf die Straße warfen – ein Triumph der Demokratie auf Bonner Boden, wie ihn sich wohl nicht einmal die schwergeprüften Saarländer herbeigewünscht haben dürften.

Mittlerweile hatte Adenauer dem *International News Service* jenes erste Interview mit der Forderung nach einer deutsch-französischen Union gegeben, die er dann in einem zweiten Interview am 21. März noch einmal wiederholte. In der Zwischenzeit, am 16. März, unterstützte auch General Charles de Gaulle den Vorschlag Adenauers. Einerseits die Saar-Konventionen begrüßend, äußerte er, daß andererseits die Saar-Frage, verglichen mit den größeren europäischen Belangen, um die es gehe, von untergeordneter Bedeutung sei. Er bekannte sich zu dem Gedanken einer deutsch-französischen Union in dem historischen Sinne, wie ihn auch Adenauer begriff – als eine Einheit, die das vergangene Kaiserreich Karls des Großen wiederbeleben und fortsetzen sowie jene ›Franken, Gallier und Römer‹ wieder miteinander vereinigen würde, die einst den Hunnenkönig Attila aufs Haupt geschlagen und heute mit einer neuen Bedrohung der europäischen Kultur fertig zu werden hatten.

Solche Worte konnten einem schon zu Kopf steigen, doch änderten sie nichts an der bedrängten Lage, in der Adenauer sich befand. Zunächst einmal mußte die Aufnahme der Bundesrepublik als assoziiertes Mitglied in den Europarat bewerkstelligt werden. Adenauer hatte verheimlicht, daß seine Regierung nicht förmlich zum Beitritt aufgefordert werden würde, sondern ein schriftliches Aufnahmegesuch unterbreiten müßte[21]. Gleichzeitig verlangte aber Frankreich, daß auch das Saargebiet in den Europarat aufgenommen würde. In seinen Gesprächen mit den Hochkommissaren, und insbesondere mit François-Poncet, drang Adenauer jetzt darauf, daß seine Regierung zum Eintritt in den Europarat aufgefordert würde, sonst sei, so erklärte er, die Zustimmung des Bundestages nicht zu erlangen. Er forderte auch die Abgabe einer Versicherung, daß die Zugehörigkeit des Saargebiets nur als Provisorium zu betrachten sei, in Erwartung einer endgültigen Regelung der Saar-Frage durch einen Friedensvertrag. Doch dem wollte die französische Regierung nicht zustimmen, so daß man sich erst einmal in einer Sackgasse befand.

Schuman fand einen Ausweg. Am 9. Mai 1950 machte er den Vorschlag einer gemeinsamen französisch-deutschen Behörde für die Kohle-, Eisen- und Stahlproduktion, die den Rahmen einer größeren westeuropäischen Organisation abgeben würde. Sie sollte die ganze Kohleförderung und Eisen- und Stahlerzeugung beider Länder in einem *pool* zusammenfassen, natürlich auch die des Saargebiets.

Schon zwei Jahre zuvor hatten Adenauer und der der CDU angehörende Ministerpräsident von Nordrhein-Westfalen, Karl Arnold, den Gedanken einer internationalen Kontrollbehörde für die Schwerindustrie ventiliert, an der sich eine Anzahl von westeuropäischen Ländern beteiligen konnten. Dabei war dann nur die internationale Ruhrbehörde herausgekommen, eine Benachteiligung Deutschlands, die sich als eine nur zu begreifliche Auswirkung des von Hitler entfesselten Krieges ergab. Der Schuman-Plan war insofern sensationell, als er – wie es ein Kenner der Materie formulierte –, »einen vollständigen Bruch mit der französischen Außenpolitik bedeutete, die seit den Tagen Richelieus von dem Axiom ausging, daß die Schwäche Deutschlands die Stärke Frankreichs sei[22]«. Auch in wirtschaftlicher Hinsicht war es ein kühner Schritt. Die deutschen Kohlengruben waren leistungsfähiger als die französischen; die Durchschnittsleistung eines deutschen Bergmanns pro Schicht betrug mehr als eine Tonne, die des französischen dagegen nur eine dreiviertel Tonne, und die Tonne Kohle kostete in Deutschland ab Schacht 7 Dollar, in Frankreich dagegen 10 Dollar. Das Zusammenwerfen der Kohle- und Stahlerzeugung konnte dazu führen, daß unrentable Bergwerke und Hochöfen stillgelegt werden mußten und daß manche französischen Bergleute und Arbeiter in die gleichen deutschen Werke zurückströmen würden, in die sie zwischen 1940 und 1945 von den Nazis verschleppt worden waren. Adenauers Reaktion auf Schumans Vorschlag war leicht vorherzusagen. In seinen Augen war er eine einzigartige Chance für einen wirklichen Durchbruch des Europa-Gedankens. Er würde dazu beitragen, die europäische ›Dritte Kraft‹ zu schaffen, in der Adenauer nicht so sehr einen ebenbürtigen Partner der USA und der Sowjetunion als einen kraftvollen Faktor für die Erhaltung des Friedens sah[23]. Zusätzlich würde es Adenauer die Aufgabe erleichtern, die Bundesrepublik in den Europarat zu bringen, und die ungünstigen Auswirkungen der Saar-Konventionen abschwächen, die man, wie Adenauer allmählich bewußt wurde, wohl hinnehmen mußte. Frischer Mut wurde Adenauer durch den eigentlichen Schöpfer des Schuman-Plans, Jean Monnet, eingeflößt, der Bonn am 23. Mai einen Besuch abstattete. Mit seinem besonderen Talent für die Überwindung bürokratischer Schwierigkeiten beschloß Monnet, daß die auf der ersten ›Schuman-Plan-Konferenz‹ am 20. Juni in Paris vertretenen Länder keine technischen Sachverständigen mitbringen sollten. Auf diese Weise wurde allen zwecklosen und wortreichen Debatten über Einzelheiten aus dem Wege gegangen, denn der Zweck der Konferenz sollte ja die Festlegung der allgemeinen Grundsätze sein.

Die Veröffentlichung von Schumans Vorschlägen erleichterte, wie Adenauer gehofft hatte, den Eintritt der Bundesrepublik in den Europarat. Der Bundestag stimmte mit 220 gegen 152 dafür. Die Vorarbeiten für den Schuman-Plan nahmen natürlich ihre Zeit in Anspruch, und so konnte die von Professor Walter Hallstein angeführte deutsche Delegation erst im März 1951 berichten, daß der Vertragsentwurf für die ›Europäische Kohle- und Stahlgemeinschaft‹ genehmigt und paraphiert worden sei. Und auch damit war die Sache noch nicht zu Ende. Am 9. April hielt Schumacher eine Kampfrede, mit der er die ganze SPD gegen den Schuman-Plan festlegte. Er nannte ihn »eine zweite Kapitulation sechs Jahre nach Kriegsende«, die eine »Verlängerung des Besatzungszustands auf fünfzig Jahre« mit sich brächte[24].

»Ich warne Sie davor«, fuhr Schumacher fort, »das Wort ›europäisch‹ im Munde zu führen, wenn es sich in Wirklichkeit nur um einen Plan für diese Südwestecke Europas handelt.« Diese ›Ecke‹ sei die Heimat »des Kapitalismus, des Klerikalismus und der Kartelle«. Der Klerikalismus – und dabei war in seiner Stimme ein unheimlicher Nachhall aus dem Mittelalter zu hören – gehe in allen Schuman-Plan-Ländern um. Deshalb fordere er die Einbeziehung Großbritanniens und Skandinaviens (obwohl man weder hier noch dort irgendwelches Interesse für den Schuman-Plan zeigte). Und zum Schluß prangerte er Frankreich an, indem er die Verladung von ein paar demontierten Maschinen aus der französischen Besatzungszone nach der Tschechoslowakei »unmoralisch, sinnlos, primitiv und die Verneinung jeglicher Politik« nannte.

Ein solches Trommelfeuer von seiten Schumachers war nichts Neues. Zwei Tage später war Adenauer in Paris, auf seinem ersten offiziellen Besuch, und überhaupt zum zweiten Mal in seinem ganzen Leben. Die beiden Hauptverhandlungspunkte waren der Schuman-Plan und die Saar-Frage. Adenauer versuchte so viel Konzessionen, wie er nur konnte, zu erringen, im vollen Bewußtsein, daß es unmöglich sein würde, die französische Regierung zu einer Umkehr in ihrer Saar-Politik zu veranlassen. Und im großen und ganzen war er einigermaßen erfolgreich.

Von Schuman erlangte er einen Brief, der den folgenden Passus enthielt: »Die französische Regierung erklärt von ihrem eigenen Standpunkt aus, daß sie im Namen der Saar auf Grund von derem gegenwärtigen Status handelt, daß sie aber in der Unterzeichnung des Vertrages durch die Bundesregierung keine Anerkennung des gegenwärtigen Status der Saar durch die Bundesrepublik erblickt. Sie ist nicht der Auffassung, daß der Vertrag über die Gründung der Europäischen Gemeinschaft für Kohle und Stahl dem endgültigen Status der Saar vorgreift, der durch einen Friedensvertrag oder durch einen an Stelle eines Friedensvertrages abgeschlossenen Vertrag zu regeln ist.« Adenauers Kommentar dazu war, daß es »in der Behandlung der Saar-Frage darauf ankam, die Nerven zu behalten[25]«. Das schrieb er lange Jahre nach den Ereignissen nieder, und man mag, zwischen den Zeilen lesend, eine Andeutung schlechten Gewissens darin entdecken. Denn der Wirbel um die Saar war noch lange nicht zu Ende und Frankreichs Entschlossenheit, dieses Gebiet vom übrigen Deutschland für ewige Zeiten loszureißen, noch ungebrochen. Schumans Brief war im wesentlichen von taktischem Wert, insofern er Adenauer ermöglichte, weiter den Weg zur völligen Aussöhnung zwischen Frankreich und Deutschland zu beschreiten.

Er trug auch dazu bei, die Zustimmung des Bundestags zum Schuman-Plan zu erlangen, die dieser am 11. Januar mit 232 gegen 143 Stimmen gab. Ohne die stillschweigende Übereinkunft, daß das Saar-Statut ein Provisorium sei und der Bestätigung durch einen Friedensvertrag bedürfe (den wiederum die Bundesrepublik nicht unterzeichnen würde, wenn seine Bedingungen ungerecht wären), hätte der rechte Flügel des Bundestages den Schuman-Plan sicherlich zu Fall gebracht. Adenauer griff wiederholt in die Bundestagsdebatte ein; seine beiden stärksten Argumente waren, daß der Schuman-Plan der Bundesrepublik die ›industrielle Gleichstellung‹ verschaffe und zugleich das Ende des leicht repressiven Ruhrstatuts bedeute.

Der Paris-Besuch Adenauers hatte noch eine weitere Bedeutung, insofern er beim Bundeskanzler persönlich eine höchst angenehme Erinnerung zurückließ. Die französische Presse behandelte ihn freundlich, seine offiziellen Gastgeber taten desgleichen. Seine Beziehungen zu Schuman waren mittlerweile gut; die beiden Männer sprachen die gleiche Sprache, wobei jeder im anderen den Schlaufuchs erkannte und hinnahm. Von Monnet, der freundlich, aufrichtig und zugleich als Planer von unwahrscheinlicher Tüchtigkeit war, fühlte sich Adenauer ganz bezaubert. Präsident Vincent Auriol gab ihm ein feierliches Frühstück im Elysee-Palast, dann führte ihm François-Poncet mit fein berechneter Liebenswürdigkeit auf einer Stadtrundfahrt die Sehenswürdigkeiten vor. Die Franzosen verstehen auf einzigartige Weise geistige Interessen mit Eleganz und Geschmack zu vereinen. So war es auch nicht unwesentlich, was Adenauer zu essen und zu trinken bekam. Er war ein Weinkenner, mit einer Vorliebe für die guten leichten Moselkreszenzen. In London hatte man ihm eine ›Liebfrauenmilch‹ angeboten, hinter deren Namen sich meist nichts weiter als ein Gemisch leidlich trinkbarer Rheinweine verbirgt. François-Poncet, der seinen Gast zum Abendessen in ein exklusives kleines Restaurant führte, charakterisierte die gewählte Speisenfolge als ›einfach, aber korrekt‹. Der höchlichst amüsierte Adenauer wandte sich an einen Herrn seiner Begleitung und sagte: »Das müssen wir unbedingt auf eine Steinplatte meißeln lassen und über die Tür des Bonner Auswärtigen Amts hängen[26].«

Auch mit den anderen Unterzeichnern des Vertrages über die Kohle- und Stahl-Gemeinschaft, Joseph Bech (Luxemburg), Paul van Zeeland (Belgien), Dirk Stikker (Niederlande) und Graf Carlo Sforza (Italien), schloß Adenauer fruchtbringende Kontakte. Der Bundeskanzler wurde so gewissermaßen in die europäische Diplomatie eingeführt, nachdem er es bisher nur mit Besatzungsmächten zu tun gehabt hatte, von denen aber nur eine (kontinental-)europäisch war. Zu guter Letzt war Adenauer noch sehr tief gerührt von dem sieben Seiten langen Brief einer Studentin namens Simone Patrouilles, die ihm die *Croix de Guerre* ihres Vaters schickte, zur Erinnerung an einen Besuch, nach der Meinung dieses jungen Mädchens »das Symbol des ersten wirklichen Schrittes auf dem Wege des Friedens und des Heils, nicht nur für Ihr Vaterland Deutschland, sondern für Frankreich und alle Völker, die sich des Wertes des gemeinsamen Erbes bewußt sind, das wir die Pflicht und die Mission haben zu verteidigen[27]«. Geschmack und Eleganz sind nicht die einzigen Qualitäten der Franzosen; sie sind auch vollendete Meister in der Kunst, eine schöne Geste zu machen.

So hatte Adenauer, soweit er es beurteilen konnte, alles für das Saargebiet getan, was im Augenblick in seiner Macht stand. Die Saarländer mögen das in einem andern Licht gesehen haben. Die einzige prodeutsche Partei dort, die Demokratische Partei, war 1950 verboten worden, und Anfang 1952 wurde das Verbot noch einmal in aller Form bestätigt. In der Zwischenzeit durfte keine prodeutsche Zeitung gedruckt werden, während die Einfuhr von deutschen Zeitungen aus der Bundesrepublik auf 80000 Exemplare monatlich beschränkt war, das heißt, daß täglich eine

Zeitung auf jeweils 300 Saarländer kam. In den ersten fünf Jahren nach dem Krieg wurden mehr als 2000 Personen von den Franzosen und den von den Franzosen eingesetzten Behörden ausgewiesen, und noch im Jahre 1951 wurde rund 200 Familienoberhäuptern die Rückkehr an ihren Wohnsitz verweigert. Führende Journalisten wurden aus ihren Stellungen entlassen, weil sie deutsche Staatsangehörige waren, und Studenten der Universität Saarbrücken wurde ohne Angabe von Gründen die Erlaubnis verweigert, an deutschen Universitäten zu studieren.

Die Polizei des Saargebiets, die unter dem Befehl von Edgar Hector, einem französischen Staatsbürger, stand, drang unbekümmert in die Wohnungen von Leuten ein, die für allzu deutschfreundlich gehalten wurden. Telefongespräche wurden systematisch abgehört und Briefe der Zensur unterworfen. Zwei Rückschläge erlitten die separatistischen Saar-Behörden: Die prodeutschen Christlichen Gewerkschaften machten sich von den von der Regierung kontrollierten Vereinigten Gewerkschaften los, und der Vatikan widersetzte sich allen Versuchen, das Saargebiet aus der Diözese Trier herauszunehmen. Doch sonst war – wie es eine britische Zeitung ausdrückte – »die Wirtschaft der Saar mit allen nur erfindlichen Seemannsknoten an die französische Wirtschaft geknüpft[28]«. Industriewerke, Eisenbahnen, die Post – alles wurde unter französische Verwaltung gestellt. Die Kohleförderung an der Saar war auf fünfzig Jahre an Frankreich verpfändet, und es bestanden Pläne, das bedeutende Kohlenbecken des Warndts ganz in französischen Besitz zu nehmen und seine Kohle jenseits der Grenze auf französischem Boden zutage zu fördern.

Nach außen hin nahmen die Saarländer all dies gelassen auf. In den paar trübseligen Saarbrücker Nachtlokalen ließen die Leute ihre Bierhumpen zum Klang der deutschen Militärmärsche aufeinanderprallen, die paradoxerweise in Deutschland selbst zunehmend unbeliebter wurden, oder sangen das schöne Lied ›Weit ist der Weg zurück ins

Heimatland‹. Dicht unter der Oberfläche saß ein fatalistischer Glaube, daß die Saar eines schönen Tages doch zurück nach Deutschland käme. Als Grenzanwohner gaben die Saarländer ohne weiteres zu, daß sie unmittelbar nach dem Krieg das Beste aus ihrer Situation gemacht und einerseits die Konsumgüter aus Frankreich genossen hatten, andererseits aber in der Gewißheit, ihrem Ursprung und ihren gefühlsmäßigen Bindungen nach Deutsche zu sein, unerschüttert geblieben waren. Sie brachten es fertig, bemerkenswert frei von Ressentiments zu sein, aber häufig gab es doch in ihrer äußeren Haltung mehr als eine Andeutung von Unbehagen[29]. Selbst Grenzbewohner können ihre Gefühle nicht immer verbergen.

Am 30. November 1952 wurden an der Saar sehr sorgfältig ›frisierte‹ Wahlen abgehalten. Alle echt prodeutschen Parteien waren verboten. Die Kommunistische Partei durfte sich beteiligen, wurde aber von allen Separatisten als sowohl prodeutsch wie antieuropäisch angeschwärzt. Die ›offiziellen‹ Parteien bestritten den Wahlkampf mit dem Programm einer ›Europäisierung‹ der Saar, wobei Saarbrücken offenbar zur künftigen Kohlenstaubmetropole Europas bestimmt war. Die Vorstellung, daß diese schmutzige Provinzstadt zu irgend etwas Besserem als der Hauptstadt des Marionetten-Staates an der Saar heranwachsen konnte, war von offensichtlicher Absurdität. Immerhin stimmten ungefähr 60 Prozent der Wählerschaft für die profranzösischen Parteien. Doch sehr viel bezeichnender war, daß etwa 25 Prozent auf Empfehlung der nur auf lokaler Basis organisierten prodeutschen politischen Gruppen ungültige Stimmzettel abgaben. Ein ausländischer Journalist verurteilte die Wahlen als »undemokratisch, überflüssig und bedauerlich: undemokratisch, weil drei prodeutsche Parteien überhaupt nicht teilnehmen durften; überflüssig, weil man sie getrost hätte verschieben können, bis deutsch-französische Gespräche eine größere Aussicht auf Erfolg gehabt hätten; bedauerlich, weil sie, was immer ihr Ergebnis war, die deutsch-französischen Beziehungen nur verschlechtern und den Prozeß der europäischen Integration nur verlangsamen konnten[30]«.

Der gleiche Beobachter zog den Schluß, daß für den Fall, daß die Wiederherstellung befriedigender Zustände an der Saar ausblieb, »das ganze Gerede von einer Europäisierung des Saargebiets bloßes Geschwafel und diese Wahlen nichts weiter als ein raffiniertes Mittel sind, den Leuten die Zeit zu stehlen und ihre Nerven auf die Probe zu stellen«.

Für eine Weile wurde die Saar-Frage auf Eis gelegt. Im Januar 1953 erklärte ein neuer französischer Ministerpräsident, René Mayer, daß die Anerkennung des ›europäischen Status‹ des Saargebiets die Voraussetzung für die Annahme der Bonner und Pariser Verträge durch Frankreich sei. Im Mai wurden die Saar-Konventionen von Frankreich revidiert, jedoch nur insofern, als das Saargebiet von nun an seine eigene Außenpolitik treiben und diplomatische Vertretungen im Ausland unterhalten durfte. Der Akzent lag noch immer darauf, aus dem Saarland ein ›zweites Luxemburg‹ zu machen.

Die nächsten neun bis zwölf Monate hindurch schlummerte die Saar-Frage als außenpolitisches Problem. Sie schien, verglichen mit der Frage der europäischen Verteidigung und der sich allmählich entwickelnden wirtschaftlichen Integration Europas, eine Angelegenheit von untergeordneter Bedeutung zu sein. Anfang 1954 finden wir dann Adenauer wieder in ernste Erörterungen mit dem amerikanischen Außenminister John Foster Dulles über das Schicksal des Saargebietes vertieft. Doch Dulles gab – in einer der Anwandlungen von kindlicher Naivität, wie sie seine intensive, ja geradezu besessene Haltung gelegentlich ablösten – freimütig zu, daß er das Problem überhaupt nicht verstehe[31]. Er forderte Adenauer auf, alles Erforderliche zu unternehmen. Man fragt sich, ob sich wohl je der Außenminister einer Großmacht mit so entwaffnender Unbefangenheit zu einem Problem geäußert hat.

Anfang 1954 sah es so aus, als ob sich die französische Regierung mit einem ›europäisierten‹, wirtschaftlich eng mit Frankreich verbundenen Saargebiet zufriedengeben würde. Ein französischer Außenminister, Georges Bidault, schlug ein ›Statut‹ für das Saargebiet vor, das von Frankreich, Großbritannien und den USA garantiert und von der Bundesrepublik als integraler Bestandteil eines künftigen deutschen Friedensvertrages akzeptiert werden sollte. Ein Belgier, van Naters, forderte den Europarat auf, sich einige neue Gedanken zu dem Thema zu machen, und empfahl den progressiven Abbau der Zölle zwischen Saargebiet und Deutschland sowie die Umwandlung des Saarlandes in eine Art gemeinsames *entrepôt* zwischen Frankreich und Deutschland. In einem Interview vom 17. März 1954 gab der saarländische Ministerpräsident Johannes Hoffmann seinen eigenen Senf zu diesen Plänen. Er meinte, daß Saarbrücken schleunigst zur ›Europa-Hauptstadt‹ ausgebaut werden solle; er würde auf den Hügeln südlich Saarbrückens eine ›europäische Gartenstadt‹ errichten. Das Gebiet sollte ein von Frankreich und Deutschland gebilligtes ›europäisches Statut‹ erhalten, über das die Saarländer sich in einer Volksabstimmung entscheiden würden.

Die Wirtschaftsunion mit Frankreich sollte bis zu dem Zeitpunkt aufrechterhalten bleiben, an dem Frankreich und Deutschland ohnehin ›zusammenwachsen‹ würden.

Der Sonderkorrespondent des *Manchester Guardian*, dem Herr Hoffmann diese Gedanken anvertraute, äußerte sich erstaunt über dessen Optimismus. Es schien Hoffmann nicht im geringsten zu bekümmern, daß die Saarländer 1935 zu 90 Prozent für eine Rückkehr nach Deutschland gestimmt hatten; er war überzeugt, daß sie sich jetzt mit überwältigender Mehrheit für die Art von ›Statut‹ aussprechen würden, wie er es ins Auge gefaßt hatte[32]. Hier liegt der Schlüssel für die spätere französische Politik. Die Franzosen vertrauten Hoffmann blindlings, denn schließlich war er schon seit zehn Jahren ihr Mann an der Saar und hätte wirklich die Gefühle ›seiner‹ Saarländer kennen sollen. Im Oktober 1954 führte Adenauer ausgedehnte Gespräche mit dem neuen französischen Ministerpräsidenten

Pierre Mendès-France, der ein geschlossenes Paket von Verträgen über die deutsche Wiederbewaffnung, den Beitritt zur NATO und die Saar-Frage vorschlug. Es waren die härtesten Verhandlungen, die Adenauer je zu führen hatte. Sie dauerten vier Tage lang, vom 19. bis 23. Oktober.

Adenauer wollte das Inkrafttreten des Bonner Vertrages vom 26. Mai 1952 und des Londoner Vertrages vom 3. Oktober 1954 über die Westeuropäische Union gesichert sehen. Der Londoner Vertrag löste den Pariser Vertrag vom 27. Mai 1952 ab, der vom französischen Parlament nicht ratifiziert worden war. Nun sollte, nachdem die ursprüngliche Idee einer Europäischen Verteidigungsgemeinschaft (EVG) aufgegeben war, die Bundesrepublik statt dessen der NATO beitreten. Doch davon später mehr.

Was das Saargebiet anlangte, so war Adenauer jetzt allein darauf bedacht – wie man in seinen *Erinnerungen* nachlesen kann –, für die schwergeprüften Saarländer die politische Freiheit zu gewinnen und bei Frankreich durchzusetzen, daß es sich mit seinem neuen Konzept abfand, über das Schicksal der Saar dürfe nicht ohne die Einwilligung ihrer Anwohner entschieden werden. Bei seinen Verhandlungen mit Mendès-France war er bereit, diese beiden Karten offen auf den Tisch zu legen. Eine weitere, nämlich daß die Zukunft des Saarlandes ›endgültig‹ nur in einem Friedensvertrag geregelt werden könne, behielt er in der Hand.

Auch Mendès-France besaß seiner eigenen Auffassung nach eine Trumpfkarte, die er jetzt kühn ausspielte: seine Absicht, den Bonner und den Londoner Vertrag nicht zu unterschreiben, wenn Adenauer seinen Minimalforderungen in der Saar-Frage nicht nachkam. Diese bestanden darin, daß die Saarländer in einer Volksabstimmung zum Saar-Statut Stellung nehmen sollten und daß darauf im positiven Falle das Saargebiet von Deutschland abgetrennt würde.

Frankreich hatte am 23. Oktober zwei Verträge zu unterzeichnen, die Westdeutschland die Souveränität zurückgeben und es als Partner in den westeuropäischen Verteidigungspakt einbringen sollten. Am 22. Oktober gingen Adenauer und Mendès-France bis nach Mitternacht in Klausur, wobei sich für Adenauer als einzige Konzession, die er dem wendigen und unerbittlichen Gegner abringen konnte, nur ergab, daß im Saargebiet innerhalb von drei Monaten nach der Volksabstimmung freie Wahlen abgehalten werden sollten. In seinen *Erinnerungen* vertritt Adenauer viele Jahre später die Ansicht, er habe sich bei der Volksabstimmung auf die Saarländer verlassen können: »Sie würden wissen, wie sie stimmen müßten[33].« Seiner Meinung war »die Saar keineswegs verkauft worden. Der Bevölkerung an der Saar wurde durch das Abkommen die Möglichkeit gegeben, sich politisch und wirtschaftlich zu entfalten, sich frei eine politische Meinung zu bilden und beim Friedensvertrag die von ihr gewollte Entscheidung herbeizuführen[34].«

Das stimmt einfach nicht. Die Saarländer wurden unter großen Druck gesetzt, ihre Wirtschaft eng mit der Frankreichs verknüpft, ihre ersten halbfertigen politischen Institutionen der Kontrolle frankreichhöriger Separatisten ausgeliefert und ihr geistiger Widerstand durch nahezu zehn Jahre sanfter, aber wohlberechneter Einschüchterungsversuche unterminiert. Dazu kam noch, daß Adenauer Mendès-France mit seiner napoleonischen Attitüde, seinem aggressiven blaurasierten Kinn und seiner völligen Mißachtung aller menschlichen Faktoren nicht über den Weg traute[35]. Adenauer muß begriffen haben, daß es, wenn Mendès-France das Saargebiet ›europäisieren‹ konnte, nicht die geringste Hoffnung für dessen Rückkehr nach Deutschland gab. Gleichzeitig aber bekam Adenauer, was er haben wollte – Frankreichs Unterschrift unter den erweiterten Brüsseler Vertrag über die Westeuropäische Union und die französische Ratifizierung sowohl dieses wie des Bonner Vertrages, die im Dezember folgte. Im Mai 1955 wurde die Volksabstimmung an der Saar auf den 22. Oktober festgesetzt, und unterdessen ratifizierte der Bonner Bundestag das Abkommen zwischen Adenauer und

Mendès-France über die Saar mit einer Mehrheit von 61 Stimmen, während das Bundesverfassungsgericht verkündete, daß es das Bonner Grundgesetz nicht verletze.

Ebenfalls im Mai machte Adenauer noch eine weitere Konzession, indem er eine deutsche Beteiligung am Bau des Mosel-Kanals versprach, der sich so gut wie ausschließlich zugunsten Frankreichs auswirken würde. Auch die Marionetten-Regierung des Saargebiets machte eine kleine versöhnliche Geste, indem sie ankündigte, daß die Briefzensur und das Abhören von Telefongesprächen eingestellt würden, zwei Dinge, deren Vorhandensein sie bis zu diesem Zeitpunkt beharrlich abgestritten hatte[36].

Die Saar-Frage trat nunmehr in ihr Endstadium. Am 2. Oktober 1955 schlossen sich die drei prodeutschen Parteien, die jetzt ohne unmittelbare Behinderung arbeiten durften, zum ›Heimatbund‹ zusammen, dessen Hauptforderung darin bestand, das Saar-Statut zurückzuweisen und das Saargebiet wieder Deutschland einzugliedern. Doch selbst im späten Frühling war der Führer der aktivsten prodeutschen Gruppe, Heinrich Schneider von der Demokratischen Partei, sich noch nicht im klaren – wie er dem Korrespondenten des *Manchester Guardian* zu verstehen gab –, ob er das Saar-Statut ablehnen sollte; das konnte unter Umständen bedeuten, daß das Saargebiet wieder unter eine strengere französische Aufsicht zurückkehren würde. Der neue ›Heimatbund‹ betrieb den Wahlkampf, wie es den seit Jahren aufgestauten Leidenschaften entsprach, mit dem berechtigten Gefühl, ungerecht behandelt worden zu sein, und mit einem vollkommen begreiflichen deutschen Patriotismus.

Doch bis zum letzten Augenblick blieb der Ausgang in der Schwebe. Anfang Oktober kritisierte Adenauer die Regierung Hoffmann in Saarbrücken noch scharf. Doch wenige Tage vor der Volksabstimmung sagte er vor einer verblüfften Zuhörerschaft in Bochum, daß die Saarländer klug daran täten, das Statut anzunehmen. Von den ›Sachverständigen‹ seines eigenen Auswärtigen Amtes und vom

Bundesministerium für Gesamtdeutsche Fragen bekam er grotesk auseinandergehende Empfehlungen. Die ersteren waren der Ansicht, daß die Saarländer das Statut annehmen, die letzteren überzeugt, daß sie es ablehnen würden. Anscheinend hatte Adenauer bei sich beschlossen, daß das Auswärtige Amt besser informiert sei, und er hatte auch einigen Grund zu der Annahme. Nach einem Gewährsmann »schien niemand zu bezweifeln, daß die Bevölkerung an der Saar der Europäisierung zustimmen würde ... die meisten Beobachter gingen davon aus, daß das Statut von 70 bis 80 Prozent der Wählerschaft angenommen werden würde[37]«. In Wirklichkeit lehnten 63 Prozent der Saarländer das Statut ab, und am 18. Dezember stimmten bei den Landtagswahlen 65 Prozent für die prodeutschen Parteien. Am 31. Januar 1956 erklärte die neue Saar-Regierung das Land als einen Teil Deutschlands, und am 1. Januar 1957 fand in Verfolg eines Abkommens zwischen Adenauer und dem sozialistischen französischen Ministerpräsidenten Guy Mollet die formale Wiedervereinigung statt. Das Abkommen war von dem französischen und dem deutschen Parlament im Dezember ratifiziert worden.

Wie sehr hat sich Adenauer in der Saar-Frage verrechnet? Manche Deutsche, die ihn gut gekannt haben, sind der Meinung, daß er sich überhaupt nicht verrechnet hatte. So ist Dr. Gerhard Schröder, der damalige Bundesinnenminister, der später Außenminister wurde, davon überzeugt, daß Adenauer sein Bestes tat, indem er eine freie Abstimmung an der Saar sicherte und eine Lösung suchte, die im Interesse Europas als Ganzes lag[38]. Adenauers engster persönlicher Berater, Dr. Hans Globke, ist derselben Meinung. Er konnte den Saarländern nicht empfehlen, gegen das Statut zu stimmen, ohne damit den Geist seiner Absprache mit Mendès-France zu verletzen; die Rede in Bochum sollte ein hörbarer Beweis seiner ehrlichen Absichten gegenüber Frankreich sein. Außerdem mußte er Frankreichs denkbare Reaktion im Fall der Ablehnung des Statuts befürchten[39].

Professor Walter Hallstein, ein weiterer enger Vertrauter, glaubt, daß Adenauer in der Europäisierung der Saar einen »angemessenen Beitrag zu Europa« erblickte. Als die Ergebnisse der Abstimmung bekanntgegeben wurden, war er »vollkommen ruhig[40]«. Dr. Erich Mende, der spätere Vorsitzende der Freien Demokratischen Partei, ist überzeugt, daß Adenauer bereit gewesen war, das Saargebiet zu opfern, mit der *reservatio mentalis*, daß er als erfahrener politischer Pokerspieler auf einen Gesinnungswandel der Saarländer in letzter Stunde gehofft haben mag[41]. Das Bundesministerium für Gesamtdeutsche Fragen war entsetzt über Adenauers Saar-Politik, und der zuständige Minister Jakob Kaiser riskierte politisch seinen Hals, indem er heimlich die prodeutschen Parteien an der Saar finanzierte. Was die Saarländer selbst anbelangt, so lobte Herbert Ney, der Vorsitzende der prodeutschen CDU, Adenauers Politik der deutsch-französischen Verständigung, die erst das Klima des Vertrauens geschaffen habe, das für eine gerechte Lösung der Saar-Frage nötig gewesen sei. Heinrich Schneider dagegen weigerte sich, jemals wieder an einer Veranstaltung teilzunehmen, bei der Adenauer anwesend war.

Adenauer selbst verharrte in diskretem Schweigen. Sogar in seinen *Erinnerungen* hat er wenig zu seiner Verteidigung vorzubringen, was man immerhin als bezeichnend auffassen darf. Auf seiner Wahlkampfreise 1965 besuchte er auch das Saarland und ließ sich auf dem Aussichtspunkt oberhalb der Saarschleife von Mettlach vernehmen: »Gott sei Dank, daß es gelungen ist, dieses Land wieder mit Deutschland zu verbinden[42].« Auch diese Äußerung ist möglicherweise bezeichnend; in den dazwischenliegenden Jahren mag er öfters unter Gewissensbissen gelitten haben.

In Wahrheit hatte Adenauer aber auf der Suche nach einer Saar-Lösung um sehr viel höhere Einsätze gespielt: die Wiedergewinnung der deutschen Souveränität, die Einreihung der Bundesrepublik als militärischer Partner der Westmächte und Fortschritte in Richtung auf ein geeintes Europa. Auch darf man nicht vergessen, daß Adenauer durch die Unentschlossenheit und die überhöhten Forderungen der Franzosen, die schließlich zum Zusammenbruch aller Pläne für eine Europäische Verteidigungsgemeinschaft führten, gerade eine niederschmetternde Niederlage erlitten hatte. Zu dieser düsteren und dramatischen Epoche müssen wir noch einmal zurückkehren.

Die Bonner und Pariser Verträge waren, wie man sich erinnern wird, am 26. und 27. Mai 1952 unterzeichnet worden. Das Bundesparlament ratifizierte sie am 19. März 1953. Bis zum Sommer 1954 hatten die drei Beneluxstaaten das Pariser oder auch EVG-Abkommen ratifiziert, und die Ratifikation durch Italien wurde nur noch als eine Zeitfrage betrachtet, wobei alle diese Länder natürlich am Bonner Vertrag unbeteiligt waren. Frankreich allein weigerte sich eigensinnig, einen Entschluß zu fassen. Im Juni lehnte der außenpolitische Ausschuß der französischen Nationalversammlung den EVG-Vertrag mit 24 zu 18 Stimmen ab, und drei Tage später stürzte die Regierung Laniel; Laniel wurde durch Mendès-France abgelöst, von dem auf den letzten Seiten schon die Rede war. Wie Adenauer einmal gesagt hat: »Der europäische Gedanke verblaßte, weil man ihn in der Schublade liegenließ[43].« Ihn machte die Situation geradezu rasend, und allmählich machte sich in seinen Äußerungen vor dem Bundestag und vor dem Kabinett eine gewisse Gereiztheit bemerkbar. Mit ungeheuren Schwierigkeiten hatte er die populäre Anti-Aufrüstungs-Kampagne der SPD zurückweisen können sowie die Bemühungen dieser Partei, die Wiederbewaffnung aus verfassungsrechtlichen Gründen zu verhindern, ganz zu schweigen von den diversen Manövern der Freien Demokraten, die von dieser Streitfrage zur Förderung ihrer eigenen Interessen Gebrauch zu machen suchten. Jetzt legte Mendès-France im August 1954 eine neue Liste französischer Vorbedingungen für die Ratifizierung des Vertrages vor. Das EVG-Abkommen sollte nunmehr nur zwanzig statt fünfzig Jahre gültig sein und innerhalb Jahresfrist gekündigt werden können. ›Integriert‹ sollten allein die auf deutschem Boden stehenden Streitkräfte werden. Das Hauptquartier der Europäischen Verteidigungsgemeinschaft würde sich in Paris befinden. Alle Beschlüsse der EVG müßten einstimmig gefaßt, jedem Mitglied also ein Vetorecht zugebilligt werden. Und schließlich sollte es jedem Mitglied freistehen, die Organisation wieder zu verlassen, sobald Deutschland wiedervereinigt würde.

Nach Adenauers Meinung versuchte Mendès-France damit die EVG zu Fall zu bringen, ohne den Mut, sich offen dazu zu bekennen[44]. Die Geschichte wird wahrscheinlich zeigen, daß Adenauers Auffassung richtig war. Trotz seines streitbaren und siegessicheren Auftretens scheint der französische Ministerpräsident nicht recht gewußt zu haben, was er wollte. Vom 19. bis zum 22. August saß Adenauer mit Mendès-France und den Vertretern der anderen EVG-Länder in Brüssel zusammen. Adenauer trieb die französische Regierung zum Handeln an, doch die Gespräche endeten in einer Sackgasse. Als die Sitzung zu Ende war, führte Mendès-France eine persönliche Unterredung mit Adenauer, in der er ihn mit einem Trick übertölpeln wollte, auf den der sonst so vorsichtige und mißtrauische Bundeskanzler mindestens teilweise hereingefallen zu sein scheint. Mendès-France versicherte ihm, daß er ganz und gar für den ›europäischen Gedanken‹ sei, schon weil seine Mutter elsässischer Abstammung und Deutsch die Sprache innerhalb seiner Familie gewesen sei (eine Unwahrheit), daß er auch niemals zulassen werde, daß seine beiden Söhne von 18 und 20 Jahren in einem künftigen Krieg als Kanonenfutter dienten. Er bot an, den EVG-Vertrag nun, so wie er war, der französischen Nationalversammlung vorzulegen. Adenauer begrüßte diesen Vorschlag mit einiger Zurückhaltung, etwas anderes hätte er beim besten Willen nicht tun können.

So debattierte also die französische Nationalversammlung am 29. und 30. August über den EVG-Vertrag, wozu der Ministerpräsident einen Auftritt à la Pontius Pilatus beisteuerte: Er wusch in bezug auf den Vertrag seine Hände in Unschuld und ließ die ängstlich besorgten Abgeordneten ihre Entschlüsse selber fassen. Er teilte lediglich mit, daß es ihm bei den Brüsseler Verhandlungen nicht gelungen sei, angemessene militärische Garantien zu erlangen, und daß er weder für die Saar noch für den Moselkanal die erforderlichen Zusicherungen bekommen habe. Indem er jeden erdenklichen Grund aufzählte, dem EVG-Vertrag die Zustimmung vorzuenthalten, wenn er auch nicht unmittelbar zu dessen Zurückweisung aufforderte, erreichte Mendès-France ein Ergebnis von 319 zu 264 Stimmen gegen eine Wiederaufnahme von Verhandlungen über die EVG. Die französische Nationalversammlung war nicht einmal fähig, eine klare Entscheidung gegen den Vertrag zu fällen, sondern wischte ihn bloß vom Tisch.

Nach einem seiner Biographen[45] war Adenauer so wütend, daß er zwei Tage lang kein Wort sprach. Eine andere Autorität will wissen, daß er »mit dem Gedanken umging, zurückzutreten[46]«. Sicherlich war er bitter enttäuscht und sehr verärgert. Er bestellte sein ganzes Kabinett zur Bühler Höhe im Schwarzwald, wo er die Ferien verbrachte, und verschaffte sich die einstimmige Unterstützung für die unmittelbare Forderung nach der vollen Wiederherstellung der deutschen Souveränität. Diese Forderung wiederholte er in einem Interview, das er einem Sonderkorrespondenten der Londoner *Times* gab und in dem er behauptete, Frankreich habe die europäische Idee zum Scheitern gebracht, das deutsche Volk sei nunmehr gezwungen, seine Zuflucht in einer altmodischen nationalistischen Haltung und in einem Arrangement mit der Sowjetunion zu suchen; Frankreichs Schicksalssendung sei durch die französische Kommunistische Partei sabotiert worden[47]. Ein oder zwei Tage später sagte Adenauer dem amerikanischen Außenminister John Foster Dulles, die besten Europäer lebten in Amerika[48].

Es ergab sich, daß die britische Regierung die Situation rettete, indem sie sich in einer seit Jahren nicht mehr dagewesenen Weise zum Handeln aufraffte. Winston

Churchill, der schon seit drei Jahren wieder Premierminister war, schickte im September eine ermutigende Botschaft an Adenauer; vorher schon, im Juli, hatte er vor dem Unterhaus erklärt, daß die Westmächte die Bundesrepublik nicht im Stich lassen dürften. Am 11. September ging Außenminister Eden auf eine Blitzreise durch alle europäischen Hauptstädte, mit der Absicht, eine Neunmächtekonferenz zwecks Ausdehnung des Brüsseler Vertrages auf die Bundesrepublik und Italien einzuberufen. Großbritannien bot an, vier Divisionen und eine taktische Luftflotte auf fünfzig Jahre in Deutschland zu halten – ein Schritt, wie er ähnlich noch von keiner britischen Regierung ins Auge gefaßt worden ist und dem das Schatzamt nur mit dem allergrößten Widerwillen zustimmte. Auf diese Weise konnte Eden die schuldbewußte französische Regierung und das Parlament gewissermaßen überrumpeln, und der Brüsseler Pakt wurde am 3. Oktober 1954 unterzeichnet. Westdeutschland sollte innerhalb des Rahmes der NATO wiederbewaffnet werden, wobei seine Streitkräfte vorläufig einmal auf 12 Divisionen, 1350 Flugzeuge und kleinere Kriegsmarine-Einheiten festgelegt waren. Und am 22. Oktober wurde die Bundesrepublik zum Eintritt in die NATO eingeladen, mit der Verpflichtung, keine atomaren, biologischen oder chemischen Waffen herzustellen. Das Besatzungsstatut wurde aufgehoben und die Tätigkeit der Hohen Kommission formell beendet. Die westdeutsche Souveränität war in vollem Umfang wiederhergestellt.

All dies vollzog sich mit atemberaubender Geschwindigkeit. Es zeigte, was man alles schaffen konnte, wenn eine Macht – in diesem Falle Großbritannien – ganz genau weiß, was sie will, und dazu einen erstklassigen Diplomaten – in diesem Fall Sir Anthony Eden – zur Verfügung hat. Alle französischen Verzögerungsmanöver wurden – einschließlich eines Versuchs von Mendès-France, ein Waffenkontrollsystem von unsäglicher Kompliziertheit einzuführen – einfach beiseite gefegt. Die französischen Schuldgefühle traten Ende Dezember noch einmal deutlich zutage, als die

Nationalversammlung den Bonner Vertrag mit 380 zu 180, das Saar-Abkommen mit 368 zu 145 und die Aufnahme der Bundesrepublik in die NATO mit 287 zu 256 Stimmen guthieß. Nach den ersten Erfolgen beschleunigten sich die weiteren Verhandlungen so sehr, daß die Franzosen ihre Kräfte zu keinen weiteren Verzögerungsaktionen mehr sammeln konnten. Einmal hatte auch der Quai d'Orsay versagt.

Adenauer hat nie aufgehört, die Ablehnung der EVG durch Frankreich zu bedauern. Er glaubte steif und fest, daß sie ein ungeheuer wichtiger Schritt auf dem Weg zu einer vollständigen europäischen Integration gewesen wäre. Einige scharfsinnige Beobachter waren anderer Meinung; sie meinten, daß die geplante europäische Armee niemals ordentlich funktioniert und Frankreich sein ganzes diplomatisches Können eingesetzt hätte, um die Organisation zu verlangsamen – auch wenn es ihr im Prinzip zugestimmt hätte. Etwas sinnvoller ist vielleicht die Überlegung, daß die europäischen Mächte, durch die Bereinigung der schwierigen Frage der deutschen Souveränität und Wiederbewaffnung sowie der Saar-Frage, jetzt tatsächlich alle ernstlichen Hindernisse für eine deutsch-französische Verständigung und Versöhnung beseitigt hatten. Wie er nunmehr seinen eigenen Beitrag dazu vervollständigen könne, wurde im nächsten Jahrzehnt und bis an das Ende seines Lebens eine der Hauptsorgen Adenauers.

10
Die Konsolidierung

Zu seinen Lebzeiten wurde sehr häufig behauptet, daß Adenauer sich nicht hinreichend für die Innenpolitik interessiere. Wenn man ihn mit zeitgenössischen europäischen Staatsmännern vergleicht, etwa mit Harold Macmillan oder Charles de Gaulle, kann man nicht umhin festzustellen, daß Adenauer sich sehr selten öffentlich zu innenpolitischen Angelegenheiten geäußert hat. Die Bundesrepublik ist oft als ein wirtschaftliches Gehäuse ohne politischen Inhalt geschildert worden. Ihre aufeinanderfolgenden Kabinette standen vor größeren wirtschaftlichen und sozialen Problemen, als es sie sonst irgendwo in Europa gab – man denke nur an den Wiederaufbau der zerstörten Städte, die Ansiedlung von rund 12 Millionen Flüchtlingen, den Lastenausgleich, die Demokratisierung durch Abbau der Reste des Nationalsozialismus, die Behandlung der Kriegsverbrecher. Wären Schumacher und seine SPD an die Macht gekommen, hätten sie sich möglicherweise fast ausschließlich auf diese Probleme konzentriert und eine neue Gesellschaft in Deutschland geschaffen oder doch zu schaffen versucht und dabei den Westmächten so lange die kalte Schulter gezeigt, bis sie alles Notwendige aus ihnen herausgeschlagen hatten.

In Wirklichkeit interessierte sich Adenauer sehr lebhaft für innen- wie außenpolitische Probleme, mit Ausnahme der seiner Meinung nach rein wirtschaftlichen und finanziellen Fragen. Aber sein Interesse konzentrierte sich hauptsächlich auf die Kabinettssitzungen, in denen er selbst die Richtlinien der Außenpolitik festlegte, sonst aber den Ministern erlaubte, ihre Ressortfragen, nachdem sie sie vorgetragen hatten, selbständig in die Hand zu nehmen. Ludwig Erhard bekam von ihm vollständig freie Hand auf wirtschaftlichem Gebiet (nach Erhards eigener Aussage interessierte sich Adenauer so gut wie gar nicht dafür, ja »er wollte von diesen Dingen überhaupt nichts wissen[1]«).

Er hatte eine ganze Reihe von überaus tüchtigen Innenministern: Gustav Heinemann, Robert Lehr und Gerhard Schröder, die zwar hin und wieder Unterstützung, aber wenig Weisungen benötigten. Dasselbe galt für seinen Flüchtlings- und seinen Wohnungsbauminister. Die materiellen Probleme sollten sich, wie sich zeigte, alle lösen lassen, auch wenn sie zunächst so bedrohlich aussahen, denn die ungeheuren Energien der Deutschen richteten sich ganz konzentriert darauf, den materiellen Wohlstand wieder zu erreichen, der ihnen seit 1914 verlorengegangen war. Sie versuchten, über die Entbehrungen zweier Weltkriege hinwegzukommen, aber auch die der Periode finanzieller und wirtschaftlicher Unsicherheit und annähernd chaotischer Zerrüttung in der Weimarer Republik und endlich der Naziära, in der ›Kanonen statt Butter‹ produziert wurden.

Über das ›deutsche Wirtschaftswunderland‹ sind schon dicke Bücher geschrieben worden, so daß wir uns hier kurz fassen können. Zwei der drei innenpolitischen Probleme, sowohl politischer als auch wirtschaftlicher Natur, müssen hier kurz behandelt werden. Das erste davon ist die Ansiedlung der Flüchtlinge und Vertriebenen. Annähernd zwölf Millionen Menschen sind nach 1945 aus den verlorenen Provinzen jenseits der Oder-Neiße-Linie, aus dem Sudetenland und den deutschen ›Kolonien‹ in anderen osteuropäischen Ländern nach Westdeutschland gekommen. Zu ihnen traten in steigendem Umfang noch weitere Millionen, ehemalige Bewohner des kommunistischen Ostdeutschland. Die Flüchtlinge dieser zweiten Kategorie hatten, wie man sagte, ›mit den Füßen abgestimmt‹. Sie waren freiwillig nach Westdeutschland gekommen und hatten Haus und Hof, ihren ganzen irdischen Besitz und häufig auch ihre Familienangehörigen in einem Land zurückgelassen, das noch immer ein Teil Deutschlands war. So stark war die Wirkung der von den Sowjets eingesetzten kommunistischen Tyrannei.

Diese Hochflut von Flüchtlingen schuf eine ganze Anzahl von Problemen. Zunächst einmal mußten sie untergebracht, mit Wohnstätten und Arbeitsstellen versorgt und in die westdeutsche Gemeinschaft integriert werden. Daraus ergaben sich, wenn auch nur zeitweilig, Schwierigkeiten in der Arbeitsbeschaffung: Anfang 1950 erreichte die Arbeitslosenziffer in der Bundesrepublik zwei Millionen. Aus regulären Steuereinnahmen konnte die Bundesregierung die Neuansiedlung nicht finanzieren. So wurde eine besondere Gesetzgebung initiiert und das ›Kriegslastenausgleichsgesetz‹ geschaffen, das im August 1952 in Kraft trat und eine fünfzigprozentige Abgabe auf alle unbeschadet durch den Krieg gekommenen Vermögenswerte vorsah, auf eine Laufzeit von dreißig Jahren verteilt. Mit diesen Einkünften wurden die Ausgaben der Regierung für die Flüchtlinge in Höhe von drei Milliarden DM bestritten. Die Gesamtverschuldung der Regierung für Flüchtlingszwecke betrug schließlich über 50 Milliarden DM.

Die Flüchtlinge, überwiegend Ostdeutsche, zum Teil auch die tüchtigen und sparsamen Sudetendeutschen, trugen selbst dazu bei, mit ihren rein materiellen Schwierigkeiten innerhalb eines Jahrzehnts fertigzuwerden. Doch sie zwangen der Bundesregierung zwei recht heikle politische Verpflichtungen auf: Erstens einmal bei jeder herannahenden Wahl auf die Entscheidung der Flüchtlingsstimmen Rücksicht nehmen zu müssen, und zweitens stets wie eine Art Glaubensartikel das Recht der deutschen Vertriebenen auf die Rückkehr – zu einem noch unbestimmten Datum – in ihre ›Heimat‹ hochzuhalten. In diesem rein konstruktiven Sinn hat Adenauer mit dazu beigetragen, das Recht jedes deutschen Heimatvertriebenen auf Asyl in der Bundesrepublik zu garantieren (das die alliierten Hochkommissare zu einem gewissen Zeitpunkt anzufechten begannen[2]), und er trug auch dazu bei, das Gesetz über den Lastenausgleich durchzubringen. Doch aus der Flüchtlingsfrage ergaben sich offensichtlich mancherlei Verpflichtungen. Das Gewicht der Flüchtlingsstimmen zwang ihn dazu, mit dem ›Bund der Heimatlosen und Vertriebenen‹ zu paktieren, und seine Weigerung, die zur Zeit existierende Ostgrenze Deutschlands anzuerkennen, schloß jede Möglichkeit einer vorwärts gerichteten Politik in Mitteleuropa aus. So wurde Adenauer, der immer Realist war, wenn die Umstände es erlaubten, gezwungen, den Parolen der Vertriebenen, die häufig provozierend wirkten und sich schnell abnutzten, Lippenbekenntnisse zu zollen.

Daß sich das Vertriebenenproblem nicht in gesellschaftspolitischer Hinsicht zu einer offenen Wunde auswuchs, ist wohl in erster Linie der Tatsache zu verdanken, daß der Durchschnittsflüchtling, wie auch die Westdeutschen im allgemeinen, sich auf eng begrenzte Ziele konzentrierte: eine ordentliche Stellung zu finden, fleißig zu arbeiten, gut zu verdienen und Geld zu sparen, jedoch sich einige der Dinge zu beschaffen, die er so lange hatte entbehren müssen, wie eine Wohnung, Mobiliar, ein Auto, eine Ferienreise ins Ausland. Diese Konzentration auf das äußere Wohlergehen, die alle mitmachten und die schließlich in dem Durchbruch zu einer ›Wohlstandsgesellschaft‹ gipfelte, wirkte wie ein Impfstoff gegen jede soziale Unruhe. So hätte man zum Beispiel meinen können, daß sich die Gewerkschaften zum Brennpunkt der Opposition gegen Adenauer und seine von der CDU angeführte Regierung entwickeln würden. Denn im Jahre 1951 hatte der westdeutsche Gewerkschaftsbund (DGB) mehr als sechs Millionen Mitglieder und vereinigte in sich sämtliche sozialistischen, liberalen, christlichen und sogenannten freien Gewerkschaften aus der Zeit vor den Nazis. Gerade infolge dieser Vereinheitlichung stellte er eine der größten und mächtigsten Arbeitnehmerorganisationen der Welt dar[3]. Er verlangte die Sozialisierung der Schwerindustrie, die Errichtung eines ›Wohlfahrtsstaates‹ nach dem in Großbritannien entwickelten Muster und die äußerste Beschränkung der politischen Möglichkeiten industrieller und kommerzieller Interessenverbände. Adenauer dagegen war strikt gegen jede Sozialisierung und gegen den Wohlfahrtsstaat, während er dagegen das Vorhandensein von Lobbyisten als eine ganz normale Auswirkung des Kapitalismus betrachtete.

Den DGB mag Adenauers Beharren auf Chancen der Vermögensbildung bei den niedrigeren Einkommensgruppen sowie auf den sozialen Wohnungsbau, trotz der davon ausgehenden inflationistischen Wirkung [4], beeindruckt haben, ferner sein lebhaftes Interesse für die Beschaffung von Krediten für Flüchtlinge und andere benachteiligte Bevölkerungsgruppen [5]. Doch ein noch bedeutsamerer Faktor mag wohl Adenauers persönliche Freundschaft mit Hans Böckler gewesen sein, der 1949 erster Vorsitzender des Deutschen Gewerkschaftsbundes wurde [6]. Adenauer besaß schon immer die Fähigkeit, ein gutes Arbeitsverhältnis mit Menschen von grundlegend andersartigem Charakter als dem seinen zu gewinnen. Hans Böckler war der Sohn eines Bergmannes und begann sein Berufsleben in der Metallindustrie. Er war von Kopf bis Fuß ein Mann des Ruhrgebiets. Schwer von Körperbau, langsam sprechend und phlegmatischer Natur, war er von ganzer Seele dem Gedanken der sozialen Gerechtigkeit und den Belangen der Arbeiterklasse verschworen, ein deutsches Gegenstück zu Ernest Bevin, aber glücklicherweise frei von Bevins Streitsucht und festverwurzelten Vorurteilen. Er kannte Adenauer von alters her, denn er hatte schon Jahre vor dem Krieg der Kölner Stadtverordnetenversammlung angehört – eine Verbindung, die wirklich etwas bedeutet haben mag. Außerdem waren die beiden Altersgenossen, beide Jahrgang 1876.

Böckler hatte innerhalb der deutschen Gewerkschaftsbewegung die gleiche unbestrittene Autorität wie Adenauer auf politischem Gebiet. Unter seiner festen und streng logischen Führung entwickelten die Gewerkschaften in bezug auf die allerwichtigste Frage der Lohnforderungen eine praktische Anschauung. Die wild ausufernde Inflation der Reichsmark in den zwanziger Jahren und dann wieder nach Ende des Zweiten Weltkrieges hatte ihm eine wichtige Lehre erteilt: daß jede Lohn-Preis-Spirale sich schädlich auf die Wirtschaft auswirkt und eine Inflation hervorruft. Generell gesprochen durften also Lohnerhöhungen nur in Verbindung mit Verbesserungen der Produktivität vorgenommen werden; das war etwas, was die britische Regierung erst in den sechziger Jahren allmählich begriffen und selbst 1970 noch nicht in eine praktische Politik umgesetzt hatte. Außer in gewissen Ausnahmen stellten sich die deutschen Gewerkschaften auf den Standpunkt, daß es besser sei, schrittweise vorzugehen, als große Lohnsteigerungen durch die Androhung von Streiks mit Gewalt durchzusetzen. Diese Ansicht stützte sich auf die Überzeugung Böcklers und seiner Stellvertreter, daß die Gewerkschaften und die von ihnen vertretene Arbeiterklasse ihren vollen Anteil an der Verantwortung trugen, die deutsche Wirtschaft wiederaufzubauen.

Böckler und die Gewerkschaften glaubten begreiflicherweise an die Sozialisierung der Schwerindustrie. Aber sie waren nicht bereit, während des Normalisierungsprozesses der deutschen Wirtschaft daraus eine Art Vertrauensfrage zu machen. Aus dem Programm der CDU war die Sozialisierung verschwunden, lange bevor die Partei zum Kern der ersten Adenauer-Regierung wurde. Ohne es ausdrücklich zu verkünden, ließ Böckler aus taktischen Gründen die Sozialisierungsforderung fallen und konzentrierte sich statt dessen auf die Mitbestimmung der Arbeiter in der Schwerindustrie. In dieser Frage wurde dann tatsächlich mit der Waffe des Streiks gedroht, doch im Januar 1951 erreichten Böckler und Adenauer die allgemeinen Grundlagen eines ›Mitbestimmungsgesetzes‹. Der Gesetzentwurf wurde von einer kleinen Kommission aus Gewerkschaftlern und Kabinettsmitgliedern ausgearbeitet, darunter Adenauer selbst, Erhard und Bundesarbeitsminister Anton Storch. Er wurde dem Bundestag am 14. Februar 1951 vorgelegt und bezog sich nur auf die Kohle- und Stahlindustrie. Er sah für die einzelnen Unternehmen dreiköpfige ›Vorstände‹ vor, in denen ein Mitglied immer von der Gewerkschaft zu benennen und mit der Regelung der Arbeitnehmerangelegenheiten zu betrauen war; in den ›Aufsichtsräten‹ sollten unter den elf Mitgliedern fünf Vertreter der Arbeitnehmer sein. Das elfte Mitglied der Aufsichtsräte aber sollte von der Betriebsführung und den Arbeitern gemeinsam gewählt werden.

Am 10. April 1951 wurde das Mitbestimmungsgesetz vom Bundestag angenommen. Adenauers Rolle dabei war von entscheidender Bedeutung. Seine beiden Koalitionspartner, die Freien Demokraten und die Deutsche Partei, beschlossen, gegen die Vorlage zu stimmen, und sie ging dank der vereinigten Stimmen von CDU und SPD durch. Offensichtlich war es für die Koalition eine schwere Belastungsprobe[7]. Man darf nicht vergessen, daß die Regierung nur eine Majorität von 14 Stimmen besaß. Allein der Abfall der kleinen Deutschen Partei hätte Adenauer im Parlament den Boden unter den Füßen weggezogen. Doch das kalkulierte Risiko, das Adenauer auf sich genommen hatte, sollte sich auszahlen. Das Mitbestimmungsgesetz wurde zu einem entscheidenden Faktor, insofern es ein Maß an Befriedung innerhalb der Industrie gewährte, wie es kein anderes westeuropäisches Land in den letzten zwanzig Jahren aufzuweisen hatte. Diese Glanzleistung gleicht wahrscheinlich den Mangel an Interesse und Tatkraft aus, den Adenauer generell auf sozialpolitischem Gebiet an den Tag legte; 1952 bestellte er eine Sonderkommission, die Empfehlungen für eine grundlegende Neuorganisation der Sozialversicherung vorbereiten sollte, verwarf dann deren Bericht und ließ in der Folgezeit zu, daß die Sozialgesetzgebung nur noch in Gestalt von Teillösungen weiterentwikkelt wurde[8].

Ein anderer Aspekt von Adenauers Beziehungen zu Böckler verdient noch erwähnt zu werden. Von ihm erreichte er ein bereitwilliges Verständnis dafür, daß die Bundesrepublik sich unbedingt an die Seite der Westmächte stellen, sich mit ihnen anfreunden und zu diesem Zweck auch die Forderungen der Hochkommissare erfüllen müsse, wenn sie sich auch stets bemühen sollte, diese durch Verhandlungen herabzumindern. Die SPD lehnte das Petersberger Abkommen sowohl in seiner ursprünglichen als auch in seiner revidierten Fassung ab, desgleichen die Internationale Ruhrbehörde, den Schuman-Plan für eine Montan-Union, den Eintritt der Bundesrepublik in den Europarat und schließlich die westdeutsche Wiederbewaffnung mit den dazugehörigen Bonner und Pariser Verträgen. Jedoch einzig und allein in der Wiederbewaffnungsfrage fand die SPD eine gewisse Unterstützung bei den Gewerkschaften. Böckler war im gleichen Maße wie Adenauer davon überzeugt, daß die Bundesrepublik unzweideutig für die westeuropäische Gemeinschaft optieren müsse, und legte damit, ganz allgemein, ein reiferes politisches Urteil an den Tag als Schumacher.

Frieden innerhalb der Industrie und einen gewissen Grad des Einvernehmens mit den Gewerkschaften – das sind zwei wichtige Pluspunkte, die das erste Adenauer-Kabinett für sich buchen kann. Es mußte sich noch mit einem anderen, einem ungewöhnlicheren gesellschaftspolitischen Problem herumschlagen, der Bewältigung der nationalsozialistischen Vergangenheit. Diese Frage präsentierte sich in zweierlei Gestalt: Einmal mußte eine sehr große Zahl von ehemaligen Nationalsozialisten irgendwie in das Leben der Nation ›reintegriert‹ werden, zweitens galt es, an der politischen Front eine kleine Splittergruppe virulenter Ex-Nazis zu bekämpfen. Beides waren Aufgaben, die sich einzig und allein in Deutschland stellten.

Die Westmächte hatten in ihren Besatzungszonen eine weitgespannte Entnazifizierungsprozedur in Gang gesetzt. Jedes einzelne NS-Parteimitglied war von eigens aufgestellten Kommissionen, die von den westlichen Besatzungsbehörden einberufen und in der Folgezeit unter deutscher Leitung fortgeführt worden waren, überprüft und in Kategorien (Hauptschuldiger, Mitläufer und Nutznießer) eingestuft worden; in besonderen Fällen waren den Betroffenen wegen verbrecherischer Handlungen als Nationalsozialisten die staatsbürgerlichen Rechte abgesprochen oder sogar eine Freiheitsstrafe auferlegt worden. Den Nationalsozialismus bis auf die Wurzel auszutilgen, war natürlich eine unmögliche Aufgabe; das einzige Erreichbare war, alle gefährlichen Ex-Nazis gleichsam mit einem Etikett zu versehen und von Stellungen fernzuhalten, in denen sie Macht und Einfluß ausüben konnten. Selbst dieses Vorhaben war noch zu ehrgeizig in seiner Zielsetzung. Ein damaliger Beobachter schrieb: »Die Entnazifizierung wurde viel zu sehr in die Länge gezogen und war so verworren und ungerecht geworden, daß sie ihrer eigenen Absicht nicht mehr gerecht wurde. Die Opfer waren fast immer die ›kleinen Pgs‹, deren Sündenregister kurz war, die aber zu wenig Geld oder Einfluß hatten, um die Entnazifizierungskommission auf ihre Seite zu ziehen. Es sind solche Absurditäten durchgespielt worden wie beispielsweise die Entnazifizierung Verstorbener durch deren Witwen. Durchaus begreiflicherweise haben viele vernünftige Deutsche gegen diese sinnlosen Versuche revoltiert, eine ganze Bevölkerung einem Säuberungsprozeß zu unterwerfen[9].«

Das Durcheinander bei der Entnazifizierung ergab eine psychologische Reaktion nach der Gegenseite und eine Aufwallung der Sympathie zugunsten der Leute, die sich plötzlich für das ›Verbrechen‹ verantworten mußten, der damaligen Regierung blindlings gehorcht oder auch nur indifferent gegenübergestanden zu haben. Adenauer betrachtete die ganze Entnazifizierungsangelegenheit von der praktischen Seite. Er war niemals besonders stark von ihrer Wirksamkeit überzeugt, sondern machte nur insofern von den Resultaten Gebrauch, als er sich bei der Auswahl geeigneter Mitarbeiter für den Regierungsapparat davon leiten ließ. Seine Absicht scheint gewesen zu sein, ganz augenscheinlich unbekehrte Nazis von allen wichtigen Stellungen fernzuhalten, jedoch keinen Kandidaten für einen bestimmten Posten nur deshalb zu disqualifizieren, weil er einmal Mitglied der NSDAP gewesen war. Sein ehemaliger Innenminister Gerhard Schröder meint, daß Adenauer an die verdrießliche Frage sehr konstruktiv herangegangen sei: Er habe jemanden als ›entbräunt‹ betrachtet, wenn er sich mit ganzem Herzen bereit erklärt habe, einer demokratischen Regierung und der Sache der Demokratie zu dienen[10].

Schon in den ersten Stunden der Existenz der Bundesrepublik fanden Ex-Nazis ihren Weg zurück in den Regierungsdienst. Bereits im Dezember 1949 mußte Adenauer die Dienstenthebung eines gewissen Dr. Ehrich aus dem Bundesministerium für Länderangelegenheiten anordnen; es hatte sich herausgestellt, daß er zu den hohen NS-Parteifunktionären gehört hatte, die man schon unter Hitler als ›Goldfasane‹ bezeichnete[11]. Im Mai ließ Adenauer die ersten Kader eines künftigen diplomatischen Dienstes zusammensuchen und mußte entdecken, daß der damit beauftragte Dr. Haas in einem Stab von 31 Beamten nicht weniger als 14 Ex-Nazis aufgestellt hatte[12]. Zwei Jahre später stellte sich heraus, daß von 49 hohen Beamten des neugeschaffenen Auswärtigen Amtes 39 Parteimitglieder gewesen waren.

Adenauer sollte in der Folgezeit Ex-Nazis in sein Kabinett und seinen persönlichen Mitarbeiterstab aufnehmen. Doch seine ursprüngliche Ansicht von dieser Angelegenheit blieb absolut unerschütterlich. Nur ehemalige Nationalsozialisten, die kriminelle Handlungen begangen hatten oder sich in keiner Weise reuig gezeigt hatten, durften nicht in verantwortungs- und einflußreiche Stellungen aufrücken. Wegen dieser Haltung ist Adenauer oft erbittert kritisiert worden, wobei man ihm vorwarf, er hätte die besseren Posten für ›gute Demokraten‹ aufbewahren sollen und mache sich selbst einer übermäßigen Nachsicht schuldig, die den Deutschen den Mut nehme, ›ihre Vergangenheit zu bewältigen‹. Vielleicht ließen die Kritiker doch zu sehr außer acht, daß eine große Zahl von NS-Parteimitgliedern ganz ›unpolitisch‹ gewesen war und daß die junge Bundesrepublik alle Unterstützung brauchte, die sie von seiten der besten verfügbaren Verwaltungsbeamten bekommen konnte; ganz abgesehen davon, daß der Nationalsozialismus dem deutschen Volk am besten durch eine gute Regierung, eine klare Zielsetzung und ein demokratisches Ideal ausgetrieben werden konnte. Adenauer war des Glaubens, daß positive Faktoren das beste Mittel darstellten, die negativen Elemente der von ihm nun einmal übernommenen Situation aus dem Felde zu schlagen[13].

Wie man das Problem der ehemaligen Parteigenossen am besten hätte anpacken können, ist eine Frage, die wahrscheinlich noch für lange Zeit nicht befriedigend beantwortet werden kann. Es wird davon abhängen, in welcher Richtung sich die deutsche Nation weiterentwickelt. Heute kann man nur sagen, daß alles darauf hindeutet, daß Adenauers Optimismus sich als gerechtfertigt erwiesen hat. Natürlich hat der bloße Zeitablauf viel zur Lösung des Problems beigetragen sowie das allmähliche Dahinschwinden der Ex-Nazis, weil sie einfach ihre Lebensgrenze erreichen.

Von größerer unmittelbarer Bedeutung war die Frage, ob ehemalige Nazis wieder in politische Machtpositionen einsickern und der erst halbwüchsigen Demokratie der Bundesrepublik gefährlich werden durften. Ein paar Ex-Nazis schlichen sich in den ersten Bundestag ein, bei dessen Wahl immerhin vier Millionen Stimmen für Rechtsparteien von ziemlich eindeutiger nationalistischer Tönung abgegeben wurden. Auch bei den Freien Demokraten und in der Flüchtlingspartei BHE gewannen ehemalige Parteigenossen allmählich einflußreiche Stellungen. Doch es gab bis 1953 nur zwei ernste Fälle einer Bedrohung der westdeutschen Demokratie. Der erste war 1951/52, als eine unverhohlen neonazistische ›Sozialistische Reichspartei‹

durch den ehemaligen Nazi-General Otto Remer aufgezogen wurde, der zweite 1953, als Werner Naumann, einst die rechte Hand von Reichspropagandaminister Josef Goebbels, in die rechts von der Mitte stehenden Parteien einzudringen suchte, in der Hoffnung, nach gelungener Infiltration einen politischen Coup zu landen.

General Otto Remer war als schlichter Major Kommandeur des Berliner Wachbataillons am Tag des Attentats auf Hitler am 20. Juli 1944 gewesen. Statt nach dem Befehl des OKH mit seiner Truppe die Berliner Ministerien zu besetzen, marschierte er zum Oberkommando in der Bendlerstraße und verhaftete die Verschwörer. Mit seinem Raubtiergesicht und seinem funkelnden Blick war Remer der Inbegriff nationalsozialistischer Dynamik und Männlichkeit. Den Aufbau der SRP begann er 1950. Seine Gefolgsleute trugen Schaftstiefel und Reithosen und waren in Stoßtrupps zusammengefaßt. Als laut polternder Redner im Stil von Goebbels forderte er die Rehabilitierung der alten Nazis, die Wiederherstellung der Ehre der Kriegsteilnehmer, die Entlassung der Kriegsverbrecher und die Aburteilung der wenigen noch am Leben befindlichen Mitglieder des deutschen Widerstandes gegen Hitler. Er machte sich mit seinen Anhängern über die deutschen demokratischen Parteien lustig und hatte nur Haß und Verachtung für die Westmächte übrig[14].

Am 7. Mai 1951 erhielt die SRP bei den Landtagswahlen in Niedersachsen 400000 Stimmen und eroberte sich 16 Sitze. Ein erschreckend hoher Teil der Wählerschaft (elf Prozent) hatte damit für eine offen mit nationalsozialistischen Parolen auftretende Partei gestimmt. Weitere 27 Prozent hatten andere rechtsgerichtete Parteien gewählt, mit anderen Worten, ungefähr zwei von jeweils fünf Abstimmenden hatten sich in diesem etwas hinterwäldlerischen Land der Bundesrepublik gegen die Demokratie ausgesprochen. Einige Monate später war die SRP annähernd ebenso erfolgreich bei den Wahlen in Bremen. Die Bundesregierung ergriff darauf die erforderlichen Maßnahmen: Remer wurde wegen Verleumdung der Männer der Widerstandsbewegung angeklagt und für drei Monate ins Gefängnis gesteckt, die SRP wurde als antidemokratische Organisation kurzerhand verboten. Ihr direkter Nachkomme, die ›Deutsche Reichspartei‹ (DRP), fand nicht annähernd so viele Anhänger. Zu Adenauers Lebzeiten sollte von keiner rechtsextremistischen Partei mehr eine vergleichbare Bedrohung ausgehen.

Der zweite Anschlag auf die westdeutsche Demokratie wurde zwei Jahre später geplant. Gegen Ende 1952 hatte die Freie Demokratische Partei den Versuch unternommen, einen größeren Anteil der rechtsgerichteten Wähler an sich zu ziehen, indem sie ein ›Deutsches Programm‹ aufstellte, das eine stärker zentralisierte Bundesregierung, die Verminderung der Bundesländer durch Zusammenlegung von elf auf fünf, die Beendigung der Diskriminierung der ehemaligen Nazis, eine Amnestie für politische Häftlinge und eine unabhängigere Außenpolitik forderte. Es sah so aus, als ob das ›Deutsche Programm‹ zum offiziellen Parteiprogramm werden sollte, doch der liberale Flügel der FDP griff es heftig an, worauf viele Punkte wieder gestrichen wurden. Darauf traten die Konservativen innerhalb der Partei mit einer kleinen Gruppe unbekehrter Nazis in Kontakt, die von Dr. Werner Naumann angeführt wurden. Diese Leute waren nach Naumanns eigenen Worten ganz dem Ideal eines alles andere ausschließenden Dienstes für einen neuen ›Führer‹ hingegeben. Sie hatten Querverbindungen zu nationalsozialistischen ›Zellen‹ im Ausland und eine Gefolgschaft unter Intellektuellen und in der Presse.

Naumanns Plan bestand darin, bis zu den Bundestagswahlen von 1953 mindestens drei Parteien, allen voran die FDP, zu infiltrieren. Auf diese Weise hoffte Naumann sich eine feste Gruppe von 40 bis 50 Abgeordneten zu schaffen, die nach der Wahl im Bundestag als Zünglein an der Waage unter Umständen den ganzen Lauf der deutschen Geschichte bestimmen konnten. Der anschließende Zusammenschluß aller rechtsgerichteten Elemente des Bundestags würde Naumann, so meinte er, ermöglichen, eine einzige große nationalistische Partei zu bilden, die aus der Wahl von 1953 dann als Sieger hervorgehen würde. Naumann war als gelehriger Schüler von Goebbels ein Mann von äußerster Rücksichtslosigkeit, doch zugleich von etwas unheimlichem Charme und den liebenswürdigsten, von einer falschen Bescheidenheit getragenen Manieren, damit potentiell sehr viel gefährlicher als Remer und die ungehobelten Krautjunker von der SRP.

Der britische Geheimdienst, der von seinen Beamten in Düsseldorf reichlich mit Nachrichten versorgt wurde, informierte den Hochkommissar, Sir Ivone Kirkpatrick, über die Einzelheiten der ›Naumann-Verschwörung‹. Am 14. Januar 1953 verfügte Kirkpatrick die Verhaftung Naumanns und sieben seiner führenden Anhänger. Er sprach mit bitterem Humor von »Piraten, die ein Schiff kapern wollen, indem sie die Kommandobrücke besetzen, und die von da aus weitere Schiffe kapern, bis sie eine hübsche kleine Flotte beisammen haben[15]«. Kirkpatrick wußte genau, was er tat. Seine Aktion würde ihn zwar etwas unpopulär machen, aber das war immer noch besser, als die Dinge einfach laufenzulassen oder gar die Last des Eingreifens auf Adenauer und seine Regierung abzuschieben. In einem persönlichen Gespräch sagte er: »Ich sehe wirklich keinen Grund, weshalb wir warten sollen, bis diese Herren all die Pläne ausgeführt haben, die sie bereits haargenau zu Papier gebracht haben. Diese Absichten sprechen für sich selbst, und nach ihren eigenen Worten erstreben sie nichts anderes, als die Ideale zu erreichen, denen sie einmal die Treue geschworen haben und für die ihre Kameraden gefallen sind[16].« Beamte des britischen Geheimdienstes sicherten in den Wohnungen und Büros der Naumann-Gruppe 30 Kisten mit Dokumenten, darunter genaue Studien über nationalsozialistische Verwaltungsmethoden und Pläne für die Zukunft – sehr viel mehr Material als erforderlich, um dieses letzte Komplott zur Wiederherstellung der Naziherrschaft während der Adenauer-Ära zu beweisen.

Am 19. Januar erörterte Adenauer die Angelegenheit mit britischen Pressevertretern. Der Bundeskanzler war in einer schwierigen Lage, denn immerhin war seine Zuständigkeit, wenn auch aus den besten Motiven, mißachtet worden. Er erkannte zwei Gefahren: Einmal konnte ihm vorgeworfen werden, nicht schleunigst selbst gehandelt zu haben, wenn die deutsche Demokratie in Gefahr war, oder aber, daß er zugelassen hatte, daß die britischen Behörden sich ein paar relativ harmlose deutsche Bürger einfingen (so hieß es beispielsweise in der hochangesehenen *Frankfurter Allgemeinen Zeitung,* daß die Männer der Naumann-Gruppe weiter nichts als schlichte Kaufleute seien, deren Konkurrenz die Briten fürchteten). An jenem 19. Januar gab Adenauer bekannt, daß die Naumann-Gruppe schon seit mindestens sechs Monaten unter sorgfältiger Beobachtung gestanden habe. Er habe ihre Tätigkeit bei drei verschiedenen Gelegenheiten mit Kirkpatrick durchgesprochen, sei dann aber erst am Vorabend des Zugreifens von den bevorstehenden Ereignissen in Kenntnis gesetzt worden[17]. Er gab zu, daß die Übernahme der Aktion durch die Briten an Stelle von Deutschen einen augenscheinlichen Vorteil habe: Die Briten konnten die Delinquenten ohne Anklage festhalten und in aller Ruhe untersuchen.

Adenauers weitere Bemerkungen hatten etwas Widersprüchliches. Der Zeitpunkt der britischen Aktion sei sehr sorgfältig gewählt worden, und sie sei gewiß frei von irgendwelchen Hintergedanken gewesen. Seiner Ansicht nach sollte man Naumann und seinen Gefährten nie wieder Gelegenheit geben, ins politische Leben zurückzukehren, aber zugleich glaube er, daß sie ohnehin sehr wenig Chancen gehabt hätten, mit Erfolg die Rechtsparteien zu infiltrieren. Am Schluß seiner Pressekonferenz beklagte sich Adenauer noch über eine von der amerikanischen Hochkommission durchgeführte Meinungsbefragung, die fast gleichzeitig mit der Aufdeckung der Naumann-Verschwörung veröffentlicht worden war. Die Umfrage zeigte, daß 44 Prozent der befragten Deutschen der Meinung waren, es sei ›mehr Gutes als Schlechtes‹ am Nationalsozialismus, während ihn nur 34 Prozent ohne Einschränkung schlecht fanden. Adenauer sagte, er sei über diese Veröffentlichung nicht informiert worden und halte eine Umfrage auf der Basis von 1200 Personen für irreführend[18].

Am 30. Januar 1953 sprach Adenauer über sämtliche deutsche Rundfunksender, wobei er wieder seine These vertrat, daß die Naumann-Verschwörung keine ernstliche Gefahr für die westdeutsche Demokratie gewesen sei. Er sagte dem ihn interviewenden Journalisten: »Es wäre ein Wunder, wenn kein einziger überzeugter Nationalsozialist in der ganzen Bundesrepublik mehr existiere. Weder Verrückte noch Verbrecher pflegen so schnell auszusterben. Aber eine wirkliche Bedrohung der Sicherheit der Bundesrepublik ist nicht vorhanden. Von einer neuen Machtergreifung kann nicht die Rede sein. Ein paar Nazis machen noch keinen Nationalsozialismus . . . Wir haben eine lebensfähige, wachsame Demokratie[19].«

Ein Jahr später sollte er sogar sagen, daß kein neugeschaffener Nationalsozialismus in Deutschland existiere und daß er garantieren könne, es würde nie wieder einen geben[20]. Im großen und ganzen war sein Optimismus berechtigt, wenigstens für die Dauer seiner Amtszeit. Der Neonazismus als offen zur Schau getragenes politisches Bekenntnis verebbte nach dem Verbot der SRP; als eine hinter den Kulissen lauernde Gefahr verschwand er nach der Naumann-Verschwörung.

Die Neo-Nazis stellten jedoch nur einen Aspekt der zu bewältigenden Vergangenheit dar. Ein anderer bestand in der Notwendigkeit, die grauenvollen Leiden, die das Deutschland Hitlers auf die Juden gehäuft hatte, auf jede erdenkliche Weise und in jedem nur vorstellbaren Ausmaß wiedergutzumachen. Es mußte natürlich von vornherein klargestellt werden, daß es sich niemals um die Zahlung einer ›Entschädigung‹ handeln konnte, in dem Sinne, daß man eine Art Bilanz aufstellen und die deutsche Verpflichtung gegenüber dem jüdischen Volk per Saldo ausgleichen konnte. Sechs Millionen europäischer Juden waren, ohne sich irgendeines Verbrechens oder Vergehens schuldig gemacht zu haben, hingemordet worden. Zahllose andere waren den scheußlichsten Leiden unterworfen worden. Die blühenden jüdischen Gemeinden Deutschlands, die einmal 600 000 Menschen umfaßten, waren auf den mitleiderregenden Rest von rund 30 000 Mitgliedern reduziert. Die Juden in Polen waren auf noch grausamere Weise von 4 Millionen auf weniger als 25 000 zusammengeschmolzen. Die österreichischen Juden waren praktisch ausgelöscht.

Eine Entschädigung im üblichen Sinn des Wortes war unmöglich. Möglich allein war eine maximale materielle Wiedergutmachung, soweit es im Rahmen der deutschen Mittel lag. Adenauer scheint dies immer verstanden und diese Aufgabe als seine Pflicht betrachtet zu haben. Dr. Nahum Goldmann, der Präsident des ›World Jewish Council‹, scheint dies in Zweifel zu ziehen, wenn er schreibt: »Zum Beispiel veranlaßte eine Gruppe deutscher Juden Dr. Adenauer zu der Erklärung, die deutsche Regierung sei bereit, zehn Millionen Dollar auszusetzen. Natürlich wurde dieses Angebot als völlig inkongruent abgelehnt, ja nicht einmal ernsthaft diskutiert[21].«

Doch hier scheint Nahum Goldmann, obwohl er später eine führende Rolle bei den Verhandlungen mit Adenauer über eine finanzielle Lösung gespielt hat, schlecht unterrichtet zu sein. Die wahre Geschichte ist in der *Allgemeinen Wochenzeitung der Juden* in Düsseldorf abgedruckt worden, kurz nachdem Adenauer Bundeskanzler geworden war. Der Chefredakteur Karl Marx zitiert Adenauer folgendermaßen: »Der Staat Israel repräsentiert nunmehr das Judentum als Ganzes. Die Bundesregierung wird, als ernsthaften Beweis ihrer Absicht, für das Unrecht, das Deutschland den Juden aus der ganzen Welt zugefügt hat, einen Schadenersatz zu leisten, Israel eine Entwicklungshilfe von zehn Millionen D-Mark zur Verfügung stellen[22].« Dies war eine reine Präliminarie; Adenauer war bereit, in die bevorstehenden Verhandlungen einzutreten.

Während der Monate Oktober und November 1949 hatte Adenauer mehrere Unterredungen über die jüdische Wiedergutmachung mit seinem persönlichen Berater Herbert Blankenhorn. Dieser war als scharfsinniger Beobachter der öffentlichen Meinung des Auslandes der Meinung, daß eine generöse Behandlung dieser Angelegenheit mehr als irgend etwas anderes dazu beitragen würde, den guten Ruf Deutschlands in der Welt wiederherzustellen. Anfang 1950 kam Blankenhorn mit Noah Barou zusammen, der die neu gebildete ›Conference on Jewish Material Claims against Germany‹ vertrat. Dadurch wurde er in seiner Ansicht noch bestärkt, wenn es auch einige Wochen später einen Rückschlag gab, als deutsche und israelische Parlamentarier gemeinsam an einem Kongreß in Istanbul teilnahmen und Itzhak Ben Zwi, der später israelischer Staatspräsident wurde, es als eine ungeheure Zumutung für jeden anständigen Menschen bezeichnete, mit Deutschen zusammenzutreffen und sich vorgeblich über die fürchterlichen, im Namen dieses Volkes begangenen Verbrechen hinwegzusetzen. Im weiteren Verlauf des Kongresses kam es doch noch zu einer Begegnung zwischen Ben Zwi und zwei deutschen Delegierten, Heinrich von Brentano und Carlo Schmid. Ben Zwi bestand, obwohl er perfekt Deutsch sprach, bei dieser Gelegenheit darauf, daß die Unterredung auf französisch geführt wurde[23].

Am 1. Juni 1950 entwarf Dr. Hendrik van Dam, der Generalsekretär des ›Zentralrats der Juden in Deutschland‹, ein Memorandum für die Verhandlungen zwischen Israel und der Bundesrepublik. Er schlug unter anderem vor, eine israelische Reparationskommission nach Deutschland zu schicken[24]. Doch dabei blieb es vorläufig. Ein Grund dafür war die Meinung der israelischen Regierung, die meisten israelischen Staatsbürger würden den Gedanken, irgendwelche Hilfe von den Deutschen anzunehmen, als außerordentlich abstoßend empfinden. Am 12. März 1951 hatte die Regierung von Israel eine Formulierung gefunden: Sie forderte von den beiden deutschen Staaten

Amerika-Besuch 1956:
Adenauer mit dem Kopfschmuck
eines Indianerhäuptlings

Oben:
Neujahrsempfang 1956:
Dr. Konrad Adenauer,
Prof. Dr. Theodor Heuss,
Heinrich von Brentano und
Prof. Dr. Ludwig Erhard.

Unten:
Adenauer und Hallstein während der Unterzeichnung der Verträge für die Europäische Wirtschaftsgemeinschaft (EWG) und die Europäische Atomgemeinschaft (EAG) am 25. März 1957 in Rom

12. Mai 1956:
Adenauer empfängt den ehemaligen britischen Premierminister Sir Winston Churchill im Bundeskanzleramt

Oben:
Politische Gespräche mit dem Schah in Teheran 1957. Kaiserin Soraya übernahm dabei die Rolle des Dolmetschers

Unten:
Besuch in Windsor Castle bei der englischen Königin Elizabeth II., 1958

einen Beitrag für die Ansiedlung von Flüchtlingen in Israel (die DDR sollte niemals auch nur einen Pfennig bezahlen[25]). Die betreffende Note wurde auf dem Weg über die vier Besatzungsmächte übermittelt. Sie enthielt den Hinweis, daß zwischen 1938 und 1950 380000 europäische Juden Zuflucht in Israel gesucht hätten, und schlug die Summe von 1,5 Milliarden Dollar vor.

Beinahe hätte es noch einmal einen Rückschlag für das Zustandekommen eines Vertrages gegeben, im Zusammenhang mit einer Begegnung, die Adenauer im April 1951 mit dem israelischen Botschafter Dr. Maurice Fischer und dem Vertreter des israelischen Finanzministeriums, Dr. David Horowitz, hatte. Nach einem Bericht warfen die beiden Adenauer eine lange Liste von deutschen Verbrechen vor und sprachen aus, daß ein Rechtsanspruch gegen die Bundesrepublik durchaus bestehe[26]. Adenauer hätte sich daran stoßen können, doch tat er es nicht, sondern sprach am 27. September 1951 vor dem Bundestag über das Thema der Restitution, wobei er die Absicht seiner Regierung ankündigte, gemeinsam mit der Regierung in Israel alle Einzelheiten auszuarbeiten.

Am 30. November 1951 sandte die israelische Regierung eine zweite Note an die vier Besatzungsmächte. Sie bezifferte die materiellen Verluste der Juden auf Grund der Nazi-Verfolgung auf 6 Milliarden Dollar und wiederholte den Vorschlag einer Kompensation in Höhe von 1,5 Milliarden Dollar. Adenauers Antwort bestand darin, Goldmann zu einem Treffen am 6. Dezember ins Londoner Hotel Claridge einzuladen.

Dort schilderte Goldmann den israelischen Standpunkt. Als er geendet hatte, sagte Adenauer zu ihm: »Während Sie sprachen, habe ich den Flügelschlag der Geschichte in diesem Raum gespürt[27].« Der Kanzler, der auf Goldmann ›wie eine mittelalterliche gotische Figur‹ wirkte, versprach diesem einen Brief, der seine Absichten erläuterte. Er löste sein Versprechen ein, und später zollte Goldmann ihm das Lob, ›von unbeirrbarer Gradlinigkeit und Folgerichtigkeit‹

zu sein. Wie man bei ihm selbst nachlesen kann, scheint Goldmann bei dieser Gelegenheit verabsäumt zu haben, eine Ziffer für die Kompensation zu nennen. Er war mit der Absicht nach London gekommen, 1 Milliarde Dollar zu verlangen[28].

Der nächste Schritt wurde im März 1952 gemacht, als sich deutsche und israelische Delegierte in Den Haag trafen. Die Diskussionen waren wechselvoll und auf der israelischen Seite manchmal hitzig. Die deutschen Delegierten empfingen ihre Instruktionen von dem Bankier Dr. Hermann Abs, der die Verhandlungen augenscheinlich für eine Gelegenheit zum Feilschen bis in die letzten finanziellen Einzelheiten hielt, ohne den Gedanken an eine moralische Verantwortung aufkommen zu lassen. Nach Goldmann hatte Abs zu einem bestimmten Zeitpunkt das lächerliche Angebot von jährlichen Lieferungen in Höhe von 100 Millionen Mark gemacht und bei einer anderen Gelegenheit behauptet, die Bundesrepublik könne überhaupt keine Zahlungen in ausländischer Währung leisten, ehe nicht eine generelle Regelung der deutschen Schulden aus der Zeit vor und nach dem Krieg getroffen worden sei[29]. Adenauer schaltete sich ein, indem er Goldmann und Abs am 10. Juni 1952 nach Bonn holte. Die von der Bundesrepublik zu zahlende Summe wurde schließlich auf 3 Milliarden DM festgelegt, die hauptsächlich in Sachlieferungen während eines Zeitraumes von zwölf Jahren zu erlegen war. Eine weitere Summe von 500 Millionen DM sollte der Jewish Conference on Claims zur Verteilung an außerhalb Israels lebende Juden gezahlt werden.

Die Vereinbarung wurde am 10. September 1952 in Luxemburg unterzeichnet und vom Bundestag am 4. März 1953 ratifiziert, nach einer Debatte, in der drei kleinere Parteien (darunter die Kommunisten) gegen die Vorlage waren und die Masse der FDP-Abgeordneten sich der Stimme enthielt. Das persönliche Eingreifen Adenauers in die Debatte und seine Bereitwilligkeit, mit der SPD gemeinsame Sache zu machen, führten schließlich zu dem Resultat, daß das Gesetz mit 288 gegen 34 Stimmen angenommen wurde, bei 86 Enthaltungen. In den darauffolgenden Jahren wurde das Abkommen von der Bundesrepublik loyal eingehalten. Unter den Investitionsgütern, die Israel nach vorheriger Auswahl durch eine in Köln etablierte Reparationskommission in Empfang nahm, waren 60 Passagierschiffe, 41 Frachtschiffe, vier Tanker, ein Schwimmdock, ein Stahlwerk und ein Kupferschmelzwerk. Adenauers Schlußkommentar zu der Vereinbarung war in seiner Rundfunkansprache vom 12. November enthalten. Er sagte dort unter anderem, daß Drohungen von seiten der Arabischen Liga, die Beziehungen zur Bundesrepublik abzubrechen, nicht den geringsten Effekt haben würden. »Es gibt Höheres, woran man denken kann, als gute Geschäfte. Und wir wollen ein anderes Deutschland, das sich vom Deutschland Hitlers unterscheidet[30].«

Zu der Geschichte des Luxemburger Abkommens gehören zwei Anmerkungen. Die eine bezieht sich auf das Attentat auf Adenauer vom März 1952. Zwei Schuljungen, Werner Breitschopf (12) und Bruno Beyersdorf (13), bekamen in der Bayerstraße in München von einem Fremden ein Paket in die Hand gedrückt. Es war adressiert: »An Dr. Konrad Adenauer, Bundeskanzleramt, Bonn«, und sie erhielten ein Trinkgeld und den Auftrag, es auf die Post zu bringen. Der Absender war fingiert, ein »Dr. Berghof, Frankfurt am Main«.

Die beiden Jungen fragten einen Straßenbahnschaffner, was sie mit dem Paket machen sollten. Sie merkten, daß etwas Ungewöhnliches daran war, auf der Straße einen solchen Auftrag zu bekommen. Der Straßenbahnschaffner erzählte es einem Verkehrspolizisten, und dieser verständigte einen Streifenwagen, von dem die Jungen mit ihrem Paket in das Polizeipräsidium in der Ettstraße gebracht wurden. Dort versuchte der Sprengmeister der Münchner Feuerwehr, Karl Reichert, das Paket vorsichtig aufzumachen. Es explodierte ihm unter den Händen, und er starb vier Stunden später an seinen Verletzungen.

Der dankbare Kanzler lud die beiden Jungen am 1. April zum Kaffee ein, bedankte sich und schenkte jedem von ihnen eine goldene Armbanduhr. Später sagte Bruno: »Der Herr Dr. Adenauer war sehr väterlich zu uns.« Er sei gar nicht eingebildet, und man könne sich »ganz leger« geben[31]. Die Polizei bot eine Belohnung an, doch das einzige Indiz, das zutage trat, war ein am 29. März an mehrere französische Zeitungen versandter Brief, in dem behauptet wurde, es sei »ein mit Sprengstoff gefülltes Buch an Dr. Konrad Adenauer, den Kanzler einer Nation von Mördern, abgeschickt worden«. Nach der offiziellen Adenauer-Biographie[32] bestätigte Nahum Goldmann, daß der Mann, der den beiden Jungen das Paket übergab, ein jüdischer Fanatiker gewesen sei. Adenauer war bekannt, daß die Polizei seine Personalien festgestellt hatte, doch er weigerte sich, die Juden irgendwie für das Attentat verantwortlich zu machen. Ebenso beharrlich weigerte er sich, durch den Zwischenfall sich vom Durchsetzen und Unterzeichnen des Luxemburger Vertrages abbringen zu lassen.

Die zweite Anmerkung bezieht sich auf die Gestaltung der deutsch-israelischen Beziehungen nach Abschluß des Luxemburger Vertrages. Laut einem seiner engsten Berater[33] bot Adenauer zum Zeitpunkt der Vertragsschließung Israel diplomatische Beziehungen mit der Bundesrepublik an. Das Angebot wurde abgelehnt. Adenauer ließ sich Zeit; zwar glaubte er, daß die arabische Intransigenz nachlassen würde, wenn sich die Bundesrepublik als solider und nützlicher Handelspartner herausstellte, doch befürchtete er, daß jede Schädigung der deutsch-arabischen Beziehungen sich ganz allgemein nachteilig auf die westlichen Interessen im Nahen Osten auswirken würde. Nach Aussage eben desselben Beraters hat er mindestens einmal, wenn nicht öfter, den amerikanischen Botschafter in Bonn, David Bruce, gebeten, bei seiner Regierung zu sondieren, was sie von dem deutschen Ansuchen nach diplomatischen Beziehungen mit Israel halte. Angeblich rieten die Amerikaner davon ab. Und wieder wartete Adenauer, obwohl er inzwischen – durch Felix Shinnar, den Leiter der Kölner Reparationskommission – erfahren hatte, daß Israel zur Aufnahme der diplomatischen Beziehungen bereit sei.

Unterdessen gingen die Reparationszahlungen weiter, nicht allein an den Staat Israel, sondern auch entsprechend der Bundesgesetzgebung an einzelne Personen. 1962 bezifferte ein Sachkenner, Hendrik van Dam, die Gesamtsumme der westdeutschen Zahlungen auf 24 Milliarden DM[34]. Acht Jahre später schätzte Nahum Goldmann, daß der Endbetrag zwischen 50 und 60 Milliarden Mark liegen würde[35]. Soweit war das Ganze einigermaßen befriedigend. Außerdem war auch der Kontakt zwischen dem Bundesverteidigungsminister Franz Josef Strauß und dem Generaldirektor des israelischen Verteidigungsministeriums, Shimon Peres, hergestellt worden. Gemeinsam arbeiteten sie die Einzelheiten eines geheimen Waffenabkommens aus, wonach die Bundesrepublik die israelische Maschinenpistole Uzi sowie israelische Mörser und Handfeuerwaffen kauft[36]. Andererseits gab die Bundesrepublik, nachdem Adenauer sich im März 1950 im Waldorf-Astoria-Hotel mit Ministerpräsident David Ben Gurion getroffen hatte, Israel eine Anleihe für die Entwicklung des Negeb. So wurde die Bundesrepublik ein Verbündeter Israels, wenn auch die Aufnahme voller diplomatischer Beziehungen noch bis 1965, das heißt bis nach Adenauers Ausscheiden aus seinem Amt, warten mußte.

Adenauers Tätigkeit bei der Wiederherstellung einigermaßen normaler deutsch-israelischer Beziehungen mag ein wenig auch durch sentimentale Beweggründe bestimmt gewesen sein: Louis Hagen war sein enger Freund aus den frühen Jahren als Kölner Oberbürgermeister, und der Jude Daniel Heinemann war ihm finanziell zu Hilfe gekommen, als er von den Nazis verfolgt worden war. Im Gegensatz dazu waren Adenauers Bemühungen zur Wiederherstellung normaler deutsch-amerikanischer Beziehungen wahrscheinlich frei von allen sentimentalen Regungen. Er glaubte von vornherein, daß die Vereinigten Staaten von Natur aus zum Führer der westlichen Welt bestimmt seien und daß Europa die Hilfe und Freundschaft Amerikas noch für eine Periode von unbestimmter Dauer nötig habe. Seine persönlichen Beziehungen zu Amerika machten einen bedeutenden Schritt nach vorn, als er im April 1953 seine erste Reise dorthin machte.

Er stach am 2. April von Le Havre in See, auf der *United States*. Zu seiner Reisegesellschaft gehörten seine Tochter Lotte, sein Staatssekretär Professor Walter Hallstein und sein Pressechef Felix von Eckardt. Es wahr eine sehr stürmische Überfahrt, was Adenauer nicht das geringste ausmachte. Mit seiner gewohnten Fähigkeit, sich vollständig zu entspannen, verbrachte er die meiste Zeit sorgfältig in Decken eingepackt im Liegestuhl und bei seiner Lieblingslektüre – Kriminalromanen. Außerdem war er zu allerhand Scherzen aufgelegt. Als er eines Morgens an der offenen Tür von Hallsteins Kabine vorbeikam und drinnen die dicke Aktenmappe des Professors einladend herumliegen sah, bemächtigte er sich ihrer und behielt sie zwei volle Tage, während der verzweifelte Hallstein nicht nur unter dem Sturm, sondern auch unter den Gedanken an seine verlorene Mappe zu leiden hatte[37].

Das Schiff lief am 6. April in New York ein. Der achtunsiebzigjährige Adenauer, der erst einen Tag später in Washington erwartet wurde, war von der Unternehmungslust eines jungen Füllens: In ein paar Stunden besichtigte er das ganze Metropolitan Museum (damals hatte er schon mit seiner eigenen Bildersammlung begonnen), darauf besuchte er seinen alten Freund Daniel Heinemann in Greenwich im Staat Connecticut. Am Abend fand noch ein Abendessen im Union Club statt, dann ging es nach Washington.

In der Hauptstadt traf er mit Präsident Eisenhower und den Mitgliedern seines Kabinetts zusammen. Es war ein stark gefühlsbetontes Ereignis; man sollte nicht vergessen, daß Eisenhower zwei Jahre zuvor feierlich beschlossen hatte, dem »neuen Deutschland zu vergeben«, und jetzt gleichsam von der Woge seiner eigenen freundlichen Gesinnung davongetragen wurde. Guter Wille war geradezu massenhaft vorhanden, und Adenauer legte wieder einmal an den Tag, »daß ihm jeder Minderwertigkeitskomplex« fehlte[38]. Vom Präsidenten fuhr er ins State Department zu Gesprächen mit John Foster Dulles, den er inzwischen als einen alten Freund betrachtete. Es war in der Tat eine seltsame Freundschaft, die man sich nur aus der Anziehung der Gegensätze erklären kann: auf der einen Seite der impulsive, temperamentvolle, im tiefsten Herzen aber nüchterne und praktische Neu-Engländer, auf der anderen der ruhige und reservierte Adenauer, der Vertreter einer so viel älteren Kultur, der absurderweise unter dem Verdacht stand, ein Agent des Vatikans zu sein. Die stärksten Bande, die sie einten, waren möglicherweise ihr pflichttreuer Gottesglaube und ihr Haß auf den Kommunismus. Eine recht sonderbare Basis, so scheint es, für eine warme und vertrauensvolle Freundschaft.

Hauptsächlich dank seiner Selbstbeherrschung und seiner kristallklaren Denkweise wurde Adenauers Amerika-Reise zu einem vollständigen Erfolg. Im National Press Club hinterließ er bei seinen hartgesottenen Zuhörern einen nachhaltigen Eindruck, indem er über eine Stunde lang sowohl ernst wie mit Humor Frage um Frage beantwortete, die ihm am Schluß eines praktisch ungenießbaren Mittagessens gestellt wurden[39]. Auf dem Nationalen Ehrenfriedhof von Washington machte er einen sehr würdigen Eindruck, als er einen Kranz von roten Rosen auf dem Grab des Unbekannten Soldaten niederlegte und wie eine Statue stillstand, während die massierten Militärkapellen das Deutschlandlied anstimmten (mit der Wiedereinführung der alten Nationalhymne hatte er im April 1950 bei einem Besuch in West-Berlin einigen Widerspruch hervorgerufen). In San Francisco sprach er im Commonwealth Club zu einer Versammlung von 700 Personen. Von dieser Stadt war er begeistert und sagte Hallstein, das Auswärtige Amt könne ihm den Posten des Generalkonsuls dort reservieren, wenn er nicht mehr Bundeskanzler sei[40]. Von seiner

Kaltblütigkeit und seinen stählernen Nerven legte er auf dem Flug von Washington nach San Francisco ein schönes Zeugnis ab. Sein Flugzeug mußte zum Auftanken in Denver landen, wo ein Schneesturm tobte, so daß der Pilot zwei vergebliche Ansätze zur Landung machte und jedesmal durchstarten mußte. Der Sprit reichte nicht, um über die Rocky Mountains nach San Francisco weiterzufliegen, so daß die Landung noch ein drittes Mal versucht werden mußte. Während sonst in der Kabine eine tödliche Stille herrschte, begann einer der mitreisenden Journalisten vor Angst buchstäblich durchzudrehen. Adenauer dagegen saß ruhig in seiner Ecke und las ein Buch über Botanik[41].

Die Reise führte ihn noch nach Boston, Chicago und Ottawa. Von seinen Gesprächen mit den führenden amerikanischen Persönlichkeiten brachte er zwei deutliche und zutreffende Eindrücke nach Hause: Man war zu dem Urteil gekommen, daß seine Bundesrepublik im zarten Alter von vier Jahren mündig geworden sei und die Regierung der Vereinigten Staaten sie nunmehr als einen ebenbürtigen Partner betrachten könne. Die drohende Gefahr, daß die beiden Supermächte, die USA und die Sowjetunion, sich auf Kosten Deutschlands einigten, war so gut wie ein für allemal gebannt (wozu freilich zu sagen ist, daß eine solche Befürchtung noch ein- oder zweimal in Adenauer auftauchte). Von allem, was er in Amerika gesehen hatte, war Adenauer ganz bezaubert, wenn er auch ein bißchen erstaunt war, in Washington auf den Rücken geklopft und mit *Good Old Connie* angeredet zu werden. Sein Kommentar dazu war: »Manchmal sind sie wie die Kinder[42].«

Die Heimkehr nach Deutschland war wie ein Triumphzug. Er flog direkt nach Hamburg, wo der CDU-Parteitag gerade begonnen hatte. Dort angekommen, erzählte er mit offensichtlicher Genugtuung seine Erlebnisse in Amerika und erhielt rauschende Ovationen. Bis zu den Bundestagswahlen waren es nur noch fünf Monate, und die Wahlkampagnen wurden im Juli begonnen. Vorher sollten sich in Ostdeutschland noch sensationelle Ereignisse zutragen (vgl. 12. Kapitel), doch der Aufstand vom 17. Juni sollte auf die westdeutschen Wahlen ohne Einfluß bleiben. Adenauer hatte seine Wahlparolen schon festgelegt; sie lauteten: Wohlstand, Sicherheit und ›keine Experimente‹. Den Wohlstand konnte man im einzelnen demonstrieren: Die industrielle und landwirtschaftliche Erzeugung hatte sich in den voraufgehenden Jahren verdoppelt, alljährlich wurden fast eine halbe Million neue Wohnungen gebaut, Arbeitsplätze für zweieinhalb Millionen Vertriebene waren geschaffen worden, die Währung war fest und der Lebensstandard steigend. Die Sicherheit kam in der zunehmenden Freundschaft zu den westlichen Demokratien zum Ausdruck und in der geplanten Einordnung der Bundesrepublik in die Europäische Verteidigungsgemeinschaft (das traurige Ende der EVG sollte erst ein Jahr später kommen). ›Keine Experimente‹ war eine sehr nützliche Parole, Adenauer hatte die Psychologie seiner Wählerschaft sehr genau erfaßt. Für den Mann auf der Straße lief alles richtig, so wie es lief, und das war ihm auch bewußt.

Während der Wahlkampagne wurde es immer deutlicher, daß Adenauer im Mittelpunkt stand; die Leute würden entweder für oder gegen ihn stimmen, viel eher als für Parteien der Grundsätze. Sein einziger großer Rivale, Kurt Schumacher, war tot, und der Königsmantel war auf den ehrenwerten, aber unzulänglichen Erich Ollenhauer gefallen, den er völlig zugedeckt hatte. Adenauer ging unermüdlich auf Wahlreisen, bei denen er nie vor zwei Uhr morgens ins Bett kam, aber immer bei guter Laune blieb. Gegen Ende der Wahlkampagne sagte er zu Felix von Eckardt: »Tun Sie mir den Gefallen, Herr von Eckardt, und setzen Sie sich nicht in die erste Reihe; wenn ich Ihr gelangweiltes Gesicht sehe, fällt mir überhaupt nichts ein[43]!« Er hatte volle Säle mit einem begeisterten Publikum, dem er sehr entgegenkam, ›Kölsche Kamellen‹ mit Produktionsstatistiken abwechselnd und hin und wieder düstere Prognosen einflechtend für den Fall, daß die Macht den schwachen Sterblichen von der SPD zufallen würde.

Mehrere Faktoren kamen Adenauer und der CDU zu Hilfe. Der erste war die verzweifelte Lage der SPD, die, ihres Führers beraubt, sich gezwungen sah, das Gesicht eines Toten auf ihre Wahlplakate zu setzen[44]. Mit ihrer Politik der ›Opposition auf alle Fälle‹ gegen jeden westlichen Plan oder Vorschlag hatte sie sich bei einer Wählerschaft nicht beliebt machen können, die sich in der vordersten Frontlinie des Kalten Krieges recht vereinsamt vorkam, insbesondere nach dem Fehlschlag des 17. Juni. Besonders bei der Jugend war die scheeläugige Ablehnung der europäischen Einigungsbewegung von seiten der SPD unpopulär, denn für die Jugend zündete ›Europa‹ als Idee weit stärker, als es in einem geteilten Land der Nationalismus tun konnte. Außerdem haftete der SPD immer marxistische Ideologie an.

Abgesehen von der SPD aber konnte keine andere Partei der CDU im Jahre 1953 Stimmen wegnehmen. Die FDP war durch die Naumann-Verschwörung schwer angeschlagen, zwischen ihrem linken und rechten Flügel schwelte der Kampf noch weiter. Rechts von der FDP gab es keine Partei, die der Wählerschaft irgend etwas zu bieten gehabt hätte außer überholten Parolen und wirrköpfigen Appellen an verblasene und verblassende Ressentiments. Außerdem mußten die kleinen Parteien unweigerlich unter dem abgeänderten Wahlgesetz leiden. 1949 konnten sie noch Bundestagsmandate erlangen, wenn sie in einem einzelnen Land über fünf Prozent der Stimmen auf sich vereinten. Von 1953 an bezog sich die Fünfprozenktklausel auf die ganze Bundesrepublik und wurde nur durchbrochen, wenn es der betreffenden Partei gelang, einen Abgeordneten in seinem Wahlkreis in direkter Wahl durchzubringen. Die Rechtsextremisten, die von Natur zur Einigung unfähig waren, befanden sich damit in einem Nachteil, der sie bis zum heutigen Tag von der Bonner politischen Arena ferngehalten hat.

Die Wahlen fanden am 6. September 1953 statt. Adenauer gab an einem wunderschönen Morgen in Rhöndorf seine

Stimme ab. Am Abend zog er sich früh zurück, mit der Bitte, ihn wie alle Tage morgens um halb sieben zu wecken. Ein vor Begeisterung platzender Staatssekretär rief ihn um 5 Uhr telefonisch an, desgleichen eine halbe Stunde später sein Pressechef. Zu ihrem Kummer antwortete Adenauer beiden mit einem kurzen, nicht übermäßig freundlichen Dankeschön und ging anschließend wieder ins Bett[45].

Die Ergebnisse waren in der Tat sensationell. Von fünf erwachsenen Deutschen hatten sich jeweils vier an der Wahl beteiligt. Der Stimmenanteil der CDU war von 31 auf 45 Prozent hinaufgeschnellt. Durch die Stimmenverluste der Parteien, die es zu keinem Mandat gebracht hatten, hatte die CDU sogar die absolute Mehrheit im Bundestag: 244 von 487 Sitzen. Die Partei hatte auf dem Lande, wo sie schon 1949 stark gewesen war, große Gewinne zu verzeichnen, aber auch Breschen in die SPD-Festungen Hessen, Hamburg und Hannover geschlagen. Von den übrigen noch im Bundestag vertretenen Parteien hatten sich die SPD mit 150, die FDP mit 48 und die Deutsche Partei mit 15 Sitzen einigermaßen halten können. Den Überresten der katholischen Zentrumspartei waren drei Mandate im Rheinland geblieben, und die Flüchtlingspartei, der BHE, zog dank der erreichten 6 Prozent von Wählerstimmen mit 27 Abgeordneten neu in den Bundestag ein.

Der Sieg war eindrucksvoll und in hohem Maße ein persönlicher Erfolg Adenauers, der von sich einmal behauptet hatte, er stelle »70 Prozent des Kabinetts« dar[46]. In einem blumig-bombastischen Glückwunschartikel schrieb Hans Zehrer, der Chefredakteur der *Welt:* »Wir sind in Deutschland Zeugen eines geheimnisvollen Prozesses, in dem ein ganzes Volk mit der Person seines Kanzlers verschmilzt.« Mit größerer Berechtigung wählte die Wochenschrift *Time* Adenauer zu ihrem ›Mann des Jahres‹. Das State Department in Washington aber veröffentlichte eine offizielle Stellungnahme, in der es unter anderem hieß: »Mit den Ergebnissen der Wahlen in Westdeutschland hat das deutsche Volk in überwältigender Weise die Politik der

Regierung Adenauer bekräftigt, das heißt die Zugehörigkeit Deutschlands zur europäischen Gemeinschaft, die demokratische Erneuerung und den kompromißlosen Widerstand gegen die Absichten der Sowjetunion[47].« Die Bundesrepublik war keine provisorische Notlösung mehr. Sie hatte sich als der erste dauerhafte demokratische deutsche Staat konsolidiert. In diesem Sinne war es wohl Adenauers größte Stunde.

11

Die Kanzler-Demokratie

Die fünf Jahre von 1948 bis 1953, das kann man wohl mit Fug und Recht behaupten, waren die ertragreichsten in Adenauers Leben. Während dieser fünf Jahre nahm er – und zwar immer in der Schlüsselstellung – teil am Aufbau der Christlich-Demokratischen Partei, an der Schaffung der westdeutschen Verfassung, an der Wiedergewinnung der Souveränität für die Bundesrepublik, an ihrer Eingliederung in das westliche Bündnis, an der Grundsteinlegung einer dauerhaften Freundschaft mit dem alten Erbfeind Frankreich und schließlich am Sieg in zwei Bundestagswahlen. Ebenso zutreffend wäre die Behauptung, daß er während der nächsten fünf Jahre, von Ende 1953 bis Anfang 1959, das höchste Prestige und die größte Autorität besaß. Seine Kritiker werden einwenden, daß seine Macht zu groß war; sie verlockte ihn dazu, die westdeutsche Demokratie nach seinem Bild zu formen und mit Hilfe von Mitteln zu regieren, die man kaum noch als echt demokratisch bezeichnen kann. Während dieser fünfjährigen Periode hätte Adenauer mit sehr viel mehr Berechtigung als König Ludwig XIV. von Frankreich von sich behaupten können: *»L'Etat c'est moi.«*

Über seine Lebensgewohnheiten ist sehr viel geschrieben worden, doch war in Wirklichkeit nichts besonders Interessantes daran. Er stand morgens sehr früh auf, wie übrigens sehr viele bedeutende Staatsmänner (mit der eklatanten Ausnahme Churchills). Doch hatte er mehr Anlaß als die meisten anderen, schon zwischen sechs und halb sieben aus den Federn zu kriechen, denn er litt sein ganzes Leben lang unter Schlaflosigkeit und war nur zu sehr von Schlaftabletten abhängig. Zwischen acht und neun diktierte er zu Hause in Rhöndorf seiner Privatsekretärin die Korrespondenz. Dann ließ er sich eine halbe Stunde Zeit für das Frühstück, bei dem er ein bis zwei Zeitungen las, und brach um 9.30 Uhr zum Palais Schaumburg in Bonn auf, wobei es ihm ein besonderes Vergnügen bereitete, wenn der Fahrer seinen bisherigen Geschwindigkeitsrekord für die Strecke wieder einmal überbot. Wenn der Bundestag keine Sitzungsperiode hatte, blieb er bis halb zwei an seinem Schreibtisch, außer am Mittwochvormittag, an dem regelmäßig eine dreistündige Kabinettssitzung stattfand.

Die Mittagsmahlzeit nahm er allein in einem kleinen Zimmerchen neben seinem Büro ein. Sie war immer sehr frugal, er machte sich nichts aus großen offiziellen Frühstücken. (Einer seiner Lieblingsaussprüche war: »Man muß maßhalten.«) Nach dem Mittagessen legte er sich eine Stunde hin, wozu er sich auszog und einen Pyjama anlegte, darin genau wie Churchill. Im Anschluß daran gab es eine Tasse Tee und einen Spaziergang von fünfzig Minuten, und zwar fast immer in Begleitung von Staatssekretär Hans Globke. Die Leidenschaft für diesen täglichen Spaziergang wurde nur noch durch Adenauers generelles Verlangen nach frischer Luft überboten, es mußte bei ihm immer irgendwo ein Fenster offenstehen. Für Nichtspaziergänger hatte er eine gewisse Verachtung, und aus demselben Geist stammte auch seine Bemerkung zu Heinrich von Brentano, als dieser einmal mühsam die 53 Stufen zum Vordereingang des Rhöndorfer Hauses hinaufgeklettert kam: »Und das ist also die neue deutsche Jugend, von der man mir so viel erzählt[1]!« Es war typisch, daß er Globke immer von neuem zu dem Spaziergang durch den Park des Palais Schaumburg einlud, mit einem: »Wollen wir, Herr Globke?« Diese gemessene Höflichkeit entsprach seinem Naturell genauso wie die frische Luft und die gesunde Bewegung.

An einem normalen Arbeitstag war der Spaziergang gegen 15.30 Uhr zu Ende, und von da an bis gegen 20 Uhr saß Adenauer wieder an seinem Schreibtisch, in sehr aufrechter, jedoch bemerkenswert entspannter Haltung. Gewöhnlich fuhr er anschließend direkt nach Hause, wo es ein gutes, aber nicht zu schweres Abendessen gab, las ein Buch oder hörte sich Musik an und ging um halb zwölf ins Bett. Manchmal freilich waren Gäste eingeladen, oder es gab nächtliche Debatten im Bundestag, denen der Kanzler gespannt und aufmerksam lauschte, bis alles vorüber war, womit er manchen Mann von knapp der Hälfte seiner Jahre, der auf seinem Sitz eingedöst war oder sich in regelmäßigen Abständen im Bundestagsrestaurant erfrischte, nur tief beschämen konnte[2]. Adenauer war zwar ein Gewohnheitsmensch, doch wenn man mit ihm zu Abend aß, hatte man das Gefühl, daß er eine kleine Unterbrechung seiner festen Lebensgewohnheiten durchaus zu schätzen wußte, solange sie einen vernüftigen Zweck hatte.

Er hatte seine Abneigungen und seine Schwächen. Eine seiner nettesten Eigenheiten war, einen Minister oder sonst jemand, der mit ihm verschiedener Meinung war, beiseite zu nehmen und über einer guten Flasche Wein mit ihm zu plaudern. Wenn dann alle beide nach ein paar Gläschen guter Stimmung waren, schlug er gewöhnlich vor, man sollte »doch reinen Tisch machen und noch einmal ganz von vorne anfangen«. Das Kabinettsmitglied, das uns diesen kleinen Trick überliefert hat, nannte ihn einen wahren »Meister der Ablenkungsmanöver[3]«.

Er legte großen Wert auf ausgesuchte Höflichkeitsformen, doch mußte es möglichst ›natürlich‹ wirken. Er erhob sich immer zur Begrüßung eines Gastes und zu dessen Verabschiedung, bei der er ihn bis zur Tür geleitete. Sein Händedruck war von überzeugender Herzlichkeit, und dabei blickte er einen unverwandt an. Viele seiner Bewunderer erwarb er durch diese mit Leichtigkeit und Grazie gemachten Gesten. Nicht nur seine ständige Umgebung, wie zum Beispiel sein Pressechef Felix von Eckardt, sondern selbst politische Gegner konnten nicht umhin, ihn »einen richtigen Herrn« zu nennen[4].

Er kleidete sich sehr elegant, gewöhnlich in dunkle Anzüge, wobei er – ganz wie die Spanier – besondere Aufmerksamkeit auf das Schuhwerk verwandte und dazu neigte, die ungepflegten Schuhe an den Füßen seiner Minister mit einem Gemisch von Abscheu und Mitleid zu betrachten. In seiner Umgebung aber liebte er Pastelltöne mehr als dunkle Farben, und zu seinen besonderen Freuden gehörte ein rheinischer Sonnenuntergang, bei dem der Himmel in allen Schattierungen von Blaßgold bis Rosa, Blau und Grau belebt ist. Er hat viele solcher Sonnenuntergänge beobachtet, von seinem Rhöndorfer Heim genau nach Westen über den Rhein hinwegblickend. Einen solchen Augenblick der Schönheit zu erhaschen, das wußte er, bedeutet sicherlich, dem Sinn des Lebens etwas näher auf die Spur zu kommen.

Adenauers Liebe zu Blumen, insbesondere Rosen, ist so bekannt, daß man nichts mehr darüber zu sagen braucht. Diese Zuneigung begann, als er ein kleiner Junge war, und hat ihn sein ganzes Leben hindurch, also fast ein Jahrhundert lang, begleitet. Es gibt viele Fotografien von ihm, an einer Rose riechend und ihren Duft genießend, wozu er dann noch etwas Nettes mit seinem unnachahmlichen, schleppenden und leicht nasalen kölnischen Akzent gesagt haben mag. Auch hier muß man annehmen, daß sein Sinn für das Schöne wohl der letzte Grund für seine besondere Liebe zu Blumen war. Das Schöne war ganz offenbar für ihn ein wesentlicher Bestandteil des Lebens; man muß ihn glücklich preisen.

Seine instinktive Familienliebe war augenscheinlich eine noch viel bedeutsamere Eigenschaft, denn sie veranlaßte ihn auch, sich im Bundeskanzleramt praktisch eine zweite ›politische‹ Familie anzuschaffen. Als Patriarch in seinem Amt wie im Familienkreis ist Adenauer immer wieder dafür getadelt worden, nicht mit Hilfe des Kabinetts und schon gar nicht der Partei und des Parlaments, sondern einzelner Ratgeber zu regieren. In Wahrheit glaubte Adenauer eben, daß er, was die große Politik anging, selbst am besten wußte, was zu tun sei. In bezug auf Detailfragen wandte er sich dann selbstverständlich an bestimmte Berater, denen er unbedingt vertraute, und insofern spielen die Männer dieses ›Küchenkabinetts‹, die politische Familie, eine unendlich wichtigere Rolle bei der Regierung des Landes, als das große Publikum ahnen konnte.

Nicht der unwichtigste unter ihnen war Otto Lenz, ein Mann von glänzendem politischem Verstand und einer besonderen Leidenschaft, ja geradezu Besessenheit für die Massenmedien. Er war eigentlich nicht der Typ, von dem man erwartet haben würde, daß Adenauer ihn sich als Staatssekretär im Bundeskanzleramt aussuchte. Ein Mitglied der katholischen Widerstandsbewegung gegen Hitler und ein Freund des ersten Konkurrenten Adenauers beim Kampf um die Führung der CDU, Jakob Kaiser, gehörte er ursprünglich zu den ›Berlinern‹, die die Zentrale der CDU in der alten Reichshauptstadt errichten wollten[5]. Er war ein ungemein geselliger Mensch, der häufig Indiskretionen beging. Nach einer Quelle brachte er durch seine Unpünktlichkeit und Unberechenbarkeit den geruhsamen und nüchternen Hans Globke vollkommen zur Verzweiflung. Er entwickelte eine Anzahl von Informationsorganen, steckte seine Nase ein wenig in den Geheimdienst, mischte sich unablässig in die Arbeit des Presse- und Informationsamtes und verlor endlich das Vertrauen des Kanzlers, als er Ende 1953 die Schaffung eines ›Superministeriums‹ für die gesamte Nachrichtenpolitik betrieb und damit eine Regierungskrise hervorrief.

Er war sozusagen das Kuckucksei im Nest der Bundeskanzlei. Allmählich wurde er so übermäßig aktiv, daß der Kanzler seine Pläne einfach nicht mehr überblicken konnte. Dies war, mehr noch als die unwillige Reaktion der Hochkommissare und der Auslandspresse auf die Idee mit dem Superministerium, ein Grund für Adenauer, ihn loszuwerden. Von den Männern, in die Adenauer wirkliches persönliches Vertrauen setzte, war er der einzige, der sich gelegentlich als unzuverlässig erwies.

Von Herbert Blankenhorn, auf den sich Adenauer in den ersten Nachkriegsjahren sehr stark stützte, kann man das nicht behaupten. Er stand Adenauer in den Tagen der CDU-Gründung wohl am nächsten und wurde Generalsekretär der Partei in der britischen Zone, von welchem Posten er zum persönlichen Berater Adenauers aufrückte. Ein lebhafter, gefühlsbetonter Mensch, der sich in auswärtigen Angelegenheiten vortrefflich auskannte und geistig überaus alert war, beschäftigte Blankenhorn sich lieber mit der Gestaltung der Politik als mit der Beeinflussung der öffentlichen Meinung. Er war ein Apostel der ›Erfüllungspolitik‹ oder, anders ausgedrückt, der Zusammenarbeit mit den Hochkommissaren und war für Adenauer besonders nützlich, insofern er in ständigem Kontakt zur ausländischen Presse war. (Mit der westdeutschen Presse, bei der man ihm wegen seiner früheren Zugehörigkeit zur NSDAP mit Mißtrauen begegnete, hatte er weniger zu tun.) Was Adenauer am meisten an ihm schätzte, war sein Tatendrang – »Sagen Sie das Herrn Blankenhorn!« war einer seiner Lieblingssätze.

Außerdem hatte Blankenhorn ein fabelhaftes Gedächtnis, einen Zug, der übrigens den meisten aus Adenauers engstem Beraterkreis gemeinsam war. Ein anderer, an den er sich stets mit gleichbleibendem Erfolg wenden konnte, war Professor Walter Hallstein, Rektor der Frankfurter Universität von 1946 bis 1948, der Adenauer durch den Schweizer Nationalökonomen Wilhelm Röpke empfohlen worden war[6]. Hallstein war ein genauer, ja pedantischer Mensch, der etwas zur Schwatzhaftigkeit neigte – allerdings nicht in Gegenwart des Kanzlers. Wahrscheinlich war er der überzeugteste Europäer in Adenauers Umgebung, mit einem unbeschreiblich festen Glauben an das Ideal der sowohl politischen als auch wirtschaftlichen Einigung Europas. Seine enorme Kenntnis des internationalen

Rechts war von großem Wert, wie auch seine mühelose Beherrschung von Fremdsprachen.

Für seinen durchtriebenen Witz und seine gelegentlichen schalkhaften Streiche brauchte Adenauer unbedingt eine Zielscheibe in seinem Beraterkreis. Er wählte dafür unfehlbar Hallstein aus, der ein sanftmütiger Mensch war und so zu einem ›dankbaren Opfer‹ wurde, wie es eine der Adenauer-Töchter nannte[7]. – Er nahm Adenauers Scherze niemals übel, aber sie waren auch immer ohne böse Absicht, und so blieben die beiden die besten Freunde bis zu Adenauers Tod.

Felix von Eckardt, Adenauers langjähriger Pressechef – und der einzige wirklich erfolgreiche –, hatte einen besonderen Platz in der Schar der Helfer. Die Beziehungen zur Presse wurden in den ersten Jahren der Bundesrepublik ziemlich schlecht gehandhabt, und die Pressechefs kamen und gingen mit monotoner Regelmäßigkeit. Es waren beinahe alles Leute, die bei der Presse kein Vertrauen erwekken konnten, vor allem aber völlig unfähig waren, die Regierungspolitik plausibel vorzustellen. Herr von Eckardt verfügte über ein ungewöhnlich sicheres gesellschaftliches Auftreten, er war gern unter Menschen, von sprühendem Esprit und ein tüchtiger, seine Worte geschickt setzender Regierungssprecher. Am meisten bewunderte Adenauer an ihm, daß er nie in Verlegenheit zur bringe war[3]. Eckardt wurde auch in parteipolitischen Fragen und sogar in auswärtigen Angelegenheiten ein enger Vertrauter der Regierung. Er wurde konsultiert, ehe man 1956 einschneidende Veränderungen im Kabinett vornahm[9], und häufig sprach Adenauer innerhalb der CDU anfallende Probleme mit ihm durch[10].

Bei all dem kann jedoch kaum ein Zweifel darüber bestehen, daß weder Blankenhorn noch Hallstein, noch von Eckardt der hauptsächlichste Berater Adenauers war. Dieser Platz gebührt vielmehr Dr. Hans Globke, von 1953 an Chef des Bundeskanzleramtes. Seiner Machtstellung, seiner Vergangenheit und seiner Dauerhaftigkeit wegen wurde Globke zu der bis heute umstrittensten Figur in der kurzen Geschichte der Bundesrepublik.

Für einen Mann ohne Ehrgeiz war seine Macht enorm. Er war anfangs Stadtrat in Aachen, ein eifriger Katholik und Anhänger der alten Zentrumspartei, und wurde Adenauer durch den Finanzminister von Nordrhein-Westfalen, Dr. Heinrich Weitz, empfohlen. Adenauer bot ihm 1949 den Posten des Staatssekretärs im Bundeskanzleramt an, doch Globke lehnte ab, aus Gründen, die mit seiner politischen Vergangenheit zusammenhingen. Nachdem er seinen Entschluß rückgängig gemacht hatte, begann Adenauer so viele Dinge, wie er nur irgend konnte, auf ihn abzuladen, die er frohen Mutes übernahm und mit einer roboterhaften Tüchtigkeit erledigte. Er informierte Adenauer über die Arbeit der einzelnen Bundesministerien, vermittelte den Ministern die Entschlüsse Adenauers, kümmerte sich um die Personalangelegenheiten (woraus sich die gewaltigen Dossiers entwickelten, die im Panzerschrank des Bundeskanzleramts unter Verschluß gehalten wurden) und überwachte die politische und verwaltungsmäßig Koordination der ganzen Regierungsapparatur. Er war eine Art Obermechaniker, der die ganze Regierungsmaschine in wohlgeöltem und wohlfunktionierendem Zustand erhielt. Im gleichen Maße war er ein Stabschef mit der genauen Kenntnis aller Kräfte und Waffen, die Adenauer zu Gebote standen.

Er war die Diskretion selbst. Ganz seiner Arbeit hingegeben, vergaß er kein einziges Detail und verlegte niemals ein Schriftstück[11]. Seine Akten über die politischen Persönlichkeiten Bonns enthielten Einzelheiten über ihr Privatleben, die sogar deren engsten und liebsten Vertrauten noch unbekannt waren. Das ermöglichte Adenauer, ein prominentes CDU-Mitglied beseite zu nehmen und im väterlichen Ton aufzufordern, seine häufigen Besuche bei einer gewissen Adresse in Köln doch lieber zu unterlassen. Diese Seite von Globkes Tätigkeit wurde begreiflicherweise in manchen Kreisen mit Übelwollen betrachtet. Es ist gut möglich, daß selbst Minister den unbehaglichen Verdacht nicht loswurden, überwacht zu werden. Auf alle Fälle war Globke vollkommen objektiv und bei der Übermittlung dieser Informationen an Adenauer vollkommen ehrlich. John McCloys Kommentar: »Adenauer neigte immer dazu, Berichten aus zweifelhaften Quellen Glauben zu schenken. Ich habe ihm einmal vorgeworfen, zu seiner Information wie David in die Höhle Adullams hinabzusteigen[12]«, erscheint mir einigermaßen ungerechtfertigt. In Wirklichkeit verließ sich Adenauer normalerweise immer auf Quellen, die ihm als verläßlich bekannt waren. Außerdem war ihm bekannt, daß Globke nicht nach einem höheren Amt strebte. Im Gegenteil, dieser bot seinem Chef verschiedentlich aus gesundheitlichen Gründen den Rücktritt an[13].

Als Adenauer Anfang des Winters 1955 ernstlich erkrankte, war Globke der einzige Mensch, den er an seinem Krankenlager zu Besprechungen empfing[14]. Vielleicht lag wirklich etwas Maulwurfhaftes in dieser Fähigkeit zu schöpferischer Arbeit in der privaten zwielichtigen Welt seines abgeschiedenen Büros im Bundeskanzleramt. Aber es gab noch einen anderen ganz offensichtlichen Einwand gegen Globke, nämlich daß er als preußischer Beamter an den Kommentaren zu den schändlichen Nürnberger ›Rassengesetzen‹ von 1936 mitgewirkt hatte. Im *Reichsverordnungsblatt und Amtsblatt des Preußischen Innenministeriums* vom 11. März 1936 waren Globke und sein Vorgesetzter, der Staatssekretär Dr. Wilhelm Stuckart, für ihre Leistung beim Entwerfen der Gesetze lobend erwähnt worden[15]. Diese gesetzlichen Bestimmungen verwiesen die Juden in den Rang von Staatsbürgern zweiter Ordnung und bereiteten den Weg zu ihrer weiteren unerbittlichen Verfolgung; sie waren das Dokument einer abscheulichen rassischen Intoleranz.

Der ›Fall Globke‹ wird niemals zur allseitigen Befriedigung dargestellt werden können[16]. Ein Kronzeuge für ihn ist Kardinal Preysing, der folgende Erklärung abgegeben hat[17]: »Dr. Globke ist mir seit vielen Jahren bekannt. Er hat die Gefahren und Irrtümer des Nationalsozialismus immer richtig eingeschätzt. Über seine grundsätzliche Opposition hinaus hat er immer versucht, ungesetzliche Aktionen, Rechtsverletzungen und Gewalttaten zu behindern oder ganz unmöglich zu machen, soweit ihm das im Rahmen seiner Tätigkeit nur irgendwie möglich war. Er hat mir und meinen Mitarbeitern von den im Ministerium getroffenen Entscheidungen und von gewissen Gesetzesvorlagen von höchst vertraulichem Charakter Mitteilung gemacht. Unserer Hilfsaktion für bedrohte Juden und Halbjuden hat er wertvolle Unterstützung geleistet, indem er uns rechtzeitig warnte.«

Kardinal Preysing war nur einer von vielen Altersgenossen Dr. Globkes, der an seine Unschuld geglaubt hat. Ein anderer war Dr. Heinrich Weitz, der spätere Finanzminister von Nordrhein-Westfalen, der in einer eidesstattlichen Erklärung sechs Monate nach Kriegsende zu Protokoll gab, daß er sich zu verschiedenen Malen während der Nazizeit bei Dr. Globke Rat und Hilfe geholt habe. Weitz und andere wußten von Globkes enger Verbindung zu einer Anzahl von Mitgliedern des deutschen Widerstands gegen Hitler. Zwei von diesen gaben Erklärungen zu seinen Gunsten ab – Jakob Kaiser, der später Bundesminister für Gesamtdeutsche Fragen wurde, und Otto Lenz, einer der engsten Berater von Adenauer. Die am 31. Dezember 1945 von Jakob Kaiser gemachte Aussage ist von besonderer Bedeutung, denn er führte aus, daß er selber Globke mit drei anderen Führern des deutschen Widerstands, Dr. Goerdeler, General Beck und General von Hammerstein, zusammengebracht habe, daß Globke in der von Goerdeler geplanten Regierung als Staatssekretär im Erziehungsministerium vorgesehen war, daß er den Gegnern Hitlers wertvolle Informationen verschafft und unermüdlich daran gewirkt habe, die Gewerkschaften vor den Übergriffen der ›Deutschen Arbeitsfront‹ zu schützen. Lenz behauptete – wie noch einige andere Leute –, daß Globke nur auf seinen eigenen ausdrücklichen Wunsch und den weiterer Gegner des Regimes in den Diensten der Regierung geblieben war, weil diese Gruppe alle Informationen aus dem Reichsinnenministerium benötigte, die er dank seiner Zugehörigkeit beschaffen konnte. In mehreren Fällen trug Globke dazu bei, die Freilassung von durch die Nazis verhafteten und schon mehr oder weniger als Hochverräter belasteten Personen zu bewirken. Alle diese Unterlagen standen Adenauer zur Verfügung und scheinen zu seinem Entschluß beigetragen zu haben, Globke weiter in seinen Diensten zu halten.

Vielleicht ist hier eine persönliche Erinnerung am Platze. Ich habe Hans Globke am 15. Dezember 1960 interviewt. Er sagte mir, es sei ihm rückblickend klargeworden, daß er sich hätte weigern können, den Kommentar zu den Nürnberger Rassengesetzen zu schreiben. Aber er habe sich damals vorgestellt, das Nazi-Regime würde mit der Zeit liberaler werden, und andererseits gewußt, daß er es fertigbringen könne, »die Ideen im Kopf von Herrn Stuckart hinreichend zu verwässern«. Globke behauptete, er sei dafür verantwortlich gewesen, daß Vierteljuden von der Anwendung des Gesetzes verschont blieben und auch nicht von dem Eheschließungsverbot mit ›Ariern‹ betroffen waren, das für die anderen galt. Er habe auch mit dem Reichskriegsministerium zusammengearbeitet, um Konzessionen gegenüber Halbjuden – aus dem vorgeblichen Grund, daß sie im Kriegsfall dringend für die Streitkräfte gebraucht würden – bei der Behörde herauszuschlagen. Globke zeigte mir den Brief eines jüdischen Professors, dem er in einer verzweifelten Notlage geholfen hatte. Er erzählte mir noch viel mehr, was alles mit dem schrecklichen Dilemma des Nicht-Nazis zu tun hatte, der als Beamter dem unerbittlichen Druck der nationalsozialistischen ›Schulung‹ ausgesetzt war.

Der ›Fall Globke‹ gehört als ein wichtiger Bestandteil zur vorliegenden Darstellung dazu, denn dieser Mann hat wirklich sehr viel zum Funktionieren des Bundeskanzleramtes unter Adenauer beigetragen. Adenauer geriet, weil er seine Dienste nicht entbehren wollte, unter heftigen

Beschuß, aber er zog keine Sekunde lang in Erwägung, sich seiner zu entledigen. Loyales Verhalten gegenüber Untergebenen ist mindestens ebenso wichtig wie das gegenüber einem ›Chef‹.

In seinem Buch *Außenpolitik in Adenauers Kanzler-Demokratie* hat Arnulf Baring ein ziemlich düsteres Bild von den Zuständen im Bundeskanzleramt entworfen. Er meint, der Bundeskanzler habe wie ein schlechter Schulmeister die menschlichen Schwächen ausgenutzt und seine erklärten Lieblinge gegeneinander ausgespielt[18], seine Günstlinge ausgewechselt und gegenseitig zu kleinen Verschwörungen aufgehetzt, so daß das ganze Bundeskanzleramt ein Treibhaus voller Neid, Intrigen und Verwirrung geworden sei.

An diesem Bild scheint irgend etwas grundverkehrt zu sein. Zunächst einmal, das Bundeskanzleramt funktionierte reibungslos. Im Gegenteil, der Hauptvorwurf dagegen war, daß es zu gut funktionierte und auf diese Weise die Fachministerien in ihrer Verantwortlichkeit schmälerte. Wäre dem Haus ein halb wahnsinniger Herr und Meister vorgestanden, würde es wohl kaum zu den Leistungen von Adenauers Behörde imstande gewesen sein.

Zweitens waren alle Hauptfiguren, die hier genannt worden sind (Otto Lenz ist schon vor einigen Jahren gestorben und konnte von dem Verfasser in diese Befragung nicht einbezogen werden), ehrlich erstaunt über die Unterstellung, daß Adenauer sie ausgebeutet und gegeneinander ausgespielt habe. Hallsteins Ansicht zum Beispiel war: »Adenauer haßte jede Zeitverschwendung. Er fällte seine Entscheidungen schnell. In meinem Fall etwa erzählte er mir vom Schuman-Plan und forderte mich drei Tage später auf, die deutsche Delegation anzuführen. Wenn er einem etwas zu tun gab, erwartete er, daß man sich sofort daran begab und dann schnell vorankam. Er würde gar nicht die Zeit gehabt haben, uns gegenseitig auszuspielen. Er war viel zu sehr an den zu bewältigenden Aufgaben interessiert und hatte selbst viel zuviel zu tun. Natürlich machte es ihm manchmal Spaß, die Leute zu necken. Aber wem machte das schon etwas aus! Er ließ sich auch selber gerne necken[19].«

Globke verwarf ebenfalls den Gedanken, daß es im Bundeskanzleramt ein internes Ringen um die Gunst des Kanzlers gegeben habe. »Das ist falsch und obendrein absurd. Die Wahrheit ist vielmehr, daß Adenauer sich seinen Beratern gegenüber ungeheuer offen und ehrlich verhielt. Wenn er irgend etwas in Ordnung gebracht haben wollte, sagte er es ganz direkt. Er wollte immer nur, daß alle wichtigen Dinge mit dem geringsten Maß an Verzögerung erledigt wurden.« Was den Streit um Kompetenzen anlangt, so gab es eine ziemlich deutlich gezogene Trennungslinie innerhalb des Bundeskanzleramtes zwischen Fragen der Verwaltung und Innenpolitik auf der einen und außenpolitischen Entscheidungen auf der anderen Seite. Globke und Lenz kümmerten sich um die ersteren, Blankenhorn und Hallstein um die letzteren[20].

Das Bundeskanzleramt unterrichtete Adenauer über den ›Hintergrund‹ jeder politischen Persönlichkeit, deren Bestallung zu irgendeinem Posten zur Debatte stand. Nach Globkes Auffassung war das kein Versuch, Adenauers Entscheidungen auf diesem Gebiet vorzugreifen. Selbstverständlich führte Globke detaillierte Personalakten, und Adenauer sagte auch manchmal: »Wer weiß, was Globke über den in seinem Panzerschrank hat!« Doch dies war nach Globkes Auffassung nur typisch für Adenauers Ton der milden Persiflage. Was ihn anging, so wurden die Beschuldigungen und Denunziationen, die im Bundeskanzleramt eintrafen, auf eine ganz einleuchtende Art und Weise gehandhabt: Die rein persönlichen Beschwerden heftete er einfach ab, alles von ›politischem Inhalt‹ dagegen wurde von ihm weiter untersucht. Eine Akte wurde abgeschlossen, sobald sich deutlich zeigte, daß es keinen Zweck mehr hatte, sie weiterzuführen[21].

Adenauer liebte es, seinen Beratern als Beweis ihrer ›Familienzugehörigkeit‹ innerhalb des Bundeskanzleramtes Spitznamen zu geben oder sie doch irgendwie abzustempeln. Hallstein war der von einer halbätherischen Akademikeraura umgebene ›Professor‹, Blankenhorn das emsige Faktotum, eine Art Figaro, Globke die ›Graue Eminenz‹, die ihre Geheimnisse im Hirn gespeichert hält. Felix von Eckardt, der ein wenig von außen auf das ganze Treiben im Bundeskanzleramt blickte, ist auch der Meinung, daß es sich für Adenauer um eine Art zweite Familie gehandelt habe. Es waren ›seine‹ Leute, auf die er sich von vornherein verlassen konnte, die er mit väterlichem Wohlwollen betrachtete und gelegentlich auch auszankte, die er aber wie Menschen behandelte und stets anzuhören bereit war[22].

Manchmal machte sich das paternalistische Element sogar außerhalb des Palais Schaumburg bemerkbar. Gerhard Schröder, der 1953 sein Innenminister wurde und auf diesem Posten acht Jahre ausharrte, ehe er ins Auswärtige Amt einzog, spricht in seinem eigenen Fall von einer ›Vater-Sohn-Beziehung‹, die sehr viel Sympathie und Verständnis enthalten habe[23]. Bei Erich Mende, dem Führer der Freien Demokraten, überrascht eine ähnliche Aussage schon mehr, obwohl Adenauer anscheinend innerlich beschlossen hatte, diesen Mann zu mögen, nachdem er durch eine Phase des Mißtrauens hindurchgegangen war. Mendes Lieblingsgeschichte über Adenauer handelt von einem Streit bei einer Tagung der Regierungskoalition im Jahre 1952, bei dem Mende, mit ungeheuerem Wagemut, Adenauer vorhielt, warum er etwas widerspreche, das er vor einer Stunde selbst gesagt habe. Die anderen führenden FDP-Mitglieder waren entsetzt, als Mende, das jüngste unter ihnen, sein Tagebuch aus der Tasche zog und vorlas, was Adenauer ausgesprochen hatte.

Adenauers erste Antwort war, daß man ein Tagebuch am besten gleich wegwerfen solle. Er habe nie eins geführt. Dann fand er eine gewundene Form, sich aus der Affäre zu ziehen: »Wenn ich wirklich das gesagte habe, was Sie behaupten, Herr Mende, dann haben Sie tatsächlich recht.

Aber ich habe es nicht so wie Sie gemeint.« Noch eine ganze Weile nach diesem Zwischenfall machte es Adenauer ein diebisches Vergnügen, wenn er Mende in größerer Gesellschaft traf, den Umherstehenden zu sagen: »Nehmen Sie sich vor dem Herrn Mende in acht, der führt ein Tagebuch[24]!«

Ein Teil von Adenauers Geheimnis bei der Menschenbehandlung war seine Fähigkeit, ›Distanz zu halten[25]‹. Er ließ niemals zu, daß eine menschliche Beziehung, oberflächlich gesprochen, zu warm und herzlich wurde. Auch wenn er sich vornahm, jemanden ganz zu bezaubern, legte er sich noch immer eine gewisse Reserve auf. Merkwürdigerweise ließ dieses Verhalten nicht etwa weniger, sondern mehr Raum für lobende Gesten der Freundlichkeit. Wenn er eine solche Geste machte, hatte es wirklich etwas zu bedeuten. Er hatte auch noch andere Mittel, mit Menschen umzugehen. Sein Dolmetscher, Herr Weber, hat insbesondere die Direktheit seines Blicks hervorgehoben, die tiefe Konzentration beim Zuhören, das schmeichelhafte Interesse, das er an den kleinen persönlichen Angelegenheiten der ihn umgebenden Menschen nahm, seine Gaben als gewandter Gesprächspartner und die höfliche und elegante Art, in der er mit Frauen umging. Nach Ansicht eines seiner Berater wurde er ›niemals persönlich unhöflich[26]‹. Und obwohl er manchmal seine Zeit mit langweiligen Berufspolitikern vertrödeln mußte, war er sehr geschickt darin, keine Zeit zu verschwenden, wenn es sich irgend vermeiden ließ. So war sein Prinzip bei der Gewährung eines Interviews an Journalisten: »Entweder ist der Mann unwichtig, dann soll er gar nicht kommen, oder er ist wichtig, dann brauche ich eine Stunde Zeit, um ihm meine Politik zu erklären[27]!«

Ganze Bücher hat man mit Anekdoten über Adenauers immer bereiten Witz, seine gelegentliche Empfindlichkeit und seine kleinen persönlichen Schwächen angefüllt. Seine Schlagfertigkeit war berühmt. Einige der besten Geschichten über ihn sind in einem Buch von Walter Henkels mit dem Titel *... gar nicht so pingelig, meine D. u. H.* erschienen, dem Werk eines deutschen Journalisten, der die persönlichen Seiten des Bonner Lebens besser als irgend jemand kennt. Ein paar der Geschichtchen mögen hier als Beweis für Adenauers Humor stehen:

Über Journalisten sagte er 1960: »Mit kleinen Jungen und mit Journalisten soll man vorsichtig sein. Die schmeißen immer noch 'nen Stein hinterher[28].« Von einem zu eifrigen Regierungssprecher: »Bei dem liegt das Sprechzentrum anscheinend zu nahe beim Gehirn[29].« Ein Stück politischer Philosophie: »In der Politik handelt es sich gar nicht darum, recht zu haben, sondern recht zu behalten[30].« Als ein aufdringlicher Journalist um ein Interview quengelte: »Sagen Sie ihm: Ich bin gestern schon beerdigt worden, dat weiß aber noch keiner. Dat hat er dann exklusiv[31].« Über den sowjetischen Außenminister Molotow: »Der macht immer ein Gesicht, als ob er jeden Tag auf den nüchternen Magen einen Liter Essig trinkt[32].« Und über den schnellen Ruhm seines Verteidigungsministers Franz Josef Strauß: »Ich hab' dat im Anfang, als ich Bundeskanzler war, vermißt; dat wär' mir auch gut bekommen[33].«

Seine eigenen offensichtlichsten ›Dollpunkte‹ waren Pünktlichkeit, frische Luft und die Neigung, sich beobachtet zu fühlen[34]. Aber er war ein scharfer Beobachter der kleinen Schwächen seiner Mitmenschen und verstand, davon Gebrauch zu machen. Typisch dafür war sein Geburtstagsgeschenk für Churchill. Er hatte beschlossen, ihm ein Zigarrenetui zu schenken, und Herbert Blankenhorn ausgeschickt, eines zu besorgen. Dieser kam mit einem kleinen, eleganten und entsprechend gravierten Stück zurück, das Adenauer ohne Zögern ablehnte und durch ein schweres, überladenes und zehnmal so teures Ding ersetzen ließ. Churchill war entzückt. Dem Vernehmen nach rief er, als Blankenhorn ihm das Präsent überreichte, ganz aufgeregt zu seiner Frau: »Schau dir das an, Clementine! Ich glaube, es ist aus Gold, aus schierem Gold[35]!«

Unter den zahlreichen Anekdoten über Adenauer gibt es zwei, die sich mit seinem hohen Alter beschäftigen. Eine bezieht sich auf ein Gespräch, das er im Alter von 81 Jahren mit seinem treuen, vier Jahre jüngeren Freund Robert Pferdmenges führte. Pferdmenges sagte ihm bei dieser Gelegenheit, es wäre eigentlich höchste Zeit für alle beide, sich ins Privatleben zurückzuziehen. Adenauer war darüber so bestürzt, daß er am Abend des gleichen Tages in Rhöndorf zu Frau Dorothea Pferdmenges sagte: »Ich bin über Ihren Mann etwas besorgt. Ist er krank? Er hat neuerdings so merkwürdige Ansichten[36].«

Die andere Geschichte handelt von seinem Garten. Es fing Adenauer allmählich an zu ärgern, daß sich die Passanten angewöhnt hatten, ihn einfach von der Straße her in seinem Garten zu fotografieren. Er besprach die Sache mit seinem Gärtner, der darauf den Vorschlag machte, zur Abschirmung gegen die Neugierigen rasch wachsende Pappeln zu pflanzen. Aber auch die würden fünfzehn Jahre brauchen, bis sie herangewachsen seien. »Na und?« fragte der Dreiundachtzigjährige[37].

Zum Schluß noch zwei Anekdoten über Heinrich von Brentano, seinem Außenminister von 1955 bis 1961. In Paris fuhren sie einmal zusammen im Fahrstuhl, und zwar wollten sie zwei Stockwerke höher hinauf. Brentano drückte auf einen Knopf, und sie landeten im Keller. »Es war das erste und letzte Mal«, witzelte ein Scherzbold, »daß der Kanzler Brentano die Initiative überlassen hat[38].« Einmal hat Brentano auch selbst einen Witz beigesteuert. Er hatte sechs Jahre auf seine Ernennung zum Außenminister warten müssen, und als er die Urkunde aus den Händen von Bundespräsident Theodor Heuss entgegennahm, sagte er: »Hat sich der Alte das auch lange genug überlegt[39]?«

Adenauer war immer gern bereit, seinen Witz an seinen Landsleuten auszulassen. Einem amerikanischen Journalisten sagte er einmal: »Ein Preuße ist ein Slawe, der vergessen hat, wer sein Großvater war[40].« Und zu demselben Journalisten sagte er Anfang 1948: »Deutsche sind Belgier mit Größenwahn.« Diese Bemerkung wurde veröffentlicht, gleich nach den Wahlen von 1949 aber offiziell abgestritten.

Bei einer späteren Gelegenheit machte der amerikanische Journalist Adenauer deswegen Vorwürfe. Der Kanzler wehrte sich: »Natürlich habe ich es gesagt. Aber jetzt bin ich für ein ganzes Land verantwortlich, und Sie nur für Ihre Schreibmaschine!«

Einer von Adenauers Tadlern, Rudolf Walter Leonhardt, ist der Meinung, daß sich seine verspätete Geburt als Staatsmann mit der Hilfe von vier Hebammen vollzogen habe: dem tiefeingewurzelten Antikommunismus des katholischen Rheinländers, der Intoleranz des Familienoberhaupts, der antienglischen Entfremdung des typischen ›Karolingers‹ und einer hochentwickelten Verachtung für die Auffassungen seiner Mitmenschen[41]. Sicherlich war Adenauer als Staatsmann nicht über jeden Vorwurf erhaben. Und selbst auf dem Gipfel seiner Macht unterliefen ihm noch Fehler.

Im Jahre 1953 hatte er eine unglückliche Hand bei der Wahl seiner Minister. Zwei Männer des BHE, Waldemar Kraft und Theodor Oberländer, waren ehemalige Nazis. Kraft verschwand ziemlich bald wieder von der Bildfläche, aber der Rücktritt Oberländers wurde erst 1960 durch einen heftigen und peinlichen Feldzug der ostdeutschen Kommunisten erzwungen, die ihn der Kriegsverbrechen bezichtigten. Adenauers Verkehrsminister Hans Seebohm hielt weiterhin jahrein, jahraus aufpeitschende Reden über Deutschlands verlorene Provinzen jenseits der Oder-Neiße-Linie und im Sudetenland. Adenauer behauptete immer, es sei an der Zeit, mit der Vergangenheit seinen Frieden zu machen, womit er recht hatte. Aber die Bestallung von Ministern mit solchen historischen Hypotheken war gewiß nicht der rechte Weg dazu.

Adenauers Versuche, ein unbilliges Maß von Regierungsbefugnissen im Bereich der Presse und des Rundfunks zu erwirken, war eine kurzlebige Illusion, der er sich unmittelbar nach den Wahlen von 1953 hingab. Auf die Einflüsterungen von Otto Lenz brachte Adenauer ein ›Superministerium‹ in Vorschlag, mit Zugeständnissen, die sich einfach nicht mit der demokratischen Praxis vereinbaren ließen – der Berechtigung zu zensieren, Geld- und sogar Haftstrafen aufzuerlegen, Journalisten und andere zu disqualifizieren, und das alles ohne ordentliches Rechtsverfahren. Otto Lenz kündigte ganz offen an, daß er gegebenenfalls Chefredakteure von Zeitungen oder von Rundfunksendern wegen ihrer politischen Verbindung zur SPD ihrer Posten entheben würde[42]. Dabei hatte er besonders die Anhänger der SPD in der offiziösen deutschen Nachrichtenagentur DPA und beim Nordwestdeutschen Rundfunk (NWDR) im Auge.

In diesem Fall gingen einmal die Auffassungen von Adenauers Beratern auseinander, und Bundespressechef Felix von Eckardt drohte sogar mit seinem Rücktritt. Noch hatte Adenauer sich nicht völlig festgelegt, so konnte er sich rechtzeitig wieder zurückziehen. Aber das war, in höherem Maße als er es je hat zugeben wollen, dem Umstand zu verdanken, daß der *Spiegel* die Sache vorzeitig herausbrachte und die ausländische Presse darauf augenblicklich sehr heftig reagierte.

Im Mai 1956 rief Adenauer einen Wirbel von Aufregung hervor, indem er sich in wirtschaftliche Dinge einschaltete. Auf einem Bankett im Saal des Kölner Gürzenich teilte er den höchlich erstaunten Gästen mit, daß er gegen die Erhöhung des Diskontsatzes sei und man ihn dazu vorher nicht befragt habe[43]. Der Diskontsatz war am 22. Mai vom Präsidenten der Bank der Deutschen Länder, Dr. Hermann Vocke, von 4½ auf 5½ Prozent heraufgesetzt worden, nach Konsultationen mit dem Bundeswirtschafts- und dem Bundesfinanzminister. Gleichzeitig verkündete Adenauer, daß er auch gegen die von Professor Erhard geplante Senkung der Zölle um 30 Prozent sei, und machte auch eine herabsetzende Bemerkung über den Finanzminister Dr. Schäffer: Das Steuersystem sei mit 125 verschiedenen Vorschriften allein für die Einkommensteuer zu kompliziert, im übrigen seien »Leute, die so konfus denken, meistens nicht besonders klug«. Später mußte Erhard noch einmal wiederholen, daß Adenauers Vorwürfe »außerhalb jeder Vernunft« gelegen hätten[44]. Wie es nicht anders sein sollte, war Adenauer selbst der einzige, der aus diesem Zwischenfall eine Lehre zog: Er mischte sich nie wieder in wirtschaftliche Angelegenheiten ein.

Erhard und Schäffer waren treue Mitglieder der CDU; das Gefüge der Partei wurde durch diesen Ausflug Adenauers in Gefilde, von denen er nichts verstand, nicht ernstlich erschüttert. Doch mit seiner auf breite Basis gestellten Regierungskoalition für 1953 bis 1957 geriet er in große Schwierigkeiten, wobei sich von seinem Gesichtspunkt die FDP als Störenfried erwies.

Im Jahre 1956 beschloß Adenauer, daß das Wahlgesetz geändert werden könnte. Er selber hatte eine stille Liebe für das angelsächsische System der Mehrheitswahl, doch er schlug nur einen Modus vor, bei dem der stärksten Partei noch weitere ›Zusatz-Mandate‹ zugeschlagen werden sollten. Das hätte das Ende der FDP bedeuten können, die bisher eine wenn auch unzulängliche ›dritte Kraft‹ dargestellt hatte. Trotzdem scheuten sich die FDP-Minister im Kabinett, dem Kanzler Widerstand zu leisten. Eine Änderung des Wahlgesetzes erforderte die Zustimmung beider Häuser des Parlaments. Die bedachtsamsten FDP-Mitglieder beschlossen, die Verfassungsänderung im Bundesrat zum Scheitern zu bringen.

Dazu mußte man den Sturz einer oder mehrerer der unter CDU-Führung stehenden Landesregierungen betreiben. Hierzu besaß die FDP die Möglichkeit, denn sie war in Nordrhein-Westfalen, in Niedersachsen, in Schleswig-Holstein und in Rheinland-Pfalz das ›Zünglein an der Waage‹. Um eine Verfassungsänderung zu verhindern, brauchte sie beispielsweise nur die CDU in Nordrhein-Westfalen aus der Regierung zu entfernen, was sie im Februar 1956 auch prompt tat. Das war sehr bedauerlich, denn der Mann, dessen politische Laufbahn durch diesen Schachzug beendet wurde, war Karl Arnold, ein aufrechter und vorurteilsfreier CDU-Führer. Er hatte den Löwenanteil daran gehabt, das Ruhrgebiet durch die dunklen Tage des Hungers und der Arbeitslosigkeit hindurchzubringen. Er hätte auch in Bonn eine bedeutende Rolle spielen können, aber in Adenauers Augen war er ideologisch durch allerlei sozialistische Ideen belastet und allzu bereit, mit der SPD zu einer verfrühten Aktion für soziale Gerechtigkeit Kompromisse zu schließen.

Es wurde also in Nordrhein-Westfalen eine neue Regierung gebildet. Damit kam die Reform des Wahlgesetzes in Bonn zum Stillstand. Aber auch die FDP hatte durch das Manöver gelitten. Diese Partei hing wie alle anderen mit Ausnahme der SPD von Zuschüssen der Industrie zu ihren Wahlkampfkosten ab (nach Erich Mende erhielt sie nur etwa ein Viertel bis ein Drittel von dem, was damals die CDU bekam[45]). Einige dieser Zuschüsse fielen jetzt aus. Noch wichtiger war, daß sich die FDP-Führung spaltete. Vier Bundesminister ergriffen die Initiative und bildeten eine ›Freie Volkspartei‹, die sich später wieder auflöste und mit der CDU verschmolz. Die FDP selbst schied aus der Regierungskoalition aus, die gegen Ende 1956 nur noch aus der CDU und der Deutschen Partei bestand, denn auch der BHE hatte sich auf dieselbe Weise wie die FDP gespalten: Die Minister waren in der Regierung geblieben, während die Partei selbst sich in die Opposition begab.

Hatte Adenauer bewußt die Spaltung der seiner Regierung angehörenden Parteien betrieben, um auf diese Weise die CDU zu stärken? Der Verdacht, daß er hier eine machiavellistische Taktik walten ließ, war stark. Dagegen spricht das Zeugnis Erich Mendes, der später zum Führer der FDP aufstieg und auf die Erhaltung seiner Partei als unabhängige Mittelpartei eingeschworen blieb.

Nach Mende[46] hatte Adenauer nicht mehr vorgehabt, jedwede dritte Partei aus dem Felde zu schlagen, damit dieses dann allein der CDU und SPD überlassen blieb. Vielmehr sagte Adenauer zu Mende, die Deutschen müßten mindestens dreierlei zur Auswahl haben, womit seine Anschauung in diesem Punkt sich von der seiner Stellvertreter in der CDU unterschied. Die Störungen, die zwischen CDU und SPD auftraten, waren auf echte Meinungsverschiedenheiten zurückzuführen. Es gab keine ›künstliche Krise‹. Im Gegenteil, Adenauer hat 1956 nach der Spaltung, die zu der kurzlebigen Gründung der Freien Volkspartei führte, möglicherweise die Wiedervereinigung der FDP sogar herbeigewünscht. Wiederum laut Mende war Adenauer sogar bereit, zwei Minister zu opfern und dafür ihn und Thomas Dehler, den früheren Bundesjustizminister, in das Kabinett aufzunehmen, was sicherlich eine gewaltige Konzession von seiten Adenauers gewesen wäre. Er fand Dehlers Treiben im Bundestag unerträglich; der Justizminister machte ihn mit seiner versteckten Kritik und seiner Neigung zu deklamatorischer, hohltönender Rhetorik einfach rasend[47]. Alles in allem kann man wohl davon ausgehen, daß Adenauer zwischen 1953 und 1957 seine Koalitionspartner nicht durch lauter Freundlichkeit umbringen wollte. Tatsache aber bleibt, daß die CDU groß genug war, um auf sie verzichten zu können.

Während der letzten Jahre seiner unangefochtenen Vormachtstellung wurde Adenauer tief in das Problem der deutschen Wiedervereinigung verstrickt. Wie sich das im einzelnen abspielte, gehört in das nächste Kapitel. Es hat keinen unmittelbaren Einfluß auf seine Amtsführung gehabt, ungeachtet der Tatsache, daß es ihm nicht gelang, auch nur den kleinsten Fortschritt zur Lösung dieses Problems zu erzielen. Denn die Sozialdemokraten litten noch immer unter dem Fehlen eines in sich geschlossenen Programmes, wodurch ihr verstorbener Führer Kurt Schumacher zu einem ›Ideologie-Ersatz‹ wurde, wie eine Autorin es formuliert hat[48]. Abgesehen von ihrem Feldzug gegen die Wiederbewaffnung hatten die Sozialdemokraten in diesen Jahren der Alleinherrschaft Adenauers nichts zu bieten. Sie kamen mit keinen neuen Ideen. Allerdings waren Ideen damals allgemein sehr knapp. Man stand auf dem Höhepunkt der paternalistischen Regierung, und der großen Masse der deutschen Wählerschaft gefiel das. Die kleinen Erdstöße innerhalb der Regierungskoalition konnten diesen Sachverhalt nur für kurze Zeit verdunkeln.

Jede wirkliche Bedrohung von Adenauers Vormachtstellung hätte also von außen, von außerhalb des eng umgrenzten Areals der orthodoxen Parteipolitik kommen müssen. Zwischen 1953 und 1957 sind nur drei Augenblicke zu verzeichnen, in denen Adenauer sich anmerken ließ, daß ihm unbehaglich zumute war. Das erste Mal war 1954, als sein alter Kollege und Vordermann in der Zentrumspartei vor 1933, Dr. Heinrich Brüning, für kurze Zeit wieder auf der politischen Bühne auftauchte. Das zweite 1956, als Winston Churchill in einer in Aachen gehaltenen Rede Gedanken vortrug, die den von Adenauer inzwischen festgelegten und allgemein akzeptierten Richtlinien der Außenpolitik diametral zuwiderliefen. Das dritte Mal war im gleichen Jahr, als ein Teil der CDU auf das Verbot der KPD drängte und Adenauer mit innerem Widerstreben diesem Wunsch nachgab.

Zunächst einmal das kurzfristige Comeback Brünings. Der ehemalige Reichskanzler war aus den Vereinigten Staaten in einer rein akademischen Eigenschaft an die Universität Köln zurückgekehrt. Es gibt keinerlei Anhaltspunkte, daß er irgendwie an eine Wiederaufnahme seiner politischen Laufbahn gedacht hätte. Aber am 2. Juni 1954 hielt er vor dem Rhein-Ruhr-Club in Düsseldorf einen, wie er meinte, ›inoffiziellen‹ Vortrag, über den jedoch die deutsche Presse berichtete. Er enthielt eine indirekte Kritik an Adenauers Außenpolitik. Im einzelnen bemerkte Brüning, daß Adenauer seine Außenpolitik auf eine absolute Abhängigkeit vom Bündnis mit dem Westen abstelle, so daß ihm kein Spielraum zu diplomatischen Manövern bleibe. Er gebrauchte ungefähr folgende Worte: »Wir müssen uns darüber im klaren sein, daß Deutschland nicht wiedervereinigt werden kann, wenn wir die Forderung stellen, daß dieses wiedervereinigte Deutschland vollständig in die EVG und in ein vereintes Europa eingebracht werden soll... Es ist verständlich, daß Frankreich und ebenso die Vereinigten Staaten darauf drängen, daß Westdeutschland von der westlichen Welt abhängig gemacht wird. Doch niemand kann behaupten, daß dies notwendigerweise eine größere Sicherheit für den Frieden in Europa und auf der Welt mit sich bringt.«

Die Sitzungen des Rhein-Ruhr-Clubs haben den Charakter eines politischen Seminars; Brüning hatte nur bestimmte Gedanken zur Diskussion gestellt. Es war ihm gar nicht in den Sinn gekommen, etwa eine klar umrissene Gegenposition zur bisherigen deutschen Politik zu liefern, die in der Anlehnung an den Westen und, aus naheliegenden Gründen des Feingefühls und des Taktes, in der energischen Zurückweisung jeder Art von ›unabhängiger Haltung‹ zwischen West und Ost bestand. Wie er in Düsseldorf sagte: »Meine Absicht war, eine etwas realistischere Atmosphäre in die Erörterung der Außenpolitik hineinzutragen[49].«

Auf Adenauers Anweisung beschuldigte das Auswärtige Amt Brüning sofort der Einmischung auf dem Gebiet der Außenpolitik. Die Sätze in seiner Rede, die sich mit der allgemeinen Lage in den Vereinigten Staaten und der geistigen Unabhängigkeit Deutschlands nach dem Ersten Weltkrieg beschäftigten, wurden absichtlich falsch dargestellt – als Versuche, die Vereinigten Staaten an der Schwelle einer Wirtschaftskrise hinzustellen, die Bundesrepublik dagegen als durchaus imstande, ohne westliche Alliierten auszukommen. Das war reine, oder vielmehr unreine Propaganda. Brüning hatte nichts dergleichen gesagt oder auch nur durchblicken lassen.

Adenauer behauptete, der ehemalige Reichskanzler habe dem ›guten Namen‹ der Bundesrepublik geschadet. Er ging von der Annahme aus, daß Brüning sein Wiedereintreten in das politische Leben betreibe; in Wirklichkeit war Brüning mit seinem Lehrstuhl der Politischen Wissenschaft an der Universität Köln vollkommen zufrieden und peinlich bemüht, sich aus der Politik herauszuhalten. Privat freilich hat Brüning seine Kritik an der Außenpolitik Adenauers wiederholt[50]; er glaubte eben nicht, daß ein militärisch und innerlich geeintes Europa imstande wäre, die Russen zum Rückzug aus Ostdeutschland zu veranlassen und damit die Wiedervereinigung zu ermöglichen, und deshalb drängte er, als Ergänzung zur Errichtung der westlichen Allianz, auf eine einfallsreiche Diplomatie. Er wünschte, daß an die Stelle der propagandistischen Vorstöße eine Geheimdiplomatie träte, und befürwortete die Wiederaufnahme der diplomatischen Beziehungen mit Moskau und sorgfältig vorbereitete Vier-Mächte-Gespräche unter deutscher Beteiligung. In diesen Vorstellungen lag nichts, was dem ›guten Namen‹ der Bundesrepublik auch nur den geringsten Schaden zufügen konnte.

Adenauer begriff, daß Brüning noch immer ein Mann von Format und potentiell ein weit gefährlicherer Konkurrent als irgendeines der Kabinettsmitglieder war. Brüning genoß noch immer den politischen Ruhm, als der letzte Mann an der Spitze der Weimarer Republik eine energische Anstrengung zur Fernhaltung der Nationalsozialisten gemacht zu haben – während Adenauer, als man ihn aufforderte, damals abgelehnt hatte, eine Regierung zu bilden. Im übrigen war Brüning zehn Jahre jünger als Adenauer. Ohne Zweifel erinnerte sich Adenauer noch gut des Fehlens jeder Sympathie zwischen dem nüchtern-strengen und humorlosen Mann und sich selbst, ebenso wie an den kleinlichen Ärger, den ihm das Nichtbeantworten seiner Briefe und das Unverständnis für spezifisch rheinische Probleme verursacht hatten. Adenauer vergaß niemals etwas, ganz wie man es dem Elefanten nachsagt. Seine hinterhältigen Angriffe erreichten ihren Zweck: Der Ex-Reichskanzler begab sich wieder in die Vereinigten Staaten zurück; beim Abschied sagte er, daß seine Heimat ihn offenbar nicht mehr benötige, und fünfzehn Jahre später ist er im Exil gestorben. Das Paradoxe an dem ganzen Zwischenfall ist, daß Adenauer den Verdacht hegte, Brüning wolle ein politisches Comeback erzwingen, während Brüning selbst an nichts dergleichen dachte und offenbar von der Animosität seines einstigen Parteifreundes ehrlich erschüttert war.

So war in Adenauers Augen die ganze Brüning-Episode eine Herausforderung für seine Autorität. Die Rede Churchills in Aachen vom 10. Mai 1956 dagegen empfand er als Angriff auf seine Außenpolitik. An jenem Tag erhielt der ehemalige Premierminister die ›Karlsmedaille‹ überreicht, eine 1950 geschaffene Auszeichnung für Verdienste um die Einigung Europas. In seiner Rede schlug Churchill vor, die Sowjetunion und ihre Satellitenstaaten in die NATO aufzunehmen und so eine erweiterte europäische Allianz zu schaffen: »Ich sehe nicht ein, weshalb das neue Rußland sich dem Geist dieser feierlichen Vereinbarung nicht auch anschließen sollte. Wir müssen begreifen lernen, wie ehrlich und tief Rußland um die Sicherheit seines Heimatbodens vor einem fremden Überfall besorgt ist. In einem wahrhaft geeinten Europa muß auch Rußland seinen Platz finden... Es ist durchaus möglich, daß die großen Probleme, die uns heute bedrängen, unter denen die Wiedervereinigung Deutschlands wohl das schwierigste ist, dann schneller gelöst werden können, als durch zwei rivalisierende Machtblöcke, die sich voller Argwohn und Feindseligkeit gegenüberstehen.«

Mit dem ›neuen‹ Rußland meinte er das poststalinistische Rußland. Es war Churchills Annahme, man würde es dazu bewegen können, wirkliche Konzessionen zu machen, wenn man ihm etwas dafür bot. Für Adenauer war der Gedanke höchst beunruhigend, denn er bewegte sich in gefährlicher Nähe der Vorstellung von einem europäischen Sicherheitssystem, einschließlich Sowjetrußlands, mit dem die Sozialdemokraten die Wahlen von 1957 zu gewinnen hofften. In einem Bericht über das damalige Ereignis heißt es: »Es dürfte kaum überraschen, daß sich ein blasser und unkonzentriert wirkender Adenauer bei der Antwort auf Sir Winston auf ein paar verallgemeinernde Freundlichkeiten beschränkte. Aus der Rede des letzteren war keinerlei Trost zu schöpfen, und wenn Adenauer auch mehr Englisch versteht, als er zuzugeben bereit ist, so war es doch gänzlich unmöglich, eine improvisierte Entgegnung zu liefern. Seine Verwirrung ließ sich daraus ermessen, daß er mindestens dreimal beim Verlesen seines Textes die Zeile verlor und sich gereizt über einen allzu nah herangeschlichenen Pressefotografen beklagte[51].« An Adenauers ungeheuchelter Besorgnis war in der Tat nichts Überraschendes. Schon im Frühjahr 1953 hatte Churchill einen neuen Locarno-Vertrag vorgeschlagen, um sowohl die sowjetische wie die deutsche Sicherheit zu garantieren. Diese Initiative verlief dank der brutalen Niederwerfung des ostdeutschen Aufstandes vom 17. Juni durch die Rote Armee im Sande. Churchills Aachener Ideen sollten das gleiche Schicksal erleiden, als die Rote Armee im Herbst 1956 in Ungarn einmarschierte. In der Zeit bis zu diesem Ereignis verlor Adenauer keine Gelegenheit, seine Botschaft ›Keine Experimente und keine Abenteuer!‹ zu verkünden und immer wieder zu unterstreichen, daß durch den Tod Stalins die Lage in Europa noch gefährlicher als vorher geworden sei – da eine von Furcht gepeinigte Sowjetunion viel eher zuschlagen werde als eine Sowjetunion, die sich ihrer eigenen Kraft vollauf bewußt sei.

Im August 1956 ging Adenauer zur Tat über, woraus man schließen kann, daß er einen Kompromiß in der deutschen Frage nunmehr für weniger erreichbar als vorher betrachtete. Es handelte sich um das Verbot der Kommunistischen Partei, einen sehr überraschenden Schritt. Bei den Wahlen von 1953 hatten die Kommunisten mehr als die Hälfte ihrer Stimmen verloren, bis auf kümmerliche 2,2 Prozent. Alle fünfzehn Sitze waren ihnen verlorengegangen, und es gab kein Anzeichen für eine Wiederbelebung. Desungeachtet wurden jetzt Polizeirazzien auf mehrere kommunistische Parteibüros angeordnet und Unterlagen beschlagnahmt, die dem Bundesverfassungsgericht in Karlsruhe die Möglichkeit gaben, die Partei für illegal zu erklären, weil sie die demokratische Regierung und den demokratischen Staat zu zerstören vorhabe – keine überraschende Neuigkeit.

Adenauers Innenminister Gerhard Schröder hätte vorgezogen, gegen einzelne Kommunistenführer gesetzlich vorzugehen, wenn man sie bei ihrer subversiven Tätigkeit ertappte. Doch das Bundesverfassungsgericht war der Ansicht, daß ein gesetzliches Vorgehen gegen Mitglieder einer noch legalen Partei unzulässig sei. Rückblickend war Schröder der Ansicht, daß durch das Verbot der Kommunistischen Partei ihre illegale Aktivität zugunsten ihrer Moskauer Auftraggeber enorm erschwert worden sei. Seiner Meinung nach wog das den Nachteil auf, die gesamte kommunistische Tätigkeit in den Untergrund zu treiben[52].

Adenauer war 1956 eine Zeitlang krank, und es gab hier und da Anzeichen der Beunruhigung darüber, daß ein Mann von mehr als achtzig offensichtlich keine Anstalten machte, aus dem Amt zu scheiden. Es gab immer mehr Karikaturen vom Bundeskanzler. Eine zeigte in genau gleicher Umrahmung sein Bild neben einem Porträt des Präsidenten Syngman Rhee von Südkorea, und darunter stand: »Damit hört die Ähnlichkeit auf, denn Syngman Rhee kandidierte nicht für eine dritte Amtszeit, wurde aber gewählt.« Auf einer anderen Karikatur trank Adenauer Tee mit dem Schah von Persien und Kaiserin Soraya, die dem entrüsteten Bundeskanzler die Frage stellt: »Und von welcher Illustrierten kommen Sie?«

Karikaturen von sich bekümmerten Adenauer übrigens nicht im geringsten. Sie belustigten ihn ganz ungemein, und er pflegte auch zu bemerken: »Es kommt gar nicht darauf an, was die Leute über mich sagen, wenn sie nur überhaupt etwas zu sagen haben[53].« Herauszufordern und herausgefordert zu werden, war ein nicht wegzudenkender Bestandteil seiner Art zu leben. Er war wohl der einzige führende deutsche Politiker, der sich niemals die Mühe machte, die manchmal unflätigen, aber in jedem Falle beißenden Kommentare des *Spiegel* zu dementieren. Aber er merkte nun doch, daß er alt wurde. Im November 1956 kursierte die Geschichte, er habe alle Fotos, auf denen er alt aussah oder sein Kragen zerdrückt und sein Schlips verschoben war, aus dem Umlauf ziehen lassen. Man hörte jetzt auch mehr und mehr Kritik über seinen Regierungsstil, der allgemein als ›Kanzlerdemokratie‹ bekannt war, eine Kritik, die neue Nahrung durch die Tatsache erhielt, daß nicht einer seiner Minister, sondern Globke ihn täglich besuchte, wenn er krank war. Zwei Jahre vorher, während der Londoner Konferenz im September 1954, hatte ein damaliger *Spiegel*-Reporter, Lothar Ruehl, in Claridge's Hotel eine Unterhaltung Adenauers mit dem belgischen und dem luxemburgischen Ministerpräsidenten mit angehört, in deren Verlauf er sagte, wenn er erst weg sei, würde es zu spät sein, und er wisse nicht, was aus Deutschland werden solle, wenn nicht schleunigst ein Vereintes Europa geschaffen werde[54]. Diese Unterredung mit Paul-Henri Spaak und Joseph Bech ist seitdem immer wieder als Beweis seines überwältigenden Egotismus angeführt worden. Doch Adenauers Befürchtungen waren ganz echt, und wenn er noch beinahe ein volles Jahrzehnt länger an seinem Amtssessel klebte, so geschah es zum guten Teil um dieser Besorgnis willen.

Auch in der Frage der Wiederbewaffnung gab es noch viel Verdruß. Die Antiaufrüstungskampagne der SPD, die 1955 mit einer Kundgebung in der Frankfurter Paulskirche begonnen hatte, verläpperte sich zwar schnell. Der nächste Anlaß zur Besorgnis wurde durch einen im September 1956 in *Time* veröffentlichten Plan des amerikanischen Generalstabschefs Admiral Arthur Radford geliefert, dem zufolge die konventionelle Streitmacht in Europa verringert und alles auf Atomwaffen abgestellt werden sollte[55]. Radford wollte die amerikanischen konventionellen Truppen bis 1960 von 2,8 Millionen auf 2 Millionen heruntersetzen. Adenauer bat sowohl Dulles als auch den britischen Außenminister Selwyn Lloyd um die Zusicherung, daß die alliierten Einheiten auf deutschem Boden in der bisherigen Stärke erhalten blieben, und er bekam sie von beiden.

Am 5. April 1957 stocherte Adenauer selbst in einem Wespennest, indem er auf einer Pressekonferenz in Bonn die Forderung erhob, die Bundeswehr solle ordentlich bewaffnet werden. Er zog eine Trennungslinie zwischen

›taktischen‹ und ›strategischen‹ Kernwaffen. Die ersteren waren seiner Meinung nach »im Grunde weiter nichts als eine verbesserte Form der Artillerie«. Und er fuhr fort: »Es liegt auf der Hand, daß wir angesichts der enormen Fortschritte in der Waffentechnik, die unseligerweise gemacht worden sind, unseren Streitkräften nicht die neuesten Modelle vorenthalten können und nicht verhindern dürfen, daß sie an diesen neuesten Entwicklungen teilhaben.«

Die westdeutsche Presse regte sich darüber leidenschaftlich auf, und am 12. April 1957 schickten achtzehn führende deutsche Atomwissenschaftler dem Bundeskanzler ein Protesttelegramm mit der Forderung, die Bundesrepublik müsse auf die Verwendung jeglicher Kernwaffen verzichten. Adenauer lud die Atomwissenschaftler nach Bonn ein, wo sie von den Generalen Heusinger und Speidel einen ausführlichen Vortrag über die militärische Lage in Europa zu hören bekamen. Adenauer seinerseits teilte ihnen mit, sie mischten sich da in politische Fragen ein, von denen sie keine Ahnung hätten. Damit waren die Atomwissenschaftler vorläufig zum Schweigen gebracht, doch dafür meldete sich Ende April Professor Albert Schweitzer aus dem entlegenen Lambarene in Westafrika mit der Erklärung, daß die Atombombe eine Gefahr für die Gesundheit des Menschengeschlechts sei. Adenauer gab dazu den gereizten Kommentar: »Alles, was Albert Schweitzer sagt, wird vom Großteil der deutschen Bevölkerung wie eine Art Evangelium aufgenommen[56]«, womit er vollauf recht hatte. Die SPD klebte in ihrem Bonner Hauptquartier ein riesiges Plakat von Schweitzer an die Wand und ließ es dort drei Jahre lang hängen. Sie verwandelte seine Äußerung 1957 als Wahlparole, gekoppelt mit dem Schlagwort ›Lieber rot als tot‹, und startete im März 1958 eine neue Kampagne gegen den ›Atomtod‹.

Doch die Frage der taktischen Kernwaffen sollte sich für Adenauer als weniger abträglich herausstellen, als anfangs anzunehmen war. Einige der Atomwissenschaftler überlegten sich die Sache noch einmal, und Professor Carl

Friedrich von Weizsäcker begann die Therorie zu entwickeln, daß man ›mit der Bombe leben‹ müsse. Adenauers so häufig wiederholte Forderung nach der ›Gleichstellung‹ des deutschen Soldaten gewann immer mehr an Gewicht. Außerdem fingen die Westdeutschen an, sich allmählich an den Gedanken der Wiederbewaffnung zu gewöhnen; Meinungsumfragen zeigten, daß nur noch einer von vieren dagegen war. Eine CDU-Zeitung veröffentlichte eine Karikatur des deutschen Michel, der nur mit einem Regenschirm bewaffnet dem russischen Bären mit einem ganzen Sack voller Atombomben gegenübersteht. Der sozialdemokratische Regierende Bürgermeister von Berlin, Willy Brandt, zeigte ausgesprochen wenig Neigung, sich Adenauers Politik der Unterstützung eines militärisch starken westlichen Bündnisses zu widersetzen.

Eine kräftige politische Spritze bekam Adenauer 1957 durch die Unterzeichnung des Vertrags von Rom. Durch diesen wurde die Europäische Wirtschaftsgemeinschaft (EWG) als eine in drei Phasen von je vier Jahren zu verwirklichende Zollunion errichtet; innerhalb von allerspätestens fünfzehn Jahren würde so ein vollständig integrierter Gemeinsamer Markt geschaffen sein, von einem einheitlichen Zolltarif zusammengehalten. Der Bundesrepublik machte man die besondere Konzession, daß die übrigen fünf Mitglieder sich im Falle der Wiedervereinigung zu einer Überprüfung des Vertrages unter diesem Gesichtspunkt bereit erklärten und daß sich bis dahin ihr Handel mit Ostdeutschland unter Berücksichtigung der bestehenden innerdeutschen, ›interzonalen‹ Handelsbeziehungen abwickeln würde.

Im August 1957 hielt Adenauer seine erste große Wahlrede in der Kohlen- und Stahlstadt Essen vor einer Menge von 20000 Zuhörern, die sich durch Sturm, Wolkenbruch, Donner und Blitz nicht hatten davon abhalten lassen, zu ihm zu eilen. Das Publikum bestand aus wohlgenährten, zufriedenen Menschen, denen es sichtlich ausgezeichnet ging. Sie stießen auf einen Adenauer in Höchstform.

Er konnte ihnen sagen, daß die CDU-Herrschaft das Ende der Arbeitslosigkeit und die Erhöhung der Beschäftigtenziffer um volle 6 Millionen gebracht hatte. Der Konsum an Lebensmitteln, und zwar gerade der wichtigsten – Fleisch, Fett und Zucker –, war in die Höhe geschossen. Der Lebenshaltungskosten-Index unterschied sich vorteilhaft selbst von dem so blühender Länder wie Dänemark und Schweden. Die D-Mark war die härteste Währung in ganz Europa. All diese Fakten und Zahlen wurden mit Beifallsstürmen begrüßt; und wenn Adenauer in pseudoboshafter Manier sich über die SPD lustig machte, gab es brüllendes Gelächter. Mit ungezwungener Arroganz bedauerte er die SPD, ihren Führer Kurt Schumacher verloren zu haben, so daß ihm heute leider kein ebenbürtiger Gegner gegenüberstehe. Er gab damit für den ganzen Wahlkampf den Ton an. Es sollte eine richtige ›Magen-Wahl‹ werden, und die deutschen Mägen waren wahrhaftig wohlgefüllt. Wenn dann noch etwas Zeit übrigblieb, konnte man ja auch die Fortschritte zur europäischen Einigung noch erwähnen sowie die Stellung der Bundesrepublik Schulter an Schulter mit ihren westlichen Partnern und schließlich die Notwendigkeit, auch weiterhin eine konsequente Außenpolitik frei von allen Experimenten zu führen.

Die deutsche Bevölkerung war genau in der richtigen Stimmung, von einer Regierungspartei umworben zu werden, die schon so viel für sie getan hatte. Sie bekam noch lauter Extra-Trostpflaster: Im Juni und Juli erhöhte die Regierung den Freibetrag für Ehefrauen bei der Einkommensteuer von 250 DM auf 600 DM jährlich, setzte die Invalidenrente herauf, verdoppelte die Zahlungen an ehemalige Nazi-Funktionäre, ließ die Beamtenpensionen ansteigen und lockerte die Bestimmungen bei der Umsatzsteuer. Im August kündigte sie ihre Pläne an, die Einfuhrzölle herabzusetzen und importierte Lebensmittel zu verbilligen, erlaubte Ehepaaren die Wahl zwischen getrennter oder gemeinsamer Besteuerung und spendierte allen Rentnern, die Inhaber von Tapferkeitsauszeichnungen aus dem

Ersten Weltkrieg waren, 25 DM monatlich extra. Dieser warme Regen von kleinen Geschenken kam im rechten Augenblick und sehr zum Schaden der Opposition. Diese war mit der trostlosen Parole ›Statt Adenauer – Ollenhauer‹ angetreten, einem gedankenlosen Vorschlag, denn der rundliche, wortreiche Ollenhauer, der sich immer für irgend etwas zu entschuldigen schien, machte als Nachfolger Schumachers bei der Wählerschaft keine gute Figur. Die SPD brauchte dringend ein Programm, aber sie hatte eben einfach keins. Alle Versuche, Adenauer anzuschwärzen, kamen als Bumerang zurück und brachten ihm nur die zusätzliche Reklame ein, die er haben wollte. Nicht einmal von ihren starken Männern in den Landesregierungen – Max Brauer in Hamburg, Wilhelm Kaisen in Bremen, Hinrich Kopf in Hannover und dem viel jüngeren und ehrgeizigen Willy Brandt in West-Berlin – verstand die SPD den richtigen Gebrauch zu machen.

Ein Sieg der CDU war schon gewiß, nur sein Ausmaß wurde noch zur Überraschung. Die Stimmen der CDU waren noch einmal um 2,5 Millionen gestiegen, ihr Anteil von 45 auf über 50 Prozent. Damit wuchs die Zahl der Bundestagsmandate von 244 auf 270, so daß die Partei für sich allein eine Majorität von 43 gegenüber allen anderen Parteien zusammen hatte. Auch die Stimmen für die SPD und damit die Zahl ihrer Sitze im Bundestag waren gestiegen, doch das hatte nicht den geringsten Einfluß: Auch mit 169 Sitzen anstelle von 151 war sie noch immer weiter nichts als eine schwache Opposition. Das Wahlgesetz war schon wieder einmal geändert worden. Eine Partei mußte jetzt sowohl drei Kandidaten in direkter Wahl durchbringen als auch 5 Prozent der Gesamtstimmenzahl für sich buchen können, um damit eine ›proportionale‹ Anzahl von Mandaten von ihrer Reserveliste beanspruchen zu können. Auf diese Weise verblieben sonst nur noch die FDP und die Deutsche Partei im Bundestag, und die letztere auch nur, weil sie in Niedersachsen ein Wahlbündnis mit der CDU eingegangen war. Wie ein Korrespondent es damals formulierte: »Die Deutsche Partei mußte sich von Dr. Adenauer im Rucksack tragen lassen[57].«

Adenauer hatte insgesamt 57 Wahlreden gehalten und jede einzelne in vollen Zügen genossen. In dem jenseits des Atlantiks üblichen Stil war er dazu im Sonderzug kreuz und quer durch die Bundesrepublik gereist. Seine Partei hatte diesmal eine Rekordsumme für den Wahlkampf ausgegeben – nach Schätzungen der SPD 116 Millionen Mark[58]. Die Großindustrie hatte ihren Ernährer Adenauer kräftig unterstützt. Sie finanzierte auch die ganzseitigen Anzeigen, die selbst in Zeitungen erschienen, die dem Bundeskanzler feindlich gegenüberstanden, wie *Die Welt*, der Düsseldorfer *Mittag* und die *Westdeutsche Allgemeine Zeitung*. So war er in gewissem Sinne wieder einmal mit der Dampfwalze an die Macht herangerollt worden. In gewissem Sinne aber auch war ein Personenkult bestätigt und verstärkt worden, obwohl zugleich eine stabile Regierung gewährleistet wurde. Es gab auch noch andere beunruhigende Faktoren an diesem unleugbaren Triumph Adenauers: Die SPD war desillusioniert, die FDP hatte es nicht geschafft, eine wirkliche ›dritte Kraft‹ zu werden, und über eine Million Stimmen waren an Splitterparteien am äußersten rechten Flügel gegangen, die niemals die Chance gehabt hatten, zu einem Bundestagssitz zu kommen.

Das Ausmaß des Sieges bedeutete, daß Adenauer seine dritte vierjährige Amtszeit in dem Glauben antreten konnte, ungestört bis zu ihrem Ende zu bleiben. Vor der Wahl hatte er daran noch gezweifelt. Solche Zweifel sollten ihn immer wieder befallen – was angesichts der Tatsache, daß er bereits im 82. Lebensjahr stand, nichts Überraschendes hat. Für den Augenblick jedoch war er vollauf zufrieden. Er konnte mit der Deutschen Partei als einzigem Koalitionspartner seine Regierung bilden und sich freuen, die lästige FDP los zu sein. Mit der Rückkehr des Saargebiets war das letzte Problem gelöst, das die Beziehungen zu Frankreich noch hätte vergiften können. Seine enge persönliche Freundschaft mit Dulles bot die Gewähr für ein reibungsloses Verhältnis zu den Vereinigten Staaten. Westeuropa war auf dem Weg zur Einigung, und auch die schwierige Hürde der Wiederbewaffnung war überwunden worden.

Wenn Adenauer noch immer vor den Gefahren der gegenwärtigen Weltlage warnte, so war es mehr und mehr zum Bestandteil einer wohleinstudierten Rolle als treusorgender Herrscher geworden. In jener Zeit war seine Lieblingsgeschichte, wie Papst Leo XIII. seinen 90. Geburtstag feierte und der Doyen des diplomatischen Korps ihm gratulierte, mit der ausdrücklichen Hoffnung, er möge in der gleichen Frische auch noch das hundertste Lebensjahr erreichen. Leo XIII. darauf: »Aber meine Herren, warum schätzen Sie die Barmherzigkeit Gottes so gering ein?«

12
Asien beginnt an der Elbe

In einem kurzen Passus seiner Memoiren[1] stellt Adenauer unmißverständlich klar, warum er – auch wenn man von politisch bedingten Gründen und Vorurteilen absieht – die sowjetische Zielsetzung in Europa mit äußerstem Mißtrauen betrachtet habe. Die Tatsachen, meinte er, sprächen für sich selbst; und so kurz das menschliche Gedächtnis auch sein möge: Das sowjetische Vorgehen in Europa könne nicht in Vergessenheit geraten.

Als Folge des Krieges hat die Sowjetunion die drei baltischen Staaten, die östliche Hälfte Polens, die rumänischen Gebiete Bessarabien und Bukowina, die Hälfte der deutschen Provinz Ostpreußen, Teile Finnlands und der Tschechoslowakei – insgesamt eine halbe Million Quadratkilometer – annektiert. Die Sowjetunion versuchte, West-Berlin zu usurpieren, und unterdrückte mit brutaler Gewalt Volkserhebungen in Ostdeutschland und Ungarn (später auch in der Tschechoslowakei). Seit 1925, betonte Adenauer, habe die Sowjetunion von 58 mit anderen Staaten abgeschlossenen Verträgen »mehr als 45 gebrochen, verletzt oder einseitig aufgekündigt«. In seinen Augen war die Sowjetunion die expansionistische und imperialistischste Macht Europas. Er würde dem britischen Politiker zugestimmt haben, der die Sowjetdoktrin mit der treffenden Definition kennzeichnete: »Was mir gehört, gehört mir, und was dir gehört, darüber wollen wir verhandeln[2].«

Adenauers Mißtrauen gegenüber der Sowjetunion beruhte – wie sein engster Vertrauter, Hans Globke, berich-

Urlaub in Cadenabbia 1958:
oben mit den Töchtern Lotti und Ria, unten beim Boccia-Spiel

Oben:
Blitzbesuch des amerikanischen Präsidenten Dwight D. Eisenhower am 26. August 1959 in Bonn

Unten:
US-Vizepräsident Lyndon B. Johnson kommt als Beauftragter Kennedys am 19. 8. 1961 zu einem Blitzbesuch

Präsident John F. Kennedy
besucht im Juni 1963 den
westlichen Teil der ehe-
maligen Reichshauptstadt
Berlin

Oben:
Adenauer bei der Fronleichnamsprozession mit Honnefer Schützen

Unten:
Bei der CSU-Landesversammlung 1961 in der Münchner Bayernhalle überreicht ihm Bundesverteidigungsminister Strauß einen Trachtenhut

tet[3] – nicht wie bei seinem Außenminister Heinrich von Brentano auf Gefühlsgründen, sondern auf sorgfältiger Analyse und Kalkulation: Er glaubte, die sowjetische Philosophie sei dynamisch und ihr natürliches Endziel die Weltherrschaft. Während die Westmächte Freunde und Verbündete des deutschen Volkes werden könnten, sei Deutschland für die Sowjetunion lediglich ein Bauer auf dem europäischen Schachbrett. So könne angesichts des zu erwartenden anhaltenden, unbarmherzigen Drucks der Sowjets seine Regierung nur eine Politik verfolgen: sich mit dem Westen zu verbünden, dem Druck durch Ausbau der westlichen Stärke sich zu widersetzen und den isolierten Vorposten West-Berlin zu behaupten. Adenauer war felsenfest davon überzeugt, daß die sowjetische Zielsetzung darauf abgestellt war, eine wirkliche Lösung der ›deutschen Frage‹ – das heißt vor allem eine Wiedervereinigung Deutschlands als freie, unabhängige Gemeinschaft – völlig unmöglich zu machen.

Auf keinem wichtigen politischen Sektor war Adenauer konsequenter und von seinem Standpunkt aus logischer als in der ›deutschen Frage‹. Seine Kritiker nannten ihn unbeweglich, nicht flexibel und den letzten ›Kalten Krieger‹. Aber diese Vorwürfe ließen ihn kalt, solange er Bundeskanzler war. Erst nach seinem Rücktritt begannen sich in ihm Zweifel zu regen (siehe 14. Kapitel): Seinerzeit glaubte er, für die Sowjetunion kämen nur zwei Wege für eine Regelung der ›deutschen Frage‹ in Betracht: die Bolschewisierung ganz Deutschlands oder die Teilung Deutschlands und die Bolschewisierung der östlichen Besatzungszone. Die zweite Möglichkeit hielt er für wahrscheinlicher; »Adenauer wußte, daß selbst die Russen sich um ihre Sicherheit sorgten und daß sie mit Ostdeutschland einen Sperling in der Hand hatten[4].«

Es würde zu weit führen, wollten wir die sowjetische Zielsetzung hier eingehend analysieren. Ein sehr gut informierter amerikanischer Beoabachter, George Kennan, hat die Situation kurz und treffend kommentiert[5]. Für die

Sowjetunion sei Ostdeutschland von entscheidender militärischer Bedeutung, ein Verzicht komme für sie überhaupt nicht in Frage. Ostdeutschland sei für die Sowjets sowohl Verteidigungsbollwerk als auch militärisches Aufmarschgebiet; seine Besetzung bedeute, »daß sich das Machtgleichgewicht in konventionellen Waffen in Europa und Asien erheblich und entscheidend zugunsten Rußlands verändert hat«. Sie sichere Moskau Vorposten, die nur 70 Meilen vom Rhein entfernt und mit der Sowjetunion durch ein hochentwickeltes Kommunikationssystem verbunden seien.

An anderer Stelle[6] schildert Kennan die unglaubliche Ahnungslosigkeit der Vereinigten Staaten, die anfänglich überhaupt nicht erkannten, was die Russen in Europa im Schilde führten. Schon zur Zeit Roosevelts habe man die konfuse Vorstellung gehabt, daß die Russen schlecht behandelt worden seien und daß dies »bei ihnen Überempfindlichkeit und eine Abwehrpsychose ausgelöst hat. Etwas Balsam aufs zerrissene Herz, ein bißchen höfliche Behandlung, ein bißchen Schmeichelei in Form einer Zulassung zu den Beratungsgremien der Alliierten – und alles wäre wieder in Ordnung«. Infolge ihrer geringen Erfahrung in europäischen Fragen erinnerten sich führende Amerikaner sogar nicht mehr an die sowjetischen Aktionen zu Beginn des Zweiten Weltkriegs: den ›Raubpakt‹ zwischen Stalin und Hitler, den Überfall auf Finnland, die Teilung Polens und die Annexion der harmlosen kleinen baltischen Staaten.

Die sowjetischen Führer wußten genau, daß der Westen von ihren Motiven und Zielen keine Ahnung hatte, und sie machten sich das zunutze. Kennan schreibt: »Von all den Hoffnungen, die die Sowjets hegen, konzentrieren sich die zielklarsten und ernstesten, diejenigen, die für uns am gefährlichsten sind, auf die Möglichkeit, überall im westlichen Lager und besonders in allem, was mit der westlichen Stärke zusammenhängt, Zwietracht zu säen[7].« Auch das erkannte Adenauer völlig klar. Die politischen Vorstellungen der Westmächte konnten jederzeit auseinandergehen, und die drei wichtigsten Mächte – die Vereinigten Staaten, Großbritannien und Frankreich – entwickelten in wechselnder Folge Kompromißlösungen der ›deutschen Frage‹, die entweder die Sicherheit Westdeutschlands gefährdeten oder offensichtlich undurchführbar waren. Adenauer sah sich deshalb dauernd genötigt, seine westlichen Partner zu warnen und an die Gefahren zu erinnern, die ein Land in der Frontlinie des Kalten Krieges unmittelbar bedrohten.

Nicht zu trennen von der ›deutschen Frage‹ war das Schicksal West-Berlins, und in Berlin polarisierte sie sich immer wieder. Im Gegensatz zu der ›deutschen Frage‹ insgesamt waren sich das deutsche Volk und die drei Westmächte in bezug auf Berlin weitgehend einig. Die Lehre, die die Blockade erteilt hatte, konnte so bald nicht vergessen werden. Die Freiheit von über zwei Millionen Westberlinern war ein Ziel, das jedem einleuchtete, vor allem weil sie so offenkundig und so bösartig bedroht worden war.

Die Viermächteverhandlungen über Deutschland mit den periodischen Pressionen der Sowjets gegen West-Berlin sind eine lange, komplizierte Geschichte. Sie kann hier nur in einem kurzen Aufriß dargelegt werden und muß weitgehend auf eine Reihe von Episoden beschränkt bleiben, in denen die Alternative: Dauernder Frieden oder ›Schießkrieg‹, jeden Augenblick akut zu werden schien.

Zum ersten Mal kam es 1952 zu einer derartigen Situation. Um das Berlin-Problem war es nach der Einstellung der Blockade im Mai 1949 still geworden. In der umfassenderen ›deutschen Frage‹ hatten die vier Mächte und die zwei deutschen Staaten sich jedoch geflissentlich bemüht, ihre Positionen zu umreißen. So forderte die Bundesregierung in einem Appell am 22. März 1950 freie, allgemeine, direkte und demokratische Wahlen für ganz Deutschland, die Wahl einer Nationalversammlung und die Ausarbeitung einer gesamtdeutschen Verfassung. Das war eine ›Ideallösung‹, auf die Adenauer stets zurückkam, wenn seine Alliierten ihn unter diplomatischen Druck setzten oder seine innenpolitischen Kritiker ihn heftig attackierten. Für die Sowjetunion war sie unannehmbar.

Der Sowjetblock konterte auf seiner Konferenz in Prag am 21. Oktober 1950 mit der Forderung nach einem deutschen Friedensvertrag, der Bildung eines gesamtdeutschen ›Rates‹ auf paritätischer Grundlage, dem Abzug aller Besatzungstruppen innerhalb eines Jahres und der restlosen Entmilitarisierung Deutschlands. An diesen gegensätzlichen Standpunkten hielten der Westen und die Sowjets das ganze Jahr 1951 hindurch fest – sowohl bei den völlig ergebnislosen Viermächteverhandlungen im Pariser Palais de Marbre Rose als auch bei einem gleichfalls erfolglosen Notenaustausch zwischen Adenauer und dem ostdeutschen Ministerpräsidenten Otto Grotewohl. Im Januar 1951 regte Grotewohl die Bildung eines gesamtdeutschen Rates als ersten Schritt zur Einigung Deutschlands an. Adenauer verlangte die vorherige Gewährung wesentlicher Freiheiten in Ostdeutschland. Im September schlug Grotewohl die Abhaltung eines Kongresses vor, der Wahlen im ganzen Land vorbereiten sollte. Adenauer stellte dagegen 14 Bedingungen auf, durch die sichergestellt werden sollte, daß solche Wahlen wirklich frei sein und die Schaffung einer freien und demokratischen Gesellschaft zur Folge haben würden. Grotewohl zog es vor, die Tyrannei unter seinen sowjetischen Herren aufrechtzuerhalten. Nach einem weiteren westlichen Vorschlag sollten die Vereinten Nationen eine Untersuchung über die Bedingungen für die Abhaltung freier gesamtdeutscher Wahlen durchführen. Die Vollversammlung der Vereinten Nationen billigte diesen Vorschlag mit 45 gegen sechs Stimmen. Mit Zustimmung des Bundestages wurde eine Kommission der Vereinten Nationen gebildet, die im März 1952 die Arbeit aufnehmen sollte.

Die Bundesregierung führte zu dieser Zeit die letzten Verhandlungen über die Bonner und Pariser Vereinbarungen (die dann am 26. und 27. Mai unterzeichnet wurden).

Die Sowjetunion startete deswegen eine diplomatische Offensive. Am 10. März 1952 schlug sie in einer Note die Einberufung einer Viermächte-Friedenskonferenz vor und unterbreitete Richtlinien für die Zukunft Deutschlands. Danach sollte Deutschland wiedervereinigt und zur gleichen Zeit demokratisiert, entmilitarisiert, entnazifiziert, neutralisiert und von allen Besatzungstruppen geräumt werden.

Adenauer wies diese Vorschläge sofort zurück, mit der Begründung, daß sie Deutschland in ein ›Vakuum‹ verwandeln würden und daß die Sowjetunion mit Hilfe ergebener kommunistischer Anhänger und der bewaffneten Macht der 3000000 Mann starken Volkspolizei in dieses Vakuum eindringen würde. Am 11. März erhielt er von den drei Hochkommissaren die Zusicherung, daß sie weiterhin über die Bonner und Pariser Abkommen verhandeln würden, »als ob die Sowjetnote nicht existiere«[8]. Adenauer war überzeugt, daß es sich bei der Note nur um ein Störungsmanöver handelte, und die Westmächte stimmten ihm zu. In ihrer Antwort vom 25. März bestanden sie auf freien gesamtdeutschen Wahlen unter Aufsicht der Vereinten Nationen und auf dem Recht einer künftigen deutschen Regierung, sich ihre Freunde und Verbündeten selbst zu wählen. In weiteren sowjetischen und westlichen Noten vom April und Mai 1952 wurden die gegensätzlichen Standpunkte lediglich wiederholt.

Adenauer sollte später oft heftig kritisiert werden, weil er es versäumt hatte, die Sowjetnote vom 10. März 1952 als Grundlage für ernsthafte Verhandlungen zu benutzen. Diese Kritik kam vor allem von den Sozialdemokraten, die der Meinung waren, er hätte wenigstens die Bonner und Pariser Abkommen zurückstellen und dafür sich ernsthaft mit den Aussichten einer Wiedervereinigung beschäftigen sollen, sowie von den Neutralisten, in deren Augen die sowjetischen Vorschläge sogar durchaus annehmbar waren. Adenauers Berater und Ministerkollegen waren weitgehend seiner Ansicht. So erklärte Gerhard Schröder mehrere Jahre später in einem Fernsehinterview: »Stalins Note an die Westmächte vom März 1952 sollte den Eindruck erwecken, als ob die Sowjetunion bereit sei, einer Wiedervereinigung zuzustimmen, und Deutschland eine unabhängige Politik verfolgen lassen würde, wenn es auf das Bündnis mit dem Westen verzichtete. Ich bin persönlich überzeugt, daß das wahre Ziel der Note sich allein schon aus dem Zeitpunkt ihrer Absendung ergibt, denn sie wurde den Westmächten genau in dem Augenblick überreicht, da die Verhandlungen über die Europäische Verteidigungsgemeinschaft (EVG) und den Deutschlandvertrag praktisch abgeschlossen waren.« Schröder glaubte, Stalin habe nur in Europa völlige Verwirrung hervorrufen wollen, und er stellte die Frage, ob von Deutschland erwartet werde, »daß es seine Freiheit aufgibt und ins Gefängnis geht«.

Auch Felix von Eckardt glaubte nicht, daß Adenauer die Chance verpaßt habe, der Wiedervereinigung näher zu kommen: »Es gab keinerlei gemeinsame Grundlage mit der Sowjetunion. Sie hatte eine ideale strategische Position und keinen Grund, sie aufzugeben. Das mindeste, was sie akzeptiert haben würde, umriß mir Jahre später Chruschtschow; ein vereinigtes Deutschland hätte ›sozialisiert‹ und ein Semisatellit werden müssen, erklärte er. Das war das Mindesterfordernis der sowjetischen Sicherheit[9].« Nach Ansicht von Eckardts[10] hatte die Sowjetunion niemals die Absicht, Deutschland Einheit und Freiheit zuzugestehen. Sie konnte es sich nicht leisten, freie Wahlen zuzulassen. Wogegen die Westmächte ihrerseits nicht ein Deutschland verlassen konnten, das wehrlos und neutralisiert werden sollte; auch konnten sie die amerikanischen Streitkräfte nicht nach Amerika abziehen, wenn die Rote Armee ihrerseits nur 50 Kilometer bis zur polnischen Grenze zurückgehen würde.

Erich Mende ist der gleichen Meinung wie von Eckardt. Das Ziel der Sowjets sei 1952 gewesen, eine deutsche Wiederaufrüstung zu verhindern und ein neutralisiertes Gesamtdeutschland der sowjetischen Einflußsphäre einzugliedern. Die sowjetischen Bedingungen seien für die große Masse des deutschen Volkes unannehmbar gewesen[11]. Globke ging noch weiter. Seiner Ansicht nach wollten die Sowjets nicht nur Verhandlungen zwischen den Westmächten und der Bundesrepublik vereiteln, sondern auch beweisen, daß die Adenauer-Regierung unentschlossen, wankelmütig und mehr an einem Übereinkommen mit Moskau als an verbindlichen Abmachungen mit dem Westen interessiert sein könnte[12]. Globke hatte nicht den mindesten Zweifel, daß Adenauer recht daran tat, die Sowjetnote zurückzuweisen. Tatsächlich ist zu seinem Standpunkt zu sagen: Wenn irgend jemand hätte bereit sein sollen, die Sowjetnote gründlich zu studieren, so wären das die Westmächte gewesen und nicht die Bundesrepublik. Wenn sie es nicht taten, so war das zum Teil darauf zurückzuführen, daß sie die Bundesregierung nicht alarmieren wollten, zum Teil darauf, daß sie untereinander uneinig waren, und zum Teil darauf, daß ihre Diplomatie recht lässig arbeitete. Auch ein gewisser Minderwertigkeitskomplex war im Spiel. Von einem ehemaligen englischen Botschafter in Moskau, Sir William Hayter, stammt der Satz: »Die Russen verhandeln immer, um zu siegen. Es scheint ihnen niemals in den Sinn zu kommen, daß das eigentliche Ziel einer Verhandlung nicht darin besteht, den Verhandlungsgegner zu besiegen, sondern mit ihm zu einer Übereinkunft zu kommen, die für beide Seiten vorteilhaft ist[13].« Sir William hat recht; und man kann feststellen, daß die Westmächte als natürliche Reaktion auf die sowjetische Halsstarrigkeit und diplomatische Aggressivität sich lieber überhaupt nicht auf Verhandlungen einließen. Mende meinte, Adenauer hätte etwas mehr tun können, um die wirklichen Motive zu ›testen‹, die die Sowjets zu ihrer Note vom März 1952 veranlaßten[14]. Der gleichen Meinung war auch Ernst Lemmer, der spätere Bundesminister für Gesamtdeutsche Fragen[15]. Im gleichen Sinne, wenn auch nicht ganz so dezidiert, äußerten sich seinerzeit der Bundestagspräsident Hermann Ehlers und sein Nachfolger

Eugen Gerstenmaier. Die Westmächte versuchten immer noch, die Zulassung der UN-Kommission in Ostdeutschland zu erreichen. Sie sahen darin einen schlüssigen Probefall für die Aufrichtigkeit der sowjetischen Absichten. Die Kommission wurde boykottiert und nicht zugelassen, und die Westmächte kamen zu dem Schluß, daß nun nichts weiter unternommen werden könne. Sie reagierten auch nicht auf eine weitere Moskauer Note, in der die Sowjets am 29. August 1952 der Abhaltung von dem Namen nach freien Wahlen zustimmten, wenn zuvor ein deutscher Friedensvertrag unterzeichnet und eine deutsche Regierung auf paritätischer Basis gebildet worden wären. Man kann Adenauer kaum einen Vorwurf daraus machen, daß er mit seinen Verbündeten konform ging[16].

Der mit der Sowjetnote 1952 erreichte tote Punkt war ein Schulbeispiel für den Meinungsaustausch der vier Mächte über die ›deutsche Frage‹. Es folgte eine Pause, die nur von gelegentlichen Sparringskämpfen der Beteiligten unterbrochen wurde. Adenauer nahm für sich in Anspruch, er habe mit einem am 29. Mai Präsident Eisenhower übersandten Memorandum eine ernsthafte Bemühung zur Erzielung einer Ost-West-Verständigung unternommen[17]. Es enthielt folgende Punkte und Forderungen: freie Wahlen unter internationaler Kontrolle, die Bildung einer unabhängigen gesamtdeutschen Regierung, für diese Regierung das Recht, »sich zu friedlichen Zwecken mit anderen Nationen zusammenzuschließen« und an Verhandlungen über einen Friedensvertrag teilzunehmen, für alle Deutschen das Recht auf Heimat (das bezog sich auf die Flüchtlinge), keine Anerkennung der Oder-Neiße-Linie, aber friedliche Regelung »der damit zusammenhängenden territorialen Fragen«, und schließlich eine durch die EVG begrenzte deutsche Wiederaufrüstung mit einer entsprechenden Sicherheitsgarantie für Deutschlands Nachbarn.

Man muß zugeben, daß dieses Memorandum lediglich eine streng rationale Darstellung des westdeutschen Standpunktes zur Wiedervereinigung in wirklicher Freiheit war.

Jedes Volk und jeder Staatsmann, der ein Volk vertritt, hat das Recht, nachweislich faire Bedingungen zu verlangen. Aber Deutschland war zwischen zwei Weltmachtblöcken aufgeteilt. Diese grundlegende Tatsache wurde in dem Memorandum nicht berücksichtigt. Man kann annehmen, daß Adenauer sie nicht berücksichtigen wollte. Er ging kein Risiko ein, und er suchte Zeit zu gewinnen.

Am 17. Juni 1953 brach der Volksaufstand in Ostdeutschland los. Stalin war im März gestorben. Einen Augenblick lang schwankte die sowjetische Politik. Das war der Hauptgrund für die Erhebung, wenn die Ostdeutschen auch noch viele andere Gründe hatten. Industrie und Landwirtschaft wurden durch den von Moskau beherrschten Staat enteignet. Jahre nachdem die Westdeutschen schon wieder gut zu leben begonnen hatten, blieb die Ernährungslage immer noch schlecht. Eine kommunistische Kampagne gegen die christlichen Kirchen erwies sich als Bumerang, und mit der Drohung von Lohnkürzungen wurden die ›Produktionsnormen‹ der Arbeiter erhöht. All das geschah, während das Gerede von Konzessionen umging und ein neuer sowjetischer Hochkommissar, Wladimir Semjonow, einen ›neuen Kurs‹ der Konsultation verkündete.

Der Aufstand begann in der Ostberliner Stalinallee unter den Bauarbeitern. Er überraschte alle Welt, denn er erfaßte ganz Ostdeutschland, und mit der Ausnahme von Plauen mußten in allen Städten mit mehr als 50000 Einwohnern Sowjettruppen zu Hilfe gerufen werden, um die Ordnung wiederherzustellen. In einigen Orten eröffnete die Rote Armee das Feuer, und als die Erhebung niedergeschlagen war, wurden mehr als 40 Todesurteile vollstreckt und über 25000 Menschen verhaftet. Die herrschende Sozialistische Einheitspartei wurde gesäubert, und drei ›nationalkommunistische‹ Führer – Männer, die an die Wiedervereinigung glaubten – wurden ihrer Ämter enthoben. Nach sowjetischen Weisungen machte das Regime ein paar Konzessionen: Die Arbeitsnormen wurden gesenkt, Alters- und Witwenrenten angehoben und mehr Konsumgüter und Nahrungsmittel bereitgestellt. Die Ostdeutschen erreichten einige ihrer unmittelbaren Ziele, aber die Westmächte und die Bundesregierung zogen nicht die entsprechenden Schlußfolgerungen aus dem Fall. Der Westen hätte sofort eine diplomatische Offensive unternehmen müssen. Statt dessen blieb er völlig untätig, und die sowjetischen Behörden erhielten eine Atempause, in der sie die Ostzone absichern konnten.

Im Gegensatz zum Westen zog die Sowjetunion bestimmt die entsprechenden Folgerungen aus dem Volksaufstand. So die, daß ihre Zone in Deutschland die allerletzte Stelle im kommunistisch besetzten Europa sei, wo Experimente und ›neue Kurse‹ erprobt werden könnten. Von 1953 an war die kommunistische Regierung hier durch eine zeitlich genau dosierte Verstaatlichung der Produktionsmittel, Herabsetzung der Reparationen und eisern konsequente Unterstützung des Ulbricht-Regimes und seiner Paladine gekennzeichnet. Der drohende Verlust ihres Bollwerks und Vorpostens im Herzen Deutschlands war für die Sowjetführer ein Denkzettel, der sie daran erinnerte, wie wichtig das Ulbricht-Regime für sie war. Selbst Angehörige der kommunistischen ›alten Garde‹ waren schockiert. Der kommunistische Dramatiker Bert Brecht schrieb damals ein Gedicht, das erst drei Jahre später nach seinem Tode entdeckt wurde und in dem es heißt:

»... daß das Volk
Das Vertrauen der Regierung verscherzt habe
Und es nur durch verdoppelte Arbeit
Zurückerobern könne. Wäre es da
Nicht doch einfacher, die Regierung
Löste das Volk auf und
Wählte ein anderes?«

Anfang 1954, vom 25. Januar bis zum 18. Februar, kehrte die Sowjetunion wieder an den Konferenztisch zurück. Die Berliner Viermächtekonferenz erwies sich als eine unfruchtbare Übung in diplomatischem Schattenboxen. Der sowjetische Außenminister Molotow schlug abermals die Neutralisierung eines vereinigten Deutschlands, die Bildung einer gesamtdeutschen Regierung vor ›freien‹ Wahlen und auf Grund von Beratungen vor, bei denen der ost- und der westdeutsche Staat in gleicher Weise vertreten sein sollten. Die Besatzungstruppen sollten diesmal nach dem Plan Molotows innerhalb von sechs Monaten abgezogen werden. Im Endergebnis sollte das wiedervereinigte Deutschland wiederum in ein kollektives europäisches Sicherheitssystem eingebaut werden – unter der stillschweigenden Voraussetzung, daß die Vereinigten Staaten aus diesem System ausgeschlossen sein würden.

Für die Westmächte forderte der englische Außenminister Sir Anthony Eden freie gesamtdeutsche Wahlen, die Einberufung einer Nationalversammlung, die Ausarbeitung einer Verfassung, die Bildung einer gesamtdeutschen Regierung und die Aushandlung eines Friedensvertrages. Nach Adenauers Ansicht enthielt dieser Plan ein besonderes Gefahrenmoment: den zwangsläufig langen Zeitraum zwischen den Wahlen und dem Friedensvertrag. Er fürchtete, die Russen könnten den Eden-Plan annehmen, um diese lange Zwischenzeit zur Anzettelung innerer Unruhen in Westdeutschland zu benutzen. Er hielt es für wenig sinnvoll, der Sowjetunion Bedingungen für ein Übereinkommen anzubieten in einem Augenblick, da ihre Beherrscher darauf bauten, daß Frankreich kommunistisch würde und ein von lauter kommunistischen Staaten eingekreistes Gesamtdeutschland ihm nachfolgte. Als die Berliner Konferenz ohne ein anderes Ergebnis als die Einigung auf eine neue Konferenz am 24. April in Genf abgebrochen wurde, dürfte Adenauer recht zufrieden gewesen sein.

Die Genfer Verhandlungen konzentrierten sich dann auf Indochina; die vier Mächte kamen zu einer Einigung über die Beendigung des verhängnisvollen Kampfes, durch den Frankreich seine Herrschaft über diesen Teil seines Kolonialreiches aufrechterhalten wollte. Das war im Juli, und einen Monat danach schien die Ablehnung der Europäischen Verteidigungsgemeinschaft (EVG) durch Frankreich den letzten wesentlichen Konfliktstoff zwischen Ost und West zu beseitigen. Frankreich wandte sein Interesse Algerien und Tunesien zu; England war vordringlich durch den Feldzug gegen die Terroristen in Malaysia in Anspruch genommen – das einzige Gebiet, wo Ost und West in offenem Kampf aufeinandertrafen. Adenauer ließ das alles kalt. Allerdings hatte er den Vorteil, *post festum* zu schreiben, als er versicherte, ihm sei damals klar gewesen, daß es in Indochina keinen dauerhaften Frieden geben werde, und er habe erkannt, daß die Sowjetunion ihr verhängnisvolles Augenmerk erneut Mitteleuropa zuwenden werde[18]. So geschah es auch. Während des ganzen restlichen Jahres 1954 drangen die Sowjets immer wieder in Noten und mündlichen Erklärungen auf eine europäische Sicherheitskonferenz, auf der die ›deutsche Frage‹ offensichtlich das wichtigste Verhandlungsthema sein sollte.

Nunmehr mußte Adenauer – wie er meinte – in dem Gesamtkomplex der deutschen Wiedervereinigung und eines deutschen Friedensvertrages einen Dreifrontenkrieg führen. Die eine Front bildeten die Russen mit ihrem periodischen diplomatischen Druck gegen die westliche Allianz; sie bauten auf die Uneinigkeit unter den Bündnispartnern und die zunehmende Resignation und Apathie in der Deutschlandfrage und waren entschlossen, ihr Ziel zu erreichen. Zur zweiten Front gehörten die Westmächte, die – wiederum nach Meinung Adenauers – geneigt waren, ungerechtfertigte und sogar gefährliche Konzessionen zu machen und sich zu zerstreiten. Die dritte Front war die öffentliche Meinung in Westdeutschland. Hier war sein Hauptgegner die Sozialdemokratische Partei, die dafür plädierte, alle Pläne für eine Integration in den Westen zurückzustellen, um die Absichten der Sowjets zu erforschen. Aber es gab auch noch einen heimtückischeren Feind, der sich im Sitzungssaal des Bundestages hartnäckig behauptete: der Kult des Neutralismus. Dazu ist hier einiges zu sagen.

Das erste Anzeichen für einen konsequenten Versuch, eine neutralistische öffentliche Meinung zu mobilisieren, war die Gründung des sogenannten ›Nauheimer Kreises‹ durch den Würzburger Professor Ulrich Noack. Er fand das Interesse prominenter Ostdeutscher, darunter mehrerer Kommunisten, und aller möglichen völlig heterogenen Gruppen in Westdeutschland: rechtsstehender Nationalisten, Kommunisten und ›Salonbolschewisten‹, Pazifisten und Sozialisten. Im Januar 1951 veranstaltete dieser Kreis einen Kongreß in Wiesbaden, an dem sich auch Pastor Niemöller, der politisch nonkonformistische evangelische Kirchenführer und unermüdliche Kritiker jeder Art von Wiederaufrüstung, beteiligte. Niemöllers Hauptargument war, es dürfe niemals eine Situation entstehen, in der unter Umständen Deutsche gegen Deutsche kämpfen müßten. Wenn er auch vielfach als Sonderling galt, so hatte sein Wort doch viel Gewicht. Er hatte sich den Nazis widersetzt und war von ihnen eingekerkert worden; bei Kriegsausbruch hatte er sich jedoch freiwillig wieder zur Kriegsmarine gemeldet, bei der er sich von 1914 bis 1918 als U-Boot-Kommandant ausgezeichnet hatte. Er konnte sich also sowohl als Antinazi wie auch als Patrioten bezeichnen.

Niemöller fiel Adenauer außerordentlich lästig, denn er bombardierte ihn mit Briefen und hielt unverblümte Reden, die mehr Aufmerksamkeit erregten, als sie verdienten. Die Reihe der weniger emotionellen Neutralisten wurde von dem ehemaligen Innenminister Gustav Heinemann mit seiner ›Gesamtdeutschen Volkspartei‹ und einem anderen Abtrünnigen der CDU, Dr. Günter Gereke, mit seiner ›Deutschen Sozialpartei‹ angeführt. Beide forderten neben den Viermächtegesprächen gesamtdeutsche Ost-West-Treffen. Weitere neutralistische Gruppen bildeten sich unter Führung des ehemaligen Reichskanzlers Joseph Wirth, der vergeblich die Reste der alten katholischen Zentrumspartei für sich zu gewinnen suchte, des früheren Senatspräsidenten der seinerzeit unter Völkerbundverwaltung stehenden Freien Stadt Danzig, Dr. Hermann Rauschning, und des ehemaligen deutschen Botschafters in Moskau, Rudolf Nadolny, dessen Villa nur einen Steinwurf weit entfernt von Adenauers Haus in Rhöndorf lag.

Alle diese Männer hätten eine beträchtliche Gefolgschaft haben können. Daß sie keine fanden, lag zumindest teilweise an ihrer Persönlichkeit. Nadolny und Wirth waren senil. Noack war ein Dilettant und Rauschning ein trockener Redner. Heinemann sprach die breite Masse überhaupt nicht an, während Gereke einfach unglaubwürdig und seine Partei kommunistisch durchsetzt war. Die Gruppen, die sich um sie gebildet hatten, trieben in die politische Bedeutungslosigkeit ab, aber ihre Gedanken wurden von anderen repräsentativeren Politikern aufgegriffen. Die Freien Demokraten begannen, von einer ›dritten Lösung‹ zu sprechen, die irgendwo zwischen totaler Neutralisierung und totaler Bindung an die NATO liegen sollte. Die gleiche Ansicht vertrat der CDU-Bürgermeister von Hamburg, Dr. Sieveking, und der Bundestagspräsident Dr. Gerstenmaier äußerte, ein zukünftiges Gesamtdeutschland brauche nicht unbedingt dem westlichen Bündnis anzugehören. Männer wie sie waren zutiefst beeindruckt, als sich beim Abschluß des österreichischen Staatsvertrages im Jahre 1955 zeigte, daß die Russen tatsächlich bereit waren, ein neutrales Österreich ohne Einmischung sein eigenes Leben führen zu lassen. Gerüchtweise verlautete, die Vereinigten Staaten dächten an die Möglichkeit, in Mitteleuropa einen Gürtel neutraler Staaten zu schaffen, deren Bestand durch eine Garantie der Großmächte gesichert werden sollte. *Die Welt* brachte zu dem österreichischen Staatsvertrag eine Zeichnung, auf der zwei kleine Jungen – der deutsche ›Michel‹ und der österreichische Bundeskanzler Raab – mit Schultüten dargestellt waren, auf denen ›Freiheit‹ und ›Souveränität‹ stand, und Klein-Michel schrie: »Onkel Sam, seine Tüte ist größer als meine.«

Die neutralistische Strömung in Westdeutschland war weitgehend ein Symptom der in der Bevölkerung herrschenden Ungewißheit. Nach 1955 begann sie abzuebben, wie Adenauer schon immer angenommen hatte. Doch die Neutralisten sollten weiter darauf herumreiten, daß 1952 eine große Chance zur Wiedervereinigung Deutschlands verpaßt worden sei. Und sie sollten sich auch nicht davon abbringen lassen, daß drei Jahre später eine andere, wenn auch weniger günstige Gelegenheit ebenfalls verpaßt worden sei.

Am 15. Januar 1955 veröffentlichte die offizielle sowjetische Nachrichtenagentur TASS eine offenbar von der Sowjetregierung veranlaßte Erklärung, die forderte, daß die Einheit Deutschlands durch freie gesamtdeutsche Wahlen hergestellt werden sollte; die die Bereitschaft der Sowjetunion betonte, direkte Beziehungen mit der Bundesrepublik aufzunehmen, und die warnte, die Ratifizierung der Abkommen über eine westdeutsche Wiederaufrüstung und Souveränität werde die Sowjetunion zwingen, »Maßnahmen zum Schutz des Friedens und der Sicherheit in Europa zu ergreifen«. Die Sozialdemokraten drängten Adenauer sogleich, bis zu Bemühungen um eine Wiedervereinigung Deutschlands die Ratifizierung der Abkommen mit den Westmächten aufzuschieben. Diese Forderung wurde in ein ›Deutsches Manifest‹ aufgenommen, das die Partei am 29. Januar in einer Feierstunde in der Paulskirche, der Geburtsstätte des demokratischen Gedankens in Deutschland im Jahre 1848, verkündete. Adenauer kommentierte die Veranstaltung, bei der Politiker, Professoren und Theologen sprachen, lediglich mit der kaustischen Bemerkung, die Redner seien Männer »mit lauterem Herzen«, in der Politik würden jedoch Erfahrung und »eine realistische Betrachtungsweise« höher diskontiert als lautere Herzen[19].

Adenauer war der Ansicht, die Bundesrepublik würde durch eine Nichtratifizierung der Abkommen mit den Westmächten die NATO gefährden, den Zusammenschluß Europas unmöglich machen, eine wirtschaftliche Rezession auslösen und sich um alles Vertrauen bringen[20]. Diese Argumente waren fragwürdig, in Wahrheit glaubte Adenauer, daß eine dem ›Deutschen Manifest‹ entsprechende Politik mit sehr großen Risiken verbunden wäre, die er nicht übernehmen wollte. Das war der wahre Grund.

Das erklärte er auch Eisenhower und Dulles und später Eden, als er im Juni nach Washington und anschließend nach London kam. In Washington warf er Dulles vor, die Vereinigten Staaten beabsichtigten, sich auf Kosten Deutschlands mit der Sowjetunion zu verständigen – ein Vorwurf, den Dulles entschieden zurückwies[21]. Adenauer zeichnet in seinen Memoiren einen schon fast schmeichlerisch entgegenkommenden Dulles, während der verbindliche und selbstbewußtere Eden zu ihm von einem neuen ›Paket‹-Plan sprach, der verstärkten Handel, ein gewisses Maß an Abrüstung und einen Fünf-Mächte-Sicherheitspakt in Verbindung mit der deutschen Wiedervereinigung vorsah. Eden behauptete später, Adenauer habe damals eigene Gedanken über die Entmilitarisierung entwickelt[22]. Auf der Viermächtekonferenz, die vom 18. bis zum 23. Juli in Genf zusammentrat, forderte die Sowjetunion dann jedoch den Abschluß eines Sicherheitspakts auf der Grundlage eines geteilten Deutschlands. Auch die ganze unechte Bonhomie Bulganins und der plötzliche Optimismus der englischen Presse, die mit Schlagzeilen wie ›Der neue Geist von Genf‹ und ›Das Eis schmilzt‹ erschien, konnten nicht darüber hinwegtäuschen, daß die Sowjetunion ihre Haltung eher verhärtete als lockerte.

Der Mißerfolg der Genfer Konferenz bestärkte Adenauer in seiner neugewonnenen Entschlossenheit, sich auf eigene Verantwortung etwas in direkter Diplomatie zu versuchen. Auf Einladung des Kremls besuchte er vom 8. bis 14. September 1955 zum ersten- und einzigen Mal Moskau. Das war ein einmaliger Fall, denn es war das einzige Mal, daß Adenauer sich auf politisch unbekanntes – und dazu feindliches – Gebiet wagte. Dieses eine Mal ließ der Kanzler es darauf ankommen. Ob sich die Reise nach Moskau gelohnt hatte oder nicht, darüber werden die Meinungen immer geteilt bleiben.

Zum ersten Mal sprach Adenauer im Mai 1954 in der Öffentlichkeit über die Möglichkeit einer gewissen Verständigung oder doch wenigstens eines Modus vivendi mit der Sowjetunion. Damals berichtete die westdeutsche Nachrichtenagentur dpa, der Kanzler habe in Hamburg erklärt, daß die Aufnahme diplomatischer Beziehungen zwischen der Bundesrepublik und der Sowjetunion in absehbarer Zeit möglich sei[23]. Eine Woche später scheute Adenauer wieder zurück und versicherte, er sei falsch zitiert worden. Seine Berater hatten inzwischen festgestellt, daß Adenauers Bemerkung in den westlichen Hauptstädten Bestürzung ausgelöst hatte und daß man dort wieder einmal das alte Schreckgespenst des Rapallo-Vertrages heraufbeschwor. Das Thema von den diplomatischen Beziehungen mit Moskau wurde ebenso plötzlich wieder fallengelassen, wie es zur Sprache gebracht worden war.

Während des restlichen Jahres war Adenauer bemüht, die westlichen Staatsmänner der absoluten Loyalität seiner Regierung zu versichern[24]. 1955 begann der Bundeskanzler dann, sich mehr um die westliche Abkehr von seiner ›Politik der Stärke‹ als um das westliche Mißtrauen gegenüber einem deutschen Deviationismus Sorgen zu machen. Besonders beunruhigt war er über die Idee Edens, eine ›Zone begrenzter und ausgeglichener Rüstungen‹ in Deutschland zu schaffen. Eden dachte an einen beiderseitigen Ost-West-Truppenabzug von der mitten durch Deutschland verlaufenden Zonengrenze. Eine 100 Kilometer breite militärisch verdünnte Zone beiderseits dieser Grenze hätte die Russen mit schweren strategischen Problemen konfrontiert; sie hätten ihre militärischen Übungsgebiete und wichtigsten militärischen Aufmarschgebiete aufgeben müssen. Aber Adenauer lehnte – wie einer seiner Vertrauten berichtet – diese sonst ausgezeichnete Idee aus zwei Gründen ab: Der westlichen Allianz wäre nur noch ein erschreckend kleines ›Manövergebiet‹ westlich der teilweise entmilitarisierten Zone geblieben, und ein erheblicher Teil der amerikanischen Streitkräfte wäre möglicherweise nach Amerika abgezogen worden, während die Russen nur bis zur polnischen Grenze, 80 Kilometer östlich von Berlin, zurückgegangen wären[25]. Eden gab seine Idee selbst auf; sie sollte später von Macmillan wieder aufgegriffen werden. Am 17. Juni 1955 trafen Macmillan und Adenauer im New Yorker Waldorf-Astoria-Hotel zusammen. Dabei erklärte der Kanzler nach dem Bericht des britischen Premierministers, die Sowjetunion wünsche wahrscheinlich eine Entspannung und werde vielleicht sogar gegen zuverlässige Sicherheitsgarantien ihren ostdeutschen Satelliten aufgeben[26]. Adenauer meinte angeblich ferner, es könnten auch als integrierende Teile eines umfassenden, allerdings nebelhaften Plans einer allgemeinen kontrollierten Abrüstung entmilitarisierte Zonen und westlich von ihnen militärisch verdünnte Zonen geschaffen werden. Vielleicht wollte Adenauer auf diese Weise Macmillans Reaktion testen und feststellen, was dieser vorhatte. Sonst wäre es eigenartig erschienen, daß der Kanzler den ›Eden-Plan‹, wenn auch in modifizierter Form, aufgriff. Auf jeden Fall hatte die Unterredung zwischen Adenauer und Macmillan kein erkennbares Resultat.

Daß die Sowjetregierung Adenauer eingeladen hatte, mag auf den ersten Blick zumindest ebenso überraschend erscheinen wie sein Entschluß, die Einladung anzunehmen. Doch die Sowjetführer hatten recht gute Gründe, zur Aufnahme diplomatischer Beziehungen – nach den erforderlichen Präliminarien scheinbarer Freundschaft und Kameradschaft – bereit zu sein.

Auf der Genfer Konferenz hatte Bulganin im Juli für eine allgemeine Anerkennung der beiden deutschen Staaten und die Einstellung aller Schritte zur Wiedervereinigung plädiert, solange NATO und Warschauer Pakt bestünden. Die russische Anerkennung des westdeutschen Staates war die natürliche Folge dieser ›Zwei-Staaten-Theorie‹; und die Sowjetführer hofften, daß sie zu einer allgemeinen – vom Westen unterstützten – Auflockerung der Ost-West-Beziehungen und zu einer gegenseitigen Anerkennung der beiden deutschen Staaten führen würde, der sich der Westen bisher entschieden widersetzt hatte. Darüber hinaus hätte eine diplomatische Präsenz Westdeutschlands in Moskau auf die Sowjetpolitik nicht den geringsten Einfluß gehabt, während eine Sowjetbotschaft in Bonn ihre Stellung auf verschiedene, zum Teil bedenkliche Weise ausnutzen könnte[27].

Adenauer hatte drei Gründe für seine Moskaureise. Der erste war humanitärer Natur. Zwischen Deutschland und der Sowjetunion waren Verhandlungen über die Rückkehr der deutschen Kriegsgefangenen aufgenommen worden, die nun schon länger als zehn Jahre in sowjetischer Gefangenschaft waren. Mehr als 1150000 Soldaten wurden noch als vermißt geführt. Von den 750000 Menschen, die bei Kriegsende nach Rußland deportiert worden waren, waren, wie man wußte, eine halbe Million gestorben. Von anderen hatte man nichts mehr gehört, nachdem sie in den ersten Nachkriegsjahren ein Lebenszeichen gegeben hatten. Durch eingehende Befragung zurückgekehrter Kriegsgefangener hatte das Deutsche Rote Kreuz im Sommer 1955 die Zahl der noch in der Sowjetunion festgehaltenen Kriegsgefangenen auf etwa 130000 geschätzt. Allein diese Zahl war eine furchtbare Anklage gegen das grausame Los einer Gefangenschaft in der Sowjetunion. Kriegsgefangene wurden nicht wie Vieh behandelt; sie konnten nach sowjetischer Ansicht weit vielfältiger verwandt werden. Die Sowjetregierung gab lediglich zu, daß 9000 bis 10000 Deutsche in ihrer Gewalt seien, und behauptete, sie seien alle ›Kriegsverbrecher‹. Die von dem Deutschen Roten Kreuz geführten Verhandlungen waren festgefahren. Adenauer wollte wirklich in der Frage der deutschen Kriegsgefangenen etwas unternehmen. Es wäre unfair, seine Haltung als politischen Opportunismus zu bezeichnen.

Die anderen beiden Gründe Adenauers waren weniger offensichtlich. Da die Sowjetunion eine der vier Besatzungsmächte war und ohne Zusammenarbeit mit ihr kein Fortschritt zur Lösung der deutschen Frage erreicht werden konnte, hoffte er, die starre sowjetische Haltung gegenüber der Bundesrepublik auflockern zu können. Und er hoffte auch, daß die Sowjetunion im Hinblick auf ihre drängenden innenpolitischen Probleme und die beginnenden Schwierigkeiten mit dem kommunistischen China zu einer Verständigung in der Deutschlandfrage bereit sein würde. Zumindest könnte es der Mühe wert sein, die sowjetischen Absichten zu sondieren. Der Moskauer Besuch hatte das ganze Gepränge einer großen Staatsaktion. Etwa 70 Mitglieder der riesigen Delegation – sie war so umfangreich, weil es keine Tagesordnung gab und die Russen unter Umständen über alle möglichen Themen sprechen wollten – wurden mit einem Sonderzug nach Moskau gebracht. Vom Kölner Flughafen starteten zwei Maschinen, in der einen Adenauer, in der anderen sein Außenminister von Brentano. Sie wurden auf dem Moskauer Flughafen von dem sowjetischen Ministerpräsidenten Bulganin, Außenminister Molotow und einer Ehrenkompanie in neuen blaßblauen Uniformen mit scharlachroten Aufschlägen empfangen[28]. Adenauer und seine wichtigsten Berater wurden im Hotel Sovietskaya, einer der größten und geschmacklosesten Zuckergußbauten Moskaus, untergebracht, er selbst in einem Zimmer mit einem Flügel. Seine ›Büros‹ befanden sich in dem Sonderzug, für den ein neues Nebengleis angelegt worden war, das von Blumenbeeten und Springbrunnen flankiert und von einem hohen Bretterzaun umgeben war. Die Verhandlungen fanden in dem Spiridonavka-Palais statt; die wichtigsten Mitglieder der beiden Teams saßen an einem langen Tisch, Adenauer gegenüber Bulganin mit seinen kalten hellblauen Augen und seinem grausamen, starren Blick sowie dem polternden Chruschtschow mit seinen lebhaften, bäurischen Zügen. Die beiden bildeten ein gefährliches Gespann.

Zwei Tage lang wurde keinerlei Fortschritt erzielt. Die Russen hielten daran fest, daß sich nur 9628 Gefangene in ihrer Gewalt befänden, die alle Kriegsverbrecher seien. Sie zählten lange Reihen von Nazi-Verbrechen auf, die in der

Sowjetunion begangen worden seien. Zunächst weigerten sie sich, die Kriegsgefangenenfrage überhaupt zu erörtern, wenn nicht auch der ostdeutsche Staat auf der Konferenz vertreten wäre. Als Adenauer erwähnte, daß nach dem Eindringen der Roten Armee in Deutschland auch gewisse »entsetzliche Dinge« geschehen seien[29], bekam Chruschtschow einen Wutanfall. Er behauptete, Adenauer habe die Ehre der Roten Armee angegriffen, die nur ihre ›heilige Pflicht‹ getan habe, und er schilderte mit vorsätzlicher Brutalität das Schicksal von Italienern, die an der Invasion in Rußland teilgenommen hatten – sie seien ›eingesargt‹ worden, wie er dem unbewegten Adenauer mit gellender Stimme zuschrie. Als dieser die Frage der Wiedervereinigung anschnitt, drohte ihm Chruschtschow mit der Faust. Adenauer stand auf und erhob seinerseits die Fäuste gegen Chruschtschow[30].

Später konterte er Chruschtschows wütende Ausfälle gegen die Bundesrepubik mit der Frage: »Wer hat denn eigentlich das Abkommen mit Hitler abgeschlossen, Sie oder ich?«, und ließ sich über sein Lieblingsthema von den altersschwachen Großmächten aus, die Hitler umschmeichelten und umschwänzelten, statt sich ihm entgegenzustellen[31]. Die Gespräche verliefen streckenweise in verhältnismäßig ruhiger Diskussion, die dann wieder durch wilde Ausbrüche Chruschtschows und kalte, erbitterte Anschuldigungen Bulganins und Molotows unterbrochen wurde. Dabei fiel die wohl extravaganteste und absurdeste Bemerkung der Konferenz, als Chruschtschow erklärte: »Die Kapitalisten braten Kommunisten und essen sie – noch dazu ohne Salz[32]!«

Am dritten Verhandlungstag wurde Adenauer zu einer ›Datscha‹ außerhalb Moskaus mitgenommen. Hier fand eine lange, weitschweifige Diskussion statt; sie verlief aber wenigstens ruhiger. Der 11. September, ein Sonntag, war ›Ruhetag‹. Adenauer war in besinnlicher Stimmung und machte sich Gedanken über die freudlosen Straßen und Bürger Moskaus und das Fehlen von Kinderwagen, was ihn zu der Überlegung veranlaßte, ob wohl die Geburtenrate zurückgehe. Am Montag konnte von Brentano Molotow wenigstens in Ruhe erklären, daß diplomatische Beziehungen erst aufgenommen werden könnten, wenn in der Kriegsgefangenenfrage Fortschritte erzielt worden seien. Chruschtschow gab sich tyrannischer denn je. Nach Beendigung der Sitzung ging Adenauer in sein Hotel zurück und gab Anweisung, sein Sonderflugzeug, das nach Frankfurt zurückgeflogen war, sofort nach Moskau zu beordern. Der gewitzte von Eckardt veranlaßte, daß die Maschine durch ein ›offenes‹ Telefongespräch angefordert wurde. Damit sollten die Sowjetführer informiert werden[33]. Vielleicht würden sie daraufhin nachgiebiger werden.

Das war auch der Fall. Am Abend fand ein Bankett statt. Vorher gab der unermüdliche Globke Adenauer und seinen Mitarbeitern die übliche Dosis Olivenöl, damit sie die endlosen Wodka-Trinksprüche durchstanden[34]. Während des Banketts nahm Bulganin Adenauer beiseite. Er sagte ihm, die Sowjetunion würde alle noch festgehaltenen deutschen Kriegsgefangenen entlassen, wenn Adenauer ihm einen entsprechenden Brief schreiben würde. Es war eine erstaunliche Kehrtwendung, denn nur wenige Minuten zuvor hatte Bulganin darauf bestanden, daß praktisch alle Deutschen, die in die Sowjetunion deportiert worden waren, »schon längst beerdigt« seien[35]. Bulganins Bedingung dafür war die Aufnahme diplomatischer Beziehungen. Chruschtschow, der zu ihm getreten war, drang auf die Annahme dieser Bedingung und erklärte, die Sowjetregierung verpfände ihr ›Ehrenwort‹, daß die Gefangenen repatriiert würden[36]. Adenauer bat, diesen Vorschlag noch einmal ›überschlafen‹ zu dürfen. Dann wurden Trinksprüche ausgebracht, scheinbar mit Wein, doch Adenauer entdeckte, daß die gerissenen Russen ihren guten Willen mit Wasser verbürgten. Er sorgte dafür, daß auch sie Wein tranken; das war nur ein kleiner Zwischenfall, aber er zeigte deutlicher als alles andere, welchen Wert der gute Wille der Russen hatte.

Am 13. September fanden erregte innerdeutsche und deutsch-sowjetische Diskussionen statt. Einige Mitarbeiter Adenauers waren gegen die Aufnahme diplomatischer Beziehungen. Blankenhorn fürchtete negative Reaktionen seitens der westlichen Alliierten[37]. Von Brentano und Hallstein waren absolut dagegen, wie Adenauer berichtet[38]. Im allgemeinen hörte der Kanzler auf den Rat Blankenhorns und Hallsteins. In diesem Fall traf er jedoch eine Entscheidung, die bei seinen Vertrauten offenbar nur von Eckardt und Globke unterstützten. Er begnügte sich mit der verbalen Zusicherung, daß die Kriegsgefangenen entlassen würden, fand sich bereit, in einem Schreiben um die Aufnahme diplomatischer Beziehungen zu ersuchen, und beteiligte sich an der Ausarbeitung eines gemeinsamen Schlußkommuniqués. Nun galt es nur noch, Abschied zu nehmen. Ein ungewöhnliches Zwischenspiel ereignete sich, als Adenauer den Wagen bestieg, der ihn zum Flughafen bringen sollte. Eine alte Frau drängte sich durch die Menschenmenge, ergriff Adenauers Hand und küßte sie. Wer es war, wird nicht berichtet. Wie von Eckardt schreibt, versuchte Adenauer, die Begrüßung freundlich abzuwehren (wahrscheinlich dachte er daran, daß die Frau dafür nach Sibirien geschickt werden könnte), dann strich er ihr einmal über ihr weißes Haar und bestieg den Wagen[39]. Eine kleine, aber spontane Geste, die für sich selbst spricht.

Unmittelbar nach der Moskaureise wurde versucht, Adenauers Erfolg in Moskau zu verkleinern. Ein Beobachter war der Ansicht, er »war einer Grobheit ausgesetzt, die ihn unvorbereitet traf«, er sei »schäbig behandelt« worden, und der »nachträglich eingetretene Schock für sein Ego« habe ihm eine Lungenentzündung nach seiner Rückkehr nach Bonn eingebracht[40]. Ein englischer Staatsmann meinte, die Moskaureise sei eine »heilsame« Erfahrung für den Kanzler gewesen: »Zumindest wird sie die üblichen deutschen Vorwürfe zum Schweigen bringen, daß wir den Russen gegenüber zu weich sind[41].« Ich selbst habe vermerkt, daß Adenauer vor seiner Abreise zwei Versprechen abgegeben hat: Er werde das Schicksal der deutschen Kriegsgefangenen nicht zum Gegenstand eines diplomatischen Kuhhandels machen, und er werde sich mit der Aufnahme diplomatischer Beziehungen nur als Gegenleistung für gewisse Fortschritte auf dem Weg zur deutschen Wiedervereinigung einverstanden erklären. – »Er konnte diese Versprechen nicht halten. Tatsächlich wurde das Leben von 10000 deutschen Kriegsgefangenen gegen die Aufnahme diplomatischer Beziehungen zwischen Bonn und Moskau eingehandelt. Auf dem Weg zur deutschen Wiedervereinigung wurde überhaupt kein Fortschritt erzielt[42].«

Diese Kritik gilt noch heute. Adenauers Rechnung ging nicht auf. Zu seiner Verteidigung sollte gesagt werden, daß er seine ganze unverwüstliche Zähigkeit bewies. Der englische Premierminister Macmillan wurde später durch Chruschtschows ungehobelte Brutalität und Schmeicheleien buchstäblich zum Erbrechen gebracht. Das gleiche Gefühl des Ekels, das Macmillan befiel, verschlug von Brentano während des Besuchs in Moskau die Sprache[43]. Adenauer blieb nach außen hin bemerkenswert kühl, wie sehr er auch innerlich angeekelt gewesen sein mag. Er brachte Molotow aus der Fassung, als er sarkastisch bemerkte, es müsse ein unangenehmes Gefühl gewesen sein, sich mit Hitler in Übereinstimmung befunden zu haben; und er ließ Chruschtschows plumpe Angriffe elegant und geschickt ins Leere stoßen, indem er zu ihm sagte, ›Freunde‹ müßten offen miteinander sprechen, eine offene Sprache, die die Grenzen eines zivilisierten Verkehrs überschreite, könne aber nur durch Zurechtweisung beantwortet werden[44]. Am Ende seines Moskaubesuchs machte er die mit der Sowjetführung erreichte Einigung abhängig von ihrer Annahme durch das Kabinett und den Bundestag, und er stellte ausdrücklich fest, daß die Aufnahme diplomatischer Beziehungen mit der Sowjetunion weder den Anspruch der Bundesrepublik, die einzige rechtmäßige Vertreterin des deutschen Volkes zu sein, noch den des deutschen Volkes auf die ihm rechtmäßig zustehende Heimat berühre.

In gewissem Sinne war die Moskauer Konferenz der Höhepunkt der deutsch-sowjetischen Beziehungen, jedenfalls zu Adenauers Lebzeiten. Die nächsten Jahre sollten nicht den geringsten Fortschritt auf dem Weg zu einer deutsch-sowjetischen Verständigung bringen, für die Adenauer ein Risiko einging und an der die Sowjetführer niemals ein ehrliches Interesse hatten. Es waren schwere Jahre für die Sowjetunion und ihren sich nur allmählich konsolidierenden ostdeutschen Satelliten. Für die Bundesrepublik und die Westmächte, die den deutschen Wunsch nach Wiedervereinigung ohne große Begeisterung unterstützten, waren es Jahre völliger Frustration.

Gegen Ende des Jahres 1955 und während des größten Teils des Jahres 1956 hatte Adenauer erhebliche Schwierigkeiten mit seinen Koalitionspartnern von der FDP. Am 20. September 1955 übertrug die Sowjetunion den ostdeutschen Behörden die Kontrolle des gesamten Verkehrs mit Ausnahme der alliierten Militärtransporte auf den durch ostdeutsches Gebiet führenden Zufahrtswegen nach Berlin. Periodische Spannungen und eine Reihe von ›Zwischenfällen‹ auf der Autobahn zwischen Berlin und Helmstedt waren die Folge, und die Freien Demokraten – die immer auf der Suche nach einem eigenen Profil waren – begannen, die Weisheit der gesamtdeutschen Politik der Regierung anzuzweifeln. Ein führendes FDP-Mitglied, Friedrich Middelhauve, forderte direkte gesamtdeutsche Ost-West-Verhandlungen. Der zur Ungeduld neigende Thomas Dehler kritisierte nun die Aufnahme diplomatischer Beziehungen mit Moskau, die er vordem eifrig befürwortet hatte. Mit seiner gewohnten Beredsamkeit war er in Adenauers Augen zu einer ›Belastung‹ für die Koalition geworden[45].

Im Februar 1956 organisierten die ›Jungtürken‹ der FDP den Sturz der von der CDU geführten Regierung von Nordrhein-Westfalen, und daraufhin spaltete sich die FDP-Fraktion in Bonn, deren vier Minister eine eigene ›Freie Volkspartei‹ gründeten. Die Rumpf-FDP betonte stärker ihre unabhängige Kritik an der Politik der Regierung, und Dehler prägte eine beschwörende Formel zur Wiedervereinigung, die mit ›einer heiligen Ungeduld‹ angestrebt werden sollte.

Doch diese innenpolitische Kritik beunruhigte Adenauer weniger als die Haltung der westlichen Verbündeten. Im Mai 1956 verfaßte der amerikanische Botschafter in Moskau, George Kennan, ein Memorandum, in dem er eine Politik friedlicher Koexistenz mit der Sowjetunion befürwortete. Der Inhalt gelangte durch Indiskretion in die Presse, und Adenauer war zutiefst besorgt[46]. Kennan war der Apostel der ›Eindämmung‹ der Sowjetunion gewesen im Gegensatz zu der einfach schimärischen Vorstellung eines *rollback* der in ihren neuen Grenzen konsolidierten Sowjetmacht in die Vorkriegsgrenzen der Sowjetunion, wie ihn Dulles propagierte. Jetzt vertrat Kennan die Ansicht, das kommunistische System sei in ganz Osteuropa unangreifbar geworden. Der Westen müsse lernen, ›mit ihm zu leben‹, und ein Weg dazu sei die Schaffung eines Gürtels neutraler Staaten und dessen allmähliche Ausweitung. Kennan bezweifelte sogar, ob es klug gewesen sei, Westdeutschland wiederaufzurüsten, da dies möglicherweise ein Hindernis für eine umfassende diplomatische Anstrengung zu der von ihm geforderten Wiedervereinigung Deutschlands sei.

Noch beunruhigender für Adenauers Konzept eines stetigen Ausbaus der Stärke des Westens war der am 13. Juli 1956 veröffentlichte sogenannte ›Radford-Plan‹. Admiral Arthur Radford war der Vorsitzende des Gemeinsamen Komitees der amerikanischen Stabschefs. Er schlug vor, die USA sollten ihre Streitkräfte um 800000 Mann auf insgesamt zwei Millionen verringern, ihre militärischen Verpflichtungen im Ausland abbauen und sich auf ihre Nuklearwaffen verlassen. Es hieß, die Vereinigten Staaten wollten die Hälfte ihrer Streitkräfte in Europa bis zum nächsten Frühjahr abziehen. Prominente amerikanische Republikaner waren fasziniert von der Aussicht, ›die Jungs zurückzuholen‹ und damit einen Haupttrumpf für den nächsten Wahlkampf zu haben.

Adenauer schickte General Heusinger nach Washington, um festzustellen, ob der Radford-Plan begründete Aussicht hatte, angenommen zu werden. Er glaubte, Verlaß auf die nukleare Abschreckung würde auf eine wachsende diplomatische Passivität des Westens hinauslaufen. Als Dulles' Bruder Allan Dulles ihn in Bonn besuchte, sagte ihm der Kanzler, die NATO sei in Gefahr, ›senil‹ und ein ›Klub höherer Offiziere‹ zu werden; die Aussichten auf die Organisierung eines wirksamen militärischen Beitrags Westdeutschlands würden dadurch in Frage gestellt[47]. Adenauer war über die militärische Schwäche Frankreichs und Englands entsetzt, und seine Verachtung für ihre lächerlichen Beiträge zur Verteidigung Europas wurde verstärkt durch die schiere Torheit des französisch-britischen Angriffs auf Ägypten im Oktober 1956. Seine Stimmung wurde nur vorübergehend durch die Amtsenthebung der stalinistischen Führer Polens und eine törichte optimistische Analyse des ›polnischen Frühlings‹ verbessert, die ihm sein Außenminister entwickelte.

Er beobachtete mit tiefem Mißtrauen die Bemühungen, die Präsident Eisenhover Ende 1956 und 1957 unternahm, um die sowjetischen Absichten zu sondieren, und er war außer sich über den sorgfältig ausgearbeiteten, wenn auch etwas utopischen Plan für eine Abrüstung in Europa und einen europäischen Sicherheitspakt, den der englische Labour-Führer Hugh Gaitskell Anfang 1957 in Reden an der Harvard-Universität und der Westberliner Freien Universität entwickelte. Adenauer trommelte ununterbrochen für eine Verstärkung der europäischen Verteidigung, die angesichts von ›neuntausend russischen Panzern[48]‹ unbedingt notwendig sei. Er wies darauf hin, daß ihnen nur zweieinhalb amerikanische und anderthalb britische Divisionen gegenüberständen. »Die wertvollen französischen Streitkräfte waren nach Nordafrika abgezogen worden, die belgischen und holländischen Truppeneinheiten waren nicht sehr umfangreich.« Weniger als je zuvor war Adenauer bereit, ein – auch nur kalkuliertes – Risiko einzugehen, um eine Lösung der deutschen Frage aufscheinen zu lassen. Er zeigte nicht das mindeste Interesse an dem Plan, den der Beherrscher Ostdeutschlands, Ulbricht, Ende 1956 für eine ›Konföderation der beiden gleichberechtigten deutschen Staaten‹ vorbrachte[49]. Er glaubte, daß jede solche Konföderation mit unnötigen Bedingungen verbunden sein würde und daß die Sowjets darauf abzielten, die Konföderation ihrer Einflußsphäre einzugliedern[50].

In dieser Situation redete der Kanzler ständig davon, daß eine allgemeine kontrollierte Abrüstung erreicht werden müßte. Das war – trotz der gegenteiligen Behauptungen der SDP – mit dem Ausbau der militärischen Stärke des Westens nicht unvereinbar. Was Adenauer anstrebte, war, eine größere Ausgeglichenheit der konventionellen Streitkräfte zwischen Ost und West herbeizuführen, bevor eine beiderseitige Rüstungsherabsetzung vereinbart würde. Im Juli und August 1957 unterbreiteten die Westmächte auf der Londoner Abrüstungskonferenz vielversprechende Vorschläge. Sie sahen die Abhaltung freier Wahlen in ganz Deutschland, die Bildung einer in ihrer Außenpolitik unabhängigen gesamtdeutschen Regierung, die Verantwortlichkeit der vier Mächte für die Wiedervereinigung Deutschlands und die Ausarbeitung eines den sowjetischen Forderungen entsprechenden europäischen Sicherheitspakts vor.

Adenauer war von diesen Vorschlägen nicht übermäßig beeindruckt – schon weil sie zu einem ungünstigen Zeitpunkt vorgebracht wurden, da im September Bundestagswahlen abgehalten werden mußten. Er gab lediglich zu, daß man die sowjetischen Absichten testen könnte, und prophezeite, daß das Ergebnis negativ ausfallen würde. Er hatte recht: Die Londoner Konferenz wurde am 6. September ohne konkretes Resultat beendet. Ebenso verlief drei Monate später eine sowjetische Initiative für eine Gipfelkonferenz erfolglos; sie scheiterte schon während der Präliminarien: der Aufstellung einer Tagesordnung und der Entscheidung über die Ziele der Tagung.

Inzwischen hatten die Russen am 4. Oktober 1957 ihren ersten Sputnik gestartet. Adenauers Reaktion war interessant. Er zeigte sich offen begeistert: »Ich beurteile diesen Sputnik fast wie eine Art Himmelsgeschenk, weil ohne ihn die freie Welt in ihrem Dämmerschlaf weiter verharrt hätte[51].« Er glaubte, die sowjetische Überlegenheit auf dem Gebiet der interkontinentalen Raketentechnik würde die Vereinigten Staaten zwingen, sich stärker auf die westliche Allianz zu stützen und vielleicht sogar einen seiner Wunschträume, die Politisierung der NATO, verwirklichen. Aber wenn das seine äußere – übrigens einigermaßen naive – Reaktion war, so scheint er doch für sich aus dem Ereignis andere, weitsichtigere Schlußfolgerungen gezogen zu haben, die er allerdings weder damals noch später bekanntgab. Nach dem Sputnikstart führte er eine lange Reihe vertraulicher Gespräche mit dem Sowjetbotschafter in Bonn, Andrej Smirnow, der sich durch eine beträchtliche Arroganz und intellektuelle Wendigkeit auszeichnete. Diese Gespräche waren der erste deutliche Versuch Adenauers seit seinem Besuch in Moskau, die sowjetischen Absichten zu sondieren.

Sie hatten keinerlei Ergebnis. Im Dezember 1957 riet Smirnow dem Kanzler, dem Beispiel Peters des Großen zu folgen und zu erkennen, wenn es Zeit sei, ›Schluß zu machen‹ – ein verblümter Hinweis auf den sowjetischen Standpunkt, daß Deutschland die NATO verlassen und sich zum Neutralismus bekennen sollte[52]. In Noten, die Smirnow Adenauer im Februar und März 1958 überbrachte, drang die Sowjetregierung nachdrücklich auf bilaterale Gespräche zwischen der Sowjetunion und der Bundesrepublik und parallele Gespräche zwischen Ost- und Westdeutschland über einen Modus vivendi. Der Bundeskanzler bestand demgegenüber auf der deutschen Einheit als Vorbedingung für den Frieden in Mitteleuropa: »Geben Sie 17 Millionen Deutsche frei . . ., und Sie werden einer freundschaftlichen Zusammenarbeit unserer beiden Länder einen außerordentlich großen Dienst erweisen[53].«

Am 7. März 1958 sprach Smirnow wiederum bei Adenauer vor und fragte in herrischem Ton, warum sich die Bundesregierung der Einberufung einer Gipfelkonferenz und bilateralen Gesprächen mit Ostdeutschland widersetze. Der Kanzler entgegnete, die Sowjets zielten auf die Unterzeichnung zweier separater Friedensverträge mit den beiden deutschen Staaten ab, und das würde die Proklamierung der Teilung seines Vaterlandes bedeuten. Smirnow erwiderte, die Deutsche Demokratische Republik in Ost-Berlin sei ein souveräner Staat; er bestehe nun schon seit dreizehn Jahren und sei seit über acht Jahren ›unabhängig‹. Er brachte erneut die sowjetische These von einer ›Konföderation‹ zweier gleichberechtigter deutscher Staaten vor. Zwölf Tage danach suchte Smirnow den Kanzler abermals im Palais Schaumburg auf und überreichte eine sowjetische Note, die nach Adenauer, ›gelinde gesagt, sehr unfreundlich‹ war[54]. Diesmal antwortete Adenauer mit einem völlig unerwarteten Gegenschlag; er fragte Smirnow, ob die Sowjetunion bereit sei, dem ostdeutschen Staat ›den Status Österreichs‹ zu geben. Smirnow war sichtlich verwirrt. Er redete eine ganze Weile herum und wiederholte dann die Fiktion, daß die ostdeutsche Republik ›wirklich souverän‹ sei und die Sowjetunion sich nicht in ihre inneren Angelegenheiten einmischen könne. Die wahre Lage sah natürlich ganz anders aus. Jede bedeutsame politische Direktive Ostdeutschlands kam aus Moskau.

Im weiteren Verlauf des Gesprächs erklärte der Kanzler dem Botschafter, er riskiere, für dieses »österreichische Angebot von den eigenen Leuten gesteinigt zu werden[55]«. Smirnow stellte seine Besuche im Palais Schaumburg bis auf weiteres ein und konzentrierte sich auf die Führer der SPD-Opposition, um sie für die Unterstützung der sowjetischen Ziele einer militärischen Neutralität Westdeutschlands und einer Zwei-Staaten-Konföderation zu gewinnen. Bei einem späteren Gespräch, zu dem Smirnow am 14.

Oktober 1958 den Kanzler zur Überreichung eines Aide-mémoire aufsuchte, appellierte Adenauer vergeblich an den Botschafter, die humanitären Aspekte der deutschen Teilung zu berücksichtigen. Er erzählte ihm die Geschichte von der westdeutschen Frau, die die Zonenbehörden um eine Einreisegenehmigung bat, um an das Sterbebett ihrer Mutter jenseits der Grenze reisen zu dürfen. Die offizielle Antwort der ostdeutschen Behörden lautete, ihre Mutter werde sterben, ob sie sie noch sehe oder nicht. Das interessierte Smirnow nicht im geringsten. Seine Gesprächsserie mit Adenauer hatte tatsächlich keinerlei Annäherung der Standpunkte gebracht. Das war wahrscheinlich auch gar nicht beabsichtigt. Die Sowjetunion gefiel sich in ihrer Lieblingsmethode, durch Schattenboxen einen alternden, exponierten Feind zu schwächen. Es war das Gegenteil einer konstruktiven Diplomatie. Adenauer mußte annehmen, daß ihm gefährliche Fallen gestellt werden sollten. Im großen und ganzen hatte er zweifellos recht.

Am 27. Oktober 1958 unternahmen die Kommunisten den zweiten großen Angriff auf West-Berlin. Das erste Alarmsignal war eine Rede, in der der ostdeutsche Regierungschef Ulbricht behauptete, ganz Berlin liege auf dem Territorium der Deutschen Demokratischen Republik. Kurz zuvor hatte er gemäß den Weisungen seiner Herren in Moskau Westdeutschland einen Nichtangriffspakt, Beteiligung an einer deutschen Konföderation und – vage und verschwommen – Aussicht auf engere menschliche Beziehungen zwischen den Bevölkerungen der beiden Staaten angeboten. Jetzt sollte der direkte Druck auf West-Berlin an die Stelle der allgemeinen aggressiven Diplomatie treten, die keine Früchte getragen hatte. Am 12. November erklärte Chruschtschow, alle sowjetischen Rechte und Pflichten in Berlin würden den Ostdeutschen übertragen werden. Diese Erklärung wurde von den Westmächten als Verletzung des Viermächtestatus der Stadt zurückgewiesen. Am 20. November 1958 las Smirnow dann Adenauer hämisch eine Botschaft vor, in der seine Regierung das Potsdamer

Abkommen von 1945 für null und nichtig erklärte und alle operativen ›Funktionen‹ in Berlin einseitig den Ostdeutschen übertrug. Am 27. November stieß Chruschtschow mit einer 44 Seiten umfassenden Note nach – einem typischen Beispiel sowjetischer ›Sättigungstaktik‹ –, in der er den Westmächten mitteilte, daß der Viermächtestatus Berlins beendet sei und innerhalb von sechs Monaten ein neuer Status ausgearbeitet werden müsse. Andernfalls werde die Sowjetunion einen separaten Friedensvertrag mit dem ostdeutschen Staat abschließen.

Der sowjetische Vorschlag sah vor, daß West-Berlin in eine entmilitarisierte ›freie Stadt‹ unter der Garantie der vier Besatzungsmächte und vielleicht auch der Vereinten Nationen umgewandelt werden sollte. Der Vorschlag wurde von dem Westberliner Senat unter dem Regierenden Bürgermeister Willy Brandt und von den Westmächten entschieden abgelehnt. Am 14. Dezember trafen die Außenminister der drei Westmächte und der Bundesrepublik in Paris zusammen und bekräftigten ihre Entschlossenheit, den bestehenden Status von Berlin aufrechtzuerhalten. Diese Erklärung wurde vom NATO-Rat bestätigt. Die Festigkeit zahlte sich aus; am 10. Januar 1959 schlug die Sowjetregierung eine Gipfelkonferenz über Berlin vor, ohne die Sechsmonatsfrist für die Vereinbarung eines neuen Status zu erwähnen. Die Westmächte erklärten sich mit der Einberufung der Konferenz einverstanden, die am 11. Mai 1959 in Genf eröffnet wurde. Zu diesem Zeitpunkt war die unmittelbare Krise bereits vorüber. Sie hätte zu einer Katastrophe führen können, wenn die Sowjetunion irgendein Zeichen von Schwäche auf der Seite des Westens bemerkt hätte und dadurch ermutigt worden wäre, tatsächlichen physischen Druck auf West-Berlin auszuüben. Auf den Verlauf der unergiebigen Genfer Gipfelkonferenz wird später zurückzukommen sein.

In den ersten zehn Jahren seiner Amtszeit hatte Adenauer keinerlei Fortschritte auf dem Weg zur Lösung der deutschen Frage, das heißt vor allem der deutschen Wiedervereinigung, erzielen können. War dieser Mißerfolg unvermeidlich oder verschuldet? Wenn verschuldet, was hätte er tun können, um eine Wiedervereinigung möglich zu machen? Oder beging er Fehler, die tatsächlich dazu beitrugen, eine Wiedervereinigung unmöglich zu machen? Diese Fragen werden noch künftige Generationen beschäftigen. Hier soll wenigstens der Versuch gemacht werden, eine Antwort zu finden.

Ein Teil der Kritiker Adenauers wirft ihm vor, er habe versäumt, ein ›geeignetes Klima‹ für eine Ost-West-Verständigung zu fördern. Allgemein gesehen ist dieser Vorwurf kaum berechtigt. Seine sozialdemokratischen Gegner hatten auch nicht mehr Glück, als ihr Führer Erich Ollenhauer am 9. März 1959 in Ost-Berlin mit Chruschtschow zusammentraf[56] und ihre beiden Sonderdelegierten Prof. Carlo Schmid und Fritz Erler eine Woche später nach Moskau flogen[57]. Ein enger Vertrauter Adenauers meinte, er habe getan, was er konnte, um das Klima der deutsch-russischen Beziehungen zu verbessern: Er unternahm die »Reise ins Unbekannte«, nach Moskau, er hörte sich geduldig den arroganten Andrej Smirnow an, er machte auch Vorschläge für eine Interimslösung[58]. Zugegeben, er hat vielleicht zuwenig Fantasie entwickelt. Aber die Kritik eines seiner Biographen, daß »Chancen eines Versuchs, die nationale Einheit zu wahren und Ostdeutschland von der verhaßten Ulbrichtschen Prägung eines Satellitenkommunismus zu befreien, nicht ausgelotet wurden, weil der führende deutsche Staatsmann es nicht wollte[59]«, war bestimmt unberechtigt. Adenauer war niemals in der Lage, Deutschlands ›Einheit zu wahren‹. Er wurde mit der Teilung schon konfrontiert, als er zur Macht kam.

Ebenso kann man über den Angriff Thomas Dehlers – den wohl heftigsten, der gegen Adenauer im Bundestag überhaupt gerichtet wurde – hinweggehen. In seiner Rede vom 23. Januar 1958 erklärte Dehler, Adenauers einziges Ziel sei es, den 50 Millionen Westdeutschen Wohlstand und Sicherheit zu verschaffen, er habe die Westmächte veranlaßt, das Angebot eines vereinigten Deutschlands mit einer 300000 Mann starken Armee abzulehnen, und er habe die Interessen der 17 Millionen Ostdeutschen völlig vernachlässigt. Dehler schloß seine Rede mit den Worten: »Sie, Herr Dr. Adenauer, haben bewiesen, daß Sie alles, was Sie konnten, getan haben, um eine Wiedervereinigung zu verhindern.« Alles das war pure Übertreibung. Adenauers Rede in dieser Debatte zeigte lediglich, daß er mit großer Umsicht vorging und den Absichten der Sowjets mit einem Mißtrauen begegnete, das durch ihr Nachkriegsverhalten in Europa und anderen Teilen der Welt weitgehend gerechtfertigt war.

Kritiker, die nicht so pauschal urteilten, behaupteten, Adenauer hätte durch eine Anerkennung der deutschen Ostgrenzen die sowjetische Kontrolle über Polen und die Tschechoslowakei lockern und eine Normalisierung der westdeutschen Beziehungen mit diesen Ländern erreichen können. Adenauers Haupteinwand gegen eine Anerkennung der Oder-Neiße-Linie war, daß Westdeutschland dadurch ein nützliches Tauschobjekt verlieren würde. Er hatte jedoch auch noch einen zweiten Grund; er glaubte, man würde von der Bundesrepublik verlangen, Polen und die Tschechoslowakei für die Kriegsverluste zu entschädigen und den ostdeutschen Staat anzuerkennen[60]. Daß weitgehende Reparationsforderungen von Polen geltend gemacht werden würden, war Globke tatsächlich von einem Mitglied des polnischen Parlaments, Stanislaw Stomma, im April 1958 mitgeteilt worden. Nach dem Potsdamer Abkommen mußte die polnische Besetzung der verlorenen Ostprovinzen in einem Friedensvertrag bestätigt werden. Das war die Rechtslage bis zu und nach Adenauers Tod.

Ein weiterer Vorwurf gegen Adenauer galt der sogenannten ›Hallstein-Doktrin‹, nach der die Bundesrepublik sich berechtigt fühlte, die Beziehungen zu Ländern abzubrechen, die den ostdeutschen Staat anerkannten. Hallstein selbst erklärte, sein Name sei von ›persönlichen Feinden‹ mit der ›Doktrin‹ in Zusammenhang gebracht worden[61].

Die ›Doktrin‹ wurde am 20. Oktober 1957 angewandt, als Bonn nach der Aufnahme diplomatischer Beziehungen zwischen Jugoslawien und den Ostdeutschen mit Belgrad brach. Die ›Hallstein-Doktrin‹ (man muß diese Bezeichnung in Ermangelung einer besseren gebrauchen) sollte flexibel angewandt werden. Vielleicht geschah das nicht immer. Auf jeden Fall erfüllte sie ihren Zweck, solange es erwartet werden konnte, andere Mächte abzuhalten. Gewiß war sie kein Mittel einer Ost-West-Verständigung. Aber das sollte sie ja auch nicht sein.

Weiter wird Adenauer vorgeworfen, er habe an wohlmeinenden Bemühungen zur Förderung einer Ost-West-Entspannung und damit vielleicht der Anbahnung einer Lösung der deutschen Frage kein Interesse gezeigt. Als beliebtestes Beispiel dafür diente die Ablehnung des von dem polnischen Außenminister im Oktober 1957 entwickelten ›Rapacki-Plans‹. Der verbindliche, elegante und außerordentlich wortgewandte Adam Rapacki schlug die Schaffung einer militärisch verdünnten Zone in Mitteleuropa vor, die die beiden deutschen Staaten, Polen und die Tschechoslowakei umfassen sollte und später ausgeweitet werden könnte. Adenauer wies diesen Plan zurück, weil auch eine 600 Kilometer breite Zone im Zeitalter der interkontinentalen Raketen sinnlos sei und nur die Aufmerksamkeit von der Notwendigkeit einer allgemeinen kontrollierten Abrüstung ablenken würde[62]. Vertraulich räumte Adenauer ein, er befürchte, der Rapacki-Plan würde die westliche Allianz ihres »strategischen Hinterlands« berauben[63]. Er argwöhnte, daß der Plan den Weg zur Neutralisierung Deutschlands öffnen und ein ›Vakuum‹ schaffen würde, in das der Kommunismus eindringen könnte.

Realistisch oder fantasielos? Das kann man halten, wie man will. Den Staatsmännern wird immer gern die Schuld gegeben, und die rechtliche Maxime »Im Zweifel für den Angeklagten« wird selten auf sie angewandt. Im Hinblick auf die ganze Frage der gesamtdeutschen Politik Adenauers dürfte die Anwendung jedoch gerechtfertigt sein. Der zeitweilig verbündete, aber stets zur Kritik bereite Erich Mende glaubt, daß es während der ›Adenauer-Ära‹ niemals eine tatsächliche Chance für eine deutsche Wiedervereinigung gegeben habe – nur ›scheinbare‹ in den Jahren 1952, 1955 und 1959[64]. Diese Chancen waren von Konzessionen abhängig gemacht, die Adenauer glaubte, niemals verantworten zu können. Deutschland sollte neutralisiert und demokratische Einrichtungen in Westdeutschland sollten unter sowjetischen Druck gebracht werden. Die Vereinigten Staaten sollten aus Europa hinausgedrängt werden, die NATO sollte aufgelöst und ganz Deutschland in die sowjetische Einflußsphäre einbezogen werden. Nach Ansicht Mendes konnte Adenauer nur zum Vorwurf gemacht werden, daß er die sowjetischen Absichten nicht aufgeschlossener und bereitwilliger sondiert habe. Das hätte jedoch auch nach seiner Meinung schnell ergeben, daß sie bei genauerer Betrachtung den Rechten und Freiheiten der großen Mehrheit des deutschen Volkes diametral entgegengesetzt waren.

Willy Brandt, der Regierende Bürgermeister von West-Berlin und später erste sozialdemokratische Bundeskanzler, schrieb, daß »die Genfer Viermächtekonferenzen 1955 und 1959 an der Intransigenz der Sowjets gescheitert« seien[65]. Es ist durchaus möglich, daß die besten Aussichten für Fortschritte zur deutschen Wiedervereinigung nicht 1952, 1955 oder 1959, sondern 1953 gegeben waren, als die Sowjetunion nach Stalins Tod vorübergehend führerlos war und Beria bei ostdeutschen ›nationalen Kommunisten‹ wie Zaisser und Schirdewan die Möglichkeit sondierte, Ulbricht zu stürzen. Doch der ostdeutsche Volksaufstand vom Juni 1953 beendete diese Episode sowjetischen Zweifels. Danach scheinen sich die neuen Sowjetführer für die Realität von 17 Millionen Ostdeutschen in der sowjetischen Einflußsphäre entschieden zu haben. Die Sowjetunion sah, wie ein deutscher Kommentator meinte, ihre Einflußsphäre immer wieder bedroht – durch den ostdeutschen Volksaufstand von 1953, die ungarische Erhebung 1956, den polnischen ›Frühling‹ im gleichen Jahr, die rumänische ›Abweichung‹ und den mutigen tschechischen Versuch, eine eigene Synthese zwischen Kommunismus und demokratischer Freiheit zu finden[66]. Die Sowjetunion würde sich daher stets jedem Versuch einer fairen Lösung der deutschen Frage widersetzen. Die einzige konkrete Kritik dieses Kommentators war der Vorwurf, daß Adenauer die Wirtschaft der ›Grenzzonen‹ längs der interzonalen Grenze durch Deutschland nicht gefördert habe[67].

Sir William Hayter schrieb über die sowjetische Diplomatie, sie habe »große Handicaps; eine gewisse Schwerfälligkeit, die sich gelegentlich zu abstoßender Brutalität entwickelt; das Unvermögen, Vertrauen einzuflößen – als Gegenstück zu dem Fehlen hinderlicher Skrupel; und vor allem einen nahezu totalen, vielleicht unverbesserlichen Mangel an Verständnis für den wirklichen Charakter, die Motive und Gefühle der fremden Länder, mit denen sie zu tun hat[68]«. An einer anderen Stelle spricht der gleiche Autor von der unerschütterlichen Überzeugung aller sowjetischen Unterhändler, daß ihr ›bürgerlicher‹ Gegenspieler unabänderlich feindlich gegen die Sowjetunion eingestellt sei und daß es für die Menschheit keine gemeinsamen Ideale – nicht einmal gemeinsame Nenner – gebe[69]. Das waren die Hindernisse, die sich den Westmächten und Adenauer immer wieder entgegenstellten, wenn sie versuchten, Fortschritte auf dem Weg zu einer Lösung der deutschen Frage zu machen. Gegenüber der einzigartigen Verbindung von sowjetischer Brutalität und sowjetischer Verschlagenheit, sowjetischer Brutalität und sowjetischem Zweifel hätte kein Staatsmann der Weltgeschichte eine Verständigung erreicht, auch der Erzengel Gabriel und der Teufel nicht. Die Sowjets wollten nie die Wiedervereinigung; sie waren nur zeitweise, wenn sie über die Schwäche ihres ostdeutschen Satelliten verzagt waren, bereit, eine solche Aussicht zu prüfen.

Im Februar 1959 sah Adenauer John Foster Dulles zum letzten Mal. Als der amerikanische Außenminister in Bonn eintraf, war Adenauer durch seinen Anblick erschüttert. Er war unheilbar an Krebs erkrankt, aber er versicherte Adenauer, er brauche sich nach seiner Rückkehr nach Washington nur einer kleinen Operation zu unterziehen. Die beiden Männer sprachen über weltpolitische Fragen und waren sich wie gewohnt vollkommen einig, vor allem darüber, daß eine feste Front gegen die aggressive Sowjetdiplomatie aufrechterhalten werden müsse. An einem grauen, unfreundlichen Tag fuhren sie zum Kölner Flughafen. Ein paar Tage später war Dulles tot. Seine letzte Korrespondenz mit Adenauer bezog sich auf eine Hafermehlsuppe, die der Kanzler ihm bei einem Bankett in Bonn diskret hatte servieren lassen. Es war wohl eine der letzten Mahlzeiten, die er einnahm. Sein Tod war ein schwerer Verlust für den Kanzler. »Dulles und ich«, schrieb er später, »hatten uns auf ein Hauptprinzip geeinigt: keine Konzession ohne Gegenkonzession. Man hatte uns vorgeworfen, wir seien stur und unbeweglich, und die ganze Welt schrieb, man sollte flexibler sein.« ›Flexibilität‹ in den Ost-West-Beziehungen aber war in den Augen Adenauers eine Illusion[70].

13
Die Zeit der Ebbe

Adenauer machte in seinen letzten Jahren kein Geheimnis daraus, was er für seine größte Leistung hielt. Schon während des Ersten Weltkrieges war er innerlich zu dem Schluß gekommen, daß eine deutsch-französische Aussöhnung erreicht werden müsse. Unmittelbar nach Beendigung des Krieges verkündete er das als sein politisches Glaubensbekenntnis. Seine Kritiker nannten ihn einen ›Karolinger‹ und versuchten ihm seine Bewunderung für das Reich Karls des Großen als sentimentale Antiquiertheit vorzuwerfen. Vielen von ihnen galt sein Glauben an das Ideal einer deutsch-französischen Verständigung als ›undeutsch‹. Es kam ihnen gar nicht in den Sinn, daß die erbitterte Feindschaft, die man zwischen den beiden Nationen hatte aufkommen lassen, kostspielig, falsch und immer wieder verhängnisvoll gewesen war.

Als Charles de Gaulle im Juni 1958 an die Macht kam, war kaum anzunehmen, daß dies der Auftakt zu einer neuen Ära der Einsicht und Vernunft in den deutsch-französischen Beziehungen sein würde. Nur ein Mitglied von Adenauers Kabinett scheint daran geglaubt zu haben. Der Verteidigungsminister Franz Josef Strauß schlug vor, Adenauer solle ihn alsbald nach Paris schicken und Verbindung mit de Gaulle aufnehmen lassen. Hans Globke aber riet Adenauer, nicht ihn nach Paris zu schicken; nur der Kanzler selbst sollte mit de Gaulle sprechen[1]. Wie so oft, folgte Adenauer auch diesmal Globkes Rat.

Dabei hatte Adenauer hinsichtlich der Haltung de Gaulles ernste Zweifel. Der General war im Ersten Weltkrieg in deutscher Kriegsgefangenschaft gewesen und hatte kaum Grund, die Deutschen zu lieben. Im Zweiten Weltkrieg hatte er als Führer der Freien Franzosen mit monomanischer, eiserner Entschlossenheit auf die Niederlage Deutschlands hingearbeitet. Im Dezember 1944 hatte er den französisch-sowjetischen Freundschaftsvertrag unterzeichnet. Auch schien er alles andere als ein ›guter Europäer‹ zu sein, denn er hatte sich dem Gedanken einer Europäischen Verteidigungsgemeinschaft – Adenauers Steckenpferd – widersetzt und nahm der sich anbahnenden EWG gegenüber eine lauwarme Haltung ein. Er galt als Nationalist, und die beiden Bände seiner Memoiren, die bereits veröffentlicht waren, wimmelten von Hinweisen auf *la gloire* und *la Grande Nation*. Als die drei Hauptziele seiner Regierung proklamierte er die Bereinigung des algerischen Problems, die Konsolidierung der Wirtschaft und die Reform der Verfassung. Von Europa war nicht die Rede. Obendrein war er im Zuge eines drohenden Militärputsches an die Macht gekommen. Vielleicht war seine Regierung ebenso kurzlebig wie die zwei Dutzend, die ihr in der IV. Republik vorangegangen waren. Eine Bemerkung de Gaulles konnte darauf schließen lassen, daß er selbst so dachte: »Wie kann man ein Land regieren, das 246 verschiedene Käsesorten produziert[2]?«

Am 17. Juni 1958 sandte de Gaulle einen Sonderbeauftragten, Maurice Picard, nach Bonn. Dieser erklärte Adenauer, der General sei bestimmt »die letzte Chance« für Frankreich. Wenn er scheiterte, bedeute das die Militärdiktatur und das Ende jeder Demokratie in diesem Land[3]. Picard wies darauf hin, daß die drei fähigsten Mitarbeiter de Gaulles – Guy Mollet, Maurice Pflimlin und Antoine Pinay – alle überzeugte ›Europäer‹ seien. Alle Freunde Frankreichs wie auch Europas sollten de Gaulle unterstützen.

Picard ließ zugleich durchblicken, daß ein Treffen zwischen Adenauer und de Gaulle die Situation klären würde.

Am 29. Juli sprach Frankreichs tüchtiger Botschafter in Bonn, der zynische Maurice Couve de Murville, bei Adenauer vor und überbrachte eine offizielle Einladung. Es wurde vereinbart, daß der Kanzler, der gerade zu einem Urlaub nach Norditalien fliegen wollte, am 14. September bei der Rückkehr nach Bonn bei de Gaulle auf dessen Landsitz in Colombey-les-deux-Eglises ›vorbeikommen‹ sollte. Die Zusammenkunft wurde am 16. August bei einem Besuch Pinays bei Adenauer in Cadenabbia weiter vorbereitet. Pinay versicherte dem deutschen Bundeskanzler, daß de Gaulles Reden von *grandeur* und *gloire* keine allzu große Bedeutung beizumessen sei und daß der französische Staatschef ein guter Europäer und Realist sei.

Adenauers Bericht über jenes Treffen in Colombey-les-deux-Eglises war außerordentlich positiv[4]. De Gaulle und seine Frau waren freundlich und ungezwungen. Der General war vergnügt und munter – Adenauer gebrauchte das Wort ›frisch‹ – und schien, was noch wichtiger war, gut unterrichtet und an der Frage der deutsch-französischen Beziehungen offensichtlich interessiert zu sein. Die beiden Männer suchten nach gemeinsamen Interessen und fanden sie auf den Gebieten der Abrüstung, der Entspannung zwischen Ost und West, bei den wirtschaftlichen Beziehungen, der gemeinsamen Waffenproduktion, beim Gemeinsamen Markt und im Nahen Osten. Beide sprachen gern über Geschichte. Beide standen Großbritannien skeptisch gegenüber, wozu Adenauer bemerkte: »England ist wie ein reicher Mann, der sein ganzes Vermögen verloren hat, aber es nicht bemerkt[5].« Wie de Gaulle in seinen Memoiren berichtet, machte er Adenauer klar, daß England dem Gemeinsamen Markt nicht beitreten sollte, solange es »in politischer und wirtschaftlicher Hinsicht so blieb, wie es war«. Adenauer äußerte sich dazu nicht. De Gaulle unterstrich sein Interesse an einem vereinten Europa, fügte jedoch bezeichnenderweise hinzu, es müsse aufhören, »ein Werkzeug Amerikas« zu sein. Mit großem Ernst erklärte er Adenauer: »Man hat in Deutschland, als ich mich politisch betätigte, von mir gesagt, ich verfolge Deutschland gegenüber eine Politik der Macht und der Rache. Ich kann Ihnen das Gegenteil beweisen[6].« Das ›Ihnen‹ sprach er mit besonderem Nachdruck aus.

Schwierige Fragen wurden taktvoll nur gestreift. So versprach Adenauer, es werde keine »preußische Politik gegenüber Polen« geben – ohne auf de Gaulles bekannte Ansicht einzugehen, daß die Oder-Neiße-Linie die endgültige deutsche Ostgrenze sei. Und de Gaulle gab beiläufig zu, daß er nicht für supranationale europäische Institutionen sei, forderte jedoch nachdrücklich, daß die Konsolidierung des Europa der Sechs nicht durch englische Vorschläge für eine größere europäische ›Freihandelszone‹ in den Hintergrund gedrängt werden dürfe. Unverblümte Schmeicheleien wurden mit bestem Erfolg an den Mann gebracht; de Gaulle sagte, Adenauer sei »im Geiste« jünger als er selbst, und Adenauer antwortete hocherfreut, wenn der General »jetzt an die Arbeit käme, werde er sehen, wie ihm aus der Arbeit neue Kräfte erwachsen würden. Mir ist es auch so ergangen[7]«.

Das alles klang höchst befriedigend, und Adenauer schloß diese Episode in seinen *Erinnerungen* mit einem Lob auf das ›Verständnis‹, mit dem de Gaulle die ›großen‹ Probleme erfaßt habe. Darüber hinaus war er »glücklich, einen ganz anderen Menschen vorgefunden zu haben, als ich befürchtet hatte. Ich war sicher, daß de Gaulle und ich eine gute und vertrauensvolle Zusammenarbeit haben würden.«

War dieses erste Treffen wirklich ein so glänzender Erfolg? Ein Biograph de Gaulles ist davon überzeugt[8]. »Adenauer war fasziniert von de Gaulles Charme und fühlte sich sogar in Colombey richtig wohl.« Auch ein so zuverlässiger Beobachter wie Hans Globke ist der gleichen Meinung. Adenauer war, so erinnert er sich, sofort von de Gaulles »persönlicher Aura« eingenommen: er war so unverkennbar aufrichtig, korrekt und redlich[9]. Auch mit de Gaulles Konzept von einem in Wahrheit vereinten Europa, in dem keine Macht dominieren, Frankreich und Deutschland jedoch zusammenstehen würden, und in dem, wenigstens vorerst, kein Platz für Großbritannien war, sympathisierte er. Wie ein Mitglied der Familie Adenauer, Frau Reiners, berichtet, war das Treffen von Colombey in der Tat eine »angenehme Überraschung«. Ihr Vater habe ihm mit Besorgnis entgegensehen und bemerkt, de Gaulle halte sich für eine »zweite Jungfrau von Orléans«. Doch bei seiner Rückkehr war er »freudig erregt und begeistert[10]«.

Doch gab es auch andere Ansichten über das Treffen in Colombey. Ein Biograph Adenauers meint, dieser habe de Gaulle mit seiner militärischen Aura, seinem mystischen Sendungsbewußtsein, seiner gespreizten Ausdrucksweise und seinen überdramatischen pompösen Gesten »sehr sonderbar« gefunden[11]. Ein enger Vertrauter des Kanzlers behauptete, Adenauer sei voller Zweifel und sehr besorgt von Colombey zurückgekommen, trotz der Umstände, die de Gaulle sich mit seinem Gast gemacht hatte: Er hatte es sich angelegen sein lassen, ihn mit einigen sorgfältig gewählten Sätzen in deutscher Sprache zu begrüßen[12]. Adenauer habe, meint dieser Gewährsmann, »niemals eine gewisse Reserve« in seinen Beziehungen zu de Gaulle überwunden. Der britische Botschafter in Bonn, Sir Christopher Steel, bestätigt diese Ansicht; Adenauer sprach zu ihm, wenngleich etwas verblümt, von den »militaristischen« und sogar von den »faschistischen« Tendenzen des neuen französischen Führers[13].

Fest steht aber auf jeden Fall, daß, wenn nicht schon das erste, so doch das zweite Treffen der beiden ein voller Erfolg war. Es fand auf Einladung Adenauers am 26. November im Kurhaus von Bad Kreuznach statt, einem kleinen Kurort in der Pfalz, der gewählt wurde, weil er fast gleich weit von den Wohnorten der beiden Staatsmänner, Colombey und Rhöndorf, entfernt war. Das in einem Park gelegene Kurhaus war im Ersten Weltkrieg das militärische Hauptquartier Kaiser Wilhelms II. und des Feldmarschalls Paul von Hindenburg gewesen.

In Bad Kreuznach erwiderte Adenauer die Artigkeit de Gaulles und begrüßte diesen in französischer Sprache – die de Gaulle allerdings kaum restlos verstanden haben dürfte, denn das Französisch des Kanzlers war ein Graus[14]. Über die Gespräche wurde strikte Geheimhaltung gewahrt; ein kurzes Kommuniqué sprach lediglich von der Solidarität hinsichtlich der Wahrung der Freiheit West-Berlins und der Notwendigkeit, einen weiteren Schritt zur Konsolidierung des Gemeinsamen Markts zu unternehmen. Ein Beobachter meinte indes, de Gaulle habe die rückhaltlose Unterstützung Adenauers in seinem Widerstand gegen den britischen ›Maudling-Plan‹ für eine Freihandelszone erwirkt und gleichzeitig bei dem deutschen Kanzler ein gewisses Mißtrauen gegenüber der englischen Haltung in der Berlin-Frage geweckt[15]. Aber sei dem, wie ihm wolle – der kurze Auftritt der beiden Männer vor der Presse auf den Stufen des Kurhauses war aufschlußreich genug. De Gaulle nannte seinen Gastgeber »einen großen Mann, einen großen Staatsmann, einen großen Europäer und einen großen Deutschen[16]«. Der Verfasser erinnert sich noch an de Gaulles ausdrucksvolle Geste: wie er sich Adenauer zuwandte, ihm die Hände auf die Schultern legte und dieser etwas verlegen, was man bei ihm nicht gewohnt war, aber irgendwie erfreut aussah – etwa wie ein braver Schüler, der von seinem verehrten Lehrer gelobt worden ist.

Die Begegnung in Bad Kreuznach war der Ausgangspunkt für die Schaffung einer Achse Bonn–Paris. Ihr folgten Besuche Adenauers als Gast de Gaulles in Rambouillet und Marly-le-Roi und später eine triumphale Rundreise des französischen Staatschefs durch Westdeutschland, bei der er aus dem Wagen stieg und Hunderten begeisterter Deutscher die Hand schüttelte. Unter der Führung zweier so zielstrebiger Männer wie Adenauer und de Gaulle hätte die Achse Bonn–Paris ein gewaltiger Erfolg werden müssen. Sie sollte ihren ›krönenden Abschluß‹ in dem deutsch-französischen Vertrag für Freundschaft und Zusammenarbeit vom 22. Januar 1963 finden. Doch das lag noch in weiter

Ferne, und inzwischen gab es zahlreiche Anzeichen dafür, daß die Achse erheblichen Belastungen ausgesetzt sein würde.

So gebrauchte der französische Ministerpräsident Michel Debré im Januar 1959 in der Nationalversammlung das Wort ›Europa der Vaterländer‹, einen Ausdruck, den de Gaulle im Laufe des Jahres selbst übernahm und der eine Warnung war, daß Frankreich Adenauers großartiges Ziel eines politisch integrierten, geeinten Europa wohl niemals akzeptieren würde. Im März 1959 schockierte de Gaulle die Rechtskreise in der Bundesrepublik und auch viele von Adenauers Christdemokraten, als er in einer Pressekonferenz in Paris erklärte, Deutschland könne nur innerhalb der bestehenden Grenzen einschließlich der Oder-Neiße-Linie wiedervereinigt werden. Diese Erklärung war insofern besonders peinlich, als Adenauer gerade erst in Paris gewesen war[17]. Im Dezember des gleichen Jahres beunruhigten ihn bei einem neuerlichen Paris-Besuch de Gaulle und Debré mit der angeblichen Unzuverlässigkeit der Vereinigten Staaten und deren Bereitschaft, alle Truppen aus Europa abzuziehen. Couve de Murville, wie stets ein williger *advocatus diaboli*, behauptete tatsächlich, der amerikanische Truppenabzug stehe unmittelbar bevor. »Seine Ausführungen waren erschreckend«, berichtet Adenauer[18].

Auf diesen Versuch, den Kanzler unter Druck zu setzen, folgte die unbefriedigende Westmächtekonferenz in Paris vom 19. bis zum 21. Dezember 1959. Adenauer war besorgt wegen der selbstzufriedenen Atmosphäre unter den Teilnehmern. »Diese Herren haben überhaupt keine Ahnung, in welch gefährlicher Lage wir uns befinden«, raunte de Gaulle ihm zu[19]. Präsident Eisenhower und der britische Premierminister Harold Macmillan gefielen sich in unverbindlichen Gesprächen über einen deutschen Friedensvertrag, der nach Ansicht Adenauers den Status Berlins ungeklärt gelassen und die Stellung der Stadt nicht gesichert hätte. Noch mehr beunruhigte den Kanzler jedoch Frankreichs ambivalente Haltung gegenüber der NATO. Im

Laufe des Jahres 1960 zog Frankreich seine Mittelmeerflotte aus der NATO heraus, weigerte sich, die Stationierung der amerikanischen Atomwaffenträger-Flugzeuge in Frankreich zu gestatten, stellte französische Truppen für den Dienst in Algerien ab, unterließ es jedoch, seine lächerlich schwachen Kontingente in Deutschland zu verstärken, und schlug vor, die NATO-Streitkräfte in Europa einem französischen und nicht einem amerikanischen Oberbefehlshaber zu unterstellen.

Am 8. Oktober 1960 kam Debré mit einem Entwurf für eine Reorganisation Europas nach Bonn, der folgende Forderungen enthielt: Die NATO solle von einem ›Triumvirat‹ der USA, Frankreichs und Großbritanniens geleitet werden. Frankreich solle ein Vetorecht gegen den Einsatz atomarer Abschreckung in Europa erhalten, und der de-Gaulle-Plan eines ›Europas der Vaterländer‹ solle offiziell an die Stelle der Pläne für eine europäische politische Gemeinschaft treten. Der Bundeskanzler konnte sich Debré gegenüber unschwer ablehnend verhalten, aber er war ernsthaft besorgt, als de Gaulle – zur gleichen Zeit, da die Gespräche mit Debré stattfanden – in Reden in Grenoble, St. Julien-en-Genevois und Chambéry ein französisches Vetorecht gegenüber der atomaren Abschreckung forderte. Diese Reden waren ganz offensichtlich dazu bestimmt, Adenauer festzulegen.

Nunmehr war es mit Adenauers Geduld zu Ende. Am Abend des 9. Oktober zeigte er Debré einen Brief, den er von Eisenhower erhalten hatte (und um den er ihn wohl gebeten haben dürfte!), in dem dieser sich für eine politische und militärische Stärkung der westlichen Allianz einsetzte. Gleichzeitig lehnte der Kanzler den französischen Plan ab, der damit in der Versenkung verschwand. Das in Bonn über den Besuch Debrés herausgegebene gemeinsame Kommuniqué konnte in keiner wichtigen Frage von Übereinstimmung sprechen. In Paris warnte der ehemalige Botschafter François-Poncet eindringlich: Die deutsch-französische Entente sei die größte Tat in Europa seit 1945: »Wehe denen, die dafür verantwortlich sein könnten, daß dieses Werk zunichte gemacht wird!« François-Poncet glaubte offenbar, ein deutsch-englischer Flirt könnte die deutsch-französische ›Vernunftehe‹ ablösen. Dazu sollte es nicht kommen; doch der deutsche Partner hatte aufbegehrt, und die Flitterwochen waren vorbei.

Aber wenigstens hatte es einmal Flitterwochen gegeben, und der deutsch-französische Vertrag sollte noch kommen. Im Verhältnis zu England würde es niemals etwas Derartiges geben, nicht einmal einen erkennbaren Versuch Adenauers, die deutsch-englischen Beziehungen auszubauen. Das mag von seiner Seite ganz bewußt geschehen sein, und insofern kann kaum von einem Versäumnis gesprochen werden. Aber Adenauers Unterlassung verdient zumindest eine Erklärung.

Der Bundeskanzler verzieh den Engländern vermutlich nie, daß sie ihn als Kölner Bürgermeister abgesetzt hatten. Der englische Publizist Richard Löwenthal berichtet, Adenauer habe bald nach diesem Ereignis gesagt, seine drei Hauptantipathien gälten den Russen, den Preußen und den Engländern[20]. Daß die Engländer ihm unsympathisch waren, steht fest; in dieser Hinsicht war er nur ein typischer Vertreter jener sehr zahlreichen deutschen Katholiken, die ihre Freunde gern in Lateineuropa suchen. Adenauers instinktives Mißtrauen gegen die Briten hätte sich vielleicht beträchtlich wandeln können, wäre er einem britischen Staatsmann begegnet, für den er eine persönliche Freundschaft hätte empfinden können. Dazu kam es jedoch nicht. Churchill kam nicht mehr dazu, sich mit Adenauer anzufreunden, und Eden hatte für die Deutschen nichts übrig. Schließlich schien die Möglichkeit zu bestehen, daß Adenauer in Harold Macmillan, der Eden Ende 1956 nach dem Fiasko der britisch-französischen militärischen Intervention in Suez als Premierminister ablöste, einen verwandten Geist fand. Beide hatten vieles gemeinsam: die Eleganz, die Zurückhaltung, den Esprit und die Freude an einer guten Unterhaltung.

Macmillan hatte allerdings gewisse Vorbehalte gegenüber Adenauer. Seine erste persönliche Unterredung mit ihm fand im Juni 1954 in Bonn statt. Macmillan schildert sie folgendermaßen: »Nach einem mir zu Ehren gegebenen Essen zog er mich zu einem Gespräch beiseite. Er hielt mir einen langen, fesselnden Vortrag, in dem er nicht nur die anstehenden Probleme, sondern die ganze Geschichte der deutschen Völker von der Zeit der Römer bis zur Gegenwart behandelte. Ich fand diesen Monolog außerordentlich interessant[21].« So weit, so gut; doch Macmillan fährt fort: »In den nächsten neun Jahren mußte ich mir ihn jedesmal anhören, wenn wir zusammenkamen.« Adenauer pflegte sich zu wiederholen, wenn er mit Engländern sprach[22]. Hatte er ihnen gegenüber Minderwertigkeitskomplexe? Sonst war er nicht so langweilig.

Macmillan glaubte, die Deutschen einschließlich Adenauers wüßten überhaupt nichts über die Sowjetunion. Wir haben bereits erwähnt, daß Macmillan meinte, Adenauers Moskau-Besuch im September 1955 sei eine heilsame Erfahrung für ihn gewesen. Nach Macmillans Ansicht waren die Deutschen unnötig begriffsstutzig. Über die Gefühle der Russen sagte er einmal: »Ihre Furcht vor Deutschland – Furcht vor und Haß auf Deutschland – war wirklich echt. Haß auf Deutschland wegen der furchtbaren Taten, die Hitlers Leute im besetzten Rußland begangen hatten, und Furcht vor einem Land, das, wie sie glaubten, im Grunde intelligenter und entwickelter sei und demzufolge mächtiger werden könnte[23].«

Adenauer seinerzeit war überzeugt, daß Macmillan geneigt war, der Sowjetunion aus Wahlrücksichten Konzessionen zu machen, und daß er allzu bereit war, im Interesse Englands den Deutschen Zugeständnisse vorzuschlagen. Mehr als einmal hat Adenauer in seinen letzten Jahren die Engländer als die Ausbeuter von »uns armen dummen Kontinentaleuropäern« bezeichnet und die britische Europapolitik als »ein einziges Feilschen[24]«. Den größten Schock versetzte Macmillan Adenauer im Februar 1959, als er

Oben:
Bundespräsident Lübke mit Gattin bei einem Empfang des Bundeskanzlers im Palais Schaumburg am 17. Mai 1963

Unten:
Oskar Kokoschka (rechts) übergibt sein Adenauer-Porträt dem Bundestagspräsidenten Eugen Gerstenmaier am 17. Mai 1966

Oben:
Besuch beim Berliner Oberbürgermeister Willy Brandt 1959

Unten:
Der Kanzler trifft 1960 im New Yorker Waldorf-Astoria-Hotel den israelischen Ministerpräsidenten Ben Gurion

Oben:
Adenauer und Charles de Gaulle unterzeichnen am 22. Januar 1963 den Deutsch-Französischen Vertrag

Unten:
Staatsbesuch des französischen Präsidenten in Deutschland im September 1962

Oben:
Die Nachfolger Adenauers: Ludwig Erhard und Kurt Georg Kiesinger

Unten:
Das Ende einer Ära. Adenauer übergibt am 17. Oktober 1963 dem neuen Bundeskanzler Ludwig Erhard die Amtsgeschäfte

kurzfristig beschloß, nach Moskau zu gehen. Zufällig schickte Adenauer in eben dieser Woche den Staatssekretär des Auswärtigen Amts, Scherpenberg, zu Konsultationen mit dem Foreign Office nach London. Er blieb zwei Tage in der britischen Hauptstadt, ohne daß ihm etwas von dem Moskau-Besuch gesagt wurde, und kehrte einen Tag, bevor Macmillan die Reise im Unterhaus bekanntgab, nach Bonn zurück. Adenauer war höchst aufgebracht; er glaubte an eine vorsätzliche Täuschung, während es in Wahrheit eine bürokratische Panne des Foreign Office war.

Im März war Macmillan wieder in Bonn, doch sollten seine Beziehungen zu Adenauer unter keinem guten Stern stehen. Er brachte einen Plan für eine ›Verdünnung‹ der Streitkräfte auf beiden Seiten des Eisernen Vorhangs – ohne ›Diskriminierung‹ der NATO oder der Warschauer-Pakt-Mächte – mit. Dieser sogenannte Macmillan-Plan sollte drei potentielle Vorteile mit sich bringen. Durch die Begrenzung und Kontrolle der militärischen Stärke in Europa würde er die Aussichten auf Fortschritte in der allgemeinen kontrollierten Abrüstung verbessern. Da aber die rein militärischen und politischen Gründe für das sowjetische Mißtrauen eng miteinander verquickt waren, eröffnete der Plan ferner Aussicht auf parallele Fortschritte auf dem Gebiet der politischen Koexistenz. Und schließlich konnte ein faires Übereinkommen über die Streitkräfte auch eine Lockerung der Spannungen innerhalb Deutschlands zur Folge haben. Tatsächlich bot der Plan Macmillans positive Vorteile. Adenauer wollte jedoch nichts von ihm wissen, auch nicht für den Fall, daß er eine Inspektion der Streitkräfte in Ostdeutschland zur Folge haben würde. Nur zwei seiner persönlichen Berater waren couragiert genug, ihm zu widersprechen: sein Pressechef Felix von Eckardt und Bundestagspräsident Eugen Gerstenmaier.

Adenauer blieb stur in seiner selbstgestrickten diplomatischen Zwangsjacke. Er war so entschieden gegen jede flexible Diplomatie wie eh und je; er glaubte, man müsse die militärische Stärke der NATO stetig weiter ausbauen und könne inzwischen nichts anderes unternehmen. Im August lud er Macmillan und den britischen Außenminister Lord Home nach Bonn ein, doch trug das Treffen nicht dazu bei, die deutsch-englischen Beziehungen zu verbessern. Macmillan wußte nicht recht, warum er eingeladen worden war – der wahre Grund war die Stimmung Adenauers, der sich von de Gaulle enttäuscht fühlte. Ein Gespräch über eine Wiederbelebung des Plans einer weitgespannten europäischen Freihandelszone verlief im Sand. Es trug auch nicht zur Verbesserung der Lage bei, daß Macmillan eigentlich damit gerechnet hatte, zu dieser Zeit in Belton Abbey in Yorkshire Moorhühner zu jagen. Und Lord Home hätte das gleiche auf seinem schottischen Landsitz getan. Von diesem Zeitvertreib verstand Adenauer so gut wie nichts.

Im November 1959 gab Adenauer dem Korrespondenten des *Manchester Guardian* ein Interview; es war eine seiner äußerst seltenen Bemühungen, die deutsch-englischen Beziehungen zu verbessern[25]. Darin erklärte er, Mr. Macmillan sei ein ›außerordentlich erfolgreicher Premierminister‹ und ›mein Freund‹, und er beglückwünschte ihn und die Konservative Partei zu ihrer positiven Einstellung gegenüber Europa, ihrem Interesse an einem Beitritt zum Gemeinsamen Markt und ihrer Berlin-Politik. Doch ein Unterton von Unbehagen war auch in diesem Interview zu spüren; der Bundeskanzler drang auf eine Beendigung allen Geredes von einem ›Disengagement‹ und warf einem Teil der englischen Presse Unkenntnis und schlechten Willen vor.

Zwei Tage nach diesem Interview traf Adenauer in London ein, aber auch dieses Treffen mit Macmillan war ein Mißerfolg. Nach zwei Arbeitssitzungen nahm der britische Premier den Bundeskanzler am 18. November zur Übernachtung mit nach Chequers. Abends wandte sich die Unterhaltung wieder der Frage einer Herabsetzung der militärischen Streitkräfte in Europa zu. Adenauer blieb völlig unzugänglich, und Macmillan wies darauf hin, daß England sich geneigt fühlen könnte, seine Rheinarmee abzuziehen. Adenauer entgegnete gereizt, er nehme nicht an, daß die englischen Truppen in der Bundesrepublik nur stationiert seien, ›um den Deutschen einen Gefallen zu tun‹. Nach diesem Schlagabtausch versiegte das Gespräch. Am nächsten Morgen kam von Eckardt in Adenauers Zimmer, um ihm zu sagen, er werde eine ›routinemäßige‹ Erklärung für die Pressekonferenz vorbereiten, die der Bundeskanzler am Nachmittag in London geben sollte. Adenauer erwiderte nur unwirsch: »Schreiben Sie, was Sie wollen[26].«

Adenauers Depression hatte sich noch verstärkt, als er am 17. November Sir Winston Churchill in dessen Haus in Hyde Park Gate einen Höflichkeitsbesuch abstattete und der verdiente alte Staatsmann, der sein Altersgenosse war, nicht die Energie aufbringen konnte, einen Kanarienvogel zu verscheuchen, der aus seinem Käfig herausgelassen worden und auf Churchills kahlem Schädel gelandet war. Es erinnerte Adenauer an sein Alter[27].

Die Chance einer wirklichen Verbesserung der deutsch-englischen Beziehungen wurde 1959 verpaßt; sie kam nicht wieder. Im folgenden Jahr wurde die Frage des britischen Beitritts zum Gemeinsamen Markt akut, und Adenauer widersetzte sich ihm privat, obwohl er öffentlich seine Unterstützung beteuerte. Das ganze Jahr 1961 hindurch bewegten sich die Verhandlungen zwischen England und den Sechs auf eine Krise zu, die nur wenige Beobachter voraussahen. Zu diesen dürfte auch Adenauer gehört haben, denn es besteht aller Grund zu der Annahme, daß er und de Gaulle sich zuvor über den weiteren Ausschluß Englands geeinigt hatten. Doch das gehört in ein späteres Kapitel. In einer ganz anderen Beziehung war 1959 ein entscheidendes Jahr für Adenauer. Es war das Jahr der sogenannten ›Präsidentschaftskrise‹, die allgemein als der Wendepunkt betrachtet worden ist, an dem ihn sein Glück endgültig verließ.

Die ›Präsidentschaftskrise‹ zeichnete sich zuerst im Dezember 1958 am Horizont ab, als der Bundespräsident,

Professor Theodor Heuss, Adenauer brieflich über seinen bevorstehenden Rücktritt unterrichtete. Heuss, dieser freundliche, philosophische, etwas sarkastische Schwabe, sollte im September 1959 seine zweite fünfjährige Amtsperiode beenden. Eine dritte Amtsperiode war im Grundgesetz nicht vorgesehen, und Heuss wies in seinem Schreiben darauf hin, daß kein Grund vorliege, dies durch eine Verfassungsänderung zu ermöglichen. Er glaube nur, daß es vielleicht vernünftig wäre, das Grundgesetz dahin zu ändern, daß die fünfjährige Amtsperiode auf sieben Jahre ausgedehnt würde. Doch könne das, wie er betonte, erst nach seinem Rücktritt geschehen.

Heuss war ein erfolgreicher Bundespräsident gewesen. Er hatte die Gabe, das ›rechte Wort zur rechten Zeit‹ zu finden. Er hielt sich geflissentlich aus aller Parteipolitik heraus und erfüllte die Form seiner Pflichten mit intellektuellem Inhalt. Man nahm allgemein an, daß er nur sehr schwer zu ersetzen sein würde, doch mußte am 1. Juli von den 995 Mitgliedern der Bundesversammlung ein Nachfolger gewählt werden. In dieser Versammlung verfügten die Christdemokraten über keine klare Mehrheit, und die Sozialdemokraten nominierten einen zugkräftigen Kandidaten, Professor Carlo Schmid, ihren geistreichen und stattlichen Sprecher in außenpolitischen Fragen.

Adenauer hielt, wie sich aus seinen Memoiren ergibt, Carlo Schmid für einen höchst ungeeigneten Kandidaten für das Präsidentenamt. Schmid hatte sich dem Eintritt Deutschlands in den Europarat und die NATO widersetzt, und er war gegen die Lagerung von Atomwaffen auf deutschem Boden Sturm gelaufen. Der Bundeskanzler berief ein aus 17 Mitgliedern bestehendes CDU-Komitee, das einen Kandidaten bestimmen sollte. Die erste Sitzung des Komitees fand am 24. Februar 1959 statt, auf ihr schlug er mit Zustimmung der Mitglieder Professor Ludwig Erhard als Präsidentschaftskandidaten vor.

Über die weitere Entwicklung berichtet Adenauer wie folgt[28]: Er setzte sich telefonisch mit Erhard, der zu einem kurzen Kuraufenthalt in Glotterbad weilte, in Verbindung, und Erhard sagte, er sei ›einverstanden‹. Am 28. Februar suchte Erhard Adenauer, der an einem kurzen fiebrigen Grippeanfall erkrankt war, in Rhöndorf auf. Dabei erklärte er – immer nach Adenauer –, er werde von der Fraktion und allen, mit denen er gesprochen habe, bestürmt, nicht aus der aktiven Politik auszuscheiden. Er fragte den Kanzler, was er tun solle. Dieser antwortete: »Wenn Sie klug sind, fahren Sie ins Glottertal zurück und sagen gar nichts!« Am 2. März nahm der Bundeskanzler seine Arbeit wieder auf. Am nächsten Tag erfuhr er, daß Erhard nicht bereit sei, für die Präsidentschaft zu kandidieren. Erhard informierte ihn noch am gleichen Abend über seinen Entschluß.

Erhards Bericht über die Vorgänge lautet genau entgegengesetzt[29]. Danach rief Adenauer ihn zwar tatsächlich am 24. Februar an und sagte ihm: »Wir haben einstimmig beschlossen, daß Sie der rechte Mann für das Amt sind.« Er, Erhard, habe jedoch sofort erklärt, es sei merkwürdig, daß er zum Kandidaten der CDU gewählt worden sein solle, ohne vorher konsultiert worden zu sein. Noch merkwürdiger sei es jedoch, daß man von ihm eine umgehende Antwort erwarte. Seine unmittelbare Reaktion sei dahin gegangen, die Kandidatur abzulehnen, er habe das jedoch nicht sofort ausgesprochen, um auf die Gefühle des Bundespräsidenten Heuss Rücksicht zu nehmen. Er teilte seine Ablehnung am nächsten Tage telefonisch mit und suchte Heuss nach seiner Rückkehr nach Bonn auf, um ihm seine Gründe darzulegen. Erhard erklärte kategorisch: »Ich habe niemals irgendein Interesse daran gezeigt, Präsident zu werden. Die Wahrheit war, daß Adenauer mich die Treppe hinaufstoßen lassen wollte.«

Auch wenn man die Fehlerquellen berücksichtigt, die sich bei Ferngesprächen ergeben können, ist es unmöglich, diese Berichte miteinander in Einklang zu bringen. Es folgte ein Monat parteiinterner Diskussionen, aus denen klar wurde, daß die CDU-Fraktion wünschte, Erhard solle in der aktiven Politik bleiben, und in ihm den natürlichen Nachfolger Adenauers als Bundeskanzler sah. Verschiedene Namen wurden als mögliche Kandidaten für die Präsidentschaft genannt, so Heinrich Krone, Franz Etzel und Eugen Gerstenmaier, aber nichts wurde entschieden.

Am 2. April erzählte Hans Globke dann Adenauer, einige prominente Mitglieder der CDU wünschten, der Bundeskanzler solle selbst für die Präsidentschaft kandidieren. Das geschah während des Spaziergangs, den die beiden Männer wie gewohnt in dem Park des Palais Schaumburg unternahmen. Adenauer war, wie er berichtet, erstaunt[30], spitzte jedoch die Ohren, als Globke meinte, die Idee könnte sinnvoll sein, wenn das Amt des Präsidenten – wie das de Gaulles in Frankreich – mit mehr Autorität und politischem Einfluß ausgestattet würde. Noch erstaunter war Adenauer, als ihm eine kleine Gruppe persönlicher Berater am 6. April erklärte, die ›Kontinuität‹ der CDU-Regierung könne am besten gewahrt werden, wenn er selbst Präsident und Franz Etzel sein Nachfolger als Bundeskanzler werde. Adenauer glaubte, daß Etzel – Finanzminister seit 1957 und überzeugter Anhänger einer europäischen Integration – ein Mann sei, auf den er sich ohne weiteres verlassen könne. Was zuerst ein Hirngespinst zu sein schien, begann jetzt möglich zu erscheinen.

Am 7. April sondierte Adenauer mit größter Finesse die Stimmung in dem Wahlmännergremium der CDU. Er hatte inzwischen erfahren, daß seine Familie für seine Präsidentschaft war. Sie erinnerte ihn daran, daß er 83 Jahre alt, daß er überarbeitet sei, daß er sich niemals von seinen dauernden Besuchern und Verpflichtungen freimachen könne und daß er selbst zehn Jahre zuvor tatsächlich daran gedacht habe, Präsident zu werden[31]. Vor dem Wahlausschuß führte er aus, daß der Präsident das Recht habe, den neuen Kanzler vorzuschlagen, über alle politischen Entscheidungen voll informiert zu werden, an den Kabinettssitzungen teilzunehmen und sogar ihren Vorsitz zu übernehmen[32]. Er fügte hinzu – wenn auch mehr als Versuchsballon –, der Präsident ernenne die Minister zwar auf

›Vorschlag‹ des Kanzlers, wäre aber wohl nicht verpflichtet, die Vorschläge des Kanzlers zu akzeptieren.

Diplomatisch wies er darauf hin, daß sich seit 1949 keine Probleme ergeben hätten, weil er und Heuss die Dinge ›freundschaftlich‹ erledigt hätten und jeder auf die Argumente des anderen gehört habe. Beispiele für ›Argumente‹, die Heuss vorgebracht haben sollte, führte er nicht an.

In seinen Memoiren[33] behauptet Adenauer ferner, der Präsident brauche ›Ratschlägen‹, die auf dem Gebiet der Außenpolitik an ihn herangetragen würden, nicht ›blindlings‹ zu folgen, er könne verlangen, daß Gesetze noch einmal überprüft würden, bevor er sie unterzeichne, und er habe ›Sonderrechte‹ in der Frage von Krieg und Frieden. Außerdem sei er in keiner Weise verpflichtet, sich politischer Reden zu enthalten! Es ist bis heute noch nicht klar, wie stark das Wahlmännerkomitee der CDU mit diesen Punkten unmittelbar befaßt wurde. Das Ergebnis der Sitzung vom 7. April war jedenfalls, daß Gerstenmaier im Namen des Komitees Adenauer aufforderte, für die Präsidentschaft zu kandidieren, und daß dieser zusagte. Humorig meinte er, er müsse »sich nun in vieler Hinsicht ändern«, unter anderem auch »fair gegenüber der SPD sein«!

War Adenauer zeitweise geblendet durch die Aussicht, eine ›Präsidialdemokratie‹ nach dem von de Gaulle in Frankreich praktizierten Muster verwirklichen zu können? Das scheint der Wahrheit sehr nahe zu kommen. Am 8. April sprach er im Fernsehen und erklärte mit einer leicht schelmischen Ernsthaftigkeit, seine Entscheidung, für die Präsidentschaft zu kandidieren, sei sorgfältig erwogen worden. Freilich hatte er eben erst dem CDU-Wahlausschuß gesagt, die Entscheidung sei ganz plötzlich gefallen, und er hatte auch tatsächlich keine Zeit gehabt, darüber lange nachzudenken. Aber Adenauer hatte auf dem Fernsehschirm noch etwas Wichtigeres zu sagen. Er erklärte, er wolle »die Kontinuität unserer Politik für die kommenden Jahre wahren«. Dieser Satz verriet die enge Gemeinschaft, die Adenauer zu dieser Zeit mit Heinrich Krone verband, einem Mann, der alle persönlichen Interessen im Dienst an seinem Kanzler und seinem Vaterland hintanstellte. Krone hatte ihm die potentielle Bedeutung des Worts ›Kontinuität‹ klargemacht – zehn Jahren totaler Herrschaft als Kanzler konnten zehn weitere Jahre zielstrebiger Präsidentschaft folgen[34]. Adenauer erlag der Verlockung dieser großartigen Perspektive.

Nach seinem Fernsehinterview reiste der Bundeskanzler am 8. April sofort zu einem vierwöchigen Urlaub nach Cadenabbia. Am gleichen Abend trafen die vier Kandidaten für das Amt des Bundeskanzlers – die Minister für Wirtschaft, Finanzen, Verteidigung und Inneres: Erhard, Etzel, Strauß und Schröder – in der Wohnung von Strauß zusammen und vereinbarten in einem *gentlemen's agreement*, daß ›keiner für sich selbst Propaganda machen‹ sollte. So konnte die CDU ihre Entscheidung treffen, ohne daß Einfluß oder Gunst eine Rolle spielte. Politisch gesehen war das eine bemerkenswert reife Haltung. Sie strafte alle diejenigen Lügen, die behaupteten, unter der ›Kanzlerdemokratie‹ hätten die Politiker aufgehört, eine eigene Meinung zu haben.

In Cadenabbia arbeitete Adenauer inzwischen in seiner gewohnten gelassenen und präzisen Weise die Richtlinien für seine künftige Präsidentschaft aus. Worauf sie hinausliefen, wurde in der Folge eindeutig klar. Ohne das Grundgesetz zu reformieren, würde er die Vollmachten des Präsidenten in einer Weise ausüben, wie es sich Theodor Heuss niemals hatte träumen lassen. Er würde seinen Nachfolger als Bundeskanzler ernennen, und es würde Franz Etzel sein. Und seine Entscheidungen würden über jeder Kritik und Diskussion stehen. Wie er Gerhard Schröder gesagt hatte, als dieser ihn vor Monaten in Cadenabbia besucht hatte, war er der Disziplinlosigkeit der Parteien und des politischen Spektakels überdrüssig[35].

In den ersten Tagen seines Urlaubs in Cadenabbia war Adenauer sowohl mit seiner Entscheidung wie mit der Sensation, die sie ausgelöst hatte, höchst zufrieden. Die

Bevölkerung der Bundesrepublik war wie vom Blitz getroffen, doch die Kommentatoren in Presse, Rundfunk und Fernsehen geizten nicht mit ihrem Lob[36].

Doch die Nackenschläge blieben nicht aus. Am 15. April traf Robert Pferdmenges mit einer persönlichen Botschaft Erhards in Cadenabbia ein. Darin versicherte dieser Adenauer überflüssigerweise seiner Loyalität, machte aber geltend, es könne keinen Einwand dagegen geben, daß er Kanzler würde. Was noch schwerer wog: Pferdmenges, Adenauers vertrautester Freund, war der gleichen Meinung!

Am 2. Mai kamen Heinrich Krone und Hans Globke an. Sie berichteten Adenauer, eine beträchtliche Mehrheit der CDU-Abgeordneten wünsche Erhard als Kanzler. Adenauer war durch die ›falsche‹ Nachricht äußerst verärgert. Am 4. Mai kehrte er mit dem Wagen nach Bonn zurück. In Baden-Baden stieß Hermann Höcherl, nächst Strauß das einflußreichste Mitglied der CSU, zu Adenauer und Krone. Er berichtete, daß die CSU für Erhards Kandidatur sei.

Am 13. Mai hatte Adenauer ein anderthalbstündiges Gespräch mit Erhard, in dem er sich bemühte, ihn von einer Kandidatur für das Kanzleramt abzubringen. Doch Erhard, der gewöhnlich als ›Gummilöwe‹ hingestellt wurde, blieb stur, wenn er auch meist schwieg. Er hatte sogar den Mut, Adenauer zu sagen, daß er als Kanzler auch das Wirtschaftsministerium weiterzuführen gedenke, das er ›mit zehn Prozent seiner Arbeitsleistung leiten‹ könne[37].

Die nächsten drei Wochen brachten Verwirrung und stürmische Auseinandersetzungen. Am 14. Mai sagte Adenauer dem Kabinett, die ›internationale Lage‹ werde ihn vielleicht zwingen, seinen Entschluß, als Kanzler zurückzutreten, noch einmal zu überprüfen. Seine Minister blieben jedoch unzugänglich. Es folgte eine Unterredung mit Pferdmenges. Adenauer hatte seinen alten Freund zwar in Cadenabbia zu seiner Meinung bekehrt, doch mußte er nun feststellen, daß Pferdmenges wiederum für eine Kandidatur Erhards gewonnen worden war. In einer *tour de force* erklärte Adenauer seiner Partei, wenn Etzel nicht zum Bundeskanzler gewählt werde, werde er auf die Präsidentschaft verzichten – auf ein Amt, das er noch gar nicht übernommen hatte! Am 19. Mai richtete er an Krone einen Brief, in dem er seine Einwände gegen eine Kandidatur Erhards darlegte und ihn bat, diesen Brief ›in seiner Eigenschaft als Erster Vorsitzender der Bundestagsfraktion dementsprechend nach Gutdünken zu behandeln‹. Seine Einwände gingen dahin, daß Erhard zuwenig von Außenpolitik verstehe, daß er ›gegenüber der europäischen Integration eine wenig freundliche, wenn nicht gar ablehnende Stellung eingenommen‹ habe, daß er für Frankreich und Italien nicht annehmbar sei und daß er als Wirtschaftsminister nicht ›entbehrt‹ werden könne[38]. Er erinnerte Krone daran, daß dieser in seinem Schreiben Wert auf ›Kontinuität‹ gelegt habe, und behauptete, diese Kontinuität könne mit Erhard als Kanzler nicht gewährleistet werden.

Krone, dieser getreue Figaro, sollte mit diesem Brief bei den CDU-Führern hausieren gehen und sie zur Vernunft bringen. Statt dessen kam er jedoch zu Adenauer und drang in ihn, seine Einstellung zu Erhard zu ändern. Das war so ungefähr das letzte, was passieren durfte. Am 20. Mai schrieb Adenauer zwei Briefe. In dem ersten, an Krone gerichteten, verkündete er seine Absicht, selbst Bundeskanzler zu bleiben, wenn Erhard der Kanzlerkandidat der CDU würde. Als Hauptgrund gab er an, unter Erhard würde die CDU die Bundestagswahl 1961 verlieren. In dem zweiten Schreiben an Erhard drängte er diesen, Wirtschaftsminister zu bleiben. Mit einem durchsichtigen Manöver appellierte er an ihn, an das nationale, nicht an sein persönliches Interesse zu denken. Als Antwort suchte Erhard am 22. Mai Adenauer auf und bekräftigte seinen Wunsch, Kanzler zu werden; anschließend veranlaßte er Gerstenmaier, Adenauer aufzufordern, seine Kandidatur für die Präsidentschaft aufrechtzuerhalten.

Am 25. Mai starb John Foster Dulles, und Adenauer hatte einen geeigneten Vorwand, zu verlangen, daß in der westlichen Welt jetzt erfahrene Staatsmänner am Ruder bleiben müßten. Er bat Karl Blessing, den Präsidenten der Bundesbank, bei Erhard zu intervenieren, und führte am gleichen Tag den Vorsitz bei einer stürmischen Fraktionssitzung der CDU, auf der Gerstenmaier, der jetzt ganz von seiner Wichtigkeit durchdrungen und in Adenauers Augen der führende ›Rebell‹ war, von diesem die Erklärung forderte, daß er ›unter allen Umständen‹ bereit sei, für die Präsidentschaft zu kandidieren. Adenauer antwortete: »Keineswegs«, und flog am nächsten Tag zu den Beisetzungsfeierlichkeiten für Dulles nach Washington[39].

Nun mußte der letzte Akt des Dramas ›Präsidentschaftskrise‹ gespielt werden. In Washington wurde Adenauer sich endgültig schlüssig. Nach seiner Rückkehr nach Bonn verfiel er wieder in ein Schweigen, das auf seine Berater entnervend wirkte. Am 4. Juni zog er dann seine Kandidatur für die Präsidentschaft zurück – 58 Tage, nachdem er sie angenommen hatte. Mit bewundernswerter Selbstsicherheit bedauerte er die in aller Öffentlichkeit geführte Auseinandersetzung, die, wie er in einem Schreiben an Krone meinte, »unserer Partei und unserer Sache außerordentlich schadet«. Er setzte für den 11. Juni eine Fraktionssitzung der CDU an, auf der eine Entscheidung über den Präsidentschaftskandidaten getroffen werden mußte. Adenauer hatte diese Sitzung so spät wie möglich angesetzt; die Wahl des Bundespräsidenten sollte drei Wochen später stattfinden.

Nachdem er endlich eine Entscheidung erreicht hatte, konnte man sich darauf verlassen, daß er sie mit einer Mischung von eiserner Entschlossenheit und ironischer Eleganz durchfechten würde. Am nächsten Tag bestätigte er seine Instruktionen an Krone auf einer Kabinettssitzung. Ein offizieller Regierungssprecher erklärte anschließend, Dr. Adenauer habe einfach angekündigt, daß er Bundeskanzler bleiben werde. – »Natürlich gab es keine Diskussion«, fügte er hinzu, und er meinte das ganz ernst.

Die Fraktionssitzung der CDU war jedoch ereignisreicher. Gerstenmaier hatte der Presse bereits mitgeteilt, daß die ganze Führung der CDU mit Ausnahme von Gerhard Schröder Adenauers Handlungsweise mißbillige, und beschloß nun, dem Kanzler im Fraktionszimmer entgegenzutreten. Er stellte sich direkt an der Tür auf und stand so dem Kanzler, als dieser absichtlich spät und lässig eintrat, unmittelbar gegenüber[40].

Gerstenmaier, ein Mann von kleiner Statur, starrte in aggressiver Haltung Adenauer grimmig ins Gesicht, sagte aber nichts. Ruhig und gelassen blickte der Kanzler auf ihn hinab und bemerkte: »Es ist sonderbar, daß man an den Augen eines Menschen den Haß in seinem Herzen ablesen kann.« Mit einem Gesicht wie ein Truthahn stürzte Gerstenmaier an Adenauer vorbei und aus dem Zimmer. Die CDU-Revolte gegen Adenauer war zusammengebrochen, bevor sie angefangen hatte.

Es gab noch ein eher komisches Nachspiel. Erhard war in Washington, als Adenauer seine letzte Bombe hochgehen ließ. Am 7. Juni sagte Erhard den dortigen Reportern, Adenauers Entschluß, Kanzler zu bleiben, sei ein Schlag gegen die westdeutsche Demokratie. Am 9. Juni kam er mit dem Flugzeug in Düsseldorf an. Er wußte immer noch nicht, daß ihn seine Freunde in der CDU restlos im Stich gelassen hatten, und gab auf dem Flugplatz eine Pressekonferenz, bei der er sich von ungewohnter Lebhaftigkeit zeigte und erklärte, die Demokratie sei in Gefahr und ›das letzte Wort noch nicht gesprochen‹. Am 10. Juni sprach er mit Adenauer und verlangte ›Genugtuung‹. Anschließend sagte er der Presse, die Atmosphäre sei »nicht sehr freundlich« gewesen. Er war durch das Vertrauensvotum, das ihm von der CDU versprochen worden war, zu seiner Haltung verleitet worden. Doch noch lange danach hatte er das Gefühl, daß ihm Unrecht geschehen war. »Adenauer mißtraute mir, weil alle anderen mir vertrauten«, lautete seine Erklärung[41]. Er bestritt, daß er Adenauers Außenpolitik radikal geändert hätte, damals oder später: »Natürlich, ich war als Atlantiker bekannt, aber das bedeutete nicht, daß ich antifranzösisch war. Ich wünschte ein mehr sachliches, weniger sentimentales Verhältnis zu Frankreich.« In einem weicheren Augenblick sprach er von einem ›strukturellen‹ Unterschied zwischen sich und Adenauer. »Er war gotisch, und ich war barock.«

Die ganze Affäre hatte noch zwei weitere Nachspiele. Für das erste sorgte der Bundestag in seiner Debatte vom 11. Juni. In ihr griff der Führer der SPD, Erich Ollenhauer, Adenauer heftig an und beschuldigte ihn, er behandle die Präsidentschaft als ein ›Parteiamt‹ und entwerte sie damit; er trample auf seiner eigenen Partei herum und beweise »eine tiefe Verachtung für seine Mitmenschen« und für die deutsche Demokratie. Adenauer machte sich nicht die Mühe, auf diese Vorwürfe zu antworten, sondern schlug einen ironisch spöttelnden Ton an. »Ich hätte Sie alle so sehr vermißt«, witzelte er. Und: »Als Präsident wäre ich nicht in der Lage gewesen, auch nur eine Wahlkampfrede zu halten.« Ein Ausrutscher unterlief ihm, als er versicherte, er habe seine Entscheidung erst ›nach sehr reiflicher Überlegung‹ und Gewissenserforschung getroffen. Denn die gleiche Phrase hatte er am 7. April gebraucht, als er den genau entgegengesetzten Entschluß verkündet hatte, auf das Kanzleramt zu verzichten und für die Präsidentschaft zu kandidieren. Die Opposition reagierte spontan mit höhnischem Gelächter.

Nur einmal kam es in der Sitzung zu einem dramatischen Moment. Das war, als Adenauer behauptete, er habe dem Kabinett am 14. Mai mitgeteilt, daß sein Entschluß, Bundespräsident zu werden, bereits ›zu 90 Prozent geschwunden‹ sei. Erhard, der schweigend und bedrückt auf seinem Platz saß, quittierte diese Bemerkung mit einer überraschten Kopfbewegung. Von den Bänken der SPD rief man ›Lügner‹, und Adenauer setzte betont hinzu: »Auch Erhard war anwesend.« Nach Abschluß der Debatte erklärte der offizielle Sprecher des Wirtschaftsministeriums, Dr. Karl Hohmann, der Presse: »Professor Erhard reiste nach Amerika in Kenntnis der Tatsache, daß der Kanzler an seinem Entschluß, Präsident zu werden, festhalten würde.« Zehn

Tage später verstand sich Adenauer – aber auch nur auf Drängen Krones und Pferdmenges' – zu einer gewissen Wiedergutmachung und schrieb Erhard einen Brief, in dem er dessen Dienste anerkannte und Verständnis dafür zeigte, daß er das Gefühl hatte, ihm sei Unrecht geschehen.

Schließlich blieb nun noch die Frage zu regeln, wer der Präsidentschaftskandidat der CDU sein sollte. Adenauer war bereits durch den Beschluß des Bundestags verärgert, die Präsidentschaftswahl in Berlin abzuhalten; er hatte versucht, diesen Beschluß zu verhindern, indem er wahrheitswidrig dem Bundestag mitteilte, die Westmächte hätten sich der Wahl in Berlin formell widersetzt. Jetzt hatte der Kanzler offenbar jedes Interesse an der Person des künftigen Präsidenten verloren und stimmte dem Vorschlag zu, daß Heinrich Lübke, eine verhältnismäßig unbedeutende Erscheinung, seit 1953 Landwirtschaftsminister, der Kandidat der Partei sein solle. Wie er selbst über Lübke dachte, kann aus einer Bemerkung geschlossen werden, die er bei einem Essen einem westlichen Diplomaten gegenüber machte: »Wissen Sie, wer das ist, zwei Plätze neben Ihnen? Das ist mein neuer Landwirtschaftsminister, er ist noch dümmer als sein Vorgänger[42].« Lübke, ein rechtschaffener, aber nicht besonders glänzender Präsident, wurde in der Folge übel verunglimpft; unter dem Titel *Der grüne Heinrich* wurde eine Sammlung naiver Aussprüche des Präsidenten veröffentlicht.

Es war vorauszusehen gewesen, daß die ›Präsidentschaftskrise‹ einen Sturm der Kritik an Adenauers Verhalten auslösen würde. Selbst sein ›Favorit‹ für das Kanzleramt, Franz Etzel, bemerkte ironisch, daß er nun wohl als Kandidat für das Amt des Papstes gelten könne. Ein anonymer Brief an Adenauer enthielt nur – in Kölner Dialekt – die Worte ›Du alter Jauner[43]‹. Besonders ernüchtert war die amerikanische Öffentlichkeit, die Erhards Darstellung des Falls bei dessen Besuch in Washington gehört hatte; nun wurden die Dienste einer New Yorker Public-Relations-Firma in Anspruch genommen, um Mittel und

Wege zu finden, das ›Image‹ des Bundeskanzlers wiederherzustellen. Aber wenigstens ein führender deutscher Intellektueller, Professor Theodor Eschenburg, verteidigte Adenauers Handlungsweise mit der Begründung, daß seine Einwände ›aufrichtig‹ und aus ›patriarchalischer Sorge um sein Volk‹ erwachsen seien[44]. Und ein führendes Mitglied der CDU, Will Rasner, wies auf die praktische Seite hin und betonte, daß Adenauer als Präsident eine Katastrophe gewesen wäre: »Es hätte einen ständigen Verfassungskonflikt gegeben[45].« Aber Rasner gab auch zu, daß Adenauer einen schweren Fehler gemacht habe, indem er die Präsidentschaftskandidatur überhaupt annahm. Es sei der größte politische Mißgriff seiner Karriere gewesen.

Auf jeden Fall war es ein Wendepunkt. Von Mitte 1959 an wurden Adenauers Sorgen immer größer und seine innen- wie außenpolitischen Erfolge immer seltener. Seine einzigen Trostpreise im Jahre 1959 waren ein erfolgreicher Japanbesuch und die Verleihung von drei Ehrendoktorhüten der Universitäten Princeton, Los Angeles und Berkeley in Kalifornien. Ehrendoktorwürden sowie das damit verbundene Zeremoniell und Gepränge standen bei Adenauer hoch im Kurs.

Das Jahr 1959 schloß mit einem häßlichen Mißklang. Am ersten Weihnachtsfeiertag schmierten zwei introvertierte, einfältige jungen Burschen Hakenkreuze an die Mauer der Kölner Synagoge in der Roonstraße und an das Ehrenmal für die deutschen Widerstandskämpfer gegen Hitler. Beide, der Bäckergeselle Arnold Strunk und der Angestellte Paul Schönen, waren 25 Jahre alt, also bei Hitlers Tod und der Auflösung der NSDAP erst zehn Jahre alt gewesen. Ihre Motive waren hoffnungslos verworren. Strunk erklärte, er sei Antisemit, weil »die Juden sich mit uns vermischen und wir dann untergehen«; Schönen meinte, er müsse »protestieren«, weil er sich selbst »besudle«, wenn er zulasse, daß das deutsche Volk mit den Nazi-Verbrechen in Zusammenhang gebracht werde. Das Schlagwort, das sie aufmalten, lautete: »Deutsche! Wir verlangen, daß die Juden rausgehen.« Ob sie jemals bewußt einen Juden gesehen hatten, war bei dem Gerichtsverfahren völlig unklar. Die einst blühende jüdische Gemeinde in Köln war durch die Nazi-Verfolgungen auf einige Hunderte zusammengeschmolzen.

Nach dem Krieg hatten sich zahlreiche antisemitische Symptome gezeigt. Erst ein Jahr zuvor war die Düsseldorfer Synagoge geschändet worden, und es waren verschiedene Fälle von Diskriminierungen und sogar physischer Gewaltandrohungen gegenüber einzelnen Juden bekanntgeworden. Besonders häufig äußerte sich der Antisemitismus in – meist anonymen – gehässigen Briefen. Es gab eine Anzahl von neonazistischen Buchgemeinschaften, und Ex-Nazis hatten sich im Verlagsgeschäft etabliert. Bücher oder Memoiren prominenter Ex-Nazis – oder ihrer Witwen und Freunde – waren erschienen. Paul Schönen hatte sie gierig verschlungen. Die große Masse des deutschen Volkes verurteilte den Antisemitismus, wie der Innenmimister betonte[46].

Aber es war anscheinend nicht nur in Deutschland, sondern in allen demokratischen westlichen Ländern unmöglich, ihn völlig auszurotten. Zu diesem Urteil kam eine Anfang 1960 vom Institut für Sozialforschung durchgeführte Meinungsumfrage. Danach lehnten 19 Prozent der Befragten jedes Rassenvorurteil entschieden, 41 Prozent nicht ganz so scharf ab. Zehn Prozent aber hatten ›antisemitische Tendenzen‹, 24 Prozent äußerten keine eigene Meinung[47].

Adenauer war äußerst aufgebracht, daß die letzten, besonders spektakulären Schmierereien in seiner Vaterstadt Köln vorgekommen waren. Einige Tage nach dem Vorfall wandte er sich über den Rundfunk an die Nation und empfahl, auf eine, wie er es nannte, ›gesunde‹ Weise zu reagieren und den Rassisten ›eine Tracht Prügel‹ zu verabfolgen. Das war zwar keine diplomatische Sprache, aber sie verdiente auch nicht die Kritik, die auf ihn herniederprasselte, weil er die Deutschen zu körperlicher Gewalttätigkeit gegeneinander ermuntert habe. Vierzehn Tage danach, als er den Präsidenten des jüdischen Weltkongresses, Dr. Nahum Goldmann, nach Belsen begleitete und am Mahnmal für die Nazi-Opfer in dem ehemaligen Konzentrationslager einen Kranz niederlegte, brandmarkte er den Antisemitismus in gemäßigteren Ausdrücken. Im März traf Adenauer im New Yorker Waldorf-Astoria-Hotel mit dem israelischen Ministerpräsidenten David Ben Gurion zusammen und sprach mit ihm über die Möglichkeiten einer künftigen bilateralen Zusammenarbeit zwischen der Bundesrepublik und Israel.

Die Nazi-Vergangenheit warf ihren häßlichen Schatten über die Bundesrepublik. In den ersten Monaten des Jahres 1960 lösten Beschuldigungen gegen Vertriebenenminister Theodor Oberländer in der Regierung lebhafte Verärgerung aus. Sie wurden zuerst 1959 von der Vereinigung der Opfer des Nationalsozialismus vorgebracht und mit Kriegsverbrechen begründet, die Oberländer angeblich 1941 in Südpolen begangen hatte. Anfang 1960 benutzten die ostdeutschen Behörden diese Anklagen zu einer heftigen Propagandakampagne. Sie galt allerdings weit weniger der Sache der Gerechtigkeit als dem Versuch, einen Vorwand zu finden, um die Bonner Regierung als ›faschistisch‹ und ›militant‹ anzuprangern. Oberländer selbst verteidigte sich nicht besonders geschickt. Zuerst versicherte er, er habe von den Massakern, die in Lemberg von der ukrainischen Miliz unter deutschem Kommando verübt worden waren, keine Kenntnis gehabt, dann behauptete er, sie seien von der Roten Armee bei ihrem Rückzug begangen worden. Ein Teil der westdeutschen Presse schloß sich den Angriffen gegen ihn an. Im April 1960 erreichte die Kampagne ihren Höhepunkt; im Mai demissionierte Oberländer. Ein anschließend eingeleitetes gerichtliches Ermittlungsverfahren ergab, daß er an den Greueltaten nicht beteiligt gewesen war, obwohl er während der Massaker sicherlich zeitweise in Lemberg war.

Adenauer wurde heftig attackiert, weil er so lange an seinem Minister festgehalten hatte. Es war nicht seine Art, vor äußerem Druck zu kapitulieren. Er hatte sich geweigert, auf die Dienste Hans Globkes zu verzichten, und er ignorierte all die krampfhaften Vorwürfe gegen andere Regierungsbeamte wie Herbert Blankenhorn und Gerhard Schröder, die irgendwann einmal Mitglieder der NSDAP oder der SA gewesen waren. Oberländer war ein außerordentlich tüchtiger Minister. Alles in allem war Adenauers Loyalität ihm gegenüber – nachdem er sich einmal entschlossen hatte, seine Dienste in Anspruch zu nehmen – durchaus lobenswert. Ob er ihm ein Regierungsamt im Kabinettsrang hätte geben sollen, steht auf einem anderen Blatt.

Ein zweites Mal wurden die Schatten der nazistischen Vergangenheit in den folgenden Jahren lebendig, als Adolf Eichmann, einer der Vollstrecker der ›Endlösung‹ der Judenfrage, in Jerusalem vor Gericht gestellt wurde. Ausführlicher und grausamer als jemals zuvor wurde hier die schreckliche Geschichte des Völkermordes aufgerollt. Ein Gefühl tiefer Scham bedrückte große Teile des deutschen Volkes, und das ostdeutsche Regime nutzte die Gelegenheit, um die Stimmung gegen ›Nazi-Generale‹ in der Bundeswehr und ›Nazi-Richter‹ in den westdeutschen Gerichten wieder anzuheizen. Adenauer erklärte in einem Zeitungsinterview, das ›Gift‹ des Antisemitismus sei bereits ausgemerzt; er verlange nur, das Gerichtsverfahren solle die ›volle Wahrheit‹ ans Licht bringen und Gerechtigkeit walten lassen[48].

Es ist in diesem Zusammenhang angebracht, kurz auf das Zentralproblem zurückzukommen, in dem seit 1945 kein Fortschritt erzielt worden war: die deutsche Wiedervereinigung. Eine Meinungsumfrage im Jahre 1957 zeigte, daß 52 Prozent der Befragten meinten, in absehbarer Zeit sei eine Wiedervereinigung unwahrscheinlich. Ende 1958 hatte sich ihre Zahl auf 74 Prozent erhöht. Im deutschen Volk hatten sich zu dieser Zeit bereits Resignation und Pessimismus ausgebreitet, und in der an solchen Fragen interessierten Minderheit wurden immer mehr Stimmen laut, die ein Disengagement in Mitteleuropa und die Formulierung einer Politik forderten, durch die den 17 Millionen Ostdeutschen etwas leichtere Lebensbedingungen gesichert werden sollten. In Westdeutschland begann gerade eine Debatte darüber, ob nicht die Zeit gekommen sei, da die Deutschen selbst neue Ideen für die Lösung des deutschen Problems entwickeln müßten – statt abzuwarten, bis die ihnen zwar zu einem gewissen Grade wohlgesinnten, aber im wesentlichen doch uninteressierten westlichen Alliierten aktiv würden. Es sollte fast noch zehn Jahre dauern, bis Bundeskanzler Willy Brandt und eine sozialdemokratische Regierung ernsthaft begannen, eine Politik der ›kleinen Schritte‹ zur Verbesserung der gesamtdeutschen Beziehungen und das Schicksal der Ostdeutschen in Angriff zu nehmen.

Im Januar 1959 lehnte die Sowjetregierung es entschieden ab, der Abhaltung gesamtdeutscher Wahlen Vorrang einzuräumen, und drang statt dessen auf ein schrittweises Vorgehen zur Lösung der deutschen Frage. Chruschtschow verlangte die militärische Neutralisierung der Bundesrepublik und die Entmilitarisierung West-Berlins. Endziel sollte die Bildung einer ›Konföderation‹ zweier gleichberechtigter deutscher Staaten sein. Auf diesen Vorschlägen beharrte die Sowjetunion auch auf der Genfer Außenministerkonferenz, die ohne Unterbrechung von Mai bis August tagte. Ein westlicher Vierstufenplan für die Wiedervereinigung Berlins, die Bildung eines gesamtdeutschen Ausschusses, gesamtdeutsche Wahlen innerhalb von zweieinhalb Jahren und für einen Friedensvertrag wurde überhaupt nicht in Betracht gezogen. Die Sowjets gefielen sich in Drohungen gegen West-Berlin und nahmen sie später wieder zurück. Die Genfer Konferenz stellte einen Dauerrekord im diplomatischen Schattenboxen auf. Zyniker meinten, die einzigen beiden Menschen, die daran Gefallen hätten, seien Adenauer und der Beherrscher Ostdeutschlands, Walter Ulbricht. Sie brauchten niemanden Konzessionen zu machen, und die Teilung Deutschlands blieb so unverrückbar wie zuvor.

Adenauers gesamtdeutsches Konzept beruhte auf dem Nachdruck, mit dem er sich für die Einigkeit und Stärke der westlichen Allianz einsetzte. Zur Frage diplomatischer Schritte zwecks Überwindung des toten Punktes in den Ost-West-Beziehungen hatte er nichts zu sagen. Ein Besuch in Washington im März 1960 zeitigte keine neuen Ideen, abgesehen von einem nebulösen Vorschlag, die Westberliner über den zukünftigen Status Berlins abstimmen zu lassen. Im Mai 1960 fand in Paris eine Gipfelkonferenz statt, und Adenauer wurde zeitweilig wieder von seinem Alptraum verfolgt: daß die großen Vier einen Kompromiß auf Kosten Deutschlands schließen und das Postdamer Abkommen wiederbelebt werden könnte. Doch die Pariser Konferenz wurde von Chruschtschow torpediert, dem der Abschuß eines amerikanischen U2-Aufklärungsflugzeuges über russischem Gebiet als Vorwand für wütende Anklagen gegen den Westen diente. Er nannte die Westmächte »Adenauer-Lakaien« und die westliche Presse »Adenauers Gesindel«. Chruschtschow verließ die Konferenz, nicht ohne einen separaten Friedensvertrag zwischen der Sowjetunion und dem ostdeutschen Staat anzukündigen und die Schaffung einer ›Freien Stadt West-Berlin‹ zu verlangen.

Im September führten die Ostdeutschen eine ›kleine Blockade‹ West-Berlins durch. Zwar hatte der Bundestag davon abgesehen, die erste Tagung nach den Sommerferien wie üblich in Berlin abzuhalten, aber die Vertriebenen veranstalteten dort einen ›Tag der Heimat‹. Darauf wurden fünf Tage lang, vom 31. August bis zum 4. September, Besuche Westdeutscher in West-Berlin verboten. Am 9. September kam es zu neuen Behinderungen. Die ›kleine Blockade‹ endete so abrupt, wie sie begonnen hatte. Sie mahnte eindringlich an die geographisch bedingte Verwundbarkeit West-Berlins.

Es waren schlimme Tage für Adenauer. Andere, weniger schwerwiegende Rückschläge kamen hinzu. Im Dezember 1960 und Januar 1961 erkrankte er – schwerer, als er zugeben wollte – an einer Bronchitis. Am 19. Januar hatte er seinen gewohnten kleinen ausgewählten Kreis von Journalisten zum Tee bei sich, und Georg Schröder von der *Welt* stellte fest, daß die Krankheit beträchtliche Spuren hinterlassen hatte[49]. Sein Gesicht war viel schmaler geworden, neue Falten hatten sich, besonders auf der Stirn, eingegraben. Auch sprach der Kanzler langsam und sehr leise. Aber sein Geist war rege wie immer.

Erhard machte ihm erneut Ärger, nicht nur weil die Mehrheit der CDU in ihm immer noch den natürlichen Nachfolger im Kanzleramt sah. Er hatte sich für eine größere europäische Einheit eingesetzt, und Adenauer argwöhnte, daß er auf seine EWG-Politik abzielte. In einer Reihe deutscher Zeitungen erschien ein Beitrag Erhards unter der Überschrift ›6+7+5 = 1‹. Sein Grundgedanke war, daß ein neuer Schritt zu einer wirtschaftlichen Union zwischen den sechs Ländern des Gemeinsamen Marktes, den sieben der Europäischen Freihandelszone und den fünf übrigen NATO-Mächten unternommen werden sollte. In Adenauers Augen war das Unsinn, und er war keineswegs erfreut, daß Erhard im März 1961 das Verdienst für die erfolgreiche und reibungslose Aufwertung der D-Mark zugeschrieben wurde. Zu seinem Dolmetscher äußerte er: »Man hat mir gesagt, ich sollte Erhard festnageln. Aber wie nagelt man einen Pudding fest[50]?«

Schließlich hatte er sich auch mit seinem Pressechef Felix von Eckardt überworfen. Dieser hatte eine Denkschrift über die Wiedervereinigung verfaßt und sie Mitgliedern des Auswärtigen Amts gezeigt, bevor er sie zu Adenauer brachte. Anschließend flog von Eckardt nach Washington; bei seiner Rückkehr kam er unmittelbar in eine Zusammenkunft Adenauers mit deutschen Journalisten hinein. Der Kanzler empfing ihn mit der barschen Bemerkung: »Sie können jetzt berichten, was sich in Washington zugetragen hat. Aber das hier ist mein Kreis, nicht Ihrer[51].« Bei einer anderen Gelegenheit sagte er von Eckardt, er täte besser, bei den Pressestellen der Länder die Runde zu machen, als sich in Bonn in der Politik zu versuchen. Adenauer und sein Pressechef waren an dem Punkt angelangt, an dem sich ihre Wege trennten. Es war ein Vorgeschmack künftiger Einsamkeit für den Kanzler.

Eine andere Trennung wog schwerer. Der amerikanische Präsident Eisenhower, für den Adenauer ehrlichen Respekt empfand, trat von der politischen Bühne ab. Franz Josef Strauß ließ auf eigene Initiative von seinem Verteidigungsministerium eine Studie über die außenpolitischen Konsequenzen ausarbeiten, die sich ergeben würden, wenn der demokratische Kandidat John F. Kennedy Präsident würde. Ein Exemplar dieses negativen Berichts gelangte durch Indiskretion in die Redaktion der *Baltimore Sun*, die daraufhin einen Artikel unter der Überschrift ›Nixon für die Deutschen annehmbarer‹ veröffentlichte. Dies war vollkommen zutreffend, soweit es Adenauer und die CSU anging; Kennedys Wahlsieg war ein regelrechter Schock – obschon der mit Adenauer persönlich verfeindete Adlai Stevenson nicht Vizepräsident geworden war.

Wie Kennedys Ghostwriter während der Wahlkampagne berichtet, bestand zwischen Kennedy und Adenauer keinerlei Sympathie. Der Präsident erklärte: »Das eigentliche Problem ist, daß er zu alt ist und ich zu jung bin, als daß wir uns verstehen könnten[52].« Weniger großzügig nannte Adenauer Kennedy »eine Kreuzung zwischen einem jungen Marineoffizier und einem katholischen Pfadfinder«. Der Altersunterschied spielte sicher eine Rolle, aber Adenauer mißtraute auch entschieden den politischen Methoden Kennedys, der sich von Flair und Instinkt leiten ließ und sich auf die Mitarbeit einer Gruppe hervorragender junger Ratgeber stützte. Wie vielen Amerikanern schien Kennedy auch für Adenauers Geschmack zu exotisch zu sein. Seine Ideale waren Ordnung, Erfahrung und gründliche Überlegung. Zu de Gaulle äußerte er im Februar 1961 in Paris, Kennedy habe »viele Primadonnen um sich« – eine sonderbare Definition für junge Technokraten[53]. Beide, Adenauer und de Gaulle, urteilten pessimistisch über Kennedys Außenpolitik und unterstellten, er werde der Sowjetunion ihnen unwillkommene Zugeständnisse machen.

Tatsächlich stellte Kennedy bei Adenauers Besuch in Washington im April klar, daß sich die amerikanische Deutschlandpolitik nicht ändern werde. Er erklärte, er werde die NATO, den Gemeinsamen Markt und das westdeutsche Streben nach Wiedervereinigung in Freiheit und bis dahin die Aufrechterhaltung des Status West-Berlins nachdrücklich unterstützen. Ebenso gab der amerikanische Präsident am 3. und 4. Juni bei dem ›Supermächte-Gipfeltreffen‹ zwischen ihm und Chruschtschow in Wien den Deutschen keinen Anlaß zu Mißtrauen. Er gab der Forderung Chruschtschows nach einer separaten Berlin-Regelung und seiner Drohung mit einem separaten Friedensvertrag zwischen der Sowjetunion und Ostdeutschland in keiner Weise nach. Aber die Wahl Kennedys zum Präsidenten bedeutete, daß die Achse Bonn–Washington in ihrer bisherigen Form zu bestehen aufgehört hatte. Adenauer würde nicht mehr die Zeit haben, sich dem neuen amerikanischen Regierungsstil anzupassen.

Als das Wiener Treffen stattfand, war der Wahlkampf für die Bundestagswahlen 1961 schon voll im Gange. Adenauer stand hier vor seiner schwersten Aufgabe seit 1949. Das hatte zwei Gründe. Einmal hatte die SPD auf ihrem Godesberger Parteitag 1959 ihr Programm für staatliche Wirtschaftsplanung und Verstaatlichung der Schwerindustrie, ihr Klassenkampfkonzept und ihren Widerstand gegen eine Wiederaufrüstung im Rahmen der NATO aufgegeben. Mit Rücksicht auf die ›Wohlstandsgesellschaft‹ und das Sicherheitsbedürfnis des deutschen Volkes warf die SPD ihre wirtschaftlichen und politischen Ideologien über Bord und bemühte sich, einen mittleren Kurs zu steuern. Das war ein außerordentlich kluger Schritt, denn in Westdeutschland war der Wohlstand so groß, daß eine ausgesprochene Linkspartei nicht mehr hoffen konnte, durch ein Votum der sogenannten Arbeiterklasse ans Ruder zu kommen.

Der zweite Grund, warum die SPD jetzt gefährlicher war, ergab sich aus der Wahl Willy Brandts zum Kanzlerkandidaten auf dem SPD-Parteitag 1960 in Hannover. Brandt hatte seinem Vorgänger als SPD-Kandidat, dem untersetzten, pflichttreuen, aber nicht dynamischen Ollenhauer, drei Vorteile voraus. Er war jung, erst 47 Jahre alt. Er hatte sich einen guten Ruf als der standhafte und erfolgreiche Regierende Bürgermeister von Berlin erworben. Und schließlich war er ein Mann von Ideen, tatkräftig, unternehmend und vital. Hier war einem Adenauer, der den Höhepunkt seiner Macht schon ein gut Stück hinter sich gelassen hatte, endlich ein gefährlicher Rivale erwachsen.

14
Hinauskomplimentiert

Während der Wahlkampf für die Bundestagswahl 1961 ruhiger verlief, als man erwartet hatte, begannen in den frühen Morgenstunden des 13. August Einheiten der ostdeutschen Volkspolizei und Volksarmee die sogenannte Berliner Mauer zu errichten. Die Straßen und Wege entlang der Sektorengrenzen zwischen Ost- und West-Berlin sowie längs der äußeren Abgrenzung West-Berlins zur ostdeutschen Republik wurden abgeriegelt und verbarrikadiert. In allen – mit Ausnahme von etwa einem Dutzend – wurden tiefe Gräben ausgehoben, und dann begann der Bau der eigentlichen Mauer mit Tausenden von Tonnen Mauersteinen und Betonplatten, die in den ersten Nachtstunden in Eillieferungen in die Stadt geschafft worden waren. Zunächst war die Mauer lediglich 120 bis 150 cm hoch, im Lauf der Zeit sollte sie indes zu einem 3,5 bis 4,5 m hohen Hindernis werden, das von Stacheldraht gekrönt und auf der Ostseite durch ein ganzes System von kleineren Sperren, Gräben und kahlen ›Todesstreifen‹ geschützt war, die schußfreudigen Volkspolizisten ein tadelloses Schußfeld sicherten.

Zwei Monate zuvor hatte der ostdeutsche Diktator Ulbricht noch die Bemerkung fallenlassen, niemand habe »die Absicht, eine Mauer zu errichten«. Aber genau das hatte er beabsichtigt. Der Exodus von Flüchtlingen aus Ostdeutschland wuchs im Juni und Juli rapide an. Fast drei Millionen Menschen hatten seit 1945 ›mit den Füßen abgestimmt‹ und in der Bundesrepublik Zuflucht gesucht. Zuletzt schwoll der Flüchtlingsstrom auf weit über 1000 Menschen am Tag an, darunter stets ein hoher Prozentsatz von Leuten im arbeitsfähigen Alter; die Alten blieben lieber in ihrer Heimat, bereit, dort zu sterben, gleichgültig, unter welchen Bedingungen sie leben mußten. Das ostdeutsche Arbeitspotential wurde so ständig geschwächt, die geplante Expansion der ostdeutschen Wirtschaft unmöglich gemacht. An dieser Situation war das Ulbricht-Regime selbst schuld. Es beruhte auf einem System politischer Unterdrückung und materieller Einschränkungen. Der Volksaufstand im Jahre 1953 hatte gezeigt, was die überwältigende Mehrheit der ostdeutschen Bevölkerung – insbesondere die Arbeiter – von dem Regime hielt. Anfang August 1961 war Ulbricht – der selbst Sowjetbürger und ein getreuer Diener des Kremls war – zwei Tage in Moskau. Bei diesem Besuch gab ihm Chruschtschow die Erlaubnis zu dem Mauerbau. Es war die Alternative zu dem vergeblichen Versuch der Sowjets, die Westmächte zu zwingen, ihre Sektoren in Berlin zu neutralisieren und aufzugeben. Ihr Hauptzweck war, den Flüchtlingsstrom zu stoppen und damit der ostdeutschen Wirtschaft die Möglichkeit zu geben, sich erst einmal zu konsolidieren und dann zu expandieren. Chruschtschow wollte, daß die ostdeutsche Republik zur ›Werkstatt‹ des Sowjetblocks würde. Der Bau der Berliner Mauer kam für die Westmächte – und die Westdeutschen – völlig unerwartet. Ihre Nachrichtendienste hatten keine Ahnung von dem, was vorging, trotz der massiven Verlagerung von Polizei, Truppen und Baumaterial in die Stadt[1]. Adenauer wurde um halb fünf Uhr früh in seinem Haus in Rhöndorf von Globke angerufen – zwei Stunden bevor er zur Messe abgeholt werden sollte. Es war ein Sonntag, und der Kanzler ging wie üblich in die Kirche. Er schien wie von einer Lähmung befallen zu sein, denn 24 Stunden lang unternahm er überhaupt nichts, trotz eines dringenden Appells seines Ministers für Gesamtdeutsche Fragen, Ernst Lemmer, der ihn bat, sofort nach Berlin zu kommen. Auch am 14. August sprach er lediglich im Fernsehen, um dem deutschen Volk zu versichern, es bestehe kein Grund zur Beunruhigung. Lemmer erklärte diese Passivität damit, daß die drei Westmächte in dem Bestreben, die neue Krise herunterzuspielen, vielleicht aus Furcht vor Zwischenfällen, Adenauer abgeraten hätten, nach Berlin zu gehen[2].

Für den Bundeswahlkampf sollte der Mauerbau eine Zäsur bedeuten. Denn während Willy Brandt umgehend nach Berlin flog, von den Westmächten verlangte, sie sollten sofort protestieren, und Präsident Kennedy in einem Schreiben dringend bat, einen energischen Schritt auf höchster Ebene zu unternehmen, blieb Adenauer weiterhin untätig. Noch keine 48 Stunden nach Errichtung der Mauer nahm er seine Wahlkampagne wieder auf, als wäre nichts geschehen, und sprach in Regensburg den boshaftesten Satz seiner Karriere: »Wenn irgend jemand von seinen politischen Gegnern mit der größten Rücksicht behandelt worden ist, so ist es Herr Brandt, alias Frahm.« Tatsächlich hatte Willy Brandt als der uneheliche Sohn einer Verkäuferin unter dem Namen Herbert Frahm gelebt, bis er sich nach der Emigration aus Deutschland der norwegischen Widerstandsbewegung anschloß und sich selbst einen neuen Namen gab. Er zeigte jetzt eine erstaunliche Zurückhaltung und Ritterlichkeit und ignorierte Adenauers giftige Attacke.

Erst am 16. August gab der Bundeskanzler nach der Rückkehr nach Bonn im Bundestag eine Erklärung ab. Er nannte die Mauer »eine Bankrotterklärung seitens einer 16jährigen Tyrannei« und forderte Viermächteverhandlungen zur Wiederherstellung einer normalen und zivilisierten Lage in Berlin. Am 22. August kam er dann endlich nach Berlin, wo er frostig empfangen wurde. Und in einer Wahlrede in Hagen versicherte er den verblüfften Zuhörern, Chruschtschow habe den Bau der Mauer veranlaßt, um der SPD Wahlhilfe zu leisten. Willy Brandt konterte gereizt mit dem Rat, Adenauer solle »nach einem friedlichen Lebensabend trachten«, und setzte hinzu: »Der alte Herr kann nicht mehr begreifen, was vor sich geht.«

Die westdeutsche Presse reagierte auf Adenauers wunderliche Eskapaden mit harter Kritik. Die *Stuttgarter Zeitung* äußerte ihre Anerkennung für Brandt, der soviel mehr gesunden Menschenverstand zeigte als »der Wahlredner, alias Bundeskanzler«. Das Wochenmagazin *Der Spiegel* schrieb: »Dieser 85jährige ist unfähig, an der Spitze eines modernen Industriestaates zu stehen.« Zugunsten Adenauers muß gesagt werden, daß ihm die Westmächte, die schließlich in erster Linie für Berlin verantwortlich waren, ein schlechtes Beispiel gaben. Die drei westlichen Kommandanten brauchten zwei Tage, um einen formellen Protest zu verfassen, und ihre Regierungen ließen lediglich am 17. August im Kreml Noten überreichen. Zwei Tage später kam der amerikanische Vizepräsident Lyndon Johnson nach Berlin und verbürgte sich mit dem Leben, dem Besitz und der Ehre der Amerikaner für die Aufrechterhaltung der Freiheit der Berliner[3].

Die Vereinigten Staaten unternahmen wenigstens auch gewisse territoriale Aktionen; Truppenverstärkungen rollten auf der Autobahn nach Berlin, amerikanische Panzer wurden am ›Checkpoint Charlie‹ in der Friedrichstraße stationiert, der der einzige Übergang für Ausländer zwischen Ost- und West-Berlin war, und General Lucius D. Clay wurde nach 12jähriger Abwesenheit als eine Art ›Sonderbeauftragter‹ des Präsidenten wieder nach Deutschland entsandt – leider mit unzulänglich umrissenen Vollmachten, die beträchtlichen Ärger verursachten und seine Rückberufung zur Folge hatten.

Aber all das geschah zu spät. Als Vizepräsident Johnson in Berlin eintraf, war die Mauer schon ein gewaltiges Bollwerk geworden. Der Schaden war bereits geschehen. Adenauer hätte ihn nicht aufhalten können. Obwohl er, wie einer seiner Minister betonte, in physischer Hinsicht wenig mehr hätte tun können, »als einen traurigen Blick durch das Brandenburger Tor zu werfen, wäre es in politischer Hinsicht für ihn zweifellos klüger gewesen, wenn er sogleich nach Berlin geflogen wäre[4]«.

Zur weiteren Geschichte der Mauer bleibt nur noch eine Randbemerkung nachzutragen. Obwohl weiterhin Menschen den enormen Mut aufbrachten, über und durch die Mauer oder unter ihr hindurch zu flüchten, reduzierte sie den Flüchtlingsstrom zu einem bloßen Rinnsal. Ihre Befestigungen wurden ständig verstärkt, bis sie – soweit überhaupt möglich – unüberwindlich wurde. Die Untätigkeit und Hilflosigkeit der Westmächte gab Ulbricht die Möglichkeit, hier einen strategischen Sieg zu verkünden, wo sein Regime tatsächlich seine schlimmste moralische Niederlage erlitten hatte. Am 31. Dezember 1961 gab Ulbricht schließlich – bezeichnenderweise in der sowjetischen *Prawda* – zu, daß die ›Mauer des Friedens‹ errichtet worden sei, um der kränkelnden ostdeutschen Wirtschaft zu Hilfe zu kommen. Der Exodus der ostdeutschen Flüchtlinge habe die Wirtschaft rund 30 Milliarden Mark gekostet, die Opposition gegen die Politik seines Regimes ermutigt und eine Stimmung ständiger geistiger Unruhe und Unsicherheit hervorgerufen[5].

Durch die Mauer wurde der Viermächtestatus Berlins restlos abgewürgt. Sie schuf eine Staatsgrenze mitten in der Stadt und zementierte die Teilung Deutschlands. Man kann nicht ausschließen, daß ihr Bau nicht nur seinen unmittelbaren Zweck der Konsolidierung der ostdeutschen Wirtschaft und des ostdeutschen Staates erfüllte, sondern sich auch als der ›Anfang vom Ende‹ der Unabhängigkeit West-Berlins erweisen könnte. Für die Ostdeutschen brachte er eine entscheidende Wende. Vor dem August 1961 wußten sie, daß sie im Notfall ihre Sachen immer zusammenpacken und weggehen konnten. Nach dem Bau der Mauer mußten sie sich einfach in die Lage schicken und das Beste aus ihr machen. War der Berliner Mauerbau schon ein Schlag für den Westen, so bedeutete er einen schweren Rückschlag für die Bonner Regierung. Zusammen mit dem unbefriedigenden Auftreten Adenauers hat er sich zweifellos im Ausgang der Wahlen vom 17. September ausgewirkt. Im August noch sprach alles für einen überwältigenden Sieg der CDU. Der Wirtschaft ging es ausgezeichnet. West-Berlin hatte einen sicheren Platz in der westlichen Allianz, und die Wähler waren mit Adenauers Außenpolitik zufrieden. Brandt hatte das am 8. April in einer Rede anerkannt, als er erklärte: »Jeder, der den Eindruck zu erwecken versucht, als wünschten die Sozialdemokraten Experimente, würde ausgelacht werden. Jeder solche Versuch ist unglaubhaft. Das ist der große Unterschied zu der Situation von vor vier Jahren[6].« Es war tatsächlich so; die SPD lieh sich in der Tat den bewährten Wahl-Slogan der CDU ›Keine Experimente‹ ebenso wie den CDU-Mantel bürgerlicher Respektabilität aus. Die CDU-Schlagworte waren nach wie vor zugkräftig: ›Spiel nicht mit Deutschland‹, ›Auch morgen in Sicherheit leben‹ und ›Deutschland braucht eine starke Regierung‹.

Adenauer schien zusätzliche Hilfe von Chruschtschow erhalten zu haben, der am 31. August in einer wütenden Note die Bundesregierung attackierte und die Wiederaufnahme der sowjetischen Atombombentests ankündigte. Die CDU veröffentlichte in fast allen nichtsozialistischen Zeitungen ein eindrucksvolles Inserat, das einen jähzornigen Chruschtschow mit weit aufgerissenem Mund und erhobener Faust zeigte – unter der Überschrift: »Jetzt wissen wir es alle: Chruschtschow verlangt Adenauers Sturz.« Darunter folgte eine Zusammenfassung der Note vom 31. August, und dann hieß es: »In dieser bedrohlichen Stunde steht das deutsche Volk fest hinter Konrad Adenauer. Das deutsche Volk wird Chruschtschow am 17. September die richtige Antwort geben!«

Das Wahlergebnis war dann eine Enttäuschung für die CDU und ein persönlicher Schock für Adenauer. Bei mehr abgegebenen Stimmen als zuvor sank die Zahl für die CDU um mehr als 700000 Stimmen, die Zahl ihrer Sitze von 277 auf 241. Die SPD erzielte einen Stimmenzuwachs von mehr als anderthalb Millionen; die Zahl ihrer Mandate wuchs von 181 auf 198 an. Die von Dr. Erich Mende mit Aplomb geführten Freien Demokraten schnitten noch besser ab.

Ihre Mandate stiegen von 43 auf 66 und ihr Stimmenanteil von nicht ganz 8 auf 12 Prozent. Im Augenblick war die FDP unübersehbar eine ›dritte Kraft‹ in der westdeutschen Politik, und Mende sollte diese Situation mit Geschick nutzen. Vor der Wahl hatte er unmißverständlich erklärt, daß er in eine Adenauer-Regierung nicht eintreten werde, und hatte öffentlich Erhard als Adenauers Nachfolger vorgeschlagen. In der Praxis bedeutete das Wahlergebnis, daß die CDU ihre absolute Mehrheit im Bundestag verloren hatte. Sie mußte jetzt – wie 1949 und 1953 – nach einem Koalitionspartner suchen, statt ihn auszuwählen. Das hieß, daß Adenauer, der noch als 85jähriger an der Spitze der nächsten Regierung stehen sollte, in einer äußerst heiklen Lage war. Da Mende glaubte, Adenauer sei zu alt, um Kanzler zu bleiben, mußte dieser um seine weitere Kanzlerschaft markten und feilschen.

Die zwischenparteilichen Verhandlungen, die nun einsetzten, mußten sich naturgemäß in die Länge ziehen. Dabei kann man kaum umhin, die Art und Weise zu bewundern, in der Adenauer seinen Part spielte. In gewisser Hinsicht erinnerte sie an den ans Wunderbare grenzenden Feldzug, den Napoleon 1814 in Frankreich führte. Damals stand der Kaiser übermächtigen feindlichen Armeen gegenüber, die er geschickt isolierte und angesichts einer unmittelbar drohenden Niederlage hinderte, sich zu einem vernichtenden Schlag gegen ihn miteinander zu vereinigen. Auch Adenauer wollte – wie Napoleon – an der Macht bleiben. Seine Gegner mögen nicht so stark gewesen sein, doch sie waren stark genug, ihn zu vernichten, wenn sie es fertigbrachten, sich zusammenzutun und die dadurch gewonnene Stärke auszunutzen.

Brandt hatte offen von der Notwendigkeit einer Allparteienregierung des ›nationalen Notstands‹ gesprochen, wie sie tatsächlich sechs Jahre später gebildet werden sollte. Sein Vorschlag war aufrichtig, aber vielleicht unklug. Für Adenauer war es recht tröstlich zu wissen, daß die SPD bereit sein könnte, sich an einer von ihm geführten Koalitionsregierung zu beteiligen – denn Brandt hatte im Gegensatz zu Mende eine solche Möglichkeit nicht ausgeschlossen. Gleichzeitig hatte Mende erklärt, daß eine SPD-FDP-Koalition nicht in Betracht komme. Das hatte, was Mende nicht öffentlich sagte, im wesentlichen finanzielle Gründe. Die FDP bezog ihren finanziellen Rückhalt von derselben Seite die wie CDU: dem ›Bundesverband der Deutschen Industrie‹. Und dieser war nicht geneigt, eine FDP zu finanzieren, die lediglich ein Juniorpartner in einer von Willy Brandt geführten Koalition war. Die Bekehrung der SPD zur bürgerlichen Philosophie war noch zu neu, und der BDI brauchte Zeit, um beurteilen zu können, ob man sich auf sie verlassen konnte. Und als eine um den Durchbruch ringende ›dritte Kraft‹ brauchten die Freien Demokraten alle finanzielle Hilfe, die sie bekommen konnten. Man kann sicher sein, daß Adenauer sich dessen voll bewußt war.

Wenn die zwölf Jahre, in denen Adenauer konstruktive politische Gedanken entwickelt hatte, auch vorüber waren, so behielt er doch einen angeborenen Instinkt für politischen Kuhhandel. Er hatte 1949 angesichts eines Vielparteiengremiums ohne weiteres gewußt, wie eine Regierung zu bilden war. Jetzt mußte er die SPD gegen die Freien Demokraten ausspielen, um an der Macht zu bleiben. Er unternahm den entscheidenden Schritt vier Tage nach der Wahl, als er die SPD zu Verhandlungen einlud. In diesen vier Tagen hatte Mende sich für eine CDU-FDP-Koalition unter Erhard eingesetzt. Adenauer konfrontierte die SPD mit der Aussicht, wie in den letzten zwölf Jahren auch in Zukunft weiter frustriert in der politischen Wüste verbleiben zu müssen. Ein Beobachter schrieb damals, Adenauer sei »ein Meister der Taktik, und sein eigentliches Ziel dürfte sein, die Freien Demokraten dahin zu bringen, daß sie ihn als Kanzler akzeptieren[7]«.

Das gelang ihm auch. Doch Mende focht ein für ihn typisches Rückzugsgefecht. Er wünschte eine CDU-FDP-Koalition mit Erhard als Kanzler, merkte jedoch sehr bald, daß er das nicht erreichen würde. Die Verhandlungen zwischen der CDU und SPD schienen, sogar noch am Vormittag des 28. September, eine gute Erfolgschance zu haben. Die Freien Demokraten hätten mit ihren nur 66 Mandaten gegenüber einer ›Großen Koalition‹ der beiden Hauptparteien keine lebensfähige Opposition organisieren können (sie sollten von 1967 bis 1969 praktische Erfahrungen auf diesem Gebiet sammeln). Am 28. September beschloß Mende daraufhin, eine Koalition mit der CDU unter Ausklammerung der Kanzlerfrage anzustreben.

Mende hat die Gründe für sein Vorgehen dem Verfasser dieses Buches dargelegt. Er würde eine Kanzlerkandidatur Erhards weiter unterstützt haben, aber er mußte feststellen, daß Erhard selbst nicht bereit war, für seine Kandidatur zu kämpfen. Es dauerte vier Wochen, bis Mende dessen sicher war, aber am 28. September erkannte er, daß er Erhard ohne Hilfe nicht auf den Kanzlersessel hieven konnte. Die Verhandlungen, die er nunmehr mit der CDU aufnahm, dauerten abermals noch 14 Tage. Sie konzentrierten sich auf Gespräche zwischen Mende und Adenauer. Der Kanzler warnte ihn vor der Gefahr eines Konflikts zwischen den Vereinigten Staaten und der Sowjetunion über Kuba. Er bewies damit eine bemerkenswerte Voraussicht; erst ein Jahr später erreichte die Kuba-Krise ihren Höhepunkt. Adenauer hatte seine Information, wie Mende berichtet, von Averell Harriman[8]. Im übrigen begründete er seine Haltung mit der These, daß er noch als Kanzler gebraucht werde und mindestens zwei Jahre im Amt bleiben müsse.

Mende räumte ein, wie er selbst berichtet, daß gute Gründe für ein Verbleiben Adenauers im Palais Schaumburg sprachen. Er bat Adenauer, ihm in einem Schreiben schwarz auf weiß zu bestätigen, daß er in etwa zwei Jahren – und jedenfalls geraume Zeit vor den Bundestagswahlen 1965 – zurücktreten werde. Mende und Heinrich Krone erhielten als einzige Kopien dieses Schreibens[9]. Der Brief galt als Staatsgeheimnis; nicht einmal das gesamte Kabinett sollte davon Kenntnis erhalten, wenn auch der Verteidigungs- und der Außenminister über seine Existenz unterrichtet wurden. Mende verpflichtete sich zu schweigen, jedenfalls für das nächste Jahr. Er hielt sein Versprechen. Selbst führende FDP-Mitglieder wurden lediglich über den Hauptpunkt der Abmachung und nicht über die in dem Schreiben festgelegten genauen Bedingungen informiert[10].

Der FDP-Führer überreizte sein Spiel nicht. Er dürfte 1961 durchaus in der Lage gewesen sein, Adenauer zum Rücktritt zu zwingen. Zwei der engsten Vertrauten des Bundeskanzlers geben zu, daß die Gespräche über eine Koalition zwischen CDU und SPD nur Bluff waren[11]. Einer von ihnen räumte ein, daß die Idee einer ›Großen Koalition‹ zwar zu Adenauers politischem Instrumentarium gehörte, daß er aber erst vier Jahre später an ihr positiv interessiert war[12]. Aber Mende ging es um das nationale Interesse. Er trat, um das zu unterstreichen, nicht in Adenauers viertes und letztes Kabinett ein, doch er stellte eine Bedingung. Das Quidproquo ging dahin, daß Heinrich von Brentano nicht mehr Außenminister sein sollte. Dies war vollkommen fair. Brentano war allzu loyal; er schien keinen eigenen Gedanken mehr zu haben. Offenbar war er nicht der richtige Mann, unter einem Kanzler, der nach zwei Jahren zurücktreten sollte, Außenminister zu sein.

Brentano demissionierte in einer außerordentlich würdigen Form. Am 28. Oktober übersandte er Adenauer sein Rücktrittsschreiben. Er erwähnte die Tatsache, daß er geopfert wurde, damit Adenauer politisch überleben konnte, nur in einer verblümten Anspielung: »Die öffentliche Meinung könnte zu Unrecht veranlaßt sein anzunehmen, daß das Hindernis für die Bildung einer neuen Regierung in der Forderung des gegenwärtigen Außenministers bestand, auch dem künftigen Kabinett anzugehören.« Brentano, der so undeutlich sprach und immer ein bißchen zu devot wirkte, ein nervöser Kettenraucher und loyaler Mitarbeiter, der ohne weiteres Adenauers Anweisungen befolgte, ging – schon bald fast vergessen – einem frühen Tod entgegen. Adenauer sollte ihn noch sehr vermissen.

Am 7. November erntete Adenauer den Lohn für die Zugeständnisse, zu denen er sich genötigt gesehen hatte. Er wurde zum vierten Mal zum Bundeskanzler gewählt, aber er erhielt nur 259 Stimmen von insgesamt 499. Sieben Bundestagsabgeordnete waren abwesend, 26 enthielten sich der Stimme. Von den 188 Sozialdemokraten kann angenommen werden, daß sie gegen Adenauer stimmten; das heißt, daß auch 17 Angehörige der neuen CDU-FDP-Koalition gegen ihn stimmten und 26 sich der Stimme enthielten. Das neue Kabinett, in dem die FDP mit fünf Ministern vertreten war, wurde am 14. November vereidigt. Nachfolger Brentanos als Außenminister wurde der sehr viel wendigere und bestimmtere Gerhard Schröder. Wieder einmal hatte Adenauer gewonnen, aber nur noch knapp. Jesuitische Verschlagenheit und ein Quentchen von der Rücksichtslosigkeit eines Renaissancefürsten hatte er diesmal einsetzen müssen. Und außerdem war er verpflichtet, in zwei Jahren abzudanken.

In diesen zwei Jahren sollte er mehr als jemals zuvor seine Aufmerksamkeit auf die Außenpolitik konzentrieren. In der Vergangenheit war er kritisiert worden, weil er soziale Fragen, Erziehung, Wohlfahrt und Gewerkschaftsbeziehungen vernachlässigt hatte. Jetzt hatte er, so schien ihm, keine Zeit mehr für solche Dinge. Er war kaum wieder als Bundeskanzler in das Palais Schaumburg eingezogen, da flog er schon nach Washington. Seine Gespräche mit Kennedy waren unergiebig. Nur unter Schwierigkeiten wurde Adenauer für den Gedanken einer Außenministerkonferenz gewonnen, die Mitte Dezember in Paris stattfinden sollte. Noch vor ihrem Beginn war er wieder einmal in Paris, doch seine Gespräche mit de Gaulle waren noch unbefriedigender. Seine Idee, daß eine Konfrontation zwischen der Sowjetunion und China bevorstehe und daß die Sowjetunion ›das Bollwerk der weißen Welt gegen China‹ werden könnte[13], wurde von dem General leichthin abgetan. De Gaulle entwickelte – wie man sich vorstellen kann – lieber selber solche großen geopolitischen Konzepte. Als der General später einen Monolog über die Schwächen der britischen Politik anstimmte, unterbrach ihn Adenauer mit der Forderung, Frankreich solle in der Berlin-Frage nicht ›abseits stehen‹. Das hatte eine scharfe Erwiderung des gekränkten de Gaulle zur Folge, und Adenauer vermerkt in seinen Memoiren, er sei »von der Unterredung höchst unbefriedigt, sehr verärgert« gewesen[14].

Doch in einer Frage wenigstens stimmten die beiden Staatsmänner überein. Das war das britische Ersuchen, dem Gemeinsamen Markt beizutreten. Am 10. Oktober hatten in Paris Verhandlungen zwischen Großbritannien und den Sechs begonnen, und der Lordsiegelbewahrer und Führer der britischen Delegation, Edward Heath, erklärte die Bereitschaft seiner Regierung, sich an die Prinzipien und Regeln der Europäischen Wirtschaftsgemeinschaft zu halten. Die in England regierende Konservative Partei sprach sich am 14. November für den Beitritt aus, obwohl die Labour-Opposition weiterhin auf ›adäquaten‹ Sicherungen bestand, ohne klar zu sagen, was sie darunter verstand.

Jetzt, am 8. Dezember, berichtete de Gaulle in Paris über eine Unterredung, die er kürzlich mit dem britischen Premierminister Macmillan gehabt hatte. Macmillan habe ihm erklärt, England wünsche dem Gemeinsamen Markt mehr aus politischen als aus wirtschaftlichen Gründen beizutreten und wolle das Commonwealth gleichfalls aufnehmen lassen. Darauf habe er erwidert, wenn das Commonwealth beitrete, würden die Vereinigten Staaten die nächsten sein. Die EWG würde zu einer ›Weltorganisation‹ umfunktioniert werden, und jede Aussicht auf eine politische Einigung wäre dahin. Der General fügte hinzu, daß Englands Wirtschaftslage prekär sei.

Diese Unterhaltung war höchst bedeutsam, denn sie war der Auftakt zu weiteren Gesprächen, und das Thema war immer das gleiche: England sei kein geeigneter Partner für die Sechs und an einem Beitritt auch gar nicht wirklich interessiert. Dabei begann sich eine koordinierte französisch-deutsche Haltung abzuzeichnen: Frankreich widersetzte sich dem Beitritt Englands oder suchte ihn wenigstens hinauszuschieben; Deutschland erklärte sich bereit, das britische Ersuchen in Betracht zu ziehen, tat aber nichts, um es zu fördern. Es war daher nicht überraschend, daß Macmillan bei Besuchen in Bonn am 8. und 9. Januar 1962 und in Paris am 2. und 3. Juni keine Fortschritte erzielte. Unterdessen hatte eine ganze Reihe von Besprechungen stattgefunden, um zu klären, welche Schritte die Sechs zum Ausbau einer politischen Union unternehmen sollten. Sie blieben ergebnislos und sollten auch weiter ergebnislos bleiben, denn de Gaulle war fest entschlossen, die nationale Eigenständigkeit Frankreichs zu wahren. Weit wichtiger waren die Gespräche, die zwischen Adenauer und de Gaulle während eines sechstägigen Frankreichbesuchs des Kanzlers vom 2. bis zum 8. Juli stattfanden. Dabei berichtete de Gaulle, Macmillan sei bei ihrem jüngsten Treffen ›außer sich‹ gewesen, er habe von einer Kontinentalblockade und von einem Zollkrieg gegen England gesprochen und von der Gefahr, daß – wenn Europa das britische Ersuchen zurückweise – die Konservativen die nächsten Wahlen verlieren würden und ganz Europa darunter leiden werde[15]. Macmillan habe auf günstigen landwirtschaftlichen Sonderregelungen für Kanada, Australien und Neuseeland bestanden.

Adenauer unternahm – nach seinem eigenen Bericht[16] – nicht den geringsten Versuch, den britischen Standpunkt zu erläutern. Ganz im Gegenteil steuerte er von sich aus die Information bei, Macmillan habe ursprünglich wirtschaftlichen Anschluß an die Vereinigten Staaten gesucht, sei aber von Präsident Kennedy abgewiesen worden. Das war wahrscheinlich Kulissengeschwätz, das von dem höchst unzuverlässigen westdeutschen Botschafter in Washington berichtet worden war. Adenauer, der sich offenbar bei de Gaulle beliebt machen wollte, schlug dann vor, man solle die Frage des britischen Beitritts unter zwei grundlegenden Gesichtspunkten prüfen: ob er für die EWG wirtschaftlich vorteilhaft wäre und ob der Apparat von Brüssel nicht dadurch untauglich würde. Darüber hinaus betonte er, daß das englische Pfund »im Sinken begriffen sei«, und meinte, man dürfe einen englischen Beitritt »nicht einfach mit dreifachem Hurra beschließen«. Es ist bezeichnend, daß alle von Adenauer vorgebrachten Argumente von der französischen Regierung begierig aufgegriffen und gegen England sowohl bei den seinerzeit unmittelbar bevorstehenden Verhandlungen als auch vier Jahre später bei dessen erneutem Beitrittsgesuch verwandt wurden.

Zwei Tage danach brachte Adenauer zwei weitere negative Argumente vor. Der Apparat der EWG in Brüssel sei einfach nicht in der Lage, die sich aus den Beitrittsgesuchen Englands und anderer Beitrittswilliger (er meinte Norwegen, Dänemark und die Irische Republik) ergebenden Probleme »entsprechend zu behandeln«, und außerdem dürfte bei dem britischen Beitrittswunsch die Überlegung eine Rolle spielen, »daß zwischen Frankreich und Deutschland keine zu große Einigkeit bestehen dürfe[17]«. Mit dem Rückhalt der deutschen Unterstützung verhärtete sich die französische Haltung gegenüber Großbritannien noch, und die Verhandlungen wurden am 5. August abgebrochen.

Der nächste Akt in dem Drama, das sich für England zu einem Trauerspiel entwickelte, fand im folgenden Monat statt. Am 5. September hatte Adenauer in Bonn ein langes Gespräch mit de Gaulle. Auch diesmal war es der Bundeskanzler, der sich als Einpeitscher betätigte. Er erklärte de Gaulle, seine Bedenken gegen einen Beitritt Großbritanniens seien ernster denn je[18]. Die englische Labour Party sei gegen einen Beitritt, und sie werde vielleicht bald an die Macht kommen. Das englische Volk habe seine »insulare Konzeption« nicht aufgegeben. Vor allem aber: Wenn Großbritannien sich den Sechs anschließen wolle, müsse es Konzessionen machen und nicht umgekehrt solche erwarten.

Gleichzeitig drang Adenauer auf neue Schritte für den Abschluß eines deutsch-französischen Abkommens, das durch ein *gentlemen's agreement* zwischen ihm und de Gaulle ergänzt werden sollte. Die französische und die deutsche Politik sollten immer stärker aufeinander abgestimmt werden – in Fragen wie Berlin, Ost-West-Verhältnis, Verteidigung, Afrika und Entwicklungspolitik sowie der EWG. Der Kanzler schlug die Einsetzung eines gemeinsamen Ausschusses vor, damit etwas »schwarz auf weiß« festgelegt werden könne. Worauf Adenauer hinauswollte, war klar: Er würde Frankreich unterstützen, wenn dieses England aus Europa heraushielt, als Gegenleistung für den deutsch-französischen Vertrag, der, wie er glaubte, die Krönung seiner Lebensleistung sein würde. Bemerkenswert ist nur, daß er diese Gedanken später mit kühner, fast schamloser Aufrichtigkeit dem Papier anvertraute[19].

Die englischen Unterhändler blieben über Adenauers Haltung im unklaren. Optimistisch bildeten sie sich ein, der französische Widerstand könne mit Hilfe der ›freundschaftlichen Fünf‹ überwunden werden. Der Vizekanzler der Bundesrepublik, Ludwig Erhard, hatte das britische Beitrittsgesuch bereits warm begrüßt. Auch Adenauer leistete mehr als einmal dem Gedanken einer Erweiterung des Gemeinsamen Marktes Lippenbekenntnisse. Außenminister Gerhard Schröder erklärte jetzt am 24. September im Straßburger Europarat, die Verhandlungen zwischen Großbritannien und den Sechs seien von »historischer Bedeutung«. Sei seien wohl das allergrößte Vorhaben für das derzeitige Europa. Drei Tage später sagte Schröder im außenpolitischen Ausschuß des Bundestages, Englands Eintritt in die EWG sei ein »primärer Faktor« für die Sechs, die infolgedessen Schritte auf dem Wege zu einer politischen Union bis nach dem Beitritt Großbritanniens zurückstellen würden. Schröder wurde von Adenauer anscheinend ebenso im ungewissen gelassen wie die britische Delegation in Brüssel.

Unterdessen wuchs jedoch das Mißtrauen gegen die wahren Absichten des Kanzlers. Am 11. Oktober warf der Vorsitzende der SPD, Erich Ollenhauer, Adenauer im Bundestag bewußte Zweideutigkeit vor. Dieser antwortete mit offenkundiger, ungewöhnlicher Gereiztheit. Die Brüsseler Verhandlungen mit England seien komplex und hart. Mr. Heath habe ihm gegenüber bei ihrer letzten Zusammenkunft eingestanden, daß einige schwierige Probleme noch nicht einmal angeschnitten worden seien. England suche um den Eintritt in die EWG nicht »aus Gefühlen der Menschenfreundlichkeit« nach, und seine, Adenauers, Aufgabe sei es, die deutschen Interessen, nicht die englischen wahrzunehmen. Die Zweideutigkeit blieb jedoch, und als der Bundeskanzler am 14. und 15. November in Washington mit Kennedy zusammentraf, gab er sich bewußt ausweichend. Einem deutschen Journalisten gegenüber war er offenherziger. England, erklärte er diesem, werde nie einer politischen Union Europas angehören und sollte in den Gemeinsamen Markt nur aufgenommen werden, wenn dies unvermeidlich sei[20]. Er fügte hinzu, die Labour Party werde die nächsten Wahlen gewinnen, und diese Leute »will man nicht in Europa haben«.

Im Oktober und November wurde die Bonner Szene von einer Regierungskrise beherrscht, auf die noch zurückzukommen sein wird. Sie war so heftig, daß die EWG-Verhandlungen aus den Schlagzeilen der Zeitungen völlig verschwanden. Dann kamen die Weihnachtsferien. Die Gespräche mit England sollten zu Beginn des neuen Jahres wiederaufgenommen werden, und man erwartete allgemein immer noch, daß sie bald zu einem erfolgreichen Abschluß gebracht werden würden. Inzwischen war die Unterzeichnung des deutsch-französischen Vertrages für Freundschaft und Zusammenarbeit auf den 22. Januar 1963 festgesetzt worden. Der französische Entwurf war am 19. September fertiggestellt worden. Ende November waren die deutschen Zusätze berücksichtigt. Am 17. Dezember wurde der endgültige Text auf einer Expertenkonferenz in Paris gebilligt.

Am 14. Januar 1963 zündete de Gaulle seine diplomatische Atombombe. Auf einer Pressekonferenz erklärte er in

Paris, Frankreich werde auf jeden Fall gegen einen EWG-Beitritt Großbritanniens sein Veto einlegen. Die wirtschaftlichen Interessen und das politische System Englands seien mit einer Mitgliedschaft unvereinbar. Zwei Tage lang warteten die westdeutsche Presse und Öffentlichkeit vergeblich auf eine Reaktion des Bundeskanzlers, während die Regierungen von Italien, Belgien, Holland und Luxemburg ihren Ärger und ihre Bestürzung über de Gaulles eigenmächtige und einseitige Aktion äußerten. Doch Adenauer hüllte sich in Schweigen. Er wollte seinen geliebten deutsch-französischen Vertrag nicht gefährden. Überdies stand de Gaulles Vorgehen in Wirklichkeit zu seinen eigenen Ansichten durchaus nicht im Widerspruch. Schröder gegenüber machte er die bezeichnende Bemerkung, England habe gewartet, bis sich der Gemeinsame Markt als Erfolg erwiesen habe, und wolle erst daraufhin nunmehr in den Zug einsteigen[21]. Als politisches Argument führte er an, der Beitritt Großbritanniens würde Fortschritte auf dem Weg zu einer politischen Union blockieren. Das war jedoch offensichtlich Augenwischerei; der sogenannte ›Fouchet-Plan‹ für eine politische Union hatte keinerlei Fortschritte gemacht, und Adenauer und de Gaulle hatten das bei ihrem Treffen im September 1962 in Paris auch zugegeben.

Am 20. Januar reiste der Bundeskanzler – von einem Chor ablehnender Stimmen begleitet – zur feierlichen Unterzeichnung des deutsch-französischen Vertrages nach Paris. Schröder erklärte im Rundfunk, Meinungsverschiedenheiten über einen EWG-Beitritt sollten beseitigt und alles, was möglich sei, getan werden, um die Kandidatur Englands zu fördern. Von Brentano, der niemals gewagt hatte, öffentlich eine andere Meinung zu äußern als der Bundeskanzler, sagte, die deutsch-französische Freundschaft solle als Waffe benutzt werden, um eine neue Verständigung mit England zu erreichen. Ein FDP-Minister, Walter Scheel, warnte Frankreich vor völliger Isolierung und warf de Gaulle vor, er strebe nach einer Hegemonie in Europa[22]. (Adenauer bezeichnete Scheel in der Folge als

»bloßes Leichtgewicht«.) Auch Erhard hätte sich sicherlich zu Wort gemeldet, doch war er damals krank. Sein Stellvertreter im Wirtschaftsministerium, Dr. Müller-Armack, meinte bitter, es habe keinen Sinn, eine »diplomatische *keep-smiling*-Pose« einzunehmen; England habe vernünftig und sachlich verhandelt und sei schmählich im Stich gelassen worden.

Unter diesen Umständen mußte die Unterzeichnungszeremonie des deutsch-französischen Vertrages in Paris sich in gewisser Weise als Antiklimax darstellen. De Gaulle war nicht erfreut darüber, daß die Deutschen auf einer Ratifizierung des Vertrages durch den Bundestag bestanden und ihm eine ›Präambel‹ vorangestellt hatten, wonach der Vertrag nicht im Widerspruch zu der westlichen Allianz stand. In dieser Frage hatte der de Gaulle gegenüber völlig willfährige Kanzler sich in seinem Kabinett nicht durchsetzen können[23]. Zudem wurde der Vertrag überschattet durch den Zusammenbruch der EWG-Verhandlungen. Auch veränderte er die politische Szene nicht wesentlich. Er sah regelmäßige Konsultationen zwischen den Regierungschefs, verstärkten Jugend- und Kulturaustausch sowie eine Harmonisierung der Außen- und Verteidigungspolitik vor. De Gaulle meinte später, Verträge seien »wie Mädchen oder Rosen. Sie haben ihre Zeit«. Der deutsch-französische Vertrag änderte nichts und brachte – wie später klar wurde – als Neues lediglich eine Absichtserklärung. Der Bundestag ratifizierte ihn am 16. Mai 1963.

Adenauer wich bei seiner Rückkehr aus Paris einer klaren Stellungnahme geradezu provokativ aus. Er behauptete, er habe zu de Gaulle »im gleichen Sinne wie mein Minister« gesprochen, womit er den probritischen Außenminister Schröder meinte, eine Erklärung, die – gelinde gesagt – fragwürdig war. Daß der Zusammenbruch der Brüsseler Verhandlungen und die Unterzeichnung des Vertrags ungefähr gleichzeitig erfolgten, sei reiner Zufall, meinte er. Tatsächlich lag der Zusammenhang zwischen den beiden Ereignissen auf der Hand; Adenauers dringender Wunsch nach dem Abschluß des Vertrages hatte de Gaulle in seiner Entschlossenheit bestärkt, Großbritannien aus Europa herauszuhalten. Dieser Wunsch war so heftig, daß, »als nach der Unterzeichnung des deutsch-französischen Freundschaftsvertrages de Gaulle plötzlich vortrat und den deutschen Kanzler auf beide Wangen küßte, dem alten Mann die Tränen in die Augen traten[24]«.

Nach Mendes Ansicht sah Adenauer in dem Vertrag ein Symbol und ein »großes verheißungsvolles Datum der Geschichte[25]«. Der französische Staatschef hatte dagegen rein praktische Ziele im Auge: »Westdeutschland von den Vereinigten Staaten und Großbritannien zu isolieren und uns schließlich aus dem westlichen Bündnis herauszulösen.« Adenauer gegenüber machte de Gaulle das vielsagende Eingeständnis, daß er die EWG-Verhandlungen abgebrochen habe, weil das am 21. Dezember 1962 zwischen Macmillan und Kennedy abgeschlossene Bahama-Abkommen – durch das England Polaris-Raketen zugesichert wurden – »nicht *fair play* gewesen« sei[26]. Macmillan hatte vorher de Gaulles Vorschlag eines integrierten Verteidigungssystems, dessen Hauptpfeiler Frankreich und England sein sollten, abgelehnt.

Das lockende Bild eines großartigen Versöhnungsaktes mit Frankreich war sicherlich ein Faktor, der Adenauer veranlaßte, de Gaulle – wenn auch nicht offen – bei dem Ausschluß Großbritanniens aus dem Gemeinsamen Markt zu unterstützen. »Er war überoptimistisch hinsichtlich des Vertrages und des Kurses, den de Gaulles Politik nehmen würde. Vielleicht war er verblendet durch die vermeintliche geistige Verwandtschaft mit de Gaulle; das hohe Alter war gleichfalls ein Faktor«, meinte einer seiner vertrauten Berater[27]. Sicherlich blieb die starke Persönlichkeit des Generals nicht ohne Wirkung. Ein erbitterter Gegner Adenauers beschrieb diese Wirkung in blumenreichen Wendungen: »An der Seite dieses Mannes aus Lothringen, der die europäische Integration sofort in ihren Anfängen abwürgte und ihr unversöhnlicher Feind blieb, erschien der deutsche

Kanzler wie ein von der Bewunderung für den ›Sonnenkönig‹ überwältigter Duodezfürst aus dem Rheinbund[28].«

Vielleicht liegt die wahre Erklärung für Adenauers Aktionen im Januar bei ihm selbst. Schröder zitierte im Zusammenhang mit dem Vertrag sehr treffend Milton: »Der Wunsch nach Nachruhm ist die letzte Krankheit edler Geister[29].« Was England und den Gemeinsamen Markt betrifft, so prägte Lord Robertson die einfachste Formel: »England war in Adenauers Augen kein Teil Europas[30].«

Doch zurück zu den Ereignissen vom Oktober und November 1962 und der Regierungskrise, die auf sie zurückging. Zu Beginn des Monats hatte der Kanzler im Bundestag eine Regierungserklärung abgegeben, die – besonders auf dem Gebiet der Wirtschaft – außerordentlich zuversichtlich und befriedigend klang[31]. Das Nationaleinkommen hatte sich seit 1945 verdreifacht, der zunächst unbedeutende Export war auf einen Betrag von 51 Millionen Mark angestiegen. 6,5 Millionen neue Wohnungen waren gebaut worden. Westdeutschland produzierte jetzt 70 Prozent seines Nahrungsmittelbedarfs selbst, 380000 Soldaten standen als Beitrag zur westlichen Verteidigung unter Waffen, und das Land war von einer Zeit dynamischen Wachstums zu einer Periode bescheidener, aber außerordentlich stetiger Expansion übergegangen. De Gaulle hatte soeben einen Besuch in der Bundesrepublik mit spektakulärem Erfolg abgeschlossen; die Verhandlungen über den Gemeinsamen Markt und den deutsch-französischen Vertrag kamen voran; die westliche Allianz war angesichts der sowjetischen Bedrohung, die Adenauer nie unterschätzte, stark und dauerhaft.

Das Bild, das Adenauer zeichnete, war gewiß zu rosig, aber es trug ihm Ovationen auf den Bänken der Regierungsparteien ein. Hier war ein Mann von fast 90 Jahren, immer noch rege und achtunggebietend, der die Erfolge einer 13jährigen Tätigkeit mit der Miene eines smarten, agilen Schuldirektors aufzählte, der die mit Preisen ausgezeichneten Leistungen der Schule bekanntgab. Der Bau der unheilvollen Berliner Mauer, der Rückgang der CDU-Stimmen bei den Bundestagswahlen 1961, vielleicht sogar die Absicht, den Kanzler zwei Jahre nach der Wahl zu wechseln – alle diese Enttäuschungen waren für den Augenblick vergessen. Diese Bundestagsrede glich einem neuen Markstein, und der Kanzler war sichtlich erfreut, daß er diese Massen von wirtschaftlichen Fakten so gut beherrschte. Im allgemeinen war die Wirtschaft für ihn ein wegloser Dschungel.

Doch während Adenauer sprach, braute sich bereits der Sturm zusammen. Ein Redaktionsmitglied des Wochenmagazins *Der Spiegel*, Conrad Ahlers, hatte einen Artikel über die westdeutsche Militärstrategie geschrieben, der am 10. Oktober erschien. Darin behauptete er, die im Spätsommer 1962 in Westdeutschland abgehaltenen NATO-Manöver hätten das Verteidigungsministerium zu der Überzeugung gebracht, daß die Bundeswehr – für eine Strategie der Vorwärtsverteidigung an der Elbe – vergrößert werden und Mittelstreckenraketen erhalten müsse. Damit werde die Bundesrepublik stärkeren politischen und militärischen Einfluß in der NATO erhalten.

Ahlers, ein außerordentlich befähigter Journalist, der später Bundespressechef wurde, hatte – wie man annahm – seine Informationen von einem Angehörigen des Führungsstabes der Bundeswehr, Oberst Albert Martin, erhalten. Er gab später zu, daß Martin ihm seit März 1962 Informationen gegeben habe und daß der Kontakt zu ihm durch Josef Augstein, den Bruder des *Spiegel*-Herausgebers Rudolf Augstein, hergestellt worden sei. Tatsächlich war das alles gar nicht gefährlich und Ahlers' Artikel in keiner Weise sensationell. Doch der *Spiegel*, der wegen seiner scharfen und furchtlosen Kritiken der Regierungspolitik oft als ›Oppositionsersatz‹ bezeichnet wurde[32], war ein erbitterter Gegner des cholerischen Verteidigungsministers Franz Josef Strauß. Er hatte ihm zwei Jahre zuvor Günstlingswirtschaft bei der Vergabe von Regierungsaufträgen vorgeworfen und seine Attacken bis 1962 zu einer regelrechten Kampagne gegen Strauß sowie seine Freunde und politischen Verbündeten ausgeweitet. Nebenbei sei bemerkt, daß Kritik sich für den *Spiegel* durchaus bezahlt machte und er sich so veranlaßt sah, gegen alle etablierte Autorität Sturm zu laufen[33]. Im Falle des *Spiegel* wurde sie mit einer Mischung von Energie, Schwung, Grausamkeit und unleugbarem journalistischem Können fortgesetzt.

Am Freitag, dem 26. Oktober, drang die Polizei überraschend in die Hamburger Zentrale des Blattes und ihr Bonner Büro ein. Die Hamburger Büros wurden versiegelt und von 30 Polizisten durchsucht; kein Betriebsangehöriger durfte sich in den Räumen aufhalten. Das Bonner Büro wurde gleichfalls durchsucht, jedoch nur kurz, während die Zentrale in Hamburg noch nach drei Tagen ›polizeilich besetzt‹ blieb. Auch die Privatwohnungen von vier leitenden Verlagsangehörigen wurden durchsucht; die Polizei beschlagnahmte unter anderem einen Schulaufsatz, den Rudolf Augstein im Jahre 1939 geschrieben hatte. In der Wohnung seines Stellvertreters mußten zwei kleine Kinder in der Nacht aufstehen, damit ihre Matratzen auseinandergenommen werden konnten.

Verschiedene Verlagsangehörige, darunter auch Rudolf Augstein selbst, wurden verhaftet. Conrad Ahlers, der Verfasser des anstößigen Artikels, wurde durch Interpol in Malaga in Südspanien festgenommen, wo er Urlaub machte. Seine Festnahme war das Werk des Verteidigungsministers Strauß, der seinem Staatssekretär Volkmar Hopf entsprechende Anweisungen gegeben hatte. Dieser hatte festgestellt, daß Ahlers in Spanien war, und es Strauß mitgeteilt. Daraufhin rief der Minister am 27. Oktober um 1.25 Uhr nachts den deutschen Militärattaché in Madrid, Oberst Achim Oster, an. Um drei Uhr früh berichtete Oster, daß die erforderliche Aktion angelaufen sei. Ahlers wurde ordnungsgemäß von der spanischen Polizei ›festgehalten‹, in ein Flugzeug nach Frankfurt gebracht und dort verhaftet. Es war eine gespenstische Erinnerung an das Zusammenspiel zwischen Hitler und Franco während des Spanischen Bürgerkrieges.

Das Verteidigungsministerium bestritt am 29. Oktober, daß die Aktion gegen den *Spiegel* ein ›Racheakt‹ des Verteidigungsministers sei[34]. Einen Tag später bestritt der Innenminister Höcherl, daß er von der Art und Weise, in der die Aktion von der ihm unterstehenden Polizei durchgeführt worden sei, Kenntnis gehabt habe. Am 8. November sollte er dann im Bundestag zugeben, daß die Verhaftung Ahlers' in Spanien ›etwas außerhalb der Legalität‹ war. Strauß leugnete in mehreren Dementis, daß er persönlich an der Aktion beteiligt gewesen sei, und erklärte am 9. November, er sei am Telefon lediglich ›Beauftragter‹ der Justiz gewesen und habe Oberst Oster gegenüber nur ›wiederholt‹, was mit Ahlers geschehen müsse. Er klammerte sich noch bis zum 30. November an sein Amt, dann demissionierte er und zog sich bis auf weiteres in die bayerische Landespolitik zurück. Zuvor hatte er noch am 8. November im Bundestag einen erstaunlich gelassenen Bericht über den Fall gegeben, indem er die Verhaftung eines deutschen Staatsangehörigen auf deutsche Anordnung in einem fremden Land als die normalste Sache der Welt behandelte und sie damit begründete, daß Ahlers ›Verrat‹ begangen habe und »vielleicht« versuchen konnte, zu entkommen[35]«.

Adenauer schwieg zunächst während dieses aufgeregten wilden Wirbels von Dementis, Anklagen und Gegenanklagen. Am 7. November beschuldigte er Augstein im Bundestag, »systematisch den Staat zu verraten, um Geld zu verdienen[36]«. Zugleich bemühte er sich nach Kräften, eine immer ernster werdende Situation herunterzuspielen; niemand solle sich darüber ›aufregen‹, wo Ahlers festgenommen worden sei; »es war sogar vom Tanger die Rede, und kriegen Sie erst mal einen aus Tanger heraus[37]!« Der Bundestag bot in dieser Sitzung ein unerfreuliches Bild: Wilde Zwischenrufe aus den Reihen der SPD wechselten ab mit offenbar forciertem, lustlosem Beifall von den Bänken der CDU. Die einzige erwähnenswerte Rede hielt einer der jüngeren FDP-Abgeordneten, Wolfgang Döring, der mutig für seinen Freund Augstein eintrat und Adenauer vorwarf, daß er in einem Fall, der sich noch *sub judice* befand, schon eine Schuld unterstellt habe.

Die ›Spiegel-Affäre‹ zog sich noch viele unerquickliche Monate hin, bis das Gerichtsverfahren schließlich eingestellt wurde. Noch am 29. November und am 4. Dezember wurden zwei mit dem *Spiegel* in Verbindung stehende Männer, Paul Conrad und Josef Augstein, verhaftet. 29 Universitätsprofessoren beschwerten sich in einem Schreiben an den Präsidenten des Bundesrats, Kurt Georg Kiesinger, über Verstöße gegen die Rechtsstaatlichkeit. 63 Professoren der Universität Bonn, 54 der Tübinger und 29 der Kölner Universität reichten Petitionen ein. Adenauer kümmerte sich keinen Deut um die Ansichten von Intellektuellen, aber es sollte noch schlimmer kommen. Am 19. November demissionierten die fünf FDP-Minister, vor allem aus Protest gegen die Mißachtung der Autorität eines von ihnen, des Justizministers Stammberger. Strauß zögerte mit seinem Rücktritt nur noch bis zum 30. November, und es überraschte, daß Höcherl, der bei der Affäre fast ebenso schlecht abgeschnitten hatte, nicht ebenfalls abtrat. Man sprach von einer ›Palastrevolution‹ in der CDU, und der Postminister Paul Lücke nahm mit den SPD-Führern Besprechungen über die Bildung einer ›Großen Koalition‹ auf. Das war Adenauers Idee; er ließ die SPD-Führer wissen, daß er bereit sei, eine Wahlrechtsreform durchzuführen, wenn sie es wünschten. Der Köder verfing nicht; Adenauer begann zu merken, daß eine ›Große Koalition‹ seinen eigenen Rücktritt bedeuten würde. So beschloß er weiterzukämpfen.

Als er im Dezember einen seiner ›intimen‹ Tee-Empfänge für einige auserwählte deutsche Journalisten gab, fiel diesen auf, wie jämmerlich erschöpft er aussah[38]. Sein Gesicht war noch faltiger als zuvor, und unter seinen Augen lagen tiefe schwarze Schatten. Er wurde etwas munterer, als man begann, ihm Fragen zu stellen, und ›erwärmte sich‹ an seinen eigenen Themen. Doch er hatte keine erfreulichen Nachrichten für sie: Die Kuba-Krise beschäftigte ihn stark,

Porträtfoto aus einem der letzten Lebensjahre

Oben:
Der Altkanzler 1966 in seinem Rhöndorfer Gartenpavillon bei der Abfassung des dritten Bandes seiner Memoiren.

Unten:
Am 5. Januar 1966 wird Adenauer 90 Jahre alt. Das Foto zeigt ihn im Kreise seiner großen Familie in seinem Rhöndorfer Heim

Oben:
Am Begräbnis des am 19. April 1967 91jährig verstorbenen Kanzlers nehmen Staatsmänner aus aller Welt teil

Unten:
Köln nimmt Abschied von Adenauer. Nach dem Pontifikal-Requiem tragen Offiziere der Bundeswehr den Sarg aus dem Kölner Dom

Grabstelle des ersten Bundeskanzlers der Bundesrepublik auf dem Friedhof zu Rhöndorf ebenso die Tatsache, daß auf dem Gebiet der Abrüstung kein Fortschritt zu verzeichnen war; Chruschtschow gab wieder aggressive Erklärungen über West-Berlin ab und drohte am 24. Dezember abermals mit einem separaten Friedensvertrag zwischen Moskau und Ost-Berlin, jedoch – wie früher – ohne seine Drohung wahrzumachen. Auf dem Gebiet der Innenpolitik sagte er nur ein paar Worte über das neue, am 11. Dezember gebildete Kabinett.

Tatsächlich hätte die innere Front zu Beginn des neuen Jahres kaum trostloser sein können. Die einst so festen Reihen der CDU befanden sich in einem Zustand völliger Verwirrung. Der letzte lange Kampf mit Adenauers widerspenstigstem Gegner, Vizekanzler Erhard, begann gerade. Der Kanzler hatte sich mit Gerhard Schröder überworfen, der weiterhin davon sprach, daß England in die EWG gebracht werden müsse. Verschwunden war sein melancholischer Paladin von Brentano, den er mit so ungebührlicher Hast den FDP-Wölfen zum Fraß vorgeworfen hatte. Und mit Gerstenmaier war es zu keiner echten Versöhnung gekommen. Adenauers alte Bosheit brach noch immer wieder hervor: Der kleine, untersetzte Gerstenmaier hatte eine Art Fußbank, die er in Stellung brachte, wenn er als Bundestagspräsident stehen mußte. Adenauer, der gerade noch in Reichweite saß, hatte seinen Spaß daran, die Fußbank so wegzustoßen, daß Gerstenmaier sie nicht mehr erreichen konnte.

Blankenhorn war Botschafter geworden und außer Landes gegangen, von Eckardt schon lange in Ungnade gefallen. Von den früheren Vertrauten des Kanzlers waren nur der allgegenwärtige Krone und der immer im Hintergrund bleibende Globke noch da. Unter den jüngeren CDU-Mitgliedern machten sich Anzeichen von Meuterei bemerkbar. Nicht nur diejenigen Parteimitglieder, die schon immer mit ›dem Alten‹ nicht einverstanden gewesen waren, fielen jetzt von ihm ab. Doch schien ihm das alles gleichgültig zu sein. Immer seltener war er bereit, in die Bundestagsdebatten einzugreifen, aber wenn er es tat, nahm seine Stimme leicht einen schnöden, höhnischen Tonfall an. Meistens aber saß er schweigend und grübelnd im Bundestag, grübelte wahrscheinlich über die lange Reihe der neuerlichen Rückschläge der CDU bei den Landtagswahlen – in Berlin, Hessen und Rheinland-Pfalz. Es war ganz eindeutig, daß es mit seinem Einfluß und seiner Autorität zurückging; doch er schien nicht zu begreifen, was ihm geschah.

Adenauer hatte einmal zu einem Parteifreund gesagt, er müsse lernen, die Menschheit zu verachten[39]. Diese Verachtung für andere, zusammen mit der zunehmenden Reizbarkeit eines alten Mannes, leitete die letzte bedeutsame Episode seiner Kanzlerlaufbahn ein: eine Neuauflage seines erbitterten persönlichen Streits mit Vizekanzler Erhard. Er wartete nur auf einen geeigneten Vorwand. Am 5. Februar 1963 hatte er ihn gefunden. Erhard gab zwei Zeitungsinterviews: für den Düsseldorfer *Mittag* und die Münchner *Süddeutsche Zeitung*. In dem ersten kritisierte er, daß Frankreich die Abmachungen mit der Bundesrepublik nicht honorierte, und forderte eine gründliche Überprüfung vor der Ratifizierung des deutsch-französischen Vertrages. In dem zweiten Interview erklärte er seine Bereitschaft, die Bürde des Kanzleramtes jederzeit auf sich zu nehmen, wenn seine Partei ihn darum ersuche. Zugleich unterstrich er abermals seine Überzeugung, daß die Verhandlungen über einen Beitritt Großbritanniens zur EWG wiederaufgenommen werden sollten[40].

Am nächsten Tag drehte Adenauer im Bundestag Erhard, als sie nebeneinander auf der Regierungsbank saßen, ostentativ den Rücken zu. Nach seiner Rede, in der er mit einem unnatürlichen Versprecher von einem ›Bundeskanzler Erhard‹ sprach, vergrub er sich in seine Notizen und ignorierte seinen Nachbarn. Als sich der Bundestag vertagte, stahl sich Erhard unauffällig davon; die beiden Männer hatten nicht ein Wort miteinander gesprochen.

Mit dieser vorsätzlichen Brüskierung Erhards vor den Augen des Bundestags war der Bruch zwischen Kanzler und Vizekanzler endgültig. Von diesem Augenblick an beschwerte sich Adenauer dauernd über Erhard. Er habe keine ›politischen Eigenschaften‹. Er sei kein guter Europäer, und er verstehe zu wenig von außenpolitischen Fragen. Er sei zu dick, und ihm fehle das Zeug zum Bundeskanzler. Kleinlich in kleinen Dingen, fand Adenauer, Erhard esse zuviel und rauche zuviel. Seine Fehde mit dem Vizekanzler drohte die Einheit der CDU zu untergraben. Und im März ernannte die Partei einen Sonderausschuß, der die Frage der Nachfolge Adenauers prüfen und die Solidarität der Partei wiederherstellen sollte.

Am 22. April unternahm der Kanzler seinen – wie sich herausstellte – letzten Versuch, Erhard von seiner Nachfolge auszuschließen. Am Morgen dieses Tages versammelte er, bevor der Fraktionsvorstand der CDU zusammentrat, eine kleine Schar von Vertrauten im Palais Schaumburg: den getreuen Krone und den Post-, den Arbeits- und den Bundesratsminister: Paul Lücke, Theodor Blank und Alois Niederalt. Wie wenig, wie jämmerlich wenig war von seiner ›alten Garde‹ übriggeblieben! Diese Männer forderte Adenauer auf, ihn bei seinem Widerstand gegen Erhards Kandidatur zu unterstützen; er hoffte – vergeblich –, Krone würde die Mitglieder des Parteivorstands zu seinem Standpunkt bekehren, Blank die Unterstützung der christlichen Gewerkschaften und Niederalt die der Bayern zusagen. Blank und Lücke lehnten jedoch ab, und selbst der kaum bekannte Niederalt soll gesagt haben: »Daß ich nicht lache[41].« Noch weniger Erfolg hatte Adenauer bei der anschließenden Sitzung des Parteivorstands. Er erklärte, es gebe ausgezeichnete Alternativen zu Erhard; Schröder oder Krone würden beide einen guten Bundeskanzler abgeben. Beide erklärten sofort, daß sie nicht bereit seien, gegen Erhard zu kandidieren.

Das Spiel war aus. Erhard wurde zum Nachfolger Adenauers nominiert und der Kanzler aufgefordert, seine Absicht, im Oktober zurückzutreten, noch einmal zu bekräftigen. Widerwillig verstand er sich dazu. Ein langer Sommerurlaub in Cadenabbia und eine politisch fast ereignislose

Zeit lagen vor ihm. Im Mai gab es einen stürmischen Willkomm für Präsident Kennedy, der – mit einem ungewöhnlich schweigsamen Adenauer an seiner Seite – Berlin und Bonn besuchte. Der amerikanische Präsident gab sich – wie man zugeben muß – alle Mühe, freundlich zu sein. Er sagte dem Kanzler, er sei einer der drei großen Staatsmänner ›dieser Ära[42]‹. Der zweite war natürlich de Gaulle, doch mag Adenauer weniger erfreut gewesen sein, daß Kennedy bei dem dritten an den simplen Harry Truman gedacht hatte.

Auch de Gaulle dürfte über den langen – vielleicht zu langen – Bericht nicht glücklicher gewesen sein, den ihm Adenauer bei dem Bonner Besuch des französischen Staatschefs am 4. und 5. Juni über seine Gespräche und die gewaltigen Ovationen gab, mit denen der amerikanische Präsident überall in Deutschland empfangen worden war. Man sprach damals von Avancen, die Chruschtschow den Vereinigten Staaten, Großbritannien und Westdeutschland gemacht haben sollte, und de Gaulle warnte seinen Gastgeber davor, eine Einladung nach Moskau anzunehmen. Im übrigen machte der General wieder seine üblichen kritischen Bemerkungen über die NATO, die Adenauer diesmal weniger störten als früher[43]. Er sollte schließlich bald seinen Abschied nehmen und diese Sorge nicht mehr zu tragen haben. Einen Seitenhieb auf Erhard brachte er wenigstens noch an: Der Mann, sagte er zu de Gaulle, sei nicht stark genug, die Risiken zu übernehmen, die übernommen werden müßten, wenn die deutsche Frage jemals gelöst werden sollte. Und er muß de Gaulle aus vollem Herzen zugestimmt haben, als dieser bemerkte, mit Erhard als Bundeskanzler würde die deutsche Außenpolitik ›ein Fragezeichen‹ werden[44].

Eine der letzten Amtshandlungen Adenauers war ein Abschiedsbesuch bei de Gaulle in Rambouillet. Anschließend verabschiedete er sich dann als Bundeskanzler am 10. Oktober in Berlin und am 15. Oktober im Bundestag. Bei den Zeremonien fehlte es nicht an ironischen Akzenten.

Als Sprecher Berlins erinnerte Willy Brandt daran, daß »die Berliner Adenauer gern öfter in ihrer Stadt gesehen hätten«, und fügte in gezielter Anspielung auf den 13. August 1961, als der Bau der Mauer begonnen wurde, hinzu: »In einem besonderen Augenblick haben wir den Bundeskanzler wirklich vermißt.« Aber Adenauer hatte selbst jetzt noch nicht die Absicht, eine öffentliche Ehrenerklärung abzugeben und sein Bedauern auszusprechen. In seiner Antwort behauptete er mit einem fast genialen Einfall, die Notizen, die er während Brandts Rede gemacht habe, seien leider unleserlich. Infolgedessen ging er auf den Inhalt der Rede überhaupt nicht ein.

Im Bundestag fühlte sich der Kanzler mehr zu Hause. Er zollte nachdrücklich der Standhaftigkeit und dem gesunden Menschenverstand des deutschen Volkes seinen Tribut, dankte Gott, daß die Deutschen wieder gute Freunde gefunden hätten, und setzte sich für die Kontinuität der Nachkriegspolitik ein. Seinen Nachfolger Erhard erwähnte er nicht, und er muß innerlich gelitten haben, als Eugen Gerstenmaier in seiner Ansprache ihn dazu beglückwünschte, daß er der erste deutsche Kanzler seit hundert Jahren sei, der aus eigenem freiem Entschluß zurücktrat. Nichts war weniger wahr. Doch er trat zurück, verließ seinen Sitz auf der Regierungsbank und stieg hinab zu seinem numerierten Platz in der ersten Reihe des Plenums. Es war, wenigstens oberflächlich betrachtet, ein würdiger, achtunggebietender Abgang.

15
Das Ende

Die Abschiedsworte mit ihrem leicht sentimentalen Beigeschmack konnten nicht darüber hinwegtäuschen, daß Adenauers Verzicht auf das Kanzleramt eine recht unerfreuliche Angelegenheit war. Er hatte der praktisch einstimmigen Wahl seines Nachfolgers durch die Partei erbitterten Widerstand geleistet und sich geweigert, seine Niederlage würdig hinzunehmen. Er war seinen politischen Prinzipien untreu geworden und hatte sich – dazu noch erfolglos – um ein Bündnis mit der SPD bemüht, und er dürfte bei diesem machiavellistischen Manöver wohl den Hintergedanken gehabt haben, auf diese Weise sein Mende und den Freien Demokraten für 1963 gegebenes Rücktrittsversprechen rückgängig zu machen. Er hatte das Selbstvertrauen seiner Partei schwer erschüttert; in der Schlußphase seiner Amtszeit »setzte die CDU« – wie ein Beobachter es formulierte – »zuviel Fett an und verlor ihre Muskeln[1]«. Seine Rolle in der *Spiegel*-Affäre war zuallermindest höchst zweideutig. Auf jeden Fall hat er bei ihrer Klärung eine völlig passive Rolle gespielt. Selbst der getreue Krone gab später zu: »Vielleicht hätte er besser getan, schon 1961 zurückzutreten[2].«

Für den Augenblick wenigstens hatte es nun den Anschein, als ob sein Ruhestand würdig verlaufen würde. Der Ex-Kanzler kündigte an, daß er seine Memoiren schreiben werde. Das mußte ein riesiges Pensum sein, und in Rhöndorf wurde dafür ein besonderer Arbeitsraum hergerichtet, während seine Sekretärin, Fräulein Poppinga, sich schon ständig bereithielt. Auch kam es zu einer gewissen Aussöhnung mit Erhard. Adenauer erklärte ihm, er werde ihm auf jede mögliche Weise behilflich sein, und Erhard, der seinem Wesen nach für eine freundliche Geste sogleich empfänglich war, versicherte ihm, daß er »zu ihm kommen« werde[3]. Tatsächlich ging er auch bei verschiedenen Gelegenheiten nach Rhöndorf; bei anderen schickte er Dr. Ludger Westrick, der seit vielen Jahren sein Staatssekretär im Wirtschaftsministerium gewesen war und jetzt zusammen mit seinem Chef in das Palais Schaumburg avanciert war. Im übrigen war eine Aussöhnung für Erhard sogar höchst notwendig; denn Adenauer war im Juni 1962 mit einer nur wenig verminderten Stimmenzahl zum Vorsitzenden der CDU wiedergewählt worden[4]. Er hing an diesem Amt – bis März 1966 – wie eine Klette.

Doch gab es verschiedene Gründe, warum sein Ruhestand alles andere als friedlich sein sollte. Seine Memoiren waren keine Tätigkeit, die ihm gefiel. Nach Leo Schwering sprach er von ihnen als »meine scheußliche Arbeit[5]«. Von Eckardt nannte sie seine »Pflichtübung«, an der er überhaupt keine Freude hatte[6]. Sein Sohn Paul, der in den letzten Jahren mit ihm zusammen in Rhöndorf lebte, meinte: »Er ging mit großer Selbstdisziplin an die Abfassung seiner Memoiren, und sie verschafften ihm eine gewisse Befriedigung. Sie waren eine Forderung an ihn, und er wollte sich immer einer Forderung bis zu ihrer Erfüllung stellen. Er war der letzte, der sich auf seinen Lorbeeren ausgeruht hatte[7].« Adenauer schrieb den ersten Band mit peinlicher Sorgfalt. Mit großer Kunstfertigkeit brachte er es fertig, praktisch jede Erwähnung Erhards, des Architekten des deutschen Wirtschaftswunders, zu vermeiden. Der zweite Band zeigt Zeichen von Hast und Ungeduld, und der dritte mußte vor seiner Veröffentlichung nach Adenauers Tod ›frisiert‹ werden. Der vierte Band ist lediglich ein Bündel von Notizen, wenn auch einige von ihnen außerordentlich aufschlußreich sind.

Er hatte große Freude an seiner Familie, an dem Treiben und allein schon an der Zahl seiner Enkelkinder: Es waren ihrer 23, bevor er starb, und auch sein erster Urenkel war schon ›unterwegs‹. Für sie war er eine interessante Persönlichkeit, aber zwangsläufig eine etwas ferne Gestalt[8]. Er verbrachte mehr Zeit als vordem damit, die Sonnenuntergänge, seine Rosen und seine Bilder zu bewundern; er hatte im Lauf der Zeit eine beträchtliche Sammlung zusammengebracht, ein lange nach seinem Tod 1970 veranstalteter Verkauf jedoch wurde ein Mißerfolg. Er spielte nach wie vor Boccia, gewöhnlich mit seinem Sohn Paul. Er las mehr als früher; seine Lieblingsautoren blieben, seinem konservativen Geschmack entsprechend, Joseph Conrad und Agatha Christie. Und er hörte oft Musik: seine alten Lieblingskomponisten Brahms, Mozart und vor allem Schubert. Er ging jeden Sonntag zur Messe und mindestens einmal in der Woche die Straße hinauf zu dem kleinen Friedhof in der Löwenburger Straße, wo seine beiden Frauen begraben lagen. Doch obwohl er sich den Neunzig näherte, genügte das alles seinem Tätigkeitsdrang noch nicht.

Man hatte ihm im Parlamentsgebäude ein kleines Büro eingeräumt, in der Nähe des vom Bundesrat benutzten Saales. Daneben war ein noch kleineres Zimmer mit einer Couch; hier hielt er Mittagsruhe. Auch eine Kochnische war da, und er gewöhnte sich an, hier einen leichten Lunch einzunehmen, den Fräulein Poppinga zubereitete. An die geräumige Eleganz des Palais Schaumburg erinnerte hier nichts – außer seinem Schreibtisch, den er mitgenommen hatte, und einem von Winston Churchill gemalten Bild der Akropolis. Bezeichnenderweise waren seine Räume weit entfernt von den Fraktionsbüros der CDU.

Nur wenige Besucher fanden sich ein, was er wahrscheinlich schmerzlich empfand. Ein deutscher Journalist, der den Ex-Kanzler am ersten Tag nach seinem Rücktritt besuchen wollte, erinnerte sich, daß er ihn ganz allein zum Plenarsaal gehen sah, in dem die Bundestagsdebatten stattfinden[9]. Niemand sprach ihn an. Wie anders war es in den vierzehn Jahren vorher gewesen! Er war mit – echten oder geheuchelten – Lobhudeleien überschüttet worden, und sein Weg zum Plenarsaal hatte einem Triumphzug geglichen. Jetzt war das alles ganz anders. Man hat Adenauer oft eine Elefantenhaut nachgesagt. In Wahrheit gehörte es zu seiner eisernen Selbstdisziplin, seine Gefühle zu verbergen, unter seinem unbewegten Äußeren war er sehr viel sensibler, als er andere glauben machen wollte. Er war ein Stoiker, und er beklagte sich nicht, aber er muß die relative Isolierung seines kleinen Zimmers im Bundeshaus sehr stark empfunden haben.

Dann war da noch die Frage des Bundeskanzlers Erhard. Diesen gemütlichen dicken Mann mit seinen enzianblauen Augen und dem Blick ursprünglicher Unschuld, mit seiner Gewohnheit, Bemerkungen von fast kindlicher Naivität zu machen[10], hielt Adenauer als Bundeskanzler für hoffnungslos ungeeignet. Er pflegte gegenüber all und jedem Sticheleien über Erhard anzubringen. Zu einem jungen deutschen Journalisten sagte er: »Wollen wir über ernsthafte Politik sprechen oder über Kanzler Erhard[11]?« Und als jemand ihm gegenüber bemerkte, unter Erhard gebe es ›keine Regierung‹, antwortete er: »Das stimmt nicht. Es gibt mindestens drei Regierungen, und er ist für keine von ihnen verantwortlich[12].« Diese Witzchen waren noch verhältnismäßig harmlos, aber bald begann der Ex-Kanzler viel schärfere Geschütze aufzufahren: in Presseinterviews, in Erklärungen an die CDU und – am gefährlichsten – in Gesprächen mit ausländischen Staatsmännern. Er hatte keinerlei Hemmungen, seinen Nachfolger öffentlich oder privat schlechtzumachen. Als de Gaulle im Juli 1964 zu Besprechungen mit Erhard nach Bonn kam, besuchte er zuerst Adenauer, und dieser belegte ihn mit Beschlag, bis es für die Unterredung mit dem Bundeskanzler schon 20 Minuten zu spät war. Man könnte natürlich auch sagen, daß das ›Hauptverdienst‹ für diesen hinterhältigen Affront de Gaulle zukommt.

Es wäre eine ermüdende Lektüre, wollte man eine detaillierte Liste der Attacken Adenauers gegen Erhard aufstellen. Ein oder zwei Beispiele mögen genügen. Da war einmal

Adenauers Interview mit der Wochenzeitung *Bild am Sonntag,* das am 1. November 1964 veröffentlicht wurde. Darin heißt es, die Erhard-Regierung sei für die Verschlechterung der Beziehungen zu Frankreich verantwortlich, de Gaulle sei bei seinem Bonner Besuch im Juli mit offensichtlicher ›Kühle‹ behandelt worden, und eine künftige französische Regierung könnte sich der Sowjetunion zuwenden und mit ihr verbünden. Zur gleichen Zeit versetzte Adenauer dem erkrankten Außenminister Gerhard Schröder einen Tiefschlag und erklärte, es sei schade, daß er nicht gesund genug sei, um auf seinem Posten zu sein. Traurig kommentierte Schröder später: »Er hatte sich in der letzten Zeit angewöhnt, mich anzugreifen, während er tatsächlich einen ganz anderen meinte[13].« – Erhard nämlich.

Eine weitere Gelegeheit bot sich Adenauer bei der CDU-Feier anläßlich seines 89. Geburtstags. Sie benutzte er, um von dem angeblichen Niedergang der deutschen Außenpolitik zu sprechen. Mit beißendem Sarkasmus erklärte er, er wünsche nichts zu tun, was die derzeitige Regierung in den in diesem Jahr bevorstehenden Wahlen zu Fall bringen könnte. Aber im Grunde sei es, da sie auf jeden Fall stürzen werde, je eher desto besser. Im März 1965 brachte er auf dem 13. Parteitag der CDU in Düsseldorf wieder dasselbe vor, kritisierte die Bonner und die Pariser Regierung, weil sie miteinander nicht auskämen, und mied Erhard ostentativ. Auf einigen peinlichen Fotografien sind beide zu sehen, wie sie nebeneinander sitzen und in entgegengesetzte Richtungen blicken.

Es ist verständlich, daß Erhard über die Art, wie Adenauer ihn behandelte, schwer verstimmt war. »Ich für meinen Teil habe mein Bestes getan, um mit ihm auszukommen«, betonte er. »Ich versuchte, ihm das Gefühl zu geben, daß ich auf seinen Rat großen Wert legte. Ich rief ihn häufig an, und ich suchte ihn auf, bevor ich zu einem Treffen mit de Gaulle nach Paris fuhr. Er reagierte nur gelegentlich in einer wirklich menschlichen Art und Weise. Ich glaube, daß er durch seine Haltung mir gegenüber seiner Partei und seinem Vaterland schweren Schaden zugefügt hat. Eine offensichtliche Folge ist der gegenwärtige Niedergang der CDU[14].« Und auf die Frage, was Adenauers hervorstechende Charaktereigenschaft sei, antwortete er kurz: »Menschenverachtung.«

1965 fanden Bundestagswahlen statt. Man hätte annehmen können, daß Adenauers Vendetta gegen Erhard die Chancen der CDU erheblich beeinträchtigt hätte. Doch das äußerlich gelassene und zuversichtliche Auftreten des Kanzlers, seine hervorragende Leistung als Wirtschaftsführer des Landes und der allgemeine Trend zum Zweiparteiensystem ließen den Stimmenanteil der CDU von 45,3 auf 47,6 Prozent anwachsen. Auch die SPD konnte ihren Stimmenanteil von 36 auf 39 Prozent erhöhen, doch wurde sie der CDU noch nicht gefährlich. Die Meinungsforscher hatten ein Kopf-an-Kopf-Rennen vorausgesagt. Adenauer hatte düster eine durch Mangel an Führung verursachte Niederlage der CDU prophezeit. Nun zeigte sich zum ersten Mal, daß die Schlappe bei den Wahlen des Jahres 1961 sein persönlicher Mißerfolg gewesen war. Es war der bislang größte Rückschlag der CDU gewesen.

Einige Politiker und Journalisten bemühten sich weiterhin um den Ex-Kanzler. Einer von ihnen erinnerte sich deutlich an sein letztes Gespräch mit ihm[15]. Er war immer noch an der Welt der Politik lebhaft interessiert, aber er war deprimiert, und – was ganz ungewöhnlich für ihn war – ein Gefühl völliger Resignation ging von ihm aus. Er äußerte sich verbittert über die Kennedy-Regierung, und selbst über de Gaulle zeigte er sich nicht wenig verärgert. Nationale Rivalitäten zerstörten seinen Traum von einem vereinten Europa, so meinte er. Er hatte an der Weisheit seiner Politik, die Russen auf Distanz zu halten, zu zweifeln begonnen: Vielleicht sollte selbst in diesem späten Stadium ein deutlicherer Versuch unternommen werden, mit ihnen zu reden und sinnvoll zu reden. Heinrich Brüning hatte eben das vor mehr als zehn Jahren vorgeschlagen, und Adenauer hatte ihn daraufhin aus dem Lande getrieben.

In der Öffentlichkeit blieb der Ex-Kanzler ein ›Kalter Krieger‹. Seine letzte bedeutsame Rede hielt er am 16. Februar 1967 im Madrider Ateneo. Ihr Thema war die Welt von 1900 und die Welt von 1960, und Adenauer plädierte zum letztenmal für ein geeintes Europa, das auf keinen Fall die Sowjetunion einschließen sollte, weil Europa sonst schon durch das bloße Gewicht der sowjetischen Macht ›erdrückt‹ werden würde. Er forderte eine europäische ›dritte Kraft‹ als Gegengewicht gegen das amerikanische und das sowjetische Atomwaffenmonopol, »die größte Gefahr für die Völker der übrigen Welt[16]«. Auch Spanien sollte seinen Platz in einem geeinten Europa einnehmen.

Nach seiner Rückkehr nach Rhöndorf fuhr Adenauer fort, Notizen für seinen letzten Memoirenband zusammenzustellen. Er freute sich über den finanziellen Erfolg des ersten Bandes – Adenauer genoß immer sehr das Gefühl, reichlich Geld zu haben –, aber er ärgerte sich über die hohe Steuer, die für die französische Ausgabe bezahlt werden mußte[17]. Sein Geist blieb rege bis zu der letzten, glücklicherweise kurzen Krankheit, und er las die Zeitungen äußerst gründlich; als er dafür zu schwach wurde, las ihm das treue Fräulein Poppinga sorgfältig ausgewählte Auszüge vor[18].

Seine letzte ›dienstliche‹ Unterredung hatte er am 3. April mit Kurt Georg Kiesinger, dem Nachfolger Erhards als Bundeskanzler. Zu diesem Zeitpunkt war er bereits bettlägerig; er hatte nur noch sechzehn Tage zu leben. In diesen sechzehn Tagen sah er – abgesehen von einem oder zwei Angehörigen seines Sekretariats – nur seine Familie; die letzte Woche war er bewußtlos[19]. Es ist verständlich, daß seine Familie nicht viel über diese seine letzte Krankheit sprach; auch ließ sie zu Recht während des letzten Todeskampfes niemand ins Haus. »Er sorgte sich sehr zum Schluß«, berichtet sein Sohn Paul. »Aber nicht seinetwegen. Er sorgte sich um Europas Uneinigkeit und Ohnmacht, um die Gefahren des Atomkriegs, um die Menschen, die Opfer ihrer Illusionen würden. Er wollte weiterkämpfen[20].« Bestimmt hatte er überhaupt keine Furcht vor dem Tod[21]; der letzte zusammenhängende Gedanke, den er in Worte kleidete, galt seinen Angehörigen: Sie sollten zusammenhalten und sich soviel wie möglich umeinander kümmern. Bis zur letzten Minute blieb Konrad Adenauer ein Stoiker, und bis zuletzt wußte er, daß die Familie die lebenswichtige Einheit in der ›etablierten Ordnung‹ war, an die er bedingungslos glaubte.

Adenauer starb am 19. April 1967. Am 22. April begannen die offiziellen Beisetzungsfeierlichkeiten. Sein Leichnam wurde zu Schiff nach Bad Godesberg und von dort in den Kabinettssaal im Palais Schaumburg in Bonn gebracht. Eine Nacht lag er hier feierlich aufgebahrt, die darauffolgende im Kölner Dom. Hier zelebrierte auch sein alter Freund Kardinal Frings den Trauergottesdienst, bevor seine sterbliche Hülle zu Schiff wieder nach Rhöndorf zurück und auf den ›Waldfriedhof‹ gebracht wurde, wo schon andere Mitglieder seiner Familie beigesetzt worden waren. Auf jeder Etappe dieser langen Zeremonie wurden Abschiedsworte gesprochen; und alle Großen der westlichen Welt kamen, um ihm die letzte Ehre zu erweisen: voran de Gaulle und Präsident Johnson sowie David Ben Gurion, der ihm geholfen hatte, ein furchtbares Kapitel der Beziehungen zwischen Deutschen und Juden abzuschließen, und der die weite Reise von Israel nach Deutschland unternommen hatte.

Jenseits des Waldfriedhofs gähnt der Abgrund des Unbekannten; doch kann man annehmen, daß Adenauer die Schwelle mit dem mannhaften Selbstvertrauen überschritten hat, das seine religiösen Überzeugungen kennzeichnete. Fast 60 Jahre zuvor hatte sein Schwiegervater sich etwas unangenehm überrascht gezeigt, weil Adenauer noch nie in Rom gewesen war, und er hatte erwidert: »Glaubst du denn, ich könnte meinen christlichen Glauben verlieren, weil ich noch nicht im Petersdom gestanden habe[22]?«

Man ist allgemein der Auffassung, daß es erst mehrere Jahre nach dem Tode eines Staatsmannes möglich ist, seine

Leistungen zu beurteilen. In gewissem Sinne mag das zutreffen, vieles wird tatsächlich erst im Lauf der Zeit klar. Aber vieles ist auch schon deutlich, bevor ein Mensch gestorben ist. Eine gewisse Analyse der Lebensleistung Adenauers ist daher berechtigt und notwendig.

Zunächst: Es hat eine Tendenz gegeben, ihn mit Bismarck zu vergleichen, vielleicht weil Winston Churchill einmal gesagt hatte, Adenauer sei der größte deutsche Staatsmann seit den Tagen Bismarcks, oder weil es in den 60 Jahren zwischen Bismarcks Abschied und Adenauers Amtsantritt keinen deutschen Kanzler von wirklichem Format – möglicherweise mit Ausnahme Heinrich Brünings – gegeben hat. Bismarck einigte die deutsche Nation; Adenauer gelang es nicht, sie wiederzuvereinigen, und deswegen fielen Vergleiche meistens zugunsten Bismarcks aus. So schreibt ein englischer Historiker: »Im Vergleich zu diesem überragenden diplomatischen Jongleur (Bismarck) war Adenauer ein Mann, der sich vorsichtig mit einem einzigen Korb voll Eiern abmühte. Er schloß niemals eine Rückversicherung ab, er arbeitete keine Alternativpläne aus zu denjenigen, mit deren Ausführung er beschäftigt war, er war vor allem ängstlich bemüht, eine Situation zu vermeiden, in der Deutschland hätte versucht sein können, den Osten gegen den Westen auszuspielen[23].«

Einen ernsthaften Versuch, das Werk der beiden Männer zu vergleichen, hat der Historiker Golo Mann, der Sohn Thomas Manns, unternommen[24]. Er sah in Adenauer den ›Bürger‹, der in sozialen Vorstellungen dachte, gegenüber dem ›Junker‹ Bismarck, dem Angehörigen des Landadels, der um die Machtstellung und den Einfluß Deutschlands im europäischen Konzert bemüht war. Adenauer war ein übervorsichtiger Schachspieler auf dem Feld der Diplomatie, Bismarck ein bisweilen glanzvoller und verwegener, aber im allgemeinen erfolgreicher Spieler. Bismarck »führte ein hektisches, undiszipliniertes Leben«; Adenauer war »der Inbegriff von Ordnung und Haltung, ein Muster physischer und geistiger Ausgeglichenheit«. Beide hatten

Charakterstärke, eine pragmatische Methode, an ihre Probleme heranzugehen, und ein angeborenes Mißtrauen gegen das deutsche Volk, und beide konnten aufrichtig, konsequent und redlich sein, konnten aber auch in genau der entgegengesetzten Weise handeln. Doch während Bismarck ein geeintes Deutschland in einer Position der Macht und der offensichtlichen Unabhängigkeit von seinen Nachbarn hinterließ, gliederte Adenauer die verstümmelte Bundesrepublik fest in eine westliche Allianz ein, die nominell sich aus voneinander abhängigen Demokratien zusammensetzte, praktisch jedoch von den Vereinigten Staaten beherrscht wurde.

Es mag sein, daß die Lage, welche die beiden vorfanden, von zumindest ebenso großer Bedeutung war wie die, die sie hinterließen. Bismarck stand an der Spitze eines Preußen, das auf eine große militärische Tradition zurückblicken konnte, in das europäische Konzert als vollberechtigtes Mitglied aufgenommen war und dessen einziger Rivale bei dem Ringen um die Führung der deutschen Nation das heterogene und verfallende österreichische Kaiserreich war. Wie anders war dagegen die Situation, als Adenauer Kanzler wurde! Deutschland hatte zwei Weltkriege verloren, Millionen Soldaten und Zivilpersonen und ein riesiges Stück des Gebiets, das ihm von 1870 bis 1918 gehört hatte. Deutschland lag in der Frontlinie des kalten Krieges zwischen der freien Welt und dem kommunistischen Block und war physisch geteilt zwischen Ost und West. Seine Menschen befanden sich nach dem traumatischen Erlebnis der Nazi-Ära in einem Zustand akuter geistiger Verwirrung; sie wurden von praktisch der ganzen Welt als Parias betrachtet und zunächst auch behandelt. Bevor Adenauer auch nur daran denken konnte, an die große Aufgabe der Einigung des deutschen Volkes heranzugehen, vor der Bismarck gestanden hatte, mußte er Deutschlands Ehre, Ansehen und Glaubwürdigkeit wiederherstellen. Und währenddem hatte er noch ein Land zu regieren, das seine zerstörten Städte wieder aufbauen, dreizehn Millionen Flüchtlinge –

fast ein Viertel der Bevölkerung der Bundesrepublik – aufnehmen und eingliedern und eine demokratische Staatsordnung für eine Bevölkerung, die diese in der Vergangenheit jedoch niemals voll akzeptiert hatte, einführen mußte.

Die Größe der Aufgabe, die Adenauer zu meistern hatte, muß berücksichtigt werden, wenn man ihn mit Bismarck oder anderen Staatsmännern wie Metternich und Talleyrand vergleicht. Metternich versuchte nur, ein *ancien régime* abzustützen, und Talleyrand erhielt vielfältige auswärtige Hilfe, als er das Prestige und die Stellung Frankreichs wiederherstellte – eines Frankreichs, das von der zivilisierten Welt niemals völlig ausgestoßen worden war. Weder Metternich noch Talleyrand mußten das politische Denken in ihren Ländern formen. Aber Adenauer hatte noch Zeit gefunden, die ›europäische Idee‹ zu propagieren und ihr führender Verfechter zu werden. Eine ganz kurze Bilanz weist für ihn aus:

Er erreichte die volle Souveränität für den westdeutschen Staat – in Etappen, die kluges Planen und eine außerordentlich hartnäckige Verhandlungsführung erforderten. Er baute die Bundesrepublik unlösbar in die Struktur Westeuropas ein, indem er sie in die Montanunion Schumans, in den Europarat, die NATO und die EWG einbrachte. Er beendete durch den Freundschaftsvertrag von 1963 praktisch und formell den zweihundert Jahre alten erbitterten, brudermörderischen Streit mit Frankreich. Er verschaffte der Bundesrepublik, die den größten Teil des deutschen Volkes umfaßt, feste Freunde und Verbündete, die ersten wieder – vielleicht mit Ausnahme Österreich-Ungarns – seit der Zeit Bismarcks. Er war seinem Vizekanzler behilflich, eine dynamischere und beständigere wirtschaftliche Prosperität zu erreichen als in allen anderen Ländern Europas. Vor allem aber half er, nach einer Ära beispielloser Selbsttäuschung und Erniedrigung, die in einer totalen Niederlage endete, mehr als 50 Millionen Deutschen ihre Selbstachtung wiederzugeben.

Natürlich war Adenauer auch nicht frei von Fehlern und von Mißerfolgen nicht verschont. Er hatte einen Preußen-Komplex und kein Mitgefühl für die ostdeutsche Bevölkerung. Daher auch sein Ausspruch: »Wenn der Nachtzug von Köln nach Berlin über die Elbe fuhr, fand ich keinen Schlaf mehr[25].« Häufiger noch wird die Geschichte erzählt, wie Adenauer zum ersten Mal das Porträt sah, das der Münchner Professor Kallmann 1963 von ihm gemalt hatte, und meinte: »Hier sehe ich ja genau wie ein Hunne aus.« Dann nach einer Pause: »Wenn ich jetzt darüber nachdenke: Einige meiner Vorfahren mütterlicherseits kamen tatsächlich aus dem Harz.« Seine Kritiker glauben, daß seine fanatische Abneigung gegen alles Preußische auch auf seine Einstellung zur deutschen Wiedervereinigung abfärbte und ihn jedes Risiko dafür entschieden ablehnen ließ.

Sicherlich erzielte er keinerlei Fortschritte auf dem Weg zur Wiedervereinigung. Aber war das seine Schuld? Das ist eine Frage, die *ad infinitum* erörtert werden kann. Professor Theodor Eschenburg, ein vorurteilsloser Beobachter, der leicht geneigt war, den Kanzler zu kritisieren, meint: »Die Sowjetunion war in keinem einzigen Augenblick bereit, die Wiedervereinigung in Freiheit zuzulassen – selbst nicht unter der Bedingung, daß ein wiedervereinigtes Deutschland sich für neutral zwischen den Blöcken erklärte[26].« Einer der fähigsten, allerdings auch unberechenbarsten Minister Adenauers, Franz Josef Strauß, war der Ansicht, Adenauer habe in seiner Regierungszeit eben nur die Bundesrepublik konsolidieren können, und sein Werk bilde die Grundlage für eine ›zweite Phase‹ einer gesamtdeutschen Politik, in der die Sowjetunion für die Idee eines geeinten, aber befreundeten Deutschland als eines integralen Teils eines geeinten, aber befreundeten Europas gewonnen werden müsse[27]. Doch dieses ›geeinte, aber befreundete Europa‹ existiert immer noch nicht, trotz des bedeutenden Beitrags, den Adenauer selbst zu den ersten Stufen seines Aufbaus beigesteuert hat. Und die ersten Anzeichen, daß Chruschtschow eine gütliche Einigung mit Westdeutschland in Erwägung ziehen könnte, zeigten sich erst 1964 und beschleunigten gleichzeitig den Sturz des Sowjetführers.

Stichhaltiger ist der Einwand, daß Adenauer von seiner Politik eines starken Westens zuviel erwartete und die unvermeidliche Reaktion der Sowjets unterschätzte, die ihre Kontrolle über die Satelliten, insbesondere den ostdeutschen Marionettenstaat, verstärken mußten, wenn sie sie gefährdet glaubten. Der Koeffizient einer solchen Politik der Stärke war die Formulierung einer aktiven, einfallsreichen Diplomatie auf dem Gebiet der Ost-West-Beziehungen. Adenauer erkannte das erst in seinen letzten Jahren. Aber seine beiden unmittelbaren Nachfolger, Erhard und Kiesinger, unternahmen wenig in dieser Hinsicht, und es blieb Willy Brandt überlassen, Ende 1969 einen Anfang zu machen: mit seiner bescheidenen Politik der ›kleinen Schritte‹ die Ost-West-Beziehungen zu normalisieren und einen engeren Kontakt zwischen den beiden deutschen Staaten herzustellen[28].

War Adenauer ein fanatischer Antikommunist? Ich glaube nicht. Sein Mißtrauen gegen die Sowjetunion beruhte vor allem darauf, daß die Sowjetführer – Stalin, Chruschtschow und sogar Kossygin – niemals auch nur einen Augenblick von einer Politik roher Gewalt und diplomatischer Täuschung abgegangen sind. Hätte Adenauer noch ein paar Jahre länger gelebt, so hätte er gefunden, daß sein Mißtrauen gegen die Sowjetunion durch die rücksichtslose Unterdrückung der bürgerlichen Freiheiten in der Tschechoslowakei und das eindeutig imperialistische Eindringen der Sowjets in den Nahen Osten vollauf gerechtfertigt war. Es hat immer nur einen Maßstab für die sowjetischen Absichten gegeben, den der sowjetischen Taten. Solange das Sowjetregime seine Juden unterdrückt und seine Kritiker in Irrenanstalten schickt, ist es der Feind jeder zivilisierten Gesellschaft. Adenauers Ansicht über das Sowjetregime gründete sich auf kühlen Realismus und letztlich auf gesunde Vernunft.

Adenauer mag recht oder unrecht gehabt haben, als er de Gaulle in seinem Bestreben unterstützte, England aus der EWG herauszuhalten. Wenn man alles bedenkt, muß man ihm zugute halten, daß er wirklich der Meinung war, Großbritannien wolle nicht den entscheidenden Schritt nach Europa tun. Seine Verteidiger können mit Recht anführen, daß der bald nach den Brüsseler Verhandlungen errungene Wahlsieg der Labour Party, die sich damals auf Opposition gegen den englischen Beitritt festgelegt hatte, ihm recht gegeben hat. Adenauers Abneigung gegen die Labour Party wurde verstärkt durch sein persönliches Mißtrauen gegenüber dem neuen Premierminister Harold Wilson. Dieses Mißtrauen wurde von einem großen Teil der unterrichteten Öffentlichkeit in der Bundesrepublik geteilt. Wiederum mag es noch viel entscheidender gewesen sein, daß Adenauer eine tief eingewurzelte Aversion gegen England und die Engländer insgesamt hatte. England konnte für ihn nie im gleichen Sinne wie etwa Frankreich oder Italien ein ›Nachbar‹ oder ›Partner‹ sein. Zu Heinrich Krone pflegte er zu sagen: »England ist eine Seemacht. Es hat seine Kolonien und muß an sie denken. Es hat seine Lebensweise; sie ist nicht die unsere[29].«

Es mag Adenauer auch an Menschenliebe gefehlt haben. Er war ungeduldig gegenüber Dummheit und neigte leicht zur Verachtung. Einer seiner Aussprüche lautete: »Wenn Gott die Menschen klüger gemacht hätte, hätten sie sich selbst besser regieren können. Wenn er sie dümmer gemacht hätte, könnte ich sie leichter regieren.« Und auf die Frage: »Wie hätten Sie sie gern?« antwortete er: »Dümmer natürlich[30].« Auch pflegte er zu sagen: »Es kommen mehr Dummköpfe in den Himmel als kluge Leute.« Sein Mangel an Menschenliebe war auch der Grund für seine Fehde mit Erhard, für die verächtliche Behandlung seines früheren Helfers Gerhard Schröder, für sein gelegentliches Desinteresse an den Menschenrechten bei der ›*Spiegel*-Affäre‹. Es ist natürlich, daß Staatsmännern eine Portion Rücksichtslosigkeit eigen ist. Doch sie sollte niemals in stures Ressentiment ausarten. Und eben darin verfiel Adenauer, als er zuerst sich weigerte, würdig zurückzutreten, und dann nicht die natürliche Rolle des älteren Staatsmannes spielte.

Es gibt auch noch andere kritische Einwände gegen Adenauer, die nicht unberechtigt sind. Durch sein eigensinniges Verhalten im Jahr 1959 hat er tatsächlich in gewisser Weise das Amt des Präsidenten der Bundesrepublik herabgewürdigt. Wahrscheinlich war das die Wendemarke für sein erfolgreiches souveränes Regiment. Er übernahm äußerst bereitwillig die Minister aus anderen Parteien in die CDU: Kraft und Oberländer vom BHE, der Vertriebenenpartei; Seebohm, Hellwege und von Merkatz von der Deutschen Partei; Blücher, Neumayer und Schäfer von der FDP. Zeitweise überging er den Bundestag und regierte mit Hilfe der Mitarbeiter seines Kanzleramtes. Das war einer der Gründe für den so häufig gegen ihn erhobenen Vorwurf, er habe eine ›Kanzlerdemokratie‹ eingeführt und den Beginn der vollen Funktionsfähigkeit der parlamentarischen Institutionen verzögert. Auch Augsteins Kritik, Adenauer sei »ein guter Europäer, aber ein schlechter Deutscher«, beruht darauf[31]. Man kann jedoch nur wiederholen, daß die Deutschen nach den Schocks und Schrecken der Nazi-Ära und einem verlorenen Krieg wahrscheinlich eine solche patriarchalische Autorität brauchten, wie sie Adenauer ihnen bieten konnte. Sie brauchten eine Atempause, eine Zeitspanne, in der die Rechtsstaatlichkeit und damit zugleich so etwas wie eine integrierte demokratische Gesellschaft eingeführt werden konnten. Wenn man die Entwicklung in ganz Europa überblickt, muß man feststellen, daß die Bundesrepublik in der sogenannten ›Adenauer-Ära‹ mehr Fortschritte auf dem Weg zu einer freien, aber geordneten Lebensweise gemacht hat als alle anderen größeren Kontinentalmächte[32].

Man hat der ›Adenauer-Ära‹ die Schuld an einer gewissen geistigen Frustration, der Unruhe der Jugend, dem Zunehmen des Materialismus, der anarchistischen Abweichung und dem Mangel an konstruktiven Ideen gegeben.

Adenauer hätte wenig Sympathie für die jugendliche ›Jacquerie‹ des roten Rudi Dutschke oder die Verzweiflungsphilosophie eines Herbert Marcuse gehabt. Auch hätte er sich in keiner Weise für derartige Entwicklungen verantwortlich gefühlt. Die gleichen Vorgänge haben sich in allen anderen europäischen Demokratien abgespielt. Nicht nur England hat – nach den Worten des amerikanischen Staatsmanns Dean Acheson – ein Empire verloren, ohne eine neue Rolle zu finden. Europa ist heute nur noch ein Anhängsel an der Ostküste des Atlantiks. Das ist der Hauptgrund dafür, daß unser Kontinent sein Zielbewußtsein, sein Selbstvertrauen und seine Zuversicht verloren hat. Adenauer war einer der wenigen Nachkriegsstaatsmänner, die sich bemüht haben, diesem moralisch wie physisch geschrumpften Europa eine neue Rolle zuzuweisen. »Väter«, sagt man, »können lehren, aber nicht Vaterfiguren[33].« Sehr gut, aber auch wenn Adenauer allgemein als Vaterfigur gilt, hatte er doch aufgeklärte Ansichten.

Bismarck wird nachgesagt, er habe Politik nicht für eine Wissenschaft, sondern für eine Kunst gehalten[34]. Adenauer sah in der Politik eher ein Mittel zur Ausübung und Verfechtung der Prinzipien, von denen er sich leiten ließ. 1946 sagte er zu einem amerikanischen Journalisten: »Jeder Narr, auch ein Nazi oder Kommunist, kann ein Mann von Überzeugung sein. Fanatiker sind aufrichtig, allzu aufrichtig. Woran ich interessiert bin, das sind Werte, dauernde Werte. Und wenn man Werte hat, kann man auch hier und da ein Vorurteil haben[35].« Mit diesem Ausspruch war er ein lebendiges Zeugnis dafür, daß das Rheinland einmal eine römische Provinz gewesen ist. Für ihn galten nicht das teutonische Bekenntnis zur Dynamik, die primitive Mythologie der großen nordischen Turniere oder die Berserkerwut der Gefolgsleute Thors und seines machtvollen Hammers. Die römischen Tugenden waren Klarheit des Gedankens und Ausdrucks, ein geordnetes Leben und die Herrschaft des Rechts. Das waren auch die Tugenden, an die Adenauer bedingungslos glaubte. Er sagte sich los von den tiefeingewurzelten Traditionen der Hysterie und des Hasses, eben der Götter und Dämonen, die die deutsche Szene beherrschten. Er gab dem deutschen Volk eine seit langem überfällige Dosis gesunden Menschenverstands und auch ›die kleine Habe‹, ein annehmbares Auskommen in materiellem Wohlergehen.

Wie ein geschickter Anleger eines Kapitals steuerte Adenauer nicht zu viele Ziele an und verzettelte seine Absichten nicht in zu vielen Ideen. Er blieb immer im Rahmen seiner Möglichkeiten und war sich seiner Grenzen bewußt. Als ein guter Handwerker ließ er seine Gedanken und Pläne nicht zu weit in die Zukunft schweifen. Er hielt sich an die unmittelbare Aufgabe, und er löste sie mit unerschöpflicher Geduld und Zähigkeit. Es war in erster Linie sein Verdienst, daß der Notbehelf Bundesrepublik sich zu einer gefestigten Demokratie entwickelte.

Er widmete seine Memoiren ›Meinem Vaterland‹. Das hätte auch seine Grabinschrift sein können. Vielleicht aber auch Georges Bernanos' Aphorismus: »Die höchste Form der Hoffnung ist die überwundene Verzweiflung.« Adenauer überwand die Verzweiflung der Nazi-Ära und des verbrecherischen Krieges, von dem er immer gewußt hatte, daß sein Land ihn verlieren würde. Sein Platz in der deutschen und in der europäischen Geschichte ist ihm sicher, gleichgültig, was heute oder in Zukunft geschehen mag. Die Geschichte geht weiter. Das alte Deutschland wird vielleicht niemals wieder erstehen; aber Adenauer, das steht fest, war der wichtigste Baumeister des neuen.

Nachwort

Mit diesem Buch über Konrad Adenauer, den Kanzler der Deutschen Bundesrepublik von 1949 bis 1963, möchte ich ein zum gegenwärtigen Zeitpunkt vorhandenes Bedürfnis befriedigen. Die persönlichen Akten des Bundeskanzlers sind, soweit sie politische Angelegenheiten betreffen, im staatlichen Besitz und werden voraussichtlich erst nach Jahren – wahrscheinlich erst nach vielen Jahren – zur Veröffentlichung freigegeben. Bei der Abfassung des vorliegenden Buches bin ich vom Bundespresseamt, dem Historischen Archiv der Stadt Köln, dem Presseamt der Christlich-Demokratischen Union, der Bücherei des Bundestages und dem Deutschen Institut in London sehr unterstützt worden.

Vier Mitgliedern der Familie Adenauer möchte ich meinen besonderen Dank aussprechen: Dr. Max Adenauer, Dr. Paul Adenauer, Frau Ria Reiners und Frau Libet Werhahn. Außerdem haben mir, in größerem oder kleinerem Umfange, die in der Folge Aufgezählten wertvolle Hilfe geleistet: H. E. Alexander, Lord Annan, Felix von Eckardt, Professor Dr. Ludwig Erhard, Hans-Werner Graf Finck von Finckenstein, Dr. Hans Globke, Professor Dr. Walter Hallstein, Dr. Heinrich Krone, Ernst Lemmer, Prinz Hubertus zu Löwenstein, The Earl of Longford, John McCloy, Dr. Erich Mende, James O'Donnell, John Paice, Lance Pope, Dr. Hermann Pünder, Will Rasner, Lord Robertson, Georg Schröder, Dr. Gerhard Schröder, Dr. Leo Schwering, Sir Christopher Steel, Herbert Sulzbach, Heinz Weber (Dr. Adenauers Dolmetscher) und Dr. Erwin Wickert.

Ich habe in starkem, aber hoffentlich nicht zu starkem Maße von meinen eigenen Berichten für den *Manchester Guardian* Gebrauch gemacht. Als Deutschland-Korrespondent dieser Zeitung von Oktober 1946 bis Januar 1963 habe ich die ganze ›Ära Adenauer‹ bis auf die letzten vier Monate miterlebt.

Zum Schluß möchte ich ein besonderes Wort des Dankes an Lord und Lady St. Oswald richten, deren großzügige Gastfreundschaft mir erlaubt hat, dieses Buch in geradezu idealer Umgebung zu Ende zu schreiben.

Pelayo (Provincia de Cadiz), Spanien

November 1970

ANHANG

Zeittafel

1876	*5. Januar: Konrad Adenauer jun. als dritter Sohn des Gerichtssekretärs Konrad Adenauer und seiner Frau Helene, geb. Scharfenberg, in Köln geboren.*
1888	9. März: Tod des deutschen Kaisers Wilhelm I. Auf den Thron folgt Friedrich III.
	15. Juni: Friedrich III. nach 99tägiger Regierungszeit gestorben. Wilhelm II. wird Kaiser des Deutschen Reiches.
1894	*1. April: Nach Schulabschluß am Apostelgymnasium in Köln Arbeit beim Bankhaus Seligmann. Adenauer kann dann mit Hilfe eines Stipendiums der Krämerstiftung die Universität Freiburg besuchen, später München und Bonn (Jurastudium). Freundschaft mit Raimund Schlüter.*
1898	30. Juli: Otto von Bismarck gestorben.
	10. September: Kaiserin Elisabeth von Österreich in Genf ermordet.
1899	*Referendarexamen.*
1900	*Adenauer nimmt den Dienst am Gericht auf.*
1902	*ab Jahresanfang: Tätigkeit für die Anwaltskanzlei Kausen.*
	Frühsommer: Verlobung mit Emma Weyer.
1904	*Januar: Konrad Adenauer und Emma Weyer heiraten.*
1905/06	Erste russische Revolution.
1905	31. März: Kaiser Wilhelm II. vor Tanger. Beginn der Marokkokrise.

1906	*7. März: Adenauer wird zum Beigeordneten der Stadt Köln gewählt.*
	10. März: Tod des Vaters.
	September: Erster Sohn Konrad (›Koko‹) geboren.
1909	*Wahl zum Ersten Beigeordneten (Stellvertretenden Oberbürgermeister).*
1910	*Zweiter Sohn Max geboren.*
1911	1. Juli: Entsendung des deutschen Kanonenbootes ›Panther‹ nach Agadir (›Panthersprung‹). – Zweite Marokkokrise.
1912/13	Balkankriege.
1912	*Tochter Ria geboren.*
1914–1918	Erster Weltkrieg.
1914	*Versetzung Adenauers ins Ernährungsamt der Stadt Köln.*
	28. Juni: Der österreichisch-ungarische Thronfolger Franz Ferdinand und seine Frau Sophie werden durch ein Attentat des serbischen Nationalisten Princip in Sarajewo ermordet.
	28. Juli: Österreich-Ungarn erklärt Serbien den Krieg.
	1./3. August: Kriegserklärung Deutschlands an Rußland und Frankreich.
	4. August: Großbritannien tritt in den Krieg gegen das Deutsche Reich ein.
1916	*16. Oktober: Tod der Ehefrau Emma Adenauer.*
	21. November: Franz Joseph I., Kaiser von Österreich-Ungarn, gestorben. Nachfolger auf dem Thron wird Karl I.
1917	Russische ›März‹- und ›Oktoberrevolution‹.
	6. April: Kriegserklärung der USA an das Deutsche Reich.
	Sommer: Schwerer Autounfall.
	18. Oktober: Adenauer wird zum Kölner Oberbürgermeister gewählt.
1918	3. März: Friede von Brest-Litowsk zwischen Rußland und dem Deutschen Reich.

November: Revolution in Deutschland (München, Köln, Berlin). Die Deutsche Republik wird ausgerufen.
9./28. November: Kaiser Wilhelm II. verzichtet auf den Thron.
11. November: Französisch-deutscher Waffenstillstand. – Der österreichische Kaiser Karl I. dankt ab.

1919 *7. Januar/1. Februar: Adenauer wird Vorsitzender des ›Komitees für eine Rheinisch-Westfälische Republik‹ und leitet den Ausschuß für die Errichtung einer Westdeutschen Republik im Rahmen des Deutschen Reiches.*
15. Januar: Karl Liebknecht und Rosa Luxemburg werden von rechtsradikalen Offizieren ermordet.
11. Februar: Friedrich Ebert zum Reichspräsidenten gewählt.
2. Juni: Die Rheinische Republik mit Mainz als vorläufiger Hauptstadt wird ausgerufen.
4. Juni: Ein Versuch, das Wiesbadener Regierungsgebäude zu besetzen, mißlingt.
28. Juni: ›Versailler Vertrag‹ zwischen den Alliierten und dem Deutschen Reich.
31. Juli: Weimarer Reichsverfassung verabschiedet.
25. September: Zweite Ehe mit Auguste (›Gussi‹) Zinsser.
Neugründung der Universität in Köln.

1920 *Adenauer wird Präsident des Preußischen Staatsrates.*
Jahresanfang: Separatisten unter Dr. Josef Adam und Josef Smeets gründen die ›Rheinische Volksbewegung‹ und im weiteren Verlauf die paramilitärische ›Rheinwehr‹. Anwachsende kommunistische Agitation im Rheinland.
13.–17. März: Kapp-Putsch in Berlin.

7. Juni: Sohn Ferdinand stirbt drei Tage nach der Geburt.

Stadtplanerische Initiativen Adenauers in Köln.

1922 16. April: Deutsch-russischer Sondervertrag von Rapallo über die Wiederaufnahme diplomatischer und wirtschaftlicher Beziehungen zwischen den beiden Staaten.

24. Juni: Ermordung des deutschen Außenministers Walther Rathenau durch Rechtsradikale.

1923 11. Januar: Französische und belgische Truppen besetzen das Ruhrgebiet. – In der Folge ›Ruhrkampf‹.

12. August–23. November: Gustav Stresemann deutscher Reichskanzler.

8./9. November: Putschversuch Adolf Hitlers und Erich Ludendorffs in München.

1924 Februar: Die Separatistenbewegung im Rheinland wird zerschlagen.

Köln durch Eingemeindungen flächenmäßig zweitgrößte Stadt Deutschlands (nach Berlin).

1925 26. April: Nach dem Tod Friedrich Eberts wird Generalfeldmarschall Paul von Hindenburg zum deutschen Reichspräsidenten gewählt.

16. Oktober/1. Dezember: Vertrag von Locarno. Garantie der deutschen Westgrenze. Deutschland verzichtet auf Elsaß-Lothringen.

1926 31. Januar: Abzug der britischen Truppen aus Köln.

Mai: Adenauer lehnt eine Kandidatur für das Amt des Reichskanzlers ab.

8. September: Deutschland wird in den Völkerbund aufgenommen.

1927 *20. Januar: Adenauer tritt dem ›Deutschen Komitee für Palästina‹ bei.*

20./21. Mai: Charles Lindbergh überquert den Atlantik erstmals im Alleinflug.

1929–1932	Weltwirtschaftskrise.
1929	6.–31. August: Haager Konferenz. Annahme des ›Young-Plans‹, der die Reparationsleistungen Deutschlands neu festsetzt.
	Jahresende: Wiederwahl zum Oberbürgermeister mit knapper Mehrheit.
1930	30. März: Heinrich Brüning wird Reichskanzler (bis Mai 1932).
1932	›Notverordnungen‹ Brünings.
1933	30. Januar: Reichspräsident Paul von Hindenburg beruft Adolf Hitler zum Reichskanzler.
	6. Februar: Adenauer stimmt in Berlin gegen die Auflösung des preußischen Abgeordnetenhauses.
	17. Februar: Hitler in Köln anstelle durch Adenauer nur von einem Stadtrat empfangen.
	19. Februar: Adenauer läßt Hakenkreuz-Fahnen von einem städtischen Gebäude entfernen.
	27. Februar: Brand des Reichstagsgebäudes in Berlin.
	24. März: ›Ermächtigungsgesetz‹. Es folgen ›Gleichschaltung‹ der Länder (April), Verbot der Gewerkschaften (Mai) und Selbstauflösung der Parteien (Juni/Juli).
	ab März: Kampagne der NSDAP gegen Adenauer. Heimliche Reise nach Berlin. Dr. Günther Riesen wird von der NSDAP als kommissarischer Bürgermeister Kölns eingesetzt.
	19. Oktober: Deutschland tritt aus dem Völkerbund aus.
1934	*Wiederholter Wohnungswechsel aus Sicherheitsgründen.*
	Aufenthalt u. a. in Neubabelsberg bei Berlin und im Kloster Maria Laach.
	März/Juni: Adenauer entgeht nur knapp einer Verurteilung.
	30. Juni: ›Röhm-Putsch‹. – *Adenauer für zwei Tage festgenommen.*

	2. August: Tod des Reichspräsidenten Paul von Hindenburg. Hitler übernimmt als ›Führer und Reichskanzler‹ auch das Präsidentenamt.
1935	*Bau eines Hauses in Rhöndorf.*
	13. Januar: Deutschland erhält das Saargebiet zurück.
	September: ›Nürnberger Gesetze‹. Grundlage der Judendiskriminierung in Deutschland.
1936–1939	Spanischer Bürgerkrieg.
1936	7. März: Hitler kündigt den Locarno-Vertrag. Deutsche Truppen besetzen die entmilitarisierte Rheinlandzone.
1938	12.–14. März: ›Anschluß‹ Österreichs an das Deutsche Reich.
	29. September: ›Münchner Abkommen‹ zwischen Chamberlain, Daladier, Hitler und Mussolini. Deutsch besiedelte Teile der Tschechoslowakei werden dem Deutschen Reich zuerkannt. 1. Oktober: Deutsche Truppen marschieren ins Sudetenland ein.
	9. November: ›Reichskristallnacht‹ in Deutschland.
1939	*Ferienaufenthalt in der Schweiz.*
	23. August: ›Hitler-Stalin-Pakt‹. Deutsch-russischer Nichtangriffsvertrag.
	1. September: Deutscher Angriff auf Polen. Beginn des Zweiten Weltkriegs.
	3. September: Frankreich und Großbritannien erklären Deutschland den Krieg.
1940	14. Juni: Deutsche Einheiten besetzen Paris.
	22. Juni: Waffenstillstand zwischen Frankreich und dem Deutschen Reich.
1941	22. Juni: Deutschland greift die UdSSR an.
	7. Dezember: Japanischer Überfall auf die US-Flotte in Pearl Harbor/Hawaii.
	11. Dezember: Kriegserklärung Deutschlands und Italiens an die USA.

1942 8. November: Britische und amerikanische Truppen landen in Nordafrika.

18. November 1942–2. Februar 1943: Schlacht um Stalingrad.

1944 5./6. Juni: Landung alliierter Truppen in der Normandie.

20. Juli: Graf Stauffenbergs Attentat auf Hitler mißlingt.

23. August: Verhaftung Adenauers. Aufenthalt im Lager Köln-Deutz.

Flucht in die ›Nister Mühle‹.

25. September: Festnahme der Ehefrau Gussi.

Adenauer wird erneut verhaftet und nach Brauweiler gebracht.

Ende Oktober: Freilassung auf Betreiben des Sohnes Max.

1945 *Adenauer wird von der amerikanischen Besatzungsmacht wieder als Oberbürgermeister von Köln eingesetzt.*

25. April: US-Streitkräfte und Rote Armee treffen bei Torgau an der Elbe zusammen.

30. April: Selbstmord Adolf Hitlers.

7.–9. Mai: Gesamtkapitulation der deutschen Streitkräfte.

2. August: ›Potsdamer Kommuniqué‹. Aufteilung Deutschlands in Besatzungszonen.

6./9. August: Die USA werfen über Hiroshima und Nagasaki Atombomben ab.

6. Oktober: Adenauer von den englischen Besatzungsorganen aus dem Amt entlassen. Dr. Hermann Pünder wird Oberbürgermeister.

20. November 1945–1. Oktober 1946: ›Nürnberger Prozesse‹ gegen die ›Hauptkriegsverbrecher‹.

16. Dezember: Erstes nationales Treffen der neugegründeten CDU in Bad Godesberg. Teilnahme Adenauers.

1946–1954	Indochina-Krieg.
1946	*20./21. Januar: Konrad Adenauer wird Vorsitzender des britischen Zonenausschusses der CDU.*
1947	Februar: ›Ahlener Programm‹ des CDU-Zonenrates.
	5. Juni: ›Marshall-Plan‹ der USA zum Wiederaufbau Europas.
1948	*3. März: Ehefrau Auguste (›Gussi‹) gestorben.*
	17. März: Brüsseler Fünfmächtevertrag. Die ›Westunion‹ wird geschaffen.
	15. Mai: Gründung des Staates Israel.
	24. Juni 1948–12. Mai 1949: Berlin-Blockade durch die UdSSR.
	September: Der Parlamentarische Rat tritt unter Adenauers Präsidentschaft zusammen.
1949	Der Europarat wird gegründet.
	4. April: Abschluß des ›Nordatlantikpaktes‹ (NATO).
	23. Mai: Vorläufiges Grundgesetz der Bundesrepublik Deutschland.
	Bonn wird Bundeshauptstadt.
	14. August: Wahlen zum Deutschen Bundestag.
	12./15. September: Theodor Heuss wird erster deutscher Bundespräsident, Konrad Adenauer Bundeskanzler.
	7. Oktober: Verfassung der Deutschen Demokratischen Republik.
	24. November: ›Petersberger Abkommen‹ mit den Westalliierten.
1950–1953	Korea-Krieg.
1950	*29./30. August: Memorandum Adenauers für eine deutsche Wiederbewaffnung und die Neubelebung diplomatischer Aktivitäten im Ausland.*
	11. September: Gustav Heinemann, Gegner der Wiederaufrüstung, tritt als Innenminister zurück.

1951	*15. März: Adenauer zusätzlich Außenminister.*
	18. April: Gründung der Europäischen Gemeinschaft für Kohle und Stahl (›Montan-Union‹).
	2. Mai: Die Bundesrepublik wird gleichberechtigtes Mitglied im Europarat.
1952	*März: Attentatsversuch auf Adenauer.*
	26. Mai: Deutschlandvertrag zwischen den Westmächten und der Bundesrepublik.
	27. Mai: In Paris wird der Vertrag über die ›Europäische Verteidigungsgemeinschaft‹ (EVG) unterzeichnet.
	22. August: Kurt Schumacher gestorben.
1953	*April: Erste Amerika-Reise. Gespräche mit Dwight D. Eisenhower und John Foster Dulles.*
	17. Juni: Aufstand in Ost-Berlin.
	6. September: Wahlen zum Bundestag. Absolute Mehrheit der CDU. Adenauer erneut Bundeskanzler.
1954–1962	Algerienkrieg.
1954	*19.–23. Oktober: Verhandlungen mit Pierre Mendès-France über das Saarland und den NATO-Beitritt.*
	Oktober 1954/Mai 1955: ›Pariser Verträge‹. Gründung der ›Westeuropäischen Union‹ (WEU).
1955	14. Mai: ›Warschauer Pakt‹. Militärbündnis der Ostblock-Staaten.
	17. Juni: Adenauer trifft Harold Macmillan in New York. September: Besuch in Moskau.
	22. Oktober: Volksabstimmung im Saarland.
1956	Suez-Krise. – Ungarischer Aufstand.
	Der Deutsche Bundestag beschließt die Wiederaufrüstung.
	August: Verbot der KPD.
1957	1. Januar: Das Saarland wird mit der Bundesrepublik vereinigt.

	25. März: ›Römische Verträge‹. Gründung der ›Europäischen Wirtschaftsgemeinschaft‹ (EWG).
	September: Adenauer tritt seine dritte Amtsperiode als Bundeskanzler an.
	4. Oktober: Die UdSSR startet den ersten künstlichen Erdsatelliten (›Sputnik I‹).
1958	*März/Oktober: Auseinandersetzungen mit Nikita Chruschtschow über den Status Berlins.*
	14. September/26. November: Erste Begegnung Konrad Adenauers und Charles de Gaulles.
1959	*Februar: Letztes Treffen mit Dulles in Bonn.*
	7. April–4. Juni: Vorübergehende Kandidatur Adenauers für das Amt des Bundespräsidenten.
	25. Mai: John Foster Dulles gestorben.
	13. September: Heinrich Lübke wird deutscher Bundespräsident.
	19.–21. Dezember: Vier-Mächte-Konferenz in Paris.
1961	20. Januar: John F. Kennedy wird Präsident der USA.
	13. August: Bau der Berliner Mauer.
	7. November: Neuwahlen. Vierte Regierung Adenauer.
1962	ab 10. Oktober: ›Spiegel‹-Affäre.
	Oktober 1962–Januar 1963: Kuba-Krise.
	30. November: Rücktritt des Verteidigungsministers Franz Josef Strauß.
1963	9. Januar: Die Aufnahme Großbritanniens in die EWG scheitert am Einspruch Frankreichs.
	22. Januar: Unterzeichnung des deutsch-französischen Vertrags (am 16. Mai durch den Bundestag ratifiziert). Juni: Besuch John F. Kennedys in Berlin.
	10./15. Oktober: Rücktritt Adenauers.
	16. Oktober: Ludwig Erhard zum deutschen Bundeskanzler gewählt.

	22. November: US-Präsident John F. Kennedy in Dallas/Texas ermordet.
1964	Eintritt der USA in den Vietnam-Krieg.
1965	24. Januar: Sir Winston Churchill in London gestorben.
1966	*Frühjahr: Adenauer gibt den CDU-Vorsitz an Ludwig Erhard ab.*
	April/1. Juli: Frankreich verläßt die NATO.
1967	*16. Februar: Letzte größere Rede Adenauers in Ateneo/Madrid.*
	19. April: Konrad Adenauer in Rhöndorf gestorben.
	21. April: Militärputsch in Griechenland.
	22./23. April: Offizielle Beisetzungsfeierlichkeiten in Bonn, Köln und Rhöndorf.
	5.–10. Juni: Israelisch-arabischer ›Sechstagekrieg‹.

Anmerkungen

1 Viermal Deutschland

[1] J. A. R. Marriott *Evolution of Prussia*, S. 435.
[2] ebd., S. 411.
[3] Walter Henry Nelson *The Soldier Kings*, 18. Kapitel.
[4] Fabian von Schlabrendorff *The Secret War against Hitler*, S. 26.
[5] Thomas Mann *Betrachtungen eines Unpolitischen*, S. 270.
[6] v. Schlabrendorff, a. a. O., S. 29.
[7] Ernst von Salomon *Die Geächteten*.

2 Der Werdegang eines Oberbürgermeisters

[1] Paul Weymar *Konrad Adenauer*.
[2] ebd., S. 14.
[3] ebd., S. 18.
[4] Georg Schröder *Konrad Adenauer*, S. 50.
[5] Weymar, a. a. O., S. 23.
[6] ebd., S. 30.
[7] Charles Wighton *Adenauer, Democratic Dictator*.
[8] Schröder, a. a. O., S. 5.
[9] Rudolf Augstein *Konrad Adenauer*, S. 9.
[10] Weymar, a. a. O., S. 41.
[11] Hans Kohn *Wege und Irrwege*, S. 144.
[12] Weymar, a. a. O., S. 41.
[13] ebd., S. 41.
[14] Der spätere Dr. Max Adenauer, der die gleiche Laufbahn wie sein Vater bei der Kölner Stadtverwaltung einschlug.
[15] Die später einen Geschäftsmann heiratete und heute Frau Ria Reiners heißt.
[16] Weymar, a. a. O., S. 57.
[17] Historisches Archiv der Stadt Köln.
[18] ebd.
[19] ebd.
[20] Während des Ersten Weltkriegs brachten manche Städte ihre eigenen ›Kriegskochbücher‹ heraus, in denen zu lesen war, wie sich aus sehr wenig das Beste machen ließ. Ein Hamburger Kochbuch etwa enthält Rezepte für Kartoffelpuffer, Sagoklöße, Hefepudding, Heringsbuletten, Kohlrübengemüse, Brotsuppe und Eintopf aus Fisch und Sauerkraut. In Berlin wurde eine eigene Kriegskartoffelgesellschaft gegründet.
[21] Weymar, a. a. O., S. 60.
[22] ebd., S. 61.

3 Eine rheinische Republik?

[1] Hans Welters/Helmut Lobeck *Kleine Illustrierte Geschichte der Stadt Köln*, S. 159.
[2] Historisches Archiv der Stadt Köln.
[3] ebd.
[4] James Gerard *My Four Years in Germany*, S. 243.
[5] Hans Kohn *Wege und Irrwege*.
[6] Paul Weymar *Konrad Adenauer*, S. 62.
[7] Karl Heinz Abshagen *Schuld und Verhängnis*, S. 15.
[8] Welters/Lobeck, a. a. O., S. 169.
[9] Weymar, a. a. O., S. 65ff.
[10] ebd., S. 65ff.
[11] Historisches Archiv der Stadt Köln.
[12] Weymar, a. a. O., S. 69.
[13] Historisches Archiv der Stadt Köln.
[14] ebd.
[15] ebd.
[16] Sir John Wheeler-Bennett *The Nemesis of Power*, S. 19.
[17] Theodor Heuss *Würdigungen*, S. 220.
[18] Abshagen, a. a. O., S. 56.
[19] Historisches Archiv der Stadt Köln.
[20] Weymar, a. a. O., S. 67.
[21] Karl Dieter Erdmann *Adenauer in der Rheinlandpolitik nach dem Ersten Weltkrieg*, S. 29.
[22] ebd., S. 29.
[23] ebd., S. 33.
[24] Günther Meinhardt *Adenauer und der rheinische Separatismus*.
[25] Das Historische Archiv der Stadt Köln enthält Angaben über diese Versammlungen.
[26] ebd.
[27] ebd.
[28] ebd.
[29] ebd.
[30] *The Times*, London, vom 21. März 1919.
[31] Alistair Horne *The Price of Glory*, S. 232.
[32] Historisches Archiv der Stadt Köln.
[33] ebd.
[34] Memorandum des Generals Clive, im Besitz seines Schwiegersohns Sir Christopher Steel.
[35] Dorten, damals 39 Jahre alt, war ein gutaussehender Mann. Sein Spitzname war ›Der schöne Addi‹.
[36] Adenauer war schon vor diesem Zwischenfall mit General Clive zum Thema des Separatismus in engem Kontakt gewesen. Wahrscheinlich stammten die allgemeinen Kenntnisse des Generals über diesen Gegenstand in erster Linie von Adenauer. Wie die meisten höheren britischen Offiziere war Clive antipreußisch in seiner Einstellung und verglich in einer Unterredung mit Adenauer einmal die Rolle Preußens mit der des Zwerges Alberich in Richard Wagners *Rheingold*, der den ›leuchtenden Hort‹ ergriff und die Welt in Dunkelheit versetzte. (Historisches Archiv der Stadt Köln)
[37] Meinhardt, a. a. O.
[38] Erdmann, a. a. O., S. 63.

[39] Historisches Archiv der Stadt Köln.
[40] Weymar, a. a. O., S. 81.
[41] Historisches Archiv der Stadt Köln.
[42] Eine anschauliche Beschreibung des Ereignisses findet sich in dem Roman *Defeat* von Geoffrey Moss (Constable, London, 1924). Auch in dem Buch des *Times*-Korrespondenten G. E. R. Gedye, *The Revolver Republic*, wird es erwähnt.
[43] Historisches Archiv der Stadt Köln.
[44] Adenauer bestritt dies in einem Brief an den Chef der britischen Sektion der Interalliierten Rheinland-Kommission, Major J. L. Piggott, und bat um eine Garantie für sein Verbleiben auf dem Oberbürgermeisterposten.
[45] Historisches Archiv der Stadt Köln.
[46] ebd. und Meinhardt, a. a. O.
[47] Das genaue Datum für diese Entscheidung ist nicht gewiß. Sir John Wheeler-Bennett (a. a. O., S. 106) sagte, sie sei im August gefallen. Günther Meinhardt (a. a. O.) datiert die Ankündigung auf den 24. September 1923.
[48] Historisches Archiv der Stadt Köln.
[49] ebd.
[50] Weymar, a. a. O., S. 121f.
[51] Die Franzosen hatten mit dem Vorschlag einer eigenen ›gesunden‹ Währung für das Rheinland eine Trumpfkarte in der Hand. In jener Zeit herrschte in Deutschland ein Währungschaos. In Ostpreußen und Hannover druckte man ›Roggen-Notgeld‹ mit der Deckung durch soundsoviel Kilogramm Roggen. In Schlesien gab es eine ›Kohlenwährung‹ und in Pommern eine ›Zuckerwährung‹. Städte wie Heidelberg oder Göttingen gaben Banknoten auf Grund ihrer Baumbestände aus. Nichts wirkt in Friedenszeiten demoralisierender auf eine Bevölkerung als das Fehlen einer vertrauenswürdigen Währung. Von der separatistischen Propaganda wurde deshalb die Schaffung einer an den Französischen Franc gebundenen rheinländischen Währung in Vorschlag gebracht.
[52] Eine solche Stellungnahme erschien in der Serie ›Mein Gott, was soll aus Deutschland werden!‹, die das Nachrichtenmagazin *Der Spiegel* im Jahre 1961 veröffentlichte. Nach Ansicht des *Spiegel* wollte Adenauer ein autonomes Rheinland, weil es ein ›katholischer Zentrumspartei-Staat‹ geworden und er selbst dann imstande gewesen wäre, es zu beherrschen. Jeder Politiker hat freilich auch seine eigenen Interessen im Auge, doch dürften eigennützige Beweggründe bei Adenauers Bemühungen um das Rheinland nur eine geringe Rolle gespielt haben.

4 Der König von Köln

[1] Paul Weymar *Konrad Adenauer*, S. 88.
[2] ebd., S. 89.
[3] Frau Ria Reiners im privaten Gespräch mit dem Verf.
[4] Dr. Max Adenauer, ebenfalls.
[5] Dr. Max Adenauer, ebenfalls.
[6] Frau Ria Reiners, ebenfalls.
[7] *Die Universität Köln 1919–1924*, Verlag Oskar Müller.
[8] Hans Blum (Hrsg.) *Aus kölnischer und rheinischer Geschichte*, S. 208f.
[9] Historisches Archiv der Stadt Köln.

[10] Paul Weymar (a. a. O., S. 98ff.) berichtet, daß Adenauer damals die Eigentumsrechte für die Stadt erst nach Schwierigkeiten beschaffen konnte. In Wirklichkeit wurden die Rechte schon am 3. Dezember 1918 gesichert. (Historisches Archiv der Stadt Köln)

[11] Weymar, a. a. O., S. 99.

[12] Fritz Schumacher *Stufen des Lebens*, S. 431.

[13] ebd., S. 456.

[14] ebd., S. 461.

[15] ebd., S. 457.

[16] Weymar, a. a. O., S. 102f.

[17] Historisches Archiv der Stadt Köln.

[18] *Neubau* vom 24. März 1924.

[19] Historisches Archiv der Stadt Köln.

[20] Aus Adenauers Rede: »Der Einmarsch der Sieger war unerträglich: Unerträglich der Krach ihrer Musik! Unsere Herzen bebten: unser Köln, unser heiliges Köln war besetzt. An den Ufern des Rheins, des deutschen Rheins, wurde die deutsche Fahne heruntergelassen.« Dazu sollte man sich erinnern, daß die britischen Truppen in Wirklichkeit ganz still in ihre Quartiere eingezogen waren und daß Adenauer selbst darum gebeten hatte, sie möchten in demonstrativer Form durch die Straßen einmarschieren. (Historisches Archiv der Stadt Köln)

[21] Historisches Archiv der Stadt Köln.

[22] ebd.

[23] ebd.

[24] Weymar, a. a. O., S. 107f.

[25] R. C. Mowat *Ruin and Resurgence*, S. 359.

[26] Historisches Archiv der Stadt Köln.

[27] Weymar, a. a. O., S. 114.

[28] Historisches Archiv der Stadt Köln.

[29] Weymar, a. a. O., S. 112.

[30] So wurde ein führender Zentrumsmann, Matthias Erzberger, Mitunterzeichner des Waffenstillstands, nach einem ersten Attentat auf sein Leben im Juni 1920 am 21. August ermordet. Der Außenminister Walter Rathenau wurde im Juni 1922 erschossen. Im gleichen Monat versuchte man auch den führenden Sozialdemokraten Philipp Scheidemann zu ermorden. Später wurden noch Attentate auf Gustav Stresemann und Heinrich Brüning versucht. Das geheime Tribunal nannte sich nach dem erst 1808 endgültig abgeschafften Gericht in Westfalen das Femegericht.

[31] Blum, a. a. O., Einzelheiten aus dem Kapitel von Hugo Stehkämper.

[32] ebd.

[33] Unter der großen Zahl wüster Beschimpfungen findet sich auch ein Artikel in der *Rheinischen Volkswacht*, in dem Adenauer als ›Vampir‹ bezeichnet wird. (Historisches Archiv der Stadt Köln)

[34] Weymar, a. a. O., S. 129ff.

[35] ebd., S. 141.

[36] *Vossische Zeitung* vom 16. Mai 1926. Adenauer versuchte es damals noch immer.

[37] Ernst Lemmer im privaten Gespräch mit dem Verf.

[38] Heinrich Krone, ebenfalls.

[39] Weymar, a. a. O., S. 130.

[40] Historisches Archiv der Stadt Köln.

[1] Historisches Archiv der Stadt Köln.
[2] Der ›Tat-Kreis‹, benannt nach der in Berlin redigierten Zeitschrift *Die Tat*, die eine antiwestliche Geistesrichtung verfolgte. Zu ihren Hauptmitarbeitern gehörten Hans Zehrer, Giselher Wirsing und Friedrich Zimmermann (Ferdinand Fried), die alle das Ende der Nazizeit überlebt und wieder einen Platz in der deutschen Publizistik gefunden haben, Hans Zehrer z. B. als Chefredakteur der Hamburger Zeitung *Die Welt*. Adenauer sprach von ihm verächtlich als ›dieser Wirrkopf‹.
[3] Dr. Hermann Pünder im privaten Gespräch mit dem Verf.
[4] Historisches Archiv der Stadt Köln.
[5] ebd.
[6] ebd. Ein kleiner Arbeitsdienst wurde schließlich 1932 in Köln in Angriff genommen. Von den 2323 Leuten, die sich dafür meldeten, konnten 2013 zur Arbeit herangezogen werden. So mag Adenauer, ohne es zu ahnen, das Modell für den später von den Nazis im großen Stil verwirklichten Arbeitsdienst geliefert haben.
[7] *Vierteljahreshefte für Zeitgeschichte*, 3. Heft, Juli 1969, Aufsatz von Henning Köhler.
[8] *Handelsblatt* vom 2. April 1970, Artikel von Antonius John.
[9] Historisches Archiv der Stadt Köln.
[10] *Sozialistische Republik*, Oktober 1930.
[11] Historisches Archiv der Stadt Köln.
[12] Es ist interessant festzustellen, daß dem Vorsitzenden der Sozialdemokratischen Partei Deutschlands, Erich Ollenhauer, in den fünfziger Jahren genau das gleiche passierte. Überraschenderweise hat er wegen Verleumdung geklagt, während Adenauer, als er 1930 zum Gegenstand noch weit bösartigerer Angriffe wurde, die beabsichtigte Kränkung einfach ignorierte.
[13] Historisches Archiv der Stadt Köln.
[14] ebd.
[15] ebd.
[16] H. R. Knickerbocker *Germany, Fascist or Soviet?*, S. 139.
[17] Historisches Archiv der Stadt Köln.
[18] ebd.
[19] Brief vom 25. Januar 1932 an Dr. Mulert, Präsident des Deutschen Städtetages.
[20] Bei dieser Gelegenheit rezitierte Adenauer die auf dem Dortmunder Wappen stehenden Verse: »Wer mir folgt, sei kampfbereit, Schwör den Schwur auf roter Erden, Daß die Lösung siegreich werde. Christus, Herr der neuen Zeit.«
[21] Historisches Archiv der Stadt Köln.
[22] ebd.
[23] ebd.
[24] ebd.
[25] Paul Weymar *Konrad Adenauer*, S. 149.
[26] Historisches Archiv der Stadt Köln. Es liegt eine gewisse Ironie darin, daß Adenauer, der in der Vergangenheit so oft für die Befreiung des Rheinlands aus der Vorherrschaft Preußens gekämpft hatte, nunmehr für die Erhaltung Preußens eintrat.
[27] Historisches Archiv der Stadt Köln.
[28] ebd.
[29] Weymar, a. a. O., S. 151, Aussage von Dr. Billstein.

[30] Historisches Archiv der Stadt Köln.
[31] Brief von Dr. Günther Riesen vom 21. März 1933.
[32] Weymar, a. a. O., S. 158.
[33] Fabian von Schlabrendorff, *The Secret War against Hitler*, S. 35.
[34] Es berührt seltsam, daß ein Mann wie Dr. Heinrich Krone nach beinahe 40 Jahren mit Nachdruck versichert, daß die Zentrumspartei mit ihrer Zustimmung zum Ermächtigungsgesetz richtig gehandelt habe. Nach Krones Meinung war das ›realistisch‹ und dazu bestimmt, »das Beste aus der Sache zu machen«. Noch lange Zeit später waren die Zentrumsleute nur allzu geneigt, die Schuld an Hitlers Erfolg bei den Westmächten zu suchen, die ihm hätten Einhalt gebieten sollen. Dabei lassen sie fast immer außer acht, daß von außen kommende Kritik an Hitler die deutsche öffentliche Meinung gewöhnlich zu seinen Gunsten beeinflußte.
[35] Dr. Paul Adenauer im privaten Gespräch mit dem Verf.
[36] Dr. Paul Adenauer, ebenfalls.
[37] Dr. Max Adenauer, ebenfalls.
[38] Dr. Paul Adenauer, ebenfalls.
[39] Frau Ria Reiners, ebenfalls.
[40] Weymar, a. a. O., S. 168.
[41] Adenauer scheint den Namen des Besitzers nie genannt und auch keinen schriftlichen Vermerk darüber hinterlassen zu haben.
[42] Georg Schröder *Konrad Adenauer*, S. 69.
[43] Frau Ria Reiners und Frau Libet Werhahn im privaten Gespräch mit dem Verf.
[44] Weymar, a. a. O., S. 169.
[45] Frau Ria Reiners, Frau Libet Werhahn und Dr. Paul Adenauer im privaten Gespräch mit dem Verf.
[46] Weymar, a. a. O., S. 177ff.
[47] Sir John Wheeler-Bennett *The Nemesis of Power*, S. 307f.
[48] Dr. Paul Adenauer im privaten Gespräch mit dem Verf.
[49] Wer zum damaligen Zeitpunkt Herwegen informiert hat, ist niemals klar ausgesprochen worden. Dr. Paul Adenauer meint, es könnte ein Mitglied der Provinzialregierung von Koblenz gewesen sein, bei der Adenauer gute Freunde hatte.
[50] Rudolf Augstein *Konrad Adenauer*, S. 11. In *Adenauer, Democratic Dictator* gibt Charles Wighton den 10. August 1934 als Datum an.
[51] Augstein, a. a. O. die Ziffer von 12000 Mark jährlich wird auch in Paul Weymars Buch bestätigt (S. 185), doch Weymar behauptet, daß die Wiederherstellung der Pensionsansprüche sich aus Verhandlungen zwischen der Kölner Stadtverwaltung und Dr. August Adenauer ergeben hat, dem Bruder Konrads, der Rechtsanwalt war.
[52] Weymar, a. a. O., S. 184.
[53] Sein Sohn Max erinnert sich, daß er den Krieg »innerhalb von drei oder vier Jahren« vorausgesagt habe. Die Nazis würden durch ihre Exzesse unweigerlich in den Krieg hineinstolpern. (Dr. Max Adenauer im privaten Gespräch mit dem Verf.)
[54] Frau Libet Werhahn im privaten Gespräch mit dem Verf.
[55] Heinz Hoehne in *Der Orden unter dem Totenkopf*, S. 133, zitiert einen SS-internen Bericht vom August 1937, aus dem hervorgeht, daß die Nazis Adenauer und den Freiherrn von Schröder beobachteten.
[56] Dr. Max Adenauer im privaten Gespräch mit dem Verf.
[57] Dr. Paul Adenauer, ebenfalls.

[58] Dr. Hermann Pünder, ebenfalls. Pünder erinnert sich, eine von Goerdelers Listen mit Adenauer durchgegangen zu haben, ohne eine Stellungnahme dazu.
[59] Dr. Heinrich Krone, Dr. Hermann Pünder und Angehörige von Adenauers Familie im privaten Gespräch mit dem Verf.
[60] Weymar, a. a. O., S. 240ff.
[61] Konrad Adenauer *Erinnerungen*, Bd. I, S. 15.
[62] Weymar, a. a. O., S. 248. Aber in seinen *Erinnerungen*, Bd. I, S. 17, läßt Adenauer Schliebusch auch nach seiner eigenen Entlassung aus Braunweiler im Oberkommando der Wehrmacht tätig sein.
[63] Adenauer, a. a. O., S. 18.
[64] Adenauer, a. a. O., S. 19. Weymar schreibt dagegen (a. a. O., S. 266), daß die beiden Amerikaner am Tage nach dem Rückzug der Deutschen gekommen seien. Nur die eine oder die andere Behauptung kann zutreffen. Man muß bedenken, daß Weymar seine Information durch Adenauer 1955 erhielt, wohingegen dieser erst 1964 mit der Niederschrift seiner *Erinnerungen* begann.

6 Ein neues Deutschland, eine neue Partei

[1] Dietrich Bonhoeffer *Widerstand und Begegnung*, S. 47.
[2] ebd., S. 51.
[3] Paul Weymar *Konrad Adenauer*, S. 127.
[4] Konrad Adenauer *Erinnerungen*, Bd. I, S. 20ff.
[5] Weymar, a. a. O., S. 273.
[6] Adenauer, a. a. O., S. 26.
[7] ebd., S. 27ff.
[8] ebd., S. 33.
[9] ebd., S. 34f.
[10] ebd., S. 36.
[11] Rudolf Augstein *Konrad Adenauer*.
[12] Dr. Hermann Pünder im privaten Gespräch mit dem Verf.
[13] Dr. Hermann Pünder, ebenfalls. Lord Pakenham (der spätere Earl of Longford), Minister für deutsche Angelegenheiten, liefert eine merkwürdige Ergänzung hierzu. Als Pakenham zum erstenmal die britische Besatzungszone besichtigte, bemerkte er zu Barraclough, daß die einzig mögliche Politik gegenüber den Deutschen ein ›freundliches Verhalten‹ sei. Worauf Barraclough antwortete: »Ganz meine Meinung.« (Vgl. Lord Pakenham *Born to Believe*, S. 175.) Der Verf. kannte sich in Barracloughs Hauptquartier in Düsseldorf gut aus. Es gab dort einige gute Verwaltungsleute, aber ›Freundlichkeit‹ gegenüber den Deutschen strahlte gewiß nicht von dort aus.
[14] Sir Christopher Steel im privaten Gespräch mit dem Verf.
[15] Sir Brian Robertson (später Lord Robertson), ebenfalls.
[16] Adenauer, a. a. O., S. 38.
[17] Erinnerungen von Adenauers Familie im privaten Gespräch mit dem Verf.
[18] Adenauer, a. a. O., S. 38.
[19] Der Verf. hat ihn die Geschichte bei mindestens vier Gelegenheiten erzählen hören.
[20] Lord Robertson und Lord Longford in einem privaten Gespräch mit dem Verfasser.

[21] In Konrad Adenauers *Erinnerungen*, Bd. I, S. 38f., heißt es, daß ihn »ein englischer Oberst aus dem Hauptquartier in Bünde« aufsuchte, der »im Zivilberuf Professor in Oxford war«. Annan war in Wirklichkeit Professor in Cambridge, und sein Hauptquartier war in Berlin, mit einem Zweigbüro in Bünde.
[22] H. G. Wieck *Die Entstehung der CDU und die Wiedergründung des Zentrums im Jahre 1945*, S. 35.
[23] Leo Schwering *Frühgeschichte der Christlich-Demokratischen Union*, S. 14.
[24] *Der Spiegel* vom 18. Oktober 1961.
[25] Wieck, a. a. O., S. 145.
[26] *Der Spiegel* vom 18. Oktober 1961.
[27] Wieck, a. a. O., S. 171.
[28] ebd., S. 172.
[29] Arnold J. Heidenheimer *Adenauer und die CDU*, S. 73.
[30] ebd., S. 82.
[31] Schwering, a. a. O., S. 190ff. Die Rede wurde im März gehalten.
[32] Schumacher soll gesagt haben, Deutschland werde nunmehr von ›drei Kardinälen‹ regiert: Kardinal Faulhaber in München, Kardinal Frings in Köln und dem roten Kardinal Pieck in der Sowjetzone.
[33] *Die Welt* vom 30. November 1946.
[34] Wieck, a. a. O., S. 73.
[35] Heidenheimer, a. a. O., S. 120.
[36] Ernst Lemmer *Manches war doch anders*, S. 312.
[37] ebd., S. 291.
[38] Wieck, a. a. O., S. 193.
[39] Lemmer, a. a. O., S. 312.
[40] *The Atlantic Monthly*, September 1957, Artikel von Terence Prittie.
[41] Brian Connell *Watcher on the Rhine*, S. 242.
[42] Julius Hollos im privaten Gespräch mit dem Verf.
[43] Lord Robertson, ebenfalls.
[44] Lord Longford, ebenfalls.
[45] Pakenham, a. a. O., S. 194.
[46] ebd., S. 198.
[47] ebd., S. 199.

7 Geburtshelfer der Bundesrepublik

[1] Brief von Dr. Max Adenauer vom 11. Dezember 1969.
[2] Paul Weymar *Konrad Adenauer*, S. 437.
[3] Brief von John J. McCloy vom 23. Dezember 1969.
[4] Weymar, a. a. O., S. 209.
[5] Eine gefährliche Situation wurde wenigstens teilweise dadurch gerettet, daß ein schottischer Offizier von der britischen Militärregierung in seinem Kilt den stürmischen Drang der Rädelsführer dämpfte, indem er ihnen scherzend auf den Rücken klopfte und sie in miserablem Deutsch aufforderte, sich nicht so aufzuregen.
[6] *The Manchester Guardian* vom 8. April 1948.
[7] Adenauer erzählte gern, wie sich Schumachers Preußentum in seinem Umgangston bemerkbar machte. Während Adenauer General Sir Brian Robertson mit ›Sir Brian‹ ansprach, gebrauchte Kurt Schumacher die Anrede ›Herr General‹.

[8] Dean Acheson *Sketches from Life of Men I Have Known*, S. 172.
[9] Lewis J. Edinger *Kurt Schumacher*, S. 135f.
[10] Sir Ivone Kirkpatrick im privaten Gespräch mit dem Verf.
[11] Die persönlichen Erfahrungen des Verf. mit Schumacher waren ganz anders geartet. Wenn er fühlte, daß man ihm Aufmerksamkeit entgegenbrachte, reagierte Schumacher in der freundlichsten und entgegenkommendsten Weise. Im Grunde war er ein ebenso warmherziger wie mit ganzer Seele der sozialen Gerechtigkeit ergebener Mensch. Trotz seiner großen Bildung konnte er oft von rührender Einfachheit sein. In einer Reihe von Gesprächen mit ihm fand ihn der Verf. nicht immer praktisch, im engeren Sinne, aber von leidenschaftlichem Glauben an Menschenwürde und Freiheit erfüllt. Er konnte sich gelegentlich ganz ungezwungen geben. Ein langjähriges Mitglied der britischen Militärregierung erinnert sich an einen Bierabend mit Würstchen, bei dem Schumacher auf dem Tisch stand und die ganze Runde zu einem Toast auf Seine Majestät den König anfeuerte.
[12] In *Würdigungen*, S. 227, sagt Theodor Heuss von Kurt Schumacher: »Aber wenn der Tod nach der Hand griff, kam eine ungeduldige Abwehr – nicht, jetzt nicht, jetzt noch nicht, als habe dieser Mann keine Zeit für derlei. Denn die Pflicht, die Aufgaben forderten ihn.«
[13] Rein statistisch betrachtet, schien das in gewisser Weise zuzutreffen. Aus einer Übersicht über die ersten tausend CDU-Mitglieder, die sich in Hamburg bis Juni 1946 eingetragen hatten, geht hervor, daß 254 ehemalige Parteigenossen waren, von denen wiederum 36 irgendwelche Parteiämter innehatten. Weitere 253 waren früher Mitglieder von Parteien, die für das Ermächtigungsgesetz gestimmt hatten. (Vgl. H. G. Wieck *Die Entstehung der CDU und die Wiedergründung des Zentrums im Jahre 1945*, S. 222.)
[14] Sir Ivone Kirkpatrick *The Inner Circle*, S. 205.
[15] Lord Robertson im privaten Gespräch mit dem Verf.
[16] Die SPD sicherte sich allerdings den Vorsitz im ›Hauptausschuß‹ des Parlamentarischen Rats in der unzutreffenden Annahme, daß die eigentliche Lenkung der Tätigkeit des Rates sich in diesem Gremium vollziehen würde.
[17] *The Manchester Guardian* vom 2. September 1949.
[18] Sir Stephen King-Hall *German Parliaments*, S. 122.
[19] Konrad Adenauer *Erinnerungen*, Bd. 1, S. 153f.
[20] Lord Robertson und Sir Christopher Steel im privaten Gespräch mit dem Verf.
[21] Arthur Settel (Hrsg.) *Das ist Deutschland*, S. 309ff., Beitrag von James P. O'Donnell.
[22] *Vierteljahreshefte für Zeitgeschichte*, Januar 1970, S. 68, Beitrag von Rudolf Morsey.
[23] ebd., S. 69f.
[24] Adenauer, a. a. O., S. 171.
[25] ebd., S. 170.
[26] ebd., S. 170f.
[27] Lord Robertson und Sir Christopher Steel im privaten Gespräch mit dem Verf.
[28] *Der Spiegel* vom 2. April 1949 und vom 30. April 1949 zitiert das CDU-Mitglied des Parlamentarischen Rates, Heinrich von Brentano.
[29] *The Manchester Guardian* vom 9. April 1949.
[30] ebd., 13. April 1949.
[31] ebd., 13. April 1949. Blankenhorn setzte dem Verf. am 12. April auseinander, daß die SPD die Möglichkeit eines anständigen Kompromisses zwischen dem Parlamentarischen Rat und den Alliierten untergrabe. Er führte aus: »Nach

1919 war das deutsche Volk in zwei Lager gespalten, in diejenigen, die dem Versailler Vertrag ihre Anerkennung verweigerten, und diejenigen, die sich redlich bemühten, seine Bedingungen zu erfüllen. Diese Situation könnte sich heute wiederholen. Vor allem aber fürchten wir den totalen Bruch zwischen den wichtigsten deutschen Parteien, der sich über Jahre hinziehen und die Beziehungen innerhalb der Gesellschaft verbittern würde.« Als Korrespondent des *Guardian* fügte der Verf. in seinem Bericht noch hinzu: »Diese Worte sollten wahrhaftig all denen einen länger fühlbaren Gewissensbiß versetzen, die im Interesse ihrer eigenen Sicherheit oder zur Förderung ihrer eigenen Verfassungsform heimlich irgendeiner deutschen Partei ihre Unterstützung geliehen haben.«

[32] Nach den Notizen des Verf. Der Korrespondent der *Times* saß, wie man sich erinnern sollte, schweigend und verlegen während dieser ganzen seltsamen Begegnung dabei. Der Verf. machte damals den Vorschlag, Dr. Adenauer solle, wenn er das nächstemal einen Streit mit dem *Times*-Korrespondenten habe, keine anderen britischen Korrespondenten einladen.

[33] Wanderslebs erstes ›Budget‹, das zugegebenermaßen nur für die allernotwendigsten Vorkehrungen reichte, die Regierung im September 1949 funktionsfähig zu machen, betrug 3 Millionen Mark. Zwanzig Jahre später waren die Regierungsausgaben auf schätzungsweise 300 Millionen Mark angewachsen.

[34] Lord Pakenham *Born to Believe*, S. 197.

[35] Charles Wighton *Adenauer, Democratic Dictator*, mehrfach.

[36] Adenauer, a. a. O., S. 223ff.

[37] ebd., S. 228.

[38] ebd., S. 230.

[39] *The Manchester Guardian* vom 9. September 1949, Beitrag von Terence Prittie.

[40] Georg Schröder *Konrad Adenauer*, S. 30.

[41] Adenauer, a. a. O., S. 239.

8 Das Ende der alliierten Besatzung

[1] *The Times*, London, vom 21. September 1949.

[2] Adenauer verwarf sogar im Oktober 1949 Vorschläge zur Schaffung eines vereinigten Parteivorstands (vgl. Arnold Heidenheimer *Adenauer und die CDU*), so daß dieser Schritt erst ein Jahr später unternommen wurde. Es dauerte weitere zwei Jahre, bis eine ›Bundesgeschäftsstelle‹ errichtet wurde.

[3] Nach Ansicht des Verf. war Arnold ein redlicher und mutiger Mann von gesundem Menschenverstand und Mitgefühl. Er gab einen bewunderswerten Ministerpräsidenten von Nordrhein-Westfalen ab, wo die bedeutende industrielle Zusammenballung des Ruhrgebiets und die hier besonders fühlbare Bürde der Demontagen eine vorurteilsfreie und kompromißbereite Haltung besonders notwendig machten. Nach Sir Ivone Kirkpatrick (vgl. *The Inner Circle*, S. 234) fehlte dem Politiker Arnold die Härte (›*killer instinct*‹). Der britische Verleger Victor Gollancz nannte Arnold gegenüber Lord Pakenham einen ›Heiligen‹ (vgl. *Born to Believe*).

[4] Hans Globke und Felix von Eckardt im privaten Gespräch mit dem Verf.

[5] Felix von Eckardt, ebenfalls.

[6] Brian Connell *Watcher on the Rhine*, S. 229f.

[7] Sir Christopher Steel im privaten Gespräch mit dem Verf.

[8] Kirkpatrick, a. a. O., S. 228f.

[9] *The Manchester Guardian* vom 7. Oktober 1949.

[10] Kirkpatrick, a. a. O., S. 230.
[11] Walter Henkels ... *gar nicht so pingelig, meine D. u. H.*, S. 100f.
[12] ebd., S. 98.
[13] Lewis J. Edinger *Kurt Schumacher*, S. 163.
[14] John J. McCloy in einem Brief an den Verf. vom 23. Dezember 1969.
[15] ebd.
[16] Henkels, a. a. O., S. 98.
[17] Konrad Adenauer *Erinnerungen*, Bd. 1, S. 251.
[18] *The Manchester Guardian* vom 10. Oktober 1949.
[19] Eine interessante und bezeichnende Episode ereignete sich, als Adenauer mit seiner ›Mannschaft‹ von fünf Bundesministern und fünf Beamten von dem turnusmäßig präsidierenden François-Poncet im Namen der Hochkommissare empfangen wurde. In dem von den Besatzungsmächten beschlagnahmten Hotel Petersberg war ein Teppich in der Mitte des Empfangssalons ausgelegt worden. Als die deutsche Delegation eintraf, hatten sich die drei Hochkommissare darauf aufgereiht. Adenauer mußte annehmen, daß sie den Teppich für sich allein in Anspruch nehmen wollten (vgl. Adenauer, a. a. O., S. 233f.), doch er brachte es fertig, bei der Begrüßung François-Poncets ebenfalls darauf zu treten und bei der Vorstellung seiner Minister darauf zu bleiben. Der Teppich war übrigens das Erzeugnis einer Bielefelder Firma und wie das gesamte Mobiliar, Geschirr, Silber usw. auf dem Petersberg den Besatzungsmächten zur Verfügung gestellt worden.
[20] Arthur Settel (Hrsg.) *Das ist Deutschland*, S. 248f., Beitrag von Terence Prittie.
[21] Die anfänglichen Pläne der Alliierten sahen die vollständige Zerstörung der deutschen Stahlindustrie vor, typisch dafür war der sogenannte Morgenthau-Plan. Im Jahr 1946 beschlossen die Westmächte die Einschränkung der deutschen Stahlherstellungskapazität auf 7,5 Millionen Tonnen, im Jahr 1947 auf 10,7 Millionen Tonnen. Beide Ziffern erwiesen sich als unrealistisch. Der Output von 11,1 Millionen Tonnen, auf den man sich im November 1929 einigte, entsprach einer Kapazität von rund 13,3 Millionen. Nach Abschaffung aller Beschränkungen sollte die westdeutsche Produktion auf mehr als 25 Millionen Tonnen jährlich steigen.
[22] Adenauer, a. a. O., S. 284.
[23] ebd., S. 293.
[24] ebd., S. 294.
[25] Kirkpatrick, a. a. O., S. 205.
[26] Adenauer, a. a. O., S. 341.
[27] Paul Weymar *Konrad Adenauer*, S. 496.
[28] *Neue Zürcher Zeitung* vom 11. Dezember 1949.
[29] Adenauer, a. a. O., S. 345.
[30] Sir Christopher Steel im privaten Gespräch mit dem Verf.
[31] Kirkpatrick, a. a. O., S. 240.
[32] Adenauer, a. a. O., S. 351.
[33] ebd., S. 354.
[34] Heinemann setzte, nach Gründung seiner neutralistischen ›Freien Volkspartei‹, dem Verf. in zwei Interviews seine Anschauungen auseinander. Seiner Überlegung nach hatte Adenauers großer Fehler darin bestanden, die Möglichkeiten zu einer deutschen Wiedervereinigung nicht ausgeschöpft zu haben. Bei diesen beiden Interviews zeigte Heinemann in der Frage keine starr dogmatische Haltung, wie sie in ein oder zwei Äußerungen aus jener Zeit zum Ausdruck kam.

[35] Konrad Adenauer *Erinnerungen*, Bd. II, S. 374.

[36] William Henry Chamberlin *The German Phoenix*, S. 204.

[37] Heusinger hatte dem deutschen Generalstab angehört und war in Rastenburg bei Hitlers Lagebesprechung, als am 20. Juli 1944 die Bombe explodierte. Die sowjetische Propaganda hat Heusinger und Speidel immer als ›Nazi-Generäle‹ bezeichnet. Doch keiner von beiden hatte irgendeine Verbindung zur NSDAP. Speidel galt als Antinazi und gehörte zum äußeren Kreis der Verschwörung vom 20. Juli. Heusinger hat das gleiche für sich in Anspruch genommen, doch niemals irgendwelche Beweise geliefert, außer für die Tatsache, daß zu einem gewissen Zeitpunkt Mitglieder der deutschen Widerstandsbewegung an ihn herangetreten seien.

[38] Graf von Kielmannsegg war ein Antinazi. Einer seiner Vorfahren hat sich bei der Schlacht von Waterloo ausgezeichnet. Er selbst wurde später Stabschef des NATO-Hauptquartiers in Europa. Blank stand zuerst dem in Bonn errichteten ›Amt des Beauftragten der Bundesrepublik für alle Fragen, die mit der Vermehrung der alliierten Besatzungstruppen zusammenhängen‹, vor und wurde dann Verteidigungsminister.

[39] Adenauer, a. a. O., S. 466.

[40] ebd., S. 470.

[41] *The Manchester Guardian* vom 29. Mai 1952, Artikel von Terence Prittie.

[42] Konrad Adenauer *Erinnerungen*, Bd. I, S. 509.

[43] Die Tatsache, daß König Georg nur wenige Wochen später starb, machte auf Adenauer tiefen Eindruck. Sie bewies, daß der König eine besondere Anstrengung gemacht hatte, um jene Unterredung zu führen. Später sagte Adenauer, er habe ihn ›sehr gern gehabt‹.

[44] Adenauer, a. a. O., S. 512.

[45] ebd., S. 531.

[46] Eden war besonders von dem Argument beeindruckt worden, das Adenauer in London vorgebracht hatte: daß in Deutschland der Widerstand gegen die Vereinbarungen wüchse, wenn sie nicht mit einem Mindestmaß an Verzögerung abgeschlossen würden. Schumacher war mit seinen wüsten Angriffen gegen die Form der Vereinbarungen eine große Hilfe für Adenauer, der in London seine Karten sehr diplomatisch ausspielte, indem er nachwies, wie der Widerstand auf dem linken und auf dem rechten Flügel zunahm, während er gleichzeitig Eden und Churchill versicherte, daß keine Gefahr für ein Anwachsen des Rechtsradikalismus zu einer echten Macht bestehe. Eden meinte (vgl. *Full Circle*, S. 46): »Dr. Adenauers politische Stellung in Deutschland war damals sehr bedroht, und es bestand keine Notwendigkeit, seine Schwierigkeiten noch zu vermehren, indem man Festigkeit mit Starre verwechselte.«

[47] *The Manchester Guardian* vom 6. Juli 1952, Artikel von Terence Prittie.

[48] ebd., 22. Dezember 1951, Artikel von Terence Prittie.

[49] Kirkpatrick, a. a. O., S. 246.

[50] Weymar, a. a. O., S. 685.

9 Der schwere Weg zum Rapprochement

[1] Hans Kohn *Wege und Irrwege*, S. 130.

[2] Rede in der Kölner Universität im Juni 1919. (Historisches Archiv der Stadt Köln)

[3] Professor Ludwig Erhard sollte Adenauers Mißtrauen von der unangenehmen Seite kennenlernen. Er sagte dem Verf., daß dessen Hauptcharakteristikum ›Menschenverachtung‹ sei. Andere Berater Adenauers (z. B. Hans Globke, Felix von Eckardt, Prof. Walter Hallstein) fassen es ganz anders auf. Nach dem, was sie dem Verf. mitteilten, ließen sich ihre Ansichten dahin zusammenfassen, daß Adenauer seine Landsleute leidenschaftslos betrachtete, ihre guten und schlechten Eigenschaften gegeneinander abwog und sich gegen ihre Schwächen schützte.

[4] *Die Zeit* vom 3. November 1949.

[5] *The Baltimore Sun* vom 7. November 1949. Diese Interviews fanden einen auffallend freundlichen Widerhall in der gaullistischen Presse. In der französischen Nationalversammlung am 24. November 1949 schlug Louis Terrenoire eine ›direkte‹ deutsch-französische Entente ohne Einschluß anderer westlicher Regierungen vor.

[6] Interview mit Ernst Friedländer über alle deutschen Sender vom 2. Juli 1954.

[7] Dieser Bundesminister, dessen Name aus naheliegenden Gründen nicht genannt werden kann, hatte ein sehr unglückliches Familienleben. Infolgedessen gewöhnte er sich an, bei jeder Paris-Reise als Begleiter Adenauers ein öffentliches Haus, angeblich ganz in der Nähe des Boulevard des Italiens, aufzusuchen. Bei einer dieser Gelegenheiten folgten ihm die Beamten der französischen Sûreté, die sich ausschließlich für seinen Schutz verantwortlich fühlten, denen aber seinerseits wieder ein Mann des Adenauer-Begleitkommandos nachging. Dieser meldete die Sache pflichtgemäß Adenauer, dessen Reaktion sehr typisch war: Er warf dem Minister nicht sein Lotterleben, sondern seine Dummheit vor. Er mußte jede Hoffnung auf eine Schlüsselstellung im Kabinett aufgeben, denn man konnte sich, wie der Bundeskanzler bemerkte, »keinen Außenminister leisten, der in solchem Grade töricht und unvorsichtig war«.

[8] Professor Carlo Schmid (SPD), von gemischt deutsch-französischer Abstammung, in einem privaten Gespräch mit dem Verf. am 5. September 1948.

[9] *The Listener*, London, vom 13. März 1952, Artikel von Terence Prittie.

[10] ebd.

[11] ebd.

[12] Konrad Adenauer *Erinnerungen*, Bd. I, S. 295f.

[13] Am lautesten erhob sich die Stimme von Hubertus Prinz zu Löwenstein, den der Verf. einmal als deutsches Äquivalent der Wichtelmänner aus der irischen Sage bezeichnet hat. Der Prinz, ein kultivierter Mann von großem Charme, sollte eine ganze Reihe von persönlichen Protestaktionen gegen die französische Saarpolitik unternehmen, die zu seiner Verhaftung und zeitweiligen Festsetzung führten, was wiederum zum Ausdruck der Solidarität mit den Saarländern Massendemonstrationen an der Grenze hervorrief. Man hielt den Prinzen zu Unrecht für eine Art Don Quichotte, der sich nur für verlorene Sachen einsetzte. An der Saar haben seine Anschauungen sich als richtig herausgestellt; noch dramatischer war seine ›Befreiung‹ Helgolands, das von der Royal Air Force als Übungs-Bombenziel benutzt worden war.

[14] Adenauer, a. a. O., S. 296.

[15] ebd., S. 296.

[16] ebd., S. 297.

[17] *Rassemblement*, Paris, vom 21. Januar 1950.

[18] Paul Weymar *Konrad Adenauer*, S. 504.

[19] ebd., S. 506.

[20] Adenauer, a. a. O., S. 306.
[21] ebd., S. 317f.
[22] F. Ray Willis *France, Germany and the New Europe*, S. 81.
[23] Adenauer, a. a. O., S. 330.
[24] *The Manchester Guardian* vom 10. April 1951, Artikel von Terence Prittie.
[25] Adenauer, a. a. O., S. 432.
[26] Dr. Erwin Wickert im privaten Gespräch mit dem Verf.
[27] Weymar, a. a. O., S. 611.
[28] *The Manchester Gurdian* vom 21. April 1952.
[29] Bei verschiedenen Aufenthalten an der Saar hatte der Verf. eine Anzahl persönlicher Begegnungen, die ihm einen Begriff von den wahren Gefühlen der Menschen dort verschafften. Typisch z. B. war das Verhalten der Angestellten der französischen Bank Crédit Lyonnais, die 1945 in Saarbrücken eine Filiale eröffnet hatte. Sie gaben sich alle Mühe, möglichst ausdruckslose Mienen zur Schau zu tragen, und vermieden jede private Unterhaltung mit den Kunden. Wenn sie nicht wußten, daß sie beobachtet wurden, warfen sie scheue Blicke in alle Richtungen. Als sich dann 1955 das Saarland für die Rückkehr nach Deutschland erklärte, wurde der Verf. in der Bank mit freundlichem Lächeln, munterer Konversation und dem Ausdruck ehrlicher Freude begrüßt, womit sich die Bankangestellten als wohlinformierte Leute erwiesen: Anscheinend wußten sie genau, daß sich der Verf. als einziger britischer Korrespondent in Bonn immer für die Rückkehr des Saargebiets nach Deutschland ausgesprochen hatte.
[30] *The Manchester Guardian* vom 1. Dezember 1952, Artikel von Terence Prittie. In der Ausgabe vom 2. Dezember verzeichnete der Verf., daß viele Leute, die ungültige Stimmzettel abgaben, den Fußballclub Saarbrücken als Kandidaten einer Wahl eingetragen hatten, die sie für verachtenswert hielten.
[31] Konrad Adenauer *Erinnerungen*, Bd. II, S. 263.
[32] *The Manchester Guardian* vom 18. März 1954, Artikel von Terence Prittie.
[33] Adenauer, a. a. O., S. 377.
[34] ebd., S. 381.
[35] Der asketische Adenauer mißtraute ihm noch aus einem anderen, überraschenden Grund. Mendès-France war Abstinenzler, doch in den frühen Morgenstunden des 23. Oktober war er so erschöpft, daß er sich bei der Rückkehr ins Hotel anstelle des üblichen Glases Milch einen doppelten Whisky genehmigte.
[36] *The Manchester Guardian* vom 2. Mai 1955, Artikel von Terence Prittie.
[37] Willis, a. a. O., S. 204. Die eigenen Erfahrungen des Verf. in Saarbrücken führten ihn zu einer diametral entgegengesetzten Ansicht. Endlich fingen die Saarländer an, offener zu sprechen; der Verf. prophezeite eine Mehrheit von 2:1 gegen das Saar-Statut.
[38] Dr. Gerhard Schröder in einem Brief an den Verf. vom 20. April 1970.
[39] Dr. Hans Globke im privaten Gespräch mit dem Verf.
[40] Professor Walter Hallstein, ebenfalls.
[41] Dr. Erich Mende, ebenfalls.
[42] Will McBride und Hans Werner Graf Finck von Finckenstein *Adenauer. Ein Porträt*, S. 119.
[43] Adenauer, a. a. O., S. 271.
[44] ebd., S. 274.
[45] Charles Wighton *Adenauer, Democratic Dictator*, S. 206.
[46] Arnulf Baring *Außenpolitik in Adenauers Kanzlerdemokratie*, S. 331.

[47] *The Times,* London, vom 4. September 1954. Es ist interessant, daß sich Adenauer in diesem Augenblick an eine britische Zeitung wandte. Er verlangte speziell nach John Freeman, dem einzigen britischen Journalisten, mit dem ihn wirklich freundschaftliche Beziehungen verbanden und dem er einmal sein Foto mit Autogramm geschenkt hatte. Adenauers Biograph Paul Weymar nennt das Interview »bei weitem das sensationellste«, das der Bundeskanzler je gegeben habe. Nach reiflicher Überlegung hat Adenauer es in seinen *Erinnerungen* keiner Erwähnung für wert gehalten.

[48] Vielleicht sollte die persönliche Beziehung des Verf. zu Adenauer an dieser Stelle einer Anmerkung gewürdigt werden. Nachdem das Verhältnis sich 1947 sehr freundlich angelassen hatte, ergaben sich für einige Zeit Schwierigkeiten. Der Grund dafür war ein ›Zwischenfall‹ bei einem vom Kanzler gegebenen Abendessen Anfang 1950. Zweck dieses Abendessens war die Beeinflussung der Weltpresse, und zwar war es schon die zweite dieser von Adenauer präsidierten Veranstaltungen. Jedesmal waren sechs ausländische Korrespondenten zusammen mit der gleichen Zahl deutscher Journalisten eingeladen worden, und jedesmal beantwortete Adenauer, sobald der Kaffee gereicht worden war, die ihm gestellten Fragen. Der erste Abend war ein vollkommener Erfolg gewesen: Adenauer hatte freimütig alle Fragen erwidert, und die Journalisten waren zufrieden nach Hause gegangen.

Bei dem zweiten Essen brachte ein Schweizer Journalist das Gespräch mit der Frage ins Rollen, ob die britische Außenpolitik nicht bejammernswert schwach sei, was Adenauer bejahte, nicht ohne seine eigenen Gedanken über das Thema hinzuzufügen. Der Schweizer fragte weiter, ob die britische Außenpolitik nicht schon vor 1914 jämmerlich gewesen sei, und wieder stimmte Adenauer zu. Er tadelte die Briten wegen ihrer Kurzsichtigkeit im Jahre 1914, ihrer Selbstgefälligkeit zur Zeit des Locarno-Paktes und der feigen Beschwichtigung der Nazis durch Chamberlain. Seine schlechten Zensuren begleitete der Korrespondent der Londoner *Times* mit einem stetigen »Ja, ja, Herr Bundeskanzler«, das mich allmählich betroffen und ärgerlich machte.

Der Schweizer fragte immer weiter: Sei die britische Außenpolitik nicht hauptsächlich für den Zweiten Weltkrieg verantwortlich gewesen, weil es den Briten nicht gelungen war, Hitler Einhalt zu gebieten? Und wieder stimmte Adenauer zu, mit der Bemerkung, daß die Feigheit der Engländer dem deutschen Volk den Mut genhommen habe, sich gegen Hitler zu erheben und sein Regime zu stürzen. An diesem Punkt war ich so unklug, mich von meinem Sitz zu erheben und in die Debatte zu werfen, daß Drohungen gegen Hitler von seiten der Alliierten nur zu einem engeren Zusammenschluß der Deutschen unter ihm geführt hätten und daß die Verantwortung für den Ausbruch des Krieges schließlich in erster Linie bei den Deutschen gelegen habe – worauf ich mich sehr schnell wieder hinsetzte.

Adenauer lief vor Ärger rosa an. »Sie waren damals nur ein junger Mann, und ich war schließlich ein erfahrener Staatsmann«, entgegnete er.

»Wer hätte sich denn Ihrer Meinung nach gegen Hitler erhoben?« fragte ich.

»Denken Sie an meine eigene Partei, das Zentrum«, war seine Antwort. »Wir haben jedenfalls niemals unseren Kampf gegen Hitler aufgegeben, auch als Großbritannien und Frankreich in München einlenkten!«

»Aber war es denn nicht so«, fragte darauf der Korrespondent des *Christian Science Monitor,* »daß Ihre eigene Zentrumspartei 1933 bis zum letzten Mann für das Ermächtigungsgesetz stimmte, durch das Hitler erst zum Diktator wurde?«

Ein entsetzlich langes und bedrückendes Schweigen folgte und anschließend ein allgemeines, emsiges Gespräch über Nichtigkeiten. Die Gäste verabschiedeten sich ungewöhnlich früh, und es fand keine weitere Veranstaltung dieser Art mehr statt. Als ich aufbrach, trat Adenauers Pressereferent an mich heran, um mir mitzuteilen, daß ich niemals wieder vom Bundeskanzler ›empfangen‹ würde. Ich hätte mich einem Älteren – und obendrein einem Staatsmann – gegenüber bar jeder Rücksicht gezeigt und dazu der gröbsten Unhöflichkeit schuldig gemacht, indem ich mich als sein Gast bei Tisch von meinem Stuhl erhoben hätte. (Der zweite Vorwurf war berechtigt.) Ich hielt ihm entgegen, daß ich nicht ruhig sitzen bleiben könne, wenn mein Vaterland beschuldigt werde, für den Zweiten Weltkrieg verantwortlich zu sein, doch mein Protest wurde mit einem Achselzucken abgetan.

Der ›Zwischenfall‹ hatte ein komisches Nachspiel. Ich war tatsächlich, was Adenauer betraf, zwei Jahre lang in Ungnade. Dann wurde ich plötzlich zusammen mit den Korrespondenten der *Times* und des *Daily Telegraph* zum Tee eingeladen. Adenauer empfing uns mit der ihm eigenen Höflichkeit, und wir blieben ungefähr anderthalb Stunden bei ihm. Zum Abschied schüttelte er dem *Times*-Korrespondenten die Hand und machte ihm Komplimente für die redaktionelle Haltung seiner Zeitung. Dann lobte er den Mann vom *Daily Telegraph* wegen seiner Berichterstattung über die deutsche Innenpolitik. Sich zu mir wendend, sagte er nichts weiter als »Good-bye«, mit einer verächtlichen Abruptheit. Er hatte nichts vergessen. Erst Jahre später, nach einer ganzen Reihe nützlicher Begegnungen, lockerte er seine Haltung ein wenig, und eines Tages sagte er beim Händeschütteln, mit einem Zwinkern mir ins Auge blickend: »Ich glaube, wir verstehen uns jetzt ein bißchen besser.«

10 Die Konsolidierung

[1] Professor Ludwig Erhard im privaten Gespräch mit dem Verf.
[2] Paul Weymar *Konrad Adenauer*, S. 592f.
[3] ebd., S. 579.
[4] Hans-Joachim Netzer (Hrsg.) *Adenauer und die Folgen*, S. 154.
[5] ebd., S. 155.
[6] Walter Henkels ... *gar nicht so pingelig, meine D. u. H.*, S. 161.
[7] Weymar, a. a. O., S. 587
[8] Netzer, a. a. O., S. 159ff.
[9] *The Manchester Guardian* vom 20. Juni 1950, Artikel von Terence Prittie.
[10] Gerhard Schröder in einem Brief an den Verf. vom April 1970.
[11] Terence Prittie *Germany Divided*, S. 228.
[12] ebd., S. 227.
[13] Einen neuen Gesichtspunkt für Adenauers Verhältnis zu den ehemaligen Nazis liefert der frühere amerikanische Hochkommissar John J. McCloy (in einem Brief an den Verf. vom 23. Dezember 1969). Er vergleicht Adenauers Haltung mit der Abraham Lincolns zu den Südstaaten nach dem Amerikanischen Bürgerkrieg. Adenauer hatte keine Sympathien für richtige Verbrecher, aber dafür einige für Nazi-Mitläufer. Er wollte das deutsche Volk nicht unwiderruflich in Schafe und Böcke aufgeteilt sehen.
[14] *The Listener*, London, vom 28. Juni 1951, Artikel von Terence Prittie.
[15] Prittie, a. a. O., S. 324.

[16] Sir Ivone Kirkpatrick im privaten Gespräch mit dem Verf.
[17] *The Manchester Guardian* vom 20. Januar 1953, Artikel von Terence Prittie.
[18] Ein grotesker Nebenumstand war, daß der amerikanische Hochkommissar die Ergebnisse dieser Umfrage versehentlich veröffentlicht hatte. Dies verärgerte Adenauer noch mehr als die Verhaftungen, da es so wirkte, als wäre es eigens zu seiner Bloßstellung geschehen, ausgerechnet wenige Monate vor den Bundestagswahlen.
[19] Interview mit Ernst Friedländer über alle deutschen Sender am 30. Januar 1953.
[20] Sendung im Südwestfunk am 6. August 1954.
[21] Nahum Goldmann *Staatsmann ohne Staat*, S. 312.
[22] *Allgemeine Wochenzeitung*, Düsseldorf, vom 11. November 1949.
[23] *Wiener Library Bulletin 1968–69*, Bd. XXIII, Nr. 1, Artikel von Dr. Rudolf Vogel.
[24] ebd.
[25] ebd.
[26] Weymar, a. a. O., S. 627.
[27] Goldmann, a. a. O., S. 319f.
[28] ebd., S. 320. Goldmann vertraute Weymar an, daß er eine Milliarde Dollar verlangt habe (Weymar, a. a. O., S. 635). In dem Brief Adenauers an Goldmann wird keine Ziffer genannt.
[29] Goldmann, a. a. O., S. 320.
[30] *The Manchester Guardian* vom 13. November 1952.
[31] Die Einladung, bei der die beiden Jungen mit Kakao und Aprikosentorte bewirtet wurden, war leider für einen von ihnen der Auftakt zu einer höchst betrüblichen Laufbahn. Bruno wurde nach Schulabschluß ein Taschendieb, der sich dann auf Einbrüche, speziell in Hotelzimmer, spezialisierte. Im Oktober 1959 wurde er in einem Münchner Hotel *in flagranti* erwischt und gab bei seinem Verhör diese und eine Anzahl weiterer Gesetzesübertretungen zu, mit einer Beute von über 12000 DM in bar und einer Anzahl von Sachwerten. Bei seiner Verhaftung bestand Brunos gesamte irdische Habe aus 5 DM.
[32] Weymar, a. a. O., S. 645.
[33] Dr. Hans Globke im privaten Gespräch mit dem Verf.
[34] Walter Stahl (Hrsg.) *The Politics of Post-War Germany*, S. 288ff.
[35] Goldmann, a. a. O., S. 362.
[36] *Wiener Library Bulletin 1968–69*, Bd. XXIII, Nr. 1, Artikel von Dr. Rudolf Vogel.
[37] Felix von Eckardt *Ein unordentliches Leben*, S. 207.
[38] ebd., S. 212.
[39] Ein anderer Staatsmann, der zu einem späteren Zeitpunkt die Vereinigten Staaten besuchte, George Brown, war kühl genug, zwar im Scherz, aber in aller Öffentlichkeit die Aufmerksamkeit auf die Qualität des Essens zu lenken. Er muß es bei der Gelegenheit noch schlechter als Adenauer getroffen haben, denn das Menü bestand, wie einer seiner Begleiter berichtete, aus steinharten Scheiben Rindfleisch in einer künstlichen Sauce und einer Zitronentorte aus Plastik, die auf sonderbare Weise nach einem wohlbekannten Spülmittel schmeckte.
[40] v. Eckardt, a. a. O., S. 230.
[41] ebd., S. 228.
[42] Sir Christopher Steel im privaten Gespräch mit dem Verf.
[43] v. Eckardt, a. a. O., S. 272.

[44] *The Manchester Guardian* vom 4. September 1953, Artikel von Terence Prittie.
[45] Weymar, a. a. O., S. 719.
[46] Brian Connell *Watcher on the Rhine*, S. 245.
[47] U. S. State Department am 7. September 1953.

11 Die Kanzler-Demokratie

[1] Charles Thayer *The Unquiet Germans*, S. 128.
[2] Die Mitglieder des britischen Unterhauses beklagen sich häufig über die dort servierten Speisen und Getränke. Das Essen im Bundestagsrestaurant ist immer erträglich gewesen, aber die Bedienung ist so schlecht wie nirgendwo sonst diesseits der Grenzen der Sowjetunion und ihrer grausigen Intourist-Hotels.
[3] Dr. Erich Mende im privaten Gespräch mit dem Verf.
[4] Felix von Eckardt und Prinz Hubertus zu Löwenstein, ebenfalls.
[5] Arnulf Baring *Außenpolitik in Adenauers Kanzlerdemokratie*, S. 8.
[6] ebd., S. 18.
[7] Frau Libet Werhahn im privaten Gespräch mit dem Verfasser.
[8] In seiner Autobiographie *Ein unordentliches Leben* erzählt Felix von Eckardt eine Geschichte, die vortrefflich diese seine Eigenheit einschließlich der Reaktion Adenauers darauf schildert. Er war dazu ausersehen worden, Adenauer am 26. Mai 1952, unmittelbar nach Unterzeichnung der Bonner Verträge, nach Paris zu begleiten. Doch auf dem Weg zum Flughafen hatte von Eckardts Auto eine Panne; zwar nahm ihn jemand anderes mit, doch sein Gepäck blieb in dem kaputten Wagen. Es enthielt u. a. seinen Cutaway und seinen Smoking, auf die von Eckardt als stets elegant und angemessen angezogener Mann großen Wert legte. Er schickte einen Dienstwagen zurück, um die Koffer zu holen, und veranlaßte unterdessen Adenauer, sich auf der Rollbahn zu Ehren einer beifallspendenden Menge noch dreimal hintereinander den Fotografen zu stellen. Als endlich der Fahrer schweißgebadet mit den Koffern am Fuß der Gangway erschien, erfaßte Adenauer mit einem Blick die Situation. »Na, Herr von Eckardt«, sagte er zu seinem sichtlich erleichterten Pressechef, »wenn Sie nun Ihr Gepäck haben, kann die Weltgeschichte ja weitergehen!«
[9] v. Eckardt, a. a. O., S. 439ff.
[10] ebd., S. 331. Adenauer sagte z. B. zu von Eckardt: »Kümmern Sie sich, soviel Sie können, um unseren evangelischen Flügel! Um die Katholiken brauchen Sie sich keine Sorgen zu machen, die helfen sich schon von selbst!«
[11] Während einer privaten Unterhaltung mit dem Verf. suchte Globke einmal in seinem ausgezeichneten Archiv nach einem Zeitungsbericht und konnte ihn nicht finden. »Einfach unglaublich«, meinte er dazu, aber das Ganze war schon lange nach seiner Pensionierung.
[12] John J. McCloy in einem Brief an den Verf. vom 23. Dezember 1969.
[13] v. Eckardt, a. a. O., S. 169.
[14] Terence Prittie *Germany Divided*, S. 205.
[15] Rudolf Augstein *Konrad Adenauer*, S. 40.
[16] Dr. Globke ist sehr wenig erpicht darauf, sich aktiv an seiner eigenen Entlastung zu beteiligen, soviel ist dem Verf. bei seinem Interview mit ihm klargeworden. Viele Leute, die sich mit dem Material beschäftigt haben, einschließlich Dr. Rudolf Vogel, sind der Meinung, daß er sein Bestes getan hat, um Opfern des Nationalsozialismus zu helfen.

[17] Christopher Emmet und Norbert Mühlen *The Vanishing Swastika*, S. 33.
[18] Baring, a. a. O., S. 20.
[19] Professor Walter Hallstein im privaten Gespräch mit dem Verf.
[20] Dr. Hans Globke, ebenfalls.
[21] Es gibt keinen einwandfreien Beweis dafür, daß Globkes eigenes, sorgfältiges System zusammengebrochen wäre. Das Paradebeispiel einer ›Panne‹ im Bundeskanzleramt passierte vor den Bundestagswahlen von 1953. Otto Lenz lieferte die Information, daß zwei SPD-Bundestagsabgeordnete in hochverräterischer Verbindung zu ostdeutschen Kommunisten stünden. Adenauer verwandte diese Nachricht in einer Wahlrede in Frankfurt am Main, sie erwies sich hinterher als unzutreffend.
[22] Felix von Eckardt im privaten Gespräch mit dem Verf.
[23] Dr. Gerhard Schröder, ebenfalls.
[24] Dr. Erich Mende, ebenfalls.
[25] Dolmetscher Weber, ebenfalls.
[26] v. Eckardt, a. a. O., S. 162.
[27] ebd., S. 165.
[28] Walter Henkels ... *gar nicht so pingelig, meine D. u. H.*, S. 121.
[29] ebd., S. 104.
[30] ebd., S. 42.
[31] ebd., S. 121.
[32] ebd., S. 161.
[33] ebd., S. 111.
[34] Adenauer litt unter einer milden Form von Verfolgungswahn, insofern er glaubte, daß seine Telefonleitung angezapft werde. Die britischen Besatzungsbehörden hatten das, kurz nachdem er Bundeskanzler geworden war, tatsächlich gemacht; seitdem war er mehr als einmal der Meinung, daß es wieder geschehe, und 1962 forderte er eine Inspektion seiner Leitung durch das Bundespostministerium. Sie wurde durchgeführt, und ihm wurde mitgeteilt, daß die knackenden Geräusche nur auf die Überalterung der Anlage zurückzuführen seien. Dafür verlangte Adenauer Beweise. So blieb dem Bundespostminister nichts übrig, als selber die Leitung anzuzapfen, einige Gespräche aufzunehmen und Adenauer die Tonbänder zu übersenden. Diesmal hatte der Kanzler nichts knacken hören.
Eine andere Abart seines Verfolgungswahns veranlaßte ihn, ab 1956 den Urlaub nicht mehr in der Schweiz zu verbringen. Er behauptete, man habe dort gegen ihn spioniert – mehrfach sei bei seinen Sekretärinnen das Kohlepapier spurlos aus den Papierkörben verschwunden.
[35] Dr. Erwin Wickert im privaten Gespräch mit dem Verf.
[36] Henkels, a. a. O., S. 138.
[37] ebd., S. 20.
[38] Dr. Erwin Wickert im privaten Gespräch mit dem Verf.
[39] Henkels, a. a. O., S. 68. Unter Bundestagsabgeordneten sagte man: »Wenn Adenauer niest, putzt sich Brentano die Nase.«
[40] James O'Donnell im privaten Gespräch mit dem Verf.
[41] Rudolf Walter Leonhardt *This Germany*, S. 135.
[42] *The Manchester Guardian* vom 25. September 1953, Artikel von Terence Prittie.
[43] ebd., 25. Mai 1956, Artikel von Terence Prittie.
[44] Professor Ludwig Erhard im privaten Gespräch mit dem Verf.
[45] Dr. Erich Mende, ebenfalls.
[46] ebenfalls.

[47] ebenfalls. Nach Aussage Mendes hat Adenauer ihn einmal bezüglich Thomas Dehlers gefragt: »Ist der Mann wirklich gesund?« Ein anderer Gewährsmann berichtet als Ausspruch von Frau Dehler, sie könne es nicht verstehen, weshalb die Reden ihres Mannes im Bundestag immer so böse seien: »Der Thomas ist so nett zu Hause.«

[48] Helga Grebing *Geschichte der deutschen Arbeiterbewegung*, S. 259.

[49] Aus Brünings eigenem Manuskript der Rede, von Brüning am 19. Juni 1954 dem Verf. übergeben.

[50] Dr. Heinrich Brüning im privaten Gespräch mit dem Verf.

[51] *The Manchester Guardian* vom 11. Mai 1956, Artikel von Terence Prittie.

[52] Dr. Gerhard Schröder in einem Brief an den Verf. vom 20. April 1970.

[53] Will Rasner (CDU) im privaten Gespräch mit dem Verf.

[54] Augstein, a. a. O., S. 32ff.

[55] *Time Magazine* vom 3. September 1956.

[56] Konrad Adenauer *Erinnerungen*, Bd. III, S. 301.

[57] *The New Republic* vom 30. September 1957, Artikel von Terence Prittie.

[58] ebd.

12 Asien beginnt an der Elbe

[1] Konrad Adenauer *Erinnerungen*, Bd. II, S. 18.

[2] Desmond Donelly M. P. auf der Königswinterer Konferenz am 22. März 1969.

[3] Dr. Hans Globke im privaten Gespräch mit dem Verf.

[4] ebenfalls.

[5] George F. Kennan *Realities of American Foreign Policy*, S. 67.

[6] ebd.

[7] ebd.

[8] Adenauer, a. a. O., S. 70.

[9] Felix von Eckardt im privaten Gespräch mit dem Verf.

[10] Felix von Eckardt *Ein unordentliches Leben*, S. 192.

[11] Dr. Erich Mende im privaten Gespräch mit dem Verf.

[12] Dr. Hans Globke, ebenfalls.

[13] Sir William Hayter *The Diplomacy of the Great Powers*, S. 28.

[14] Dr. Erich Mende im privaten Gespräch mit dem Verf. Das war auch die Ansicht eines der schärfsten Kritiker Adenauers, Rudolf Augstein vom *Spiegel*. In seinem Buch *Konrad Adenauer* führte er aus (S. 75), der Westen hätte die Sowjetunion auf die Probe stellen sollen.

[15] Ernst Lemmer in einem Brief an den Verf. vom 14. Oktober 1969.

[16] Eden (der spätere Lord Avon) stellte im Unterhaus die Frage: »Soll Deutschland neutral und entwaffnet sein? Oder soll Deutschland neutral und bewaffnet sein? Wenn ja, wer soll die Neutralität Deutschlands sichern?« Eden selbst war – wie er oft wiederholte – der Meinung, das derzeitige Hauptziel der Sowjetunion sei die Auflösung der NATO.

[17] Adenauer, a. a. O., S. 217.

[18] ebd., S. 390f.

[19] ebd., S. 421.

[20] ebd., S. 424.

[21] ebd., S. 456.

[22] Sir Anthony Eden *Full Circle*, S. 293.

[23] *The Manchester Guardian* vom 8. Mai 1954.

[24] Harold Macmillan *Tides of Fortune 1945–1955*, S. 479.
[25] Dr. Hans Globke im privaten Gespräch mit dem Verf.
[26] Macmillan, a. a. O., S. 606f.
[27] Dieser Satz bedarf vielleicht einer Erklärung. Nach Ansicht der Sowjetregierung hatte eine Botschaft in Bonn gewisse politische Vorteile. Die neutralistische öffentliche Meinung konnte bestärkt, die Sozialdemokraten konnten diskret umworben und die Adenauer-Regierung konnte genauestens beobachtet werden. Die kommunistische Untergrundbewegung konnte eine nützliche Poststelle in Bonn erhalten und die Sowjetbotschaft die Spionagetätigkeit der bemerkenswert unfähigen sowjetischen Militärmission in Westfalen unterstützen. Deren Mitglieder verbrachten die meiste Zeit damit, in der Umgebung der wichtigsten Industrieanlagen zu patrouillieren, dilettantische Skizzen von ihnen anzufertigen, und ihre ›Geheimagenten‹ hatten die dumme Angewohnheit, sich versehentlich im Haus des englischen Verbindungsoffiziers zu melden, das in Bünde in unmittelbarer Nähe des russischen Grundstücks lag.
[28] v. Eckardt, a. a. O., S. 384.
[29] Adenauer, a. a. O., S. 509.
[30] ebd., S. 512.
[31] ebd., S. 515.
[32] ebd., S. 518.
[33] v. Eckardt, a. a. O., S. 396.
[34] Adenauer, a. a. O., S. 530.
[35] ebd., S. 545.
[36] v. Eckardt, a. a. O., S. 397.
[37] ebd., S. 399.
[38] Adenauer, a. a. O., S. 546.
[39] v. Eckardt, a. a. O., S. 399.
[40] Brian Connell *Watcher on the Rhine*, S. 249.
[41] Macmillan, a. a. O., S. 626.
[42] *The Manchester Guardian* vom 10. April 1956, Artikel von Terence Prittie.
[43] Dr. Hans Globke im privaten Gespräch mit dem Verf.
[44] ebenfalls.
[45] Konrad Adenauer *Erinnerungen*, Bd. III, S. 88.
[46] ebd., S. 143.
[47] ebd., S. 213.
[48] ebd., S. 243.
[49] *Neues Deutschland*, Ost-Berlin, vom 31. Dezember 1956.
[50] Bulganin hatte bereits in einem im November 1956 an Präsident Eisenhower gesandten Memorandum darauf angespielt.
[51] Adenauer, a. a. O., S. 319.
[52] ebd., S. 348.
[53] ebd., S. 358.
[54] ebd., S. 376.
[55] ebd., S. 378.
[56] *The Manchester Guardian* vom 10. März 1959, Artikel von Terence Prittie.
[57] ebd., 19. März 1959, Artikel von Terence Prittie.
[58] Dr. Heinrich Krone im privaten Gespräch mit dem Verf.
[59] Augstein, a. a. O., S. 78.
[60] Dr. Hans Globke im privaten Gespräch mit dem Verf.
[61] Professor Walter Hallstein, ebenfalls.

[62] *The Manchester Guardian* vom 6. Dezember 1958, Artikel von Terence Prittie.
[63] Dr. Hans Globke im privaten Gespräch mit dem Verf.
[64] Dr. Erich Mende, ebenfalls.
[65] Willy Brandt *Friedenspolitik für Europa,* S. 129.
[66] Wilhelm Wolfgang Schütz *Rethinking German Policy* S. 12.
[67] ebd., S. 50.
[68] Hayter, a. a. O., S. 32.
[69] ebd.
[70] Adenauer, a. a. O., S. 479.

13 Die Zeit der Ebbe

[1] Dr. Hans Globke im privaten Gespräch mit dem Verf.
[2] Aidan Crawley *De Gaulle,* S. 385.
[3] Konrad Adenauer *Erinnerungen,* Bd. III, S. 418.
[4] ebd., S. 426 ff.
[5] ebd., S. 428.
[6] ebd., S. 429.
[7] ebd., S. 434.
[8] Crawley, a. a. O., S. 402.
[9] Dr. Hans Globke im privaten Gespräch mit dem Verf.
[10] Frau Ria Reiners, ebenfalls.
[11] Hans-Joachim Netzer (Hrsg.) *Adenauer und die Folgen,* Beitrag von Burghard Freudenfeld.
[12] Felix von Eckardt im privaten Gespräch mit dem Verf.
[13] Sir Christopher Steel, ebenfalls.
[14] Herr Weber, sein Dolmetscher, kann das wahrscheinlich am besten beurteilen.
[15] Sir Christopher Steel im privaten Gespräch mit dem Verf.
[16] *The Manchester Guardian* vom 27. November 1958, Bericht eines Sonderkorrespondenten.
[17] ebd., 28. März 1959, Bericht seines eigenen Korrespondenten aus Bonn.
[18] Konrad Adenauer *Erinnerungen,* Bd. IV, S. 16.
[19] ebd., S. 27.
[20] Arthur Settel (Hrsg.) *This is Germany,* Beitrag von Richard Löwenthal.
[21] Harold Macmillan *Tides of Fortune 1945–1955,* S. 479.
[22] Dem Verf. erzählte er z. B. die Geschichte von seiner Entlassung als Kölner Oberbürgermeister mit einer Ausnahme bei jedem Treffen.
[23] Harold Macmillan in einem BBC-Fernsehinterview vom 8. September 1969.
[24] Hans-Werner Graf Finck von Finckenstein im privaten Gespräch mit dem Verf.
[25] *The Manchester Guardian* vom 16. November 1959, Bericht seines eigenen Korrespondenten aus Bonn.
[26] Felix von Eckardt *Ein unordentliches Leben,* S. 495.
[27] Dr. Erwin Wickert im privaten Gespräch mit dem Verf.
[28] Konrad Adenauer *Erinnerungen,* Bd. III, S. 494 f.
[29] Professor Ludwig Erhard im privaten Gespräch mit dem Verf.
[30] Adenauer, a. a. O., S. 497.
[31] Dr. Paul Adenauer und Frau Ria Reiners im privaten Gespräch mit dem Verf.
[32] Adenauer, a. a. O., S. 501 ff.

[33] ebd., S. 504f.
[34] Dr. Heinrich Krone im privaten Gespräch mit dem Verf.
[35] Dr. Gerhard Schröder, ebenfalls.
[36] Es gab jedoch Ausnahmen. Im *Manchester Guardian* schrieb Terence Prittie: »Es schien mir manchmal, als ob Dr. Adenauer wie Christian in Bunyans *Pilgrim's Progress* sein Volk den langen Weg durch den Sumpf der Verzweiflung führen müßte. Das Ende der Straße hätte die deutsche Wiedervereinigung in Frieden und Freiheit sein können. Doch müde, alt und gelegentlich deprimiert, hat er nur die Burg des Zweifels erreicht, und der grimmige Schatten des Riesen Hoffnungslosigkeit fällt immer noch über ein geteiltes Deutschland. Es ist ein gefährlicher Augenblick, die Führung abzugeben.«
[37] Adenauer, a.a.O., S. 525.
[38] ebd., S. 528.
[39] ebd., S. 540.
[40] Lance Pope von der britischen Botschaft, ein enger Freund Gerstenmaiers, im privaten Gespräch mit dem Verf.
[41] Professor Ludwig Erhard im privaten Gespräch mit dem Verf.
[42] Aus Gründen des Takts kann dieser westliche Diplomat nicht genannt werden.
[43] Charles Wighton *Adenauer, Democratic Dictator.*
[44] Theodor Eschenburg *Zur politischen Praxis in der Bundesrepublik,* S. 105.
[45] Will Rasner im privaten Gespräch mit dem Verf.
[46] *The Manchester Guardian* vom 15. Januar 1960, Interview Terence Pritties mit Dr. Gerhard Schröder.
[47] Walter Stahl (Hrsg.) *The Politics of Post-War Germany,* Beitrag von Hendrik van Dam.
[48] *The New York Times* vom 17. April 1961.
[49] Georg Schröder in privaten, dem Verf. überlassenen Aufzeichnungen.
[50] Dolmetscher Weber im privaten Gespräch mit dem Verf.
[51] Georg Schröder, ebenfalls.
[52] James P. O'Donnell in privaten Aufzeichnungen über Adenauer.
[53] Konrad Adenauer *Erinnerungen,* Bd. IV, S. 80.

14 Hinauskomplimentiert

[1] Ein höherer Offizier des englischen Nachrichtendienstes schrieb dem Verf. wenige Tage vor dem Mauerbau als Antwort auf die Frage nach den Truppenbewegungen außerhalb Berlins, es bestehe »kein Grund zur Beunruhigung«. Alle Anzeichen deuteten darauf hin, daß der Sommer weiter ruhig verlaufen werde. Er schloß seinen Brief mit dem Satz: »Und ich pflege in diesen Dingen recht zu haben.«
[2] Ernst Lemmer im privaten Gespräch mit dem Verf.
[3] Eine Überraschung war es für die Berliner dabei, daß Johnson bei seiner pseudotriumphalen Fahrt durch die Stadt Hunderte von Kugelschreibern verteilte.
[4] Dr. Gerhard Schröder im privaten Gespräch mit dem Verf.
[5] Der *Prawda*-Artikel wurde im *Manchester Guardian* vom 1. Januar 1962 analysiert.
[6] *Die Welt* vom 9. April 1961.
[7] *The Manchester Guardian* vom 22. September 1961, Artikel von Terence Prittie.

[8] Dr. Erich Mende im privaten Gespräch mit dem Verf.
[9] ebenfalls.
[10] ebenfalls.
[11] Felix von Eckardt und Dr. Gerhard Schröder, ebenfalls.
[12] Felix von Eckardt, ebenfalls.
[13] Konrad Adenauer *Erinnerungen,* Bd. IV, S. 122.
[14] ebd., S. 125. De Gaulle bemerkte auch, Adenauer mache sich über die sowjetischen Absichten übertriebene Sorgen. Chruschtschow sei kein »Mann des Krieges«; er sei zu alt und zu dick, um mehr zu unternehmen als darüber zu reden. Adenauer fand diese Art zu sprechen leichtfertig und war überrascht, daß der sonst so seriöse de Gaulle sich darin gefiel.
[15] ebd., S. 163.
[16] ebd., S. 164f.
[17] ebd., S. 172.
[18] ebd., S. 178.
[19] Der vierte Band der Adenauer-Memoiren besteht lediglich aus Notizen. Der Kanzler starb, bevor dieser Band ›in Ordnung gebracht‹ werden konnte. Man fragt sich, ob die endgültige Fassung auch so offenherzig gewesen wäre.
[20] Georg Schröder im privaten Gespräch mit dem Verf.
[21] Dr. Gerhard Schröder, ebenfalls.
[22] *The Manchester Guardian* vom 21. Januar 1963, Artikel von Terence Prittie.
[23] Dr. Erich Mende im privaten Gespräch mit dem Verf.
[24] Aidan Crawley *De Gaulle,* S. 402.
[25] Dr. Erich Mende im privaten Gespräch mit dem Verf.
[26] Adenauer, a.a.O., S. 208.
[27] Professor Walter Hallstein im privaten Gespräch mit dem Verf.
[28] Rudolf Augstein *Konrad Adenauer,* S. 99.
[29] Dr. Gerhard Schröder im privaten Gespräch mit dem Verf.
[30] General Lord Robertson, ebenfalls.
[31] Bundestagsdebatte vom 9. Oktober 1962.
[32] Jürgen Seiffert (Hrsg.) *Die Spiegel-Affäre,* S. 48.
[33] ebd., S. 30, Beitrag von Alfred Grosser.
[34] *The Manchester Guardian* vom 30. Oktober 1962, Artikel von Terence Prittie.
[35] ebd., 8. November 1962, Artikel von Terence Prittie. Ahlers erklärte später, warum er nicht gezögert und sich nicht gescheut habe, die NATO-Manöver ausführlich zu beschreiben. Er sei der Ansicht gewesen, daß die Bundesrepublik von den NATO-Streitkräften völlig unzulänglich geschützt werde und daß sie im Fall eines Weltkriegs entweder von der Roten Armee überrannt oder zum Schauplatz atomarer Vernichtung werden würde. Was Ahlers damals schrieb, trifft heute im Jahr 1971 noch genauso zu. Die europäischen Westmächte sind immer noch nicht fähig und nicht gewillt, ein wirksames ›konventionelles‹ Verteidigungssystem aufzustellen.
[36] Augstein, a.a.O., S. 61.
[37] Seiffert, a.a.O., S. 115.
[38] Georg Schröder in einer persönlichen Aufzeichnung vom 20. Dezember 1962.
[39] Fritz René Allemann *Zwischen Stabilität und Krise,* S. 68.
[40] *Der Mittag,* Düsseldorf, vom 5. Februar 1963.
[41] *Süddeutsche Zeitung,* München, vom 5. Februar 1963.
[42] Adenauer, a.a.O., S. 222f.
[43] ebd., S. 228f.
[44] ebd., S. 230.

[1] Rüdiger Altmann *Das Erbe Adenauers*, S. 97.
[2] Heinrich Krone im privaten Gespräch mit dem Verf.
[3] ebenfalls.
[4] Er erhielt 391 von insgesamt 467 Stimmen gegenüber 427 von 441 im Jahr 1960. Ein Gegenkandidat war nicht aufgestellt worden.
[5] Dr. Leo Schwering im privaten Gespräch mit dem Verf.
[6] Felix von Eckardt, ebenfalls.
[7] Dr. Paul Adenauer, ebenfalls.
[8] Frau Libet Werhahns Kinder, ebenfalls.
[9] Hans-Werner Graf Finck von Finckenstein, ebenfalls.
[10] Graf Finckenstein berichtet folgenden Ausspruch Erhards nach einem Besuch Kap Kennedys mit Präsident Johnson: »Ich liebe den Präsidenten Johnson, und er liebt mich auch.«
[11] James O'Donnell in einer persönlichen Aufzeichnung über Adenauer.
[12] Hubertus Prinz zu Löwenstein im privaten Gespräch mit dem Verf.
[13] Dr. Gerhard Schröder, ebenfalls.
[14] Professor Ludwig Erhard, ebenfalls.
[15] *Die Welt* vom 20. April 1967, Nachruf von Hans-Werner Graf Finck von Finckenstein.
[16] Konrad Adenauer *Erinnerungen*, Bd. IV, S. 240.
[17] Felix von Eckardt im privaten Gespräch mit dem Verf.
[18] Frau Ria Reiners, ebenfalls.
[19] Dr. Max Adenauer, ebenfalls.
[20] Dr. Paul Adenauer, ebenfalls.
[21] Dr. Max Adenauer und Frau Libet Werhahn, ebenfalls.
[22] Frau Libet Werhahn, ebenfalls.
[23] Philip Windsor *German Reunification*, S. 47.
[24] *Encounter* vom April 1964, Artikel von Golo Mann.
[25] James O'Donnell in einer persönlichen Aufzeichnung über Adenauer.
[26] Theodor Eschenburg *Zur politischen Praxis in der Bundesrepublik*, S. 89.
[27] Franz Josef Strauß *The Grand Design*, S. 21 u. 65.
[28] Willy Brandt *Friedenspolitik in Europa*, S. 24.
[29] Dr. Heinrich Krone im privaten Gespräch mit dem Verf.
[30] ebenfalls.
[31] Rudolf Augstein *Konrad Adenauer*, S. 94.
[32] Zu den närrischeren Kritiken an Adenauer und seiner Zeit gehört eine Reihe von Beiträgen eines von Martin Walser herausgegebenen Büchleins *Die Alternative*, das 1961 erschien. Hier findet man solche Perlen wie die Behauptung, in Bonn grassiere das Gerede über ein »jüdisch-bolschewistisches Weltkomplott« (S. 141), die Notwendigkeit »einer alljährlichen Regierungskrise« (S. 131) und die Nachricht, daß in der Bundesrepublik eine »römisch-katholische Allmacht« herrsche und daß »der Todeskampf der Demokratie begonnen hat. Der Hahn hat zum erstenmal gekräht«. (S. 118). In *Die Zeit* prophezeite Günter Grass im Dezember 1966, die derzeitige »Große Koalition« werde dazu führen, daß die deutsche Jugend »den Mittelweg zugunsten der Rechten und der Linken aufgibt«. Bei den Wahlen trat 1969 das Gegenteil ein. Und Augstein läßt sich in seinem *Konrad Adenauer* über »die ganze erbärmliche Schäbigkeit der Adenauer-Ära« aus. Einer der traurigsten Züge des intellektuellen Lebens in Westdeutschland ist die Tatsache, daß die Intellektu-

ellen keine vernünftige, ausgewogene und konstruktive Kritik üben. Das gilt besonders für die ›Neue Linke‹ und ihre Vorläufer.

[33] Helmut Hammerschmidt (Hrsg.) *Zwanzig Jahre danach,* S. 145, Beitrag von Helmut Lindemann.

[34] Gordon A. Craig *From Bismarck to Adenauer*, S. 23.

[35] James O'Donnell in einer persönlichen Aufzeichnung über Adenauer.

Bibliographie

Abshagen, Karl Heinz, *Schuld und Verhängnis,* Union Verlag, Stuttgart, 1961

Adenauer, Konrad, *Erinnerungen,* Bd. I, Deutsche Verlagsanstalt, Stuttgart, 1965
Bd. II, Deutsche Verlagsanstalt, Stuttgart, 1966
Bd. III, Deutsche Verlagsanstalt, Stuttgart, 1967
Bd. IV, Deutsche Verlagsanstalt, Stuttgart, 1968

Alexander, Edgar, *Adenauer and the New Germany,* Farrar, Straus & Cundahy, New York, 1957

Allemann, Fritz René, *Bonn ist nicht Weimar,* Kiepenheuer & Witsch, Köln 1956

Altmann, Rüdiger, *Das Erbe Adenauers,* Kindler Verlag, München, 1963

Arntz, Helmut (Hrsg.), *Regierung Adenauer 1949–63,* Franz Steiner Verlag, Wiesbaden, 1963

Augstein, Rudolf, *Konrad Adenauer,* Secker & Warburg, London, 1964

Balfour, Michael, und Mair John, *Four Power Control in Germany and Austria,* Oxford University Press, London, 1956

Baring, Arnulf, *Außenpolitik in Adenauers Kanzlerdemokratie,* Oldenbourg Verlag, München, 1969

Bethge, Eberhard, *Dietrich Bonhoeffer,* Christian Kaiser Verlag, München, 1967

Blum, Hans (Hrsg.), *Aus kölnischer und rheinischer Geschichte,* Wamper Verlag, Köln, 1969

Bonhoeffer, Dietrich, *Widerstand und Begegnung, Briefe und Aufzeichnungen aus der Haft,* Chr. Kaiser Verlag, München 13. Auflage, Fontana, London, 1966

Brandt, Willy, *Friedenspolitik in Europa,* S. Fischer Verlag, Frankfurt am Main, 1968

Brant, Stefan, *Der Aufstand,* Steingrüben Verlag, Stuttgart, 1954

Brentano, Heinrich von, *Deutschland, Europa und die Welt,* Bonn, Wien, Zürich, 1962

Chalmer, Douglas A., *The Social Democratic Party of Germany,* Yale University Press, New Haven, 1964

Chamberlin, William Henry, *The German Phoenix,* Robert Hale, London, 1964

Christ, George E., *The Myth of Munich,* E. D. O'Brien, London, 1964

Clay, General Lucius, *Entscheidung in Deutschland,* Verlag der Frankfurter Hefte, Frankfurt, 1951

Coblenz, Gaston, *Duel at the Brink,* Weidenfeld & Nicolson, London

Conant, James Bryant, *Germany and Freedom,* Johns Hopkins Press, Baltimore, 1958

Connell, Brian, *Watcher on the Rhine,* Weidenfeld & Nicolson, London, 1957

Conze, Werner, *Die Zeit Wilhelms II. und die Weimarer Republik*, Hermann Leins, Tübingen, 1964
Craig, Gordon A., *From Bismarck to Adenauer*, John Hopkins Press, Baltimore, 1958
Crawley, Aidan, *De Gaulle*, Literary Guild, London, 1969
Davidson, Basil, *Germany, What Now?*, Frederick Muller, London, 1950
Dill, Marshal, jr., *Germany*, University of Michigan Press, Ann Arbor, 1961
Eckardt, Felix von, *Ein unordentliches Leben*, Econ Verlag, Düsseldorf, 1967
Eden, Sir Anthony, *Full Circle*, Cassell, London, 1960
Edinger, Lewis, J., *Kurt Schumacher*, Westdeutscher Verlag, Opladen, 1967
Einsiedel, Heinrich von, *Der Schatten von Stalingrad*
Emmett, Christopher, und Muhlen, Norbert, *The Vanishing Swastika*, Henry Regnery Co., Chicago, 1961
Erdmann, Karl Dieter, *Adenauer in der Rheinlandpolitik nach dem Ersten Weltkrieg*, Ernst Klett Verlag, Stuttgart, 1966
Erhard, Ludwig, *Deutsche Wirtschaftspolitik*, Econ Verlag, Düsseldorf, 1962
Eschenburg, Theodor, *Zur politischen Praxis in der Bundesrepublik*, R. Piper Verlag, München, 1963
Fest, Joachim, *Das Gesicht des Dritten Reiches*, R. Piper Verlag, München, 1963
Frischauer, Willi, *The Man who came back*, Frederick Muller, London, 1958
Gatzke, Hans W., *Stresemann and the Rearmament of Germany*, Johns Hopkins Press, Baltimore, 1954
Gerard, James W., *My Four Years in Germany*, Hodder & Stoughton, London, 1917
Goldmann, Nahum, *Memories*, Weidenfeld & Nicolson, London, 1970
Grass, Günter, *Über das Selbstverständliche*, Luchterhand Verlag, Neuwied und Berlin, 1968
Grebing, Helga, *Geschichte der deutschen Arbeiterbewegung*, Nymphenburger Verlagshandlung, München, 1966
Grosser, Alfred, *Die Bonner Demokratie*, K. Rauch Verlag, Düsseldorf, 1960
Grosser, Alfred, *Die Bundesrepublik Deutschland*, R. Wunderlich Verlag, Tübingen, 1967
Hammerschmidt, Helmut (Hrsg.), *Zwanzig Jahre danach*, Verlag Kurt Desch, München, 1965
Hayter, Sir William, *The Diplomacy of the Great Powers*, Hamish Hamilton, London, 1967
Heidelmeyer, Wolfgang (Hrsg.), *Dokumente zu Berlin*, Oldenbourg Verlag, München, 1963
Heidenheimer, Arnold J., *Adenauer and the CDU*, Martinus Nighoff, Den Haag, 1960
Heidenheimer, Arnold, *The Governments of Germany*, Thomas Y. Crowell, New York, 1964
Henderson, Sir Nevile, *Failure of a Mission*, Hodder & Stoughton, London, 1940
Henkels, Walter, *. . . gar nicht so pingelig, meine D. u. H.*, Econ Verlag Düsseldorf, 1965
Heuss, Theodor, *Bilder meines Lebens*, Rainer Wunderlich Verlag, Tübingen, 1964
Heuss, Theodor, *Würdigungen*, Rainer Wunderlich Verlag, Tübingen, 1955
Hiscocks, Richard, *Democracy in Western Germany*, Oxford University Press, London, 1957
Höhne, Heinz, *Der Orden unter dem Totenkopf. Die Geschichte der SS*, Sigbert Mohn Verlag, Gütersloh, 1964
Horne, Alistair, *The Price of Glory*, McMillan, London, 1962

Hubatsch, Walter (Hrsg.), *The German Question*, Herder Book Center, New York, 1967
Kennan, George, F., *Realities of American Foreign Policy*, Oxford University Press, London, 1954
King-Hall, Sir Stephen, *German Parliaments*, Hansard Society, London, 1954
Kirkpatrick, Sir Ivone, *The Inner Circle*, Macmillan, London, 1959
Kitzinger, Uwe, *German Electoral Politics*, Clarendon Press, Oxford, 1960
Knickerbocker, H. R., *Germany, Fascist or Soviet?*, Bodley Head, London, 1932
Kohn, Hans (Hrsg.), *German History. Some new German View*, Allen & Unwin, London, 1954
Kohn, Hans, *Wege und Irrwege. Vom Geist des deutschen Bürgertums*, Droste Verlag, Düsseldorf, 1964
Lemmer, Ernst, *Manches war doch anders*, Verlag Heinrich Scheffler, Frankfurt, 1968
Leonhardt, Rudolf Walter, *This Germany*, New York Graphic Society, Greenwich, 1955
Macmillan, Harold, *Tides of Fortune 1945–55*, Macmillan, London, 1969
Maier, Reinhold, *Ein Grundstein wird gelegt*, Rainer Wunderlich Verlag, Tübingen, 1964
Marriott, J. A. R., *The Evolution of Prussia*, Oxford University Press, Oxford, 1917
McBride, Will, und Finckenstein, Hans Werner Graf Finck von, *Adenauer. Ein Porträt*, Joseph Keller Verlag, Starnberg, 1965
McCormick, Donald, *Mr. France*, Jarrolds, New York, 1955
McDermott, Geoffrey, *Berlin. Success of a Mission*, André Deutsch, London, 1962
Meinhardt, Günther, *Adenauer und der rheinische Separatismus*, Kommunalverlag, Recklinghausen, 1962
Mommsen, Wilhelm, *Deutsche Parteiprogramme*, Isar Verlag, München, 1951
Mowat, R. C., *Ruin and Resurgence*, Blandford Press, London, 1956
Müller, Hans Dieter, *Der Springer-Konzern*, R. Piper Verlag, München, 1968
Mumm, Reinhard, *Der christlich-soziale Gedanke*, Mittler & Sohn, Berlin, 1933
Namier, Sir Lewis, *In the Nazi Era*, Macmillan, London, 1952
Naumann, Friedrich, *Die politischen Parteien*, Georg Reimer Verlag, Berlin, 1913
Nelson, Walter, Henry, *The Berliners*, David Mackay, New York, 1969
Nelson, Walter Henry, *The Soldier Kings*, Putnam, New York, 1970
Netzer, Hans-Joachim (Hrsg.), *Adenauer und die Folgen*, Beck, München, 1965
Neven-DuMont, Jürgen, *After Hitler*, Penguin Press, London, 1970
Oppen, Beate von (Hrsg.), *Documents of Germany 1945–55*, Oxford University Press, London 1955
Osterroth, Franz, *Chronik der sozialistischen Bewegung Deutschlands*, SPD-Presse, Bonn, 1957
Pakenham, Lord, *Born to Believe*, Jonathan Cape, London, 1953
Peck, Joachim, *Dr. Adenauer 1917–1952*, Verlag der Nation, Berlin, 1952
Prittie, Terence, *Germany Divided*, Hutchinson, London, 1961
Prittie, Terence, *Deutsche gegen Hitler*, R. Wunderlich, Tübingen – *Germans against Hitler*, Little Brown, Boston, 1964
Richardt, Fritz, *Andreas Hermes*, Raiffeisen-Druckerei, Neuwied, 1953
Reuther, Helmut, *Adenauer/Bildnis und Deutung*, Komm-mit-Verlag, Bonn/Bühl, 1963
Rowse, A. L., *All Souls and Appeasement*, London, Macmillan, 1961
Ruge, Friedrich, *Politik, Militär, Bündnis*, Deutsche Verlagsanstalt Stuttgart, 1963
Schäfer, Emil, *Von Potsdam bis Bonn*, Verlag Schauenburg, Lahr, 1950

Schlabrendorff, Fabian von, *Offiziere gegen Hitler*, Frankfurt am Main und Hamburg, 1959
Schröder, Georg, (Hrsg.), *Konrad Adenauer. Eine Bilddokumentation*, Bertelsmann Verlag, Gütersloh, 1966
Schröder, Gerhard, *Wir brauchen eine heile Welt*, Econ Verlag, Düsseldorf, 1963
Schulz, Gerhard, *Die CDU: Merkmale ihres Aufbaues*, Ring Verlag, Stuttgart, 1955
Schumacher, Fritz, *Stufen des Lebens*, Deutsche Verlagsanstalt, Stuttgart, 1935
Schuetz, Wilhelm Wolfgang, *Rethinking German Policy*, Praeger, New York, 1967
Schwering, Leon, *Frühgeschichte der Christlich-Demokratischen Union*, Kommunalverlag, Recklinghausen, 1963
Seale, Patrick und McConville, Maureen, *French Revolution 1968*, Penguin, London, 1968
Seifert, Jürgen (Hrsg.), *Die Spiegel-Affäre*, Walter Verlag, Olten, 1966
Settel, Arthur (Hrsg.), *Das ist Deutschland*, Wolfgang Netzer Verlag, Frankfurt/Main, 1950
Shirer, William L., *The Rise and Fall of the Third Reich*, Simon & Schuster, New York, 1960
Smith, John Edward, *Germany Beyond the Wall*, Little Brown, Boston, 1969
Stahl, Walter (Hrsg.), *The Politics of Post-War Germany*, Praeger, New York, 1963
Stegerwald, Adam, *Deutsche Lebensfragen*, Verlag für Politik und Wirtschaft, Berlin, 1921
Steinert, Marlis, *Capitulation 1945*, Constable, London 1969
Stern, Carola, *Ulbricht*, Kiepenheuer & Witsch, Köln, 1963
Sternberger, Dolf, *Lebende Verfassung*, Hain Verlag, Meisenheim an der Glan 1966
Strauß, Franz Josef, *The Grand Design*, Weidenfeld & Nicolson, London, 1956
Thayer, Charles, *The Unquiet Germans*, Michael Joseph, London, 1958
Trevor-Roper, H. R., *The Last Days of Hitler*, Macmillan, London, 1946
Vansittart, Lord, *The Mist Procession*, Hutchinson, London, 1958
Verschiedene Autoren: *Sind die Deutschen wirklich so?*, Horst Erdmann Verlag, Herrenalb, 1956
Die Universität Köln 1919–1924, Oskar Müller, Köln, 1925
Die Universität Köln 1919–1929, Du Mont Schauberg Verlag, Köln, 1930
Deutsche und Juden, Suhrkamp Verlag, Frankfurt am Main, 1967
Adenauer, Würdigung und Dank, Bundespresseamt, Bonn, 1964
Russia and The West 1945–63, Coi, London 1963
Background of Heads of Government Conference 1960, Dept. of State, Washington, 1960
Vogel, Rolf (Hrsg.), *The German Path to Israel*, Oswald Wolff Verlag, London, 1969
Walser, Martin (Hrsg.), *Die Alternative*, Rowohlt Verlag, Hamburg, 1961
Welters, Hans, und Lobeck, Helmut, *Kleine Illustrierte Geschichte der Stadt Köln*, Bachem Verlag, Köln, 1958
Weymar, Paul, *Konrad Adenauer*, Kindler Verlag, München, 1955
Wheeler-Bennett, Sir John, *Die Nemesis der Macht. Die deutsche Armee in der Politik*, Droste Verlag, Düsseldorf, 1954
White, Theodore H., *Fire in the Ashes*, William Sloane, New York, 1953
Wieck, H. G., *Die Entstehung der CDU und die Wiedergründung des Zentrums im Jahre 1945*, Droste Verlag, Düsseldorf, 1953
Wieck, H. G., *Christliche und Freie Demokraten in Hessen, Rheinland-Pfalz, Baden und Württemberg*, Droste Verlag, Düsseldorf, 1958

Wighton, Charles, *Adenauer, Democratic Dictator*, Frederick Muller, London, 1963
Willis, F. Roy, *France, Germany and the New Europe*, University Press, Stanford, 1965
Windsor, Philip, *City of Leave*, Chatto & Windus, London, 1963
Windsor, Philip, *German Reunification*, Paul Elek, London, 1969
Wiskemann, Elizabeth, *Germany's Eastern Neighbours*, Oxford University Press, London, 1956
Zink, Harold, *The United States in Germany 1945–55*, Van Nostrand, Princeton, 1957

Personenregister

HEYNE BÜCHER

HEYNE BIOGRAPHIEN

Die Großen der Weltgeschichte – Politik · Kultur Wissenschaft

12/146 - DM 12,80

12/94 - DM 9,80

12/120 - DM 12,80

12/139 - DM 16,80

12/114 - DM 16,80

12/121 - DM 12,80

12/133 - DM 14,80

12/142 - DM 12,80